Wirtschaftslehre für Berufsfachschulen

von
Dipl.-Hdl. Dipl.-Kfm. Hartwig Heinemeier
Dipl.-Hdl. Peter Limpke
Dipl.-Hdl. Hans Jecht

ISBN 3-8045-
4035-x

iberarbeitete Auflage, 1997

Winklers
Verlag
Gebrüder
Grimm
Darmstadt

Vorwort

Der Unterricht an der Berufsfachschule soll dazu beitragen, Handlungskompetenz bei Schülerinnen und Schülern zu entwickeln. Sie sollen demzufolge zum selbständigen Analysieren, Planen, Durchführen und Kontrollieren von Tätigkeiten befähigt werden, um komplexe Problemsituationen lösen zu können. Diesem Ziel wird am ehesten der handlungsorientierte Unterricht gerecht. Noch stärker als im herkömmlichen Unterricht, in dem fragend-entwickelnde Aktionsformen und der Lehrervortrag dominieren, muß ein nach handlungsorientierten Gesichtspunkten gestalteter Unterricht die Schülerin/den Schüler zum Subjekt der unterrichtlichen Betrachtung machen. In diesem Sinn erfüllt ein *Schulbuch* unseres Erachtens die Aufgabe einer *Informationsquelle,* aus der die Schüler Lerninhalte entnehmen, die sie zur Lösung umfangreicher Problemstellungen benötigen.

Das vorliegende Schulbuch fördert insofern das selbstverantwortliche, selbständige Erarbeiten von Lösungen in einem tätigkeitsstrukturierten Unterricht, in dem entscheidungsorientierte Probleme gelöst werden, in Gruppen interaktionsbetont gearbeitet werden kann und Problemstellungen ganzheitlich betrachtet werden. Die einzelnen Kapitel dieses umfassenden und verständlichen Schulbuchs sind einheitlich gegliedert:

1. **Einstieg:** Jedes Kapitel beginnt mit einer anschaulichen Fallschilderung oder Darstellung, die auf eine Problemstellung des Kapitels hinweist.

2. **Information:** Es schließt sich ein ausführlicher Informationsteil mit einer großen Anzahl von Beispielen und weiteren Veranschaulichungen an.

3. **Aufgaben:** Die im Aufbau folgenden Lernaufgaben sollen von den Schülern mit Hilfe des Informationsteils selbständig gelöst werden.

4. **Zusammenfassung:** Am Kapitelende werden die wesentlichen Lerninhalte in Form einer farblich hervorgehobenen Übersicht zusammengefaßt. Die Übersicht eignet sich sehr gut zur Wiederholung des Gelernten.

Die übersichtliche Gestaltung der Kapitel, die ausführlichen Erläuterungen der Fachbegriffe, die leichtverständliche Textformulierung und die vielen Beispiele und Abbildungen veranschaulichen die Inhalte ganz besonders, so daß das Lernen wesentlich erleichtert wird.

Der zweispaltige Satz und das breitere Buchformat wurden gewählt, um die Erfaßbarkeit des Textes zu verbessern.

Das umfangreiche Sachwortverzeichnis am Schluß des Buches soll dem schnellen und gezielten Auffinden wichtiger Inhalte dienen.

Frühjahr 1995   Die Verfasser

© Winklers Verlag · Gebrüder Grimm · Darmstadt
Das Werk und seine Teile sind urheberrechtlich geschützt. Jede Verwertung in anderen als den gesetzlich zugelassenen Fällen bedarf der vorherigen schriftlichen Einwilligung des Verlages.

Inhaltsverzeichnis

Seite

1 Der Eintritt in die Berufsausbildung

1.1	Das Berufsbildungsgesetz	5
1.2	Das System der dualen Berufsausbildung	8
1.3	Die Ausbildungsordnung	10
1.4	Das Jugendarbeitsschutzgesetz	12

2 Grundlagen des Wirtschaftens

2.1	Bedürfnisse, Bedarf, Nachfrage	15
2.2	Güter und Dienstleistungen zur Bedürfnisbefriedigung	19
2.3	Das ökonomische Prinzip	22
2.4	Die Produktionsfaktoren	26
2.5	Die Arbeitsteilung	33
2.6	Auswirkungen der Arbeitsteilung	38
2.7	Einfacher Wirtschaftskreislauf	41
2.8	Das Sozialprodukt	43
2.9	Marktarten	55
2.10	Marktformen	58
2.11	Die Bildung des Gleichgewichtspreises – seine Veränderungen und Aufgaben	62
2.12	Markttypen	70
2.13	Preisbildung auf eingeschränkten (unvollkommenen) Märkten	74
2.14	Staatliche Preisbildung	80

3 Betrieb und Wirtschaft

3.1	Der Industriebetrieb	85
3.2	Stellung und Aufgaben des Handels	88
3.3	Strukturwandel im Handel	92
3.4	Dienstleistungen der Banken	97
3.5	Leistungen der Versicherungen	102
3.6	Der betriebliche Standort	107
3.7	Ziele privater und öffentlicher Unternehmen	111

Seite

4 Wirtschaft und Recht

4.1	Die Rechtsordnung	114
4.2	Rechtssubjekte und -objekte	118
4.3	Rechtliche Handlungsfähigkeit	120
4.4	Rechtsgeschäfte	124
4.5	Nichtigkeit u. Anfechtung v. Rechtsgeschäften	128

5 Warenbeschaffung

5.1	Die Beschaffungsplanung	130
5.2	Die Anfrage	133
5.3	Das Angebot	135
5.4	Inhalt des Angebotes	138
5.5	Bestellung und Bestellungsannahme	143
5.6	Rechte und Pflichten aus dem Kaufvertrag und seine Erfüllung	145
5.7	Besitz und Eigentum	147
5.8	Erfüllungsort und Gerichtsstand	150
5.9	Eigentumsvorbehalt	155
5.10	Vertragsfreiheit	157
5.11	Allgemeine Geschäftsbedingungen	160
5.12	Besondere Arten des Kaufvertrages	164
5.13	Die Warenannahme	170
5.14	Mangelhafte Lieferung	172
5.15	Der Lieferungsverzug	186
5.16	Der Annahmeverzug	191
5.17	Der Zahlungsverzug	194
5.18	Das außergerichtliche (kaufmännische) Mahnverfahren	197
5.19	Das gerichtliche Mahnverfahren	202
5.20	Zwangsvollstreckung	206
5.21	Die Verjährung	210

6 Lagerung

6.1	Das Lager und seine Aufgaben	215
6.2	Anforderungen an ein Lager	217
6.3	Der optimale Lagerbestand	219
6.4	Bestandskontrolle im Lager	221
6.5	Lagerkennziffern	224

Seite

7 Produktion

Produktion 229

8 Warenabsatz

8.1	Marketing	244
8.2	Sortimentspolitik	252
8.3	Produktpolitik	258
8.4	Packung und Verpackung	262
8.5	Preispolitik	277
8.6	Konditionengewährung und Kundendienstleistungen	281
8.7	Die Werbung im Rahmen der Kommunikationspolitik	283
8.8	Werbearten	288
8.9	Werbemittel und Werbeträger	291
8.10	Die Werbeplanung und Werbedurchführung . .	295
8.11	Gefahren der Werbung	302
8.12	Gesetzliche Regelungen des Wettbewerbs . . .	306
8.13	Preisangabenverordnung (PAngV)	316
8.14	Verbraucherschutz: Weitere gesetzliche Regelungen	320

9 Zahlungsverkehr

9.1	Eigenschaften und Arten des Geldes	326
9.2	Aufgaben des Geldes	330
9.3	Zahlungsarten	332
9.4	Zahlung mit Bargeld	332
9.5	Halbbare Zahlung	336
9.6	Zahlung mit Bankschecks und Eurocheque-Karte	339
9.7	Zahlung mit Postbankschecks	344
9.8	Bargeldlose Zahlung	345
9.9	Zahlung mit Kreditkarten	349

10 Finanzierung und Investition

10.1	Finanzierungs- und Investitionsanlässe, Finanzierungsgrundsätze und -arten	353
10.2	Finanzierung durch Wechselkredit	365
10.3	Die Sicherung von Bankkrediten	374
10.4	Finanzierung durch Leasing	381

Seite

11 Handelsrecht

11.1	Voraussetzungen für die Gründung eines Unternehmens	386
11.2	Die Firma	389
11.3	Öffentliche Register	393
11.4	Die Einzelunternehmung	405
11.5	Personengesellschaften	407
11.6	Kapitalgesellschaften	410
11.7	Die Genossenschaft	414
11.8	Konzentration	416
11.9	Die Krise der Unternehmung	422

12 Konjunkturen und Wirtschaftspolitik

12.1	Wirtschaftsschwankungen und Konjunkturzyklus	427
12.2	Wirtschaftspolitische Ziele und Zielkonflikte .	436
12.3	Staatliche Konjunkturpolitik	451

13 Die Berufstätigkeit

13.1	Grundlagen für die Einstellung von Mitarbeitern	461
13.2	Der Individualarbeitsvertrag (Einzelarbeitsvertrag)	465
13.3	Der Tarifvertrag	468
13.4	Vollmachten	471
13.5	Formen der Entlohnung	473
13.6	Der gesetzliche Arbeitszeitschutz	478
13.7	Die Beendigung des Arbeitsverhältnisses . . .	481
13.8	Bestimmungen des Betriebsverfassungsgesetzes	486
13.9	Überbetriebliche Mitbestimmung	490
13.10	Die Sozialversicherung	494
13.11	Leistungen der gesetzlichen Krankenversicherung	497
13.12	Leistungen der gesetzlichen Rentenversicherung	499
13.13	Leistungen der Arbeitslosenversicherung . . .	502
13.14	Leistungen der gesetzlichen Unfallversicherung	504

Sachwortverzeichnis 506

Bildquellenverzeichnis 512

1 Der Eintritt in die Berufsausbildung

1.1 Das Berufsbildungsgesetz

Beurteilen Sie diese Bilder aus dem Alltag von Auszubildenden.

Information

Das **Berufsbildungsgesetz** enthält die wichtigsten Bestimmungen über die Berufsausbildung. Es regelt den Abschluß von Berufsausbildungsverträgen, die Pflichten von Ausbildenden und Auszubildenden, die Dauer der Probezeit sowie Kündigung und Beendigung des Ausbildungsverhältnisses.

Abschluß des Berufsausbildungsvertrages

Der **Ausbildungsvertrag** wird zwischen dem Ausbildenden (= Inhaber des Ausbildungsbetriebes) und dem Auszubildenden abgeschlossen. Ist der Auszubildende noch keine 18 Jahre alt, so muß ein Erziehungsberechtigter (Vater, Mutter oder Vormund) den Ausbildungsvertrag mit unterschreiben. Der abgeschlossene Ausbildungsvertrag wird anschließend der zuständigen Stelle (z. B. Industrie- und Handelskammer [IHK], Handwerkskammer) vorgelegt. Die zuständige Stelle prüft, ob die Inhalte des Ausbildungsvertrages mit den gesetzlichen Bestimmungen übereinstimmen und trägt das Ausbildungsverhältnis in ein Verzeichnis der Berufsausbildungsverhältnisse ein. Sie wacht darüber, daß ordnungsgemäß ausgebildet wird.

Pflichten des Ausbildenden

1. Ausbildungspflicht	Der Ausbildende muß dafür sorgen, daß dem Auszubildenden die Kenntnisse und Fertigkeiten vermittelt werden, die zum Erreichen des Ausbildungszieles erforderlich sind.
2. Bereitstellung von Ausbildungsmitteln	Der Ausbildende muß Ausbildungsmittel, die für die betriebliche Ausbildung erforderlich sind, kostenlos zur Verfügung stellen.
3. Freistellung für den Berufsschulunterricht	Der Ausbildende muß den Auszubildenden zum Besuch der Berufsschule anhalten und freistellen.
4. Sorgepflicht	Der Ausbildende darf dem Auszubildenden nur Tätigkeiten übertragen, die dem Ausbildungszweck dienen und seinen körperlichen Kräften angemessen sind. Der Auszubildende darf keinen gesundheitlichen und sittlichen Gefahren ausgesetzt werden.
5. Vergütungspflicht	Der Ausbildende muß dem Auszubildenden eine angemessene Vergütung bezahlen.

Pflichten des Auszubildenden

1. Lernpflicht	Der Auszubildende muß sich bemühen, die notwendigen Kenntnisse und Fertigkeiten zu erwerben, die erforderlich sind, um das Ausbildungsziel zu erreichen.
2. Befolgung von Weisungen	Der Auszubildende muß die Weisungen befolgen, die ihm im Rahmen der Berufsausbildung vom Ausbildenden, vom Ausbilder oder anderen Weisungsberechtigten (z. B. dem Abteilungsleiter) erteilt werden.
3. Besuch der Berufsschule	Der Auszubildende muß am Berufsschulunterricht teilnehmen.

4. Führen des Berichtsheftes	Der Auszubildende muß ein vorgeschriebenes Berichtsheft führen und regelmäßig vorlegen.
5. Einhalten der Betriebsordnung	Der Auszubildende muß die für die Ausbildungsstätte geltende Ordnung einhalten.
6. Schweigepflicht	Der Auszubildende muß über Betriebs- und Geschäftsgeheimnisse Stillschweigen bewahren.

Probezeit

Das Berufsausbildungsverhältnis beginnt mit der Probezeit. Sie muß mindestens einen Monat und darf höchstens drei Monate betragen.

Kündigung des Berufsausbildungsverhältnisses

Während der Probezeit kann das Berufsausbildungsverhältnis vom Auszubildenden oder vom Ausbildenden ohne Einhaltung einer Kündigungsfrist und ohne Angabe von Gründen gekündigt werden.

Nach Ablauf der Probezeit kann das Berufsausbildungsverhältnis nur gekündigt werden

– aus einem wichtigen Grund ohne Einhaltung einer Kündigungsfrist,
– vom Auszubildenden mit einer Kündigungsfrist von vier Wochen, wenn er die Berufsausbildung aufgeben oder
· sich für eine andere Berufstätigkeit ausbilden lassen will.

Ende des Berufsausbildungsverhältnisses

Das Berufsausbildungsverhältnis endet mit Ablauf der vorgeschriebenen Ausbildungszeit. Besteht der Auszubildende die Abschlußprüfung vor Ablauf der vereinbarten Ausbildungszeit, so endet das Ausbildungsverhältnis mit dem Bestehen der Abschlußprüfung.

Besteht der Auszubildende die Abschlußprüfung nicht, so verlängert sich das Ausbildungsverhältnis auf Wunsch des Auszubildenden bis zur nächstmöglichen Wiederholungsprüfung.

Wird der Auszubildende im Anschluß an das Berufsausbildungsverhältnis weiterbeschäftigt, ohne daß hierüber ausdrücklich etwas vereinbart wurde, so gilt er auf unbestimmte Zeit angestellt.

Aufgaben

1. Zwischen welchen Personen wird ein Ausbildungsvertrag abgeschlossen?

2. Wer überwacht die ordnungsgemäße Durchführung der Berufsausbildung?

3. Beurteilen Sie folgende Fälle.

   a) Karin Jäger meint, nach zehn Schuljahren genug gelernt zu haben. Sie bittet ihren Ausbilder, sie vom Berufsschulbesuch freizustellen.

   b) Vor seinen Freunden prahlt ein Auszubildender damit, welche Geldbeträge jeden Abend in der Firmenkasse seien.

   c) Ein Großhändler untersagt wegen der vielen Arbeit vor Weihnachten seinem Auszubildenden den Berufsschulbesuch.

   d) Herr Adams erklärt sich nach langem Bitten des Ehepaares Meyer bereit, deren Tochter Sabine in seinem Betrieb auszubilden. Da er aber eigentlich keinen Auszubildenden benötigt, will er keine Ausbildungsvergütung bezahlen.

   e) In einem Berufsausbildungsvertrag ist eine Probezeit von drei Monaten vereinbart. Nach zwei Monaten kündigt der Auszubildende fristlos.

   f) Claudia Maier gefällt die Ausbildung zur Kauffrau im Groß- und Außenhandel nicht mehr. Sie möchte daher ihr Ausbildungsverhältnis nach nunmehr sechs Monaten fristlos kündigen.

   g) Nach sechs Monaten kündigt ein Ausbildender fristlos mit der Begründung: „Die Leistungen reichen nicht aus."

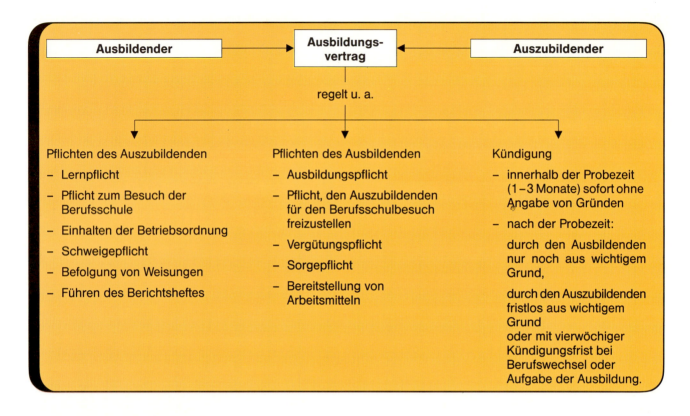

1.2 Das System der dualen Berufsausbildung

Auszubildende im Verkauf

Auszubildende im Klassenzimmer einer Berufsschule

Warum lernt die Auszubildende an zwei verschiedenen Lernorten?

Information

Auszubildende werden während ihrer Ausbildung an zwei Lernorten ausgebildet: im Ausbildungsbetrieb und in der Berufsschule. Deshalb nennt man das System der Berufsausbildung in der Bundesrepublik auch „Duales Berufsausbildungssystem".

Im Ausbildungsbetrieb sollen die Auszubildenden die im Ausbildungsrahmenplan vorgeschriebenen Fähigkeiten und Fertigkeiten lernen und durch praktische Tätigkeit einüben.

In der Berufsschule werden den Auszubildenden allgemeinbildende und berufsbezogene theoretische Lerninhalte vermittelt. Die Inhalte des Berufsschulunterrichts werden durch Richtlinien der Kultusminister der Länder vorgeschrieben.

Der Berufsschulunterricht kann in Form von Teilzeitunterricht oder als Blockunterricht stattfinden.

Wird der Berufsschulunterricht in Teilzeitform erteilt, so besuchen die Auszubildenden einmal oder zweimal in der Woche die Berufsschule. An den anderen Arbeitstagen wird der Auszubildende in seinem Ausbildungsbetrieb ausgebildet.

Beim Blockunterricht besuchen die Auszubildenden an mehreren aufeinanderfolgenden Tagen die Berufsschule (z. B. zwei oder drei Wochen). Anschließend arbeiten sie mehrere Wochen in ihrem Ausbildungsbetrieb, ohne in dieser Zeit die Berufsschule zu besuchen.

Aufgaben

1. Erläutern Sie das „Duale Berufsausbildungssystem".
2. Wer legt die Inhalte des Berufsschulunterrichts fest?
3. Unterscheiden Sie Teilzeitunterricht und Blockunterricht.
4. Welche berufsbezogenen Unterrichtsfächer werden in der Berufsschule angeboten?
5. Was sollen die Auszubildenden im Ausbildungsbetrieb vor allem lernen?

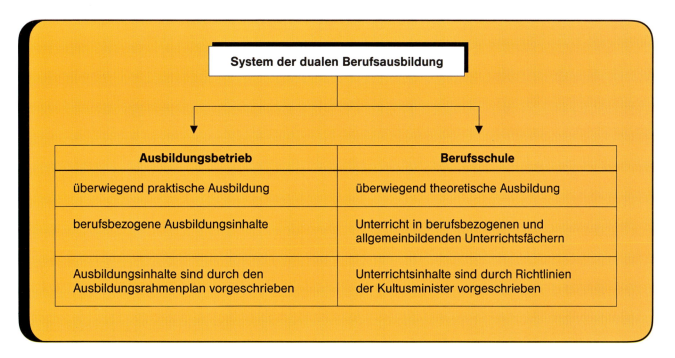

1.3 Die Ausbildungsordnung

Petra Freitag möchte nach dem erfolgreichen Besuch der Berufsfachschule Wirtschaft eine Ausbildung als Kauffrau im Groß- und Außenhandel beginnen. Sie will sich deshalb genauer über Inhalt und Ablauf der Ausbildung zur Kauffrau im Groß- und Außenhandel informieren. Dabei interessieren sie vor allem die Dauer und die Inhalte der betrieblichen Berufsausbildung.

Wo kann sie Informationen zu diesen Fragen finden?

Information

Informationen über die Dauer und die Inhalte der betrieblichen Berufsausbildung in einem staatlich anerkannten Ausbildungsberuf findet man in den **Ausbildungsordnungen**, die vom Bundesminister für Wirtschaft oder den sonstigen zuständigen Fachministern für die einzelnen Ausbildungsberufe erlassen wurden.

Berufsfeld „Wirtschaft und Verwaltung"
Ausbildungsberufe nach Schwerpunkten

A. Absatzwirtschaft und Kundenberatung

1. Bankkaufmann / -kauffrau
2. Buchhändler / Buchhändlerin
3. Kaufmann / Kauffrau im Einzelhandel
4. Kaufmann / Kauffrau im Eisenbahn- u. Straßenverkehr
5. Kaufmann / Kauffrau im Groß- und Außenhandel
6. Kaufmann / Kauffrau in der Grundstücks- und Wohnungswirtschaft
7. Verlagskaufmann / -kauffrau
8. Kaufmann / Kauffrau im Hotel- u. Gaststättengewerbe
9. Luftverkehrskaufmann / -kauffrau
10. Musikalienhändler / Musikalienhändlerin
11. Reiseverkehrskaufmann / -kauffrau
12. Schiffahrtskaufmann / -kauffrau
13. Speditionskaufmann / -kauffrau
14. Tankwart / Tankwartin
15. Verkäufer / Verkäuferin
16. Versicherungskaufmann / -kauffrau
17. Werbekaufmann / -kauffrau
18. Drogist / Drogistin
19. Fachkraft für Lagerwirtschaft / Handelsfachpacker / -packerin

B. Bürowirtschaft und kaufmännische Verwaltung

1. Kaufmann / -kauffrau für Bürokommunikation
2. Bürokaufmann / -kauffrau
3. Datenverarbeitungskaufmann / -kauffrau
4. Seegüterkontrolleur / -kontrolleurin
5. Industriekaufmann / -kauffrau
6. Werkgehilfe / Werkgehilfin
7. Dienstleistungsfachkraft im Postbetrieb

C. Recht und öffentliche Verwaltung

1. Fachangestellter / -angestellte für Arbeitsförderung
2. Assistent / Assistentin an Bibliotheken
3. Fachgehilfe / -gehilfin in steuer- und wirtschaftsberatenden Berufen
4. Justizangestellter / -angestellte
5. Notargehilfe / -gehilfin
6. Patentanwaltsgehilfe / -gehilfin
7. Rechtsanwaltsgehilfe / -gehilfin
8. Rechtsanwalts- und Notargehilfe / -gehilfin
9. Rechtsbeistandsgehilfe / -gehilfin
10. Verwaltungsfachangestellter / -angestellte
11. Sozialversicherungsfachangestellter / -angestellte
12. Fachangestellter / -angestellte für Bürokommunikation

Die Ausbildungsordnung legt die Bezeichnung des Ausbildungsberufes, das Ausbildungsberufsbild, den Ausbildungsrahmenplan, die Ausbildungsdauer und die Prüfungsanforderungen fest.

Das **Ausbildungsberufsbild** beschreibt die Kenntnisse und Fertigkeiten, die Gegenstand der Berufsausbildung sind.

Der **Ausbildungsrahmenplan** regelt die Inhalte der betrieblichen Berufsausbildung verbindlich.

Die **Ausbildungsdauer** soll nicht mehr als drei Jahre und nicht weniger als zwei Jahre betragen.

Die Ausbildung in einem anerkannten Ausbildungsberuf endet mit einer **Abschlußprüfung**. Die Abschlußprüfung kann zweimal wiederholt werden.

Während der Berufsausbildung muß mindestens eine **Zwischenprüfung** durchgeführt werden. Durch die Zwischenprüfung soll der Ausbildungsstand des Auszubildenden festgestellt und eventuell vorhandene Lücken ermittelt werden.

Aufgaben

1. Welche Teile der Ausbildungsordnung legen die Inhalte der betrieblichen Berufsausbildung fest?
2. Beantworten Sie folgende Fragen zu einem von Ihnen ausgewählten Ausbildungsberuf aus dem Berufsfeld „Wirtschaft und Verwaltung".
    a) Wie lange dauert die Ausbildung?
    b) Wann muß eine Zwischenprüfung abgelegt werden?
    c) Was wird in der Zwischenprüfung geprüft?
    d) In welchen Prüfungsfächern wird der Auszubildende am Ende seiner Ausbildung schriftlich geprüft?
    e) Was wird im Rahmen der mündlichen Prüfung geprüft?

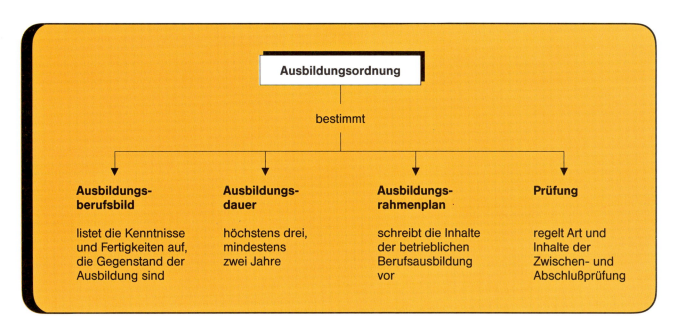

1.4 Das Jugendarbeitsschutzgesetz

Was soll mit diesen Regelungen bezweckt werden?

Information

Das Jugendarbeitsschutzgesetz (JArbSchG) soll jugendliche Arbeitnehmer und Auszubildende vor Überforderungen im Berufsleben schützen. Es gilt für 14- bis 17jährige Personen.

Arbeitszeitregelungen

Die wöchentliche Arbeitszeit darf 40 Stunden nicht überschreiten. Jugendliche dürfen nur an fünf Tagen in der Woche beschäftigt werden. Die regelmäßige tägliche Arbeitszeit beträgt 8 Stunden. Sie darf bis 8,5 Stunden erhöht werden, wenn dadurch die wöchentliche Arbeitszeit von 40 Stunden nicht überschritten wird. Sie dürfen frühestens um 6 Uhr mit der Arbeit beginnen und nach 20 Uhr nicht mehr beschäftigt werden.

Ausnahmen von dieser Regelung sind für das Gaststätten- und Schaustellergewerbe, mehrschichtige Betriebe, die Landwirtschaft, Bäckereien und Konditoreien vorgesehen.

In Bäckereien und Konditoreien dürfen über 16jährige ab 5 Uhr beschäftigt werden. Über 17jährige dürfen in Bäckereien ab 4 Uhr arbeiten.

Bis auf wenige Ausnahmen (z. B. Beschäftigung im Gaststättengewerbe und in Krankenanstalten sowie Alten-, Pflege- und Kinderheimen) dürfen Jugendliche nicht an Sonntagen beschäftigt werden.

An Samstagen dürfen Jugendliche nur

– in Krankenanstalten sowie in Alten-, Pflege- und Kinderheimen,
– in offenen Verkaufsstellen, Betrieben mit offenen Verkaufsstellen,
– in Bäckereien und Konditoreien,
– im Friseurhandwerk,
– im Marktverkehr,
– im Verkehrswesen,
– in Landwirtschaft und Tierhaltung,
– im Familienhaushalt,
– im Gaststätten- und Schaustellergewerbe,
– bei Musikaufführungen, Theatervorstellungen und anderen Vorführungen,
– bei Aufnahmen im Hörfunk und Fernsehen, auf Ton- und Bildträgern sowie bei Film- und Fotoaufnahmen,
– bei außerbetrieblichen Ausbildungsmaßnahmen,
– beim Sport,
– im ärztlichen Notdienst,
– in Reparaturwerkstätten für Kraftfahrzeuge

beschäftigt werden.

Pausen

Bei einer täglichen Arbeitszeit von mehr als 4,5 Stunden müssen dem Jugendlichen mindestens 30 Minuten Pause gewährt werden. Bei mehr als sechs Stunden sind es mindestens 60 Minuten. Die Pausen werden nicht auf die tägliche Arbeitszeit angerechnet. Eine Pause muß mindestens 15 Minuten lang sein. Jugendliche dürfen nicht länger als 4,5 Stunden ohne Ruhepause beschäftigt werden.

Urlaub

15jährige Jugendliche haben einen Anspruch auf 30 Werktage Urlaub im Jahr. Für 16jährige Arbeitnehmer und Auszubildende sieht das Jugendarbeitsschutzgesetz

27 Werktage und für 17jährige Beschäftigte 25 Werktage Jahresurlaub vor.

Werktage sind alle Wochentage außer Sonntag.

Anrechnung des Berufsschulbesuchs auf die Arbeitszeit

Beginnt der Berufsschulunterricht vor 9 Uhr, dürfen Jugendliche vorher nicht mehr im Ausbildungsbetrieb beschäftigt werden.

Jugendliche sind an einem Tag in der Woche den ganzen Tag von der Arbeit befreit, wenn sie an diesem Tag mehr als fünf Unterrichtsstunden die Berufsschule besuchen. Dieser Berufsschultag wird mit acht Stunden auf die wöchentliche Arbeitszeit angerechnet. Für einen zweiten Berufsschultag gilt diese Regelung nicht. Dieser zweite Berufsschultag wird auf die wöchentliche Arbeitszeit nur mit den Stunden angerechnet, die der Auszubildende in der Berufsschule verbringen mußte (Unterrichtsstunden + Pausen).

Beschäftigungsverbote

Jugendliche unter 15 Jahre dürfen nur in einem Ausbildungsverhältnis beschäftigt werden. Akkordarbeit wird für Jugendliche durch das Jugendarbeitsschutzgesetz untersagt. Außerdem dürfen Jugendliche nicht mit Arbeiten betraut oder an Orten beschäftigt werden, die eine sittliche Gefährdung darstellen. Gesundheitsgefährdende Arbeiten sind für Jugendliche unter 16 Jahren grundsätzlich verboten. Für 16- und 17jährige Beschäftigte sind gesundheitsgefährdende Arbeiten nur dann erlaubt, wenn im Rahmen der Ausbildung nicht auf sie verzichtet werden kann.

Gesundheitliche Betreuung

Vor Beginn einer Ausbildung müssen alle Jugendlichen von einem Arzt untersucht worden sein. Die Untersuchung darf nicht länger als sechs Monate zurückliegen (Erstuntersuchung).

Nach dem 1. Ausbildungsjahr müssen sich alle Jugendlichen einer 1. Nachuntersuchung unterziehen (Pflichtuntersuchung). Weitere Nachuntersuchungen sind freiwillig.

Aufgaben

1. Für welche Personen gilt das Jugendarbeitsschutzgesetz?

2. Ein Jugendlicher arbeitet 7,5 Stunden am Tag. Wieviel Minuten Pause stehen ihm zu?

3. Wieviel Stunden dürfen Jugendliche täglich höchstens arbeiten?

4. Wieviel Stunden dürfen Jugendliche wöchentlich höchstens arbeiten?

5. Wieviel Werktage Jahresurlaub stehen einer 16jährigen Auszubildenden nach dem Jugendarbeitsschutzgesetz zu?

6. Eine 17jährige Auszubildende soll an der Inventur in einem Warenhaus teilnehmen. Bis wieviel Uhr darf sie höchstens im Betrieb beschäftigt werden?

7. Eine Auszubildende besucht an zwei Tagen in der Woche die Berufsschule. Am 1. Berufsschultag werden sechs Unterrichtsstunden in der Zeit von 7.45 Uhr bis 12.45 Uhr erteilt. Am 2. Berufsschultag hat sie von 7.45 Uhr bis 11.00 Uhr vier Unterrichtsstunden. Mit wieviel Stunden wird der Berufsschulbesuch auf die wöchentliche Arbeitszeit angerechnet?

8. Für welche Arbeiten dürfen Jugendliche nicht eingesetzt werden?

9. An wieviel Pflichtuntersuchungen muß ein Jugendlicher teilnehmen?

Jugendarbeitsschutzgesetz

– gilt für 14- bis 17jährige Jugendliche
– enthält Regeln über:

Arbeitszeit und Freizeit

- tägliche Arbeitszeit:
  bis 8,5 Stunden

- wöchentliche Arbeitszeit:
  40 Stunden

- 5-Tage-Woche

- Berufsschule:
  arbeitsfrei an einem Tag
  der Woche nach mehr
  als fünf Unterrichtsstunden

- Ruhepausen:
  4,5 bis 6 Stunden = 30 Minuten,
  mehr als 6 Stunden = 60 Minuten

- bis auf wenige Ausnahmen
  keine Sonntagsarbeit

- Samstagsarbeit nur in
  einzelnen Beschäftigungszweigen

- Nachtruhe:
  normalerweise 20 bis 6 Uhr

Urlaub

- 30 Werktage
  für 15jährige

- 27 Werktage
  für 16jährige

- 25 Werktage
  für 17jährige

Beschäftigungsverbote und -beschränkungen

- gesundheits-
  gefährdende Arbeiten

- Akkordarbeit

- Arbeiten, die die Lei-
  stungsfähigkeit der
  Jugendlichen
  überschreiten

- Arbeiten, bei denen
  der Jugendliche
  sittlichen Gefährdungen
  ausgesetzt ist

gesundheitliche Betreuung

- Erstuntersuchung

- 1. Nachuntersuchung

- weitere freiwillige
  Nachuntersuchungen

2 Grundlagen des Wirtschaftens

2.1 Bedürfnisse, Bedarf und Nachfrage

„Nachdem sich mein Herz beruhigt hatte, fing ich an herumzublicken, wo ich denn wäre und was ich nun anfangen müsse. Da sanken denn meine Freude und mein Mut gleich um ein Gewaltiges, und meine Errettung schien mir schon kein Glück mehr. Ich war naß wie eine Katze, hatte aber keine anderen Kleider, hatte überhaupt nichts, als was ich auf dem Leibe trug, weder zu essen noch zu trinken: also daß mir sogleich einfiel, ich müsse vor Hunger sterben. Ich hatte keinerlei Waffen, um etwa ein Wild zu erbeuten oder mich gegen Feinde zur Wehr zu setzen. Ich hatte nichts als ein Taschenmesser, eine Tabakspfeife und ein wenig Tabak. Das war meine ganze Habe, und als mir dies einfiel, geriet ich in solche Verzweiflung, daß ich wie wahnsinnig hin und her lief."

Daniel Defoe: Robinson Crusoe, frei bearbeitet von Astrid Claes, Köln 1955, S.14.

Warum war Robinson so verzweifelt?

Information

Bedürfnisarten

Die Bedürfnisse lassen sich nach folgenden Einteilungsmerkmalen gruppieren:

1. nach der Dringlichkeit
2. nach dem Träger der Bedürfnisbefriedigung
3. nach der Konkretheit
4. nach der Bewußtheit

Bedürfnisse nach der Dringlichkeit

Die Bedürfnisse, die Robinson Crusoe in seiner Not empfand, waren so dringlich, daß er sie unbedingt befriedigen mußte. Man nennt sie **lebensnotwendige Bedürfnisse (Existenzbedürfnisse).** Dazu zählen die Bedürfnisse nach Grundnahrungsmitteln, ausreichender Kleidung und Unterkunft. Diese Bedürfnisse haben alle Menschen.

In der heutigen Zeit richten sich bei den meisten Menschen Wünsche und Gedanken auf zusätzliche Dinge, wie z. B. ein Kino zu besuchen, sich geistig weiterzubilden, Bücher zu lesen oder ein Schwimmbad zu benutzen. Diese Wünsche entsprechen dem Stand unserer heutigen Lebensweise, unserer Kultur. Man bezeichnet sie daher als **Kulturbedürfnisse;** sie übersteigen die Existenzbedürfnisse.

Aber auch Bedürfnisse, wie z. B. ein Segelboot oder eine Videokamera zu besitzen, einen Sportwagen zu fahren oder ein Wochenendhaus zu bewohnen, kommen in der heutigen Zeit bei den Menschen immer häufiger vor. Das Verlangen nach diesen Gütern nennt man **Luxusbedürfnisse.** Sie übersteigen Existenz- und Kulturbedürfnisse.

Zwischen Kultur- und Luxusbedürfnissen ist eine genaue Abgrenzung nicht immer möglich.

Die Bedürfnisse verändern sich im Laufe der menschlichen Entwicklung. So waren die Menschen der Steinzeit noch mit schlichtem Feuer für die Zubereitung ihrer Mahlzeiten und zum Schutz vor Kälte zufrieden. Unsere Großeltern mußten teilweise noch mit Kohleofen und Petroleumlampe auskommen, während heutzutage kaum ein Haushalt ohne Gas- oder Elektroherd, ohne Strom und ohne Zentralheizung denkbar ist.

Wohnzimmer aus den 60er Jahren

High-Tech fürs Heim
Ausstattung der 4-Personen-Arbeitnehmerhaushalte mit mittlerem Einkommen 1994 in %

West		Ost
96	Farbfernseher	97
76	Stereoanlage	56
73	Videorecorder	68
39	CD-Player	14
38	Heimcomputer	32
26	Videokamera	22

ZAHLENBILDER Quelle: Statistisches Bundesamt
0 292 512 © Erich Schmidt Verlag

Mit moderner Technik

für Unterhaltung und Information sind die Bundesbürger bestens ausgestattet. Die ostdeutschen Haushalte haben ihren Nachholbedarf gerade auf diesem Gebiet mit Riesenschritten aufgeholt, so daß meist nur noch geringe Unterschiede zu den vergleichbaren Haushalten im alten Bundesgebiet bestehen. In fast jedem deutschen Wohnzimmer steht ein Farbfernseher. Und auch der Videorecorder oder die Stereoanlage sind für den durchschnittlichen Arbeitnehmerhaushalt fast zur Selbstverständlichkeit geworden. Einen Heimcomputer besitzen im Westen schon 38 % und im Osten 32 % der 4-Personen-Haushalte mit mittlerem Einkommen. Nur bei der Ausstattung mit CD-Playern hinken die neuen Bundesländer noch etwas hinterher: Erst 14 % der Haushalte (gegenüber 39 % im alten Bundesgebiet) haben die Möglichkeit, die glitzernden Scheiben abzuspielen, die heute den Schallplattenmarkt beherrschen.

Bedürfnisse nach dem Träger der Bedürfnisbefriedigung

Hat ein einzelner Mensch ein persönliches Bedürfnis, spricht man von **Individualbedürfnis**.

> **Beispiel:**
>
> Ein Marathonläufer möchte Sportschuhe, die seinen persönlichen Bedürfnissen entsprechen. Die Schuhe sollen leicht sein, mit einer Fersenkappe, gepolstertem Sprunggelenkbereich und mit einem Schutz für die Achillessehne ausgestattet sein, damit er beim nächsten Wettkampf noch schneller und dennoch verletzungsfrei laufen kann.

Bedürfnisse hingegen, die bei vielen Menschen vorhanden sind und die nur von der Gemeinschaft für mehrere Menschen gemeinsam befriedigt werden können, bezeichnet man als **Gemeinschafts- oder Kollektivbedürfnisse**.

> **Beispiele:**
>
> Müllabfuhr, öffentliche Sicherheit, Stromversorgung, Straßen, Schulen, Krankenhäuser, Theater, Sporthallen, Freizeiteinrichtungen.

Auch zwischen Individual- und Kollektivbedürfnissen ist eine genaue Abgrenzung nicht immer möglich. Es ist ein ständiger Wandel zu beobachten, denn was früher Individualbedürfnis war, kann heute Kollektivbedürfnis sein.

> **Beispiele:**
>
> Für ihre Fahrt zum Arbeitsplatz benutzen viele Menschen heute anstatt des Autos die Straßenbahn. Anstatt wie früher Selbstjustiz zu üben, vertrauen wir heute auf die Rechtsprechung.

Bedürfnisse nach der Konkretheit

Bei dieser Gruppe der Bedürfnisarten ist zu unterscheiden nach
– materiellen Bedürfnissen,
– immateriellen Bedürfnissen.

> „Was wirklich zählt auf dieser Welt,
> bekommst Du nicht für Geld!"

Dieses Zitat besagt, daß man für sogenannte greifbare **(materielle) Bedürfnisse** z. B. das Verlangen nach Brot, einem Farbfernseher oder einem Auto, stets Geld benötigt, um sie verwirklichen zu können.

Die Erfüllung nicht greifbarer **(immaterieller) Bedürfnisse** hingegen ist auch mit noch so viel Geld nicht möglich.

> **Beispiele:**
>
> Verlangen nach wirklicher Liebe, aufrichtiger Anerkennung, ehrlichem Lob, echter Geborgenheit, wahrer Freundschaft, Gerechtigkeit.

Bedürfnisse nach der Bewußtheit

Bedürfnisse, die von uns *konkret verspürt* werden, wie beispielsweise das Verlangen nach Lob oder der Hunger, werden als **bewußte oder offene Bedürfnisse** bezeichnet. Andere, die *unterschwellig empfunden* werden, sind den **latenten oder verdeckten Bedürfnissen** zuzuordnen. Sie schlummern im Verborgenen und können zu offenen Bedürfnissen werden, wenn sie geweckt werden. Dies geschieht sehr häufig durch die Werbung (Bedürfnisweckung).

> **Beispiel:**
>
> Michael hatte bislang kein Bedürfnis nach einer Mütze (cap), bis er einen sehr bekannten und bei den kids sehr beliebten amerikanischen Tennisstar damit im Werbefernsehen sah. Als dann noch einige seiner Freunde aus seiner Gruppe mit einer derartigen Schirmmütze auftauchten, mußte er auch unbedingt so eine Kopfbedeckung haben.

Vom Bedürfnis zur Nachfrage

Die Bedürfnisse – also die Summe aller Wünsche – von Menschen **sind unbegrenzt.** Das Einkommen hingegen ist begrenzt. Deshalb können nicht sämtliche Bedürfnisse sofort befriedigt werden, so daß eine Rangordnung nach der Dringlichkeit aufgestellt werden muß.

> **Beispiel:**
>
> Die Schülerin Sibylle kann sich nicht gleichzeitig einen neuen Walkman, ein paar neue Joggingschuhe, einen neuen Pullover und eine Urlaubsreise nach Spanien leisten.

Der Teil der Bedürfnisse, die ein Mensch mit seinen vorhandenen finanziellen Mitteln (= Kaufkraft) befriedigen kann, wird **Bedarf (= erfüllbarer Wunsch)** genannt.

> **Beispiel:**
>
> Sibylle entscheidet sich aufgrund ihrer finanziellen Situation für die Joggingschuhe und die Spanienreise.

Werden die zur Bedürfnisbefriedigung benötigten Dinge, wie z. B. die Joggingschuhe durch Kauf erworben, wird folglich von Sibylle tatsächlich Geld ausgegeben, so wird der Bedarf zur **Nachfrage.** Man spricht dann auch von einem marktwirksamen Bedarf **(erfüllter Wunsch).**

> Man schätzt, daß rund die Hälfte der industriellen Umweltbelastung in den Bereich des Konsums fällt, wobei die Herstellung und der Gebrauch beziehungsweise Verbrauch zu je 50 Prozent beteiligt sind. [...]
>
> Tatsache ist jedenfalls, daß jeder Benutzer eines Kraftfahrzeugs zur Vergiftung der Luft oder auch der in der Nähe von Straßen angebauten Lebensmittel beiträgt; Tatsache ist, daß jede mit phosphathaltigen Waschmitteln arbeitende Hausfrau den biologischen Tod unserer Seen und Flüsse fördert. Tatsache ist, daß der Anschluß des elektrischen Brotmessers oder der elektrischen Zahnbürste die Belastung der Luft mit Schwefeldioxid, Stickoxiden oder Radioaktivität erhöht. Tatsache ist, daß der Konsument Mitschuld trägt am Dahinsiechen zahlloser Pflanzen, Tiere und Menschen. Er, der Konsument, und eben nicht nur der Produzent. [...]

> ### *Aufgaben*
>
> 1. Deuten Sie folgende Aussage Wilhelm Buschs: „Ein jeder Wunsch, wenn er erfüllt, kriegt augenblicklich Junge."
> 2. Nennen Sie Bedürfnisse, die heute Kollektivbedürfnisse sind, früher aber noch Individualbedürfnisse waren.
> 3. Wie ist es zu erklären, daß ein Luxusbedürfnis zu einem Existenz- oder Kulturbedürfnis wird? Geben Sie drei Beispiele.

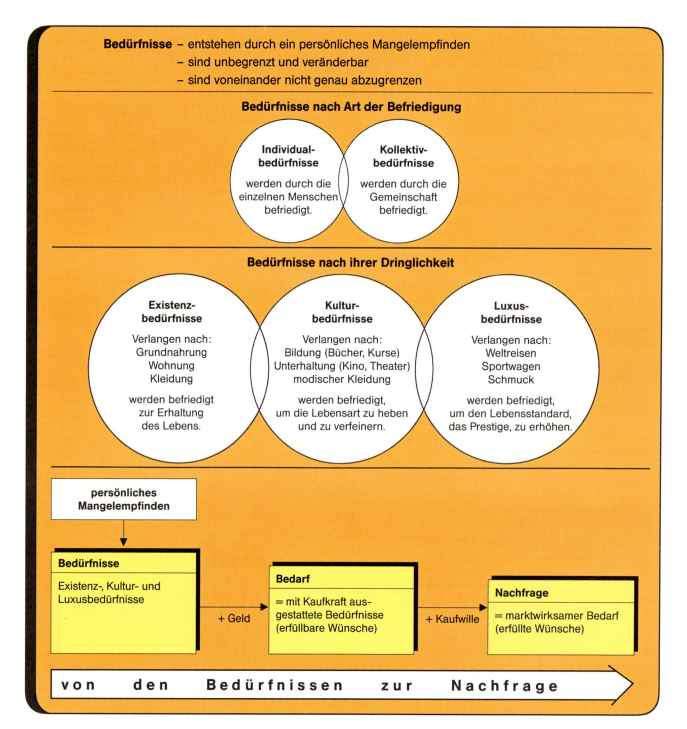

2.2 Güter und Dienstleistungen zur Bedürfnisbefriedigung

Thema der Woche: Smog
Dicke Luft in Hannover

Dicke Luft in Hannover. Im wahrsten Sinne des Wortes. Intensiv wie wohl selten zuvor werden die Nachrichten im Radio verfolgt: Darf ich noch an die „frische" Luft, darf ich noch mein Auto fahren, können wir heute im Betrieb normal arbeiten? Smog – alle reden davon, alle fürchten ihn, aber was steckt wirklich dahinter?

Joachim Prüter, der Chef des Gewerbeaufsichtsamtes und damit Verantwortlicher in der Behörde in Hannover, die bei Smog alle Hilfsmaßnahmen einleiten und kontrollieren muß, hat mit seinen 80 Beamten unruhige Tage hinter sich: Die ungünstige Wetterlage bescherte auch in der Landeshauptstadt Smog-Voralarm.

Die dicke Luft habe sich, so Prüter gegenüber HANNOVER AM SONNTAG, zusammengebraut, als bei Temperaturen von 5 Grad in 500 Meter Höhe und von Minusgraden am Boden die Schmutzteilchen in der Luft nicht nach oben entweichen konnten.

Diese Situation sei durchaus nicht erstmalig für Hannover. Nur habe man sie früher nicht so ernst genommen.

In Hannover werden die Luftwerte ständig an fünf Meßstationen registriert. Sie werden direkt an einen Computer weitergeleitet. „Per Europieper sind wir jederzeit erreichbar", betont Joachim Prüter, „wenn die Schadstoffwerte gefährlich ansteigen."

Zum Fahrverbot mußte es in Hannover bisher nicht kommen. Wie notwendig ein derartiges Verbot im Notfall wäre, verdeutlichen diese Zahlen: Laut statistischem Bericht der Stadt Hannover waren zum 30. Juni 1986 hier 201 334 Kraftfahrzeuge angemeldet und zusätzlich im Landkreis 274 333 . . .   hek

aus: Hannover am Sonntag vom 8. Feb. 1987, S. 3.

Noch vor 200 Jahren hätte niemand daran gedacht, jemals für den Verbrauch von Trinkwasser Geld zu bezahlen. Warum könnte es passieren, daß in naher Zukunft für die Luft ebenfalls ein Preis bezahlt werden muß?

Information

Als Güter werden alle Mittel bezeichnet, mit denen menschliche Bedürfnisse befriedigt werden können.
– **Güter stiften Nutzen.**

Güterknappheit

Heutzutage gibt es nur wenige Güter, die in unbegrenzter Menge zur Verfügung stehen und deren Konsum deshalb kostenlos ist, wie beispielsweise das Atmen der Luft, das Sammeln von Pilzen im Wald oder das Baden im Meerwasser außerhalb von Bade- oder Kurorten. Man bezeichnet sie als **freie Güter**.

Ist die Gütermenge kleiner als die vorhandenen Bedürfnisse, so spricht man von **knappen oder wirtschaftlichen Gütern**.

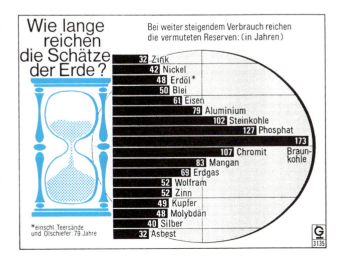

Güter, die man sofort verbrauchen kann, werden von der Natur aber nur selten zur Verfügung gestellt. Die meisten Güter muß der Mensch erst aus den Rohmaterialien der Natur gewinnen, um die entwicklungsmäßig unbegrenzten Bedürfnisse befriedigen zu können.

Im Laufe der menschlichen Entwicklung sind durch Umweltbelastungen immer mehr freie Güter zu wirtschaftlichen Gütern geworden.

Daher muß das gesamte Wirtschaften darauf konzentriert sein, die Güterknappheit zu mindern, damit die menschlichen Bedürfnisse befriedigt werden können.

Güterarten

Nach der Beschaffenheit können wirtschaftliche Güter eingeteilt werden in **materielle Güter (Sachgüter)**, wie z. B. Lebensmittel, Autos, Büromöbel, und **immaterielle Güter (Dienstleistungen und Rechte)**, wie beispielsweise die Leistungen eines Friseurs oder eines Rechtsanwaltes bzw. die Nutzung einer Mietwohnung, Patente und Urheberrechte.

Betrachtet man die wirtschaftlichen Güter nach der Art ihrer Verwendung, so lassen sie sich in **Konsum- und Produktionsgüter (Investitionsgüter)** einteilen. **Konsumgüter,** wie Textilien oder Möbel, dienen der unmittelbaren Bedürfnisbefriedigung des Endverbrauchers. **Produktionsgüter** werden zur Herstellung wirtschaftlicher Güter benutzt, wie z. B. Werkzeug, Lagerhallen, Maschinen.

Es kann durchaus sein, daß ein wirtschaftliches Gut, z. B. ein Schreibtisch, sowohl Produktions- als auch Konsumgut ist; je nachdem, wozu er verwendet wird, ob im Arbeitszimmer eines Lehrers zu dessen Berufsausübung oder im Wohnzimmer eines Angestellten zur Erledigung seines privaten Schriftverkehrs.

Teilt man die wirtschaftlichen Güter nach der Nutzungsdauer ein, so spricht man von **Ge- und Verbrauchsgütern. Gebrauchsgüter** können mehrmals verwendet werden, sie sind dauerhaft, wie z. B. ein Radiogerät oder eine Registrierkasse.

Verbrauchsgüter hingegen stiften nur einmal Nutzen, da sie verbraucht werden, wie Butter, Benzin oder Tinte.

Gebrauchs- und Verbrauchsgüter können sowohl Konsum- als auch Produktionsgüter sein.

Güterwandel

Die Güter, mit denen die Haushalte heute ausgestattet sind, waren den früheren Generationen unbekannt.

Das heißt, die „Welt" der Güter ändert sich auch mit den Bedürfnissen, dem menschlichen Wissensstand, aber auch mit der Rechtsordnung, was in neuester Zeit durch die vielfältigen Überlegungen zum Umweltschutz offensichtlich wird.

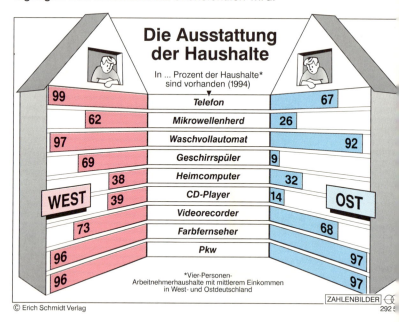

Aufgaben

1. Ordnen Sie die genannten Güter der Buchstaben a) bis j) den Güterarten zu.

    Beispiele für wirtschaftliche Güter:
    a) Treibstoff für Privatauto
    b) Leim bei der Möbelherstellung
    c) Boden als Liegewiese
    d) Wasser als Durstlöscher
    e) Coca-Cola im Automat einer Kaufhauskantine
    f) Wohngebäude in der Innenstadt
    g) Verkaufstheke
    h) Öl als Energiequelle im Haushalt
    i) Lagerhalle
    j) Kohle zur Heizung von Geschäftshäusern

Güterarten:
1. Konsumgut als Gebrauchsgut
2. Konsumgut als Verbrauchsgut
3. Produktionsgut als Gebrauchsgut
4. Produktionsgut als Verbrauchsgut

2. Warum wird die Leistung eines Verkäufers (= kundengerechte Beratung) als Gut betrachtet?

3. Erklären Sie, wie ein freies Gut zu einem wirtschaftlichen Gut werden kann.

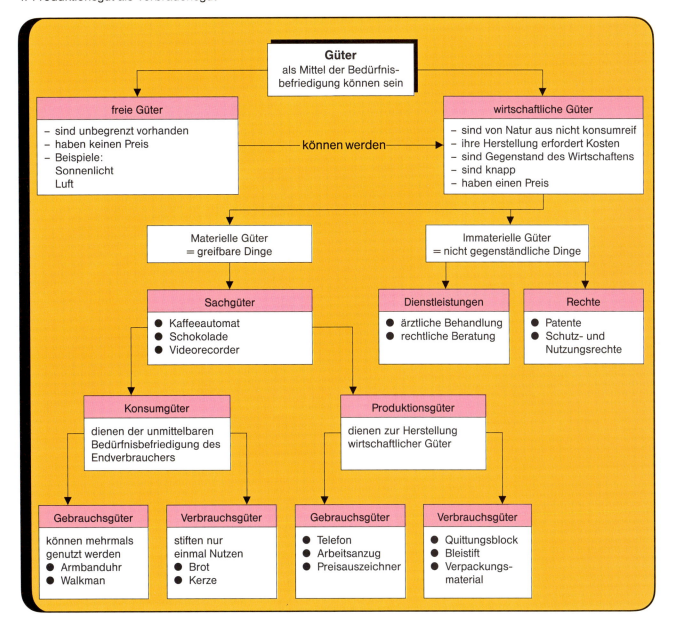

2.3 Das ökonomische Prinzip

Frau Lang versucht zu Hause eine Liste mit den Waren aufzustellen, die sie am dringendsten benötigt. Darunter ist auch eine neue Packung Waschmittel.

Da ihre Bedürfnisse unbegrenzt sind und sie sich daher nicht jeden Wunsch erfüllen kann, aber möglichst viele erfüllen möchte, versucht sie die Dinge des täglichen Bedarfs möglichst preiswert einzukaufen. Sie nimmt u. a. Anpreisungen in der Tageszeitung und Handzettel für die Planung ihrer täglichen Ausgaben zur Hilfe.

Für welches Waschmittel sollte sich Frau Lang entscheiden?

Information

Zum preisgünstigen Einkauf gehört neben dem Qualitäts- auch der Preisvergleich. Vernünftig handeln Menschen, wenn sie versuchen, mit ihren begrenzten finanziellen Mitteln so sinnvoll zu wirtschaften, daß möglichst viele Bedürfnisse des täglichen Bedarfs befriedigt werden können. Ebenso kann der planvolle Verzicht auf bestimmte Dinge, wie z. B. auf Zigaretten und Alkohol, bedeuten, daß mehr Geld für eine nützliche Anschaffung, beispielsweise ein Fahrrad, verwendet werden kann.

Menschen wirtschaften demnach, um sich möglichst viel leisten zu können. Der Erfolg oder Nutzen soll dabei im Verhältnis zum Einsatz so groß wie möglich ausfallen.

Geht man davon aus, daß Wirtschaften die planvolle Beschaffung und Verwendung knapper Güter zur Befriedigung menschlicher Bedürfnisse bedeutet, so läßt sich daraus das **Prinzip des ökonomischen Handelns** ableiten. Es ist nicht nur beim Verbrauch von Gütern in Haushalten, sondern auch bei der Güterproduktion in Betrieben vorzufinden, so beispielsweise, wenn ein Unternehmer einen bestimmten Auftrag, für den ein fester Preis vereinbart wurde, mit möglichst geringen Kosten zu erfüllen versucht.

Das ökonomische oder wirtschaftliche Prinzip findet als Minimal- und Maximalprinzip Anwendung.

Minimalprinzip		Maximalprinzip
Mit geringstem Mitteleinsatz soll ein bestimmtes Ziel (Erfolg / Zweck) erreicht werden (Sparprinzip).		**Mit gegebenen Mitteln soll ein größtmöglicher Erfolg erzielt werden (Haushaltsprinzip).**
Kauf eines Geschenkes für möglichst wenig Geld.	Haushalte	Für die bevorstehende Heizperiode kauft Herr Krüger 10 000 Liter Heizöl. Dieser Vorrat soll so lange wie möglich reichen.
Ein Lebensmittelhändler benötigt für sein Warensortiment pro Monat 2 000 Becher Müsli-Joghurt. Diese Menge wird er von dem preisgünstigsten Anbieter beziehen.	Unternehmen	Für die Herstellung von Lederschuhen werden möglichst viele Einzelteile aus den Lederlagen ausgestanzt.
Die Aufträge für den Bau des neuen Kreiskrankenhauses erhalten die kostengünstigsten Bauunternehmen.	Staat	500 000 DM Steuereinnahmen werden so gezielt eingesetzt, daß so viele Fahrradwege wie möglich gebaut werden können.

Das Wirtschaften nach dem ökonomischen Prinzip kann aber auch negative Veränderungen der **Umwelt** zur Folge haben:

Die unbegrenzten Bedürfnisse der Menschen erfordern die ständige Güterproduktion. Dabei werden Rohstoffe, wie z. B. Kohle, Eisen, Zink, Erdöl und Erdgas, immer knapper – sie sind außerdem nicht wiederherzustellen!

Dieses auf Wirtschaftswachstum angelegte Denken kann zu einer starken Belastung unserer Umwelt führen. Das ist unter anderem durch smoghaltige Luft, verseuchte Flüsse, das Aussterben vieler Pflanzen- und Tierarten sowie das Loch in der Ozonschicht sichtbar geworden. Kritisch muß daher über den Bedarf an bestimmten Gütern bzw. über Alternativen nachgedacht werden.

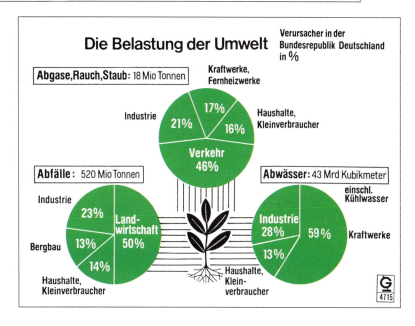

Dieses notwendige Nachdenken betrifft vor allem den Verbrauch der Rohstoffvorräte, die Verringerung der Verschmutzung unserer Umwelt und die Rückgewinnung von Rohstoffen (Recycling).

Lösungsansätze (Beispiele):

Verwendung von Druckbehältern ohne Treibgas, Fahrgemeinschaften, die Benutzung einer Einkaufstasche anstelle von Kunststofftüten, Filter- und Entschwefelungsanlagen für Kohlekraftwerke oder gar Wind- und Solarenergie.

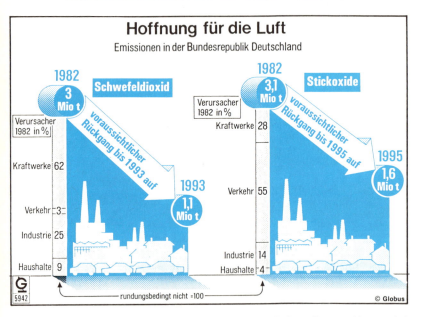

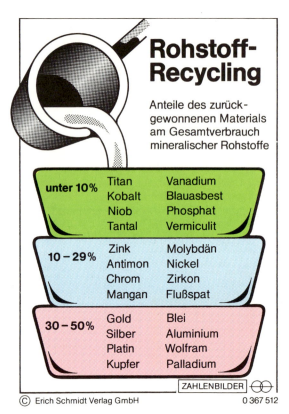

Durch die Wiedergewinnung wichtiger Rohstoffe aus Altmaterial oder Produktionsabfällen läßt sich der Einfuhrbedarf zum Teil beträchtlich senken. Nach einer Untersuchung, die im Auftrag des Bundeswirtschaftsministeriums erfolgte, wird der Verbrauch an Edelmetallen und Nichteisenmetallen schon zu über 30 Prozent, teilweise sogar zu 50 Prozent aus zurückgewonnenem Material bestritten. Die meisten Legierungsmetalle weisen Recyclinganteile zwischen 10 und 30 Prozent auf.

Beispiele:

a) Herr Obermeier hat sich zum Kauf eines Neuwagens eines bestimmten Herstellers entschieden. Er sucht mehrere Vertragshändler dieses Herstellers auf und erkundigt sich, welchen Preis er für sein „Wunschauto" nach Abzug möglicher Preisnachlässe tatsächlich zu bezahlen hat.

Beispiele:

b) Ein Einzelhändler setzt seine fünf Verkäuferinnen so ein, daß an diesem Tag möglichst viele neu angelieferte Waren in die Regale einsortiert werden können.

c) Der Obst- und Gemüsehändler Kranz überlegt, wie er die Kosten für die Auslieferung bestimmter, wenig umfangreicher Warensendungen senken kann. Die Ladeflächen der beiden Auslieferungsfahrzeuge waren bisher in solchen Fällen kaum ausgelastet.

Beispiele:

d) Anläßlich eines Kindergeburtstages beabsichtigt eine Mutter, für 30,00 DM Getränke einzukaufen. Sie vergleicht die Preise mehrerer Lebensmittelgeschäfte in der näheren Umgebung.

e) Ein Ausbilder beauftragt einen Auszubildenden, bei der Post für 24,00 DM 60-Pfennig-Briefmarken zu besorgen.

f) Der Rat der Stadt Hannover hat beschlossen, im Schulzentrum eine weitere Sporthalle errichten zu lassen. Vor Vergabe der anfallenden Erdarbeiten holt das städtische Bauamt verschiedene Angebote von Spezialfirmen ein.

Aufgaben

1. Entscheiden Sie, ob in den Beispielen das Minimal- oder das Maximalprinzip vorliegt.

2. Insbesondere beim Kauf von Konsumgütern gehen die Käufer gelegentlich nicht nach dem ökonomischen Prinzip vor. Nennen Sie einige Gründe, die die Konsumenten von ihrem wirtschaftlichen Verhalten abbringen können.

3. Warum muß der Mensch wirtschaften?

4. Nennen Sie Gründe, die für das Rohstoff-Recycling sprechen.

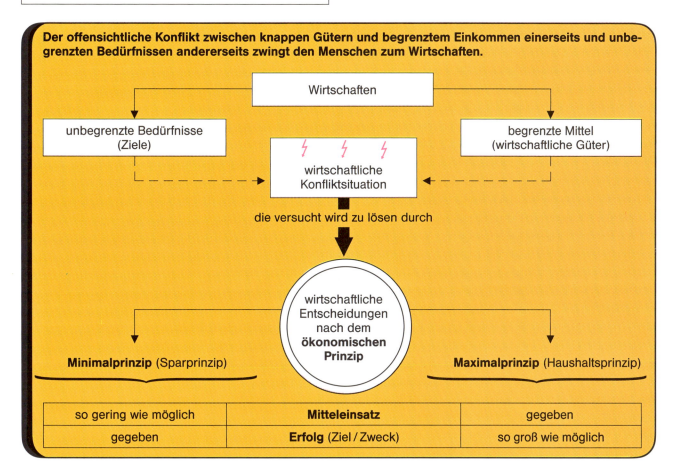

2.4 Die Produktionsfaktoren

Als gesundheitsbewußte Sportlerin nimmt Sibylle bei ihrem wöchentlichen Lebensmitteleinkauf u. a. auch stets ein Vollkornbrot in ihrem Einkaufskorb mit nach Hause. Bis das Brot zum Konsum „reif" ist, also von Sibylle zum Verbrauch gekauft werden kann, muß zuvor, wie bei den meisten Wirtschaftsgütern, ein längerer „Aufbereitungs"prozeß stattfinden. Diesen Vorgang nennt man **Produktion.**
Überlegen Sie mit Hilfe der abgebildeten Zeichnung, welche ursprünglichen Kräfte und Mittel auf der 1. Produktionsstufe, der Herstellung des Getreides, nötig sind.

aus: Informationsmaterial, hrsg. vom Bundesminister für wirtschaftliche Zusammenarbeit, Ref. Öffentlichkeitsarbeit, Bonn.

Information

Die volkswirtschaftlichen Produktionsfaktoren

Wenn man den Produktionsprozeß bis zu den selbst nicht mehr produzierbaren Gütern zurückverfolgt, so gelangt man zu den **ursprünglichen (originären) Faktoren** der Produktion

- **Boden (Natur)** und
- **menschliche Arbeit.**

Um Brot herstellen zu können, ist der **Faktor Boden** unentbehrlich. Er wird hier in dreifacher Weise genutzt:

1. Zum Anbau des Naturproduktes Roggen **(= Anbaufaktor)**.

   Weitere Beispiele:

   Anbau von Äpfeln, Tomaten, Baumwolle, Holz; Fischzucht; Viehzucht.

2. Zum Abbau von Salzlagerstätten zur Kochsalzgewinnung **(= Abbaufaktor)**.

   Weitere Beispiele:

   Förderung von Erdöl, Erdgas, Kohle, Erzen.

3. Als Gebäude für Haus, Stallungen und Scheune des Bauern **(= Standortfaktor)**.

Weitere Beispiele:
Der Boden als Raum für die Ansiedlung von Handels-, Handwerks-, Industrie- und Dienstleistungsbetrieben.

Die räumliche Lage eines Betriebes kann zwingend sein, so z. B. im Bergbau, mit seiner Abhängigkeit vom Rohstoffvorkommen. Sie kann aber auch abhängig sein von ausreichend vorhandenen Arbeitskräften, den verkehrstechnischen Einrichtungen, Umweltschutzbestimmungen usw.

Zum Begriff Boden gehören auch die Naturkräfte Wasser, Sonnenenergie und Luft sowie das Klima, das die land- und forstwirtschaftliche Nutzung entscheidend beeinflussen kann. Der Produktionsfaktor Boden ist nicht vermehrbar.

Unter dem **Produktionsfaktor Arbeit** ist wirtschaftlich gesehen jede geistige und körperliche Tätigkeit des Menschen zu verstehen, die auf die Erzielung eines Einkommens gerichtet ist.

Beispiele:
a) geistige Arbeit: lehren, forschen, planen, entwerfen;
b) körperliche Arbeit: bauen, ernten, bedienen, kochen.

Ohne die menschliche Arbeitskraft ist weder die Güterherstellung, also auch nicht die Nutzung des Bodens, noch technischer Fortschritt möglich. Letztlich ist das Wissen die Voraussetzung für die Neu- und Weiterentwicklung von Gütern und technischen Hilfsmitteln, wie z. B. Traktoren zur Bestellung des Ackers beim Roggenanbau.

Die Produktionsfaktoren Boden und Arbeit sind **ursprüngliche** Kräfte der Produktion. Das Hilfsmittel Traktor mußte von den Faktoren Boden und Arbeit geschaffen werden. Der Traktor wird in der Volkswirtschaftslehre als **Sach- oder Realkapital** bezeichnet. Zu diesem **Produktionsfaktor Kapital** werden im volkswirtschaftlichen Sinne sämtliche produzierte Produktionsmittel gezählt, wie z. B. das

Verwaltungsgebäude, der Lieferwagen, die Büroschreibmaschine, die Registrierkasse oder im industriellen Bereich die Roboter, Werkzeuge oder Lagerhallen. Sie dienen nicht dem Konsum, sondern werden für die Güterproduktion eingesetzt.

Der Produktionsfaktor Kapital ist, da er nicht ursprünglich vorhanden ist wie Boden und Arbeit, ein **abgeleiteter (derivativer)**, unter Einsatz der beiden anderen Produktionsfaktoren hergestellter Faktor.

Die Kapitalbildung erfolgt mit dem Ziel, wirtschaftliche Güter schneller und / oder bequemer produzieren zu können. Die Ausstattung einer Volkswirtschaft mit Produktionsmitteln nennt man **Kapitalausstattung** (= Sach- oder Realkapital). Sie darf nicht gleichgesetzt werden mit Geldkapital.

Geld allein ist kein Produktionsfaktor, sondern lediglich ein Tauschmittel, eine Vorstufe des Sachkapitals.

Produktion als Kombination der Produktionsfaktoren

Mit der Herstellung von oder dem Handel mit Gütern soll ein höchstmöglicher Gewinn (= Erlös – Kosten) erzielt werden. Dazu müssen die drei Produktionsfaktoren nach dem ökonomischen Prinzip im **Betrieb** miteinander kombiniert werden. Welche Faktorenkombination dabei am kostengünstigsten ist, hängt von der Handelsware bzw. der Art der Güterproduktion ab.

Betrieb = Produktionsstätte, in der durch die Kombination der Produktionsfaktoren Produktionsgüter und Dienstleistungen für den Bedarf Dritter und den Eigenbedarf hergestellt werden.

Untereinander sind die drei Produktionsfaktoren in Grenzen austauschbar. So ist im Zuge des technischen Fortschritts eine Änderung der Kombination der Produktionsfaktoren denkbar, um das Verhältnis zwischen Kosten und Ertrag optimal zu gestalten (Minimalkostenkombination : mit geringsten Kosten einen bestimmten Ertrag erzielen).

Am häufigsten wird dabei Arbeit durch Kapital ersetzt.

Dieser ständige Austauschprozeß wird als **Substitution (= Ersetzung)** der Produktionsfaktoren bezeichnet.

Beispiel:

Früher mußte ein Bauer 112 Arbeitsstunden aufbringen, um sein Roggenfeld von einem Hektar Größe abzuernten. Heute braucht er für dieselbe Größe, unter Verwendung eines Mähdreschers, nur noch eine Stunde und 48 Minuten auf dem Feld zu verbringen.

Dieselbe Getreidemenge ist mit einem geringeren Einsatz an menschlicher Arbeit gewonnen worden. Man spricht in diesem Zusammenhang von einer gestiegenen **Arbeitsproduktivität**.

Der Vorgang, den Menschen als Produktionsfaktor durch automatische Maschinen zu ersetzen, wird als **Rationalisierung** bezeichnet.

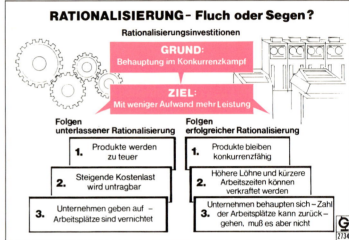

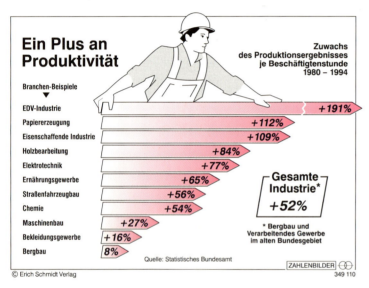

Im einzelnen kann die Substitution der Produktionsfaktoren bewirken:

– Arbeitserleichterung,
– Verringerung der Lebensarbeitszeit,
– Erhöhung der konsumierbaren Gütermenge,
– Kostensenkungen,
– Veränderungen der Arbeitsstruktur,
– Entlassungen.

Zu Problemen kann es immer dann kommen, wenn bei der Substitution von Arbeit durch Kapital die Interessen der betroffenen Arbeitnehmer nicht oder nicht ausreichend berücksichtigt werden. Da mit den gleichen Arbeitskräften mehr produziert werden kann, fordern die Gewerkschaften, daß die Arbeitnehmer am Produktivitätszuwachs teilhaben, z. B. durch Erhöhung der Tariflöhne, Investivlöhne, Arbeitszeitverkürzung.

Die zur Herstellung von Gütern notwendigen **betrieblichen Produktionsfaktoren (= Elementarfaktoren)** sind:

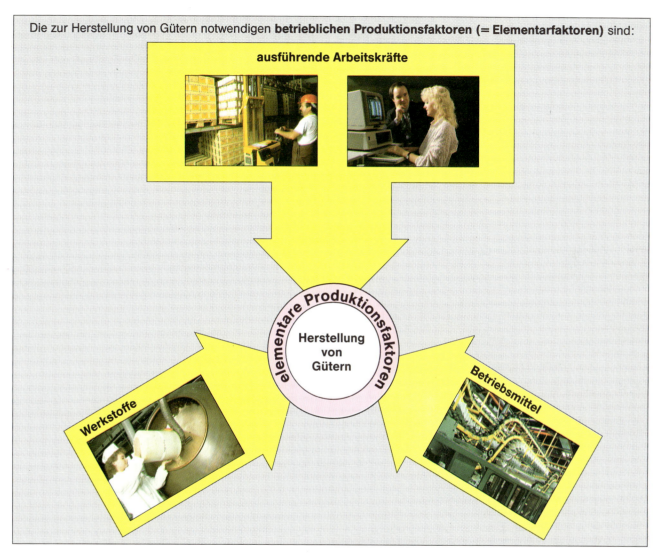

Die betriebswirtschaftlichen Produktionsfaktoren

Die Betrachtung der volkswirtschaftlichen Produktionsfaktoren Arbeit, Boden und Kapital bezieht sich auf die Gesamtwirtschaft eines Volkes. Sieht man sich die Produktion aber *aus der Sicht des einzelnen Unternehmens* an, so stehen **einzelwirtschaftliche (= betriebswirtschaftliche)** Überlegungen im Vordergrund. Die Betriebswirtschaftslehre geht daher von einer anderen Einteilung aus.

Unter **Betriebsmittel** sind sämtliche Anlagen und technische Einrichtungen, die zur Erstellung der betrieblichen Leistung (z. B. materielle Güter wie Kaffeemaschinen) notwendig sind, zusammengefaßt.

Beispiel:
Maschinen, Grundstücke, Verwaltungsgebäude, Werks- und Lagerhalle, Förderbänder, Werkzeuge jeder Art, Kraftfahrzeuge, Büroeinrichtung, Gabelstapler, EDV-Anlage.

Werkstoffe sind sämtliche Stoffe, die während der Güterherstellung verbraucht werden und in das neue Produkt eingehen.

Dabei sind zu unterscheiden:

● Rohstoffe, die zum *Hauptbestandteil* des fertigen Produkts werden, z. B. das Mehl fürs Brot, das Holz eines Bauernschrankes, der Stoff für den Hochzeitsanzug, das Leder eines Schuhs oder das Gummi für die Reifenherstellung.

● Hilfsstoffe, die nicht wesentlich für das Endprodukt sind, sondern es lediglich ergänzen (= *Nebenbestandteile*). Beispielsweise die Beschläge beim Bauernschrank, der Leim beim Reifen, die Knöpfe des Anzuges, die Glasur bei der Porzellanproduktion oder die Stiftnägel bei der Herstellung von Bilderrahmen.

● Betriebsstoffe, die nicht in das Produkt eingehen, sondern *bei der Produktion verbraucht* werden, wie z. B. Schmieröl, Benzin, Putzmittel, Strom oder Kohle.

● Bezogene fertige Einbauteile (auch Zwischenprodukte aus eigener Produktion), wie die Lichtanlage beim Auto, das Gehäuse bei der Computerherstellung, die Handgriffe bei der Herstellung von Fahrrädern u. v. m.

Um Werkstoffe und Betriebsmittel bei der Güterproduktion miteinander zu verbinden, ist die **ausführende** (objektbezogene) **Arbeit** als dritter elementarer Produktionsfaktor im Betrieb unentbehrlich. Hierunter fallen Tätigkeiten, die *in direktem Zusammenhang* u. a. mit der Beschaffung, der Produktion, des Absatzes, der Verwaltung und der Finanzierung stehen.

Beispiel:

Facharbeiter, wie Schlosser oder Werkzeugmacher, Hilfsarbeiter, Schreibkraft, Gabelstaplerfahrer, Techniker, Buchhalter, Mitarbeiter im Verkauf, technischer Zeichner.

Damit überhaupt erst die Produktion von Gütern ermöglicht wird und das Unternehmen zudem dabei seinen größtmöglichen Gewinn erzielen kann, müssen die drei Elementarfaktoren zusammengeführt und aufeinander abgestimmt werden. Dies kann nur durch eine einheitliche

betriebliche Führung erreicht werden. Die Tätigkeit dieser Führungsspitze wird als *leitende* (funktionsbezogene) Arbeit bezeichnet. Die Mitarbeiter, die in der Geschäftsleitung (Management) arbeiten, sind *nur indirekt an der Güterproduktion beteiligt*. Sie haben insbesondere die Aufgabe der Planung, Leitung, Organisation und Kontrolle.

Beispiel:

Führungskräfte, die anderen Personen Weisungen erteilen dürfen (= leitende Arbeitskräfte): z. B. Geschäftsführer, Ingenieur, Abteilungsleiter, Betriebsleiter, Meister.

Die Arbeit der Führungsorgane zählt nicht zum elementaren Produktionsfaktor „ausführende Arbeit". Sie wird vielmehr als selbständiger Produktionsfaktor geführt mit der Bezeichnung **dispositive** (leitende) **Arbeit**. Die Hauptaufgabe des dispositiven Produktionsfaktors ist die Kombination der Elementarfaktoren nach dem ökonomischen Prinzip.

Im einzelnen bestimmt die Geschäftsleitung als dispositiver Faktor:

– welches betriebliche Ziel angestrebt werden soll, um das Endziel, die Gewinnmaximierung, zu erreichen,

– wie die obersten Führungsstellen zu besetzen sind,

– wie die großen betrieblichen Teilbereiche Beschaffung, Herstellung und Absatz aufeinander abzustimmen sind,

– ob z. B. Beteiligungen an anderen Unternehmen vorgenommen oder betriebliche Bereiche stillgelegt werden sollen und

– wie Betriebsstörungen im Betriebsablauf zu beheben sind.

Da sich die elementaren Produktionsfaktoren untereinander austauschen oder völlig ersetzen (substituieren) lassen (z. B. ausführende Arbeit und Betriebsmittel), wird sich die Geschäftsleitung für die Kombination der Elementarfaktoren entscheiden, die die geringsten Produktionskosten verursacht (= Minimalkostenkombination).

Bei dieser Kombination wird das Minimalprinzip verwirklicht, d. h., mit den *geringstmöglichen* Faktorkosten wird eine *festgesetzte* Gütermenge erzeugt.

Beispiel:

Die *Geschäftsführung* wird versuchen, die Kosten des maschinellen Einsatzes (→ *Betriebsmittel*) möglichst niedrig zu halten durch Rationalisierung und Automation. Dabei können auch *menschliche (ausführende) Arbeitskräfte* ersetzt werden.

Roh-, Hilfs- und Betriebsstoffe (→ *Werkstoffe*) wird man versuchen, möglichst preisgünstig bei den Lieferanten einzukaufen und sie anschließend sparsam zu verwenden.

Die Anzahl der von der Geschäftsführung eingesetzten Elementarfaktoren und ihre Kombination im Unternehmen ist abhängig von der Art des Fertigungsverfahrens.

Beispiel:

Bei der Handfertigung, z. B. einer Markenuhr aus der Schweiz, ist die Produktion sehr arbeitsintensiv.

Bei der Automation ist die Produktion hingegen sehr kapitalintensiv, so z. B. bei der Herstellung des VW-Golf, wo modernste maschinelle Anlagen eingesetzt werden.

Wurde der volkswirtschaftliche Kapitalbegriff noch mit „produzierten Produktionsmitteln" (= Maschinen und maschinelle Anlagen) beschrieben (≠ Geldkapital), so ist *Kapital im betriebswirtschaftlichen Sinn* zu verstehen als all jene Mittel, die zur Finanzierung des Vermögens der Unternehmung beschafft werden. Eigenkapital sind von der Unternehmung selbst aufgebrachte finanzielle Mittel, Fremdkapital sind von Dritten geliehene Mittel.

Aufgaben

1. Welche Nutzungsmöglichkeiten bietet der Produktionsfaktor Boden?

2. Beschreiben Sie am Beispiel der Produktion von Fahrrädern (Kleiderschränken), wie die drei Produktionsfaktoren zum Einsatz kommen können.

3. Was verstehen Sie unter Kapital im volkswirtschaftlichen Sinn?

4. Warum findet Kapitalbildung statt?

5. Welche Auswirkungen hat der technische Fortschritt auf die Faktorkombination?

6. Erklären Sie „substituierbare Produktionsfaktoren".

7. Suchen Sie drei Beispiele, bei denen der Produktionsfaktor Arbeit durch den Produktionsfaktor Kapital ersetzt wurde.

8. Welche wirtschaftliche Gefahren, aber auch Chancen, können mit der steigenden Arbeitsproduktivität verbunden sein?

9. Wie beurteilen Sie die Substitution der menschlichen Arbeitskraft durch technisch hochentwickelte Betriebsmittel? Nennen Sie einige Vor- und Nachteile.

10. Nennen Sie die vier Produktionsfaktoren, die die Betriebswirtschaftslehre untersucht.

11. Worin besteht beim Produktionsfaktor Kapital der Unterschied zwischen der volkswirtschaftlichen und der betriebswirtschaftlichen Betrachtungsweise?

12. Welche Aufgaben hat der dispositive Faktor?

13. Suchen Sie Beispiele für die unter Aufgabe 12 genannten Aufgaben. Beziehen Sie Ihre Beispiele auf ein größeres Blumengeschäft.

14. Welcher elementare Produktionsfaktor spielt in dem Blumengeschäft sowie in anderen Dienstleistungsunternehmen eine sehr geringe Rolle?

15. Beschreiben Sie die Situation in einer Unternehmung, in der der dispositive Faktor (= Geschäftsleitung) fehlt.

16. Nennen Sie je fünf Mitarbeiter in einer Unternehmung, die mit ausführenden und leitenden Tätigkeiten beschäftigt sind.

17. Nennen Sie je drei Beispiele für Rohstoffe, Hilfs- und Betriebsstoffe sowie bezogene Fertigteile in einem Betrieb Ihrer Wahl.

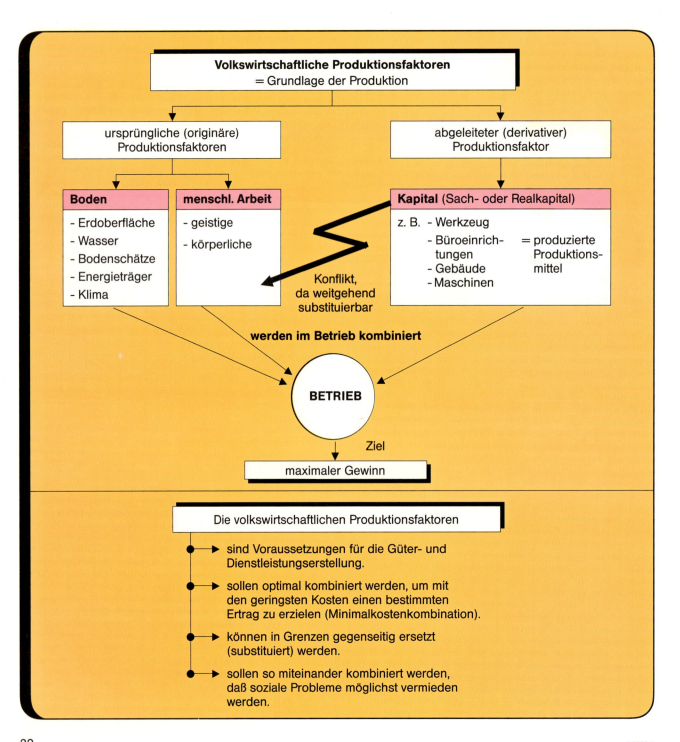

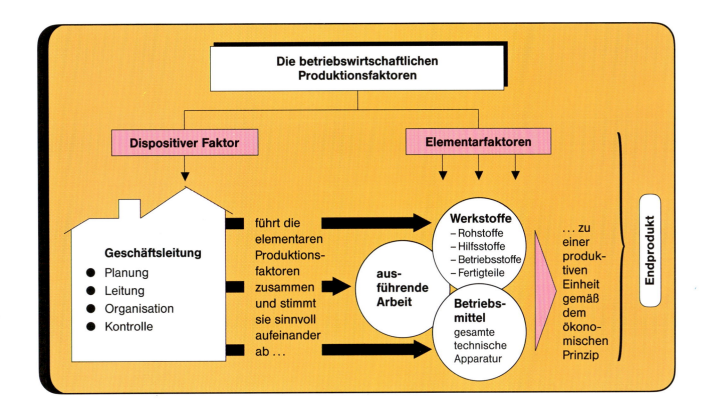

2.5 Die Arbeitsteilung

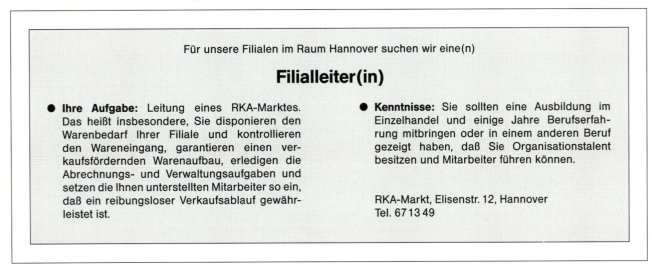

Für unsere Filialen im Großraum Hannover suchen wir

Verkäufer/innen

● **Ihre Aufgabe:** Eine abwechslungsreiche Tätigkeit aus Kassieren, Warennachfüllung und der selbständigen Bearbeitung Ihnen übertragener Aufgabenbereiche.

● **Kenntnisse:** Sie können bei uns alles erlernen, was Sie zur Bewältigung Ihrer Aufgaben benötigen, deshalb müssen Sie keine abgeschlossene Berufsausbildung als Verkäuferin mitbringen. Eine bewährte Mitarbeiterin

wird Sie gründlich in Ihr Aufgabengebiet einarbeiten. Sie sollten jedoch durch Zeugnisse belegen können, daß Sie in Ihrer bisherigen beruflichen Tätigkeit gute Leistungen erbracht haben. Auch wenn Sie längere Zeit nicht berufstätig waren, sollten Sie sich bewerben.

RKA-Markt, Elisenstr. 12, Hannover, Tel. 67 13 49

Warum hat die Firma RKA-Markt für ihre Filialen in Hannover zwei unterschiedliche Stellengesuche ausgeschrieben?

Information

Überbetriebliche Arbeitsteilung

Zur überbetrieblichen Arbeitsteilung gehören
– die Berufsbildung und Berufsspaltung sowie
– die gesamtwirtschaftliche Arbeitsteilung.

Berufsbildung und Berufsspaltung

Der Blick in die Stellenanzeigen der Zeitungen zeigt, daß überwiegend Fachleute gesucht werden, wie beispielsweise Sozialversicherungsangestellte, Universalfräser, Einkaufssachbearbeiter oder Sachbearbeiter für den Bereich Antragsbearbeitung und Bestandsverwaltung.

Noch bis ins 11. Jahrhundert waren die Menschen jedoch Selbstversorger und haben alles, was sie zum Leben benötigten, selbst hergestellt.

Die älteste und ursprüngliche Aufteilung der Arbeit hat zwischen Mann und Frau stattgefunden. Während die Frauen die Haus- und Feldarbeit sowie die Kinderversorgung übernahmen, gingen die Männer auf die Jagd und waren für die Fischerei zuständig.

Dadurch, daß einige Menschen bei speziellen Arbeiten besonderes Geschick zeigten, konnten sich die ersten handwerklichen Grundberufe bilden. Beispiele: Schneider, Schmied, Schreiner, Töpfer, Jäger, Händler. Diese Spezialisten konnten auf ihrem Gebiet wesentlich mehr und qualitativ höherwertige Güter herstellen als andere

Mitglieder der Gemeinschaft. Die **Berufsbildung** hatte stattgefunden.

Spezialisierungen innerhalb der Berufe folgten. Einzelne Arbeitsfelder, wie z. B. das des Kaufmanns, wurden in kleinere Arbeitsgebiete aufgespalten. Man spricht bei dieser Entwicklungsstufe von **Berufsspaltung,** die sich bis in die heutige Zeit fortsetzt.

Beispiel:

Kaufmann → Kaufmann / Kauffrau im Einzelhandel, Groß- und Außenhandelskaufmann, Industriekaufmann, Bankkaufmann, Versicherungskaufmann, Datenverarbeitungskaufmann.

Es erfolgte zugleich die Trennung zwischen körperlicher und geistiger Arbeit.

Gesamtwirtschaftliche (volkswirtschaftliche) Arbeitsteilung (Wirtschaftsstufen)

Mit zunehmender Spezialisierung bildeten sich die ersten Betriebe. Sie konzentrierten sich lediglich auf einen Abschnitt bei der Herstellung eines Wirtschaftsgutes.

Betrachtet man das Sportrad, so wird deutlich, daß z. B.

– das Aluminium für den Rahmen von den Erzbergwerken der Natur abgewonnen werden mußte;
– die Reifen ihren Ursprung auf den Gummiplantagen Malaysias haben;

– der Farbanstrich nur möglich war, weil Farben u. a. aus Ölen und Harzen gewonnen wurden.

Diese Betriebe auf der **ersten Produktionsstufe** zählt man zur sog. **Urproduktion (= Primärer Wirtschaftsbereich)**, wie Land- und Forstwirtschaft, Fischerei und Bergbau; sie schafft die Voraussetzungen für die Produktion. Die nachgelagerten Betriebe, wie z. B. die des Maschinen- und Fahrzeugbaus, des Textilgewerbes, der Leder- und Mineralölverarbeitung, des Nahrungs- und Genußmittelgewerbes, der Elektrotechnik, des Stahlbaus oder das Handwerk werden der **Weiterverarbeitung (= zweite Produktionsstufe)** zugerechnet. Auf dieser Stufe geschieht die eigentliche Herstellung der Güter (**= Sekundärer Wirtschaftsbereich**).

Zum Endverbraucher gelangt das Fahrrad über den Groß- und Einzelhandel. Diese Betriebe gehören zur **dritten Produktionsstufe,** dem **Dienstleistungsbereich (= Tertiärer Wirtschaftsbereich)**.

Beispiele für weitere Dienstleistungsbetriebe:

Versicherungen, Post, Banken, Eisenbahn, freie Berufe (Steuerberater, Ärzte, Architekten, Rechtsanwälte), Gaststätten.

Auf der dritten Produktionsstufe werden die Güter verteilt.

Die Gliederung der Gesamtwirtschaft nach den drei Produktionsstufen wird als **vertikale Arbeitsteilung** bezeichnet. Die innerhalb dieser Stufen entstandene Arbeitsteilung heißt **horizontale Arbeitsteilung.** Allgemein wird die Arbeitsteilung zwischen den Betrieben gesamt- oder volkswirtschaftliche Arbeitsteilung genannt.

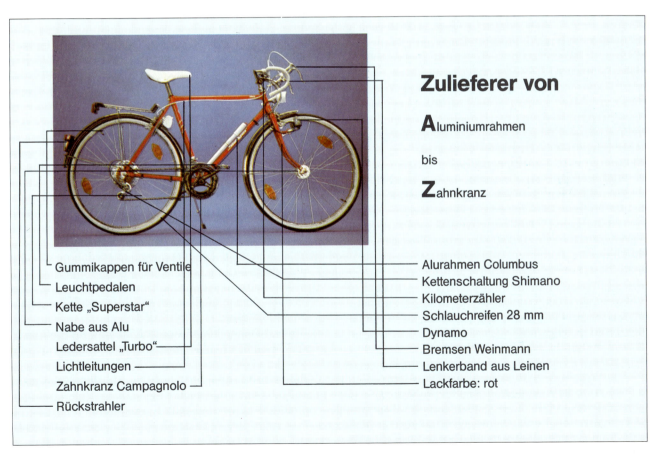

Zulieferer von

Aluminiumrahmen

bis

Zahnkranz

- Gummikappen für Ventile
- Leuchtpedalen
- Kette „Superstar"
- Nabe aus Alu
- Ledersattel „Turbo"
- Lichtleitungen
- Zahnkranz Campagnolo
- Rückstrahler

- Alurahmen Columbus
- Kettenschaltung Shimano
- Kilometerzähler
- Schlauchreifen 28 mm
- Dynamo
- Bremsen Weinmann
- Lenkerband aus Leinen
- Lackfarbe: rot

Betriebliche Arbeitsteilung

Aber auch **innerhalb** der Betriebe hat die Arbeitsteilung nicht halt gemacht. Der moderne, arbeitsteilig wirtschaftende Betrieb ist gekennzeichnet durch die Aufteilung nach Arbeitsbereichen, wie Einkauf, Lager, Rechnungswesen, Verwaltung, Verkauf (= **Abteilungsbildung**).

In den einzelnen Abteilungen wiederum werden die Arbeitsabläufe in mehrere Teilverrichtungen zerlegt, wobei jede dieser Teilverrichtungen getrennt ausgeführt wird, wie z. B. in der Einkaufsabteilung: – Bedarf ermitteln – Ware bestellen – Wareneingang überwachen – Rechnungen sachlich prüfen. Man spricht in diesem Fall von **Arbeitszerlegung**.

Internationale Arbeitsteilung

Es gibt mehrere Gründe für die **Arbeitsteilung zwischen den Staaten**:

1. Die Knappheit von Gütern im Inland, so daß z. B. Gummi, Erdöl oder Gewürze aus dem Ausland bezogen werden müssen (Einfuhr).
2. Wirtschaftlichkeitsüberlegungen:
   a) Güter können im Ausland preisgünstiger eingekauft werden, wie beispielsweise Videogeräte aus Japan (Einfuhr).
   b) Güter können im Ausland kostengünstiger hergestellt werden wegen der dort niedrigeren Lohnkosten.

Beispiel:

Der einstige Billiganbieter Japan ist mittlerweile selbst zum Hochlohnland aufgerückt. Konsequenz der japanischen Industrie: Sie hat zunehmend arbeitsintensive Produktionen in kostengünstige Newcomer-Standorte auf dem asiatischen Kontinent verlagert. Dabei nutzen die Unternehmen geschickt den hohen Lohnkostenvorteil der Nachbarregion und stärken auf diese Weise ihre eigene Wettbewerbsposition auf den Weltmärkten – zum Vorteil der eigenen Volkswirtschaft.

Der Pluspunkt für Japans asiatische Partner: Sie erhalten durch die japanischen Direktinvestitionen den Zugang zu modernem Know-how und beschleunigen damit ihren eigenen Entwicklungsprozeß.

3. Der technische Fortschritt bei der Produktion bestimmter Güter. Er sichert den auf dem Inlandsmarkt produzierten Gütern einen Qualitätsvorteil und fördert den Verkauf an das Ausland (Ausfuhr).
4. Die inländischen Unternehmen können durch den Handel mit dem Ausland ihren Umsatz bzw. Gewinn erhöhen und damit Arbeitsplätze sichern (Ausfuhr).

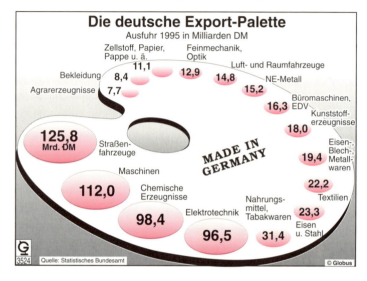

Die Spezialisierung einer Volkswirtschaft auf die Produktion bestimmter Güter in Verbindung mit den wirtschaftlichen Beziehungen zu anderen Volkswirtschaften kann eine bessere und billigere Güterversorgung sowie die Erhöhung des Lebensstandards zur Folge haben.

Aufgaben

1. Wie konnte es zur Berufsbildung kommen?
2. Was verstehen Sie unter vertikaler und horizontaler Arbeitsteilung?
3. Warum kommt es durch die Arbeitsteilung zwischen den Betrieben zu gegenseitiger Abhängigkeit? Nennen Sie zwei Beispiele.
4. Worauf ist die internationale Arbeitsteilung zurückzuführen?
5. Welche Betriebe sind aus den Produktionsstufen Urproduktion, Weiterverarbeitung und Dienstleistungen an der Herstellung und dem Verkauf folgender Güter beteiligt:

   – Wollpullover,   – Automobil,
   – Wohnzimmerschrank,   – Bleistift?

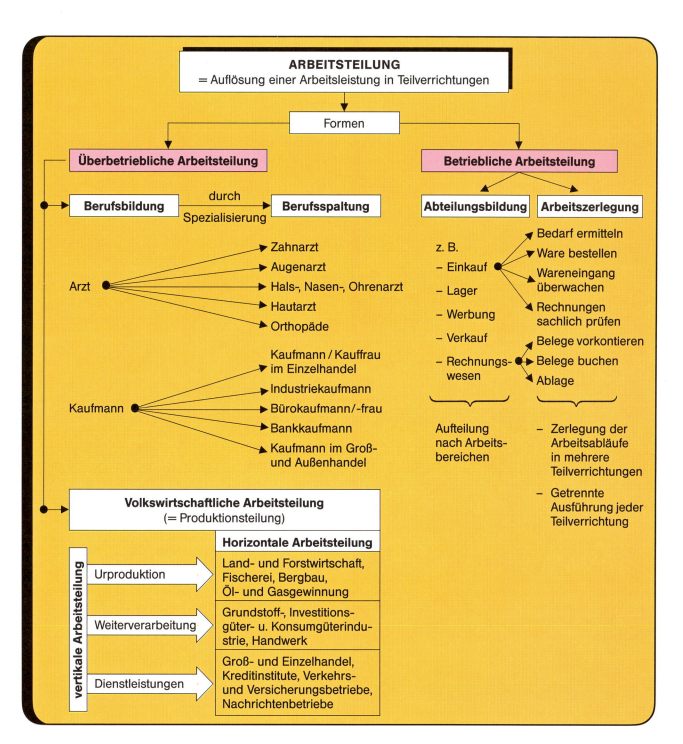

2.6 Auswirkungen der Arbeitsteilung

Mit Schmerzen an der Kasse

BERN, 3. Februar (AP). Rückenschmerzen, Beschwerden im linken Arm, Nervosität und Augenleiden sind nach einer Untersuchung die häufigsten gesundheitlichen Beeinträchtigungen, unter denen das Kassenpersonal in Selbstbedienungsläden leidet. Die Untersuchung des Arbeitsärztlichen Dienst des Schweizer Bundesamts für Industrie, Gewerbe und Arbeit (Biga) über Probleme bei der Kassenarbeit wurde vor kurzem auszugsweise veröffentlicht.

Bei der Untersuchung wurden 469 Kassierende befragt, von denen 93 Prozent Frauen waren. Mehr als die Hälfte, 55 Prozent, litten an Rückenschmerzen und je 43 Prozent an Nervosität und Schmerzen im linken Arm. Augenleiden und Sehstörungen waren für 42 Prozent der teils mündlich, teils schriftlich Befragten ein Problem. Diese Beschwerden kämen beim Kassenpersonal häufiger vor als bei anderen Verkäuferinnen oder beim Durchschnitt der übrigen erwerbstätigen Frauen, heißt es in der Studie. Es wurden eindeutige Zusammenhänge zwischen den gesundheitlichen Beschwerden und den verschiedenen Arbeitsplatzgegebenheiten festgestellt.

aus: Frankfurter Rundschau vom 04. 02. 1987, Seite 24.

Welche Gefahren sind mit der Arbeitsteilung verbunden?

Information

Die Arbeitsteilung hat neben vielen Vorteilen auch nicht zu übersehende Nachteile gebracht. Automaten arbeiten sicherlich schneller, fehlerfreier und kostengünstiger als Menschen. Und dennoch gibt es berechtigte Sorgen, daß der mit der Arbeitsteilung einhergehende technologische Fortschritt nur die eine Seite der Medaille ist. In der nachfolgenden Übersicht wird das Für und Wider der Arbeitsteilung dargestellt.

Die Arbeitsteilung bzw. der technische Fortschritt bringt Chancen, aber sie birgt auch Risiken.

„Die Arbeit an die Menschen anpassen und nicht den Menschen an die Arbeit" – so lautet eines der vielen Schlagworte, mit denen **„Humanisierung des Arbeitslebens"** erklärt wird. Dabei stehen im Mittelpunkt

– die Beseitigung und Verhinderung extremer Arbeitsteilung,

– mehr persönliche Mitbestimmung und Entfaltungsmöglichkeiten am Arbeitsplatz sowie

– die Verbesserung des Arbeitsschutzes.

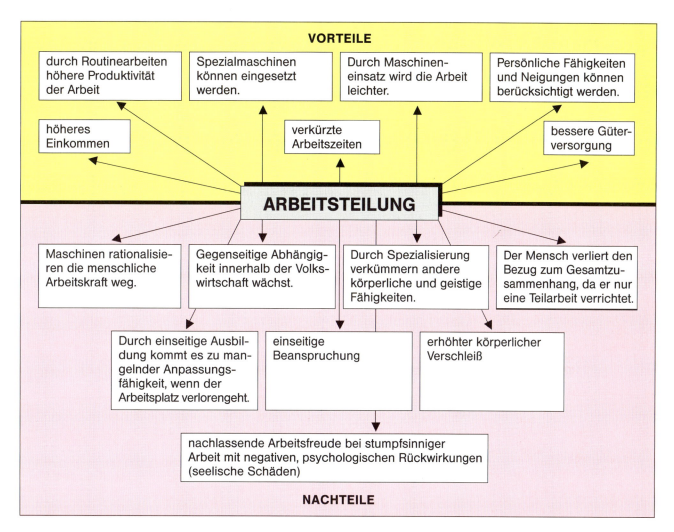

Die Maßnahmen, die auf die **menschengerechtere Gestaltung der Arbeitsbedingungen** (= Humanisierung der Arbeit) abzielen, beginnen bei
- den Arbeitsschutzmaßnahmen, wie Maßnahmen der Unfallverhütung, der Arbeitshygiene und der arbeitsmedizinischen Betreuung,
- der fortschrittlichen Gestaltung des Arbeitsplatzes
- menschenwürdigen Arbeitsräumen und
- betrieblichen Sozialeinrichtungen.

Darüber hinaus umfassen sie auch neue Formen der Arbeitsorganisation:

- **Arbeitsplatzwechsel (job rotation):** Die Eintönigkeit und Unlust am Arbeitsplatz soll durch Tätigkeitswechsel verringert werden.
- **Arbeitserweiterung (job enlargement):** Nacheinander folgende Tätigkeiten, die von mehreren Personen vollzogen wurden, werden nun von einer Person erledigt. Der Arbeitsumfang erweitert sich für diese Person.
- **Arbeitsbereicherung (job enrichment):** Verschiedene Teilarbeiten werden zu einer Arbeitseinheit zusammengefaßt. Die Personen müssen sich z. B. selbst um die Materialbeschaffung, die Montage, Kontrolle und kleinere Reparaturen kümmern. Die Arbeit wird für den einzelnen verantwortungs- und anspruchsvoller – seine Bedeutung am Arbeitsplatz steigt.

- **Teilautonome (teilweise selbständige) Arbeitsgruppen:** Eine Gruppe von 3 bis 10 Personen stellt ein komplettes (Teil-) Produkt her. Sie regelt den Arbeitsablauf – auch die Pausen – in eigener Regie. Jeder führt mehr verschiedene Tätigkeiten aus als früher.
- **Lean Production:** Zu deutsch: schlanke oder abgespeckte Produktion. Dahinter verbirgt sich ein hauptsächlich in der japanischen Autoindustrie angewendetes Herstellungssystem, das von allen Produktionsfaktoren weniger braucht als die herkömmliche Massenherstellung: die Hälfte an menschlicher Arbeit und Entwicklungszeit sowie weniger als die Hälfte der Lagerkapazitäten für Vorprodukte und Zulieferteile. Gleichzeitig werden mehr Waren in größerer Vielfalt und besserer Qualität angeboten.

Das Konzept der Lean Production kombiniert die Vorteile der handwerklichen Fertigung mit denen der Massenproduktion. Vom Handwerk bleiben Flexibilität und Qualität, die Fließbandfertigung steuert sowohl Schnelligkeit als auch niedrige Stückkosten bei.

Lean Production: Europas Defizite

Die japanischen Automobilhersteller sind ihren europäischen und amerikanischen Konkurrenten in vielen Bereichen der Fertigung überlegen.

Durchschnittswerte pro Werk	Japanische Werke in Japan	Japanische Werke in den USA	Amerikanische Werke in den USA	Europäische Werke
Fertigungsstunden pro Fahrzeug	16,8	21,2	25,1	36,2
Montagefehler pro 100 Fahrzeuge	60,0	65,0	82,3	97,0
Anzahl der Zulieferer pro Werk	170	238	509	442
Anteil der Just-in-time-Zulieferung in Prozent aller Zulieferteile	45,0	35,4	14,8	7,9
Lagerdauer in Tagen	0,2	1,6	2,9	2,0
Mitarbeiter in Arbeitsgruppen in Prozent	69,3	71,3	17,3	0,6
Mobilität der Arbeiter (0 = keine; 4 = sehr hoch)	3,0	2,7	0,9	1,9
Verbesserungsvorschläge pro Mitarbeiter	61,6	1,4	0,4	0,4
Ausbildung neuer Arbeiter in Stunden	380,3	370,0	46,4	173,3
Abwesenheit in Prozent aller Arbeitskräfte	5,0	4,8	11,7	12,1

iwd, Nr. 49 vom 05. 12. 91, Seite 5

Dieses Konzept wird jetzt auch mehr und mehr in den Büros praktiziert. **Lean administration** heißt die neue Devise.

Das Konzept der *schlanken Verwaltung* will
- die Qualifikation,
- die Motivation sowie
- den Ideenreichtum

der Mitarbeiter fördern.

Lean administration läßt sich wie folgt kennzeichnen:
- Produktionsnahe Bürotätigkeiten werden in der Produktion erledigt.

Beispiel:

Teilautonome Gruppen übernehmen z. B. die Materialdisposition oder die Urlaubsplanung.

- Die verbleibenden Verwaltungsaufgaben werden gestrafft, um so die Durchlaufzeiten zu verkürzen.

Beispiel:

Sämtliche mit einem Verwaltungsschritt befaßten Abteilungen und Mitarbeiter versuchen Verwaltungsmaßnahmen zu vereinfachen bzw. zu optimieren.

- Das Vorschlagswesen im Büro wird ausgebaut.

Beispiel:

Die Mitarbeiter können Vorschläge einbringen, um so den Arbeitsablauf in ihrem eigenen Sachgebiet zu vereinfachen und zu optimieren.

- Die Befugnisse der Sachbearbeiter werden erweitert. Dadurch werden die Hierarchien in den Verwaltungsetagen flacher, und die Flexibilität wird größer.

Beispiel:

Es werden nicht mehr einzelne Arbeitsschritte vorgegeben, sondern ein Ziel. Die Arbeit wird organisiert nach dem Prinzip des *job enlargements.* Da darüber hinaus nicht mehr der Vorgesetzte über die Abwicklung eines Auftrages entscheidet, sondern die Mitarbeiter selbst, findet zugleich die Arbeitsorganisation *job enrichment* eingang in das Konzept des lean administration.

– Mitarbeiter aus Verwaltung und Produktion sitzen an einem Tisch. Designer, Forscher, Techniker, Lagerverwalter, Konstrukteure und Verkäufer planen, kalkulieren und fertigen ein Produkt von der Idee bis zum Verkauf.

Der Erfolg der schlanken Produktion/Verwaltung basiert auf **Teamarbeit**. Durch sämtliche Maßnahmen kann die Arbeitsfreude bei gleicher Leistung erhöht werden. Denn die Mitarbeiter

– werden mit anspruchsvollen Aufgaben betraut,
– können sich wieder stärker mit ihrer Tätigkeit identifizieren,
– besitzen größere Entscheidungs- und Handlungsspielräume,
– wodurch die Motivation steigt und die Fehlerquote sinkt.

Über das Just-in-time-System werden auch die Zulieferer in die neue Lean-Philosophie einbezogen.

Aufgaben

1. **Humanisierung des Arbeitslebens**

    Neue Technologien werden verstärkt berücksichtigt

    Der technische Fortschritt verändert den Arbeitsalltag. Er eröffnet Chancen, aber er birgt auch Risiken. Der Bundesminister für Forschung und Technologie und der Bundesminister für Arbeit und Sozialordnung setzen daher das Programm Forschung zur Humanisierung des Arbeitslebens (HdA) dazu ein, um Beiträge für die menschengerechte Gestaltung der Arbeitsbedingungen und einen vorbeugenden Gesundheitsschutz am Arbeitsplatz beim Einsatz neuer Technologien zu leisten. *aus: Sozialpolitische Informationen, Jg. XIX/23 vom 04.12.85*

    a) Erklären Sie, was unter Humanisierung des Arbeitslebens verstanden wird.
    b) Nennen Sie weitere Möglichkeiten zur Humanisierung des Arbeitslebens.

2. Welche negativen Folgen hat die Arbeitsteilung?

2.7 Einfacher Wirtschaftskreislauf

Kauf von Joggingschuhen

Woher erhält Sibylle das zum Kauf der Joggingschuhe notwendige Geld?

Information

In einer arbeitsteiligen Wirtschaft stehen sich Nachfrager und Anbieter gegenüber. Die Nachfrager erwerben Einkommen, indem sie ihre Arbeitskraft zur Verfügung stellen. Das Einkommen verwenden sie zur planvollen Befriedigung ihrer Bedürfnisse.

Die Nachfrager, man spricht auch von **Haushalten,** erzeugen kaum noch Güter für den eigenen Bedarf. Vielmehr kaufen sie ihre Güter bei den **Unternehmen,** die die Güter erzeugen und bereitstellen.

Unter **Unternehmung** versteht man eine selbständige rechtliche Wirtschaftseinheit mit eigenem Rechnungswesen, Risiko sowie Vermögen. Sie stellt das finanzielle Fundament des Betriebes, die rechtliche Verfassung und die mit dem Markt verbundene Seite des Betriebes dar. Eine Unternehmung kann mehrere Betriebe umfassen.

Unter **Betrieb** wird landläufig die Produktionsstätte der Unternehmung verstanden, in der Produktionsgüter und Dienstleistungen hergestellt werden.

Die Beziehungen zwischen Haushalten und Unternehmen lassen sich durch folgendes Modell verdeutlichen:

Einkommen (Y) (Lohn/Gehalt, Pacht, Zins)

Faktorleistungen: (Arbeit, Boden, Kapital)

② ①

Unternehmen — private Haushalte

④

Konsumgüter

③

Konsumausgaben (C)

⬅ Geldstrom (monetärer Strom)
➡ Güterstrom (realer Strom)

Erklärung:

zu ①: Die Haushalte stellen den Unternehmen ihre Arbeitsleistung zur Verfügung. Zudem erhalten die Unternehmen von den Haushalten Grundstücke (Boden) und Geld zur Finanzierung der Produktion (Kapital).

zu ②: Die Haushalte erhalten als Gegenleistung Geld von den Unternehmen (Einkommen als Lohn, Pacht oder Zinsen).

zu ③: Die Haushalte verwenden das gesamte Einkommen zum Kauf von Gütern (im Modell nur Konsumgüter).

zu ④: Von den Unternehmen fließen den Haushalten im Tausch mit ihren Geldausgaben Konsumgüter zu.

Die Ausgaben der Haushalte, die den Unternehmen zufließen (vgl. 3), sind für diese Unternehmen Erlöse, die als Einkommen für die Faktorleistungen wieder den Haushalten zukommen. Der Kreislauf beginnt von neuem.

Es findet also zwischen diesen beiden Wirtschaftsbereichen eine ständige Wiederholung von Kauf und Verkauf statt. Dabei steht einer großen Zahl von Haushalten eine Vielzahl unterschiedlicher Unternehmen, wie z. B. Automobilhersteller, Elektrogerätehersteller, Sportartikelhersteller, Groß- und Einzelhändler, gegenüber. Es entsteht ein System von Geld- und Güterströmen, der sog. **Wirtschaftskreislauf.**

Im Wirtschaftskreislauf fließt jedem Güterstrom ein wertgleicher Geldstrom entgegen.

Aufgaben

1. Nennen Sie Konsumgüter, die von den folgenden Unternehmungen angeboten werden:
   a) Kaufhaus, b) Verlag, c) Apotheke, d) Nerzfarm.

2. Warum kann man davon sprechen, daß das Modell des einfachen Wirtschaftskreislaufs die Wirklichkeit nur stark vereinfacht wiedergibt?

3. Was würde geschehen, wenn die Haushalte ihr Einkommen nicht in voller Höhe für Konsumgüter ausgeben, sondern einen Teil sparen würden?

4. Beschreiben Sie am Modell des einfachen Wirtschaftskreislaufs, welche wirtschaftlichen Auswirkungen eine Arbeitsniederlegung der Arbeitnehmer zur Folge hätte.

5. Wenn man den Wirtschaftsprozeß in einer Volkswirtschaft veranschaulichen will, ist man auf eine Modellbetrachtung angewiesen. Der einfache Wirtschaftskreislauf zeigt entgegengesetzt verlaufende Ströme: a) den Geldstrom und b) den Güterstrom.
Beschreiben Sie ausführlich beide Ströme.

- Der **einfache Wirtschaftskreislauf** wird von einem Güterstrom und einem Geldstrom gebildet.
- Der **Geldstrom** (= monetärer Strom) besteht aus dem Einkommen der Haushalte (Lohn für die Arbeit; Pacht für den Boden; Zins für das Kapital) und ihren Konsumausgaben.
  Die Konsumausgaben werden bei den Unternehmen zu Erlösen.
- Der **Güterstrom** (= realer Strom) verläuft gegenüber dem Geldstrom entgegengesetzt. Er umfaßt die Faktorleistungen der Haushalte und die von den Unternehmen bereitgestellten Güter.

2.8   Das Sozialprodukt

Wenn früh am Morgen die Werkssirene dröhnt,
und die Stechuhr beim Stechen lustvoll stöhnt,
in der Montagehalle die Neonröhre strahlt,
und der Gabelstaplerfahrer mit der Stapelgabel prahlt.

Ja, dann wird wieder in die Hände gespuckt,
wir steigern das *Bruttosozialprodukt*,
ja, jetzt wird wieder in die Hände gespuckt,
wir steigern das *Bruttosozialprodukt*.

Die Krankenschwester kriegt 'nen riesen Schreck,
schon wieder ist ein Kranker weg,
sie operierten gerade erst sein Bein,
doch schon kniet er sich wieder mächtig rein.

Ja, dann wird wieder in die Hände gespuckt,
wir steigern das *Bruttosozialprodukt*,
ja, jetzt wird wieder in die Hände gespuckt,
wir steigern das *Bruttosozialprodukt*.

Wenn sich Opa den Sonntag auf sein Fahrrad schwingt,
und heimlich in die Fabrik eindringt,
dann hat Oma Angst, daß er zusammenbricht,
denn Opa macht heute wieder Sonderschicht.

Ja, dann wird wieder in die Hände gespuckt,
wir steigern das *Bruttosozialprodukt*,
ja, jetzt wird wieder in die Hände gespuckt,
wir steigern das *Bruttosozialprodukt*.

Was meint die Popgruppe „Geier Sturzflug", die diesen Song geschrieben hat, mit **Bruttosozialprodukt**?

Information

Sozialprodukt und Volkseinkommen

Das *Sozialprodukt* ist die Summe aller Güter (Konsumgüter und Produktionsgüter) und Dienstleistungen, die in einem Jahr innerhalb einer Volkswirtschaft erzeugt werden. Um das Wachstum der deutschen Wirtschaft auch international vergleichen zu können, wählte das Statistische Bundesamt einen neuen Indikator: **das Bruttoinlandsprodukt** (kurz: **BIP**). Es zeigt im Gegensatz zum bisherigen Bruttosozialprodukt (BSP) nicht die Einkommensleistung, sondern die *Produktionsleistung* der deutschen Wirtschaft an. Dabei ist es unwichtig, ob die Erwerbstätigen oder auch die Eigentümer der Unternehmen ihren ständigen *Wohn-*

sitz in Deutschland haben oder anderswo. Entscheidend ist, daß die Einkommen *im Inland* entstanden sind, gleichgültig ob sie Inländern oder Ausländern zufließen.

Beispiel:

Ein Franzose, der seinen Wohnsitz in Straßburg (Frankreich) hat, zu seinem Arbeitsplatz aber täglich nach Kehl (Deutschland) pendelt, erhöht mit seiner Arbeitsleistung das BIP in Deutschland.

Das BIP ist also eine regional abgegrenzte Größe.

Von seiner *Entstehung* her gesehen wird das Sozialprodukt über das BIP berechnet, d. h. man zieht vom Inlandsprodukt die Erwerbs- und Vermögenseinkommen ab, die an die übrige Welt geflossen sind, und fügt umgekehrt die Erwerbs- und Vermögenseinkommen hinzu, die von inländischen Personen bzw. Institutionen aus der übrigen Welt bezogen worden sind (Einkommen aus der übrigen Welt). Das BSP bezieht sich daher auf die Produktion von Gütern und Dienstleistungen, die Menschen, die in Deutschland wohnen, gegen Lohn erbracht haben. Dabei ist es unerheblich, ob sie dafür nun in Deutschland oder im Ausland gearbeitet haben – es zählt nur, daß sie ihr Einkommen in Deutschland bekommen haben.

Bruttoinlandsprodukt (Produktionsergebnis aller im Inland verwendeten Produktionsfaktoren = Inlandskonzept)

+ Einkommen von Inländern, das aus dem Ausland fließt

./. Einkommen von Ausländern, das vom Inland gezahlt wird

= Bruttosozialprodukt (= Inländerkonzept)

Das Bruttoinlandsprodukt unterscheidet sich vom Bruttosozialprodukt durch den Saldo der Erwerbs- und Vermögenseinkommen zwischen Inländern und der übrigen Welt.

Vereinfachtes Beispiel zur Ermittlung des Sozialprodukts (= Bruttowertschöpfung):			
Produktionsstufen	Bruttoproduktionswerte	Vorleistungen von anderen Unternehmen	Nettoproduktionswerte (= Bruttowertschöpfung)
Ein Forstwirt produziert Bäume für	60 000,00 DM	–	**60 000,00 DM**
Das Sägewerk kauft das Holz und stellt daraus Bretter her im Wert von	80 000,00 DM	60 000,00 DM	**20 000,00 DM**
Eine Möbelfabrik verarbeitet das Rohmaterial zu Kleiderschränken im Wert von	110 000,00 DM	80 000,00 DM	**30 000,00 DM**
	250 000,00 DM	140 000,00 DM	**110 000,00 DM**

In das Sozialprodukt werden demzufolge *nur Endprodukte* einbezogen. Nicht berücksichtigt werden die Bäume, die der Forstwirt an das Sägewerk verkauft, und nicht das Holz, das das Sägewerk an die Möbelfabrik abgibt, sondern nur die Kleiderschränke, die aus den Brettern gefertigt werden. Würde allerdings z. B. das Sägewerk die Bretter nicht zur Weiterverarbeitung an die Möbelfabrik verkaufen, sondern an einen privaten Hobbybastler, dann müßte der Wert der Bretter in das Sozialprodukt eingerechnet werden.

Um die doppelte Erfassung von Werten zu vermeiden, wird daher auf jeder Produktionsstufe **nur die Wertschöpfung berücksichtigt.** Das ist der Wert, der zu den Vorleistungen durch Weiterverarbeitung hinzugefügt wird.

Das BIP entsteht durch:
- die privaten Haushalte, die den Unternehmen die Produktionsfaktoren Arbeit, Boden und Kapital zur Verfügung stellen und dafür Einkommen erhalten;
- die Unternehmen, die die Produktionsfaktoren kombinieren und damit Güter und Dienstleistungen erstellen;
- den Staat.

Will man errechnen, wie hoch die geschaffenen Werte (= Wertschöpfung) einer Volkswirtschaft (= eines Landes) sind, so muß man die hergestellten Güter und die erbrachten Leistungen aller Wirtschaftsbereiche in einer Summe zusammenfassen. Man erhält dann zunächst den Bruttoproduktionswert, der aber noch viele doppelte Zählungen enthält. Der Grund: Die einzelnen Unternehmen tauschen Güter untereinander aus. Um diese Doppelzählungen zu vermeiden, werden die Vorleistungen (die Verkäufe eines Unternehmens können zum Teil Vorleistungen eines anderen Unternehmens sein) nicht mehr berücksichtigt. Damit sind in der gesamtwirtschaftlichen Produktion die Nettoproduktionswerte (= Bruttowertschöpfung) aller Unternehmen erfaßt.

Da man keine Computer, Erdbeermarmelade, LKWs und Dienstleistungen eines Lehrers zu einer Summe zusammenfassen kann, müssen die Nettoproduktionswerte der einzelnen Güter und Dienstleistungen mit ihren Werten, d. h. mit ihrem am Markt erzielten Preis, bewertet werden. Man hat sie also zum Zwecke des Zusammenzählens gleichnamig gemacht. Die genaue Bezeichnung für das Sozialprodukt lautet deshalb **Bruttoinlandsprodukt zu Marktpreisen** (im Beispiel 110 000,00 DM => Addition der Wertschöpfungen aller Produktionsstufen).

Zusammenfassend ergibt sich die folgende Übersicht:

Wirtschaftsbereiche:	
– Land- und Forstwirtschaft – Warenproduzierendes Gewerbe – Handel und Verkehr – Dienstleistungen – Staat und private Haushalte	erzeugen (im Inland) den *Bruttoproduktionswert.*
./. Vorleistungen	
= Bruttoinlandsprodukt zu Marktpreisen	

Können Leistungen nicht bewertet werden, weil sie keinen Marktpreis erzielen, so werden sie im BIP zu Marktpreisen nicht erfaßt. Zu nennen sind beispielsweise Arbeiten im

Haushalt (Wäsche waschen, Wohnung putzen, Essen kochen), Arbeiten im privaten Bereich, wie Eigenbau von Möbeln, Autoreparaturen, Eigenheimbau in Nachbarschaftshilfe. Ebenfalls nicht wertmäßig erfaßbar ist die Schwarzarbeit, bei der Güter und Dienstleistungen illegal erstellt werden.

> **Das Bruttoinlandsprodukt zu Marktpreisen**
> - erfaßt sämtliche Güter und Dienstleistungen, die innerhalb der deutschen Grenzen jährlich geschaffen wurden;
> - ist die wichtigste Vergleichsgröße zur Beurteilung der wirtschaftlichen Leistung eines Landes (einer Volkswirtschaft).

Will man die eigentliche Leistung einer Volkswirtschaft ermitteln, so dürfen die Wertminderungen des Betriebsvermögens in den Unternehmen, z. B. beim Fuhrpark oder bei den maschinellen Anlagen, nicht als **neu** geschaffene Werte berücksichtigt werden. Die Unternehmen wollen ihre Leistungsfähigkeit erhalten, und deshalb müssen sie die bei der Produktion abgenutzten Betriebsmittel ersetzen. Diese Investitionen führen nicht zu einem echten Neuzugang an Gütern (kein Wert**zuwachs**), sondern ersetzen lediglich die verschlissenen Güter. Aus diesem Grund wird die Wertminderung von Investitionsgütern, auch **Abschreibungen** genannt, vom BIP abgezogen. Das Ergebnis ist das **Nettoinlandsprodukt zu Marktpreisen (NIP)**. Das NIP sagt genauer aus, wie hoch der Wohlstand eines Landes tatsächlich ist bzw. wie er sich verändert hat.

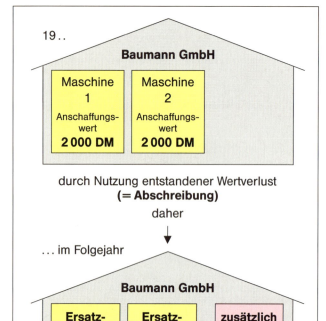

durch die **zusätzliche** – über den Substanzerhalt hinausgehende – Anschaffung von Maschine 3 wird der Produktionsapparat der Unternehmung in seiner Größe **erweitert**;

→ die Volkswirtschaft ist im Folgejahr um einen Wert von 2 000 DM „reicher" geworden, der Wert aller Waren ist in diesem Jahr um 2 000 DM höher als im letzten Jahr!

rechnerisch:

Bruttoinlandsprodukt zu Marktpreisen	6 000,00 DM
./. Abschreibungen	4 000,00 DM
= Nettoinlandsprodukt zu Marktpreisen	2 000,00 DM

Soll in einem nächsten Schritt ermittelt werden, wieviel vom erwirtschafteten BIP für die Bevölkerung zur Verteilung übrig bleibt, so müssen neben den Abschreibungen die **indirekten Steuern** berücksichtigt werden.

Beispiele:

Mehrwertsteuer, Mineralölsteuer, Tabaksteuer, Branntweinsteuer, Kaffeesteuer

Die **indirekten Steuern**, die im Marktpreis enthalten sind,

– stellen *keine Kosten der Produktion* dar, sie *erhöhen* nur *künstlich den Marktpreis* und gehören daher nicht zur Wertschöpfung;

– fließen unmittelbar dem Staat zu

und **müssen** daher vom Nettoinlandsprodukt zu Marktpreisen **abgezogen werden**.

Subventionen haben den gegenteiligen Effekt. Subventionen gewährt der Staat notleidenden Unternehmen zur Unterstützung z. B. in Form von Steuerermäßigungen oder direkten Zahlungen. Der Staat erhält dafür keine entsprechende Gegenleistung.

Subventionen
Finanzhilfen und Steuervergünstigungen in der Bundesrepublik Deutschland
... wer sie bekommt

Subventionen entlasten das notleidende Unternehmen kostenmäßig; sie haben mit der wirtschaftlichen Leistung des Unternehmens nichts zu tun. Subventionen haben die Wirkung, daß ein Unternehmen seine Produkte preisgünstiger anbieten kann als es den tatsächlichen Produktionskosten entspricht.

Beispiel:

Die Erhöhung der Subventionen hätte zur Folge, daß sich das Sozialprodukt verringern würde (der Marktpreis sinkt), ohne daß sich der Einsatz der Produktionsfaktoren zur Erstellung des Sozialprodukts geändert hat.

Subventionen müssen, da sie *den Marktpreis künstlich niedrig halten*, zur Ermittlung der tatsächlichen Produktionskosten addiert werden.

Als Ergebnis erhält man das **Nettoinlandsprodukt zu Faktorkosten**. Es ist die *Gütermenge*, die sich Inländer mit ihrem Einkommen kaufen können. Ferner gibt es Aus-

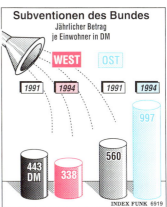

kunft darüber, wieviel die Produktionsfaktoren Arbeit, Boden und Kapital zur Produktion der Güter und Dienstleistungen gekostet haben und stellt damit die eigentliche Wertschöpfung dar. Gleichzeitig ist das Ergebnis aber das *Einkommen* dieser Produktionsfaktoren (sie erhalten z. B.

Löhne, Gehälter, Zinsen, Mieten und Gewinne). Das Einkommen, das Inländer als Gegenleistung für die Bereitstellung dieser Produktionsfaktoren erhalten, trägt daher auch den Namen **Volkseinkommen**. Die Berechnung des Volkseinkommens wird in der Übersicht auf Seite 49 sichtbar.

Gegenstand der Nachweisung	1987	1988	1989	1990	1991	1992	1993
Inlandsprodukt und Sozialprodukt (Westdeutschland) in Preisen von 1991 in Mrd. DM							
11 Bruttoinlandsprodukt	1 990,48	2 095,98	2 224,44	2 428,00	2 647,60	2 813,00	2 853,70
12 + Einkommen aus der übrigen Welt (Saldo)[1]	12,52	12,02	24,66	22,60	20,40	8,80	−10,90
13 = Bruttosozialprodukt	2 003,00	2 108,00	2 249,10	2 448,60	2 668,00	2 819,80	2 842,80
14 − Abschreibungen	252,30	263,09	279,45	303,01	332,84	359,69	379,16
15 = Nettosozialprodukt zu Marktpreisen	1 750,70	1 844,91	1 960,65	2 145,59	2 335,16	2 460,11	2 463,64
16 − Indirekte Steuern abzüglich Subventionen . . .	200,70	209,37	231,55	253,39	291,68	319,40	334,41
17 = Nettosozialprodukt zu Faktorkosten (Volkseinkommen)	1 550,00	1 635,54	1 738,10	1 892,20	2 043,48	2 140,71	2 129,23

Sozialprodukt und Wirtschaftswachstum

Das Bruttoinlandsprodukt zu Marktpreisen kann **nominal** und **real** ermittelt werden. Das BIP spiegelt die wirtschaftliche Gesamtleistung eines Landes wider. In ihm wird der Wert aller in einem Jahr produzierten Waren und erbrachten Dienstleistungen in Mark und Pfennig zusammengefaßt. Die Produktion der Industrie ist darin ebenso enthalten wie die Arbeit des kleinen Handwerkers; die Leistung des Verkehrsgewerbes, des Handels, der Banken und der Landwirtschaft ebenso wie die des Staates. Nicht erfaßt, weil nicht erfaßbar, sind z. B. Hausarbeit und Schwarzarbeit. Dieses offizielle, vom Statistischen Bundesamt errechnete Bruttoinlandsprodukt erreichte im Jahr 1993 in

Gesamtdeutschland einen Wert von 3,1 Billionen Mark (genau: 3 107 000 000 000 DM). Das sind rund zweieinhalb Prozent mehr als im Jahr zuvor (vgl. Abb. S. 49).

Doch in diesem **nominalen** Anstieg der wirtschaftlichen Leistung sind Güter und Dienstleistungen zu den jeweiligen Marktpreisen bewertet worden. Steigen nun die Marktpreise, so erhöht sich auch das nominale BIP, obwohl nicht mehr Güter produziert wurden. Die im Marktpreis enthaltenen Preissteigerungen blähen den Geldwert der erfaßten Leistungen auf. Das nominale BIP gibt damit nicht mehr Auskunft über die tatsächliche gesamtwirtschaftliche Leistung eines Landes.

Beispiel:			
	tatsächliches BIP	Preissteigerung (gegenüber dem 1. Jahr)	nominales BIP (bewertet zu Preisen des jeweiligen Jahres)
2. Jahr	500 000 Mrd. DM	**+ 10 %**	550 000 Mrd. DM
3. Jahr	500 000 Mrd. DM	**+ 20 %**	600 000 Mrd. DM
Obwohl in beiden Jahren tatsächlich (real) der gleiche Warenwert erwirtschaftet wurde, ist im 3. Jahr das nominale BIP höher als im 2. Jahr. Die unterschiedliche Preissteigerung täuscht ein um 50 000 Mrd. DM höheres BIP vor.			

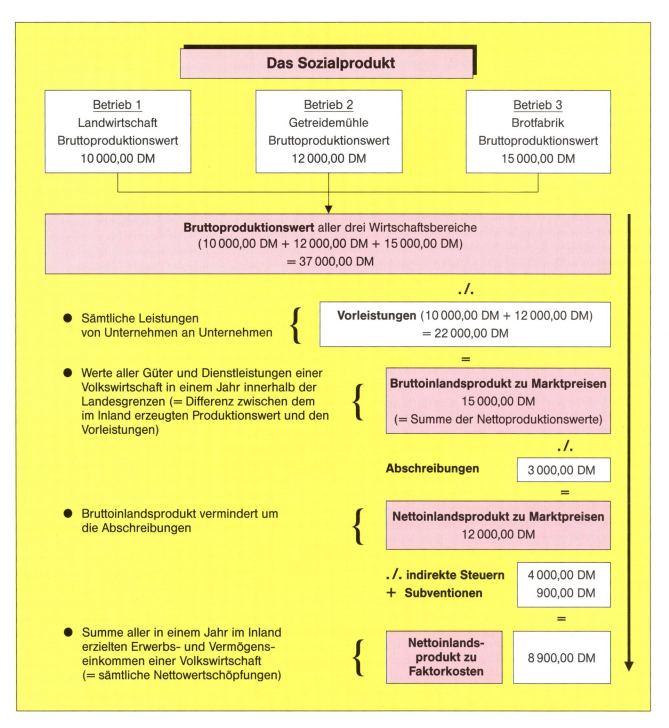

Erst wenn man die Teuerung vom nominalen BIP abzieht, erhält man den echten, den **realen Anstieg** der Wirtschaftsleistung – **das Wirtschaftswachstum.** Von Wachstum konnte im Jahr 1993 allerdings keine Rede sein: Mit einem Minus von 1,3 Prozent (minus 1,9 Prozent in West- und plus 6,3 Prozent in Ostdeutschland) mußte Deutschland einen starken Rückgang der Wirtschaftsleistung hinnehmen.

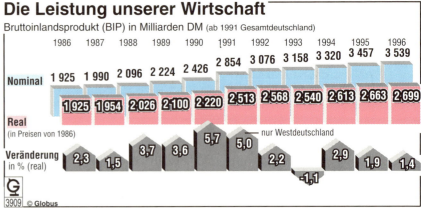

Das Bruttoinlandsprodukt (BIP) spiegelt die wirtschaftliche Gesamtleistung unseres Landes wider. In ihm wird der Wert aller innerhalb eines Kalenderjahres produzierten Waren und geleisteten Dienste zusammengefaßt. Die Produktion der großen Industrieunternehmen ist darin ebenso enthalten wie die Arbeit des kleinen Handwerksbetriebes; die Leistungen des Transportgewerbes, des Handels, der Banken und der Landwirtschaft ebenso wie die des Staates, der Kirchen und der Gewerkschaften. Nicht erfaßt, weil nur sehr schwer erfaßbar, sind beispielsweise Schwarzarbeit oder Hausarbeit. Das offizielle, vom Statistischen Bundesamt ermittelte Bruttoinlandsprodukt erreichte im Jahr 1996 einen Wert von 3 539 Milliarden Mark. Das waren 2,4 Prozent mehr als im Jahr davor. Doch dieses (nominale) Plus, in dem der Preisanstieg enthalten ist, überzeichnet den wahren Leistungsanstieg. Erst wenn man die Teuerung herausrechnet (und auch dies ist Sache des Statistischen Bundesamtes), erhält man die echte, reale Veränderung der Wirtschaftsleistung – das Wirtschaftswachstum. Es betrug 1996 plus 1,4 Prozent (nach plus 1,9 Prozent im Jahr 1995) und setzt sich zusammen aus einem Anstieg in Westdeutschland um 1,3 und in Ostdeutschland um 2,0 Prozent.

Die bisher erfolgreichste Staatsgründung – dieses Prädikat hat sich die Bundesrepublik Deutschland vollauf verdient. Denn in den nunmehr 46 Jahren ihres Bestehens (Ostdeutschland seit 1990 eingeschlossen) schaffte sie – gemessen am Fortschrittstempo vergangener Jahrzehnte im Kaiserreich, in der Weimarer Republik und während der Naziherrschaft – einen wirtschaftlichen Aufstieg ohnegleichen. Von 1949 bis 1995 hat sich die Wirtschaftsleistung mehr als versiebenfacht. Ein solches Tempo war in der Zeit davor nicht einmal ansatzweise erkennbar. Immer wieder wurde die Wirtschaftstätigkeit durch Krieg und Krisen zurückgeworfen. Nach dem 2. Weltkrieg war das Leistungsniveau sogar fast wieder auf den Stand am Anfang des 20. Jahrhunderts zurückgefallen. Rückschläge gab es zwar auch in der jüngsten Zeit. Die erste Rezession fand im Jahr 1967 statt, dann folgten zwei Ölkrisen. doch verglichen mit der bewegten Vergangenheit, nehmen sich diese Rückschläge wie harmlose Betriebsunfälle aus.

Entstehung, Verteilung und Verwendung des Sozialprodukts

Mit Hilfe der Sozialproduktsberechnung kann man erkennen, wie das vorjährige wirtschaftliche Ergebnis

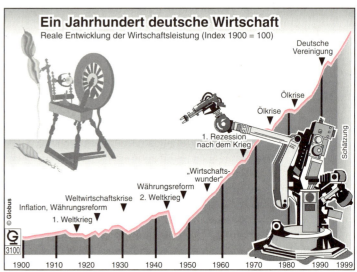

entstanden ist, wie es verwendet wurde und wie die Einkommen in der Volkswirtschaft verteilt wurden. Man unterscheidet damit drei Auswertungsmethoden des Bruttoinlandsprodukts:

- Entstehungsrechnung
- Verwendungsrechnung
- Verteilungsrechnung

Die **Entstehungsrechnung** zeigt, welchen Beitrag die verschiedenen Bereiche der Volkswirtschaft zum Sozialprodukt erbracht haben. Unterschieden werden dabei die folgenden großen Wirtschaftszweige:

- Land- und Forstwirtschaft, Fischerei
- Warenproduzierendes Gewerbe
- Handel und Verkehr
- Dienstleistungsunternehmen
- Staat
- Haushalte

Aus dem Vergleich mit anderen Jahresergebnissen lassen sich die Veränderungen der volkswirtschaftlichen Produktionsstruktur erkennen.

Die **Verwendungsrechnung** zeigt, für welche Zwecke das Sozialprodukt verwandt wurde. Dabei unterscheidet man

- den privaten Verbrauch
- den Staatsverbrauch
- Bruttoinvestitionen (= Ersatzinvestitionen + Nettoinvestitionen)
- Außenbeitrag (Export ./. Import)

Die Verwendungsrechnung gibt Auskunft darüber, welche Teile der volkswirtschaftlichen Produktion verbraucht oder nicht verbraucht (gespart) und damit investiert wurde. Sie läßt ferner erkennen, wie das Ergebnis der außenwirtschaftlichen Beziehungen (Sachgüter- und Dienstleistungsexporte und -importe) zustande gekommen ist, ob also ein Land in Form von Exportüberschüssen mehr Güter und Leistungen an das Ausland geliefert oder mehr aus dem Ausland bezogen hat (= Außenbeitrag).

Die **Verteilungsrechnung** gibt Auskunft über die Aufgliederung des Volkseinkommens auf die Einkommensarten. Dabei wird unterschieden zwischen

- Bruttoeinkommen aus unselbständiger Arbeit (Einkommen der Arbeitnehmer) und
- Bruttoeinkommen aus Unternehmertätigkeit und Vermögen. (Gewinne der privaten Unternehmen und Einkommen der Arbeitnehmer u. a. aus Zinserträgen auf Sparkonten, Bausparverträgen, und Wertpapierbesitz).

Setzt man den Anteil des Einkommens aus unselbständiger Arbeit in Bezug zum Volkseinkommen, so erhält man die **Lohnquote:**

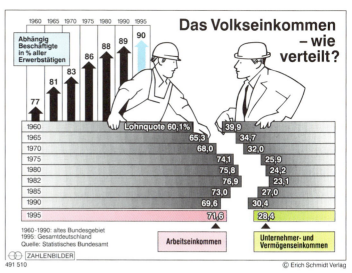

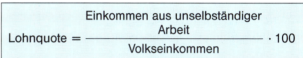

Die Lohnquote ist also der Anteil der Arbeitnehmereinkommen am gesamten Volkseinkommen. Sie gehört deshalb zu den wirtschafts- und gesellschaftspolitisch am stärksten beachteten Kennzahlen der volkswirtschaftlichen Gesamtrechnung.

Die Verteilungsposition der Arbeitnehmer, wie sie in der Lohnquote zum Ausdruck kommt, wird nicht allein durch die Entwicklung der Löhne und Gehälter bestimmt. So beruhte der langfristige Anstieg der Lohnquote bis zum Beginn der achtziger Jahre zu einem guten Teil darauf, daß die Zahl der Lohn- und Gehaltsempfänger zunahm, während die der Selbständigen und der mithelfenden Familienangehörigen entsprechend zurückging.

Um festzustellen, wie sich die Verteilung des Volkseinkommens unabhängig von diesen Verschiebungen in der Erwerbstätigenstruktur entwickelt hat, kann man auch eine **„bereinigte" Lohnquote** berechnen. Dabei wird das Zahlenverhältnis zwischen selbständig und unselbständig Erwerbstätigen für den gesamten Zeitraum z. B. auf dem Stand von 1970 festgehalten.

Bei der Interpretation der Lohnquote sind auch die **Auswirkungen des Konjunkturverlaufs** auf die Verteilung des Volkseinkommens zu berücksichtigen. So ist in wirtschaftlichen Krisenjahren, wenn die Unternehmergewinne sinken, meist ein kurzfristiger Anstieg der Lohnquote zu beobachten, ehe das Pendel nach Rationalisierungsmaßnahmen, Entlassungen und mäßigen Tarifabschlüssen wieder zur anderen Seite ausschlägt.

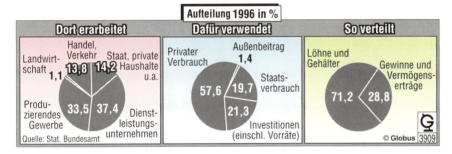

Die Verteilungsrechnung zeigt die Bedeutung der Einkommensarten auf. Keine Auskunft kann sie jedoch auf die Frage geben, <u>inwiefern die Verteilung als gerecht anzusehen ist</u>.

Aussagekraft und Bedeutung des Sozialprodukts

Das Wachstum des Sozialprodukts als Maßstab für Wohlstand und Lebensqualität ist umstritten. Es erfaßt nämlich u. a. auch die Beseitigung von Umweltschäden und Krankheitskosten als eine Steigerung des BIP. In einem Land gibt es viele Vorgänge, die bedeutsam sind für den Wohlstand und die Lebensqualität. Die Meßgröße BIP sagt nichts aus über:

– die Verteilung der Einkommen,
– die Bedeutung von Gütern und Dienstleistungen,
– die Qualität der Güter,
– die Leistungen ohne Geldeinkommen
 (Güter, die nicht auf dem Markt gehandelt werden, werden nicht erfaßt, z. B. die Leistungen der Hausfrauen und Mütter, ehrenamtliche Tätigkeiten oder Schwarzarbeit),
– die Verbesserungen der Arbeitsbedingungen und der Arbeitsplatzgestaltung,
– die Einbußen an Lebensqualität durch Lärm und Umweltverschmutzung.
 (Umweltschäden müßten eigentlich vom Sozialprodukt abgezogen werden.)

Im Zusammenhang mit diesen Überlegungen wird gefordert, man solle überlegen, „was denn da wachsen soll und was nicht". An die Stelle eines unkontrollierten, rein mengenmäßig bestimmten Wirtschaftswachstums solle ein qualitatives Wachstum treten.

Dennoch ist klar, daß zwischen Wirtschaftsleistung und Lebensqualität ein enger Zusammenhang besteht.

Beispiel:

Neun Jahre lang ununterbrochenes Wachstum – eine so lange Aufschwungphase hat es seit Ende des Wirtschaftswunders in Deutschland nicht gegeben. In diesen Jahren (1983–1991) wuchs die wirtschaftliche Gesamtleistung real um fast 29 Prozent. Gleichzeitig fand ein wahres Arbeitsplatzwunder statt: Die Zahl der Erwerbstätigen erhöhte sich um 2,6 Mio. Dadurch gelang es in diesem Zeitraum zum einen, die Zahl der Arbeitslosen zu verringern, zum anderen konnten viele Menschen, die nun auf den westdeutschen Arbeitsmarkt drängten – etwa Arbeitnehmer aus den neuen Bundesländern – eine dauernde Anstellung finden.

Neben dieser positiven Auswirkung aufgrund steigender wirtschaftlicher Leistung gibt es weitere „Für", aber auch „Wider" das Wirtschaftswachstum betreffend. In erster Linie sind es die Grenzen, die im anhaltenden Wachstum der Wirtschaft und der Bevölkerung kritisch anzuführen sind.

Wirtschaftswachstum zur Verbesserung der Lebensqualität	
mögliche positive Auswirkungen	Grenzen
● Schaffung neuer Arbeitsplätze ● verbessertes Güterangebot (mehr und besser) ● höhere Renten ● kürzere Arbeitszeiten ● verbesserte Gesundheitsvorsorge ● zunehmende soziale Sicherheit	● knappe Rohstoffvorräte (Zinn, Zink, Kupfer, Blei, Aluminium u. v. m.) ● erschöpfte Energieträger (z. B. Kohle, Erdgas, Erdöl) ● Belastung der Umwelt

Aber woher soll das Wachstum noch kommen? 1950 brachte ein Prozent Wirtschaftswachstum zusätzliche Güter im Wert von einer Milliarde Mark. Heute bringt ein Prozent mehr 15 Milliarden Mark an zusätzlichen Waren und Diensten. Für die Beseitigung der Arbeitslosigkeit wären sechs Prozent reales Wachstum erforderlich. Das bedeutet, daß sich innerhalb von 12 Jahren die Menge der jährlich zu erwirtschaftenden Güter und Dienstleistungen verdoppeln müßte. Unendliches Wachstum ließ die Natur bislang weder bei Pflanzen noch bei anderen Lebewesen zu. Unendliches Wachstum wird der Mensch auch nicht bei seiner Güterproduktion bewerkstelligen. Doch wie soll eine Wirtschaft ohne ständiges Mehr aussehen? Wie sollen die Millionen beschäftigt werden, die bisher allein deswegen Arbeit hatten, weil die Unternehmen ihre Produktion ständig erweitern konnten?

Aufgaben

1. Erklären Sie, was Sie unter Bruttoinlandsprodukt verstehen.
2. Worin besteht der Unterschied zwischen Bruttoinlandsprodukt zu Marktpreisen und Nettoinlandsprodukt zu Faktorkosten?
3. In welchen Bereichen entsteht in erster Linie das Sozialprodukt?
4. a) Wie wird der Bruttoproduktionswert ermittelt?
   b) Wie unterscheidet er sich vom Nettoproduktionswert?
5. Warum dürfen die Vorleistungen bei der Errechnung der gesamten Wertschöpfung eines Landes nicht berücksichtigt werden?
6. Nennen Sie drei unterschiedliche Beispiele, wie das Sozialprodukt in der Volkswirtschaft verwendet werden kann.
7. Warum fließen die Leistungen der Hausfrauen und -männer nicht in das BIP mit ein?
8. Was verstehen Sie unter Subventionen?
9. Warum werden die Subventionen zum Nettoinlandsprodukt hinzugerechnet und die indirekten Steuern abgezogen?
10. Nennen Sie fünf verschiedene indirekte Steuerarten.
11. Worin besteht der Unterschied zwischen nominalem und realem BIP?
12. Beurteilen Sie das Wirtschaftswachstum eines Landes, wenn das nominale Sozialprodukt ansteigt, das reale Sozialprodukt aber zurückgeht.
13. Errechnen Sie die Lohnquote, wenn die Einkommen aus unselbständiger Arbeit 1312,6 Mrd. DM betragen und das Volkseinkommen mit 1869,7 Mrd. DM angegeben wird.
14. Welche Gefahr könnte in der sehr starken Erhöhung der Lohnquote bestehen?
15. Nennen Sie drei Beispiele, warum das BIP nicht unbedingt als Maßstab für den Wohlstand gelten kann.

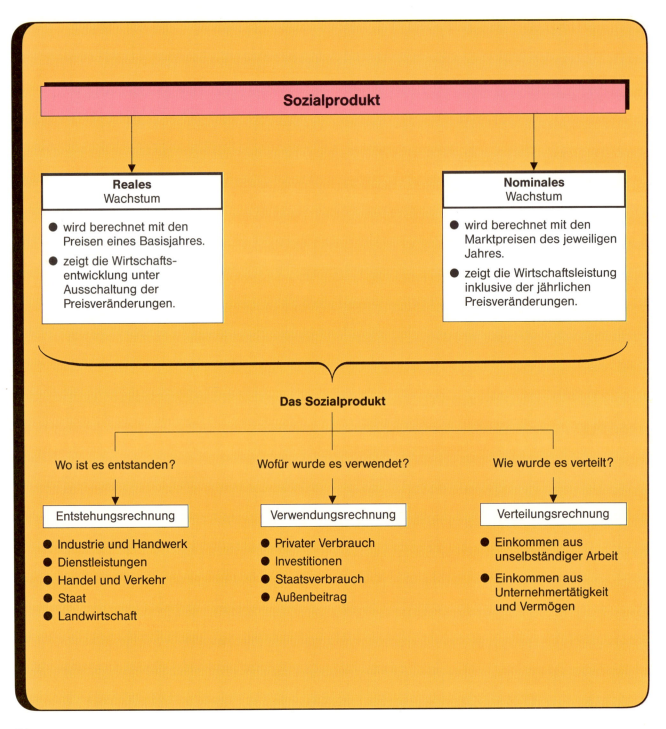

2.9 Marktarten

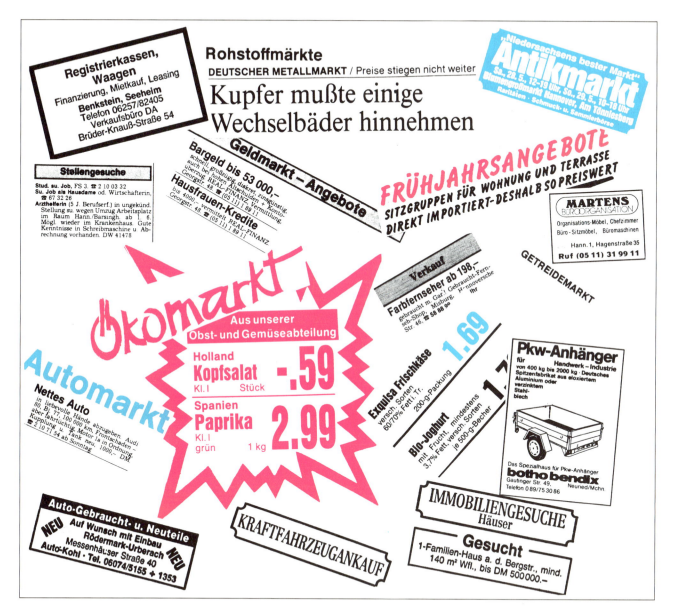

1. Wer hat die abgedruckten Anzeigen und Annoncen in Auftrag gegeben?
2. Welchen Zweck verfolgen die Auftraggeber mit der Veröffentlichung?
3. Wo könnte man die angebotenen Güter und Dienstleistungen kaufen?

Information

Sibylle kauft Obst und Gemüse von einem Obsthändler – sie begegnen sich zu einer bestimmten Zeit an einem bestimmten Ort, nämlich auf dem Wochenmarkt; hierbei wird Sibylles Bedarf zur Nachfrage.

Der Markt, auf dem Sibylle Geld gegen Obst tauscht, ist unmittelbar sichtbar. Genauso verhält es sich z. B. mit der *Börse* (organisierter Markt für Wertpapiere, Devisen oder Waren, auf dem während der Börsenstunden aufgrund von Kauf- und Verkaufsaufträgen Preise festgelegt werden), *Messen* (Unternehmen bieten ihre neuesten Güter an, z. B. Internationale Frankfurter Messe, Deutsche Industriemesse in Hannover. In der Kürze der Verkaufsveranstaltung soll sich herausstellen, ob die Neuheiten bei den Wiederverkäufern Anklang finden.) oder *Ausstellungen* (z. B. Caravan + Boot – Internationale Ausstellung in München, Interschul – Internationale Schulausstellung in Dortmund oder die IAA in Frankfurt).

Dies sind Beispiele für ortsgebundene Märkte, auf denen sich Anbieter und Nachfrager treffen, um wirtschaftliche Güter zu tauschen.

Darüber hinaus gibt es Märkte, die nicht ortsgebunden sind, z. B. den Spielwarenmarkt in Hannover. Er umfaßt alle Anbieter und Nachfrager von Spielwaren in der Stadt Hannover.

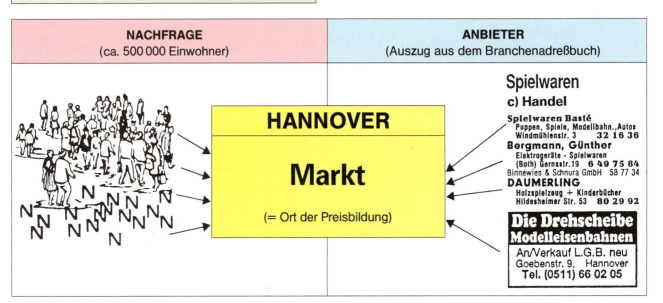

Beschränkt man diesen Markt nicht mehr auf Hannover allein, so kann man auch ganz allgemein vom Spielwarenmarkt sprechen.

In diesem Fall besteht der Markt nicht mehr aus einem bestimmten unmittelbar sichtbaren Ort. Man müßte vielmehr die miteinander konkurrierenden Anbieter z. B. in der ganzen Bundesrepublik Deutschland oder – beim internationalen Spielwarenmarkt – sogar in der ganzen Welt suchen.

Unter einem Markt muß man sich daher jedes Zusammentreffen von Angebot und Nachfrage für ein bestimmtes Wirtschaftsgut vorstellen.

Auf einem Markt finden sich die jeweiligen Tauschpartner, z. B. Sibylle als Nachfragerin nach Obst und der Händler als Anbieter dieses wirtschaftlichen Gutes.

Es existieren so viele Märkte, wie Waren bzw. Dienstleistungen vorhanden sind. Dazu gehören selbstverständlich auch Märkte, auf denen man etwas kaufen kann, das dem Verbraucher nicht direkt dient, z. B. Blech für Autos, Fässer oder Maschinen. Um dieses Blech herstellen zu können, benötigt man Eisenerz, das wiederum auf einem bestimmten Markt, dem Rohstoffmarkt, gehandelt wird.

Aufgrund der Vielfalt an Gütern und Dienstleistungen wird eine Grobeinteilung nach **Marktarten** vorgenommen:

Marktarten	Merkmale
1. Faktormärkte	
a) **Arbeitsmarkt**	Arbeitsleistungen werden gegen Arbeitsentgelte gehandelt Anbieter: Arbeitswillige Nachfrager: Unternehmer, Staat
b) **Immobilienmarkt**	Handel mit Grundstücken und Gebäuden Anbieter: Eigentümer von Grundstücken und Gebäuden Nachfrager: Wohnraumsuchende, Gewerbetreibende
c) **Kapital- und Geldmarkt**	Vermittlung von z. B. lang- und kurzfristigen Krediten Anbieter: Banken und Sparkassen Nachfrager: Unternehmer, Konsumenten, Staat
2. Gütermärkte	
a) **Konsumgütermärkte**	Handel mit Konsumgütern; es existiert eine Vielzahl von Märkten, z. B. Kartoffelmarkt, Automobilmarkt Anbieter: Unternehmen Nachfrager: private Haushalte (Endverbraucher)
b) **Investitionsgütermärkte**	Handel mit Produktionsgütern, z. B. Maschinen, Werkzeugen, LKW für ein Unternehmen Anbieter: Unternehmen Nachfrager: Unternehmen

403557 B

Aufgaben

1. Nennen Sie Anbieter und Nachfrager auf den einzelnen Faktor- bzw. Gütermärkten.

2. Ein Einzelhändler aus Alfeld bestellt Ware bei seinem Großhändler in Hamburg. Die Ware wird drei Wochen später geliefert.
Warum kann man davon sprechen, daß sich das Geschäft auf einem Markt abgespielt hat?

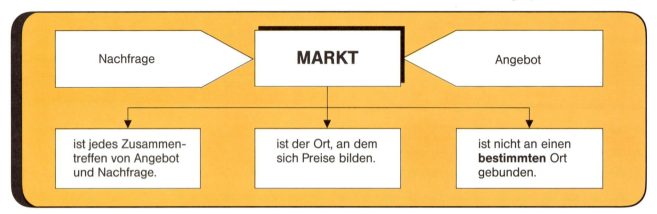

2.10 Marktformen

Warum ist Tanjas Antwort für Kathy so unverständlich?

Information

Auf einigen Märkten gibt es für bestimmte Güter und Dienstleistungen **nur einen Anbieter**, aber viele Nachfrager. Auch die Deutsche Post AG ist ein Alleinanbieter. Denn nur sie hat das Recht, Briefmarken zu verkaufen. Dieses Recht beruht auf einem Gesetz, und deshalb braucht die Post auch keine Wettbewerber zu befürchten. Die Post beherrscht den Markt, sie besitzt auf diesen Gebieten eine **Monopol**stellung (mono = eins).

Marktbeherrschung gibt es sowohl auf Anbieter- wie auf Nachfragerseite. Liegt *die gesamte Nachfrage am Markt nur in einer Hand*, so hat man es mit einem *Nachfrage-Monopol* zu tun. Der alleinige Nachfrager besitzt einen Marktanteil von hundert Prozent. Er ist marktbeherrschend, denn er hat keine Konkurrenz und ist keinem Wettbewerb ausgesetzt.

Unterscheidet man die Märkte also nicht nach Gütern und Dienstleistungen, sondern nach der *Anzahl der Marktteilnehmer*, d. h. nach der Anzahl von Anbietern und Nachfragern, so ergibt sich der folgende Aufbau (= Struktur) des Marktes, auch **Marktformen** genannt. Obwohl es unendlich viele Marktbeziehungen gibt, sollen bei der

Betrachtung der Zahl der Marktteilnehmer auf der Angebots- und Nachfrageseite jeweils lediglich drei Unterscheidungen getroffen werden, und zwar nach:

viele – wenige – einer.

Den weiteren Ausführungen liegen die drei grundlegenden Marktformen *Polypol*, Angebots-*Oligopol* und Angebots-*Monopol* zugrunde.

Marktformen

(Unterscheidung nach der Anzahl der Marktteilnehmer)

Anzahl der Nachfrager \ Anzahl der Anbieter	viele	wenige (starke)	einer
viele	**vollständige Konkurrenz POLYPOL** Wochenmarkt Lebensmittelhändler in Ballungsgebieten / Konsumenten	**Angebots-Oligopol** Mineralölgesellschaften / Autofahrer Automobilhersteller / Nachfrager nach Pkws Zigarettenindustrie / Raucher	**Angebots-Monopol** Brief-Post / Nutzer der Briefbeförderung
wenige	**Nachfrage-Oligopol** Landwirte / Molkereien Weinbauern / Winzergenossenschaften Pensionen in einem Feriengebiet / Reisegesellschaften	**zweiseitiges Oligopol** Hersteller von Kränen / Hafenmeistereien Werften / Reedereien	**beschränktes Angebots-Monopol** Hersteller eines biologischen Spezialgerätes / Labors OPEC / Nachfrager nach Erdöl
einer	**Nachfrage-Monopol** Bauunternehmen, die z. B. den Bundestag bauen / Staat Landwirte / Zuckerrübenfabrik in einer Region	**beschränktes Nachfragemonopol** Hersteller bestimmter Rüstungsgüter / Staat	**zweiseitiges Monopol** einziger Hersteller eines Pkw-Ersatzteiles / Automobil-Unternehmen

403559 B

Ein Monopolist (z. B. ein Allein*anbieter*) bleibt häufig nicht allein am Markt, denn schnell kommen Konkurrenten auf diesen Markt. Sie bieten nun ebenfalls die gleichen Güter, wahrscheinlich noch preisgünstiger, an und nehmen dem Monopolisten einen Teil der Nachfrager weg.

Beispiel:

Ursprünglich wurden Jeans nur von einem großen Anbieter verkauft. Die Preise für diese Jeans waren hoch. Doch schon nach kurzer Zeit gab es Jeans von mehr als fünfzehn unterschiedlichen Herstellern. Das Angebot an Jeans hat heute um ein Vielfaches zugenommen. Der Monopolist hat viele Mitanbieter (Konkurrenten) bekommen. Alle stehen untereinander im Wettbewerb. Der Preis für Jeans ist gesunken.

Cola ist beispielsweise ein Gut, das *von vielen* Lebensmittelgeschäften *angeboten* und *von vielen* Menschen gekauft, also *nachgefragt* wird. Da **das Angebot und die Nachfrage** jeweils **in den Händen vieler gleichstarker Marktteilnehmer** liegt, spricht man von **vollständiger Konkurrenz** oder von einem **polypolistischen Markt** (poly = viele). Kein Marktteilnehmer hat bedeutende Marktanteile und damit Marktmacht.

Die dritte grundlegende Marktform, die des **Oligopols** (oligo = wenige), liegt immer dann vor, wenn **der Markt nur von wenigen großen (meistens gleichstarken) Marktteilnehmern gemeinsam beherrscht** wird, z. B. wie es auf der Anbieterseite auf dem Benzinmarkt, dem Waschmittel- oder Zigarettenmarkt der Fall ist.

Voraussetzung bei einer Oligopolmarktbeherrschung sind zwei oder mehrere marktbeherrschende Unternehmen. Die einfachste Form des Oligopols besteht lediglich aus je zwei Marktteilnehmern auf der Angebots- und Nachfrageseite (= zweiseitiges Oligopol). Wesentliches Merkmal für das Oligopol ist die gegenseitige Abhängigkeit der Unternehmen. Jeder beobachtet die Maßnahmen der Konkurrenz, z. B. bei der Preisgestaltung oder beim Kundendienst.

- Je geringer die Zahl der Anbieter ist, desto größer wird ihre Macht. Es besteht die Tendenz zu höheren Preisen (vgl. Kapitel 2.13 „Preisbildung auf eingeschränkten Märkten").
- Je geringer die Zahl der Nachfrager ist, desto größer ist ihre Macht. Es ist die Tendenz zu niedrigeren Preisen zu beobachten.

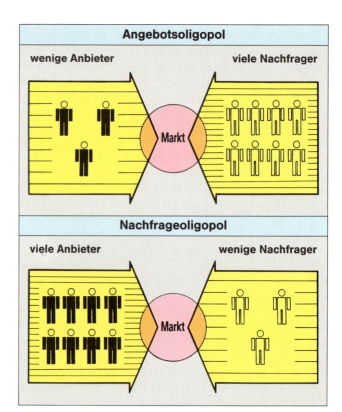

Nachfragemacht des Handels

Kaum Spielraum für Preiserhöhungen

kdo. **Frankfurt**.

Die Konzentration in der deutschen Handelslandschaft bereitet dem Nahrungsmittelhersteller Nestlé zunehmend Sorgen. Es sei bereits deutlich spürbar, daß die Zusammenballung von Unternehmen sowohl im Groß- als auch im Einzelhandel den Druck auf die Einkaufskonditionen verstärke, sagte der seit Mitte vergangenen Jahres amtierende Vorstandsvorsitzende der Nestlé Deutschland AG, Robert Raeber, in Frankfurt.

Die drei großen Einkaufsgruppen der Branche, Markant, Rewe und Edeka, würden schon 60 Prozent des Nestlé-Umsatzes auf sich vereinigen. Im Einzelhandel brächten es Rewe, Asko, Tengelmann, Spar und Aldi gemeinsam auf 50 Prozent. Viel Spielraum für Preiserhöhungen sieht Raeber daher nicht mehr.

HAZ, 04.02.1993

Aufgaben

1. Nennen Sie die Marktform, auf die die folgenden beschriebenen Märkte jeweils zutreffen. Begründen Sie Ihre Antworten mit der Nennung der Anzahl der Marktteilnehmer bei den Anbietern bzw. bei den Nachfragern.

   a) Markt für Bier in Deutschland

   b) Markt für Kuchen und Gebäck

   c) Markt für Flugzeuge

   d) Markt für die Personenbeförderung auf Schienen

   e) Markt für Strom für die Bewohner Dresdens

   f) Markt für verbleites Benzin

   g) Markt für Damenhalbschuhe

   h) Markt für die Nachfrage nach Bremsen für die Produktion des neuen Modells bei VW

2. Welchen Vorteil hat der Verbraucher auf einem Markt, auf dem viele Anbieter die gleichen Güter anbieten?

3. Was muß der Verbraucher tun, um diese Vorteile (vgl. Aufgabe 2) auch nutzen zu können?

4. In welchem Fall handelt es sich um ein Angebotsoligopol?

   a) viele Anbieter – viele Nachfrager

   b) wenige Anbieter – viele Nachfrager

   c) wenige Anbieter – wenige Nachfrager

   d) ein Anbieter – viele Nachfrager

   e) viele Anbieter – ein Nachfrager

5. Bestimmen Sie die verbleibenden Marktformen in Aufgabe 4.

6. Suchen Sie je ein weiteres Beispiel (Aufgabe 1 sollte nicht verwendet werden) unter Angabe des jeweils gehandelten Gutes für ein:

   a) zweiseitiges Monopol

   b) Angebotsoligopol

   c) Polypol

   d) Angebotsmonopol

Marktformen

Einteilungsmerkmal:
Einteilung der Marktteilnehmer auf der Angebots- und Nachfrageseite **nach der Anzahl**

Grundlegende Marktformen:

- **Polypol**
  viele relativ kleine Marktteilnehmer (vollständige Konkurrenz)

- **Oligopol**
  Wenige große Anbieter und/oder große Nachfrager befinden sich auf dem Markt.

- **Monopol**
  Auf dem Markt ist nur ein Anbieter und/oder ein Nachfrager vorhanden.

Je geringer die Zahl der Anbieter, desto größer ihre Macht.
Je geringer die Zahl der Nachfrager, desto größer ihre Macht.

403561 B

2.11 Die Bildung des Gleichgewichtspreises – seine Veränderungen und Aufgaben

Durchschnittliche Erzeugerpreise für Speisekartoffeln in DM / 100 kg (in Hannover) (Sortengruppe 2 und 3)	
27.03.87	73,00
25.09.88	11,50
27.08.89	8,50
14.09.90	23,70
24.08.91	9,30
02.10.92	13,50
09.03.93	65,40
04.09.94	12,95
05.10.95	19,40
02.09.96	10,70

Wie ist das Auf und Ab der Kartoffelpreise zu erklären?

Information

Betrachtet werden soll ein Markt mit vielen Anbietern und vielen Nachfragern (= **vollständige Konkurrenz**).

Zwischen Anbietern und Nachfragern besteht ein Spannungsverhältnis. Die Anbieter wollen ihr Produkt möglichst teuer verkaufen (→ Gewinnmaximierung), die Nachfrager sind dagegen bestrebt, das Produkt möglichst billig zu erwerben (→ Nutzenmaximierung).

Die Preisbildung auf den einzelnen Märkten hängt sowohl vom Umfang des Angebots als auch von der Nachfrage ab.

Zur Verdeutlichung ist es notwendig, das Angebot des Unternehmens und die Nachfrage des privaten Haushaltes am Beispiel eines beliebigen Konsumgutes näher zu betrachten:

Die Nachfrage der Haushalte
Ziel: Nutzenmaximierung

▶ **Merke:**
1. Je niedriger der Preis, desto größer die Nachfrage.
2. Bei steigenden Preisen sinkt die Nachfrage.
3. Verlauf der Nachfragekurve: von links oben nach rechts unten

▶ **Die (individuelle) Nachfragekurve**

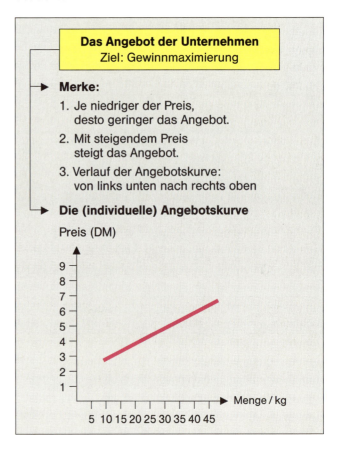

Das Angebot der Unternehmen
Ziel: Gewinnmaximierung

▶ **Merke:**
1. Je niedriger der Preis, desto geringer das Angebot.
2. Mit steigendem Preis steigt das Angebot.
3. Verlauf der Angebotskurve: von links unten nach rechts oben

▶ **Die (individuelle) Angebotskurve**

Überträgt man beide Kurven in ein Koordinatensystem, so ergibt sich folgendes Bild:

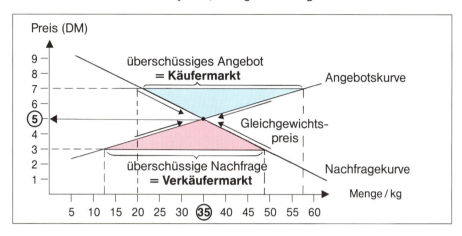

Erklärung:

Beide Kurven schneiden sich bei einem Preis von 5,00 DM / Stück. Bei diesem Preis werden 35 Stück des Gutes angeboten und 35 Stück des Gutes nachgefragt. Lediglich bei diesem Preis stimmen angebotene und nachgefragte Menge überein. Dieser Preis wird daher als **Gleichgewichtspreis** bezeichnet, die Menge nennt man **Gleichgewichtsmenge**.

Der Gleichgewichtspreis ergibt sich durch das Zusammentreffen von Angebot und Nachfrage auf diesem Konsumgütermarkt.

Bei einem Marktpreis von 7,00 DM besteht ein Überangebot (Angebot 57 Stück / Nachfrage 20 Stück), die Anbieter können nicht sämtliche Güter absetzen, sie müssen den Preis senken (= **Käufermarkt**).

Der Marktpreis von 3,00 DM hingegen erscheint den Nachfragern so günstig, daß sie 50 Stück erwerben möchten, die Anbieter aber nur 12 Stück anbieten; der Preis wird steigen (= **Verkäufermarkt**).

In beiden Fällen herrscht kein Gleichgewicht. Die Pfeile verdeutlichen, wie sich in einem ständigen Anpassungsprozeß der Preis dem Gleichgewichtspreis nähert.

Alle Anbieter, die bereit sind, zum **Gleichgewichtspreis** zu verkaufen, können ihr gesamtes Angebot absetzen. Alle Nachfrager, die bereit sind zum **Gleichgewichtspreis** zu kaufen, können ihre gesamten Wünsche realisieren.

Vom Marktgeschehen ausgeschlossen sind daher all jene Anbieter, die einen höheren Marktpreis erzielen und sämtliche Nachfrager, die ihren Nutzen mittels eines niedrigeren Marktpreises maximieren wollen.

Preis DM	Nachfrage Stück	Angebot Stück	Differenz Stück	möglicher Umsatz / Stück	Marktlage
2,00	57	3	54	3	Nachfrageüberhang
3,00	50	12	38	12	(= Verkäufermarkt)
5,00	**35**	**35**	**0**	**35**	**Gleichgewichtspreis**
7,00	20	57	37	20	Angebotsüberhang
8,00	14	68	54	14	(= Käufermarkt)

Das Modell zur Bildung des Gleichgewichts zeigt folgende *Gesetzmäßigkeiten:*

1. **Ist das Angebot größer als die Nachfrage, dann bleiben Warenrückstände am Markt, der Preis sinkt.**

Beispiel:

Aufgrund des milden Klimas reifen große Mengen an Birnen. Das Angebot ist hoch, die Preise sinken.

Erhöhen andererseits die Unternehmen ihr Angebot *bei gleichbleibender Nachfrage*, **verschiebt sich die Angebotskurve nach rechts**. Gründe können z. B. sein, daß die Gewinnerwartungen steigen, daß eine modernere Technik eingeführt wird, oder daß die Preise der Produktionsfaktoren sinken. In dem neuen Gleichgewicht ist der Preis gesunken ($p_1 \rightarrow p_2$), die abgesetzte Menge hat zugenommen ($m_1 \rightarrow m_2$). (vgl. Abb. 1). Verringert sich das Angebot, verschiebt sich die Angebotskurve nach links: der Preis steigt, die Menge geht zurück.

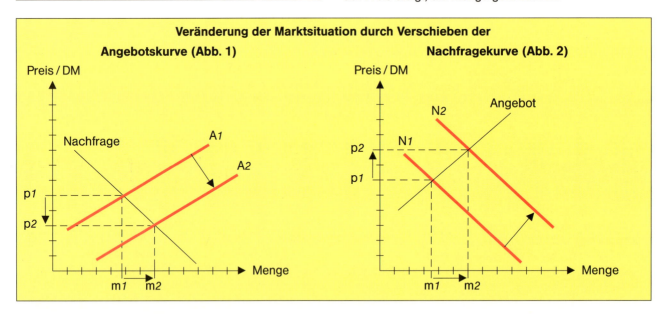

Veränderung der Marktsituation durch Verschieben der Angebotskurve (Abb. 1) / Nachfragekurve (Abb. 2)

2. **Ist die Nachfrage größer als das Angebot, dann bleibt ungedeckte Nachfrage, der Preis steigt.**

Beispiel:

Wegen der kalten Witterung ist das Angebot an Spargel nur gering. Wollen nun vor Pfingsten, wie das erfahrungsgemäß der Fall ist, viele Menschen Spargel essen, dann steigt aufgrund des knapp gewordenen Angebots der Preis. (Der Markt wird geräumt, bevor die Nachfrage gedeckt ist.)

Gesetzt den Fall, die Haushalte fragen *bei gleichbleibendem Angebot* mehr nach, dann **verschiebt sich die Nachfragekurve nach rechts**, es entsteht ein neuer Gleichgewichtspreis p_2.

Bei diesem höheren Preis wird mehr abgesetzt (m_2). (vgl. Abb. 2)

Bei einem Nachfragerückgang erfolgt die Verschiebung der Nachfragekurve nach links: der Preis sinkt, die Menge geht zurück.

Gründe für die Nachfragesteigerung können beispielsweise sein: höheres Einkommen, Änderung der Bedarfsstruktur oder die Preise anderer Güter.

3. **Entsprechen sich Angebot und Nachfrage beim Gleichgewichtspreis, dann wird der Markt geräumt.**

Zu diesem Preis ist die Mehrzahl der Anbieter und Nachfrager zu einem Geschäftsabschluß bereit. Es wird die größtmögliche Gütermenge umgesetzt.

Wichtig ist zu unterscheiden zwischen einer Bewegung

- **auf (entlang) der Kurve.** Dies geschieht auf die Fragestellung: „Wie ändert sich die nachgefragte Menge *bei Änderung des Preises* des Gutes?" (Stichwort: Gütermenge)

- **der gesamten Kurve (Verschiebung).** Diese Verschiebungen sind abhängig von bestimmten Einflußgrößen, denen die Marktteilnehmer bei ihren Entscheidungen unterliegen.

Welche Größen bestimmen das Verhalten der	
Nachfrager?	Anbieter?
<ul><li>Preis des Gutes</li><li>Preise anderer Güter</li><li>verfügbares Einkommen (Kaufkraft)</li><li>Erwartungen über die zukünftige Entwicklung</li><li>Art der Bedürfnisse und ihrer Dringlichkeit (abhängig vom Geschlecht, Alter, Beruf, gesellschaftlichen Umfeld, Ausstattung mit Gütern, Einkommen usw.)</li></ul>	<ul><li>Höhe des Angebotspreises</li><li>erzielbarer Gewinn</li><li>Kosten der Produktionsfaktoren (z. B. Arbeitskosten, Kapitalkosten)</li><li>Preise anderer Güter</li><li>Zielsetzung (z. B. Gewinnmaximierung, Existenzerhaltung, Vergrößerung des Marktanteils)</li><li>Stand der Technik</li><li>Wettbewerbssituation</li></ul>
Ausgewählte Beispiele:	
<ul><li>Steigen die Preise für Rindfleisch, so nimmt die Nachfrage nach Schweinefleisch zu (die von Rindfleisch ab). Steigt der Preis von Schuhen, so nimmt unter Umständen nicht nur die Nachfrage nach Schuhen ab, sondern auch die Nachfrage nach Schuhputzmitteln.</li><li>Bei niedrigem (hohem) Einkommen wird eine kleine (größere) Menge des Gutes nachgefragt.</li><li>Obwohl die Eintrittskarten für ein Popkonzert regulär 40,00 DM kosten, ist Kathy bereit, den Schwarzmarktpreis von 90,00 DM zu bezahlen.</li><li>Der sehr durstige Tim bezahlt im Fußballstadion für eine Dose Fanta 3,00 DM, obwohl er sie zu Hause für 0,90 DM bekommen könnte.</li></ul>	<ul><li>Technischer Fortschritt senkt die Kosten der Produktion; dies kann zu sinkenden Preisen führen.</li><li>Steigende Preise der Produktionsfaktoren, z. B. für Zinsen, führen zu steigenden Kosten und eventuell zu einer Verringerung des Angebots.</li><li>Steigt der Preis für Benzin ständig an, wird verstärkt über die Herstellung benzinsparender Modelle nachgedacht.</li><li>Tritt ein neuer Anbieter auf dem Markt auf, werden sich die Altanbieter mittels Preissenkungen wehren.</li></ul>

Aufgaben (Funktionen) des Gleichgewichtspreises

Bei polypolistischer Konkurrenz (Modell) hat der Preis folgende Aufgaben:

Informationsaufgabe (Signalfunktion)

Der Preis eines Gutes steigt, wenn a) die Nachfrage bei gleichbleibendem Angebot steigt oder b) sich das Angebot bei gleichbleibender Nachfrage verknappt hat. Läßt z. B. das Interesse der Nachfrager nach einem Gut nach, sinkt dessen Preis. Der Preis zeigt den Marktteilnehmern demzufolge an, wie dringlich der Bedarf einzuschätzen bzw. wie knapp das Gut ist. Ändert sich der Preis, deutet das auf eine veränderte Güterknappheit hin. Damit wird es den

Anbietern und Nachfragern ermöglicht, sich möglichst schnell an die veränderte Situation anzupassen. Aus diesem Grund spricht man auch von *Signalfunktion* des Preises.

Lenkungsaufgabe

Die Unternehmen werden in den Bereichen ihre Güter anbieten, in denen sie sich den größtmöglichen Gewinn versprechen. Ist der Preis hoch, deutet das auf hohe Wertschätzung bei den Nachfragern hin. Die Gewinnaussichten sind in diesem Wirtschaftsbereich größer. Hohe Gewinne regen an, das Angebot zu steigern. Die Produktionsfaktoren werden in diesem erfolgversprechenden Produktionsbereich verstärkt eingesetzt (Produktionslenkung durch den Preis), in einem Bereich, in dem die Güter von den Nachfragern auch tatsächlich verlangt werden. Dies zeigt sich besonders bei Nachfrageverschiebungen.

Beispiel:
Steigt die Nachfrage nach tragbaren CD-Playern und damit der Preis (und sinkt die Nachfrage nach Walkmen), so können auf dem Markt für CD-Player höhere Gewinne erzielt werden. Die Unternehmen werden die Produktion von CD-Playern erhöhen. Es werden Arbeitskräfte und andere Produktionsfaktoren von der Walkmen-Produktion abgezogen und in dem CD-Player-Bereich vermehrt eingesetzt. Dadurch paßt sich das Angebot der veränderten Nachfragesituation an. Es wird von den CD-Playern mehr angeboten als bisher und von den Walkmen weniger.

Versucht ein Anbieter das Angebot zu verknappen, um den Gewinn hoch zu halten, ruft er die Konkurrenz auf den Plan. Andere werden in die Lücke springen, die Preise lassen sich nicht mehr halten.

Ausgleichsaufgabe (Markträumungsfunktion)

Der Gleichgewichtspreis räumt den Markt. In dieser Situation besteht ein Gleichgewicht zwischen Angebot und Nachfrage. Sämtliche Marktteilnehmer sind zufrieden: Alle von den Anbietern angebotenen Güter werden von den Nachfragern restlos aufgekauft (vgl. Seite 63 f).

Weniger kaufkräftige Nachfrager und nicht konkurrenzfähige Anbieter werden bei dem zustande gekommenen Gleichgewichtspreis vom Markt ferngehalten. Insofern sind Ausgleichs- und Ausleseaufgabe eng verknüpft.

Ausleseaufgabe (Selektionsfunktion)

Nicht wettbewerbsfähig ist ein Anbieter, der mit überhöhten Kosten arbeitet. Er müßte, um wirtschaftlich, d. h. kostendeckend zu arbeiten, seinen Preis heraufsetzen. Die Folge: Der Anbieter wird vom Markt gedrängt, da er zur Kostendeckung zu hohe Preise verlangt. Auf diese Weise bewirkt die Auslesefunktion des Preises, daß sich die jeweils kostengünstigere Produktionstechnik durchsetzt.

Auf der Seite der Nachfrager wird derjenige vom Markt verdrängt, der zum Gleichgewichtspreis nicht mehr zahlungsfähig oder zahlungswillig ist.

Aufgaben

1. Ein Anbieter bietet seine Ware mit nachstehender Preis- / Mengen-Vorstellung an:

Menge		Preis	Menge		Preis
3 kg	für	14,00 DM	1,5 kg	für	9,00 DM
1 kg	für	7,00 DM	0,5 kg	für	3,00 DM

Ein Nachfrager hat von der Ware folgende Preis- / Mengen-Vorstellung:

Menge			Preis	Menge		Preis
4	kg	für	2,00 DM	1,5 kg	für	9,00 DM
3,250	kg	für	4,00 DM	0,750 kg	für	11,00 DM
2,5	kg	für	6,00 DM			

a) Stellen Sie den Angebots- und Nachfrageverlauf zeichnerisch dar.

b) Deuten Sie den Schnittpunkt der beiden Kurven.

2.
Der Absatz von Frischkartoffeln geht zurück. Das könne mit der Qualität zusammenhängen, sagt die Ernährungsreferentin. Verzehrte 1993 / 94 der Bundesbürger pro Kopf und Jahr noch etwa 80 Kilogramm Kartoffeln, so waren es 1996 / 97 nach Angaben der Verbraucherzentrale im Durchschnitt acht Kilogramm weniger.

a) Stellen Sie fest, ob ein Käufer- oder Verkäufermarkt vorliegt. Begründen Sie Ihr Ergebnis.

b) Warum könnte sich der Preis verändern, wenn die Anbieter von Kartoffeln wieder qualitativ höherwertige Ware anbieten würden?

3. a) Beschreiben Sie das Nachfrageverhalten, das in den beiden unten abgebildeten Kurven zum Ausdruck kommt.
   b) Worauf ist der unterschiedliche Verlauf der dargestellten Nachfragekurven zurückzuführen?

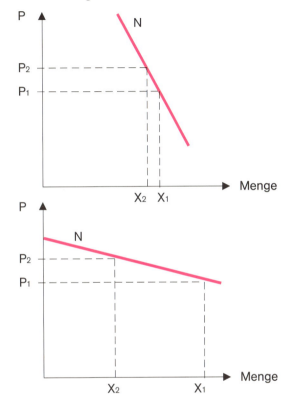

4. Welche Änderung erfolgt beim Preis?
   a) Konstante Nachfrage → Angebot wird größer → Preis?
   b) Konstantes Angebot → Nachfrage wird kleiner → Preis?
   c) Konstante Nachfrage → Angebot wird kleiner → Preis?
   d) Konstantes Angebot → Nachfrage wird größer → Preis?

5. Was verstehen Sie unter der „Markträumungsaufgabe" des Gleichgewichtspreises?

6. Auf dem Urlaubsmarkt übersteigt die Nachfrage nach Amerika-Reisen das Angebot beträchtlich. Erklären Sie in diesem Fall die verschiedenen Aufgaben des Preises.

7. Beschreiben Sie, wie der Preis die Produktionsfaktoren lenkt.

8. In welche Richtung verändert sich
   a) die Nachfrage nach Videokassetten, wenn die Preise für Videorecorder fallen?
      Welche Preisänderung folgt daraufhin bei Videokassetten, wenn das Angebot gleich bleibt?
   b) das Angebot für Computer-Wörterbücher, wenn aufgrund der technischen Entwicklung sehr große Stückzahlen hergestellt werden können?
      Welche Preisänderung ergibt sich, wenn die Nachfrage zunächst konstant bleibt?
   Stellen sie die Situationen aus den Fällen a) und b) grafisch dar.

9. Welche Ursachen führen zu einer Linksverschiebung der Nachfrage- bzw. der Angebotskurve?

10. Nennen Sie jeweils vier Bestimmungsgrößen, die sich auf das Angebots- bzw. Nachfrageverhalten auswirken.

Bei vollständiger Konkurrenz gilt:

- Der Gleichgewichtspreis bildet sich im Schnittpunkt von Angebots- und Nachfragekurve.
- Der Gleichgewichtspreis räumt den Markt.
- Zum Gleichgewichtspreis wird die größtmögliche Warenmenge abgesetzt.
- Der Gleichgewichtspreis ist der Preis, bei dem sich Anbieter und Nachfrager in ihren Kaufhandlungen einig sind.
- Liegt der Marktpreis über dem Gleichgewichtspreis, so existiert ein Käufermarkt, denn das Angebot ist größer als die Nachfrage.
- Liegt der Marktpreis unter dem Gleichgewichtspreis, so entsteht ein Verkäufermarkt, da die Nachfrage größer ist als das Angebot.

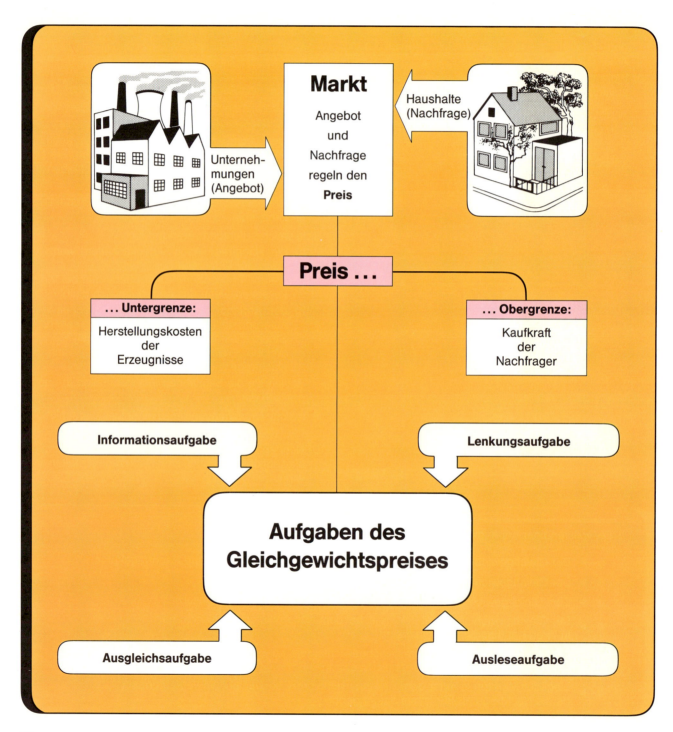

Marktgesetze

1. Ist die Nachfrage größer als das Angebot (**Nachfrageüberhang**), dann steigt der Marktpreis.

   Beispiel: Aufgrund seiner spektakulären Erfolge wird ein junger Tennisspieler zum Idol. Daraufhin steigt die Nachfrage nach der Marke seines Tennisschlägers → der Hersteller kommt mit der Produktion nicht nach → der Preis steigt (≙ **Verkäufermarkt**).

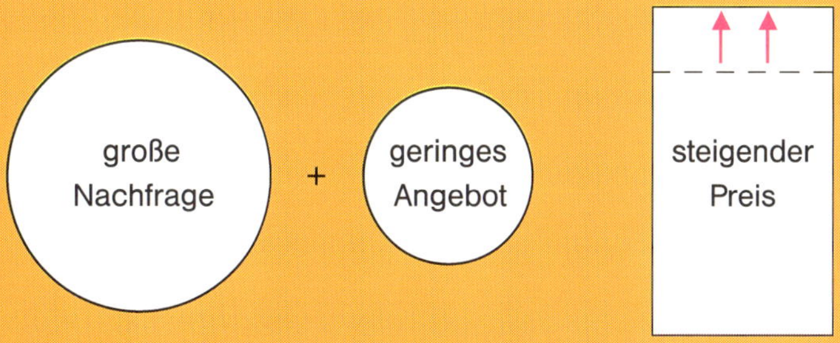

   große Nachfrage + geringes Angebot → steigender Preis

2. Ist das Angebot größer als die Nachfrage (**Angebotsüberhang**), dann sinkt der Marktpreis.

   Beispiel: Aufgrund des sehr milden Winters sind die Läger der Textilunternehmen mit Wintergarderobe voll. Das Angebot übersteigt die Nachfrage → die Preise sinken. (≙ **Käufermarkt**)

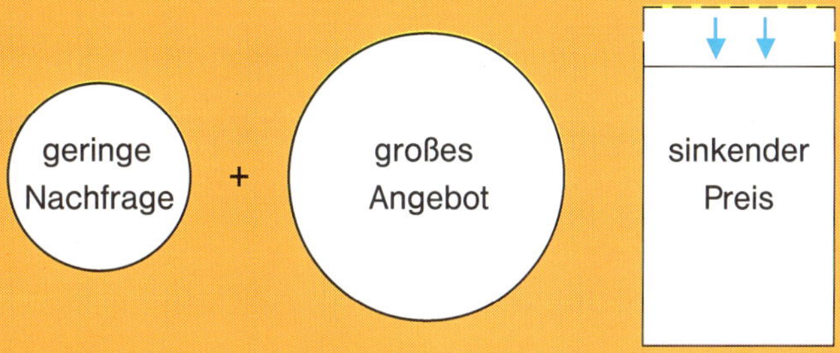

   geringe Nachfrage + großes Angebot → sinkender Preis

Angebot + **Nachfrage**

Das Verhalten der Marktteilnehmer ist abhängig von verschiedenen

● **Bestimmungsgrößen**
u. a.

Angebot	Nachfrage
– Preis des angebotenen Gutes	– Preis des nachgefragten Gutes
– Gewinnerwartungen	– verfügbares Einkommen
– (…)	– (…)

● **Verschiebungen der Kurven**
ergeben sich, wenn sich die Bestimmungsgrößen
des Angebots- bzw. Nachfrageverhaltens ändern
… z. B. **nach rechts**, wenn …

– die Preise anderer Güter sinken	– die Preise für ähnliche Güter steigen oder für ergänzende Güter sinken
– die Produktionsfaktoren preisgünstiger werden	– die Bedarfsstruktur sich zugunsten des Gutes ändert
– moderne Technologie eingesetzt wird	– das kaufkräftige Einkommen steigt
– die Gewinnerwartungen steigen	

(Die Angebots- bzw. Nachfragekurve **verschiebt sich nach links**, wenn sich z. B.
das Angebot verringert bzw. die Nachfrage zurückgeht.)

2.12 Markttypen

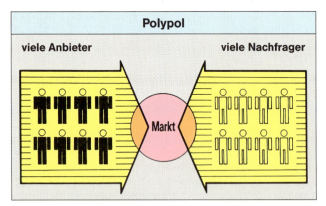

Warum kann einer der vielen Anbieter auf dem polypolistischen Markt (auf dem es viele Anbieter und viele Nachfrager gibt) seinen Angebotspreis nicht willkürlich heraufsetzen?

Information

Im Kapitel 2.11 (Bildung des Gleichgewichtspreises) kommt der Gleichgewichtspreis nur zustande, wenn sich *viele* Anbieter und *viele* Nachfrager gegenüberstehen. Zwischen diesen Marktteilnehmern besteht *vollständiger Wettbewerb*.

Diese *ideale* Marktform der Konkurrenz ist jedoch lediglich eine Vereinfachung der wirtschaftlichen Wirklichkeit. Sie ist insofern nur eine **Modell**annahme, in der der einzelne keine Möglichkeit hat, eigenständig den Preis zu beeinflussen.

Am nächsten kommt dem *Modell der vollkommenen Konkurrenz* die Börse und ggf. der Wochenmarkt.

Beispiele:

– Der Gemüsehändler, der seine Tomaten zu einem höheren Preis anbietet als die Konkurrenz, wird sein Gemüse nicht verkaufen können, da andere Händler preisgünstiger sind.

– Ein Hausmann (Nachfrager), der auf dem Wochenmarkt einen niedrigeren Preis für Salatgurken zahlen will als die anderen Marktkunden (Nachfrager), wird ohne seine Gurken nach Hause gehen müssen.

Mit diesem gedanklichen Modell des **vollkommenen Marktes**, das nur einen Ausschnitt der Praxis wiedergibt, hat man allerdings die Möglichkeit, die grundlegenden Zusammenhänge der Preisbildung verständlich machen zu können.

Folgende *Voraussetzungen* müssen für einen vollkommenen (störungsfreien) Markt gegeben sein:

● **Vollständige Konkurrenz**

Viele Nachfrager treffen auf viele Anbieter (= Marktform des Polypols). Eine Veränderung der Angebotsmenge des einzelnen Anbieters führt daher nicht zu einer Preisveränderung.

● **Markttransparenz**

Jeder Marktteilnehmer ist vollständig informiert über das, was auf den Märkten geschieht. Der Markt ist vollkommen transparent, d. h. durchsichtig. Alle Anbieter haben daher die vollständige Übersicht über das, was, wo, wie, wann und von wem angeboten bzw. nachgefragt wird. Sie kennen z. B. sämtliche Preise, Zahlungs- und Lieferungsbedingungen, die angebotenen Mengen usw.

● **Homogenität der Güter**

Die von den vielen Anbietern angebotenen Güter müssen völlig homogen, d. h. gleichartig, sein. Sie stimmen überein in Art, Qualität und Aufmachung.

Beispiele:

– Videorecorder gleichen Typs (gleiches Design, gleiche Farbe usw.) sind homogene Güter.

– Äpfel einer Sorte werden als homogenes Gut angesehen, auch wenn die einzelnen Äpfel unterschiedlich groß sind.

Wenn die Güter völlig gleichartig sind, dann haben die Anbieter und Nachfrager auch keine Vorlieben für bestimmte Güter. Darüber hinaus dürfen sie nach den Voraussetzungen des Modells auch keine anderen Marktteilnehmer, z. B. andere Händler, vorziehen.

Es dürfen demnach **keine**

● persönlichen, ● räumlichen,
● sachlichen und ● zeitlichen

Bevorzugungen (= Präferenzen) vorhanden sein.

Diese Voraussetzungen bietet in der Wirklichkeit nur die Börse.

> **Beispiel:**
>
> An der Börse sind sämtliche Angebots- und Nachfragepreise bekannt. Die Aktien einer Unternehmung (z. B. BMW-Aktien) sind völlig identisch. Persönliche Beziehungen sind unwichtig. Alle interessierten Anbieter und Nachfrager sind zur selben Zeit am selben Ort (Punktmarkt). Sie handeln bei Preisänderungen ohne zeitliche Verzögerung.

Persönliche Bevorzugungen würden vorliegen, wenn z. B. eine Mutter die Garderobe für ihr Kind in einer bestimmten Kinderboutique kauft, weil sie sich dort mit der Verkäuferin immer so nett unterhalten kann – obwohl die Ware dort etwas teurer ist. Oft sind persönliche Bevorzugungen das Ergebnis von mangelnder Marktübersicht. Der Kunde müßte theoretisch über alle Konkurrenzprodukte (über deren Preise, Qualitäten u. v. m.) bei verschiedenen Anbietern informiert sein.

Sachliche Bevorzugungen würden vorliegen, wenn ein Gut gekauft würde, weil es sich von anderen unterscheidet in Geschmack, Qualität, Farbe usw.

> **Beispiel:**
>
> Kathy Kämmerer trinkt leidenschaftlich gerne „Cola *light*", weil die wegen ihres geringen Kaloriengehalts gesünder ist als das „normale" Colagetränk.

Bei sonst gleichartigen Gütern kann allein schon die Verpackung sachliche Bevorzugungen bewirken.

Räumliche (entfernungsmäßige) Bevorzugungen spielen heutzutage im täglichen Leben eine größere Rolle, als man gemeinhin denkt. Schon allein Geschäfte in den Hauptverkehrsstraßen ziehen die Kunden stärker an als die Konkurrenzgeschäfte in den Nebenstraßen. Auch unterschiedliche Transportkosten können zu entfernungsmäßigen Bevorzugungen führen.

> **Beispiel:**
>
> Die Einwohner eines kleinen Dorfes ziehen es vor, lieber bei dem einzigen Einzelhändler für Fahrradersatzteile im Ort einzukaufen als bei anderen Händlern in der 30 km entfernt liegenden Stadt, obwohl der ortsansässige Händler seine Produkte im Durchschnitt um 10 Prozent teurer verkauft.

Nach dem Modell des vollkommenen Marktes dürfen diese entfernungsmäßigen Unterschiede nicht vorhanden sein. Anbieter und Nachfrager müssen, wie z. B. beim Wochenmarkt oder der Börse, an einem bestimmten Ort zusammentreffen. Der vollkommene Markt ist ein Punktmarkt.

Zeitliche Bevorzugungen: Eine Hausfrau geht zum Wochenmarkt erst kurz vor Beendigung des Marktes einkaufen in der Hoffnung, ihr Obst dann preisgünstiger bekommen zu können. Sie hat eine zeitliche Vorliebe für ihren Einkauf entwickelt. Die Bedingung des vollkommenen Marktes, daß eben **keine** zeitlichen Präferenzen vorherrschen dürfen, würde aber bedeuten, daß sowohl Nachfrager als auch Anbieter ohne zeitliche Verzögerungen handeln (= unendlich schnelle Reaktionsgeschwindigkeit der Marktteilnehmer).

Handeln also alle Anbieter und Nachfrager nach den beschriebenen Voraussetzungen, d. h. rational als *homo oeconomicus* (lat. = der wirtschaftlich handelnde und denkende Mensch), so bildet sich auf einem durchsichtigen, polypolistischen Markt für eine Güterart nur **ein einheitlicher Preis**.

Würde ein Anbieter nun z. B. für sein Produkt einen höheren Preis verlangen, so würde er seinen gesamten Absatz verlieren. Die Nachfrager sind bekanntlich hierüber informiert (der Markt ist transparent), sie würden alle gleichzeitig zur Konkurrenz abwandern. Der alleingelassene Anbieter würde konsequenterweise auf dieses Verhalten der Nachfrager mit Preissenkungen reagieren müssen.

Weder Anbieter noch Nachfrager können demzufolge aufgrund ihres geringen Marktanteils den Preis beeinflussen. Der **Preis** stellt für sie **ein Datum** dar, so daß Preiswettbewerb nicht stattfindet. Die Anbieter und Nachfrager können lediglich als Mengenanpasser handeln, indem sie mehr oder weniger anbieten bzw. nachfragen.

Fehlt auch nur **eine** der Voraussetzungen des vollkommenen Marktes, so liegt ein **unvollkommener Markt** vor.

Die Wirklichkeit kennt nur unvollkommene Märkte, weil

- die Markttransparenz fehlt (Ausnahme: Wertpapierbörse). Gütermärkte sind undurchsichtig. Die meisten Nachfrager sind nicht in der Lage, sich über das gesamte Angebot zu informieren;

- Bevorzugungen bestehen:
  - Die Anbieter versuchen z. B. durch unterschiedliche Qualitäten und Aufmachungen (Design, Verpackung usw.) die Nachfrager für sich zu gewinnen (= sachliche Präferenzen);
  - viele Nachfrager bevorzugen Unternehmen, bei denen sie schon immer gekauft haben und zu denen sie eine persönliche Beziehung entwickelt haben (= persönliche Präferenzen),
  - zeitliche Präferenzen: Ein Schulbuchverlag ist deshalb für viele Schulen attraktiv, weil er schneller und pünktlicher als die anderen Verlage das Lehrbuch nach den neuen Richtlinien ausliefern kann;
- die Marktform des Oligopols und des Monopols bestehen.

Durch z. B. Preisunterbietungen und Unternehmenszusammenschlüsse kann ein Polypol aufgelöst werden, so daß es häufig nur noch wenige Anbieter für ein bestimmtes Produkt gibt.

Aufgaben

1. Wodurch wird der Preis beim vollkommenen Markt beeinflußt?

2. Nennen Sie anhand eines von Ihnen gewählten Produkts persönliche Präferenzen.

3. Was verstehen Sie unter der „Homogenitätsbedingung"?

4. Was unterscheidet den unvollkommenen vom vollkommenen Markt?

5. Bestimmen Sie die Präferenzen der folgenden Beispiele.

   a) In einem abgelegenen Dorf gibt es nur einen Schlachter.

   b) Der Walkman des Unternehmens X wird wegen seines formschönen Aussehens von den Jugendlichen bevorzugt gekauft.

   c) In den einzelnen Stadtteilen einer Großstadt darf jeweils nur ein Gastwirt bis Mitternacht geöffnet haben.

   d) Eine Handelskette verkauft ihre Produkte in Süddeutschland preisgünstiger als im Norden Deutschlands.

   e) Peter S. kauft besonders gern in der Boutique „Bella" ein, weil er dort von der hübschen Verkäuferin Yvonne bedient wird.

6. Warum kann man das Modell des vollkommenen Marktes nicht als realistisches Abbild der wirtschaftlichen Wirklichkeit bezeichnen?

7. Welche Möglichkeit hat der einzelne bei vollkommener Konkurrenz, den Preis zu beeinflussen?

8. Warum kommt die Börse dem Modell des vollkommenen Marktes am nächsten?

9. Erklären Sie, warum man in der Wirtschaftslehre das Modell des vollkommenen Marktes überhaupt behandelt.

10. Bilden sich die Preise für die folgenden Güter auf vollkommenen oder auf unvollkommenen Märkten?

    a) Goldpreis an der Edelmetallbörse in Frankfurt

    b) Brotpreis beim Bäcker

    c) Brillenpreis beim Optiker

    d) Kaffeepreis auf der Warenbörse in London

    e) Aktienkurs für VW-Aktien an der Börse in Hannover

    f) Preis eines Wintermantels bei einer Boutique

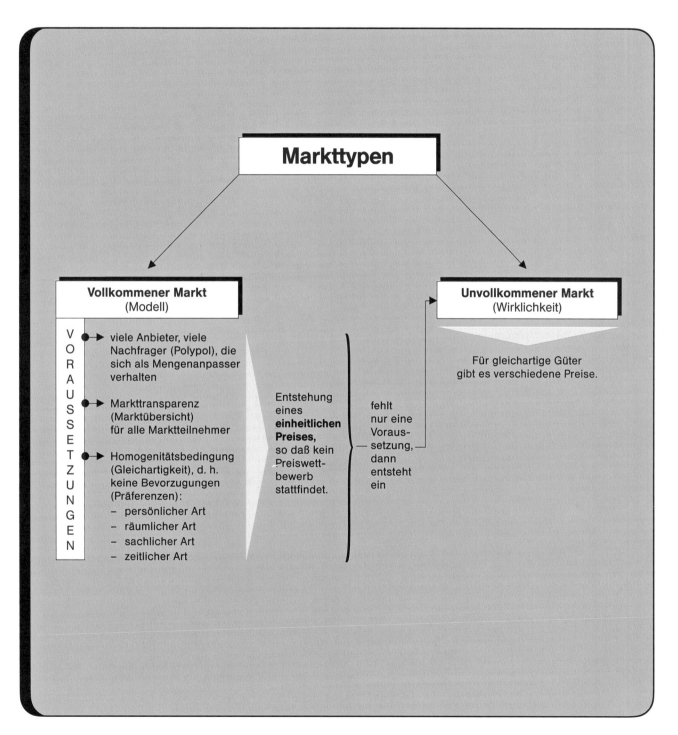

2.13 Preisbildung auf eingeschränkten (unvollkommenen) Märkten

Sibylle will eine Geburtstagsparty geben. Sie ist gerade dabei, mit ihrem Freund Patrick Getränke für ihre Gäste einzukaufen. Die beiden informieren sich über die Preise für Limonaden: Sollten sie Dosen oder Flaschen nehmen? Welcher Einzelhändler bietet wohl am preisgünstigsten an? Gibt es vielleicht sogar gerade ein Sonderangebot?

Nachdem sie sich in mehreren Geschäften ihres Wohnortes umgesehen haben, finden sie schließlich in einem Supermarkt dieses Angebot, das preisgünstigste bisher:

Patrick will gerade einpacken, doch Sibylle möchte gern noch zu dem Getränkemarkt auf der anderen Straßenseite. Dort finden die beiden dieses Angebot:

Wie erklären Sie sich die Preisunterschiede bei diesen *gleichartigen* Limonaden mit *gleichem* Inhalt und mit *gleicher* Menge?

Information

Preisbildung beim unvollkommenen Polypol

Preisbildung auf unvollkommenen Märkten findet immer dann statt, wenn der Wettbewerb bzw. die Konkurrenz eingeschränkt ist.

Die unvollkommene Konkurrenz ist in der Wirklichkeit häufig anzutreffen. **In vielen Fällen ist für ein wirtschaftliches Gut daher kein Gleichgewichtspreis vorzufinden.**

Dies kann daran liegen, daß Wettbewerbsvorteile vorhanden sind, z. B. durch

– Standortvorteile (= **räumliche Präferenzen**) oder

– unterschiedlich lange Öffnungszeiten (= **zeitliche Präferenzen**).

Denkbar ist auch, daß z. B. ein Nachfrager aufgrund einer langjährigen Geschäftsbeziehung seine Güter nur bei einem bestimmten Anbieter kauft, obwohl dieser für die gleiche Güterqualität einen höheren Preis verlangt als seine Mitanbieter (= **persönliche Präferenzen**).

> **Beispiel:**
>
> Sibylle kauft ihr Gemüse und Obst seit Jahren nur bei „Gemüse-Willi". Sie kennt ihn schon sehr lange und kann sich häufig bei ihrem Bummel über den Wochenmarkt sehr nett mit ihm unterhalten. Außerdem haben seine Äpfel einen wesentlich schöneren Glanz als die übrigen auf dem Markt – Sibylle bezahlt dafür gerne etwas mehr.

Man sieht, daß Verbraucher/Nachfrager aus **persönlichen, zeitlichen, räumlichen und sachlichen Gründen einen bestimmten Anbieter bevorzugen** können.

Es kommt also nicht immer auf die Höhe des Preises an. Von Bedeutung können unter Umständen sein:
- die Art der Bedienung
- eine gepflegte Ladenausstattung
- bei der Ware: gefälliges Aussehen, vielseitige Verwendbarkeit, gute Verarbeitung, gute Materialqualität
- Zuverlässigkeit des Anbieters
- die Schnelligkeit des Kundendienstes
- der Standort

Indem der Anbieter versucht, sich auf diesen Gebieten von seinen Konkurrenten abzusetzen, entzieht er sich dem Wettbewerb und bekommt Spielraum für die eigene **Preispolitik**. So ist es möglich, daß – je nach Stärke der Bevorzugungen – der Anbieter eine mehr oder weniger monopolähnliche Marktstellung erhalten kann.

Nutzt er seine Position zu sehr aus, dann reagieren die Nachfrager möglicherweise, indem sie ein ähnliches Gut nachfragen oder bei der Konkurrenz kaufen.

Ein weiterer Grund für einen fehlenden Gleichgewichtspreis mag darin zu finden sein, daß die Nachfrager nicht hinreichend genug über die Güterqualität und die Güterpreise informiert sind. So passiert es sicherlich häufiger, daß frischer Fisch zu einem höheren Preis in Hannover gekauft wird, obwohl der gleiche Fisch in Hamburg wesentlich günstiger zu bekommen ist.

Der Markt ist undurchsichtig.

Nur aus diesen Gründen ist es zu erklären, daß *für ein und dasselbe wirtschaftliche Gut unterschiedliche Marktpreise* gefordert und gezahlt werden.

Preisbildung beim unvollkommenen Monopol

Existiert nur ein Marktteilnehmer, z. B. auf der Angebotsseite, so muß dieser Anbieter keine Rücksicht auf Konkurrenten nehmen und kann den Marktpreis seines Gutes selbst bestimmen.

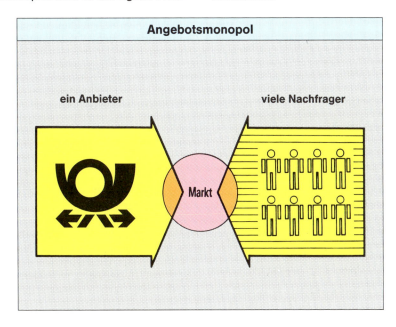

Für den Monopolisten ist der *Preis keine unbeeinflußbare Größe*. Er kann wahlweise ihn oder die Absatzmenge bestimmen. In der Regel setzt er einen bestimmten Preis fest. Je niedriger er diesen festsetzt, desto mehr Güter wird er absetzen können. Bei einem allzu hohen Angebotspreis hingegen würde die Nachfrage zurückgehen.

Inwieweit sich die Nachfrager dann zurückziehen, hängt ganz davon ab, ob es sich bei dem vom Monopolisten angebotenen Gut um ein Existenz- oder Luxusgut handelt.

Beispiel:

– Bei einer Preiserhöhung für *Babynahrung* wird die Nachfrage nicht so stark zurückgehen (man spricht von unelastischer Nachfrage).
– Bei einer Preiserhöhung von *vergoldeten Armbanduhren* gäbe es einen wesentlich stärkeren Nachfragerückgang (die Nachfrage ist elastisch).

Dadurch, daß der **Preis keine gegebene Größe** darstellt, sondern vom Monopolisten frei festgesetzt wird, ist er in der Lage, **Preispolitik** betreiben zu können.

Bei unangemessen hohen Preisforderungen besteht für ihn allerdings die Gefahr, daß die Nachfrager sich zukünftig stärker einschränken oder auf das Gut ganz verzichten und auf ähnliche Güter (Substitutionsgüter) ausweichen. Darüber hinaus werden aufgrund der guten Gewinnaussichten Konkurrenten angelockt, die dann versuchen werden, in den Markt einzudringen.

Der Monopolist muß seine Preispolitik wohl durchdenken, da er von der Preisempfindlichkeit der Nachfrager abhängig ist. Er kann daher den Preis *nicht willkürlich* bestimmen, sondern wird sich für den entscheiden, von dem er langfristig den größtmöglichen Gewinn erwartet. Sein Ziel der Gewinnmaximierung wird dort erreicht sein, wo der Unterschied zwischen Umsatz (= Einnahmen aus den Verkäufen) und den Kosten, z. B. für Löhne und Gehälter, Werbung, Abschreibungen und Wareneinkäufen, am größten ist.

Beispiel:

Marc S. hat einen neuen Datenträger für PCs erfunden, der die Computertechnik revolutioniert und die bisherigen Disketten und CDs vollständig ersetzt. Marc S. ist Alleinanbieter des patentierten Datenträgers.

Seine Entscheidung bei der Preisfestsetzung sieht bei eigenen Herstellungskosten von 14,50 DM pro Stück wie folgt aus:

Preis in DM je Stück	Nachfrage in Stück	Umsatz in DM	Kosten in DM	Gewinn	
20,00	110 000	2 200 000	1 595 000	605 000	
31,00	76 000	2 356 000	1 102 000	1 254 000	
42,50	58 000	2 465 000	841 000	1 624 000	
49,00	47 600	2 332 400	690 200	1 642 200	
61,00	38 000	2 318 000	551 000	1 767 000	**maximaler Gewinn**
70,00	31 000	2 170 000	449 500	1 720 500	
82,00	24 750	2 029 500	358 875	1 670 625	
90,50	19 200	1 737 600	278 400	1 459 200	
99,50	15 800	1 572 100	229 100	1 343 000	

Seinen maximalen Gewinn in Höhe von 1 767 000 DM wird der Monopolist Marc S. bei einem Verkaufspreis von 61,00 DM pro Datenträger erzielen. Das Beispiel zeigt, daß es dem Monopolisten nicht um den höchsten Umsatz geht (den würde er bei einem Preis von 42,50 DM erzielen). Im Gegenteil, *er verkauft weniger Güter* zu einem höheren Preis als es bei einem Polypol mit vielen Anbietern der Fall wäre. **Der Markt ist damit unterversorgt**.

Die Bevölkerung wird demnach bei monopolistischem Verhalten nicht bestmöglich versorgt. Und je stärker das Produkt nachgefragt wird und je weniger Ersatzprodukte von anderen Anbietern angeboten werden, desto höher kann der Monopolist seinen Preis festsetzen. Weiterhin kann die Markt- und Machtstellung des Alleinanbieters zur Folge haben, daß er seine Produkte nicht mehr verbessert und/oder keine neuen, preisgünstigeren auf den Markt bringt. Er behindert den Fortschritt.

Bei Mißbrauch seiner Marktstellung kann die überzogene Preispolitik vom Staat allerdings untersagt werden.

Neben diesen auf Gewinnmaximierung ausgerichteten *privatwirtschaftlichen* Monopolen gibt es noch Monopole, die die **Bedarfsdeckung** zum Ziel haben, wie z. B. die Post AG oder staatliche Elektrizitäts- und Wasserversorgungsunternehmen. Ihre Aufgabe besteht darin, die Bevölkerung mit wichtigen Gütern und Leistungen bestmöglich und zu *kostendeckenden* Preisen zu versorgen.

Preisbildung
beim unvollkommenen Oligopol

Auf unvollkommenen Märkten ist das Oligopol die am häufigsten vorkommende Marktform. Den vielen kleinen Nachfragern stehen nur wenige, relativ starke Anbieter gegenüber (= Angebotsoligopol). Wie der Monopolist muß auch der Oligopolist **bei der Preisfestsetzung die Reaktionen der Nachfrager beachten**. Je unelastischer die Nachfrage ist, desto größer wird seine Marktmacht sein.

Auf welchen Märkten nur wenige Anbieter übriggeblieben sind, zeigt die nachfolgende Abbildung.

Neben dem Verhalten der Nachfrager müssen bei der Preisfestsetzung auch **die Reaktionen der anderen Oligopolisten berücksichtigt** werden. Bei der Bestimmung des Preises sind folgende Verhaltensweisen und Strategien denkbar:

- Marktverdrängung
- Preisabsprachen
- Preisführerschaft.

Bei der Strategie der **Marktverdrängung** versucht ein Anbieter, die Konkurrenten vom Markt zu verdrängen, indem er die Angebotspreise seiner Mitbewerber unterbietet und dabei (kurzfristig) bewußt auf die Maximierung seines Gewinns verzichtet. Nun müssen die anderen mit Preissenkungen nachziehen, wollen sie keine Kunden an den preisgünstiger Anbietenden verlieren. Während sie sich ständig gegenseitig unterbieten, haben die Nachfrager den Nutzen – sie können preisgünstig einkaufen. Durch diesen Kampf um den Kunden haben alle betroffenen Anbieter Umsatzeinbußen. Schließlich können die Preissenkungsrunden dazu führen, daß einige zu den jetzt erreichten niedrigen Kampfpreisen nicht mehr anbieten können (ihre Kosten übersteigen den Verkaufspreis) und aus dem Markt ausscheiden (= **ruinöser Wettbewerb**). Bleibt schließlich nur ein Anbieter übrig, so besteht die Gefahr nach der Phase der ständigen Preissenkungen, daß die Preise wieder angehoben werden (Monopolpreisbildung).

Ein derartiges Verhalten ist allerdings sehr selten, da es ja für den „Angreifer" auch den eigenen wirtschaftlichen Tod bedeuten könnte. Weniger risikoreich und daher realistischer ist ein **gemeinsames Vorgehen aller Oligopolisten** (= oligopolistische Zusammenarbeit). Die Mitanbieter werden nicht herausgefordert. Anstatt über den Preis mit-

Preisschilder von Tankstellen in Leipzig am selben Tag

einander zu konkurrieren, **sprechen** sie ihre **Preise ab**. Da sie auf diesem Wege versuchen, gemeinsam ihren Gewinn mit möglichst hohen Preisen zu maximieren, handeln sie wie ein Monopolist (= Kollektivmonopol).

Wie bei monopolistischer Preisgestaltung sind auch beim Oligopolisten Preisgrenzen nach oben gesetzt. Bei allzu hohen Preisen wird der Verbraucher sich einschränken oder Ersatzgüter kaufen.

Preisabsprachen sind in Deutschland nach dem Gesetz gegen Wettbewerbsbeschränkungen verboten, da sie den Wettbewerb ausschalten und die Verbraucher benachteiligen.

Ist ein Oligopolist wirtschaftlich stärker als seine Mitbewerber, so kann er von den übrigen als **Preisführer** anerkannt werden. Dieses große Unternehmen bestimmt die Preise und die anderen folgen ihm. Im Falle von gleich starken Oligopolisten wird die Preisführerschaft unter den Anbietern wechseln.

Bei diesem „friedlichen" Verhalten wird der Wettbewerb unter den Oligopolisten nicht mehr über den Preis ausgetragen. Sie verlagern ihn nun auf die Qualität und die Aufmachung ihrer Produkte.

Aufgaben

1. Warum kann ein Anbieter auf einem unvollkommenen polypolistischen Markt keine Preispolitik betreiben?
2. Erklären Sie, warum es beim eingeschränkten Polypol für ein und dasselbe Gut unterschiedliche Preise geben kann.
3. Durch welche Maßnahmen erhält ein Anbieter beim unvollkommenen Polypol eine monopolähnliche Stellung?
4. Welche Voraussetzungen müssen gegeben sein, damit ein Monopolist Preispolitik betreiben kann?
5. Bei welchem Preis erzielt der Monopolist sein Gewinnmaximum, wenn ihm Kosten in Höhe von 4,50 DM pro Stück entstehen?

Preis/DM je Stück	99,00	78,30	61,50	41,00	19,80
Nachfragemenge	550	2 200	5 700	12 600	31 000

6. Warum strebt das Staatsmonopol Deutsche Post AG mit seinem Briefdienst keine Maximierung seines Gewinns an?
7. Nennen Sie Gefahren und Nachteile monopolistischer Preisgestaltung.

8. Nennen Sie jeweils zwei Formen der a) räumlichen, b) zeitlichen und c) persönlichen Preisdifferenzierung beim unvollkommenen Polypol.
9. Inwiefern ist der Monopolist von der Elastizität der Nachfrage abhängig?
10. Bei welcher Marktform verlagert sich der Wettbewerb von der Preisebene auf die Ebene der Qualitäts- und Servicekonkurrenz?
11. Beschreiben Sie, welche Strategien der Preisfestsetzung auf oligopolistischen Märkten denkbar sind.
12. Stellen Sie dar, warum bei friedlichem Verhalten der Oligopolisten der Wettbewerb nicht völlig ausgeschaltet ist.
13. Welche Marktform ist Ihrer Meinung nach für den Verbraucher am günstigsten?

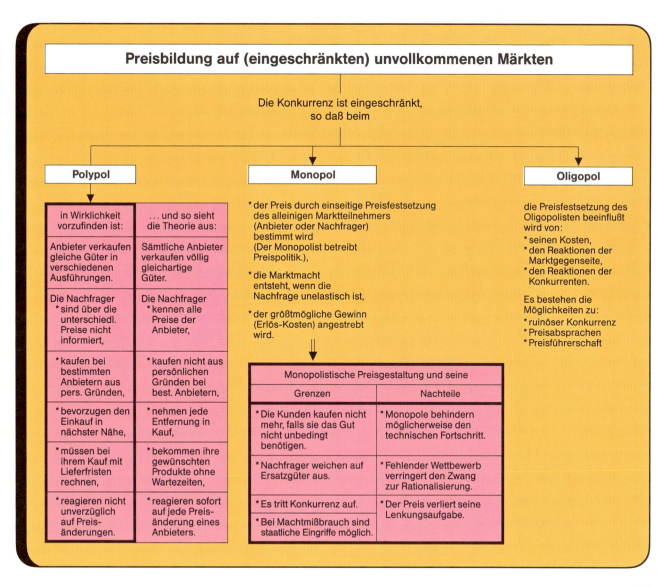

2.14 Staatliche Preisbildung

Die aus Steuergeldern finanzierte Vernichtung von Obst und Gemüse in der Europäischen Gemeinschaft hat einen Rekord erreicht. Im letzten Jahr wurden 2,56 Millionen Tonnen vernichtet.

Dies entspricht etwa 50 Prozent der deutschen Jahresproduktion. Wie in den Vorjahren wird der weitaus größte Teil der im Überfluß produzierten Güter (u. a. Weizen, Milch, Butter, Rindfleisch) vernichtet, z.B. auf den Müll gekippt, oder – wie im Fall von Rotwein – in Haarwasser verwandelt.

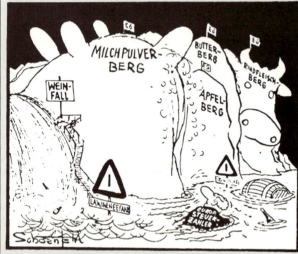

Europa – deine Berge, deine Seen

1. Wie ist es zu erklären, daß derartige Waren**überschüsse** produziert werden, wo doch der Marktpreis zu einem Ausgleich von Angebot und Nachfrage führen soll?
2. Warum werden im Überfluß produzierte Lebensmittel vernichtet?

Information

Die *Preisbildung* findet bei vielen Waren und Dienstleistungen *nicht* unter den Bedingungen des Marktes statt, sondern *wird beeinflußt durch den Staat*. Das gegenseitige Verhältnis von Angebot und Nachfrage bestimmt in diesen Fällen nicht mehr den Preis.

Die staatliche Beeinflussung des Preises kann **direkt** oder **indirekt** erfolgen.

Direkte staatliche Eingriffe in die Preisbildung

Die **direkte** Preisbeeinflussung ist gekennzeichnet durch Maßnahmen, mit denen der Staat den Wettbewerb verhindert (= **marktkonträre** oder **marktinkonforme** Maßnahmen).

Der Staat tritt *nicht* als Marktteilnehmer auf, sondern greift direkt u. a. durch Vorschriften in die Preisbildung ein und setzt damit die Preisfunktionen außer Kraft. Diese wettbewerbsfeindlichen Eingriffsmöglichkeiten bestehen in der Festsetzung von:

- Mindestpreisen,
- Höchstpreisen,
- Festpreisen.
- Von **Mindestpreisen** spricht man, weil der Staat mit diesen Preisen eine Preis-**Untergrenze** festsetzt, unter die der Preis nicht fallen darf. Dieser Preis muß von den Nachfragern mindestens gezahlt werden.

Beispiel:

Der Gleichgewichtspreis für ein Pfund Butter würde 1,30 DM betragen. Ein Mindestpreis liegt vor, wenn der staatlich verordnete Preis z. B. auf 4,20 DM festgesetzt wird.

Staatliche Mindestpreise liegen daher immer **über** dem Gleichgewichtspreis. Oberhalb der Grenze ist die Preisbildung frei.

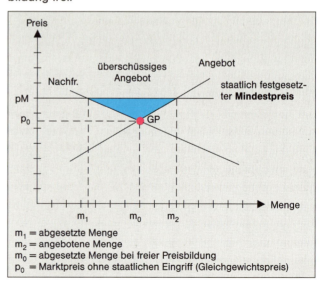

m_1 = abgesetzte Menge
m_2 = angebotene Menge
m_0 = abgesetzte Menge bei freier Preisbildung
p_0 = Marktpreis ohne staatlichen Eingriff (Gleichgewichtspreis)

Erklärung:

Der über dem Gleichgewichtspreis p_0 staatlich garantierte **(hohe)** Mindestpreis p_M führt dazu, daß die Anbieter mehr Güter anbieten (m_2), als die Nachfrager zu diesem Preis abnehmen möchten (m_1). Das Angebot übersteigt die Nachfrage, es entsteht ein **Angebots-überhang**. In diesem Fall räumt also der Mindestpreis **nicht** den Markt.

Hätte der Staat mit der Festsetzung des Mindestpreises nicht direkt eingegriffen, so würde sich – *bei freier Konkurrenz* – ein Marktpreis von p_0 ergeben. Die Anbieter müßten dann wesentlich weniger Güter anbieten (m_0) als im Falle des (hohen) Mindestpreises p_M, wo das Angebot noch bei m_2 lag.

Die Nachfrager hingegen würden bei dem niedrigeren Preis von p_0 die Menge m_0 nachfragen und demnach die Nachfrage erhöhen. Denn beim Mindestpreis p_M lag die nachgefragte Menge nur bei m_1.

Staatliche Mindestpreise führen fast immer zu Überproduktionen, da die Produktion von Gütern wegen des garantierten und hohen Preises risikolos ist. Diese Überschußmengen werden – soweit keine Produktionsbeschränkungen vorgeschrieben werden – vom Staat aufgekauft und eingelagert. Die hohen Lagerbestände werden anschließend abgebaut, indem sie zu erheblich niedrigeren Preisen ins Ausland verkauft werden (z. B. Butter in osteuropäische Länder) oder hochwertige zu geringwertigen Gütern verarbeitet werden, z. B. Qualitätswein zu Haarwasser, Getreide zu Viehfutter, Butter zu Schmierfett (vgl. Zeitungsartikel in Spalte 2).

Staatlich garantierte Mindestpreise werden immer dann festgesetzt, wenn zu befürchten ist, daß es durch die Konkurrenz auf den Märkten unter den Anbietern zu einem ruinösen Wettbewerb kommen könnte, bei dem jeder Anbieter versucht, mit seinen Angebotspreisen die Konkurrenz zu unterbieten. Das würde z. B. im Bereich der Landwirtschaft zu Lasten der bäuerlichen Familienbetriebe gehen, die letztlich vom Markt verdrängt würden.

Der vom Staat festgesetzte Preis kann nicht mehr durch die Konkurrenz der Anbieter untereinander fallen. Folglich

---

Wieder billige EU-Butter

mau. **Bonn**

Die Europäische Union (EU) hat jetzt ein neues Buttergeschäft mit Moskau beschlossen, bei dem sie rund 680 Millionen DM zusetzen muß. Danach erhält Moskau 100 000 Tonnen Butter, von denen 80 000 Tonnen aus der Bundesrepublik und 20 000 Tonnen aus Irland kommen, allerdings schon wenigstens 18 Monate in Kühlhäusern lagern.

Moskau muß pro Kilogramm Butter 72 Pfennig zahlen. Die EU selbst hatte den Erzeugern beim Einkauf noch 7,50 DM bezahlen müssen. Die Differenz von 6,78 DM je Kilo muß die EU als Verlust für Marktordnungskosten abbuchen, die für sämtliche Agrarprodukte knapp 50 Milliarden DM verschlungen hatten.

Der europäische Butterberg wird durch den Ausverkauf jedoch nur „angeknabbert". In der EU liegen gegenwärtig 1,15 Millionen Tonnen Butter auf Lager, in der Bundesrepublik sind es 400 000 Tonnen.

---

kann die staatliche Mindestpreisgarantie die **Anbieter**, z. B. die Landwirte, vor niedrigen Preisen **schützen** und damit **ihr Bestehen sichern**.

Kritisch zu betrachten ist jedoch, daß die Anbieter gerade durch die (hohen) staatlich garantierten Preise und Abnahmegarantien angespornt werden, noch mehr Güter zu erzeugen, obwohl diese Mengen gar nicht mehr abgesetzt werden. Das führt zu den bekannten Erscheinungen wie „Apfelberge", „Butterberge" oder „Weinseen". Zu hohe Preise reizen zur Überproduktion, deren Beseitigung sehr teuer wird.

Es kann unmöglich sinnvoll sein,
– wenn teure Nahrungsmittel erzeugt werden,
– die zu den festgesetzten Preisen niemand haben will,
– die deshalb vom Staat aufgekauft, eingelagert und
– schließlich verbilligt auf dem Weltmarkt „verschleudert" werden müssen;
– unter hohem Aufwand an Lagerkosten und Subventionen.[1]

● Mit **Höchstpreisen** setzt der Staat eine Preis-**Obergrenze** fest, über die der Preis nicht steigen darf.

---

[1] Finanzhilfen und Steuervergünstigungen des Staates (ohne Gegenleistungen) zur Erhaltung lebenswichtiger Wirtschaftszweige oder zur Förderung von Anpassungs- und Modernisierungsprozesse in einzelnen Branchen und Regionen. Dadurch können die Unternehmer den Preis bestimmter Produkte niedriger halten, als er sich durch Angebot und Nachfrage auf dem Markt ergeben hätte (z. B. die Fahrpreise der Deutschen Bahn AG).

Beispiel:

Der Gleichgewichtspreis für 1 m² Wohnungsmiete würde im Durchschnitt 12,00 DM betragen. Durch die Festlegung des Preises für 1 m² auf 6,00 DM im sozialen Wohnungsbau bestimmt der Staat, welche Höhe der Preis pro m² **höchstens** betragen darf (daher der Name „Höchstpreis").

Staatliche Höchstpreise liegen stets **unter** dem Gleichgewichtspreis. Sie sind also niedriger als der Preis, der sich bei freier Preisbildung, d. h. ohne staatlichen Eingriff, am Markt ergeben würde. Bis zum Höchstpreis ist die Preisbildung frei.

Erklärung:

Bei dem Höchstpreis pH bieten die Anbieter lediglich die Menge m_1 an, während aber die Menge m_2 nachgefragt wird. Die Nachfrage übersteigt bei diesem Preis das Angebot sichtlich. Es verbleibt überschüssige Nachfrage = **Nachfrageüberhang.**

Viele Anbieter bieten deshalb nicht mehr Güter an, weil sie zu dem (niedrigen) festgesetzten Preis von pH nicht mehr kostendeckend oder nicht mit ausreichendem Gewinn produzieren können.

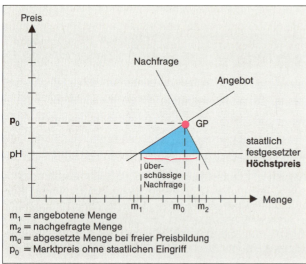

m_1 = angebotene Menge
m_2 = nachgefragte Menge
m_0 = abgesetzte Menge bei freier Preisbildung
p_0 = Marktpreis ohne staatlichen Eingriff

Mit staatlich verordneten Höchstpreisen sollen die **Verbraucher geschützt** werden, z. B. mit der Mietpreisfestlegung im sozialen Wohnungsbau. Der staatliche Eingriff in das Marktgeschehen mit Höchstpreisen soll sicherstellen, daß auch Bevölkerungsschichten mit geringem Einkommen bezahlbaren Wohnraum erhalten. Deshalb muß der staatliche **Höchstpreis** aus sozialen Gründen **unter dem Marktpreis** liegen. Der Preis kann jetzt nicht mehr durch Konkurrenzdruck der Nachfrager (Mieter) untereinander steigen, indem beispielsweise einige von ihnen sich bereit erklären, dem Anbieter (Vermieter) eine höhere Miete zu zahlen als es den festgelegten Höchstmieten entspricht.

Andererseits kann aber ein *ständiger Nachfrageüberhang* zu mangelhafter Bedarfsdeckung führen, zu Käuferschlangen in den Geschäften und zur Bildung von Schwarzmärkten, wie z. B. die Versorgungsengpässe bei Fleisch und Südfrüchten in den früheren sozialistischen Ländern.

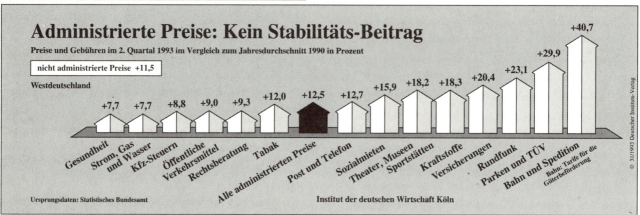

[1] administrare (lat.) = verwalten (... vom Staat beeinflußte Verbraucherpreise)

Die Preise von rund 40 % der im Preisindex für die Lebenshaltung enthaltenen Güter und Dienstleistungen werden vom Staat direkt oder indirekt bestimmt – die sogenannten administrierten Preise. Hierzu gehören z. B. Verkehrstarife, Park-, TÜV- und Zulassungsgebühren, Versicherungsprämien, Rundfunkgebühren, Kraftstoffe und Mietnebenkosten.

Seit 1991 sind die Kosten für solche Dienstleistungen und Tarife kräftig gestiegen – und das bei sonst relativer Ruhe an der Preisfront: Die öffentlichen Parkgebühren haben sich fast vervierfacht, die Postgebühren haben um das Dreifache, die Kraftfahrzeugsteuern um 64 % und die Kraftfahrzeugversicherung um 30 % zugelegt. Ähnliches gilt für die Wohnnebenkosten: Die Gebühren für die Müllabfuhr haben sich nahezu verdoppelt, die Kosten für die Abwasserbeseitigung sind um rund die Hälfte, Straßenreinigung und Schornsteinfeger 25 % bzw. 20 % teurer geworden.

● Ein dritter staatlicher, marktkonträrer Eingriff in die Preisbildung besteht in der Anordnung von **Festpreisen.** Dabei wird der Preis in einer bestimmten Höhe festgesetzt. Diese darf dann weder über- noch unterschritten werden. Festpreise sollen entweder die Nachfrager oder die Anbieter schützen.

Indirekte Eingriffe des Staates in die Preisbildung

Nimmt der Staat nur Einfluß auf das Angebot und/oder die Nachfrage, indem er selbst als Anbieter oder Nachfrager am Markt auftritt, so spricht man von **marktkonformer Preislenkung.**

Auf den Preis nimmt der Staat nur **indirekt Einfluß,** weil er sich weiterhin am Markt bildet. Der Preismechanismus wird *nicht außer Kraft gesetzt.*

Beispiele:

– Verringerung der Staatsnachfrage nach Wohnbauten → *Preissteigerungen* im Wohnungsbau werden gebremst.
– Zahlung von Wohngeld an Einkommensschwache (= Subventionen), die dadurch besseren Wohnraum nachfragen können → *Preise steigen.*
– Erhöhung der Zölle, um die Einfuhren von Gütern aus dem Ausland zu verringern → *Güter aus dem Ausland werden teurer.*
– Steuersenkungen für die Unternehmen, um die Nachfrage nach Investitionsgütern zu steigern → *Preise* für z. B. Maschinen und maschinelle Anlagen *steigen.*

Aufgaben

1. Warum greift der Staat in die Preisbildung ein?
2. Nennen Sie die zwei grundsätzlichen Möglichkeiten staatlicher Preisbeeinflussung.
3. Welche Möglichkeiten der direkten staatlichen Preisbeeinflussung kennen Sie?
4. Erläutern Sie die Festsetzung von Mindest-, Höchst- und Festpreisen.
5. Worin besteht der Unterschied zwischen Mindest- und Höchstpreis einerseits und Gleichgewichtspreis andererseits?
6. Erklären Sie den Unterschied zwischen marktkonformen und marktkonträren staatlichen Eingriffen in die Preisfestsetzung.
7. Nennen Sie Gründe, die für und gegen die staatliche Preisfestsetzung sprechen.
8. Was verstehen Sie im Zusammenhang mit *festgesetzten Höchstpreisen* unter dem Begriff „Nachfrageüberhang"?
9. Wie kann der Staat das Angebot bzw. die Nachfrage marktkonform beeinflussen?
10. Warum bietet der Anbieter zum Mindestpreis mehr und warum fragt der Nachfrager weniger Güter nach als zum Gleichgewichtspreis?
11. Durch welchen staatlichen Eingriff in die Preisbildung entsteht ein Angebotsüberhang?

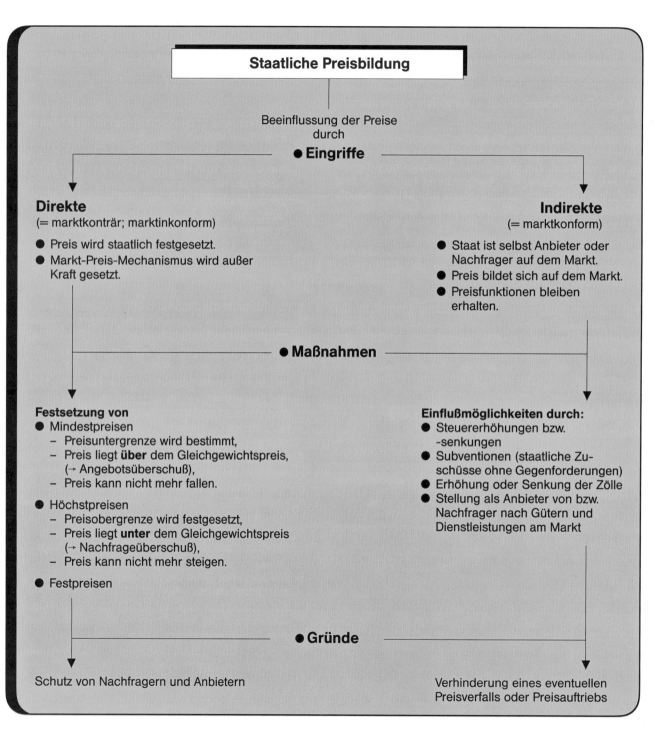

3 Betrieb und Wirtschaft

3.1 Der Industriebetrieb

Das deutsche Bruttoinlandsprodukt 1993

Position	Betrag (Mrd. DM)			Anteil (%)	
Entstehung	gesamt	West	Ost	West	Ost
Land-, Forstwirt-schaft, Fischerei	33,0	29,3	3,7	88,8	11,2
Produktion (Ver-sorgung, Bergbau, Industrie, Hand-werk, Bau)	1096,6	995,8	100,8	90,8	9,2
Handel, Verkehr	419,8	385,9	33,9	91,9	8,1
Dienstleistung (Banken usw.)	1033,9	964,4	79,5	92,3	7,7
Staat, private Haushalte u. a.	439,7	373,2	66,4	84,9	15,1
Bruttowert-schöpfung	3023,0	2599,9	284,3	86,0	14,0
Bruttoinlands-produkt	3107,5	2832,0	275,5	91,1	8,9
Einkommen aus dem Ausland	− 0,7	− 12,2	+ 11,3	−	−
Bruttosozial-produkt	3106,8	2820,0	286,8	90,8	9,2

Quelle: Deutsche Bundesbank, Statistisches Bundesamt

Welcher Wirtschaftszweig ist in der Bundesrepublik Deutschland am bedeutendsten?

Information

Die Industrie ist der größte Wirtschaftszweig in der Bundesrepublik Deutschland. Hier erfolgt die gewerbliche Verarbeitung von Stoffen, deren ursprüngliche Form zur Bedarfsdeckung ungeeignet ist, zu Produktions- oder Konsumgütern. Industriebetriebe dienen also entweder der Gewinnung von Rohstoffen bzw. Material oder der Herstellung (bzw. Veredelung) von Gütern mit Hilfe von *Maschinen*. Die Stoffe werden dabei mechanisch oder chemisch be- oder verarbeitet.

Eine Abgrenzung zwischen Industrie- und Handwerksbetrieben ist nicht immer scharf möglich. Das Handwerk als zweitgrößter Wirtschaftszweig der Bundesrepublik Deutschland umfaßt alle gewerblichen Tätigkeiten, die im wesentlichen mit der *Hand* unter Benutzung einfacher Werkzeuge und Geräte ausgeübt wird. Viele Handwerksbetriebe modernisieren sich jedoch immer mehr. Sie nehmen manchmal schon industriellen Charakter an.

Im Vergleich zu einem Handwerksbetrieb kennzeichnen einen Industriebetrieb folgende Merkmale:

– der erhebliche Kapitaleinsatz,

– die Anlagenintensität:
   Industriebetriebe haben einen sehr hohen Betriebs-mitteleinsatz,

– ein hoher Ausstoß an Produkten,

– eine weitgehende Arbeitsteilung bei hoher Beleg-schaftszahl,

– eine Produktion für den anonymen Markt:
   Da das Industrieunternehmen in der Regel die Nach-frager nicht kennt, ergibt sich ein hohes Marktrisiko,

– keine Beschränkung auf den lokalen oder nationalen Markt,

– Rationalisierung der Fertigungsverfahren.

Funktionen von Industriebetrieben

In Industriebetrieben müssen folgende Aufgaben erfüllt werden:

● Beschaffung:
   Es muß entschieden werden, welche Produktions-faktoren dem Betrieb zugeführt werden sollen.

● Produktion:
   Erzeugnisse werden durch Kombination der Produkti-onsfaktoren erstellt.

● Lagerung:
   Rohstoffe, Zwischenprodukte und verkaufsfähige End-produkte müssen aufbewahrt werden.

● Absatz:
   Das Unternehmen muß die erstellten Güter am Markt verwerten.

Bei Industrieunternehmen steht vor allem die Aufgabe *Produktion* im Vordergrund. Sie entfällt bei Handelsunter-nehmen, Kreditinstituten und Versicherungen völlig.

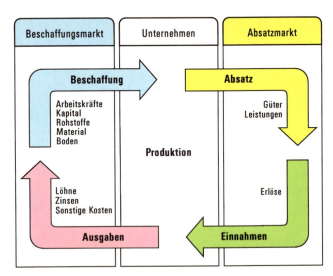

Jedes Industrieunternehmen ist von zwei Seiten mit dem Wirtschaftskreislauf verbunden. Dies sind einerseits die Beschaffungsmärkte, andererseits die Absatzmärkte.

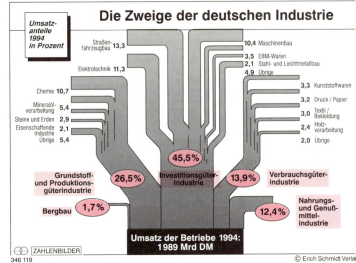

Arten von Industriebetrieben

Industriebetriebe lassen sich nach der Industriegruppeneinteilung des Statistischen Bundesamtes verschiedenen Industriezweigen zuordnen:

- Bergbau
  → Kohle, Eisen- und Metallerz, Erdöl- und Erdgasgewinnung, Salinen, Torf
- Energie- und Wasserversorgung
- Bauwirtschaft
- Grundstoff- und Produktionsgüterindustrie
  → Industrie der Steine und Erden, Eisenschaffende Industrie, Nicht-Eisen-Metallindustrie, Mineralölverarbeitung, Kohlenwerkstoffindustrie, Chemische Industrie, Sägewerke und Holzverarbeitende Industrie
- Investitionsgüterindustrie
  → Stahlbau, Maschinenbau, Fahrzeugbau, Schiffbau, Elektrotechnische Industrie, Stahlverformung, optische und feinmechanische sowie Uhrenindustrie
- Verbrauchsgüterindustrie
  → Glasindustrie, Musikinstrumente, Spiel- und Sportgeräte, Schmuckwaren, Druckereiindustrie, Schuh-, Textil- und Bekleidungsindustrie
- Nahrungs- und Genußmittelindustrie
  → Molkereien, Brauereien, Tabakverarbeitende Industrie

Die Beschaffungsmärkte

Auf den Beschaffungsmärkten bezieht das Unternehmen Arbeitskräfte *(Arbeitsmarkt)*, Betriebsmittel, wie z. B. Maschinen oder Geschäftsausstattung *(Investitionsgütermarkt)* und Werkstoffe *(Rohstoffmarkt)*. Das Industrieunternehmen hat dafür Ausgaben zu leisten. Um diese zu decken, müssen finanzielle Mittel auf dem *Geld- oder Kapitalmarkt* beschafft werden.

Die Absatzmärkte

Die betrieblichen Produktionsfaktoren werden von der Unternehmensleitung miteinander kombiniert, um im Zuge des betrieblichen Leistungsprozesses Güter zu erstellen. Dabei hat das Unternehmen in der Regel die Wahl zwischen verschiedenen technischen Möglichkeiten, beispielsweise beim Maschineneinsatz.

Die Ergebnisse der Produktion werden auf den Absatzmärkten angeboten. Dabei entscheidet die Nachfrage, ob die Produktion des Unternehmens zu gewinnbringenden Preisen ihre Käufer finden. Die dadurch erzielten Einnahmen stellen für das Unternehmen Erlöse dar.

Bedeutung der Industriebetriebe

Das wirtschaftliche Profil der Bundesrepublik Deutschland wird entscheidend durch Industriebetriebe bestimmt. Auch wenn der Dienstleistungssektor – wie in anderen hochentwickelten Ländern – ständig an Boden gewinnt, bleibt das verarbeitende Gewerbe das Kernstück der deutschen Volkswirtschaft. Schließlich ist in diesem Bereich fast ein Drittel der Erwerbstätigen beschäftigt, und er leistet einen wesentlichen Beitrag zur Steigerung des Wohlstands.

Herausragende Bedeutung haben Industriebetriebe für die außerwirtschaftlichen Beziehungen der Bundesrepublik Deutschland, da der Außenhandel überwiegend mit Industrieprodukten bestritten wird. Die Industrie trägt damit entscheidend dazu bei, den hohen Lebensstandard in der Bundesrepublik Deutschland zu sichern.

Aufgaben

1. Was ist ein Industriebetrieb?
2. Wodurch unterscheiden sich Industriebetriebe von Handwerksbetrieben?
3. Welche Märkte sind aus der Sicht eines Industriebetriebes
   a) Beschaffungsmärkte,
   b) Absatzmärkte?
4. Warum spielen die Industriebetriebe eine wesentliche Rolle im Rahmen der Gesamtwirtschaft?
5. Zu welchen Industriezweigen gehören die folgenden Betriebe:
   a) Hersteller von Autoradios,
   b) eine Rostocker Werft,
   c) ein Duisburger Hüttenwerk,
   d) ein Gaswerk,
   e) eine Konservenfabrik?
6. Wodurch unterscheiden sich Handelsbetriebe, Versicherungen und Kreditinstitute von Industrieunternehmen?

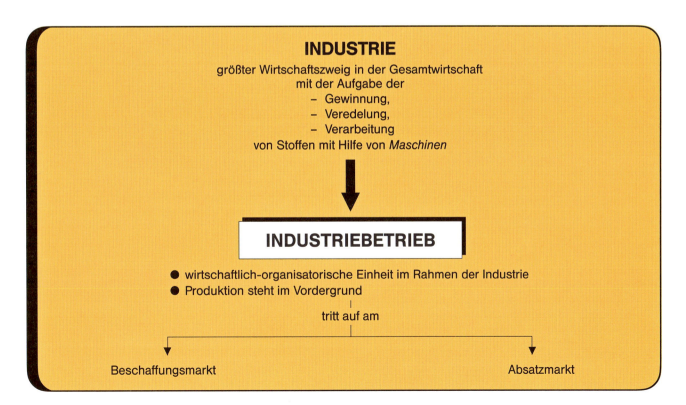

3.2 Stellung und Aufgaben des Handels

aus: Arbeit/Wirtschaft 8, Schroedel Verlag, Hannover

Mitunter wird behauptet, der Handel verteuere die Waren unnötig und sei deshalb überflüssig.

Welche Nachteile würden sich für Sie als Verbraucher ergeben, wenn es z. B. den Einzelhandel nicht gäbe?

Information

Die Handelsbetriebe in der Gesamtwirtschaft

Im Gegensatz zum **direkten Absatzweg** (Bezug vom Hersteller, z. B. bei Autos oder Blumen, Eiern und Gemüse) tritt beim **indirekten Absatzweg** zwischen Herstellung und den Verbrauch der Handel, der dem Hersteller viele Aufgaben abnimmt. Als **Großhandel** bezeichnet man Handelsunternehmen, die Ware ohne wesentliche Veränderungen an Weiterverarbeiter, Großabnehmer oder den Einzelhandel weitergeben. Der **Einzelhandel** dagegen liefert Waren und sonstige Leistungen direkt an den Verbraucher, wobei es normalerweise um kleinere Mengen geht (vgl. Skizze Seite 89).

Als wichtiges Bindeglied in der Absatzkette verkauft der Einzelhandel Waren, die er in großen bis mittleren Mengen beim Großhandel oder Hersteller einkauft, unmittelbar an den Endverbraucher weiter.

Wichtigste Aufgabe des Einzelhandels ist also die Nahversorgung der Bevölkerung mit Waren. Darin besteht auch seine volkswirtschaftliche Bedeutung, denn

– der Verbraucher kann nicht sämtliche Waren direkt beim Hersteller beziehen und

– der Hersteller kann nicht sämtliche Waren direkt absetzen.

Der Einzelhandelsbetrieb hält in seinen Verkaufsräumen jederzeit ein qualitativ abgestuftes und dem Bedarf angepaßtes Warensortiment bereit, berät die Kunden bei der Auswahl und erbringt vielfach zusätzliche Dienstleistungen, wie Warenanlieferung, Installation, Wartung, Änderung, Reparatur und Ersatzteilhaltung.

Die Aufgaben des Handels

Der Handel überbrückt die räumliche Distanz zwischen dem Hersteller und dem Endverbraucher (Haushalte und kleine Unternehmen, wie z. B. Handwerksbetriebe). Dabei erfüllt er folgende Aufgaben:

● **Raumüberbrückung**

   Der Einzelhändler nimmt – zusammen mit dem Großhändler – dem Hersteller die Aufgabe ab, die Waren an den Endverbraucher abzusetzen. Er bringt die betreffende Ware unmittelbar an den Wohnort des Verbrauchers.

Beispiele:

– Kabeljau direkt von der Küste nach Hannover;
– Käse und Wein aus Frankreich;
– Bananen und Kaffee aus Südamerika;
– Aprikosen aus Griechenland;
– Tomaten aus Holland.

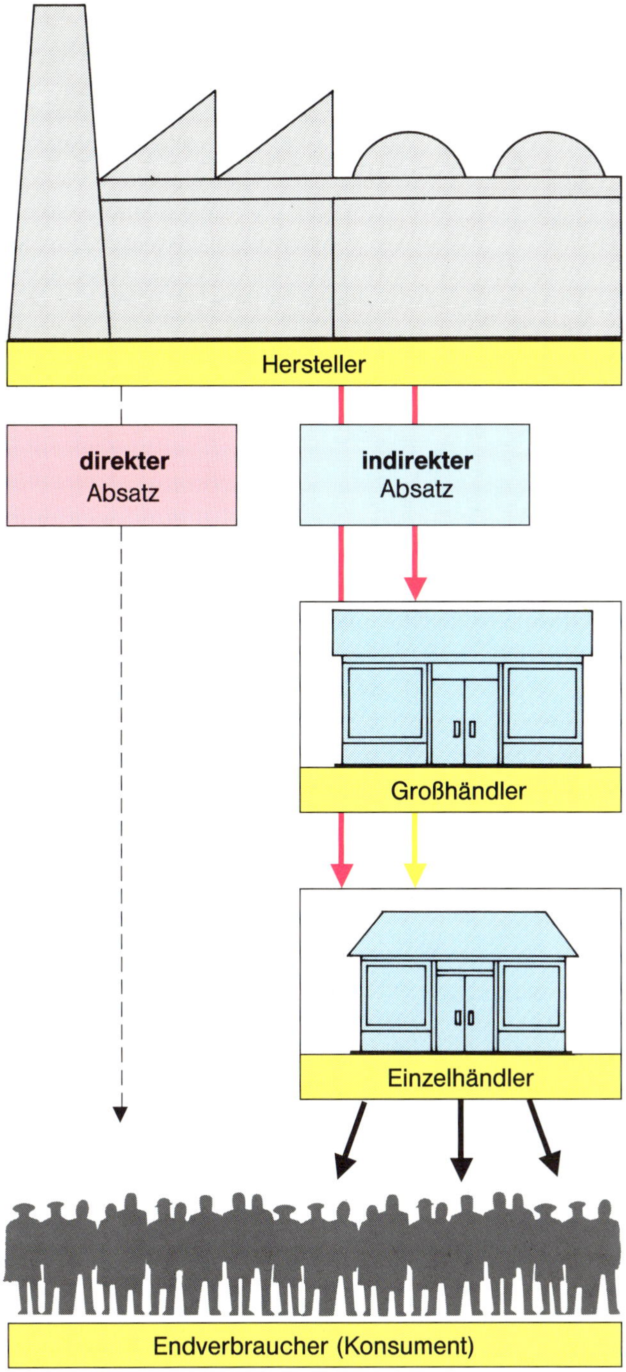

Hersteller — direkter Absatz / indirekter Absatz — Großhändler — Einzelhändler — Endverbraucher (Konsument)

- **Sortimentsbildung**

(Sortiment = die Gesamtheit der in einem Geschäft regelmäßig zum Verkauf angebotenen Waren)

Aus den vielfältigen Angeboten der Lieferanten wählt der Händler für seine Kunden die entsprechenden Artikel aus und stellt ein bedarfsgerechtes Angebot zusammen. Die Kunden finden daher im Handel eine Vielzahl von Waren, die sich nach Art, Güte und Ausführung unterscheiden. Er führt aber auch gleiche Waren verschiedener Hersteller. Die Kunden haben die Möglichkeit, die Angebote zu vergleichen und zu prüfen.

Der Handel ist bestrebt, alle Kundenprobleme zu lösen. Er ist daher nicht produktorientiert, sondern verwendungs- und problemorientiert. Dabei besteht die Gefahr, daß zu viele Waren in das Sortiment aufgenommen werden.

- **Lagerhaltung**

Um ständig verkaufsbereit zu sein, muß der Händler bestimmte Warenmengen vorrätig haben. Die ständige Vorratshaltung macht es möglich, daß jeder Bedarf der Kunden jederzeit gedeckt werden kann, insbesondere bei Waren, bei denen Herstellung und Verwendung zeitlich nicht übereinstimmen.

Beispiele:

- Der Verbrauch von Honig erfolgt das ganze Jahr über, obwohl er nur zu einer bestimmten Jahreszeit gewonnen werden kann.

  Oder umgekehrt:
- Die Herstellung von z. B. CD-Playern oder Mikrowellenherden erfolgt gleichmäßig das ganze Jahr über, obwohl der Bedarf Schwankungen unterliegt.

In beiden Fällen überbrückt der Handel die Zeit zwischen Herstellung und Verbrauch durch Lagerung.

Der zeitliche Ausgleich ist auch dann erforderlich, wenn Herstellung und Verwendung gleichmäßig erfolgen, z. B. bei Papier.

Das Lager vermindert auch Preisschwankungen, indem es in Zeiten geringerer Nachfrage und in Zeiten großer Nachfrage als preisausgleichendes Vorratslager dient.

● **Kundenberatung**

Der Handelsbetrieb vergrößert durch persönliche Beratung die Marktübersicht, die dem Kunden bei der Vielzahl der angebotenen Waren fehlt, und erleichtert ihm dadurch die Kaufentscheidung.

Beratung ist unerläßlich beim Verkauf z. B. von komplizierten technischen Geräten, wie Personalcomputern, Autofokus-Kameras u. ä. m.

Fachgerechte Beratung und Information über Beschaffenheit, Pflege und Bedienung tragen zur Umsatzsteigerung bei.

● **Warenverteilung**

Die Industrie stellt ihre Produkte aus Kostengründen in großen Mengen her. Die Endverbraucher hingegen benötigen nur kleine Mengen. Der Handel sorgt hier für einen Ausgleich, indem er die Bedarfsmengen produktionsgerecht zusammenfaßt und große Mengen kauft, die er in kleineren Rationen an seine Kunden abgibt.

● **Kundendienst**

Der Kundendienst macht häufig den Verkauf einer Ware erst möglich.

Serviceleistungen, die mit der Ware und dem Verkauf zusammenhängen, können sich beziehen auf:

- Wareninformation und -beratung,
- Wartung,
- Installation,
- Umtausch,
- Reparatur,
- Änderung,
- Ersatzteilversorgung,
- Zustellung,
- Parkplätze,
- Kinderhorte,
- Verpackung,
- Stellung von Ersatzgeräten.

● **Markterschließung**

Die Probleme der Hersteller beginnen am Ende des Fließbandes, dort, wo die Waren abgesetzt werden müssen. Der Handel trägt zur Lösung des Problems bei, die Herstellung mit der Nachfrage in Übereinstimmung zu bringen.

Da der Händler die Wünsche und Vorstellungen seiner Kunden kennt, kann er dem Hersteller helfen, die richtigen Absatzmärkte zu finden und zu erschließen. Seiner Marktkenntnis ist es letztlich zu verdanken, wenn der Hersteller über Nachfrage- und Bedarfsverschiebungen rechtzeitig informiert wird und Absatzmöglichkeiten für neue Waren geschaffen werden.

● **Kreditgewährung**

Die Kreditfunktion ist im Handel eher die Ausnahme. Um den Umsatz zu steigern, räumt der Handel insbesondere finanzschwachen Kunden Zahlungsziele ein oder vermittelt ihnen Kredite. Diese Maßnahmen helfen den Kunden, die Zeit zwischen Kauf und Zahlung zu überbrücken.

Beispiel:

Ein Automobilhändler vermittelt einem Kunden beim Kauf eines Neuwagens einen sehr günstigen Kredit. Der Kredit selbst wird aber über ein Kreditinstitut des Automobilherstellers gewährt.

Aufgaben

1. Welche Aufgaben hat der Handel im Rahmen der Gesamtwirtschaft zu erfüllen?

2. „...und verkauft in kleinen Mengen an den Verbraucher weiter." Wie muß der erste Teil dieses Satzes lauten, der die Tätigkeit des Einzelhändlers beschreiben will?

3. Beschreiben Sie die Stellung und die Bedeutung von Handelsbetrieben in der Gesamtwirtschaft.

4. Was verstehen Sie unter direktem Absatz?

5. Warum zählt man den Handel zu den Dienstleistungsbetrieben?

6. Nennen Sie fünf Leistungen eines Handelsbetriebes, die zu den Serviceleistungen zählen.

7. Worin besteht die „Markterschließungsaufgabe" des Handels?

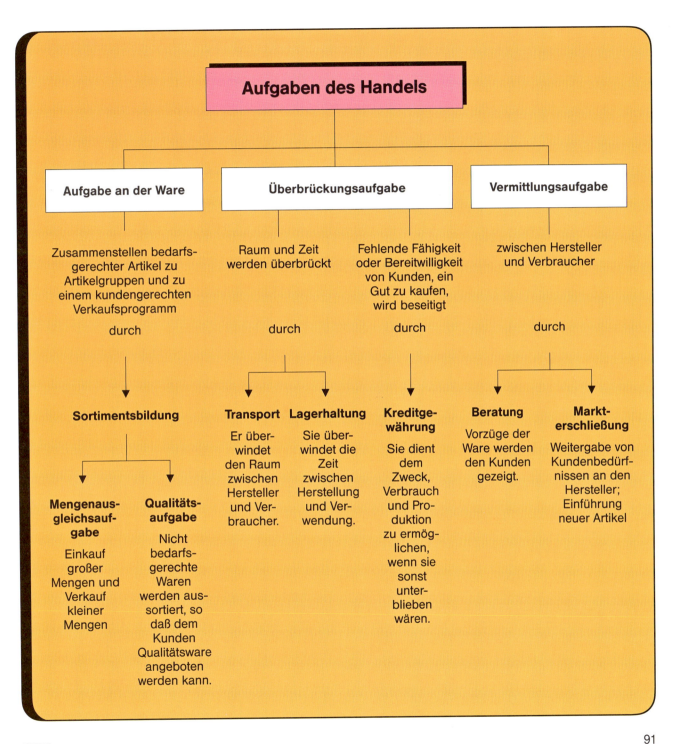

3.3 Strukturwandel im Handel

Zunehmende Intensität der Unternehmens- und Umsatzkonzentration im Einzelhandel

Die Hälfte aller Einzelhandelsumsätze wird zur Zeit von 1 % der Einzelhandelsunternehmen erzielt.

> Jedes dritte Lebensmittelgeschäft in der Bundesrepublik Deutschland wird in den kommenden zwölf Jahren aufgeben. Von den derzeit rund 173 000 Geschäften werden bis zum Jahr 2000 nur 50 000 übrigbleiben. Damit setzt sich das Sterben im Lebensmittelhandel weiter fort. Seit Anfang der 70er Jahre bis heute ist die Zahl der Lebensmittelgeschäfte um rund 100 000 geschrumpft. Eindeutige Gewinner der Entwicklung im Lebensmitteleinzelhandel werden die kleinen Verbrauchermärkte mit 800 bis 1 500 Quadratmeter Größe und die Discounter sein. Zu den großen Verlierern gehören die „Tante-Emma-Läden". Sie bieten zwar häufig persönliche Bedienung. Im Wettbewerb um die Gunst der Verbraucher können sie aber meistens weder im Preis noch in der Angebotsfülle mithalten. Hinzu kommt, daß viele Inhaber kleiner Betriebe keinen Nachfolger finden.

Auf welches Problem macht die zeichnerische Darstellung aufmerksam?

Information

Der Wandel im Handel ist durch folgende Entwicklung gekennzeichnet:

Rückgang der Unternehmen im Einzelhandel

Die Zahl der Unternehmen ging von 450 000 (1960) auf rund 320 000 (1984) zurück. Das entspricht einer Abnahme von ca. 25 %.

Bis 1990 hatte sich dieser Bestand im Vergleich zu 1980 nochmals um 10 % verringert. Der Bestand hat sich bis 1990 zwischen rd. 315 000 und 300 000 Unternehmen eingependelt.

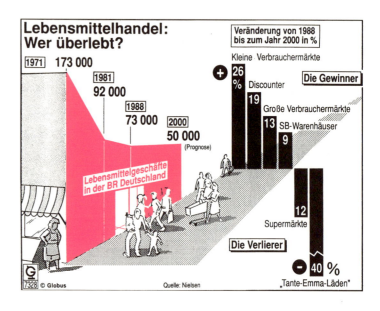

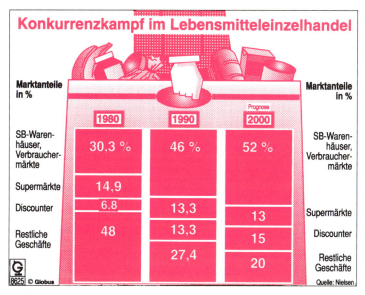

Ausdehnung der Verkaufsflächen

Obwohl der Beschäftigungsstand in den letzten 20 Jahren etwa auf demselben Niveau blieb, wurde von den Unternehmen die Verkaufsfläche um ca. 50 % erweitert.

Insgesamt haben die Betriebsformen Zukunft, die sich gegenüber dem Verbraucher in den Bereichen Preise, Frische, Beratung und Handelsmarken profilieren können.

Das bedeutet:

Zuwachs für – Discounter und SB-Warenhäuser,
– Exklusivläden und den gehobenen Fachhandel,
– Fachmarktformen.

Mischformen, wie Fachmärkte mit Discount-Prinzip, werden als die Betriebsformen mit den besten Zukunftsaussichten angesehen. Überall schießen Baumärkte, Heimwerker- und Hobbymärkte, Drogeriemärkte, Bekleidungsmärkte und Hi-Fi-Märkte aus dem Boden.

Beispiele:

Baumärkte: Obi, Asko
Audio-Video: Schauland, Pro, Saturn-Hansa
Gesundheitsfachmärkte: Vitakauf

Im Wettbewerb um die Kunden gibt es im Lebensmitteleinzelhandel der Bundesrepublik Deutschland zwei Gewinner und zwei Verlierer. Die Großen – also Verbrauchermärkte und SB-Warenhäuser – konnten ihren Marktanteil von 1980 bis 1990 von 30 Prozent auf 46 Prozent ausdehnen. Bis zum Jahr 2000 werden sie einer Prognose zufolge die 50-Prozent-Marke überschritten haben. Auch die Discounter sind weiter auf dem Vormarsch – von 6,8 Prozent im Jahr 1980 über 13,3 Prozent 1990 zu 15 Prozent im Jahr 2000. Verluste registrierten dagegen die Supermärkte und vor allem die Tante-Emma-Läden. Ihr Marktanteil ist von 48 Prozent auf 27,4 Prozent geschrumpft und wird in zehn Jahren nur noch rund 20 Prozent betragen. Zum einen sind die kleinen Läden dem Konkurrenzdruck der Großbetriebe oft nicht gewachsen und müssen aufgeben, zum anderen schließen viele Geschäfte, weil die Inhaber keinen Nachfolger finden.

Giganten des Einzelhandels

Kein Hersteller kann am Einzelhandel vorbei – dort, wo sich der Point of sale befindet. Das ist der Punkt, an dem der Konsument entscheidet. 623 Milliarden Mark setzte der deutsche Einzelhandel 1989 um, doppelt soviel wie der Haushalt der Bundesregierung.

In den vergangenen Jahren nahm die Konzentration der Handelsunternehmen stark zu. Sie ist inzwischen soweit fortgeschritten, daß allein zehn Prozent der Unternehmen mehr als 73 Prozent des gesamten im Einzelhandel erzielten Umsatzes unter sich ausmachen. Noch extremer die Konzentration im Bereich Nahrungsmittel, Getränke und Tabak. Dort vereinigen 0,1 Prozent Unternehmen knapp 60 Prozent aller Umsätze.

Für die liefernde Industrie bedeutet eine solche Umsatzkonzentration auf wenige Unternehmen: zunehmende Einkaufsmacht des Handels.

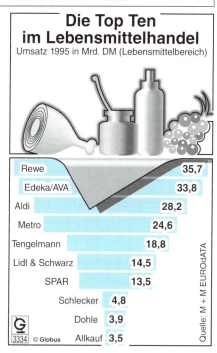

Der selbständige Einzelhandelsunternehmer wird sich in diesem Strukturwandel nur dann erfolgreich behaupten können, wenn er die ständige Aus- und Weiterbildung als zentrales Anliegen seiner Tätigkeit begreift. Die Rentabilität seines Betriebes ist zunehmend abhängig von dieser geschaffenen Qualität seines Unternehmens.

Neue Trends im Einzelhandel

Fachmärkte

Großflächige Einzelhandelsgeschäfte, die ein breites, spezialisiertes Sortiment des niedrigen oder mittleren Preisniveaus anbieten.

Mehrfachmärkte

Fachmärkte, die mehrere Bedarfsfelder abdecken, zum Beispiel Bau und Hobby, Möbel und Geschenke

Fabrikläden

Verkaufsstellen von Produzenten, die ihre eigenen Erzeugnisse zu Niedrigpreisen direkt an den Endverbraucher verkaufen.

Factory-Outlet-Center

Räumlich integrierte Zusammenfassung verschiedener Fabrikläden zu einem Einkaufszentrum.

Off-Price-Geschäfte

Hier werden Waren der mittleren und hohen Qualitäts- und Preisstufe unter Vermeidung jeder kostenverursachenden Dienstleistung mit hohen Preisabschlägen verkauft.

Partiediscounter

Sie führen kein dauerhaftes Sortiment, sondern bieten je nach Verfügbarkeit Überschußware mehrerer Hersteller zu Sonderangebotsbedingungen an.

Discount-Catalogue-Showroom

Räume, in denen die Kunden nur Warenmuster und Kataloge einsehen, an einer zentralen Theke die Bestellung aufgeben und nach wenigen Minuten ihre Ware erhalten.

aus: Hauptgemeinschaft des Deutschen Einzelhandels, Institut der deutschen Wirtschaft, iwd

Darüber hinaus ist zu beachten, daß der übersättigte Kunde nicht Produktinformation, sondern emotionale Anregungen wünscht. Es reicht nicht mehr, dem Kunden einfach Ware hinzustellen. Der Kunde muß unterhalten werden, es muß ihm eine Atmosphäre geschaffen werden, in der er sich wohl fühlt. Warenhäuser bieten daher kleine „Erlebnisinseln" wie Cappucino-Bar und Kunstbäume mit Vogelgezwitscher vom Band, belebt von Kulturprogrammen oder Autogrammstunden mit Prominenten u. v. m.

Entwicklung des Großhandels

In den vergangenen Jahren haben sich die Anforderungen an die Aufgabenerfüllung des Großhandels stark gewandelt. Als bloßer Verteiler von Waren aufgrund seiner Stellung als Bindeglied zwischen Produktion und Letztverwendung (Produktionsgüter) bzw. zwischen Produktion und Einzelhandel (Konsumgüterbereich) wird der Großhandel immer bedeutungsloser.

Die Anforderungen an den Großhandel haben sich sowohl auf Seiten der Lieferanten als auch insbesondere **auf der Seite der Abnehmer** in den letzten Jahren deutlich erhöht.

Als Mittler auf den Märkten kommt ihm immer stärker die folgende Doppelrolle zu:

– Für seine *Lieferanten* wird er mehr als bisher als Berater, Zuarbeiter und Informationslieferant sowie als Mitgestalter und -planer der Absatzwirtschaft tätig sein müssen,

Beispiele für die erhöhten Anforderungen:

Lagerhaltung, Verkaufsförderung, Marktpflege, Markterschließung, Marktbearbeitung

und

– für seine **Kunden** übernimmt er stellvertretend für die Industrie die Service-, Beratungs- und Sortimentsbildungsfunktion.

Da der Großhandel mehr unternehmerische Entscheidungshilfen für die Lieferanten/Hersteller und Abnehmer/Kunden zur Verfügung stellen muß, haben „Full-Service-Unternehmen" bessere Überlebenschancen als leistungs- bzw. servicearme Betriebe, die sich nur auf die traditionellen Vertriebsfunktionen beschränken bzw. nur als vorgeschaltete Lager der Hersteller ihre Arbeit verrichten.

Viele Abnehmer wollen aus Kostengründen zunehmend die Lagerhaltung abbauen und ihr Bestellverhalten stärker am eigenen, aktuellen Produktionsbedarf orientieren. Lieferanten/Hersteller fordern eher die Abnahme großer Mengen bei geringer Bestellhäufigkeit:

Der Großhandel gerät auf diese Weise in ein Dilemma, das die *Gefahr steigender Kosten* mit sich bringen kann. In diesem Fall einen Ausgleich zu schaffen, gelingt nur mit betriebsübergreifenden, umfassenden Warenwirtschaftssystemen (WWS). Oberste Zielsetzung eines WWS ist die Versorgung eines „Verbraucherpunktes" mit dem richtigen Produkt zur richtigen Zeit am richtigen Ort zu den dafür minimalen Kosten. Es geht also um die technisch-organisatorische Optimierung von Transport, Umschlag und Lagerhaltung unter den Gesichtspunkten Kostenreduzierung und Liefererservice (→ Liefererschnelligkeit, Liefererbereitschaft und -fähigkeit).

Zu Kostensteigerungen können auch die Anforderungen hinsichtlich der Sortimentserweiterung, verstärkter Marktbearbeitung sowie Information und Beratung führen. Teilweise ergeben sich daraus bestimmte Erfordernisse an die Qualifikation, die eine Steigerung der *Qualifikation des Personals im kundennahen Bereich* notwendig machen.

Bei dieser Entwicklung gestiegener/veränderter Ansprüche muß der Großhändler

- den technischen Fortschritt konsequent nutzen,
- rationalisieren, um dem Kostendruck entgegensteuern zu können,
- EDV und die modernen Kommunikationstechniken nutzen.

 Hauptmotiv für den Einsatz der Datenverarbeitung ist die Verringerung der Lagerbestände, die Beschleunigung der betrieblichen Abläufe und die Gewinnung von Entscheidungswissen. Neben der Einsparung von Zins- und Raumkosten geht es diesen Unternehmen hauptsächlich um den Auf- und Ausbau einer betriebswirtschaftlichen Statistik, die Entscheidungsgrundlagen für eine aktive Marketingpolitik liefert.

Um ihre eigene Absatzorganisation zu straffen wurden in der Vergangenheit von den Herstellern zum Teil eigene Vertriebsorgane auf der Großhandelsstufe aufgebaut, zum Teil sind die Hersteller bis auf die Einzelhandelsstufe vorgerückt. Um sich hier zu behaupten, haben sich Großhändler in die herstellereigenen Vertriebskonzepte vertraglich einbinden lassen oder sonstige Kooperationen auf allen Handelsstufen gesucht.

In Zukunft werden immer mehr folgende Qualifikationsanforderungen und Kenntnisse eine entscheidende Rolle spielen:

- EDV-Kenntnisse
- Organisations- und Planungsaufgaben
- Kontroll- und Überwachungsaufgaben
- Denken in arbeitsplatzübergreifenden Zusammenhängen
- Lageroptimierungs- und Logistikaufgaben
- Kundenberatung, -betreuung und Gesprächsführung
- Fremdsprachen.

Aufgaben

1. Welche Gefahr sehen Sie darin, daß die Hälfte aller Einzelhandelsumsätze von 1 % der Einzelhandelsunternehmen erzielt wird?

2. Beschreiben Sie Vor- und Nachteile von Verbrauchermärkten aus der Sicht des Verbrauchers?

3. Durch welche Entwicklung ist der Wandel im Handel gekennzeichnet?

4. Nennen Sie Beispiele für neuere Betriebsformen im Einzelhandel.

5. Warum zählen die sog. „Tante-Emma-Läden" zu den großen Verlierern im Lebensmittelhandel?

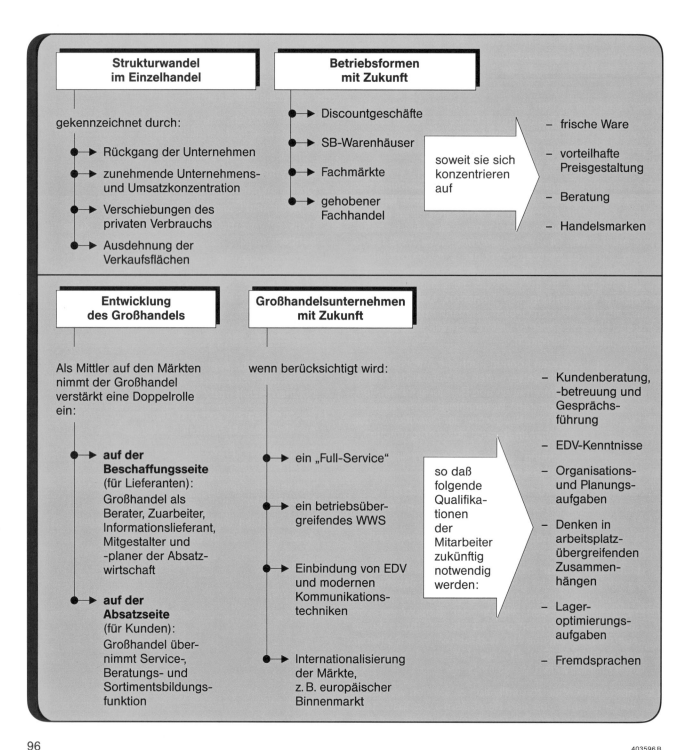

3.4 Dienstleistungen der Banken

Herr Kemper muß einmal im Monat seine Lohntüte mit dem Lohn für seine geleistete Arbeit vom Personalbüro abholen. Anschließend geht er zu verschiedenen Personen und Stellen, um seine Verbindlichkeiten zu begleichen. So führt sein Weg beispielsweise zu seinem in einem Vorort wohnenden Vermieter, dem er die Miete für seine Vierzimmerwohnung übergibt. Für die spätere Ausbildung seines Sohnes legt er 100,00 DM jeden Monat in einem Sparstrumpf beiseite. Aufgrund eines selbstverschuldeten Unfalls muß er ein neues Auto kaufen. Doch leider reicht sein Lohn dazu nicht aus.

Wie kann eine Bank Herrn Kemper in den genannten Fällen helfen?

Information

Schon im Altertum wurden in Tempeln Bankgeschäfte getätigt. Priester verwahrten, wechselten und verrechneten dort Geld. Das moderne Bankwesen in der heute bekannten Form entstand in der Mitte des 12. Jahrhunderts. Begriffe des Bankgeschäfts wie Konto, Giro, aber auch das Wort Bank (banco) selbst weisen darauf hin, daß oberitalienische Städte eine führende Rolle bei der Entwicklung des Bankwesens gespielt haben. Aufgaben und Wirkungskreis der Banken haben sich mit der Zeit stark erweitert. In den letzten Jahrzehnten gehörte das Kreditgewerbe zu den dynamischsten Wirtschaftszweigen in der Bundesrepublik. Gemessen am Bruttosozialprodukt wuchsen Kredit- und Geschäftsvolumen seit 1960 doppelt so schnell wie die gesamtwirtschaftliche Leistung. Während die Zahl der Beschäftigten im Kreditgewerbe sich in den letzten 25 Jahren mehr als verdoppelte, hat sie in der gesamten Wirtschaft nur leicht zugenommen.

Aufgaben der Banken

Das vielfältige Leistungsangebot der modernen Kreditinstitute läßt sich in folgende Bereiche einteilen:

- Abwicklung des Zahlungsverkehrs
- Geldanlage
- Kreditvergabe
- Sonstige Bankdienstleistungen

Banken im Kreislauf der Wirtschaft

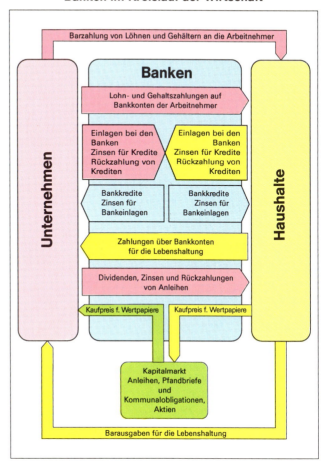

Abwicklung des Zahlungsverkehrs

Fast jede Person ist heute auf eine kontoführende Einrichtung angewiesen, die ankommendes Geld für sie empfängt, und Zahlungen an andere durchführt. Deswegen unterhalten die meisten Bundesbürger mindestens ein Girokonto bei einem Kreditinstitut. *Girokonten* dienen der Buchung sogenannter „Sichteinlagen". Das sind Gelder, die nicht für eine bestimmte Zeit angelegt, sondern täglich fällig und somit für den Kontoinhaber jederzeit verfügbar sind. Durch die Girokonten wird dem Kontoinhaber die Teilnahme am allgemeinen Zahlungsverkehr ermöglicht. Von einem Girokonto aus kann er nämlich

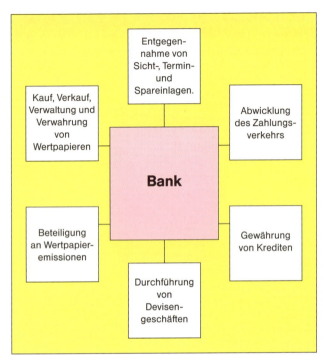

Überweisungen veranlassen. Auch der Scheck- und der Wechselverkehr werden i. d. R. über ein Girokonto abgewickelt, von dem natürlich ebenso Bargeld abgehoben werden kann.

Geldanlage

Selbst bei niedrigen Inflationsraten verliert das Geld mit der Zeit an Wert. Daher wird jeder, der über Ersparnisse verfügt, versuchen, diese Beträge ertragbringend anzulegen. Wichtig ist, daß man sich über seine Anlageziele im klaren ist:

– die beabsichtigte Anlagezeit,
– die erwarteten Erträge,
– das Ausmaß der Risikobereitschaft.

Diese Anlageziele stehen oft in einer direkten Beziehung zueinander.

Beispiele:
– Je kürzer die Anlagezeit, desto geringer ist i. d. R. die Verzinsung. – Je reizvoller die Verzinsung, desto größer ist meist das Anlagerisiko.

Die verschiedenen Anlageformen, die Banken anbieten, sind:

- das Einlagengeschäft,
- das Wertpapiergeschäft,
- der Verkauf von Edelmetallen.

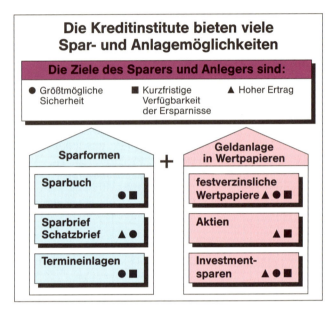

Das Einlagengeschäft

Die traditionelle Form der verzinslichen Einlage ist die *Spareinlage*. Dabei wird die Forderung des Sparers verbrieft in einem Sparbuch. Diese Form der Anlage wird immer noch sehr häufig gewählt, obwohl die Verzinsung niedriger ist als bei anderen Anlageformen.

Längere Anlagezeiten oder regelmäßige bzw. höhere Sparbeträge führen bei den *Sondersparformen* zu zusätzlichen Zinserträgen.

Beispiele:
Prämiensparen, Dauerauftragssparen

Ebenfalls höher verzinst als Spareinlagen werden die auf bestimmte Zeiträume (z. B. 3 Monate) befristeten *Termineinlagen*. Dabei legt der Sparer größere Beträge (z. B. 10 000,00 DM) auf einem besonderen Termingeldkonto fest an.

Eine der Spareinlage ähnliche, oft aber besser verzinste Sparform stellt der *Sparbrief* dar. Dies sind von den Banken ausgegebene Anlagepapiere, die zu einem bestimmten Zeitpunkt (z. B. nach 4 Jahren) ausgezahlt werden müssen.

Das Wertpapiergeschäft

Wertpapiere versprechen meist bessere Erträge als Einlagen. Ihr Erwerb verbindet sich aber in manchen Fällen mit Risiken. Daher empfiehlt sich auch hier eine Beratung durch die Banken.

Rentenwerte sind die sichersten unter den Wertpapieren. Sie werden von der öffentlichen Hand (z. B. Staatsanleihen), von Kreditinstituten (Bankschuldverschreibungen) und großen Industrieunternehmen (Industrieobligationen) als mittel- bis langfristige Wertpapiere ausgegeben. Die Anlagebeträge werden während der gesamten Laufzeit zu einem vereinbarten festen Satz verzinst und zu festgelegten Terminen zurückgezahlt. Wer früher über seine Anlage verfügen will, kann das Wertpapier zu dem Preis verkaufen, der sich am Rentenmarkt (Börse) für das Papier gebildet hat.

Der *Bundesschatzbrief* ist ein spezieller Sparbrief in Form eines Wertpapiers, das vom Bund herausgegeben wird. Für ihn gelten z. T. vorteilhaftere Konditionen als für die Sparbriefe der Kreditinstitute.

Pfandbriefe und *Kommunalobligationen* sind aufgrund gesetzlicher Anforderungen besonders gesichert. Diese festverzinslichen Wertpapiere werden von speziellen Kreditinstituten herausgegeben. Risikoreich kann der Erwerb von *Aktien* sein, die das Anteilsrecht an einer Aktiengesellschaft verbriefen. Über die Dividende nimmt der Aktionär an den Gewinnen des Unternehmens teil. Die Kurswerte einer Aktie, also die Preise für Kauf oder Verkauf, können sehr großen Schwankungen unterliegen.

Bei *Investmentzertifikaten* wird eine Risikominderung durch Risikomischung angestrebt: Der Anleger erwirbt einen Anteil an bestimmten, von Banken oder Investmentgesellschaften verwalteten Kapitalanlagen. Diese Anlagen bestehen aus einem Fonds von Wertpapieren oder Immobilien, dessen Zusammensetzung so gewählt ist, daß das Risiko eines Wertverlustes möglichst gering ist. Eng mit dem Wertpapiergeschäft verbunden ist das *Depotgeschäft*. Die Bank verwahrt und verwaltet gegen Gebühr die Wertpapiere des Kunden.

> **Beispiel:**
>
> Das Kreditinstitut nimmt für den Kunden die Fälligkeitstermine für Zinsen oder Dividenden wahr. Wenn es dazu ermächtigt wurde, übt es die Stimmrechte des Aktionärs bei Aktionärsversammlungen aus.

Der Verkauf von Edelmetallen

Eine ganz andere Form der Kapitalanlage bieten Banken mit dem Verkauf von Edelmetallen. Da Edelmetalle keine Zinsen abwerfen, liegt das Interesse des Erwerbers allein in eventuellen Wertsteigerungen.

Kreditvergabe

Weil die Banken für die ihnen als Einlagen zugeflossenen Gelder zumeist selbst Zinsen zahlen müssen, versuchen sie diese Mittel möglichst ertragreich anzulegen. Deshalb gewähren sie traditionell Kredite. Aus dem betragsmäßigen Unterschied zwischen Zinsen, die der Einleger erhält, und den Zinsen, die der Kreditnehmer entrichtet, ergibt sich die wichtigste Einnahmequelle der Banken. Abhängig von verschiedenen Kriterien gibt es unterschiedliche Kreditarten (vgl. Kapitel 10.3).

Sonstige Bankleistungen

Die Banken bemühen sich zunehmend, ihr Leistungsangebot über die bisher erwähnten traditionellen Finanzdienstleistungen hinaus zu erweitern. So betreiben Banken z. T. heute schon Immobiliengeschäfte, vermitteln Versicherungen und bieten eine umfassende Vermögensverwaltung an. Speziell an Firmenkunden richten sich Dienstleistungsangebote wie Unternehmensberatung und Datenverarbeitungsservice. Ebenso vermitteln Banken beim Verkauf von Unternehmen.

Arten von Kreditinstituten

Nach der Breite des Angebotes an Bankleistungen unterscheidet man zwischen Universalbanken und Spezialbanken.

Universalbanken

Deutschland gilt als klassisches Land der Universalbanken. Hier betreiben die Geschäftsbanken i. d. R. alle denkbaren branchenüblichen Geschäfte unter einem Dach. Die

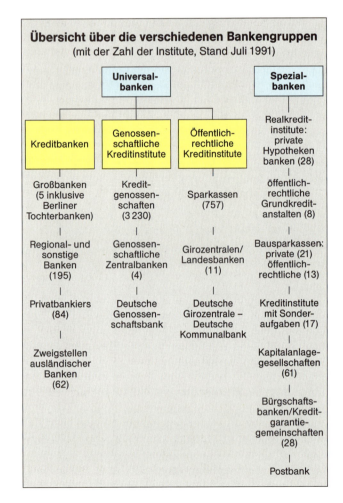

Übersicht über die verschiedenen Bankengruppen
(mit der Zahl der Institute, Stand Juli 1991)

als Universalbanken tätigen Kreditinstitute kann man nach der Art ihrer Rechtsform unterscheiden. Danach ergeben sich die drei folgenden Bankengruppen:
- private Geschäftsbanken,
- genossenschaftliche Kreditinstitute,
- öffentlich-rechtliche Kreditinstitute.

Private Geschäftsbanken

Die meisten größeren privaten Geschäftsbanken handeln als Aktiengesellschaften, einige sind jedoch auch als Gesellschaften mit beschränkter Haftung, als Offene Handelsgesellschaft oder Kommanditgesellschaft organisiert. Die privaten Geschäftsbanken lassen sich nach Größe und Wirkungskreis aufteilen in

- Großbanken:
  Diese verfügen über ein engmaschiges Netz von Filialen, das sich über die ganze Bundesrepublik erstreckt.

Beispiele:

Deutsche Bank, Dresdner Bank, Commerzbank

- Regionalbanken:
  Die Geschäftstätigkeit der Regionalbanken erstreckt sich nicht bzw. nicht gleichmäßig über das gesamte Bundesgebiet.

Beispiele:

Berliner Bank, Oldenburgische Landesbank

- Zweigstellen ausländischer Banken:
  So wie zahlreiche deutsche Banken im Ausland, sind auch viele ausländische Banken in Deutschland mit Niederlassungen vertreten.

Beispiele:

Banco di Napoli, Frankfurt
The Bank of Tokyo Ltd., Hamburg

- Privatbankiers:
  Heute gibt es etwa 80 Banken, die man wegen ihrer Personenbezogenheit zur Gruppe der Privatbankiers zählen kann: Sie sind in der Rechtsform der Offenen Handelsgesellschaft bzw. der Kommanditgesellschaft organisiert.

Beispiele:

Merck, Finck & Co., München – Düsseldorf – Frankfurt
Fürst Thurn und Taxis Bank, München

Genossenschaftliche Kreditinstitute

Die Genossenschaftsbanken bestehen in der Rechtsform der Genossenschaft. Anteilseigner sind hier die Mitglieder (Genossen). In der Bundesrepublik gibt es fast 3 300 Kreditgenossenschaften mit über 11 Millionen Mitgliedern.

Die Genossenschaftsinstitute firmieren im städtischen Bereich vorwiegend als Volksbanken, in ländlichen Bereichen als Raiffeisenbanken.

Öffentlich-rechtliche Kreditinstitute

Die öffentlich-rechtlichen Kreditinstitute sind Anstalten öffentlichen Rechts: Die sogenannten „Gewährträger" – dies sind Gemeinden, Kreise oder Länder – haften für Ausfälle und üben bestimmte Mitwirkungsrechte aus. Fast jede Sparkasse betreibt als öffentlich-rechtliches Kreditinstitut alle für eine Universalbank typischen Geschäfte. Die Sparkassen beschränken ihre geschäftlichen Aktivitäten auf den geographischen Bereich (Stadt, Kreis) ihres jeweiligen Gewährträgers. Sie verfügen jedoch über Zentralinstitute, die sich Landesbanken nennen.

Die Spezialbanken

Anders als die Universalbanken beschränken sich die Spezialbanken auf bestimmte Arten von Bankgeschäften. Am Geschäftsvolumen sämtlicher Kreditinstitute gemessen, besitzen sie einen Marktanteil von mehr als einem Viertel. Die wichtigsten Gruppen von Spezialbanken sind:

● Bausparkassen:
Die privaten und öffentlich-rechtlichen Bausparkassen befassen sich mit der Finanzierung von Eigenheimen und Eigentumswohnungen. Die Attraktivität des Bausparens liegt hauptsächlich in dem durch Ansparen erworbenen Anrecht auf die Inanspruchnahme eines Baukredits zu einem verhältnismäßig niedrigen und über die Laufzeit festen Zinssatz.

● Private Hypothekenbanken:
Die privaten Hypothekenbanken gewähren überwiegend langfristige Kredite zur Finanzierung des Wohnungsneubaus und der Wohnbaumodernisierung, die durch Grundpfandrechte (Hypothek, Grundschuld) abgesichert werden. Zunehmend an Bedeutung gewin-

nen die Kommunalkredite. Dies sind Darlehen an Bund, Länder und Gemeinden sowie Anstalten des öffentlichen Rechts. Die Hypothekenbanken beschaffen sich die für ihre Ausleihungen erforderlichen Mittel vor allem durch die Ausgabe von Pfandbriefen und Kommunalobligationen.

● Öffentlich-rechtliche Grundkreditanstalten
Diese haben dieselben Aufgaben wie die privaten Hypothekenbanken, sind jedoch Anstalten des öffentlichen Rechts.

● Postbank
Die 1989 mit der Neustrukturierung der Post geschaffene Postbank wird zur Gruppe der Spezialbanken gezählt. Ihr Geschäftsbereich beschränkt sich bisher überwiegend auf den Zahlungsverkehr und das Spareinlagengeschäft.

● Teilzahlungskreditinstitute
Sie sind auf die Vergabe von Ratenkrediten spezialisiert.

Aufgaben

1. Welche Aufgaben hatten Banken ursprünglich?

2. Welche Dienstleistungen können Sie bei einer Bank erlangen?

3. Wodurch unterscheiden sich Universalbanken von Spezialbanken?

4. Zählen Sie einige Ihnen bekannte Universal- und Spezialbanken auf, und erläutern Sie deren Tätigkeitsschwerpunkte.

5. Warum können Banken als Mittelpunkt des Wirtschaftsgeschehens angesehen werden?

6. Ordnen Sie Ihre eventuelle Bankverbindung in das Bankensystem der Bundesrepublik ein.

7. Worin liegt die wichtigste Einnahmequelle der Banken?

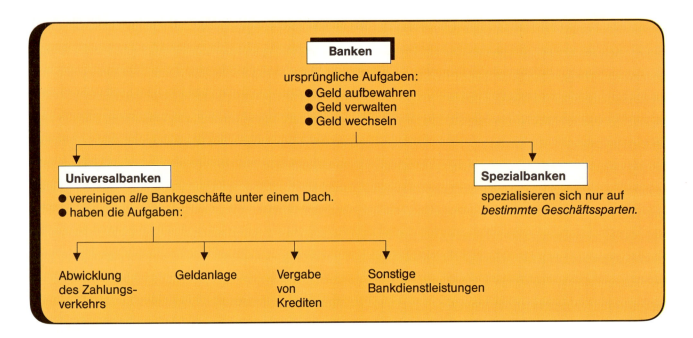

3.5 Leistungen der Versicherungen

Herr Baumann ist Inhaber einer Elektrogroßhandlung. Er beschäftigt zehn Angestellte und vier Auslieferungsfahrer. Die Büro- und Lagerräume befinden sich im eigenen Geschäftshaus. Die Waren an seine Kunden liefert er mit zwei eigenen Lieferwagen aus.

Um gegen große Schäden gesichert zu sein, achtet Herr Baumann darauf, daß er gegen

- Schäden, die ihm, seinem Personal oder seinem Betrieb zugefügt werden und
- Schäden, die durch seinen Betrieb oder seine Angestellten verursacht werden können,

ausreichend versichert ist.

Welche Versicherungen mußte Herr Baumann im einzelnen abschließen?

Information

Niemand kann aus eigenen Mitteln soviel Geld zurücklegen, um dadurch gegen alle Risiken finanziell abgesichert zu sein. Dies ist nur mit Hilfe von Versicherungen möglich.

Man unterscheidet die Sozialversicherung und die Individualversicherung.

Die **Sozialversicherung** ist eine gesetzliche Pflichtversicherung. Ihre Aufgabe besteht darin, die breite Bevölkerungsmehrheit im Alter, bei Erwerbsunfähigkeit, Arbeitslosigkeit und Krankheit zu schützen (siehe Kapitel 13.10 bis 13.14).

Individualversicherungen sind private Versicherungen, die durch Abschluß eines Versicherungsvertrags zwischen einem Versicherer (= privates Versicherungsunternehmen) und einem Versicherungsnehmer (z. B. Großhandelsbetrieb) zustande kommen.

Der Versicherungsvertrag

In dem Versicherungsvertrag werden die Leistungen des Versicherers und die vom Versicherungsnehmer zu zahlenden Versicherungsbeiträge festgelegt. Die Versicherungsbeiträge (= Versicherungsprämien) richten sich dabei nach dem Risiko (= Wahrscheinlichkeit, daß der Versicherungsfall eintritt) und der vereinbarten Versicherungsleistung. Im Gegensatz zur gesetzlichen Sozialversicherung sind die Leistungen der Individualversicherung nicht einheitlich durch Gesetze festgelegt, sondern können zwischen dem Versicherer und dem Versicherungsnehmer frei vereinbart werden. Zum Schutz des Versicherungsnehmers ist die Freiheit der Vertragsgestaltung allerdings durch das Versicherungsvertragsgesetz und die staatliche Aufsicht über das Versicherungswesen begrenzt.

Die verschiedenen Zweige der Individualversicherung versichern

- Sachen (z. B. Gebäude, Geschäfts- und Lagereinrichtungen, Maschinen, Fahrzeuge, Warenbestände),
- Vermögen (z. B. Kundenkredite),
- Personen (z. B. gegen Unfallschäden und Krankheit).

Sachversicherungen

Die **Feuerversicherung** deckt Schäden, die an Gebäuden und deren Inhalt (Einrichtungsgegenstände, Warenvorräte, Maschinen usw.) durch

- Brand,
- Blitzschlag,
- Explosion und durch
- Anprall oder Absturz eines bemannten Flugkörpers, seiner Teile oder seiner Ladung

verursacht werden.

Die Feuerversicherung ersetzt auch den Schaden, der durch die Brandbekämpfung (Löschen, Niederreißen, Ausräumen) entstanden ist.

Die **Leitungswasserversicherung** ersetzt Schäden, die an Gebäuden und deren Inhalt dadurch entstehen, daß Wasser aus Zu- oder Ableitungsrohren der Wasserversorgung, Warmwasserversorgungs-, Dampfheizungs- oder Klimaanlagen austritt. Schäden durch Regen-, Schnee-, Grund- und Hochwasser werden durch diese Versicherung nicht ersetzt.

Die **Sturmversicherung** deckt Schäden, die an Gebäuden und ihrem Inhalt durch Stürme ab Windstärke acht entstehen.

Durch die **Glasversicherung** sind Scheiben und Verglasungen aller Art versichert, z. B. Schaufenster, Wandbekleidungen, Schilder, Transparente und Leuchtröhrenanlagen.

Die **Einbruchdiebstahlversicherung** bezahlt die durch Einbruchdiebstahl entstandenen Schäden und Verluste an Vorräten, Bargeld und sonstigen Sachen.

Durch eine **Transportversicherung** kann sich ein Versender von Waren gegen Gefahren versichern, denen seine Waren auf einem Transport zu Lande, zu Wasser und in der Luft ausgesetzt sind.

Die **Hausratversicherung** versichert Sachen, die in einem Haushalt zur Einrichtung gehören bzw. zum Gebrauch oder Verbrauch dienen (z. B. Möbel, Elektrogeräte, Bekleidung), gegen Feuer-, Einbruchdiebstahl-, Beraubungs-, Leitungswasser-, Sturm- und Glasbruchschäden.

Bei Sachversicherungen soll die Versicherungssumme dem Wert der versicherten Gegenstände (= Versicherungswert) entsprechen. Wenn die Versicherungssumme geringer als der Versicherungswert ist, liegt eine **Unterversicherung** vor. In diesem Fall werden Schäden nur anteilig ersetzt.

Beispiel:
Der Versicherungswert beträgt 100 000,00 DM, die Versicherungssumme nur 70 000,00 DM. Bei einem Schaden von 20 000,00 DM ersetzt die Versicherung nur 14 000,00 DM, weil die Versicherungssumme nur 70 % des Versicherungswertes ausmacht.

Wenn die Versicherungssumme höher ist als der Versicherungswert (= **Überversicherung**), wird jedoch keine höhere Entschädigung als die Erstattung des tatsächlichen Schadens bezahlt.

Vermögensversicherungen

Die **Haftpflichtversicherung** zahlt Schadenersatz, zu dem der Versicherte verpflichtet ist, bis zur Höhe der vertraglich vereinbarten Deckungssumme oder leistet Rechtsschutz, um ungerechtfertigte Schadenersatzansprüche abzuwehren.

Die **Privathaftpflichtversicherung** schützt Privatpersonen gegen Haftpflichtansprüche.

Die **Betriebshaftpflichtversicherung** tritt ein, wenn gegen
- den Inhaber eines Unternehmens,
- die gesetzlichen Vertreter eines Unternehmens (z. B. Vorstandsmitglieder einer Aktiengesellschaft, Geschäftsführer) und

– Betriebsangehörige

Schadenersatzansprüche geltend gemacht werden, die sich aus ihrer betrieblichen Tätigkeit ergeben.

Die **Rechtsschutzversicherung** zahlt u. a. die Rechtsanwaltskosten, alle Gerichtskosten und die Kosten des Prozeßgegners, sofern sie erstattet werden müssen.

Die **Firmen-Rechtsschutzversicherung** umfaßt

– Schadenersatz-Rechtsschutz zur Durchsetzung von Schadenersatzansprüchen,

– Straf-Rechtsschutz für die Verteidigung in einem Straf- oder Bußgeldverfahren,

– Arbeits-Rechtsschutz für alle gerichtlichen und außergerichtlichen Streitigkeiten aus Arbeitsverhältnissen, z. B. Kündigungsschutzklagen,

– Sozialversicherungs-Rechtsschutz für gerichtliche Streitigkeiten mit den Trägern der Sozialversicherung.

Die Firmen-Rechtsschutzversicherung schützt auch die Arbeitnehmer des Betriebes bei rechtlichen Auseinandersetzungen, die sich aus ihrer Berufstätigkeit ergeben. Beim Arbeits-Rechtsschutz ist jedoch nur der Arbeitgeber versichert.

Die **Warenkreditversicherung** zahlt, wenn ein Käufer einer auf Kredit erworbenen Ware zahlungsunfähig wird. Die Warenkreditversicherung begleicht den Schaden jedoch nicht in voller Höhe. Insofern muß der Versicherte einen Teil des Forderungsausfalls immer selbst tragen (= Selbstbeteiligung).

Die **Betriebsunterbrechungsversicherung** ersetzt die wirtschaftlichen Folgeschäden, die entstehen, wenn die betriebliche Tätigkeit eines Betriebes durch einen Sachschaden (Brand, Maschinenschaden) unterbrochen wird. Sie ersetzt den entgangenen Geschäftsgewinn und die fortlaufenden Geschäftskosten.

Die **Betriebsschließungsversicherung** ersetzt die Schäden, die entstehen, wenn ein Betrieb wegen Seuchengefahr schließen muß. Sie ist für den Lebensmitteleinzelhandel von Bedeutung.

Kraftfahrzeugversicherungen

Jeder Halter eines Kraftfahrzeugs ist verpflichtet, eine **Kraftfahrzeug-Haftpflichtversicherung** abzuschließen. Sie ersetzt den Schaden, den ein Kraftfahrer anderen Personen oder deren Sachen mit einem Kraftfahrzeug zufügt.

Gegen Beschädigung und Zerstörung des eigenen Fahrzeugs kann er sich durch eine **Kraftfahrzeug-Fahrzeugversicherung** (Teil- oder Vollkaskoversicherung) versichern.

Die **Teilkaskoversicherung** deckt nur einen Teil der möglichen Schäden. Sie ersetzt Schäden durch Brand, Explosion, unmittelbare Einwirkung von Sturm, Hagel, Blitzschlag und Überschwemmung, Glasbruch, Kurzschluß, Zusammenstoß mit Haarwild (z. B. Rehe, Hasen), Diebstahl und unbefugten Gebrauch durch fremde Personen.

Die **Vollkaskoversicherung** ist teurer als die Teilkaskoversicherung. Dafür ersetzt sie zusätzlich zu den durch die Teilkaskoversicherung gedeckten Schäden auch Unfallschäden am eigenen Fahrzeug und solche Schäden, die von anderen Personen mut- oder böswillig am Fahrzeug angerichtet wurden (z. B. Zerstechen der Reifen, Abbrechen der Autoantenne). Sie kann mit und ohne Selbstbeteiligung abgeschlossen werden. Bei Selbstbeteiligung muß der Versicherte einen Teil des Schadens selber tragen.

Durch die **Kraftfahrzeug-Unfallversicherung** sind alle Insassen eines Kraftfahrzeugs (auch der Fahrzeughalter und Familienangehörige) gegen die wirtschaftlichen Folgen von Personenschäden geschützt. Für Berufsfahrer und Berufsbeifahrer, die bei einem Versicherungsnehmer angestellt sind, muß eine besondere Berufsfahrerversicherung abgeschlossen werden.

Personenversicherungen

Die **Lebensversicherung** ist der (nach den Prämieneinnahmen) mit Abstand bedeutendste Zweig der Individualversicherung.

Die wichtigsten Arten der privaten Lebensversicherung sind die reine Todesfallversicherung, die reine Erlebnisfallversicherung und die gemischte Lebensversicherung.

Bei der **reinen Todesfallversicherung** wird die Versicherungssumme erst beim Tod des Versicherten fällig. Sie dient ausschließlich der Versorgung der Hinterbliebenen des Versicherten.

Bei der **reinen Erlebnisfallversicherung** wird die Versicherungssumme fällig, wenn der Versicherte einen bestimmten im Vertrag festgelegten Zeitpunkt (z. B. das 65. Lebensjahr) erlebt. Diese Versicherung dient der Altersversorgung des Versicherten.

Die **gemischte Lebensversicherung** ist eine Versicherung auf den Todes- und den Erlebensfall. Die Versicherungssumme wird an den Versicherten spätestens beim Ablauf der vereinbarten Versicherungsdauer ausgezahlt. Falls er vor Ablauf des Versicherungsvertrages stirbt, wird die Versicherungssumme schon vorher an seine Hinterbliebenen ausgezahlt. Die gemischte Lebensversicherung dient somit sowohl der Alterssicherung des Versicherten als auch der Hinterbliebenenversorgung.

In der **privaten Krankenversicherung** können sich Personen, die nicht in der gesetzlichen Krankenversicherung pflichtversichert sind (Selbständige, Beamte, Angestellte und Arbeiter, deren Einkommen die gesetzliche Pflichtversicherungsgrenze überschreitet), gegen die finanziellen Folgen einer Erkrankung schützen.

Mit Inkrafttreten des Pflegeversicherungsgesetzes am 1. Januar 1995 muß jede Person, die bei einer privaten Krankenversicherung mit Anspruch auf Kostenerstattung für allgemeine Krankenhausleistungen versichert ist, auch eine private Pflegeversicherung abschließen. Diese **private Pflegeversicherung** muß grundsätzlich bei dem privaten Krankenversicherungsunternehmen abgeschlossen werden, bei dem die versicherte Person auch krankenversichert ist. Allerdings können sich privat krankenversicherte Personen in den ersten sechs Monaten nach Inkrafttreten des Pflegeversicherungsgesetzes auch für einen anderen Anbieter der privaten Pflegeversicherung entscheiden.

Gegen die Folgen eines Arbeitsunfalls oder eines Unfalls auf dem Weg von und zu ihrer Arbeitsstätte sind die Beschäftigten eines Betriebes bei der zuständigen Berufsgenossenschaft gesetzlich versichert. Einen umfassenden Unfallschutz auch für den privaten Bereich bietet die **private Unfallversicherung**.

Aufgaben

1. Was wird in einem Versicherungsvertrag geregelt?

2. Wonach richtet sich bei einer Individualversicherung der Versicherungsbeitrag?

3. Welche Versicherungen können in folgenden Fällen in Anspruch genommen werden?

   a) Eine Ware, die an einen Kunden mit eigenem Lieferfahrzeug geliefert wird, wird auf dem Transport beschädigt.

   b) Der Auslieferungsfahrer einer Sanitärgroßhandlung verursacht mit dem betriebseigenen LKW einen Verkehrsunfall. Bei dem Unfall wird ein fremder PKW beschädigt und dessen Fahrer verletzt. Auch der LKW weist erhebliche Schäden auf.

   c) Eine Kundin zerreißt ihre Strumpfhose an einer scharfen Stuhlkante.

   d) Von Randalierern wird die Eingangstür eines Geschäftshauses eingeschlagen.

   e) Aus dem Lager einer Großhandlung für Unterhaltungselektronik wurden nachts drei Videorecorder entwendet.

   f) Ein Kunde, der Waren auf Kredit gekauft hat, wird zahlungsunfähig.

   g) Ein Angestellter bricht sich beim Volleyballspiel ein Bein.

   h) Im Lager einer Textilgroßhandlung wird eine Heizungsleitung undicht. Das austretende Wasser beschädigt einen Teil der gelagerten Waren.

   i) Der Inhaber einer Eisenwarengroßhandlung muß wegen Herz-Kreislauf-Beschwerden einen Arzt aufsuchen.

4. Welcher Unterschied besteht zwischen einer gemischten Lebensversicherung und einer reinen Todesfallversicherung?

Individualversicherungen

Sachversicherung

- Feuerversicherung
- Leitungswasserversicherung
- Sturmversicherung
- Glasversicherung
- Einbruchdiebstahlversicherung
- Transportversicherung
- Hausratversicherung

Vermögensversicherung

- Haftpflichtversicherung
- Rechtsschutzversicherung
- Warenkreditversicherung
- Betriebsunterbrechungsversicherung
- Betriebsschließungsversicherung

Personenversicherung

- Private Lebensversicherung
- Private Krankenversicherung
- Private Pflegeversicherung
- Private Unfallversicherung

Kraftfahrzeugversicherung

- Kraftfahrzeug-Haftpflichtversicherung
- Kraftfahrzeug-Fahrzeugversicherung
- Kraftfahrzeug-Unfallversicherung

3.6   Der betriebliche Standort

Einzelhändler werden in Nebenstraßen verdrängt

Die Mieten für Topstandorte in den Haupteinkaufsstraßen deutscher Großstädte wie München oder Berlin liegen mit durchschnittlich 400 DM pro Quadratmeter weltweit auf Platz drei hinter Tokio und New York. Die Folge explodierender Gewerbemieten sei ein Exodus mittelständischer Einzelhändler in weniger attraktive Nebenstraßen, klagt der Hauptverband des Deutschen Einzelhandels. Oft könnten nur noch finanzstarke Handelsketten und Filialunternehmen beim Mietpoker mithalten. Manche Innenstädte drohten, durch diese Entwicklung ihre traditionelle Vielfalt zu verlieren. Staatliche Eingriffe zur Mietenregelung lehnt der Verband allerdings ab.   dpa

1. Warum ist ein attraktiver Standort, z. B. für den Handel, von besonderer Bedeutung?
2. Nennen Sie weitere Einflußgrößen, die bei der Wahl des Standortes unbedingt berücksichtigt werden sollten.

Information

Der Ort, an dem sich Unternehmen mit ihren Betrieben niederlassen, bezeichnet man als betrieblichen **Standort.**

Wenn Unternehmen Investitionen planen, müssen umfangreiche Wirtschaftlichkeitsüberlegungen angestellt werden. Das gilt nicht nur für die Anschaffung neuer Maschinen oder bei der Einstellung neuer Mitarbeiter. Das gilt auch, wenn ein neuer (Produktions)Standort, beispielsweise ein Zweigwerk, gesucht wird.

Die Wahl des Standortes ist für den Unternehmer eine Entscheidung mit langfristiger Wirkung. Sie muß daher stets auch unter Kostengesichtspunkten erfolgen. Denn es gibt Kosten, die an verschiedenen Standorten unterschiedlich sind, wie z. B. Transportkosten, Arbeitslöhne, Grundstückspreise, Mieten oder steuerliche Belastungen.

Da jeder Unternehmer auf lange Sicht gesehen den größtmöglichen Gewinn (= Erträge minus Aufwendungen) erzielen möchte, wird er neben den Kosten besonders die Absatzmöglichkeiten genauestens untersuchen.

Die Wahl des Standortes stellt sich für den Unternehmer immer als <u>ein Abwägen zwischen Kostenvorteilen und Absatzvorteilen</u> dar.

Aus diesem Grund sind die folgenden **allgemeinen Bestimmungsgründe für die Standortwahl (= Standortfaktoren)** zu berücksichtigen:

Rohstoffvorkommen

Reine Gewinnungsbetriebe, wie z. B. im Kohlebergbau, bei der Erdölförderung und Erdgasgewinnung, bei Kies- und Bimsgruben, sind auf bestimmte Standorte angewiesen. Es wird der betriebliche Standort gewählt, der möglichst nahe an diesen Rohstoffquellen liegt. Ähnlich verhalten sich andere materialorientierte Betriebe, z. B. Ziegeleien, Eisen- und Stahlwerke, sowie holzverarbeitende Betriebe. Ihr Ziel ist es, insbesondere die *Transportkosten* der für die Produktion notwendigen Roh-, Hilfs- und Betriebsstoffe niedrig zu halten.

Beispiel:

In der stahlproduzierenden Industrie ist der Transport der Erze kostengünstiger als der Transport des unverarbeiteten Rohstoffs Kohle. Der Grund: Zur Produktion von Stahl wird mehr Kohle benötigt, als im Endprodukt enthalten ist. Man sagt, daß Kohle ein 100%iges <u>Gewichtsverlustmaterial</u> ist, was man vom Erz nicht behaupten kann. Daher wird z. B. schwedisches Erz zur Kohle ins Ruhrgebiet transportiert und nicht umgekehrt.

Absatzmärkte

Absatzorientierte Betriebe richten sich bei der Standortwahl nach ihrem wichtigsten Absatzgebiet. Sie sind, wie der Einzel- und Großhandel, überwiegend in dichtbesiedelten Gegenden anzutreffen. Aber auch bei anderen Wirtschaftszweigen, die den engen Kontakt mit den Absatzgebieten dringend benötigen, steht die Absatzorientierung im Vordergrund. So entscheiden sich Zuliefererbetriebe oft für einen Standort in der Nähe der von ihnen bedienten Großunternehmen, wie z. B. die Zulieferer in der Automobilindustrie. Weitere Beispiele für absatzorientierte Betriebe sind das Baugewerbe, Brauereien, Gaswerke oder Tankstellen.

Ist die Wahl einmal auf einen bestimmten Ort gefallen, müssen weiterhin berücksichtigt werden,

- die Grundstückskosten bzw. Ladenmieten,
- die Verkehrsverhältnisse (Parkmöglichkeiten, Gleisanschluß),
- die gesetzlichen Vorschriften, wie z. B. Lärmschutz- und Abwässerbestimmungen.

Industriebetriebe sind nicht zuletzt wegen der benötigten Fläche überwiegend in Stadtrandnähe anzutreffen. Beim Einzelhandel hingegen ist der Absatz die wichtigste Entscheidungsgröße, erst danach werden bei der Standortwahl die Mietkosten berücksichtigt.

Die nachfolgende Übersicht zeigt die wesentlichen Größen, die bei der Standortwahl eines *absatzorientierten Einzelhandelsbetriebes* von Bedeutung sind.

Standortfaktoren	
Bedarf und Kaufkraftumfang	– Zahl der Einwohner im Einzugsgebiet – Bevölkerungszusammensetzung (Käuferschicht) – Einkommensverhältnisse – Kaufgewohnheiten
Konkurrenzlage	– Zahl und Marktanteil der Mitbewerber
Erreichbarkeit	– Zugang mit öffentlichen Verkehrsmitteln – Erreichbarkeit für Fußgänger – Parkmöglichkeiten für private PKW
Straßenlage des Geschäftes Die Straßenlage ist abhängig von der Betriebsform und dem Geschäftszweig.	– Stadtmitte (City) – Stadtrand – großes Wohngebiet – Passantendichte – ergänzende Nachbarschaftsbetriebe – Ausdehnungsmöglichkeiten
Kosten	– Grundstückskosten – Ladenmiete – Gewerbesteuer

Geschäfte, die Waren des täglichen Bedarfs, z. B. Lebensmittel, **anbieten,** meiden die Konkurrenz. Ihr Absatz ist auf ein relativ kleines Gebiet, oft nur auf wenige Straßen oder Häuserblocks beschränkt. Der Gewinn ist gering, hohe Ladenmieten in Citylage können nicht bezahlt werden.

Geschäfte mit Waren, die nicht so häufig gekauft werden, z. B. Schmuck, wählen eher belebte Straßen.

Verbrauchermärkte und Einkaufszentren können aufgrund ihres Warensortiments einen Standort außerhalb der Stadt an verkehrsgünstigen Punkten wählen. Angesichts niedriger Grundstückspreise bzw. Mieten können sie ihre Waren zu günstigen Preisen anbieten. Zudem ersparen sie dem Kunden durch ihr breites Sortiment lange Einkaufswege.

Große Einzelhandelsbetriebe wählen die Hauptgeschäftsstraße zum Standort, obwohl ihnen dort sehr hohe Ladenmieten bzw. Grundstückskosten entstehen. Sie suchen die Kundennähe, denn der Verbraucher will, bevor er sich zum Kauf entschließt, Angebote vergleichen.

Neben der Betriebsform beeinflußt der einmal gewählte Standort wiederum die Größe, Einteilung und die **Ausstattung** der Verkaufsräume. Abhängig vom Sortiment und dem Kundenkreis im Einzugsgebiet des Einzelhandelsbetriebes kann die Ausstattung der Verkaufsräume schlicht und zweckmäßig sein oder gehobenen oder luxuriösen Ansprüchen genügen. Durch eine individuell gestaltete Ausstattung kann man sich von der Konkurrenz abheben, besondere Aufmerksamkeit beim Kunden erzielen und dadurch die eigenen Absatzmöglichkeiten verbessern.

Arbeitskräfte

Arbeits- und lohnorientierte Betriebe wählen ihren Standort dort, wo ein ihren betrieblichen Anforderungen entsprechendes Angebot an menschlicher Arbeitskraft vorhanden ist. Dabei spielt die Qualifikation der Menschen, z. B. Facharbeiter in der optischen Industrie, genau so eine Rolle wie die Höhe der Lohnkosten. Insbesondere Lohnkostenvorteile, die sich in ländlichen Gegenden oder im Ausland[1] bieten, können die Standortwahl entscheidend beeinflussen. Diese Vorteile sind häufig dann gegeben, wenn überwiegend ungelernte und angelernte Arbeitskräfte im Betrieb eingesetzt werden können, wie das beispielsweise in der Textilindustrie möglich ist.

1 vgl. Kap. 2.5 „Internationale Arbeitsteilung", Seite 36.

Insgesamt sind folgende Fragen wichtig:
- Wieviel wird in einer Arbeitsstunde produziert?
- Wie leistungsbereit sind die Arbeitnehmer?
- Wie gut ist ihre Ausbildung?
- Können sie mit modernen Maschinen umgehen?

Und schließlich:
- Wie sieht das Arbeitsrecht aus?
- Wie verhalten sich die Gewerkschaften?

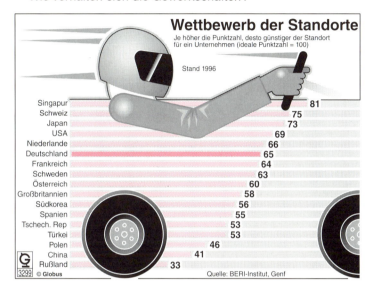

Energiequellen

Die energieorientierte Standortwahl ist heutzutage von geringer Bedeutung. Durch z. B. Pipelines und Ferngasleitungen kann von überall zu gleichen Kosten Energie bezogen werden. Von den wenigen energieorientierten Betrieben sind Wasserkraftwerke zu nennen, die die billige Wasserkraft an Flüssen und Stauseen zur Produktion von Elektrizität ausnutzen.

Neben diesen *allgemeinen* können **örtliche Standortfaktoren** ausschlaggebend sein für die Wahl des Standortes.

Verkehrstechnische Einrichtungen

Verkehrsorientiert sind alle Industriebetriebe, die Massengüter verarbeiten, z. B. Kohlekraftwerke. Des weiteren der Großhandel im allgemeinen, besonders aber das Lagerhausgewerbe und Unternehmen, die ihre Produkte über weite Entfernungen einem großen Kundenkreis zustellen, wie z. B. Ölraffinerien, der Baumwoll- und Getreidehandel, Kaffeeröstereien und der Import- und Exporthandel. Sie alle bevorzugen als Standort die Nähe von verkehrstechnischen Einrichtungen wie Autobahnen, Flugplätze oder das Schienennetz, daneben auch Umschlagplätze (Häfen) oder Umladeplätze vom Land- zum Binnenschiffsverkehr. Kostengünstige Verkehrswege können u. U. andere Mängel des Standortes, z. B. hohe Lohnkosten ausgleichen.

Weitere örtliche Gründe, die für die Standortwahl entscheidend sein können, sind
- **Abgaben und Steuern,** z. B. unterschiedliche Gewerbe- und Lohnsummensteuer,
- **Boden- und Baupreise,**
- **Umweltschutzbestimmungen,**
- **kommunale Förderungsmaßnahmen.**

Standortplanung

Sämtliche Größen, die die Wahl des Standortes beeinflussen, können miteinander in Konkurrenz stehen. So ist denkbar, daß z. B. an einem Ort besonders gute Umsätze zu erzielen sind, dafür aber hohe Löhne gezahlt werden müssen; oder die steuerliche Belastung ist an einem Ort äußerst günstig, während aber die Transportkosten für die Rohstoffe überdurchschnittlich hoch sind. Diese Konkurrenzsituation der Standortfaktoren untereinander zwingt den Unternehmer zu Wirtschaftlichkeitsberechnungen. Letztlich wird dann der Standort gewählt, der am optimalsten ist, d. h. bei dessen Wahl der größtmögliche Gewinn (= die bestmögliche Verzinsung des eingesetzten Kapitals) erzielt wird.

Beispiel:

Standort Gera

Ungünstige Arbeitskosten, schlechte Verkehrsbedingungen für die Beschaffung der Einsatzfaktoren, gute Absatzmöglichkeiten, günstige Grund- und Gewerbesteuer.

Standort Cottbus

Günstige Arbeitskosten, gute Verkehrsbedingungen für die Beschaffung der Einsatzfaktoren, weniger gute Absatzmöglichkeiten, günstige Grund- und Gewerbesteuer.

Wirtschaftlichkeitsüberlegungen zum Standort		
Standort Gera	Standortfaktoren	Standort Cottbus
+ 3 600 000	Umsatz	+ 2 800 000
− 2 400 000	Arbeitskosten	− 1 500 000
− 800 000	Transportkosten	− 500 000
− 160 000	Steuern u. Abgaben	− 150 000
+ 240 000	Gewinn	+ 650 000

Die Gewinnerwartung im Standort Cottbus ist größer als im Standort Gera. Bei sonst gleichen Standortbedingungen wird der Unternehmer den Standort Cottbus wählen, da dort der höhere Gewinn erzielt wird.

Optimaler Standort = Ort, an dem der größtmögliche Gewinn erzielt wird (= standortbedingte Erträge minus standortbedingte Aufwendungen).

Aufgaben

1. Welcher Bestimmungsgrund ist für die Standortwahl der folgenden Betriebe vorrangig zu berücksichtigen?
   a) stahlproduzierendes Unternehmen
   b) Textilfachgeschäft
   c) Hersteller von zahnärztlichen Präzisionsgeräten
   d) Kaffeeimporteur
   e) Brauerei
   f) Textilfabrik
   g) Kohlebergbaubetrieb
   h) Wasserkraftwerk
2. Nennen Sie vier verschiedene Betriebe, für die die Nähe zu den Absatzmärkten von größter Wichtigkeit ist.
3. Welche Bedeutung hat die Standortplanung für den Unternehmer?
4. Was verstehen Sie unter dem „optimalen Standort"?
5. Erklären Sie die Bedeutung von „Gewichtsverlustmaterial" im Zusammenhang mit der Standortorientierung eines Unternehmens.
6. Nennen Sie Standortfaktoren, die bei der Gründung eines absatzorientierten Einzelhandelsbetriebes zu berücksichtigen sind.
7. Warum müssen Geschäfte, die Waren führen, die nicht so häufig gekauft werden (Juwelen, Fotoartikel), an belebten Straßen liegen?
8. Für welche Betriebe wäre als Standort ein großes Wohngebiet vorteilhaft?
9. Welche Vor- und Nachteile haben Standorte in Citylage?

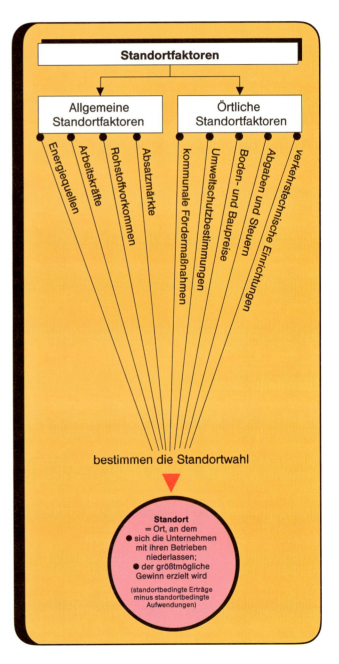

110

3.7 Ziele privater und öffentlicher Unternehmen

Wie mittelständische Unternehmen unternehmerische Ziele bewerten, zeigt folgende Tabelle:

	Note 1	Note 2	Note 3	Note 4	Note 5
Qualitätsstreben		x			
Gewinnmaximierung					x
Kundennähe	x				
Kostenminimierung			x		
Innovationsstärke	x				

aus: Kleiner Wirtschaftsspiegel, 9/88, S. 4

Welche Ziele spielen in mittelständischen Unternehmen eine Rolle?

Information

Ziele privater Unternehmen

Das Streben nach Gewinn

Jeder private Unternehmer strebt durch seine selbständige Tätigkeit einen möglichst hohen Gewinn an (= **erwerbswirtschaftliche Zielsetzung)**, da er sein Einkommen und damit seinen Lebensstandard sichert.

Häufig findet dieses Streben nach einem maximalen Gewinn in dem Ziel einer möglichst hohen Rentabilität des eingesetzten Kapitals seinen Ausdruck.

Rentabilität

Die Rentabilität gibt die Verzinsung des in einem Unternehmen eingesetzten Kapitals an. Bei der Ermittlung der Rentabilität unterscheidet man

– Eigenkapitalrentabilität (= Unternehmerrentabilität),

– Gesamtkapitalrentabilität (= Unternehmungsrentabilität)

    und

– Umsatzrentabilität.

Bei der Ermittlung der **Eigenkapitalrentabilität** wird der erzielte Unternehmergewinn ins Verhältnis zum Eigenkapital gesetzt. Der Unternehmergewinn ist der Reingewinn vermindert um den kalkulatorischen Unternehmerlohn.

$$\text{Eigenkapitalrentabilität} = \frac{\text{Unternehmergewinn} \cdot 100}{\text{Eigenkapital}}$$

Die Eigenkapitalrentabilität gibt an, mit wieviel Prozent sich das eingesetzte Eigenkapital verzinst hat.

Die **Gesamtkapitalrentabilität** gibt an, mit wieviel Prozent sich das gesamte eingesetzte Kapital verzinst hat. Bei ihrer Ermittlung wird der erzielte Kapitalgewinn zum Gesamtkapital ins Verhältnis gesetzt. Der erzielte Kapitalgewinn ist der Unternehmergewinn zuzüglich der Fremdkapitalzinsen. Das Gesamtkapital ist die Summe von Eigen- und Fremdkapital.

$$\text{Gesamtkapitalrentabilität} =$$
$$\frac{(\text{Unternehmergewinn} + \text{Fremdkapitalzinsen}) \cdot 100}{\text{Eigenkapital} + \text{Fremdkapital}}$$

Durch einen Vergleich der Eigenkapitalrentabilität mit der Gesamtkapitalrentabilität kann der Unternehmer feststellen, ob sich der Einsatz von Fremdkapital in seinem Unternehmen gelohnt hat. Er hat sich immer dann gelohnt, wenn die Eigenkapitalrentabilität höher als die Gesamtkapitalrentabilität ist. Der Unternehmer hat in diesem Fall durch den Einsatz von Fremdkapital einen zusätzlichen Gewinn erwirtschaftet, der die Zinsen übersteigt, die er für das Fremdkapital bezahlen muß.

Beispiel:

Unternehmergewinn:	100 000,00 DM
Eigenkapital:	500 000,00 DM
Fremdkapital:	500 000,00 DM

Zinssatz für das Fremdkapital: 12 %

→ Zinsen für das Fremdkapital: 60 000,00 DM

$$\text{Eigenkapitalrentabilität} = \frac{100\,000 \cdot 100}{500\,000} = \underline{\underline{20\,\%}}$$

$$\text{Gesamtkapitalrentabilität} = \frac{(100\,000 + 60\,000) \cdot 100}{500\,000 + 500\,000}$$
$$= \underline{\underline{16\,\%}}$$

Bei der **Umsatzrentabilität** wird der Unternehmergewinn ins Verhältnis zum Nettoumsatz gesetzt.

$$\text{Umsatzrentabilität} = \frac{\text{Unternehmergewinn} \cdot 100}{\text{Nettoumsatz}}$$

Sie gibt den im Nettoumsatz enthaltenen Gewinn in Prozent an.

Eine geringe Umsatzrentabilität führt bei gleichem Umsatz zu einem geringeren Gewinn als eine hohe Umsatzrentabilität.

Streben nach Umsatz

Viele Unternehmer versuchen, über einen möglichst hohen Umsatz auch einen möglichst hohen Gewinn zu erzielen.

Erhaltung des Betriebes

Gewinn- und Umsatzziele können auf Dauer nur in einem lebensfähigen Unternehmen erzielt werden. Um im Wettbewerb bestehen zu können, reicht es nicht aus, nur hohe Umsätze zu erzielen. Diese Umsätze müssen vielmehr auf möglichst wirtschaftliche Weise erzielt werden.

Ein Unternehmer handelt wirtschaftlich, wenn er versucht,

– eine bestimmte Leistung mit möglichst geringem Aufwand

oder

– eine möglichst große Leistung mit einem gegebenen Aufwand zu erzielen (= ökonomisches Prinzip).

Die **Wirtschaftlichkeit** eines Betriebes läßt sich aus dem Verhältnis seiner Leistung zu seinen Kosten ermitteln.

$$\text{Wirtschaftlichkeit} = \frac{\text{Leistung}}{\text{Kosten}}$$

Die **Leistung** eines Betriebes ist seine in Geld bemessene Ausbringungsmenge.

Beispiel:

Die Leistung eines Handelsbetriebes ist sein Nettoumsatz. Der Nettoumsatz ist die Absatzmenge bewertet zu Nettoverkaufspreisen.

Kosten sind alle betriebsbedingten Aufwendungen eines Betriebes, z. B. Personalkosten, Raumkosten, Lagerkosten.

Bei gleichbleibender Leistung kann ein Unternehmer die Wirtschaftlichkeit seines Betriebes durch die Minimierung seiner Kosten erhöhen.

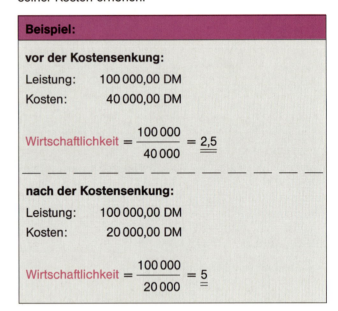

Beispiel:

vor der Kostensenkung:

Leistung: 100 000,00 DM
Kosten: 40 000,00 DM

$$\text{Wirtschaftlichkeit} = \frac{100\,000}{40\,000} = \underline{\underline{2{,}5}}$$

nach der Kostensenkung:

Leistung: 100 000,00 DM
Kosten: 20 000,00 DM

$$\text{Wirtschaftlichkeit} = \frac{100\,000}{20\,000} = \underline{\underline{5}}$$

Sicherung der Arbeitsplätze

Eine wirtschaftliche Unternehmensführung ist auch im Interesse der Arbeitnehmer. Nur in einem wettbewerbsfähigen Unternehmen können Arbeitsplätze langfristig erhalten werden.

Ziele öffentlicher Unternehmen

Öffentliche Unternehmen sind Unternehmen, die sich im Eigentum der öffentlichen Hand, d. h. von Bund, Ländern und Gemeinden, befinden. Zu ihnen gehören u. a. kommunale Versorgungsunternehmen (Elektrizitäts-, Gas- und Wasserwerke), städtische Verkehrsbetriebe (Busse und Bahnen), die Deutsche Bahn AG und die Deutsche Post AG.

Hauptziel öffentlicher Unternehmen ist meist nicht die Gewinnerzielung, sondern die bestmögliche Versorgung der Bevölkerung mit Gütern zur kollektiven Bedürfnisbefriedigung **(Bedarfsdeckungsprinzip** oder **gemeinwirtschaftliches Prinzip).**

Beispiel:

Kommunale (gemeindliche) Versorgungsunternehmen sichern die ausreichende Versorgung der Bevölkerung mit Energie und Wasser zu günstigen Preisen.

Um dauerhaft wirtschaften zu können, müssen auch öffentliche Unternehmen zumindest ihre Kosten decken **(Kostendeckungsprinzip).** Wenn dies aus sozialen oder aus Konkurrenzgründen nicht möglich ist, müssen sie versuchen, ihre Verluste möglichst gering zu halten.

Aufgaben

1. Warum streben Unternehmer nach einem möglichst hohen Gewinn?
2. Unterscheiden Sie Rentabilität und Wirtschaftlichkeit.
3. Weshalb streben Unternehmer häufig einen möglichst hohen Umsatz an?
4. Ein Unternehmer erwirtschaftet in einem Jahr einen Unternehmergewinn von 100 000,00 DM. Sein Eigenkapital betrug in diesem Jahr 50 000,00 DM. Das Fremdkapital betrug 100 000,00 DM, der Fremdkapitalzinssatz 12 %.
   Ermitteln Sie, ob sich der Fremdkapitaleinsatz für den Unternehmer gelohnt hat.
5. Weshalb sind
   a) der Inhaber eines Unternehmens,
   b) die Arbeitnehmer eines Unternehmens
   an einer hohen Wirtschaftlichkeit ihres Unternehmens interessiert?
6. Ein Textilgroßhändler besitzt einen Betrieb in Magdeburg und einen Betrieb in Eisenach. In beiden Betrieben wird das gleiche Sortiment verkauft. In dem Magdeburger Betrieb wurde in einem Jahr 2 000 000,00 DM Nettoumsatz erzielt. Im gleichen Zeitraum entstanden in diesem Betrieb Kosten in Höhe von insgesamt 1 200 000,00 DM. Der Betrieb in Eisenach erzielte im gleichen Jahr einen Nettoumsatz von 1 400 000,00 DM. In diesem Betrieb entstanden im gleichen Zeitraum insgesamt 800 000,00 DM Kosten.
   Beurteilen Sie die Wirtschaftlichkeit der beiden Betriebe.
7. Warum streben öffentliche Unternehmen häufig nicht nach einem maximalen Gewinn?
8. Welche der folgenden Leistungen bieten öffentliche Unternehmen häufig mit Verlust an?
   a) Elektrizität,
   b) Leistungen des öffentlichen Personenverkehrs (Busse und Bahnen),
   c) Benutzung öffentlicher Bibliotheken,
   d) Abfallbeseitigung.

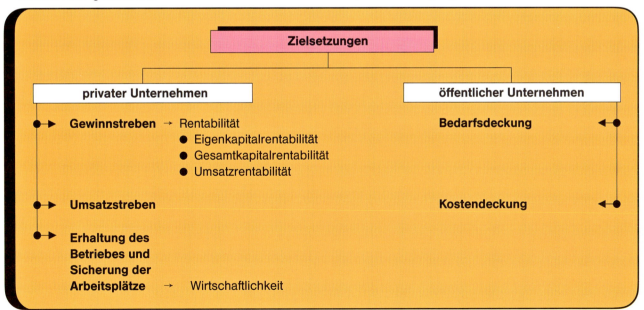

4 Wirtschaft und Recht

4.1 Die Rechtsordnung

Handelsgesetzbuch

Vom 10. Mai 1897 (RGBl. S. 219)
[mit allen späteren Änderungen]

Inhaltsübersicht

		§§
Erstes Buch. Handelsstand		1 – 104
Erster Abschnitt.	Kaufleute	1 – 7
Zweiter Abschnitt.	Handelsregister	8 – 16
Dritter Abschnitt.	Handelsfirma	17 – 37
Vierter Abschnitt.	Handelsbücher	38 – 47b
Fünfter Abschnitt.	Prokura und Handlungsvollmacht .	48 – 58
Sechster Abschnitt.	Handlungsgehilfen und Handlungslehrlinge	59 – 83
Siebenter Abschnitt.	Handelsvertreter	84 – 92c
Achter Abschnitt.	Handelsmakler	93 – 104

Erstes Buch. Handelsstand

Erster Abschnitt. Kaufleute

§ 1 [Mußkaufmann, Kaufmann kraft Geschäftsart] (1) Kaufmann im Sinne dieses Gesetzbuchs ist, wer ein Handelsgewerbe betreibt.

(2) Als Handelsgewerbe gilt jeder Gewerbebetrieb, der eine der nachstehend bezeichneten Arten von Geschäften zum Gegenstande hat:

1. die Anschaffung und Weiterveräußerung von beweglichen Sachen (Waren) oder Wertpapieren, ohne Unterschied, ob die Waren unverändert oder nach einer Bearbeitung oder Verarbeitung weiter veräußert werden;
2. die Übernahme der Bearbeitung oder Verarbeitung von Waren für andere, sofern das Gewerbe nicht handwerksmäßig betrieben wird;
3. die Übernahme von Versicherungen gegen Prämie;

Welche Aufgaben haben rechtliche Vorschriften?

Information

Die Interessen der Menschen sind häufig gegensätzlich. So will beispielsweise *ein Verkäufer* einen möglichst hohen Preis für seine Waren erzielen. *Der Käufer* dagegen möchte die Artikel so preiswert wie möglich erwerben. Werden in der Vereinbarung über den Kauf keine klaren Regelungen getroffen, können Konflikte auftreten. In diesem Zusammenhang ist das Recht unerläßlich.

Das Recht hat die Aufgabe, die vielfältigen rechtlichen Beziehungen der Menschen in einer staatlichen Gemeinschaft zu regeln.

Es ordnet den Verkauf des gesellschaftlichen Lebens durch Gebote und Verbote. Diese sind unerläßlich, damit ein geordnetes und vor allem auch friedliches Zusammenleben der Menschen innerhalb der Gesellschaft ermöglicht wird. Ein Fehlen von Recht hat zwangsläufig Unordnung und Chaos zur Folge.

Das Wort „Recht" kann in einem doppelten Sinn verstanden werden:

- Als **objektives Recht** umfaßt es die Gesamtheit der Rechtsnormen. Dies ist die Rechtsordnung, die in einem Staat gilt. In diesem Zusammenhang versteht man unter Recht also die Vorschriften und Regeln selbst, deren Durchsetzung der Staat garantiert.

Beispiel:

Textilhändler Lottermann beruft sich bei der Behandlung einer Kundenreklamation auf das „Recht".

- Zum **subjektiven Recht** gehören die von der Rechtsordnung geschützten Interessen des einzelnen, seine Berechtigungen. Die subjektiven Rechte können von den Menschen aufgrund der objektiven Rechtsordnung eingeklagt werden.

Beispiele:

- Hermann Huhn ist der Ansicht, daß er „im Recht" sei.
- Anspruch des Gläubigers auf Zinsen gegenüber einem Schuldner
- Anspruch auf Lieferung bzw. Zahlung beim Kaufvertrag

Die Rechtsnormen gehören entweder dem öffentlichen oder dem privaten Recht an.

Das Privatrecht

Das Privatrecht regelt die privaten Rechtsbeziehungen der einzelnen Personen zueinander. Die Beteiligten stehen sich dabei gleichberechtigt gegenüber. Die Personen können ihre Beziehungen frei regeln, ohne daß grundsätzlich der Staat mitwirkt.

Wichtigster Bestandteil des Privatrechts ist das vor allem im Bürgerlichen Gesetzbuch (BGB) geregelte bürgerliche Recht, das jedermann in seiner bürgerlichen Existenz betrifft, es enthält z. B. Vorschriften über Verträge zwischen Bürgern.

Einige Teile des Privatrechts gelten nur für einzelne besondere Lebensbereiche. So ist z. B. der Geltungsbereich des Handelsgesetzbuches auf einen bestimmten Personenkreis, nämlich die Kaufleute beschränkt.

Das öffentliche Recht

Das öffentliche Recht regelt einerseits die Beziehungen einzelner Personen zum Staat und andererseits das Verhältnis der staatlichen Organe untereinander. Es betrifft Sachverhalte, die Angelegenheiten der Allgemeinheit sind. Durch seine Hoheitsgewalt ist der Staat dem einzelnen übergeordnet.

So ist beispielsweise jeder Staatsbürger mit Einkommen nach dem Einkommensteuergesetz steuerpflichtig.

Zum öffentlichen Recht gehören u. a. das

- Verwaltungsrecht
  → regelt die Tätigkeit der öffentlichen Verwaltung

- Verfassungsrecht
  → enthält die Rechtsnormen, die die Grundlage der Rechtsordnung bilden

- Völkerrecht
  → regelt die Beziehungen zwischen den Staaten oder internationalen Organisationen

- Steuerrecht

- Strafrecht
  → Vorschriften über die staatliche Befugnis, auf menschliches Fehlverhalten, wie z. B. Mord, zu reagieren

- Zivil- und Strafprozeßrecht.

Wenn der Staat jedoch als normale Person auftritt, unterliegt er wie seine Vertragspartner den Bestimmungen des Privatrechts.

Beispiel:

Eine Behörde des Staates kauft von einer Schreibwarengroßhandlung Formulare.

Die Unterscheidung zwischen privatem und öffentlichem Recht ist wichtig, weil davon die Zuständigkeit der Gerichte (z. B. Verwaltungsgericht oder Zivilgericht) und die Art der anzuwendenden Rechtsnormen abhängt.

Die Quellen des Rechts

Um im Streitfall über Recht und Unrecht entscheiden zu können, reicht in den meisten Fällen das Rechtsgefühl der Menschen nicht aus. Daher muß die Rechtsordnung in Rechtsvorschriften ihren Ausdruck finden. Diese müssen losgelöst vom Einzelfall formuliert werden, damit sie auf alle denkbaren möglichen Sachverhalte angewandt werden können. Rechtsquellen, aus denen sich die geltenden Rechtsvorschriften ableiten lassen, sind:

- **Gesetze**

  Gesetze sind Beschlüsse der für die Gesetzgebung zuständigen Organe, also der Legislative. Sie enthalten für eine unbestimmte Vielzahl von Personen allgemeinverbindliche Regelungen in Schriftform.

  Erst wenn das Gesetz ein förmliches Gesetzgebungsverfahren durchlaufen hat, wird es wirksam. Ist das Gesetz beispielsweise von Bundestag und Bundesrat beschlossen, erfolgt die Ausfertigung (urkundliche Festlegung) durch den Bundespräsidenten. Dieser veranlaßt abschließend die Verkündung im Bundesgesetzblatt.

Beispiel:

Einkommensteuergesetz

- **Verordnungen**

  Verordnungen werden von der vollziehenden Gewalt (Exekutive) auf Grund einer ausdrücklichen gesetzlichen Ermächtigung erlassen. Sie dürfen also nur zur *Durchführung* und zur inhaltlich bereits vorgezeichneten *Ausfüllung* und *Ergänzung* des formellen Gesetzes ergehen.

  Auch bei Verordnungen handelt es sich um allgemein verbindliche Anordnungen für eine unbestimmte Anzahl von Personen in Schriftform. Diese ergeben sich jedoch nicht in einem förmlichen Gesetzgebungsverfahren, sondern werden von der Bundesregierung, einzelnen Bundesministern oder den Landesregierungen gesetzt. Die Verkündung erfolgt im Bundesgesetzblatt bzw. den Verordnungsblättern des Landes.

Beispiel:

Durchführungsverordnung zum Einkommensteuergesetz

- **Satzungen**

  Satzungen halten die Grundordnung eines rechtlichen Zusammenschlusses schriftlich fest. Sie werden also von im Staat bestehenden staatlichen Verbänden, den Körperschaften, Anstalten und Stiftungen des öffentlichen Rechts zur Regelung ihrer Angelegenheiten erlassen. Die Satzungen sind öffentlich bekannt zu machen.

- **Gewohnheitsrecht**

  Durch langdauernde Übung entsteht Gewohnheitsrecht. Obwohl es schriftlich nicht niedergelegt ist, wird es von der Allgemeinheit (oder denjenigen, auf die es angewandt wird) als Recht anerkannt. Das Gewohnheitsrecht darf nicht im Widerspruch zu geschriebenem Recht stehen.

Beispiel:

Ein Grundstückseigentümer darf seit Generationen das Grundstück eines Nachbarn überqueren.

- **Richterrecht**

  Für die Auslegung und Fortbildung des Rechts erlangen richterliche Entscheidungen zunehmende Bedeutung. Können aus Gewohnheitsrecht, Gesetzen, Verordnungen oder Satzungen keine eindeutigen Lösungen in Problemfällen gewonnen werden, müssen Richter diese entscheiden. Diese argumentativ begründeten Urteile werden von anderen Richtern in ähnlich gelagerten Fällen zur Lösung herangezogen.

Aufgaben

1. Was versteht man unter Recht?
2. Erläutern Sie
   a) objektives Recht,
   b) subjektives Recht.

3. Wodurch unterscheidet sich das Privatrecht vom öffentlichen Recht?
4. Entscheiden Sie, ob in den folgenden Fällen Privatrecht oder öffentliches Recht vorliegt.
   a) Hermann Huhn und Helga Geier, die heiraten wollen, geben beim Standesamt an, daß sie als Ehenamen Geier wählen.
   b) Erwin Lindemann bekommt von der Stadt Wuppertal einen Bescheid über die Zahlung von 90,00 DM Hundesteuer.
   c) Die Stadt Hildesheim kauft für Dienstfahrten des Oberstadtdirektors ein Auto.
   d) Hermann Huhn kauft von Uwe Otto ein Auto.
   e) Eduard Zimmer wird wegen Einbruch zu 5 Jahren Zuchthaus verurteilt.
5. Wodurch unterscheiden sich die Rechtsquellen Gesetz, Verordnung, Satzung und Gewohnheitsrecht?
6. Warum gibt es das Richterrecht?
7. Um welche Rechtsquelle handelt es sich jeweils?
   a) Der Rat der Stadt Magdeburg beschließt eine generelle Regelung für die örtliche Müllbeseitigung.
   b) Seit Jahrhunderten benutzen die Einwohner einer kleinen niedersächsischen Gemeinde einen Weg zum Nachbarort, der durch einen Privatwald führt, als Abkürzung.
   c) Der Bundesverkehrsminister ändert einige Regeln der Straßenverkehrsordnung.
   d) Eine Bundestagspartei stellt den Antrag, die Gewerbesteuer abzuschaffen.
   e) Erst durch eine Reihe von Bundesarbeitsgerichtsentscheiden wird geklärt, in welchen Fällen Streik bzw. Aussperrungen zulässig sind.
8. Ordnen Sie den folgenden Rechtsgebieten die Bereiche öffentliches Recht und Privatrecht zu:
   a) Strafrecht
   b) bürgerliches Recht
   c) Wechselrecht
   d) Scheckrecht
   e) Schulrecht
   f) Handelsrecht
   g) Verwaltungsrecht
   h) Urheberrecht
   i) Eherecht
   j) Verfassungsrecht
   k) Völkerrecht

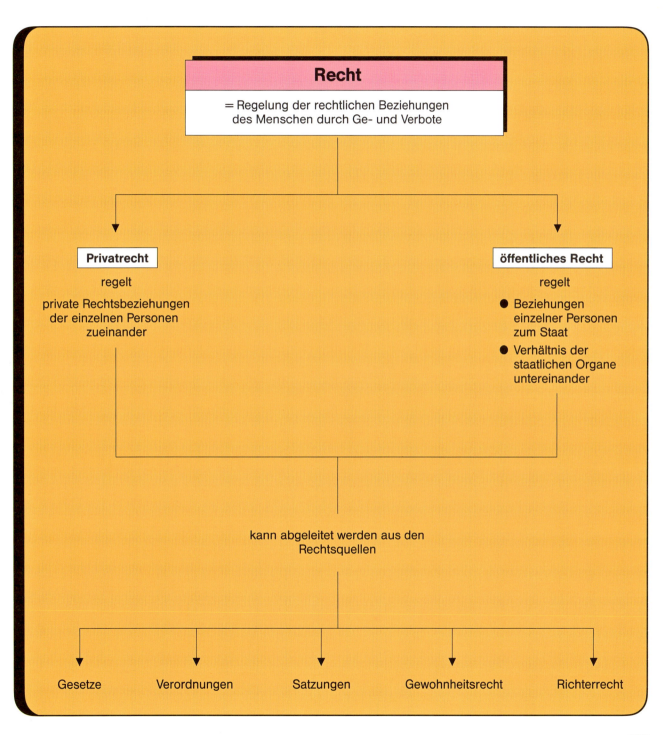

4.2 Rechtssubjekte und -objekte

Herr Bruns möchte sein gesamtes Vermögen für den Fall seines Ablebens seinem Hund Struppi vererben.

Kann Herr Bruns nach deutschem Recht sein Vorhaben verwirklichen?

Information

Rechtssubjekte

Am Rechtsverkehr kann in der Bundesrepublik Deutschland nur teilnehmen, wer rechtsfähig ist. Dies sind alle Personen, die Rechte und Pflichten haben können. Man nennt sie häufig auch Rechtssubjekte. Es werden zwei Arten von Personen (Rechtssubjekte) unterschieden:

- natürliche Personen
- juristische Personen

Natürliche Personen

Zu den natürlichen Personen zählen **alle Menschen** ohne Rücksicht auf ihr Alter, ihr Geschlecht oder ihre Rasse.

Juristische Personen

Juristische Personen sind von Menschen für bestimmte Zwecke geschaffene **Vereinigungen von natürlichen Personen oder Vermögensmassen.** Sie sind von der Rechtsordnung mit einer eigenen Rechtspersönlichkeit ausgestattet. Es sind also keine Menschen, sie können aber wie natürliche Personen Rechte erwerben und mit Pflichten belastet werden. Diese stimmen weitgehend mit jenen der natürlichen Personen überein.

Juristische Personen haben Vermögen, können als Erben eingesetzt werden, in eigenen Namen klagen und beklagt werden und sich in bestimmten Fällen sogar auf das Grundgesetz berufen.

Zu unterscheiden sind

- **juristische Personen des Privatrechts.**
  Diese verfolgen *private Zwecke*. Sie erlangen ihre Rechtsfähigkeit im Regelfall durch Eintragung in ein von einem zuständigen Gericht geführtes Register. So muß z. B. eine Aktiengesellschaft in ein Handelsregister eingetragen werden.

Beispiele:
- Aktiengesellschaften
- Gesellschaften mit beschränkter Haftung
- eingetragene Genossenschaften
- eingetragene Vereine
  → z. B. Eintracht Hildesheim e.V.
- Stiftung des Privatrechts (Familienstiftung)

- **juristische Personen des öffentlichen Rechts.**
  Diese dienen *öffentlichen Zwecken*. Sie werden *grundsätzlich* durch Gesetz oder aufgrund eines Gesetzes errichtet, verändert oder aufgelöst. Eine Universität wird beispielsweise rechtsfähig durch staatliche Verleihung.

Während ihrer Existenz werden die Rechte und Pflichten juristischer Personen von bestimmten Organen wahrgenommen. Die Organe, deren Mitglieder aus natürlichen Personen bestehen, sind durch Satzung oder Gesetz bestimmt. Bei einer GmbH (Gesellschaft mit beschränkter Haftung) sind dies beispielsweise der Geschäftsführer und die Gesellschafterversammlung. Die juristische Person haftet grundsätzlich für den Schaden, den eines ihrer Organe einem Dritten zufügt.

Rechtsobjekte

Alles, was zum Vermögen einer Person gehört, kann Gegenstand des Rechtsverkehrs sein. Solche Rechtsobjekte dienen natürlichen und juristischen Personen. Unterschieden wird zwischen

- Sachen und
- Rechten.

Sachen

Sachen sind *körperliche* Gegenstände. Sie können

- fest (z. B. ein Sofa),
- flüssig (z. B. Wein in einer Flasche),
- gasförmig (z. B. Propangas in einer Campinggasflasche)

sein. Entscheidend ist dabei die Beherrschbarkeit durch den Menschen. Luft, Meteore, Regentropfen sind beispielsweise keine Sachen im juristischen Sinn.

Sachen können eingeteilt werden in

- **Immobilien:**
  Immobilien sind unbewegliche Sachen, wie z. B. Grundstücke.

- **Mobilien:**
  Alle anderen Sachen gehören zu den beweglichen Sachen. Der Gesetzgeber behandelt auch Tiere als Sachen. Tiere werden jedoch durch besondere Gesetze geschützt.
  Die beweglichen Sachen können in vertretbare und nicht vertretbare Sachen unterschieden werden:
  Die **vertretbaren Sachen** können nach Zahl, Maß oder Gewicht bestimmt werden und sind durch gleiche Sachen ersetzbar.

Beispiele:
serienmäßig hergestellte Sachen, Äpfel, Banknoten, Pullover.

Nicht vertretbare Sachen sind einmalig in ihrer Eigenart.

Beispiele:
Gemälde von Picasso, Maßanzüge, Hund „Struppi"

Rechte

Rechte sind *unkörperliche* Gegenstände des Rechtsverkehrs. Darunter versteht man Ansprüche aller Art, wie z. B. Forderungen, Patente, Lizenzen, Pfandrechte und Bezugsrechte.

Aufgaben

1. Was sind Rechtssubjekte?

2. Wodurch unterscheiden sich juristische Personen des privaten und öffentlichen Rechts?

3. Ist ein Rechtsanwalt eine juristische Person im Sinne des Gesetzgebers?

4. Entscheiden Sie, ob es sich bei den folgenden Personen um natürliche Personen oder um juristische Personen des privaten bzw. des öffentlichen Rechtes handelt.

   a) Bundesanstalt für Arbeit,
   b) Dresdner Bank AG,
   c) Stadt Leipzig,
   d) Hartwig Heinemeier,
   e) Industrie- und Handelskammer Hannover-Hildesheim,
   f) Sportverein Eintracht Hildesheim e.V.

5. Erklären Sie den Unterschied zwischen Sachen und Rechten.

6. Handelt es sich bei den folgenden Rechtsobjekten um vertretbare oder um nicht vertretbare Sachen?

   a) Mineralöl,
   b) eine Packung Gummibären,
   c) Rekordmilchkuh „Erna",
   d) Maßanzug für Peter Limpke,
   e) Originalgemälde „Mona Lisa" von Leonardo da Vinci.
   f) Kunstdruck des Gemäldes „Mona Lisa".

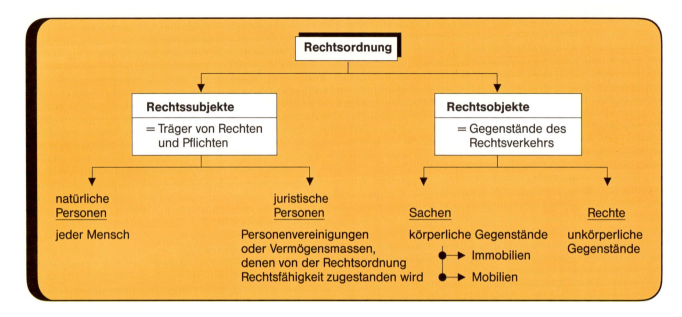

4.3 Rechtliche Handlungsfähigkeit

Die fünfzehnjährige Susanne Hartholz erbt von ihrem Großvater ein Textilfachgeschäft. Sie ist überzeugt, daß sie einen guten modischen Geschmack hat. Deshalb möchte sie in Zukunft das Textilfachgeschäft selbst führen. Ihr Vater will, daß sie erst ihre Ausbildung in einem Textilkaufhaus beendet. Bis dahin will er sich um das Geschäft kümmern.

Darf Susanne Hartholz das geerbte Geschäft gegen den Willen ihres Vaters führen?

Information

Rechtsfähigkeit

Unter Rechtsfähigkeit versteht das Gesetz die Fähigkeit einer Person, Träger von Rechten und Pflichten zu sein. Eine Person hat z. B. das Recht, ein Geschäft zu erben, oder die Pflicht, die Schule zu besuchen.

Rechtsfähig sind nicht nur Menschen (= **natürliche Personen**), sondern auch Personenvereinigungen, z. B. Vereine, Aktiengesellschaften, Gesellschaften mit beschränkter Haftung, Genossenschaften. Sie werden als **juristische Personen** bezeichnet.

Die **Rechtsfähigkeit natürlicher Personen** beginnt mit der Vollendung der Geburt und endet mit ihrem Tod.

Die **Rechtsfähigkeit juristischer Personen** beginnt mit der Gründung (z. B. bei Aktiengesellschaften durch die Eintragung in das Handelsregister) und endet mit ihrer Auflösung (z. B. Löschung der Aktiengesellschaft im Handelsregister).

Geschäftsfähigkeit

Unter Geschäftsfähigkeit versteht das Gesetz die Fähigkeit von Personen, Rechtsgeschäfte rechtswirksam abzuschließen. Eine geschäftsfähige Person kann z. B. Waren einkaufen oder verkaufen, eine Wohnung mieten oder eine Reise buchen.

Man unterscheidet drei Stufen der Geschäftsfähigkeit:
1. Geschäftsunfähigkeit,
2. beschränkte Geschäftsfähigkeit,
3. unbeschränkte oder volle Geschäftsfähigkeit.

Geschäftsunfähig sind
– Kinder unter sieben Jahre,
– dauernd geisteskranke Personen.

Die Willenserklärung eines Geschäftsunfähigen ist nichtig, d. h. ungültig. Geschäftsunfähige Personen können also keine Rechtsgeschäfte rechtswirksam abschließen.

Beschränkt geschäftsfähig sind

– Personen, die mindestens sieben, aber unter 18 Jahre alt sind.

Eine beschränkt geschäftsfähige Person darf Rechtsgeschäfte normalerweise nur mit Zustimmung des gesetzlichen Vertreters (Vater, Mutter, Vormund) abschließen. Rechtsgeschäfte, die sie ohne vorherige Einwilligung des gesetzlichen Vertreters abgeschlossen hat, sind schwebend unwirksam. Sie können durch die nachträgliche Genehmigung des gesetzlichen Vertreters wirksam werden.

> **Beispiel:**
>
> Der siebzehnjährige Schüler Jochen Reinhard kauft einen Videorecorder, ohne daß er seinen Vater vorher gefragt hat. Der Verkäufer des Videorecorders fragt Jochens Vater später, ob er mit dem Kauf einverstanden ist. Wenn sich sein Vater mit dem Kauf einverstanden erklärt, ist ein Kaufvertrag zustande gekommen. Ist er nicht einverstanden, kommt kein Kaufvertrag zustande.

In **Ausnahmefällen** darf eine beschränkt geschäftsfähige Person Rechtsgeschäfte auch ohne Zustimmung ihres gesetzlichen Vertreters abschließen:

1. Sie darf Willenserklärungen abgeben, die ihr nur rechtliche Vorteile bringen, z. B. ein Geschenk annehmen.

2. Sie darf Verträge abschließen, die sie mit ihrem Taschengeld erfüllen kann.

> **Beispiel:**
>
> Die fünfzehnjährige Sabine Beyer kauft von ihrem Taschengeld eine CD zum Preis von 14,80 DM.

3. Sie darf Rechtsgeschäfte im Rahmen eines Arbeitsvertrages abschließen, den sie mit Zustimmung ihres gesetzlichen Vertreters eingegangen ist.

> **Beispiel:**
>
> Ein siebzehnjähriger Verkäufer darf Ware an Kunden verkaufen, ohne vorher seinen gesetzlichen Vertreter zu fragen. Er darf ohne Zustimmung seines gesetzlichen Vertreters Vereinbarungen über Arbeitszeit, Gehalt, Pausen, Urlaub usw. treffen. Er darf das Arbeitsverhältnis auch ohne Zustimmung des gesetzlichen Vertreters kündigen.

4. Wenn sie ihr gesetzlicher Vertreter mit Erlaubnis des Vormundschaftsgerichtes ermächtigt, einen selbständigen Geschäftsbetrieb zu führen, darf sie ohne Zustimmung alle Rechtsgeschäfte abschließen, die dieser Betrieb mit sich bringt.

> **Beispiel:**
>
> Die sechzehnjährige Carmen Freese führt selbständig einen Jeansshop. Sie darf ohne Zustimmung ihres gesetzlichen Vertreters Ware einkaufen und verkaufen, Rechnungen bezahlen usw. Will sie jedoch privat von ihrem Geld eine teure Stereoanlage kaufen, muß sie ihren gesetzlichen Vertreter um Erlaubnis bitten.

Unbeschränkt geschäftsfähig sind natürliche Personen, die das 18. Lebensjahr vollendet haben. Willenserklärungen unbeschränkt geschäftsfähiger Personen sind voll rechtswirksam.

Deliktfähigkeit

Unter Deliktfähigkeit versteht man die Fähigkeit einer Person, für unerlaubte Handlungen verantwortlich zu sein.

Voll deliktfähig sind alle Personen über 18 Jahre. Sie haften für Schäden, die sie anderen durch unerlaubte Handlungen zugefügt haben.

> **Beispiel:**
>
> Ein neunzehnjähriger Schüler wirft mutwillig eine Schaufensterscheibe ein. Er muß die Schaufensterscheibe bezahlen.

Deliktunfähig sind

- Kinder unter sieben Jahre,
- Geisteskranke,
- Personen, die sich im Zustand der Bewußtlosigkeit befinden (z. B. Ohnmächtige, Hypnotisierte).

Sie sind für die von ihnen verursachten Schäden nicht verantwortlich.

Beispiel:

Ein fünfjähriges Mädchen wirft eine Fensterscheibe ein. Es muß die Fensterscheibe nicht bezahlen. Die Eltern müssen für den Schaden aufkommen, wenn sie ihre Aufsichtspflicht nachweislich verletzt haben.

Bedingt deliktfähig sind

- Personen, die mindestens sieben Jahre, aber unter 18 Jahre alt sind,
- Taubstumme.

Diese Personen haften für Schäden, die sie einem anderen zugefügt haben, nur, wenn sie die erforderliche Einsicht haben, die Folgen ihrer Handlung zu überblicken.

Beispiel:

Ein vierzehnjähriger Junge, dem seine Eltern wiederholt verboten haben, mit einer Schleuder zu schießen, schießt mit der Schleuder eine Schaufensterscheibe ein. Der Junge muß die Schaufensterscheibe bezahlen.

Aufgaben

1. Unterscheiden Sie Rechtsfähigkeit und Geschäftsfähigkeit.

2. Der 17 Jahre alte Hans Vollmer erhält von seinem Vater 1 000,00 DM für eine Hi-Fi-Anlage. Der Händler besteht darauf, daß der Vater ihm gegenüber erklärt, daß er mit dem Kauf einverstanden ist. Warum verlangt der Händler diese Einverständniserklärung?

3. Die vierzehnjährige Sandra und der fünfzehnjährige Thomas kaufen von ihrem Taschengeld einen gebrauchten Plattenspieler für 20,00 DM. Ihr Vater will den Kaufvertrag rückgängig machen. Der Händler weigert sich. Wer hat recht? Begründen Sie Ihre Meinung.

4. Der neun Jahre alte Jürgen bekommt von seiner Tante einen Walkman geschenkt. Seine Eltern verbieten ihm die Annahme des Geschenks. Sind sie dazu berechtigt? Begründen Sie Ihre Meinung.

5. Die siebzehnjährige Jutta Bauer schließt mit Einwilligung ihrer Eltern ein Ausbildungsverhältnis zur Kauffrau im Groß- und Außenhandel ab. Welches der folgenden Rechtsgeschäfte darf sie nur mit Zustimmung ihrer Eltern abschließen? Begründen Sie Ihre Meinung.

   a) In ihrem Ausbildungsbetrieb verkauft sie zehn Hi-Fi-Anlagen an einen Rundfunkfachhändler.

   b) Am Wochenende verkauft sie ihre Stereoanlage an eine Freundin.

6. Der 17 Jahre alte Frank Förster führt mit Genehmigung des Vormundschaftsgerichts den Betrieb seines verstorbenen Vaters. Welche der folgenden Rechtsgeschäfte darf er ohne Zustimmung seines gesetzlichen Vertreters abschließen? Begründen Sie Ihre Meinung.

   a) Einkauf einer neuen Maschine für den Betrieb,

   b) Kauf eines Ferienhauses in Griechenland,

   c) Kauf eines Taschenrechners im Wert von 25,00 DM,

   d) Einstellen eines neuen Mitarbeiters.

7. Wer haftet in den folgenden Fällen für den angerichteten Schaden? Begründen Sie Ihre Meinung.

   a) Ein Sechzehnjähriger verursacht eine Brandverletzung durch Wurf mit einer Wunderkerze.

   b) Ein sechsjähriges Kind verursacht einen Scheunenbrand.

Geschäftsfähigkeit

= Fähigkeit einer Person, Rechtsgeschäfte **rechtswirksam** abzuschließen.

Geschäftsunfähigkeit:
Willenserklärungen von
– Kindern unter sieben Jahre und
– dauernd geisteskranken Personen
sind nichtig.

Beschränkte Geschäftsfähigkeit:
Willenserklärungen von
Personen, die mindestens sieben Jahre, aber unter 18 Jahre alt sind,
sind bis auf bestimmte Ausnahmen schwebend unwirksam.

Unbeschränkte Geschäftsfähigkeit:
Personen, die das 18. Lebensjahr vollendet haben, können uneingeschränkt Rechtsgeschäfte abschließen.

Rechtsfähigkeit

= Fähigkeit einer Person, Träger von Rechten und Pflichten zu sein.

natürlicher Personen

– beginnt mit Vollendung der Geburt

– endet mit dem Tod

juristischer Personen

– beginnt mit der Gründung

– endet mit ihrer Auflösung

Deliktfähigkeit

= Fähigkeit einer Person, für unerlaubte Handlungen verantwortlich zu sein.

Deliktunfähig sind
– Kinder unter sieben Jahre.
– Geisteskranke.
– Personen, die sich im Zustand der Bewußtlosigkeit befinden.

Bedingt deliktfähig sind
– Personen, die mindestens sieben Jahre, aber unter 18 Jahre alt sind.
– Taubstumme.

Voll deliktfähig sind
Personen, die das 18. Lebensjahr vollendet haben.

4035123 B

4.4　Rechtsgeschäfte

Die Hosenfabrik Wolff, Pirna, bietet dem Großhändler Tietz in Hannover 500 Jeans zu 30,00 DM je Stück an. Der Großhändler findet das Angebot günstig und bestellt die angebotene Ware.

Durch welche Erklärungen der beiden Vertragspartner kommt der Vertrag über den Kauf von 500 Jeanshosen zustande?

Information

Willenserklärungen

Rechtsgeschäfte entstehen durch eine oder mehrere Willenserklärungen. Willenserklärungen sind gewollte und zwangsfreie Erklärungen einer Person.

Beispiele:

– Ein Verkäufer bietet einer Kundin eine preisgünstige Kaffeemaschine an. Er **will** der Kundin eine Kaffeemaschine verkaufen.

– Die Geschäftsführerin einer Elektrogroßhandlung kündigt einem Angestellten. Sie **will,** daß der Angestellte nicht mehr in ihrem Unternehmen arbeitet.

Willenserklärungen werden abgegeben
1. durch ausdrückliche mündliche oder schriftliche Äußerungen,
2. durch bloße Handlungen, aus denen der Wille zu erkennen ist, z. B. Handzeichen bei Versteigerungen, Geldeinwurf in einen Zigarettenautomaten, Einsteigen in ein Taxi,
3. in Ausnahmefällen durch Schweigen.

Beispiel:

Die Konservenfabrik Bussmann schickt dem Lebensmittelgroßhändler Hahn, den sie regelmäßig mit Konserven beliefert, 1000 Dosen Gemüsekonserven, ohne daß Hahn diese bestellt hat. Wenn sich der Großhändler Hahn zu dieser Lieferung nicht äußert, bedeutet dieses Schweigen, daß er mit der Lieferung einverstanden ist.

Schweigen gilt aber nur dann als Annahme einer **unbestellten Lieferung,** wenn wie im Beispiel zwischen beiden Kaufleuten **ein regelmäßiger Geschäftsverkehr** besteht.

Sonst bedeutet Schweigen Ablehnung der unbestellten Lieferung.

Ist der Empfänger der unbestellten Ware eine Privatperson, gilt ihr Schweigen immer als Ablehnung der unbestellten Lieferung.

Der Verbraucher ist auch nicht verpflichtet, eine unerwünschte Ware zu bezahlen. Er muß die Ware auch nicht zurücksenden. Er kann sich den lästigen Gang zur Post und das Rücksendeporto sparen. Der Verbraucher ist auch nicht verpflichtet, den Absender davon zu unterrichten, daß er die Ware nicht kaufen möchte. Dies braucht er auch dann nicht zu tun, wenn es in der Sendung zum Beispiel heißt, ein Kaufvertrag gelte als abgeschlossen, wenn nicht binnen bestimmter Frist Einspruch erhoben wird.

Unbestellte Ware

? Obwohl ich gar nicht bestellt habe, wurde mir ein Dutzend Weihnachtskarten zugeschickt. Ich werde nicht bezahlen, aber wie lange kann die Firma die Rückgabe der Karten verlangen? Muß ich die Karten verwahren?

Dr. H. P. in Neunkirchen

! Eine allgemeinverbindliche Frist, wie lange unbestellte Ware aufgehoben werden muß, steht weder im Gesetz noch haben Gerichte darüber verbindlich entschieden. Faustregel unter Juristen: Aufbewahrungsfrist maximal ein Jahr. Danach kann der Eigentümer nicht mehr auf einer Rückgabe bestehen.

Einseitige Rechtsgeschäfte

Einseitige Rechtsgeschäfte entstehen durch die Willenserklärung nur einer Person. Sie können empfangsbedürftig oder nicht empfangsbedürftig sein.

Empfangsbedürftige Willenserklärungen sind z. B. Kündigungen, Mahnungen, Bürgschaften. Sie sind erst dann wirksam, wenn sie einer anderen Person zugehen.

Nicht empfangsbedürftige Willenserklärungen sind z. B. Testamente. Sie sind gültig, ohne daß sie einer anderen Person zugehen.

Mehrseitige Rechtsgeschäfte oder Verträge

Verträge kommen grundsätzlich durch die Abgabe von zwei übereinstimmenden Willenserklärungen zustande.

Die 1. Willenserklärung wird als **Antrag,** die 2. Willenserklärung als **Annahme** bezeichnet. Mit der Annahme des Antrags ist ein Vertrag abgeschlossen.

Abschluß des Kaufvertrages

Der Antrag auf Abschluß eines Kaufvertrages kann vom Verkäufer oder vom Käufer einer Sache oder eines Rechts ausgehen.

1. Möglichkeit

Der Verkäufer macht einen Antrag auf Abschluß eines Kaufvertrages, indem er dem Käufer ein **Angebot** unterbreitet. Der Käufer nimmt das Angebot durch eine **Bestellung** an. Ein Kaufvertrag kommt zustande, wenn die Bestellung mit dem Angebot übereinstimmt.

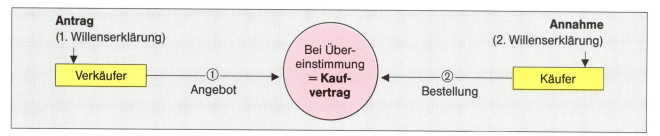

2. Möglichkeit

Der Antrag auf Abschluß eines Kaufvertrages geht vom Käufer aus, wenn der Käufer **bestellt,** ohne daß er ein Angebot erhalten hat. Der Verkäufer nimmt diesen Antrag durch die **sofortige Lieferung** oder die Zusendung einer **Bestellungsannahme (= Auftragsbestätigung)** an.

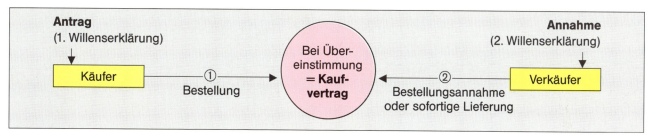

Vertragsarten

Vertragsart	Vertragsinhalt	Beispiel:
Kaufvertrag	Veräußerung von Sachen und Rechten gegen Bezahlung	Ein Verkäufer verkauft einem Kunden einen Anzug.
Tauschvertrag	gegenseitige Übereignung von Sachen oder Rechten	Ein Briefmarkensammler gibt einem anderen Briefmarkensammler eine Marke, die er doppelt hat. Als Gegenleistung erhält er eine andere Briefmarke.
Schenkung	unentgeltliche Vermögensübertragung an andere Personen	Ein junger Mann schenkt seiner Freundin einen Ring.
Mietvertrag	Überlassung einer Sache gegen Zahlung eines vereinbarten Mietpreises	Ein Mieter mietet eine Wohnung. Er erhält das Wohnrecht gegen Zahlung einer monatlichen Miete an den Vermieter.

Vertragsart	Vertragsinhalt	Beispiel:
Pachtvertrag	Überlassung von Sachen und Rechten zum Gebrauch und zur Nutzung gegen Zahlung eines vereinbarten Pachtzinses	Ein Landwirt pachtet ein Stück Land. Er darf auf diesem Land Ackerbau betreiben. Die Früchte, die er von dem Acker erntet, gehören ihm als Pächter.
Leihvertrag	Überlassung einer Sache zum unentgeltlichen Gebrauch	Jemand leiht in der Stadtbücherei kostenlos ein Buch aus und bringt es nach Ende der Leihfrist wieder zurück.
Darlehensvertrag	Überlassung von Geld oder anderen vertretbaren Sachen zum Verbrauch gegen spätere Rückgabe gleichartiger Sachen	Ein Einzelhändler nimmt bei einer Bank einen Kredit in Höhe von 50 000,00 DM auf. Er zahlt diesen Kredit bis zu einem vereinbarten Zeitpunkt an die Bank zurück.
Dienstvertrag	Leistung von Diensten gegen Bezahlung	Durch Abschluß eines Arbeitsvertrages verpflichtet sich ein Arbeitnehmer, für einen Arbeitgeber zu arbeiten. Der Arbeitgeber muß ihm als Gegenleistung Lohn oder Gehalt zahlen.
Werkvertrag	Herstellung eines Werkes gegen Bezahlung	Eine Schneiderin näht für eine Kundin ein Kleid. Die Kundin liefert dazu den Stoff.
Werklieferungsvertrag	Herstellung eines Werkes aus einem Stoff, den der Unternehmer selbst beschafft	Eine Schneiderin näht für eine Kundin ein Kleid. Den Stoff für das Kleid besorgt die Schneiderin.
Reisevertrag	Erbringung von Reiseleistungen gegen Bezahlung	Ein junges Ehepaar bucht bei einem Reiseveranstalter eine vierzehntägige Pauschalreise nach Florida. Die Reiseleistungen, die der Reiseveranstalter erbringen muß, umfassen den Hin- und Rückflug und die Unterbringung in einem Hotel in Florida.

Aufgaben

1. In welcher Form können Willenserklärungen abgegeben werden?

2. Wodurch unterscheiden sich einseitige und mehrseitige Rechtsgeschäfte?

3. Wie kommt in folgenden Fällen der Kaufvertrag zustande?

a) Der Großhändler Reimann bestellt, ohne daß ihm ein Angebot vorliegt, bei einem Lieferer 100 T-Shirts zum Preis von 6,00 DM je Stück. Der Lieferer nimmt die Bestellung an und liefert die Ware.

b) Eine Kundin läßt sich in einem Textilfachgeschäft von einem Verkäufer Pullover vorlegen. Nach langem Vergleichen entscheidet sie sich für einen Pullover. Sie sagt: „Den nehme ich."

c) Frau Lange bestellt 1 000 Briefumschläge für 1,50 DM. Der Lieferant liefert zwei Tage später.

4. In welchen der folgenden Fälle ist ein Kaufvertrag zustande gekommen? Begründen Sie Ihre Antwort.

   a) Der Verkäufer unterbreitet ein Angebot. Der Käufer bestellt zu den Angebotsbedingungen.

   b) Der Käufer bestellt, ohne ein Angebot erhalten zu haben. Der Verkäufer reagiert überhaupt nicht.

   c) Der Verkäufer macht ein Angebot. Der Käufer bestellt mit abgeänderten Bedingungen.

   d) Der Käufer bestellt. Der Verkäufer liefert sofort.

5. Um welche Vertragsarten handelt es sich jeweils in den folgenden Fällen?

   a) Ein Autofahrer läßt in einer Kfz-Werkstatt einen Kotflügel seines Wagens ausbeulen.

   b) Ein Bankkunde leiht bei seiner Bank Geld, das er mit Zinsen zurückzahlen muß.

   c) Ein Verkäufer arbeitet in einem Supermarkt für ein Monatsgehalt von 1 800,00 DM.

   d) Ein Tischler fertigt für einen Kunden einen Einbauschrank an. Das Holz für den Schrank besorgt er selbst.

6. Wodurch unterscheiden sich Mietvertrag und Pachtvertrag?

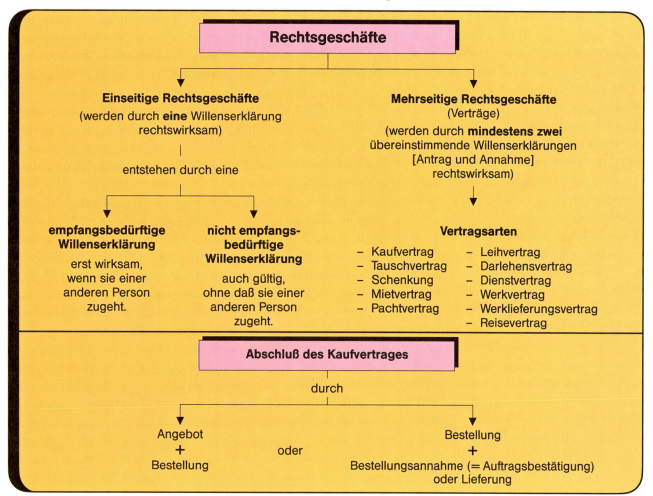

4.5 Nichtigkeit und Anfechtung von Rechtsgeschäften

Durch einen Sturm sind alle Fensterscheiben in einem Haus zu Bruch gegangen. Der einzige Glasermeister in der Gegend nutzt die Situation aus und verlangt von dem Hauseigentümer für die neuen Fensterscheiben einen weit überhöhten Preis.

Der Großhändler Wagner macht dem Textileinzelhändler Grüner ein Angebot für Herrenhosen. Seine Sekretärin macht beim Schreiben des Angebotsbriefes einen Tippfehler und schreibt 45,00 DM je Stück anstatt 54,00 DM je Stück.

Prüfen Sie, ob diese Willenserklärungen rechtsgültig sind.

Information

Nichtigkeit

Nichtige Willenserklärungen sind von Anfang an ungültig. Sie haben keine Rechtsfolgen.

Nichtig sind	Beispiel:
1. Willenserklärungen von Geschäftsunfähigen	Ein sechsjähriger Schüler kauft eine Hörspielkassette.
2. Willenserklärungen, die im Zustand der Bewußtlosigkeit oder vorübergehenden Störung der Geistesfähigkeit abgegeben wurden	Ein Mann kauft im volltrunkenen Zustand eine Schlafzimmereinrichtung.
3. Willenserklärungen von beschränkt Geschäftsfähigen gegen den Willen des gesetzlichen Vertreters	Ein siebzehnjähriger Auszubildender kauft ohne Zustimmung seines Vaters ein Motorrad.
4. Willenserklärungen, die gegenüber einer anderen Person, mit deren Einverständnis nur zum Schein abgegeben wurden (= Scheingeschäft)	Ein Gast läßt sich in einem Restaurant von einem Kellner eine Quittung über 150,00 DM geben, obwohl er nur 100,00 DM bezahlt. Er will die Quittung als Beleg für Geschäftskosten verwenden, um damit Steuern zu sparen.

Nichtig sind	Beispiel:
5. nicht ernst gemeinte Willenserklärungen (= Scherzgeschäfte)	Jemand sagt im Scherz: „Du kannst mein Haus geschenkt haben."
6. Rechtsgeschäfte, die nicht in der vorgeschriebenen Form abgeschlossen wurden	Ein Vertrag über einen Hauskauf wurde nur mündlich abgeschlossen.
7. Rechtsgeschäfte, die gegen ein gesetzliches Verbot verstoßen	Ein Verkäufer verkauft Alkohol an Kinder.
8. Rechtsgeschäfte, die gegen die guten Sitten verstoßen	Ein Glasermeister nimmt nach einer Sturmkatastrophe überhöhte Preise für seine Glasscheiben (= Wucher).

Anfechtbare Willenserklärungen

Anfechtbare Willenserklärungen können im nachhinein durch Anfechtung ungültig werden. Bis zur Anfechtung sind sie gültig.

Anfechtungsgründe	Beispiel:
1. Irrtum in der Erklärung: Die Äußerung einer Person entspricht nicht dem, was sie sagen wollte.	Ein Großhändler bestellt irrtümlich 53 Mäntel anstatt 35 Mäntel.
2. Irrtum über die Eigenschaft einer Person oder Sache	Ein Großhändler stellt einen Buchhalter ein und erfährt nachträglich, daß dieser wegen Urkundenfälschung vorbestraft ist.
3. Irrtum in der Übermittlung: Die Willenserklärung wurde von der mit der Übermittlung beauftragten Person oder Organisation (z. B. der Post) falsch weitergegeben.	Ein Einzelhändler bittet einen Angestellten, bei einem Großhändler telefonisch 100 A 4-Blöcke, rautiert, zu bestellen. Der Angestellte bestellt irrtümlich karierte Blöcke.

128

Anfechtungsgründe	Beispiel:
4. Widerrechtliche Drohung: Eine Person wird durch eine Drohung zur Abgabe einer Willenserklärung gezwungen.	Ein Zeitschriftenwerber bedroht eine alte Frau, damit sie ein Zeitschriftenabonnement bestellt.
5. Arglistige Täuschung: Eine Person wird durch arglistige Täuschung zur Abgabe einer Willenserklärung veranlaßt.	Ein Kunde kauft einen gebrauchten PKW. Nach Angaben des Verkäufers ist er unfallfrei. Nachträglich stellt sich heraus, daß der Pkw einen Unfallschaden hatte.

Die Anfechtung wegen Irrtums muß unverzüglich nach Entdecken des Irrtums erfolgen. Entsteht durch die Anfechtung ein Schaden, so ist der Anfechtende schadenersatzpflichtig.

Bei widerrechtlicher Drohung muß die Anfechtung innerhalb eines Jahres, nachdem die Drohung nicht mehr besteht, erfolgen.

Bei arglistiger Täuschung muß die Anfechtung innerhalb eines Jahres, nach dem die Täuschung entdeckt wurde, erfolgen.

Bei der Anfechtung wegen arglistiger Täuschung hat der Anfechtende Schadenersatzanspruch.

Aufgaben

Beurteilen Sie folgende Fälle.

1. Eine Ware, die 198,00 DM kostet, wird irrtümlich mit 189,00 DM angeboten.
2. Ein Kunsthändler verkauft die Kopie eines Bildes als Original.
3. Der sechzehnjährige Frank Schrader kommt stolz mit einem Motorrad nach Hause. Er hat es für 2 500,00 DM gekauft. Den Kaufpreis will er in zehn Raten abbezahlen. Sein Vater ist nicht so begeistert und verlangt, daß er das Motorrad zurückbringt.
4. Ein Großhändler schließt den Kauf über ein Grundstück mündlich ab.
5. Ein Großhändler verrechnet sich bei der Ermittlung des Verkaufspreises für eine Ware. Irrtümlich errechnet er nur 28,50 DM anstatt 32,60 DM.

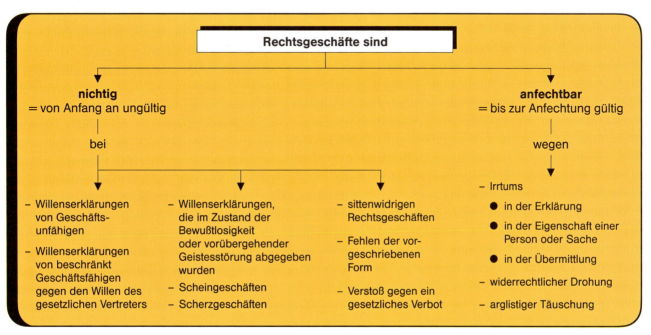

5   Warenbeschaffung

5.1   Die Beschaffungsplanung

> Die kaufmännische Angestellte Martina Hansen soll die Einkaufsabteilung der Müller Feinkost GmbH übernehmen. Ihr Chef macht ihr die Bedeutung dieser Abteilung klar:
>
> „... Schon immer war im Handel bekannt: In der richtigen Planung des Einkaufs liegt der halbe Gewinn."

Welche Fragen muß Martina Hansen unbedingt vor dem Wareneinkauf klären?

Information

Im Rahmen der Beschaffungsplanung geht es für den Betrieb darum, die richtige Ware in der geforderten Menge und Qualität zum richtigen Zeitpunkt und zum günstigsten Preis beim richtigen Lieferer einzukaufen. In diesem Zusammenhang sind zwei Arten von Informationen für Einkaufsentscheidungen von Bedeutung:

– Bedarfsinformationen, aus denen Menge, Art und Zeit des Einkaufs ermittelt werden können,

– Informationen, die die Auswahl des günstigsten Lieferers ermöglichen.

Die Bedarfsermittlung

Die Feststellung des Bedarfs ist die erste Voraussetzung für einen rationellen Einkauf. Der Bedarf eines Handelsbetriebes ist die Warenmenge, die in angemessener Zeit durch den Handelsbetrieb voraussichtlich verkauft werden kann. Auch heute geschieht die Bedarfsfeststellung noch oft mit dem berühmten „Fingerspitzengefühl". Dieses kann richtig sein, erweist sich jedoch häufig auch als völlig irreführend. Daher werden in vielen Betrieben sorgfältig Ein- und Verkaufsstatistiken geführt, aus denen der Einkäufer beachtliche Schlüsse hinsichtlich der Entwicklung des Bedarfs ziehen kann.

Sortimentsplanung

Zunächst einmal muß der Einkäufer festlegen, welche Waren überhaupt geführt werden sollen. Er wird versuchen, solche Artikel im Rahmen seines Verkaufspro-

gramms zusammenzustellen, die der Kunde erwartet. Dadurch kommt es zur Sortimentsbildung. Das Sortiment ist die Summe der Waren, die ein Unternehmen seinen Kunden anbietet.

Bei der Überlegung, was eingekauft werden soll, werden also Artikel nach Art und Qualität ausgesucht. Dabei müssen die Erfahrungen der Vergangenheit beachtet werden. Kundenwünsche oder Verkaufserfolge eines Mitbewerbers mit einem bestimmten Artikel können dazu führen, daß der Betrieb ein neues Produkt in sein Sortiment aufnehmen möchte. Aber auch Zukunftserwartungen müssen berücksichtigt werden. Hilfen hierzu bieten z. B. Marktuntersuchungen und Berichte von Reisenden und Vertretern.

Schon beim Einkauf der Waren sollte man an den Absatz denken. Obwohl er zeitlich der Beschaffung der Waren folgt, ist er als Endziel das bestimmende Element. Es dürfen nur solche Waren eingekauft werden, die sich auch absetzen lassen.

Die Mengenplanung

Bei der Mengenplanung geht es um die Frage, wieviel eingekauft werden soll. Die exakte Abschätzung des Bedarfsumfangs ist schwierig. Ziel der Mengenplanung ist die Ermittlung der kostengünstigsten Bestellmenge (optimale Bestellmenge). Der Einkäufer steht bei der Feststellung von Beschaffungsmengen vor zwei grundsätzlichen Möglichkeiten:

– Er beschafft große Mengen in großen Zeitabständen.

– Er beschafft kleine Mengen in kleinen Zeitabständen.

Zwischen diesen beiden extremen Wahlmöglichkeiten hat der Einkäufer eine Fülle von weiteren Möglichkeiten. Zur Bestimmung der optimalen Bestellmenge muß er die Auswirkungen der verschiedenen möglichen Beschaffungsmengen auf die Höhe der Kosten untersuchen. Dabei sind zwei Kostenarten zu unterscheiden:

– **Beschaffungskosten:** Diese fallen z. B. für das Einholen des Angebots, das Schreiben der Bestellung oder die Wareneingangs- und Rechnungsprüfung an. Mit zunehmender Bestellmenge werden die Beschaffungskosten je Wareneinheit geringer. Wird nur einmal innerhalb eines bestimmten Zeitraums bestellt, muß beispielsweise auch nur einmal eine Bestellung geschrieben werden. Bei großen Bestellungen können außerdem mögliche Mengenrabatte in Anspruch genommen werden.

– **Lagerkosten:** Diese nehmen bei einer Erhöhung der Beschaffungsmenge zu. Je mehr Ware bestellt und auf Lager genommen wird, desto mehr fallen z. B. Personalkosten für im Lager beschäftigte Personen an (vgl. Kapitel 6.3).

Die Kosten verlaufen also bei unterschiedlichen Beschaffungsmengen entgegengesetzt. Die Aufgabe der Mengenplanung besteht nun darin, die Beschaffungsmenge zu bestimmen, für die die Summe aus Beschaffungs- und Lagerhaltungskosten möglichst gering ist. Bei der optimalen Bestellmenge gleichen sich sinkende Bestellkosten und steigende Lagerhaltungskosten aus.

Beispiel:

In einem Handelsbetrieb betragen die Beschaffungskosten 35,00 DM je Bestellung, unabhängig davon, wieviel bestellt wird. An Lagerkosten fallen 0,25 DM je Stück an: Es sollen innerhalb eines bestimmten Zeitraums 1 000 Stück eines Artikels bestellt werden.

Anzahl der Bestellungen	Bestellmenge	Lagerhaltungskosten	Bestellkosten	Gesamtkosten
1	1000	250,00	35,00	285,00
2	500	125,00	70,00	195,00
3	333	83,25	105,00	188,25
4	250	62,50	140,00	202,50
5	200	50,00	175,00	225,00

Die optimale Bestellmenge liegt bei 333 Stück. Dort entstehen Kosten in Höhe von 188,25 DM.

Die Höhe der Bestellmenge ist jedoch noch von weiteren Rahmenbedingungen abhängig:

– **Wirtschaftliche Lage:** Ist aufgrund konjundtureller Entwicklungen eine Verknappung von Artikeln zu erwarten, dann sollte sich der Einkäufer mit größeren Mengen zu einem noch niedrigeren Preis eindecken.

– **Preis:** Auf Märkten, die großen Preisschwankungen unterliegen, sollten bei niedrigen Preisen größere Mengen eingekauft werden.

– **Umsatz:** Bei der Festlegung der Bestellmenge ist auch vom zu erwartenden Absatz auszugehen.

Zeitplanung

Hat man die Bestellmenge annähernd ermittelt, so tritt für den Einkäufer das nächste Problem auf: **Wann soll eingekauft werden?** Bei der Zeitplanung geht es um den richtigen Zeitpunkt der Bestellung. Der Betrieb muß seine Waren so rechtzeitig einkaufen, daß sie zum Verkaufstermin vorhanden sind. Bei Nachbestellungen muß beachtet werden, daß die Ware im Verkauf nicht ausgeht. Um dies zu erreichen, wird häufig das Meldebestandsverfahren (Bestellpunktverfahren) angewandt.

Der Zeitpunkt für eine Bestellung hängt weiterhin ab von

– der Beschaffungsdauer: Ist die Ware einen Tag später da, kann man jederzeit nachbestellen.

– der Lagerfähigkeit der Waren: Artikel, die nicht lange gelagert werden können, müssen häufig bestellt werden.

– der Preisentwicklung auf dem Markt.

– der Umsatzgeschwindigkeit.

Die Bezugsquellenermittlung

Der Auswahl der Lieferanten muß besondere Aufmerksamkeit geschenkt werden. Von ihr hängt nämlich ganz entscheidend die Kostensituation des Unternehmens ab. Grundsätzlich sollte dort eingekauft werden, wo es am günstigsten ist.

Die Auswahl von Erstlieferanten

Können bei Lieferanten, mit denen bereits Geschäftsverbindungen bestehen, bestimmte Artikel nicht bezogen werden, muß sich der Einkäufer nach neuen Lieferanten umsehen.

Hilfen beim Aufsuchen günstiger Bezugsquellen sind:

– Kataloge, Prospekte, Preislisten. Sie gehören zum grundlegenden Handwerkszeug des Einkäufers.

– Fachzeitschriften: Hier finden sich oft Hinweise auf neue Entwicklungen und Produkte.

- Adressenverzeichnisse wie: „ABC der deutschen Wirtschaft", „Wer liefert was?", „Branchenverzeichnis des Telefonbuchs (Gelbe Seiten)".
- Der Besuch von Messen und Ausstellungen: In diesem Zusammenhang bieten gerade Kataloge von Fachmessen eine fast lückenlose Übersicht.
- Unterlagen von Vertreterbesuchen.

Lieferantenauswahl

Obwohl sich der Einkäufer immer über neue Liefermöglichkeiten informieren sollte, wird er oft auf bereits bestehende Geschäftsverbindungen zurückgreifen. Dazu wertet er die eigenen Einkaufsunterlagen der Vergangenheit aus. Häufig wird eine **Bezugsquellenkartei** geführt, die einen schnellen Überblick über die einmal ermittelten Bezugsquellen gibt. Sie kann als Waren- oder Liefererkartei geführt werden.

- Die **Liefererkartei** ist nach Lieferanten geordnet und enthält Informationen über deren lieferbare Waren.
- Die **Warenkartei** ist nach Waren geordnet und enthält Angaben über die betreffenden Lieferfirmen.

Kann der Einkäufer einen gewünschten Artikel von mehreren Lieferanten beziehen, muß er diese beurteilen bzw. bewerten. Dazu werden mehrere Beurteilungspunkte herangezogen:

- **Einhaltung der Qualität:** Die Lieferung einwandfreier Qualität ist eine der wesentlichen Voraussetzungen für die Wahl eines Lieferanten. Würde der Betrieb mangelhafte Ware verkaufen, könnte der Ruf des Unternehmens beeinträchtigt werden. Dadurch gehen Kunden verloren.
- **Einhaltung der Liefertermine:** Hält der Lieferant die vereinbarten Liefertermine nicht ein, kann es zu Absatzstockungen kommen. Diese verursachen beträchtliche Kosten.
- **Einhaltung der Menge:** Wenn ständig, statt der vereinbarten Gesamtmenge, Teilmengen angeliefert werden, verursacht dies im einkaufenden Unternehmen hohe Kosten.
- **Preis:** Bei der Auswahl von Lieferanten spielt der Preis eine ausschlaggebende Rolle. Bevor jedoch ein Preisvergleich angestellt werden kann, müssen die vorgenannten Beurteilungsmerkmale überprüft werden. Abweichungen in der Qualität, der Menge und dem Liefertermin machen den Bezug selbst bei günstigem Preis unmöglich, wenn beispielsweise der gewünschte Liefertermin nicht eingehalten werden kann.
- **Konditionen:** Beim Preisvergleich sind selbstverständlich die Liefer- und Zahlungsbedingungen zu berücksichtigen.
- **Geographische Lage:** Sie muß insbesondere bei Artikeln beachtet werden, bei denen der Frachtkostenanteil erheblich ist.

Aufgaben

1. Welches Ziel haben die Beschaffungstätigkeiten in einem Unternehmen?
2. Welche Maßnahmen müssen bei der Einkaufsvorbereitung getroffen werden?
3. Wie wirkt sich eine Erhöhung der Bestellmenge auf die Beschaffungs- oder Lagerkosten aus?
4. 400 Stück eines Artikels sollen bestellt werden. Die Lagerhaltungskosten betragen pro Stück 0,75 DM, die Beschaffungskosten pro Bestellung 40,00 DM. Ermitteln Sie die optimale Bestellmenge.
5. Welche Informationen enthält eine Bezugsquellenkartei?
6. Entwerfen Sie jeweils ein Muster einer Lieferer- oder Warenkarteikarte für einen typischen Artikel bzw. Lieferanten.
7. Wo findet man Hinweise auf Lieferanten, die ihm die benötigten Artikel anbieten können?
8. Nach welchen Merkmalen würden Sie einen Lieferanten beurteilen?

5.2 Die Anfrage

> Frau Gerhards betritt das Porzellan- und Glasfachgeschäft von Herrn Lehmann.
>
> Kundin: „Guten Tag. Ich suche ein Teeservice, aber mit englischem Design. Haben Sie so etwas?"
>
> Verkäufer: „Da muß ich einmal nachsehen. Einen kleinen Moment bitte."
>
> Nach kurzer Zeit kommt der Verkäufer mit einem geöffneten Karton zurück.
>
> Verkäufer: „Ich habe noch ein wunderbares Service gefunden."
>
> Kundin: „Oh ja, wirklich sehr schön. Ich wollte aber zunächst nur einmal nachfragen, kaufen möchte ich noch nicht. Vielen Dank."
>
> Frau Gerhards wendet sich ab, um zu gehen.
>
> Verkäufer: „So einfach geht das aber nicht. Ich mache mir die Mühe und hole extra aus dem Lager für Sie die Ware, und nun sagen Sie, daß Sie nicht kaufen möchten. Wer fragt, muß auch die Folgen tragen. Sie müssen das Teeservice nun nehmen!"
>
> Kundin: „Warum denn das? Fragen kostet doch nichts, oder?!"

Wer von beiden ist im Recht?

Information

Gründe für eine Anfrage

Durch eine Anfrage kann sich ein Käufer, ob Kaufmann oder Privatperson, Informationsmaterial, wie z. B. Warenmuster, einen Katalog oder ein Warenverzeichnis von bestimmten Waren, beschaffen. Er kann außerdem Preise und Beschaffungskonditionen, z. B. Lieferbedingungen, Warenqualität, Preisnachlässe, erfragen. Dadurch wird es für den Käufer möglich, die Leistungsfähigkeit der bisherigen Lieferanten zu überprüfen. Durch eine Anfrage können aber auch neue Geschäftsverbindungen zustande kommen.

Rechtliche Bedeutung

Eine Anfrage ist stets **unverbindlich,** sie verpflichtet den Anfragenden nicht zum Kauf.

Um am günstigsten einkaufen zu können, ist die Anfrage nach ein und derselben Ware bei mehreren Lieferanten gleichzeitig sinnvoll.

Form und Arten

Die Anfrage ist an keine bestimmte Form gebunden (= Grundsatz der **Formfreiheit**). Sie kann sowohl mündlich, schriftlich, telefonisch, fernschriftlich oder telegrafisch erfolgen.

Bittet der Kunde in seiner Anfrage zunächst nur um einen Katalog, eine Preisliste, ein Muster oder einen Vertreterbesuch, so liegt eine **allgemein gehaltene Anfrage** vor. Wird dagegen z. B. nach dem Preis, der Farbe, der Güte und Beschaffenheit oder den Lieferbedingungen gefragt, so spricht man von einer **bestimmt gehaltenen Anfrage.**

Schriftliche Anfrage: allgemein gehalten

Sporthaus Klaus Kuhlmann
Tennis · Ski · Freizeit · Vereinsbedarf

Sporthaus Klaus Kuhlmann · Stammestraße 5 · 30457 Hannover

Bernd Grothe & Sohn
Fabrikation von Sportkleidung
Sonnenstraße 20

38100 Braunschweig

Ihr Zeichen, Ihre Nachricht vom	Unser Zeichen, unsere Nachricht vom	☎ Durchwahl-Nr.	Datum
	di-at	3 25	23.05.19..

Vertreterbesuch

Sehr geehrte Damen und Herren,

bei meinem Besuch auf der Internationalen Sportwarenmesse in München bin ich auf Ihren Ausstellungsstand und Ihre Sportanzüge aufmerksam geworden.

Ich würde mich gern über Ihr gesamtes Angebotssortiment ausführlicher informieren. Bitte schicken Sie aus diesem Grund in den nächsten Tagen einen Ihrer Fachberater vorbei.

Mit freundlichen Grüßen

Sporthaus
Klaus Kuhlmann

Dierssen

Schriftliche Anfrage: bestimmt gehalten

Sporthaus Klaus Kuhlmann
Tennis · Ski · Freizeit · Vereinsbedarf

Sporthaus Klaus Kuhlmann · Stammestraße 5 · 30457 Hannover

Bernd Grothe & Sohn
Fabrikation von Sportkleidung
Sonnenstraße 20

38100 Braunschweig

Ihr Zeichen, Ihre Nachricht vom	Unser Zeichen, unsere Nachricht vom	☎ Durchwahl-Nr.	Datum
	di-at	3 25	23.05.19..

Anfrage nach Jogging-Anzügen

Sehr geehrte Damen und Herren,

bitte senden Sie mir Ihr Angebot über

    Jogging-Anzüge
    Größe 38 bis 44,
    Farben: silber, marine, rot,
    Obermaterial Tactel-Polyamid,
    Polyester, Gore-tex-Membrane
    mit verstellbarem Beinabschluß,
    in der Taille Kordelzug und Klemmverschluß.

Bei der Preisangabe berücksichtigen Sie zunächst eine Bestellmenge von 150 Anzügen; bei einem zufriedenstellenden Angebot können Sie mit regelmäßigen Bestellungen rechnen.

Infolge neuer Abschlüsse habe ich langfristige Lieferverpflichtungen in Norddeutschland nachzukommen. Die Lieferzeit darf deshalb nicht länger als 14 Tage betragen, die Lieferungsbedingungen sollten sich frei Haus verstehen.

Mit freundlichen Grüßen
Sporthaus
Klaus Kuhlmann
Dierssen
Dierssen

Aufgaben

1. Wodurch unterscheiden sich die beiden schriftlichen Anfragen?
2. Welche Inhalte sollte eine Anfrage nach einer bestimmten Ware enthalten?
3. Wann wird ein Kaufmann lediglich eine allgemein gehaltene Anfrage absenden?
4. Wann wird ein Kaufmann an einen möglichen Lieferer eine Anfrage mit gezielten Fragen nach einer Ware richten?
5. Bei wieviel Lieferern kann ein Kunde anfragen?
6. Welche Bedeutung hat die Anfrage für das Zustandekommen eines Kaufvertrages?
7. In welcher Form kann eine Anfrage an den Lieferer gerichtet werden?

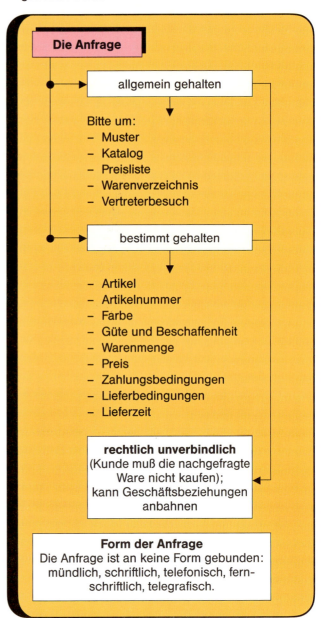

5.3 Das Angebot

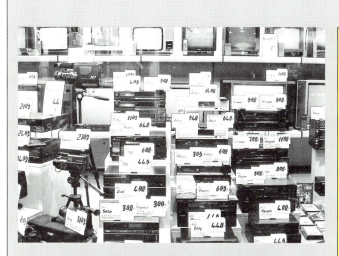

Bruch & Co.
Rostocker Straße 106 – 33647 Bielefeld

Bruch & Co. · Rostocker Straße 106 · 33647 Bielefeld

Elektrogroßhandlung
Günter Siefert
Große Bleiche 15

50667 Köln

Ihr Zeichen, Ihre Nachricht vom	Unser Zeichen, unsere Nachricht vom	☎ Durchwahl-Nr.	Datum
B/S 30.08.19..	B/K		04.09.19..

Angebot in Staubsaugern

Sehr geehrter Herr Siefert,

ich danke Ihnen für Ihre Anfrage. Folgende Staubsauger kann ich Ihnen zu äußerst günstigen Preisen anbieten:

Artikel K 252   Bodenstaubsauger Vampyr 4004 electronic. Mit Sicherheitsventil, Filterkassette, Möbelschutzleiste, Staubfüllanzeige und automatischer Kabelaufwicklung, 1 000 Watt, zum Preis von 228,00 DM/Stück.

Artikel L 253   Handstaubsauger Vampyrette 5000 electronic. Mit Energiespartaste und Staubfüllanzeige, 750 Watt, zum Preis von 168,00 DM/Stück.

Die Preise gelten ab Werk. Bei Abnahme von mindestens 10 Staubsaugern gewähre ich einen Rabatt von 10 %.

Die Lieferung kann sofort erfolgen. Zahlung erbitte ich innerhalb 8 Tagen nach Eingang der Ware mit 3 % Skonto oder innerhalb 30 Tagen ohne Abzug.

Ich erwarte Ihre Bestellung.

Mit freundlichem Gruß

Bruch & Co.

i. V. Schneider

Schneider

Welche der abgebildeten Preise sind **verbindliche** Angebotspreise?

Information

Wesen des Angebotes

Ein **Angebot** ist eine Willenserklärung, Waren zu den angegebenen Bedingungen zu verkaufen. Angebote richten sich an eine **genau bestimmte** Person oder Personengruppe.

Deshalb sind Zeitungsanzeigen, Prospekte, Kataloge, Plakate, Werbefernsehen, Werbefunk und Schaufensterauslagen keine Angebote, sondern **Anpreisungen.**

Auch die Präsentation von Waren in Selbstbedienungsgeschäften gilt nicht als Angebot, sondern lediglich als Anpreisung. In Selbstbedienungsgeschäften kommt der Kaufvertrag erst durch das Bringen der Ware zur Kasse und das Kassieren des Kaufpreises zustande.

Andererseits gilt die Aufstellung eines Automaten als Angebot an jeden, der die richtige Münze einwirft.

Form des Angebotes

Die Abgabe eines Angebotes ist an keine Formvorschrift gebunden. Sie kann schriftlich (durch Brief, Telegramm oder Fernschreiben), mündlich oder telefonisch erfolgen.

Bindungsfristen

Angebote, die ohne Einschränkungen gemacht wurden, sind grundsätzlich verbindlich.

Gesetzliche Bindungsfrist

Angebote müssen **unverzüglich** angenommen werden, wenn in dem Angebot keine Frist genannt wurde:

Mündliche und telefonische Angebote sind deshalb nur so lange bindend, wie das Gespräch dauert.

Schriftliche Angebote werden in dem Moment verbindlich, in dem sie dem Empfänger zugehen. Der Anbieter ist so lange an dieses Angebot gebunden, wie er unter verkehrsüblichen Bedingungen mit einer Antwort rechnen muß. Die Bindungsfrist beträgt bei einem Angebotsbrief nach Handelsbrauch gewöhnlich eine Woche. Bei telegrafischen Angeboten beträgt sie 24 Stunden.

> **Beispiel:**
>
> Ein Großhändler erhält von einem Konfektionär am 01.12. einen Angebotsbrief. Das Angebot ist nur bis zum 08.12. bindend. Der Konfektionär muß zu den Angebotsbedingungen nur dann liefern, wenn die Bestellung des Großhändlers bis zu diesem Zeitpunkt bei ihm eingetroffen ist.

Vertragliche Bindungsfrist

Wird in einem Angebot eine Frist angegeben (z. B. „gültig bis 31. 03. 19..“), so muß die Bestellung bis zum Ablauf dieser Frist beim Anbieter eingegangen sein.

Freizeichnungsklauseln

Durch Freizeichnungsklauseln kann die Verbindlichkeit eines Angebotes ganz oder teilweise ausgeschlossen werden.

> **Beispiele:**
>
> „Preisänderungen vorbehalten“
> ⇒ Preis ist unverbindlich
>
> „solange Vorrat reicht“
> ⇒ Menge ist unverbindlich
>
> „freibleibend“, „unverbindlich“, „ohne Obligo“
> ⇒ das ganze Angebot ist unverbindlich

Erlöschen der Bindung

Der Anbieter ist nicht mehr an sein Angebot gebunden, wenn

– der Empfänger das Angebot ablehnt,
– die Bestellung zu spät eintrifft,
– die Bestellung vom Angebot abweicht.

Außerdem erlischt die Bindung an das Angebot, wenn der Anbieter sein Angebot rechtzeitig widerruft. Der **Widerruf** muß möglichst vor, spätestens aber mit dem Angebot beim Empfänger eingetroffen sein.

Aufgaben

1. In welchen der folgenden Fälle liegt ein Angebot vor?

   a) Ein Lebensmitteleinzelhändler läßt Handzettel mit aktuellen Sonderangeboten an die Haushalte in seinem Stadtbezirk verteilen.

   b) Ein Verkäufer bietet einem Kunden in der Elektroabteilung eines Warenhauses einen Staubsauger an.

c) Ein Möbelhaus läßt seine Kataloge von der Post an alle Haushalte verteilen.

d) Ein Weinhändler bietet einem Stammkunden telefonisch einen besonders günstigen Posten Rotwein an.

2. Der Textileinzelhändler Gauß macht seiner Stammkundin Frau Lorenzen in seinem Geschäft ein Angebot für ein wertvolles Abendkleid. Frau Lorenzen kann sich jedoch nicht sofort entscheiden. Drei Tage später sucht sie das Geschäft noch einmal auf, um das Abendkleid zu kaufen. Herr Gauß hat das Kleid jedoch mittlerweile verkauft.

Warum war er nicht mehr an das Angebot gebunden?

3. Karl Lang, Mainz, macht seinen langjährigen Kunden Fritz Kaiser, Hannover und Gertrud Meyer, Göttingen, ein schriftliches Angebot über „Margaret Öster" Feuchtigkeitscreme zu 6,00 DM je Tube. Der Brief wird von ihm am 20. 05. zur Post gegeben.

 a) Am 22. 05. bestellt Herr Kaiser 40 Tuben zu 5,60 DM je Tube. Wie kann Lang auf die Bestellung reagieren?

 b) Am 31. 05. bestellt Frau Meyer 100 Tuben zu 6,00 DM je Tube. Warum muß Lang nicht mehr liefern?

4. Erläutern Sie folgende Freizeichnungsklauseln:

 a) „freibleibend",
 b) „solange Vorrat reicht",
 c) „Preis freibleibend".

5. Bis zu welchem Zeitpunkt kann ein schriftliches Angebot widerrufen werden?

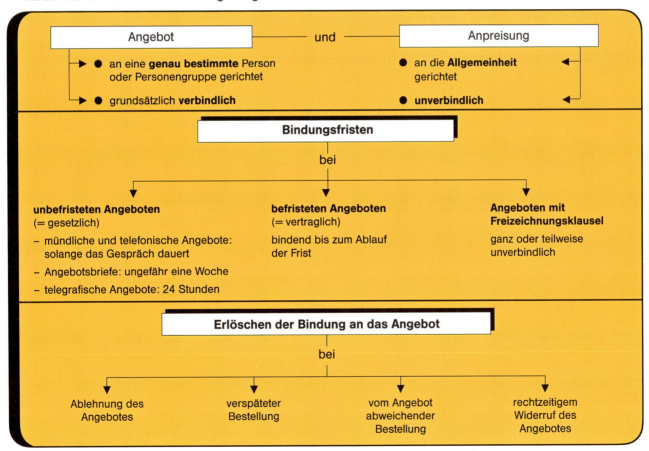

5.4 Inhalt des Angebotes

Die Textilgroßhandlung Schreiner benötigt 100 Herrenfreizeithemden mit 1/2 Arm. Ihr liegen dazu die folgenden Angebote vor:

Spengler & Sohn
Lahnstraße 14 · 35578 Wetzlar

Spengler & Sohn · Lahnstraße 14 · 35578 Wetzlar

Textilgroßhandlung
Albert Schreiner
Waldstraße 25

30629 Hannover

Ihr Zeichen, Ihre Nachricht vom	Unser Zeichen, unsere Nachricht vom ☎ Durchwahl-Nr.	Datum
B/S 04.02.19..	O/S	07.02.19..

Angebot in Freizeithemden

Sehr geehrter Herr Schreiner,

wir danken Ihnen für Ihre Anfrage. Folgende Freizeithemden können wir Ihnen zu einem äußerst günstigen Preis anbieten:

Bestell-Nr. 4537 Herrenfreizeithemden mit 1/2 Arm, bunt, kariert, 50 % Baumwolle, 50 % Polyester, Gr. 36 bis 45, zum Preis von 16,20 DM/Stück einschließlich Verpackung.

Bei Abnahme von mindestens 50 Stück gewähren wir Ihnen einen Mengenrabatt von 15 %.

Bei unserer Lieferung ab Lager Wetzlar stellen wir Ihnen pro Hemd 0,20 DM Transportkosten in Rechnung. Die Hemden sind innerhalb 2 Wochen lieferbar.

Ihre Zahlung erbitten wir innerhalb von 4 Wochen ab Rechnungsdatum netto Kasse.

Wir freuen uns auf Ihren Auftrag.

Spengler & Sohn

i. V. *Gebhard*

Gebhard

Leinenmeister
Obernstraße 8 · 33602 Bielefeld

Leinenmeister · Obernstraße 8 · 33602 Bielefeld

Textilgroßhandlung
Albert Schreiner
Waldstraße 25

30629 Hannover

Ihr Zeichen, Ihre Nachricht vom	Unser Zeichen, unsere Nachricht vom ☎ Durchwahl-Nr.	Datum
A/S 04.02.19..	B/L	06.02.19..

Angebot in Freizeithemden

Sehr geehrter Herr Schreiner,

wir danken Ihnen für Ihre Anfrage. Folgende Sonderposten Freizeithemden können wir Ihnen zu einem besonders günstigen Preis anbieten:

Bestell-Nr. 245 Herrenfreizeithemden mit 1/2 Arm, bunt kariert, 80 % Baumwolle, 20 % Polyester, Gr. 36 bis 45, zum Preis von 18,40 DM pro Stück einschließlich Verpackung.

Der Preis gilt frei Haus.

Ihre Zahlung erbitten wir innerhalb von 14 Tagen abzüglich 3 % Skonto oder innerhalb von 30 Tagen ohne Abzug.

Wir freuen uns auf Ihren Auftrag.

Mit freundlichem Gruß

Leinenmeister

i. V. *Baumeister*

Baumeister

Wählen Sie das günstigste Angebot aus.

Information

Angebote können Vereinbarungen enthalten über
- Art, Beschaffenheit und Güte der Ware,
- Menge der Ware,
- Preis der Ware und Preisabzüge,

● Lieferungsbedingungen:
– Kosten der Versandverpackung,
– Versandkosten,
– Lieferzeit,

● Zahlungsbedingungen.

Fehlen in einem Angebot entsprechende Angaben, dann gelten die jeweiligen gesetzlichen Bestimmungen.

Art, Beschaffenheit und Güte der Ware

Die Art der Ware wird durch handelsübliche Bezeichnungen gekennzeichnet.

Die Beschaffenheit und Güte der Ware kann durch Abbildungen und Beschreibungen in Katalogen oder Prospekten, durch Güteklassen, Gütezeichen, Muster und Proben oder nach Augenschein festgelegt werden.

Fehlt im Angebot eine Angabe über Beschaffenheit und Güte der Ware, so ist bei einer Gattungsschuld (siehe Kapitel 5.12, Seite 165) eine Ware mittlerer Art und Güte zu liefern (gesetzliche Bestimmung).

Menge der Ware

Normalerweise wird die Menge in handelsüblichen Maßeinheiten angegeben (z. B. kg, m, Stück).

Der Anbieter kann in seinem Angebot Mindestbestellmengen und Höchstbestellmengen festlegen.

Bei Angabe einer **Mindestbestellmenge** werden nur solche Bestellungen ausgeführt, die über diese Mindestmenge oder eine größere Bestellmenge lauten.

Mit der Angabe einer **Höchstbestellmenge** beschränkt der Anbieter die Abgabemenge an einen Besteller.

Preis der Ware

Der Preis ist der in Geld ausgedrückte Wert einer Ware. Er kann sich beziehen auf

- gesetzliche Maßeinheiten (kg, l, m, m^2, m^3) oder
- handelsübliche Bezeichnungen (Stück, Kisten, Ballen usw.).

Preisabzüge

Rabatt

Rabatt ist ein **Preisnachlaß**. Er wird gewährt als

- **Mengenrabatt** für Abnahme größerer Mengen,
- **Wiederverkäuferrabatt** für Händler,
- **Sonderrabatt** bei bestimmten Anlässen (z. B. Jubiläum),
- **Personalrabatt** für Betriebsangehörige.

Naturalrabatte sind Rabatte, die in Form von Waren gewährt werden. Sie können in Form einer Draufgabe oder Dreingabe gewährt werden:

- **Draufgabe:** Es wird eine bestimmte Menge zusätzlich unentgeltlich geliefert (z. B. 50 Stück bestellt, 60 Stück geliefert, 50 Stück berechnet).

- **Dreingabe:** Es wird weniger berechnet, als geliefert wurde (z. B. 50 Stück bestellt, 50 Stück geliefert, 40 Stück berechnet).

Ein **Bonus** ist ein nachträglich gewährter Preisnachlaß, der in der Regel am Jahresende gewährt wird, wenn der Kunde einen Mindestumsatz erreicht oder überschritten hat.

Skonto

Skonto ist ein **Preisnachlaß für vorzeitige Zahlung.**

Versandkosten

Zu den Versandkosten (Beförderungskosten) gehören

- Hausfracht am Ort des Verkäufers, die durch den Transport von der Geschäftsniederlassung des Verkäufers zur Versandstation (z. B. Versandbahnhof) entsteht,

- Wiege- und Verladekosten,

- Fracht, die für den Transport von der Versandstation bis zur Empfangsstation zu zahlen ist,

- Entladekosten,

- Hausfracht am Ort des Käufers, die durch den Transport von der Empfangsstation bis zur Geschäftsniederlassung des Käufers entsteht.

Gesetzliche Regelung

Wenn zwischen dem Verkäufer und dem Käufer keine besondere Vereinbarung getroffen wurde, trägt der Käufer die Versandkosten. Das bedeutet:

- Beim **Platzkauf,** d. h., wenn Verkäufer und Käufer ihren Geschäftssitz am selben Ort haben, muß der Käufer die Versandkosten ab der Geschäftsniederlassung des Verkäufers bezahlen.

- Beim **Versendungskauf,** d. h., wenn Verkäufer und Käufer ihren Geschäftssitz nicht am selben Ort haben, muß der Verkäufer die Versandkosten bis zur Versandstation (= Hausfracht am Versendungsort und Wiegekosten) bezahlen. Die Versandkosten ab Versandstation (Verladekosten, Fracht, Entladekosten, Hausfracht am Bestimmungsort) muß der Käufer bezahlen.

Beispiel:

Der Leipziger Textilgroßhändler Jonas bestellt Mäntel bei der Mantelfabrik Meyer in Bielefeld. Die Mantelfabrik schickt die Mäntel mit der Eisenbahn. Für den Transport zum Versandbahnhof Bielefeld entstehen 40,00 DM Hausfracht. Die Fracht der Eisenbahn beträgt 400,00 DM. Für den Transport von der Empfangsstation Leipzig bis zum Geschäft des Textilgroßhändlers Jonas berechnet der Bahnspediteur 50,00 DM Hausfracht. Wenn keine vertragliche Vereinbarung über die Versandkosten erfolgte, muß Jonas die 400,00 DM Fracht zuzüglich 50,00 DM Hausfracht in Leipzig = 450,00 DM bezahlen.

Vertragliche Regelungen

Abweichend von der gesetzlichen Regelung können zwischen Käufer und Verkäufer anderslautende vertragliche Regelungen vereinbart werden.

Beförderungs-bedingungen	Verkäufer zahlt	Käufer zahlt
ab Werk, Lager oder Fabrik **= gesetzliche Regelung beim Platzkauf**	keine Versandkosten	alle Versandkosten
unfrei, ab hier, ab Versand-station, ab Bahnhof hier **= gesetzliche Regelung beim Versendungskauf**	Versandkosten bis zur Versand-station (Hausfracht, Wiegekosten)	Versandkosten ab Versandstation (Verlade-kosten, Fracht, Entladekosten, Hausfracht am Bestimmungsort)
frachtfrei, frei dort, frei Bahnhof dort, frei	Versandkosten bis zur Empfangsstation (Hausfracht am Versandort, Verladekosten, Fracht)	Versandkosten ab Empfangs-station (Entlade-kosten, Haus-fracht am Empfangsort)
frei Haus, frei Lager	alle Versandkosten	keine Versandkosten

Kosten der Versandverpackung

Gesetzliche Regelung

Wenn zwischen Käufer und Verkäufer keine besonderen Vereinbarungen getroffen wurden, trägt die Kosten der Versandverpackung grundsätzlich der Käufer.

Vertragliche Regelungen

Vertraglich kann vereinbart werden

– **Preis für Reingewicht (= Nettogewicht) einschließlich Verpackung** (netto einschließlich Verpackung): Der Preis wird nur vom Gewicht der Ware (Rein- bzw. Nettogewicht) berechnet. Die Verpackung erhält der Käufer unberechnet.

– **Preis für Reingewicht ausschließlich Verpackung** (netto ausschließlich Verpackung): Der Preis wird vom Reingewicht (Nettogewicht) berechnet. Die Verpackung wird dem Käufer zusätzlich, normalerweise zum Selbstkostenpreis, in Rechnung gestellt.

– **Preis für das Bruttogewicht einschließlich Verpackung** (brutto für netto [b/n; bfn]): Für die Berechnung wird das Bruttogewicht (= Reingewicht + Verpackungsgewicht) zugrunde gelegt. Die Verpackung wird wie die Ware berechnet.

Lieferzeit

Gesetzliche Regelung

Wurde zwischen den Vertragspartnern keine Lieferfrist vereinbart, dann ist der Verkäufer verpflichtet, die Ware unverzüglich zu liefern.

Vertragliche Regelungen

Abweichend von der gesetzlichen Regelung kann vereinbart werden

– Lieferung innerhalb eines bestimmten Zeitraums, z. B. Lieferung Innerhalb von 14 Tagen,

– Lieferung bis zu einem bestimmten Termin, z. B. Lieferung bis Ende August,

– Lieferung zu einem genau festgelegten Datum (Fixkauf), z. B. Lieferung am 5. Nov. 19.. fix.

Zahlungsbedingungen

Gesetzliche Regelungen

Der Käufer ist verpflichtet, die Ware unverzüglich bei Lieferung zu bezahlen, wenn zwischen ihm und dem Verkäufer kein anderer Zahlungszeitpunkt vereinbart worden ist.

Die Kosten der Zahlung (z. B. Überweisungsgebühren) muß der Käufer tragen.

Vertragliche Regelungen

Vertraglich kann zwischen Verkäufer und Käufer vereinbart werden:

– **Zahlung vor der Lieferung**

Vor der Lieferung muß ein Teil des Kaufpreises oder der gesamte Kaufpreis bezahlt werden, z. B.

– Anzahlung,
– Vorauszahlung.

– **Zahlung bei Lieferung**

Die Zahlung erfolgt Zug um Zug, d. h., der Verkäufer händigt die Ware aus, und der Käufer bezahlt den Kaufpreis, z. B.

– „sofort netto Kasse" = sofortige Zahlung ohne Abzug,
– „gegen Nachnahme" = Aushändigung einer Warensendung nur gegen Zahlung.

– **Zahlung nach der Lieferung**

Der Käufer muß die Ware erst eine bestimmte Zeit nach der Lieferung bezahlen (= Zielkauf), z. B. „Zahlung innerhalb 30 Tagen", oder der Käufer kann den Kaufpreis in Raten begleichen (= Ratenkauf).

Angebotsvergleich

Um das günstigste Angebote für eine Ware zu ermitteln, vergleicht der Einkäufer die Angebote mehrerer Lieferer. Dabei achtet er nicht nur auf die Preise, Preisabzüge und Bezugskosten (Beförderungskosten und Versandkosten), sondern auch auf die Lieferzeit, die Zahlungsbedingungen und die Qualität der angebotenen Waren.

Beispiel:

Die Textilgroßhandlung Schreiner hat aufgrund ihrer Anfrage von zwei verschiedenen Anbietern Angebote über Freizeithemden mit 1/2 Arm erhalten (siehe Seite 138). Da das Unternehmen 100 Stück benötigt, wird der Angebotsvergleich für diese Bestellmenge durchgeführt.

Artikel	Herrenfreizeithemden Größen 36–45			
Menge	100 Stück			
Lieferer	Spengler & Sohn, Wetzlar		Leinenmeister, Bielefeld,	
Listenpreis – Rabatt	16,20 DM/St. 15 %	1 620,00 DM 243,00 DM	18,40 DM/St. –	1 840,00 DM –
Zieleinkaufspreis – Skonto	–	1 377,00 DM –	3 % innerhalb 14 Tagen	1 840,00 DM 55,20 DM
Bareinkaufspreis + Bezugskosten (Verpackungs- und Versandkosten)		1 377,00 DM 20,00 DM	–	1 784,80 DM –
Bezugspreis		1 397,00 DM		1 784,80 DM
Qualität	50 % Baumwolle 50 % Polyester		80 % Baumwolle 20 % Polyester	
Lieferzeit	2 Wochen		sofort	
Zahlungsziel	4 Wochen		30 Tage	

Aufgaben

1. Was bedeutet das Einräumen eines Zahlungsziels für den Käufer einer Ware?

2. Welchen Teil der Transportkosten trägt beim Bahnversand der Käufer, wenn im Angebot des Lieferers keine Angabe über die Transportkostenverteilung enthalten ist?

3. Die Lieferungsbedingung lautet „frachtfrei", die Fracht beträgt 100,00 DM, die Hausfracht für die An- und Abfuhr je 20,00 DM. Wieviel DM muß der Käufer für den Transport bezahlen?

4. Wann muß der Käufer zahlen, wenn im Angebot keine Klausel darüber enthalten ist?

5. Wer zahlt die Versandverpackung, wenn im Angebot keine Angabe darüber enthalten ist?

6. Was bedeutet die Zahlungsbedingung „netto Kasse"?
7. Ein Großhändler bietet an: „Beim Kauf von 20 Flaschen erhalten Sie eine Flasche gratis!" Um welchen Rabatt handelt es sich hierbei?
8. Wann muß geliefert werden, wenn im Kaufvertrag keine Lieferfrist vereinbart wurde?
9. Einem Großhändler liegen drei Angebote über Pfirsichkonserven (Dose zu 400 g) vor. Für welches dieser Angebote sollte er sich entscheiden, wenn er 100 Dosen in spätestens zwei Wochen benötigt?

Angebot 1:

1,20 DM je Dose, netto einschließlich Verpackung, frei Haus, 10 % Rabatt bei Abnahme von 100 Dosen, Lieferung sofort, Zahlung innerhalb von 30 Tagen netto Kasse.

Angebot 2:

1,10 DM je Dose, netto ausschließlich Verpackung, Verpackungskosten für 100 Dosen: 5,40 DM, Lieferung ab Werk (Transportkosten für 100 Dosen: 9,80 DM) innerhalb von 14 Tagen, 15 % Rabatt bei Abnahme von 100 Dosen, Zahlung innerhalb von 30 Tagen netto Kasse.

Angebot 3:

1,00 DM je Dose, netto einschließlich Verpackung, Lieferung frei Haus innerhalb von drei Wochen, 15 % Rabatt bei Abnahme von 100 Dosen, Zahlung innerhalb von 14 Tagen abzüglich 3 % Skonto oder innerhalb 30 Tagen netto Kasse.

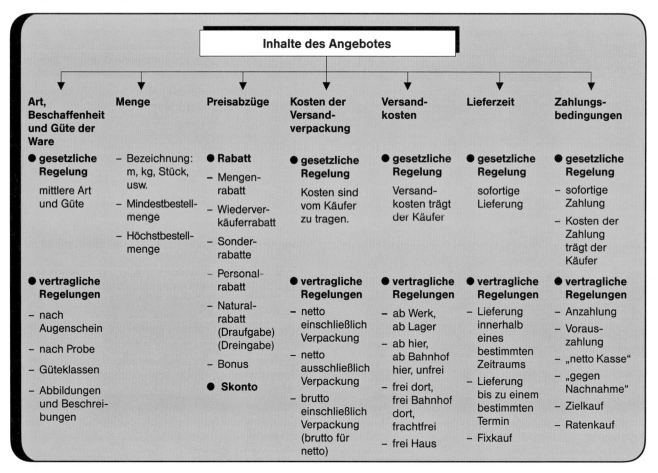

5.5 Bestellung und Bestellungsannahme

Aufgrund des Angebotes von Spengler und Sohn vom 07.02.19.. (siehe Seite 138) schickt die Textilgroßhandlung Albert Schreiner folgende Bestellung:

Textilgroßhandlung Albert Schreiner
Waldstraße 25 · 30629 Hannover

Textilgroßhandlung Albert Schreiner · Waldstraße 25 · 30629 Hannover

Hemdenfabrik
Spengler & Sohn
Lahnstraße 14

35578 Wetzlar

Ihr Zeichen, Ihre Nachricht vom	Unser Zeichen, unsere Nachricht vom ☎ Durchwahl-Nr.	Datum
O/S 07.02.19..	A/S 04.02.19..	09.02.19..

Bestellung

Sehr geehrte Damen und Herren,

wir danken Ihnen für Ihr Angebot. Wir bestellen Herrenfreizeithemden Bestell-Nr. 4537:

> 20 Stück Größe 38
> 20 Stück Größe 39
> 40 Stück Größe 40
> 20 Stück Größe 41

zum Stückpreis von 16,20 DM einschließlich Verpackung, abzüglich 15 % Rabatt.

Die Lieferung soll innerhalb von 2 Wochen frachtfrei erfolgen.

Die Zahlung erfolgt innerhalb von 4 Wochen ab Rechnungsdatum ohne Abzug.

Wir hoffen auf baldige Lieferung.

Mit freundlichem Gruß

Albert Schreiner

i. A. Wagner

Wagner

Warum ist durch diese Bestellung kein Kaufvertrag zustande gekommen?

Information

Bestellung

Eine Bestellung ist eine Willenserklärung, Ware zu den angegebenen Bedingungen zu kaufen.

Die Abgabe einer Bestellung ist an **keine Formvorschrift** gebunden. Sie kann also ebenso wie ein Angebot schriftlich, mündlich oder telefonisch erfolgen.

Eine Bestellung beinhaltet Angaben über
– Art, Beschaffenheit und Güte der Ware,
– Menge,
– Preis und Preisabzüge,
– Lieferbedingungen und
– Zahlungsbedingungen.

Wird in der Bestellung auf ein ausführliches Angebot Bezug genommen, erübrigt sich eine Wiederholung aller Angebotsbedingungen. Es genügt dann die Angabe der Warenart, Bestellmenge und Preis der Ware.

Bestellungen sind grundsätzlich **verbindlich.** Durch **rechtzeitigen Widerruf** erlischt die Bindung an die Bestellung. Ein Widerruf muß spätestens mit der Bestellung beim Lieferer eingetroffen sein.

Bestellt ein Käufer aufgrund eines verbindlichen Angebotes rechtzeitig zu den angegebenen Angebotsbedingungen, so kommt ein Kaufvertrag zustande.

Bestellt ein Käufer, ohne daß ihm ein verbindliches Angebot vorliegt, so gilt diese Bestellung als Antrag auf Abschluß eines Kaufvertrages.

Bestellungsannahme

Für das Zustandekommen eines Kaufvertrages ist eine Bestellungsannahme **notwendig,** wenn der Bestellung kein Angebot vorausging, oder wenn sie aufgrund eines freibleibenden Angebotes erfolgte. Auch wenn die Bestellung vom vorausgehenden Angebot abweicht, kommt der Kaufvertrag erst durch eine Bestellungsannahme zustande.

Die Bestellungsannahme ist an **keine Formvorschrift** gebunden.

Der Verkäufer kann in den Fällen, in denen eine Bestellungsannahme erforderlich ist, auch auf eine ausdrückliche Auftragsbestätigung verzichten und sofort liefern. In diesem Fall gilt die Lieferung als Annahme der Bestellung (= schlüssige Handlung).

Bestellt ein Käufer aufgrund eines Angebotes rechtzeitig zu den angegebenen Angebotsbedingungen, so ist eine Bestellungsannahme für das Zustandekommen des Kaufvertrages nicht erforderlich.

Aufgaben

1. In welchen der folgenden Fälle kommt durch die Bestellung ein Kaufvertrag zustande?
   a) Ein Großhändler bestellt am 17.07.19.. aufgrund eines Angebotes vom 15.07.19.. zu den angegebenen Angebotsbedingungen.
   b) Ein Großhändler bestellt aufgrund eines Angebotes vom 10.08.19.. am 12.08.19... Er ändert die Lieferungsbedingung „ab Werk" in „unfrei" ab.
   c) Ein Großhändler bestellt am 07.03.19.. aufgrund eines freibleibenden Angebotes vom 04.03.19...
   d) Ein Großhändler bestellt am 04.04.19.. telefonisch aufgrund eines schriftlichen Angebotes vom 02.04.19...

2. Welche Bedingungen sollte eine ausführliche schriftliche Bestellung enthalten?

3. In welchen der folgenden Fälle ist eine Bestellungsannahme für das Zustandekommen eines Kaufvertrages erforderlich?
   a) Der Verkäufer macht ein freibleibendes Angebot; der Käufer bestellt.
   b) Der Verkäufer unterbreitet ein schriftliches Angebot. Der Käufer bestellt rechtzeitig.
   c) Der Verkäufer macht ein schriftliches Angebot. Der Käufer bestellt rechtzeitig mit abgeänderten Bedingungen.
   d) Der Verkäufer macht ein telefonisches Angebot. Der Käufer bestellt am folgenden Tag schriftlich zu den, während des Telefongesprächs, vereinbarten Bedingungen.

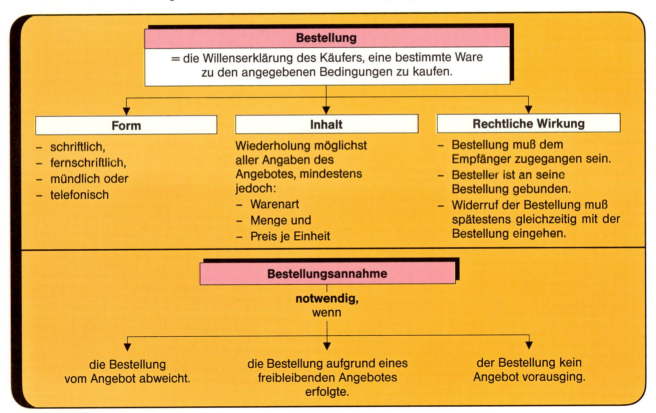

5.6 Rechte und Pflichten aus dem Kaufvertrag und seine Erfüllung

Welche Pflichten haben der Verkäufer und der Käufer aufgrund des zustande gekommenen Kaufvertrages übernommen?

Information

Beim Zustandekommen eines Kaufvertrages durch Antrag und Annahme übernehmen Verkäufer und Käufer bestimmte Verpflichtungen; man spricht vom sog. **Verpflichtungsgeschäft**.

> § 433 BGB [Grundpflichten des Verkäufers und des Käufers]
>
> (1) Durch den Kaufvertrag wird der Verkäufer einer Sache verpflichtet, dem Käufer die Sache zu übergeben und das Eigentum an der Sache zu verschaffen. (...)
>
> (2) Der Käufer ist verpflichtet, dem Verkäufer den vereinbarten Kaufpreis zu zahlen und die gekaufte Sache abzunehmen.

Im weiteren Verlauf geht die Kundin Sibylle zur Kasse und bezahlt die Cordhose. Der Verkäufer händigt die verpackte Hose aus und verabschiedet die Kundin.

An diesem Beispiel läßt sich zeigen, wie ein Kaufvertrag ordnungsgemäß **erfüllt** wird.

Die Ware wird mangelfrei übergeben.	Der Verkäufer übergibt die Cordhose an der Warenausgabe.
Die Lieferung erfolgt rechtzeitig.	Das geschieht noch im selben Moment.
Die Übergabe der Ware erfolgt am vereinbarten Ort.	Die Hose wird in den Verkaufsräumen des Warenhauses ausgehändigt.
Der vereinbarte Kaufpreis wird rechtzeitig bezahlt.	Die Kundin bezahlt die Hose an der Kasse bar.
Die Ware wird abgenommen.	Die Kundin nimmt die Cordhose in Empfang.
Die Ware geht in das Eigentum des Käufers über.	Die Kundin kann nun frei über die Hose verfügen.

Durch diese Handlungen haben Verkäufer und Käufer ihre **Pflichten** aus dem Kaufvertrag **erfüllt (= Erfüllungsgeschäft).** Die Erfüllung der Pflichten aus dem Kaufvertrag ist rechtlich immer unabhängig vom eigentlichen Verpflichtungsgeschäft.

Zeitlich können zwischen dem Abschluß (Verpflichtungsgeschäft) und der Erfüllung (Erfüllungsgeschäft) Wochen oder sogar Monate liegen.

> **Beispiel:**
>
> Ein Kunde kauft in einem Elektrofachgeschäft einen Videorecorder. Das Gerät ist erst in sechs Wochen lieferbar. Da der Kunde den Recorder kaufen möchte und der Verkäufer bereit ist, ihn zu verkaufen, ist der Kaufvertrag und damit das Verpflichtungsgeschäft zustande gekommen. Erfüllt ist der Kaufvertrag hingegen erst,

wenn der Videorecorder nach sechs Wochen geliefert wird, der Kunde ihn angenommen und bezahlt hat. Zwischen Abschluß und Erfüllung des Kaufvertrages liegen in diesem Beispiel sechs Wochen.

Verpflichtungs- und Erfüllungsgeschäft fallen allerdings zeitlich zusammen bei sog. **Handkäufen in Ladengeschäften.** Darunter sind Geschäfte des täglichen Lebens, also Barkäufe, zu verstehen. Die Ware wird bar bezahlt und gleich mitgenommen. Dabei wird das Verpflichtungsgeschäft i. d. R. mündlich abgeschlossen, während das Erfüllungsgeschäft in der gleichzeitigen Übergabe des Eigentums bzw. des Geldes zu sehen ist (wie in der Textil-Abteilung eines Warenhauses im Eingangsbeispiel).

Aufgaben

1. Eine Verkäuferin des Mantelhauses Grunder verkauft an eine Kundin ein Sommerkostüm zum Preis von 295,00 DM. Die Kundin leistet eine Anzahlung in Höhe von 100,00 DM und nimmt das Kostüm gleich mit nach Hause.

   Beim Abschluß des Kaufvertrages wurde zwischen der Verkäuferin und der Kundin vereinbart: „Das Mantelhaus behält sich bis zur vollständigen Zahlung des Kaufpreises das Eigentum an der Ware vor!"

   a) Welche Pflichten aus dem Kaufvertrag haben Käufer und Verkäufer bisher erfüllt?

   b) Wodurch wird der Kaufvertrag erst vollständig erfüllt?

2. Worin besteht die Leistung des Verkäufers bzw. die Gegenleistung des Käufers beim Erfüllungsgeschäft?

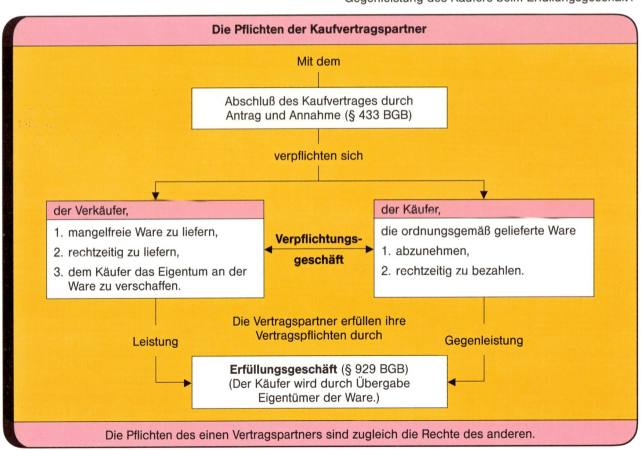

5.7 Besitz und Eigentum

Der Berufsfachschüler Uwe Wagner hat zum Geburtstag einen Walkman geschenkt bekommen und will nun sein bisheriges Gerät für 50,00 DM verkaufen. Sein Sitznachbar in der Berufsschule, Jacob Fengler, interessiert sich für das Modell. Uwe leiht ihm den Walkman, damit Jacob ihn ausprobieren und sich leichter entscheiden kann.

Nach 14 Tagen, der Walkman ist noch bei Jacob, bietet Uwe das Gerät dem Nachbarn der Familie Wagner für 80,00 DM zum Kauf an. Der Nachbar nimmt an.

1. Warum ist der Kaufvertrag gültig?
2. Wer hat die tatsächliche und wer die rechtliche Verfügungsgewalt über den Walkman?

Information

Die Eigentumsverhältnisse ändern sich durch die Erfüllung des Kaufvertrages. Durch Einigung **und** Übergabe gelangt der Käufer rechtmäßig an sein Eigentum. Dabei ist der Eigentumsübergang nicht davon abhängig, ob der Käufer die Ware bezahlt hat oder nicht.

Eigentümer ist derjenige, dem eine Sache gehört. Er hat die **rechtliche (= unsichtbare) Herrschaft** über sie.

Beispiele:

Jacob hat zwar augenblicklich den Walkman bei sich zu Hause, doch hat Uwe die rechtliche Herrschaft über das Gerät behalten. Da ihm der Walkman noch gehört, kann er ihn auch an den Nachbarn verkaufen.

Erst wenn Sibylle Eigentümerin der Cordhose geworden ist, kann sie damit machen, was sie will, z. B. sie verschenken, verändern, vernichten oder verleihen.

Der **Besitzer** einer Sache hingegen hat die **tatsächliche (= sichtbare) Herrschaft** über eine Sache, er **hat** die Sache augenblicklich.

Beispiele:

Sibylle, als Käuferin der Cordhose, ist demnach sowohl Eigentümerin als auch Besitzerin. Erst wenn sie die Hose ihrer Freundin Hilde leiht, wird Hilde Besitzerin, Sibylle aber bleibt Eigentümerin der Hose.

Hilde ist rechtmäßige Besitzerin geworden, denn Sibylle hat ihr die Hose freiwillig überlassen. Sie hat nun das Recht, die Hose zu tragen, muß diese aber sorgfältig behandeln und verwahren.

Eine Person kann auch Besitzer einer Sache werden, die sie unrechtmäßig erworben hat, z. B. durch Raub, Plünderung oder Hehlerei. Ein Dieb ist also ebenfalls Besitzer, aber niemals Eigentümer der Sache.

Der Besitz einer Sache kann enden durch freiwillige Aufgabe (z. B. Rückgabe der Hose; Lösung des Mietverhältnisses) oder durch Verlust.

Die Übertragung von Besitz und Eigentum geschieht nach vertraglicher Einigung wie folgt:

Übertragung	bei beweglichen Sachen (Mobilien)	bei unbeweglichen Sachen (Immobilien, z. B. Gebäuden)
von Eigentum	durch Übergabe	durch Eintragung des Eigentümerwechsels ins Grundbuch
von Besitz	durch Übergabe	durch Überlassung

Bei unbeweglichen Sachen wird die Einigung zwischen dem Verkäufer und dem Käufer **Auflassung** genannt.

Beispiel für die Eigentumsübertragung bei unbeweglichen Sachen:

Der kaufmännische Angestellte Frank Bruns kauft von dem Kaufmann Erhard Grünhage ein kleines Landhaus. Der Kaufvertrag wird bei einem Notar rechtmäßig abgeschlossen. In diesem Vertrag erklären beide übereinstimmend den Eigentümerwechsel (Auflassung ≙ Einigung). Daraufhin wird Frank Bruns als neuer Eigentümer in das Grundbuch beim zuständigen Amtsgericht eingetragen (Eintragung ≙ Übergabe).

Ist der Käufer einer beweglichen Sache bereits im Besitz der Sache, so genügt die Einigung der Vertragspartner darüber, daß die betreffende Sache den Eigentümer wechseln soll.

Beispiel:

Ein Kunde kauft in einem Fernsehgeschäft einen Farbfernseher. Kunde und Verkäufer vereinbaren eine Probezeit von 14 Tagen. Nach Ablauf der Frist entschließt sich der Kunde, den Apparat zu behalten. Da die Übergabe bereits 14 Tage zuvor erfolgt war, bedarf es jetzt nur noch der Einigung.

Aufgaben

1. Herr Weißenbach pachtet eine Gaststätte; der Sportler Hurtig kauft eine Stoppuhr; der Schüler Peter D. leiht sich von seinem Sitznachbarn einen Bleistift; Anke M. holt beim Kostümverleih eine originale Maske für den Fasching ab.

   a) Welche Rechte haben diese Personen an den von ihnen erworbenen Gegenständen?

   b) Anke M. übermalt die Gesichtsmaske mit poppig-grüner Farbe; der Sportler Hurtig verschenkt die gerade erworbene Uhr an einen Freund. Wie beurteilen Sie diese Maßnahmen?

2. Wie kommt die Eigentumsübertragung zustande?

   a) Ein Hobbyläufer möchte ein paar Langlaufschuhe kaufen. Nach dem Anprobieren mehrerer Modelle entscheidet er sich für ein Paar Trainingsschuhe mit besonderen Dämpfungseigenschaften. An der Kasse erhält er nach Zahlung des Kaufpreises die Schuhe ausgehändigt.

   b) Der sehr vermögende Herr Schwarzenberger verkauft eine seiner drei Eigentumswohnungen an Herrn Bertram. Beide waren sich beim Notar darüber einig, daß der Eigentümerwechsel im Grundbuch festgehalten werden müsse. Die Wohnung wurde daraufhin durch das Grundbuchamt des Amtsgerichtes auf den Erwerber Herrn Bertram umgeschrieben.

3. Was darf der Eigentümer einer Sache alles mit ihr machen?

4. Warum wird bei Immobilien die Übergabe durch die Eintragung ersetzt?

5. Herr Mertens hat das Angebot von Fernseh-Knuth angenommen und sich für zehn Tage kostenlos ein Videogerät zum Ausprobieren nach Hause bringen lassen. Nach Ablauf der Frist teilt er Fernseh-Knuth telefonisch mit, daß er mit dem Gerät sehr zufrieden sei und es behalten möchte. Der Händler stimmt zu.

   a) Wer ist vor dem Telefonat Eigentümer und wer Besitzer des Videogerätes?

   b) Wie findet der Eigentumsübergang statt?

6. Stefan und Thomas, beide volljährig, treffen sich zufällig eines Abends in der Disco „Bel Air" und schließen in gemütlicher Runde einen Kaufvertrag. Stefan verkauft seine Alpinskier „Arrow" an Thomas für 180,00 DM. Die Übergabe soll am nächsten Tag erfolgen, die Bezahlung aber erst in 14 Tagen. Wann wird Thomas Eigentümer der Ski?

7. Wodurch endet der rechtmäßige Besitz einer Sache?

8. Welche Herrschaft übt ein Dieb über das von ihm gestohlene Fahrrad aus?

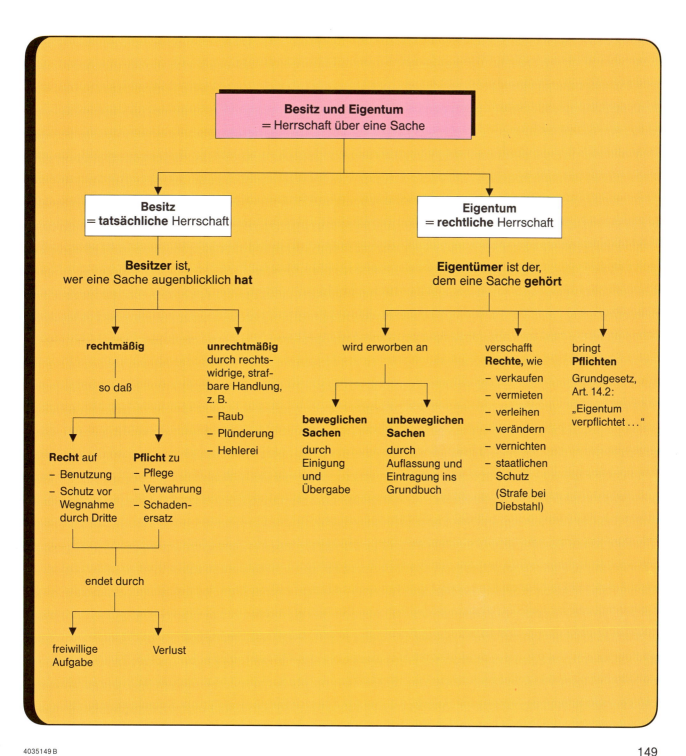

5.8 Erfüllungsort und Gerichtsstand

Der Textilgroßhändler Heine, Hannover, bestellt bei der Herrenbekleidungsfabrik Gliessmann in Bremen 30 Herrenanzüge. In seiner Bestellung weist Heine nur darauf hin, daß er die Anzüge am 15. des Monats fest benötige. Weitere Vereinbarungen über die Übergabe der Ware werden nicht getroffen.

Am 16. des Monats sind die Anzüge bei Heine in Hannover immer noch nicht eingetroffen.

Heine ist der Auffassung, daß die Anzüge spätestens am 15. des Monats in Hannover eingetroffen sein müßten.

In der Firma Gliessmann vertritt man jedoch die Meinung, daß die Herrenanzüge bis zum 15. des Monats nur ordnungsgemäß in Bremen zur Abholung bereitgestellt werden müßten.

An welchem Ort muß der Verkäufer dem Käufer die Ware zur Verfügung stellen?

Information

Aufgrund eines Kaufvertrages verpflichten sich beide Vertragspartner, bestimmte Leistungen zu erbringen. Der Verkäufer muß rechtzeitig liefern und das Eigentum übertragen. Der Käufer muß die Ware annehmen und rechtzeitig den Kaufpreis bezahlen.

Der Ort, an dem diese Leistungen zu erbringen sind, nennt man **Erfüllungsort (Leistungsort)**.

Gesetzlicher Erfüllungsort

Ist im Kaufvertrag kein Ort genannt, so tritt die gesetzliche Regelung in Kraft:

§ 269 BGB:

Die Leistung muß an dem Ort erfolgen, an dem der Schuldner zur Zeit der Entstehung des Schuldverhältnisses seinen Wohnsitz hatte.

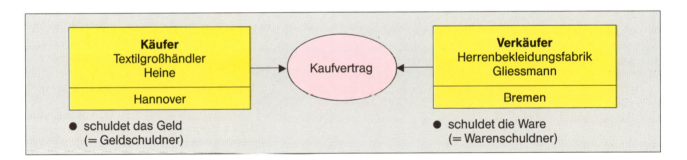

Bei einem Kaufvertrag sind stets beide Vertragspartner Schuldner: Der Käufer schuldet das Geld, der Verkäufer schuldet die Ware. Daher gibt es auch stets zwei (gesetzliche) Erfüllungsorte (wenn beide nicht gerade im selben Ort ansässig sind).

- Der **Erfüllungsort für die Zahlung** ist der Wohn- oder Geschäftssitz des Käufers (im vorliegenden Beispiel Hannover). Es ist jedoch gesetzlich geregelt, daß der Käufer seine Zahlungsverpflichtung erst dann erfüllt hat, wenn er das Geld fristgemäß an seinem (Erfüllungs-)Ort an den Verkäufer abgeschickt hat.

Geldschulden sind Schickschulden

- Der **Erfüllungsort für die Warenlieferung** ist der Wohn- oder Geschäftssitz des Verkäufers (in unserem Beispiel Bremen). Der Verkäufer braucht die Ware demnach lediglich an seinem Wohn- oder Geschäftssitz zur Abholung bereithalten. Der Käufer muß sie dort abholen.

Warenschulden sind Holschulden

Die Bedeutung des Erfüllungsortes für die Warenschuld

Der Erfüllungsort ist besonders bedeutsam für den **Gefahrenübergang** und die **Kostenübernahme** beim Warenversand:

Mit der Übergabe der verkauften Ware am Erfüllungsort geht die Gefahr des zufälligen Untergangs und einer zufälligen Verschlechterung (z. B. Transportunfall, Diebstahl, Brand) auf den Käufer über.

Das bedeutet, daß die Ware auf Gefahr des Käufers reist. Der Käufer muß das Transportrisiko tragen, nicht der Verkäufer.

Dabei muß man zwischen drei Arten des Kaufs unterscheiden:

– dem Handkauf (= Ladenkauf),

– dem Platzkauf und

– dem Versendungskauf.

Handkauf (= Ladenkauf)

Beim Hand- oder Ladenkauf findet die Warenübergabe im Geschäft des Verkäufers statt. Die Gefahr geht mit der **Übergabe** der Ware auf den Käufer über.

Da Warenschulden nach der gesetzlichen Regelung Holschulden sind, muß der Käufer auch die Kosten für die Abholung der Ware tragen.

Platzkauf

Die Gefahr geht mit der **Übergabe** an den Käufer über. Die Übergabe kann erfolgen:

– an den Käufer in dessen Wohnung,

– an einen Transportbeauftragten, wie z. B. Post oder Spediteur.

Die Transportkosten sind generell vom Käufer zu tragen (Warenschulden = Holschulden). Lediglich wenn vereinbart wird, daß die Übergabe in der Wohnung des Käufers stattfinden soll, kommt der Verkäufer für die Kosten des Versandes auf.

Beispiel:

Frau Dormann hat in ihrem Wohnort im Lampenfachgeschäft Schürmann & Co. eine Tiffany-Lampe gekauft. Sie vereinbart mit dem Inhaber, daß die Lampe um 16.00 Uhr zu ihrer Wohnung gebracht werden soll. Durch ein Mißgeschick beschädigt der hauseigene Bote die kunstvolle Lampe während des Transports.

Da die Gefahr noch nicht auf Frau Dormann übergegangen ist – das Unternehmen Schürmann & Co. hatte die Lampe noch nicht übergeben – muß der Inhaber des Lampengeschäftes den Schaden tragen. Die Kosten für den Transport sind in diesem Fall ohnehin von Schürmann und Co. zu übernehmen.

Versendungskauf

Generell sind Warenschulden Holschulden. Das bedeutet, daß der Verkäufer die Ware zur Abholung an seinem Wohnort **bereitstellen** muß.

Beispiel:

Das Unternehmen Gliessmann, Bremen, muß die Herrenanzüge in Bremen ordnungsgemäß und rechtzeitig zur Verfügung stellen, und das Unternehmen Heine, Hannover, hat sie dort abzuholen.

Derartige Praktiken würden aber den Handelsverkehr zwischen den Unternehmen sehr erschweren, denn Käufer und Verkäufer wohnen meistens an verschiedenen Orten. Daher ist in der Praxis der Versendungskauf üblich.

Versendungskauf bedeutet, daß der Verkäufer die Ware auf Verlangen des Käufers an einen anderen Ort als den Erfüllungsort versendet, etwa durch Übergabe an ein Transportunternehmen wie Bahn oder Spedition.

Aufgrund der handelsbräuchlichen Regelung ist die Warenschuld zur Schickschuld geworden. Der Erfüllungsort bleibt jedoch der Ort des Verkäufers. Die Gefahr der Beschädigung, Verschlechterung oder des zufälligen Untergangs geht mit der Übergabe an der Versandstation auf den Käufer über.

Beispiel:

Angenommen, das Lampengeschäft Schürmann & Co. hätte seinen Geschäftssitz in Hildesheim. Der Inhaber des Geschäftes übernimmt auf Wunsch von Frau Dormann die Versendung der Tiffanylampe von Hildesheim (dem Erfüllungsort) nach Hannover (dem Bestimmungsort). Er veranlaßt die Beförderung durch den United Parcel Service. Unterwegs zerbricht die Lampe aus Gründen, die das Transportunternehmen nicht zu vertreten hat.

Den Schaden hat Frau Dormann zu tragen. Die Gefahr ist auf sie übergegangen, als der Verkäufer die Lampe dem Fahrer übergeben hat. Die Lampe ist demnach auf Gefahr von Frau Dormann gereist. Sie ist sogar zur Zahlung des vollen Kaufpreises verpflichtet.

Dem Inhaber des Unternehmens Schürmann & Co. entsteht aus der Übernahme des Versandes kein Nachteil.

Wird die Ware mit einem dem Verkäufer gehörenden Transporter versandt, so geht die Gefahr mit der Warenübergabe auf den Käufer über.

Da das Abholen der Ware beim **gesetzlichen Erfüllungsort** zu den Pflichten des Käufers gehört, muß dieser auch die Abnahme- und Versendungskosten (= Transportkosten) ab Versandstation des Verkäufers tragen.

Die Übergabekosten, z. B. für das Wiegen oder Messen trägt der Verkäufer.

Durch Festlegen des Erfüllungsortes wird bestimmt, wer die Transportkosten tragen muß, vorausgesetzt, es wurden keine besonderen Abmachungen darüber getroffen.

Sollten die Versandkosten von den Geschäftspartnern vertraglich geregelt werden, so wirkt sich diese Abmachung nicht auf den Erfüllungsort aus.

Wird die Ware **vor der Übergabe** zufällig beschädigt oder vernichtet, so werden die Vertragspartner von ihren Leistungspflichten befreit.

Die Bedeutung des Erfüllungsortes für die Geldschuld

Der gesetzliche Erfüllungsort für Geldschulden ist der Ort des Käufers. Der Käufer (= Schuldner der Zahlung) muß allerdings gemäß § 270 BGB das Geld auf seine Kosten und seine Gefahr an den **Wohnort des Verkäufers** (= Gläubiger der Zahlung) schicken. Geldschulden sind daher Schickschulden.

Das Besondere dieser gesetzlichen Regelung liegt darin, daß Schickschulden wie Bringschulden behandelt werden: Der Käufer ist zur Geldübermittlung **verpflichtet!** Das Geld reist auf Kosten und Gefahr des Käufers.

Würde das Geld demnach bei Übermittlung, z. B. durch einen hauseigenen Boten, verlorengehen, so müßte der Käufer noch einmal zahlen.

Der Erfüllungsort ist bei Geldschulden nicht identisch mit dem Ort des Gefahrenübergangs.

Für die **fristgerechte Zahlung** ist allerdings der Zeitpunkt entscheidend, zu dem das Geld abgesandt wurde. Für Verzögerungen, die durch die Zahlungsübermittlung entstehen, z. B. durch die Kreditinstitute, haftet der Käufer nicht.

Eine Zahlung per Überweisung ist rechtzeitig geleistet, wenn der ordnungsgemäß ausgefüllte Überweisungsauftrag fristgerecht bei der Bank abgegeben wurde (Landgericht Frankfurt, Az: 2/1, S. 78/93).

Beispiel:

Das Unternehmen Heine, Hannover, überweist am 6. Juni den am 7. Juni fälligen Rechnungsbetrag für die Herrenanzüge in Höhe von 21 000,00 DM. Am 9. Juni wird der Betrag dem Konto der Firma Gliessmann in Bremen gutgeschrieben. Das Unternehmen Heine hat damit fristgerecht und am rechten Ort ihre Zahlungsverpflichtungen erfüllt. Für die zeitliche Verzögerung muß sie nicht haften.

Bei der Zahlung per Scheck auf dem Postweg ist der Poststempel für die **fristgerechte** Zahlung maßgebend.

Seine **Zahlungspflicht** hat der Zahlungsschuldner in allen Fällen aber erst dann erfüllt, wenn der Gläubiger den Betrag erhalten hat.

Vertraglicher Erfüllungsort

Im allgemeinen wird der Erfüllungsort von den Vertragsparteien frei vereinbart. So kann der Wohnort des Verkäufers, der Wohnort des Käufers oder ein anderer Ort als Erfüllungsort festgelegt werden **(vertraglicher Erfüllungsort)**. In der Praxis wird meistens der Wohnsitz des Verkäufers zum Erfüllungsort erklärt.

Im Unterschied zum gesetzlichen Erfüllungsort gibt es bei der vertraglichen Regelung nur **einen** Erfüllungsort.

Beispiel:

Das Unternehmen Heine in Hannover und das Unternehmen Gliessmann in Bremen vereinbaren schriftlich: „Erfüllungsort ist für beide Teile Bremen."

Die Bedeutung des Erfüllungsortes für den Gerichtsstand

Der Erfüllungsort bestimmt auch das Gericht (Amts- oder Landgericht), das vom Gläubiger angerufen werden kann, wenn der Vertragspartner seine Verpflichtungen aus dem Kaufvertrag nicht ordnungsgemäß erfüllt hat. Verhandelt wird vor dem Gericht, in dessen Bereich der Erfüllungsort liegt (Gerichtsstand). Diese Regelung gilt jedoch nur dann, wenn im Kaufvertrag keine Vereinbarung über den Erfüllungsort und damit über das zuständige Gericht bei Streitigkeiten getroffen wurde (= gesetzlicher Gerichtsstand). Für Warenschulden ist dann das zuständige Gericht der Wohnort des Verkäufers, für Geldschulden ist es der Wohnort des Käufers.

Beispiel:

Der Textilgroßhändler Heine, Hannover, schließt mit der Herrenbekleidungsfabrik Gliessmann, Bremen, einen Kaufvertrag ab. Der Erfüllungsort wurde nicht vereinbart. Als Heine in Zahlungsverzug gerät, muß Gliessmann vor dem Landgericht in Hannover klagen.

Hätte umgekehrt das Unternehmen Gliessmann z. B. mangelhafte Anzüge geliefert, müßte das gerichtliche Verfahren in Bremen, am Ort des Verkäufers, stattfinden.

Sind die Vertragspartner Kaufleute, dann kann, abweichend von der gesetzlichen Regelung, der Gerichtsstand frei vereinbart werden (= vertraglicher Gerichtsstand). Denkbar wäre z. B. „Erfüllungsort und Gerichtsstand sind für beide Teile Bremen." Jeder Prozeß würde dann vor einem Bremer Gericht verhandelt werden. Die Firma Gliessmann könnte bei dieser Vertragsgestaltung Zeit und Kosten sparen.

Ist *einer der Vertragspartner eine Privatperson,* so gilt die gesetzliche Regelung. Der Gerichtsstand für Geldschulden ist in diesem Fall **immer** der Wohnort des Käufers.

Beispiel:

Herr Richter aus Alfeld ist unerwartet arbeitslos geworden. Er kann die beiden letzten Raten für das neue Auto nicht mehr bezahlen. Der Inhaber des Autosalons Münzer in Göttingen muß beim Gericht in Alfeld klagen.

Hiermit will der Gesetzgeber den Verbraucher als den wirtschaftlich Schwächeren schützen.

Aufgaben

1. Erklären Sie
   a) Warenschulden sind Holschulden.
   b) Geldschulden sind Schickschulden.

2. Warum sind im Geschäftsverkehr zwischen Kaufleuten Warenschulden meistens Schickschulden?

3. Wer muß den Schaden tragen?
   a) Ein Kunde kauft ein Fernsehgerät und bezahlt bar. Der Verkäufer vereinbart kostenfreie Zustellung und Aufstellung in der Wohnung des Kunden. Durch einen vom Fahrer nicht verschuldeten Autounfall wird das Gerät bei der Zustellung stark beschädigt.
   b) Eine Kundin kauft in einem Antiquitätengeschäft eine Porzellanschüssel. Während sie an der Kasse bezahlt, stellt der Verkäufer die Schüssel auf die Ladentheke. Noch bevor die Kundin erscheint, stößt ein anderer Kunde die Schüssel aus Versehen von der Theke – das antiquarische Stück zerbricht.
   c) Ein Lebensmittelhändler aus Goslar überweist einen Rechnungsbetrag an einen Großhändler nach Hildesheim. Fällig war der Rechnungsbetrag am 12.09., die Überweisung wurde in Goslar am 11.09. veranlaßt. Das Geld ist dem Lebensmittelgroßhändler am 13.09. gutgeschrieben worden.
   Zugrunde lag ein Kaufvertrag mit der Vereinbarung „Erfüllungsort für beide Parteien ist Hildesheim."

4. Der Möbeleinzelhändler Düsterhöft aus Kassel kauft Ware bei seinem Großhändler in Frankfurt.
   a) Wo ist der gesetzliche Erfüllungsort und Gerichtsstand
      – für die Warenlieferung und
      – für die Zahlung?
   b) Wo könnte der vertragliche Erfüllungsort und Gerichtsstand festgelegt werden?

5. Die Haushaltswarengroßhandlung Faber in Lüneburg liefert an den Einzelhändler Oltmanns in Hamburg Waren im Werte von 10 000,00 DM. Unterwegs verunglückt der beauftragte Spediteur schuldlos, die Ware wird dabei vernichtet.
   Wie ist die Rechtslage, wenn
   a) über den Erfüllungsort nichts vereinbart wurde,
   b) der vereinbarte Erfüllungsort Hamburg war?

6. Wie wäre die Rechtslage, wenn Oltmanns die Ware aus Lüneburg selbst abholt und auf dem Rückweg nach Hamburg auf der Autobahn verunglückt?

Der Erfüllungsort

= Ort, an dem der **Schuldner** seine Leistungen zu erbringen hat (**Leistungsort**).

= Ort, an dem die Gefahr des zufälligen Untergangs und der zufälligen Verschlechterung der Ware auf den Vertragspartner übergeht (**Ort des Gefahrenübergangs**).

= Ort, an dem bei Streitigkeiten aus dem Kaufvertrag die Klage eingereicht wird (**Klageort**).

Gesetzlicher Erfüllungsort
(gültig, wenn keine vertraglichen Absprachen vorliegen)

zwei Vertragsparteien / zwei Erfüllungsorte	
Erfüllungsort für die Warenlieferung	Erfüllungsort für die Geldzahlung

Wohnsitz des Verkäufers (Waren**schuldner**)   Wohnsitz des Käufers (Geld**schuldner**)

⇓   ⇓

– Verkäufer muß die Ware fristgerecht an seinem Wohnort bereitstellen

– Käufer trägt Kosten und Gefahr des Transports
  a) ab Übergabe bei Holschulden
  b) ab Versandstation bei Schickschulden

  (Warenschulden = Hol- bzw. Schickschulden)

– Käufer muß das Geld fristgerecht abschicken

– Käufer trägt Kosten und Gefahr der Geldübermittlung bis Wohnort des Verkäufers

  (Geldschulden = Schick- bzw. Bringschulden)

Der Erfüllungsort bestimmt den Gerichtsstand:

– Wohnsitz des Verkäufers

– Wohnsitz des Käufers

Vertraglicher Erfüllungsort
(kann von den Vertragspartnern vereinbart werden)

zwei Vertragsparteien / **ein** Erfüllungsort
meistens der Wohnsitz des Verkäufers

– Gerichtsstand: meist Wohnsitz des Verkäufers

Vertragliche Vereinbarung nur unter Kaufleuten möglich; bei Abzahlungsgeschäften ist der Gerichtsstand immer am Wohnsitz des Käufers.

5.9 Eigentumsvorbehalt

Familie Rudolph kauft eine neue Kücheneinrichtung für 10 000,00 DM. Mit dem Inhaber des Möbelgeschäftes, Herrn Ludwig, wird Ratenzahlung vereinbart: pro Quartal 2 500,00 DM. Im Kaufvertrag ist u. a. zu lesen:

(...)

4. Eigentumsvorbehalt

Der Lieferer behält sich das Eigentum an dem Liefergegenstand bis zum Eingang aller Zahlungen aus dem Kaufvertrag vor.

Der Käufer darf den Liefergegenstand nicht veräußern noch verpfänden.

Bei vertragswidrigem Verhalten des Käufers, insbesondere bei Zahlungsverzug ist der Lieferer zur Rücknahme nach Mahnung berechtigt und der Käufer zur Herausgabe verpflichtet.

(...)

Welche rechtliche Bedeutung hat dieser Vertragspunkt für Käufer und Verkäufer?

Information

Eine der wichtigsten Formen der Sicherung von Forderungen aus Warenlieferungen ist der Eigentumsvorbehalt (= Mittel der Kreditsicherung).

Durch den Eigentumsvorbehalt wird der Käufer zunächst lediglich Besitzer der Sache, Eigentümer bleibt der Verkäufer bis zur vollständigen Bezahlung des Kaufpreises; man spricht vom **einfachen Eigentumsvorbehalt.**

Der zwischen Käufer und Verkäufer formlos vereinbarte Eigentumsvorbehalt bringt dem Verkäufer den Vorteil, daß er

– die Ware zurücknehmen kann, falls der Kunde den Kaufpreis nicht bezahlt,

– die Freigabe der Ware verlangen kann, falls sie durch den Gerichtsvollzieher gepfändet wurde,

– die Ware aus der Konkursmasse aussondern lassen kann, sollte der Käufer in Konkurs geraten sein.

Der Eigentumsvorbehalt erlischt bei vollständiger Bezahlung des Kaufpreises.

Nicht übersehen darf man aber, daß der Eigentumsvorbehalt auch Schwachstellen hat. Er wird nämlich unwirksam, wenn die bewegliche Sache vom Käufer verarbeitet bzw. verbraucht, vernichtet oder mit einer anderen Sache fest verbunden wird. Dies gilt auch, wenn, wie im Wirtschaftsleben üblich, die unter Eigentumsvorbehalt gelieferte Ware weiterverkauft wird.

Beispiel:

Ein Einzelhändler erwirbt Waren von einem Großhändler unter Eigentumsvorbehalt. Er verkauft diese noch nicht bezahlten Waren vier Tage später, denn der Ein- und Verkauf gehört zu seinen täglichen Geschäften. Eine Vereinbarung, die ihm den Verkauf der Ware verbieten würde, wäre unzweckmäßig und wenig sinnvoll.

Möchte der Verkäufer seine Waren auch oder gerade beim Weiterverkauf durch den Käufer sichern, so kann ein **verlängerter Eigentumsvorbehalt** vereinbart werden.

Der Käufer darf nun die von ihm unter Eigentumsvorbehalt gekaufte Ware weiterverkaufen, muß aber seine Kaufpreisforderung gegen seinen Kunden im voraus an seinen Verkäufer abtreten (siehe Schaubild Seite 156).

Eine dritte Form des Eigentumsvorbehaltes ist der **erweiterte Eigentumsvorbehalt.** Er liegt vor, wenn der Verkäufer nicht nur die Forderung aus einer Warenlieferung sichert, sondern wenn **sämtliche** Lieferungen an einen Käufer geschützt werden sollen.

Beispiel:

Ein Verkäufer hat zehn verschiedene Warenlieferungen im Laufe der letzten sechs Monate an einen Käufer vorgenommen. Das Eigentum auch der letzten Lieferung geht erst dann auf den Käufer über, wenn **alle** zehn Lieferungen vollständig bezahlt sind.

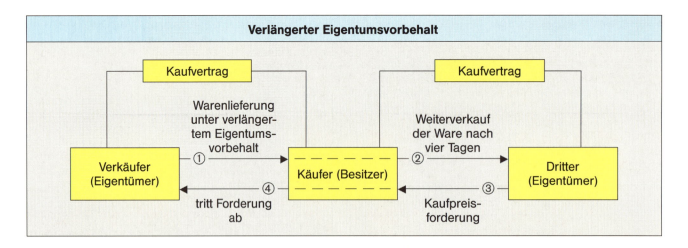

Aufgaben

1. Warum wird im Kaufvertrag Eigentumsvorbehalt vereinbart?
2. Welche Rechte hat der Verkäufer beim Eigentumsvorbehalt?
3. Warum wäre es nicht sinnvoll, Lebensmittel unter Eigentumsvorbehalt zu liefern?
4. Wodurch erlischt der einfache Eigentumsvorbehalt?
5. Wie kann ein Unternehmer das Erlöschen des Eigentumsvorbehalts verhindern?
6. Die Unternehmung Hansen & Co., Textilfabrik, verzichtet darauf, in ihren Kaufverträgen mit den direkt belieferten Einzelhändlern (Boutiquen und Kaufhäuser) den Eigentumsvorbehalt aufzunehmen.
   a) Welcher Grund wird wohl ausschlaggebend sein, auf diese Sicherheitsmaßnahme zu verzichten?
   b) Wie kann die Textilfabrik ihre Waren dennoch sichern?
7. Das Fachgeschäft für Berufskleidung Werner Münchmeyer hat an die Arztpraxis von Dr. Zimmermann 10 Berufskittel unter Eigentumsvorbehalt geliefert. Noch bevor der Kaufpreis in Höhe von 450,00 DM bezahlt ist, erfährt Herr Münchmeyer, daß der Gerichtsvollzieher das Vermögen des Arztes gepfändet hat.

   Was kann der Einzelhändler Münchmeyer tun, um seine Forderung zu sichern?

Eigentumsvorbehalt

= Vereinbarung zwischen Verkäufer und Käufer, daß das Eigentumsrecht erst mit der vollständigen Bezahlung auf den Käufer übergeht.

- **Rechte des Verkäufers**
  - Rücktritt vom Vertrag bei Nichtzahlung
  - Antrag auf Freigabe
  - Aussonderung

- **Eigentumsvorbehalt erlischt bei**
  - Bezahlung des Kaufpreises
  - Verbrauch, Verarbeitung, Vermischung oder Einbau
  - Verkauf oder Verpfändung an einen Dritten

- **Formen**
  - einfacher Eigentumsvorbehalt
  - verlängerter Eigentumsvorbehalt.
    Die aus dem Weiterverkauf entstandene Forderung an einen Dritten wird an den Lieferanten weitergegeben.
  - erweiterter Eigentumsvorbehalt
    Die Eigentumsrechte beziehen sich auf alle Lieferungen an denselben Kunden, bis sie vollständig bezahlt sind.

5.10 Vertragsfreiheit

Im Regal des Porzellan- und Glasfachgeschäftes von Herrn Schreiber stehen neben dem üblichen Sortiment zwei Karaffen aus Kristallglas. Beide Gefäße sind von gleicher Güte und Beschaffenheit und sollen pro Stück 136,00 DM kosten.

Nacheinander betreten drei Kunden das Geschäft von Herrn Schreiber, denen gegenüber er sich unterschiedlich verhält.

Wie beurteilen Sie das Verhalten des Geschäftsinhabers Schreiber?

Information

Wesen der Vertragsfreiheit

„Jeder hat das Recht auf die freie Entfaltung seiner Persönlichkeit, soweit er nicht die Rechte anderer verletzt und nicht gegen die verfassungsmäßige Ordnung oder das Sittengesetz verstößt."
(Art. 2 (1) GG)

Diese „freie Entfaltung" findet im Handelsgesetzbuch (HGB) und im Bürgerlichen Gesetzbuch (BGB) ihren Ausdruck in der **Vertragsfreiheit**. Vertragsfreiheit bedeutet,

– daß in der Bundesrepublik Deutschland niemand dazu gezwungen werden kann, mit jemandem ein Rechtsgeschäft abzuschließen; es besteht **Abschlußfreiheit**.

– Auch dürfen zwischen den Vertragspartnern die Inhalte der Rechtsgeschäfte frei vereinbart werden; es besteht **Inhalts- oder Vertragsgestaltungsfreiheit**.

Lediglich wenn die Vertragspartner keine besonderen Abmachungen getroffen haben, gilt die gesetzliche Regelung.

– Bis auf einige Ausnahmen wird durch Gesetze keine bestimmte Form vorgeschrieben; es besteht **Formfreiheit**.

Folglich können Verträge mündlich, schriftlich, fernmündlich oder durch bloßes Handeln (Handheben auf einer Auktion, Kopfnicken) geschlossen werden.

Grenzen der Vertragsfreiheit

Das Prinzip der Vertragsfreiheit gilt dann nicht, wenn

– Abschlußzwang (= Kontrahierungszwang) besteht,

– ein wirtschaftlich schwächerer Vertragspartner durch besondere Formvorschriften geschützt werden soll.

Abschlußzwang

Kraft Gesetzes kann niemand gezwungen werden, eine Willenserklärung abzugeben. Doch sind die öffentlichen Versorgungsunternehmen wie Gas-, Elektrizitäts- und Wasserwerke sowie Krankenhäuser, die Deutsche Post AG und die Deutsche Bahn AG aufgrund ihrer monopolistischen Marktstellung verpflichtet, Verträge mit jedem Antragsteller zu schließen. Sie unterliegen einem Abschlußzwang. Die Abschlußfreiheit wird damit weitgehend eingeschränkt.

Formvorschriften (Formzwang)

Die Grenzen der Vertragsfreiheit sind vom Gesetzgeber weiterhin dort gezogen worden, wo die Gefahr besteht, daß der sozial und wirtschaftlich schwächere Vertragspartner benachteiligt wird. Daher besteht die Regelung der Rechts- und Geschäftsfähigkeit und die Forderung nach Einhaltung gesetzlicher Formvorschriften bei bestimmten Rechtsgeschäften.

Das Gesetz kennt folgende Formvorschriften:

– Schriftform
– öffentliche Beglaubigung
– notarielle Beurkundung

Die Schriftform

Die schriftliche Vertragsform ist z. B. gesetzlich vorgeschrieben für

– Miet- und Pachtverträge, die länger als ein Jahr gültig sind (§ 566 BGB),
– Bürgschaftserklärungen,
– Schuldanerkenntnisse,
– Testamente.

Wer ein Testament allein (ohne Notar) errichten will, muß den gesamten Text handschriftlich anfertigen und eigenhändig unterschreiben. In allen anderen Beispielen genügt die eigenhändige Unterschrift der (des) Aussteller(s).

Die öffentliche Beglaubigung

Sie ist gesetzlich vorgeschrieben z. B.

– bei der Anmeldung eines Vereins ins Vereinsregister,
– bei Handelsregister- und Grundbucheintragungen.

Hierbei muß der Aussteller die schriftliche Erklärung vor einem Notar unterschreiben. Die Echtheit der Unterschrift wird anschließend vom Notar beglaubigt.

Die notarielle Beurkundung

Sie wird in einigen Fällen vom Gesetz verlangt, z. B.

– für Kaufverträge bei Grundstücken,
– bei Schenkungsversprechen,
– beim Erbvertrag,
– bei der Gründung einer Aktiengesellschaft,
– beim Ehevertrag.

Durch seine Unterschrift beurkundet der Notar bzw. die Behörde den Wahrheitsgehalt der Unterschrift(en) **und** den gesamten protokollierten Vorgang, also den Inhalt.

Die notarielle Beurkundung ist die strengste Form des Formzwanges. Sie soll – wie auch die anderen Formvorschriften – die Vertragspartner vor unüberlegtem und zu schnellem Handeln bewahren, beispielsweise dadurch, daß beim Grundstückskauf ein Notar eingeschaltet werden muß, der bei irgendwelchen Bedenken juristischen Rat geben kann.

Wird die gesetzlich vorgeschriebene Form nicht beachtet, so ist das Rechtsgeschäft nichtig.

Aufgaben

1. Was verstehen Sie unter dem Prinzip der Vertragsfreiheit?

2. Was bezweckt der Gesetzgeber mit dem sogenannten Formzwang?

3. Rechtsgeschäfte, für die der Gesetzgeber keine Formvorschriften vorschreibt, sind formfrei. Welche Folgen hätte es, wenn für alle denkbaren Rechtsgeschäfte eine notarielle Beurkundung notwendig wäre?

4. Worin liegt der Unterschied zwischen öffentlicher Beglaubigung und notarieller Beurkundung?

5. Welche Formvorschrift (formfrei; Schriftform; öffentliche Beglaubigung; notarielle Beurkundung) ist in den folgenden Fällen vorgeschrieben?

   a) 25 Sportinteressierte wollen einen Hockeyclub gründen,
   b) Kauf eines PKW für 22 000,00 DM,
   c) Verkauf eines Gartengrundstücks für nur 4 000,00 DM,
   d) Herr Sander mietet auf einem Campingplatz für zwei Jahre einen Standplatz für seinen Wohnanhänger,
   e) Buchung einer Luxusferienreise für 9 000,00 DM.

6. Beurteilen Sie folgende Sachverhalte unter dem Gesichtspunkt der Vertragsfreiheit:
   a) Der eher konservative Friseurmeister G. Stein weigert sich, einem Punker die Haare zu waschen.
   b) Der Apotheker Wilhelm ist nicht bereit, seinem Nachbarn Herrn Gerhold ein dringend benötigtes Medikament zu verkaufen, weil dieser ihn in der Vergangenheit mehrfach beleidigt hat.
   c) Malermeister Krüger lehnt es ab, bei Familie Wentritt das Wohnzimmer zu tapezieren.

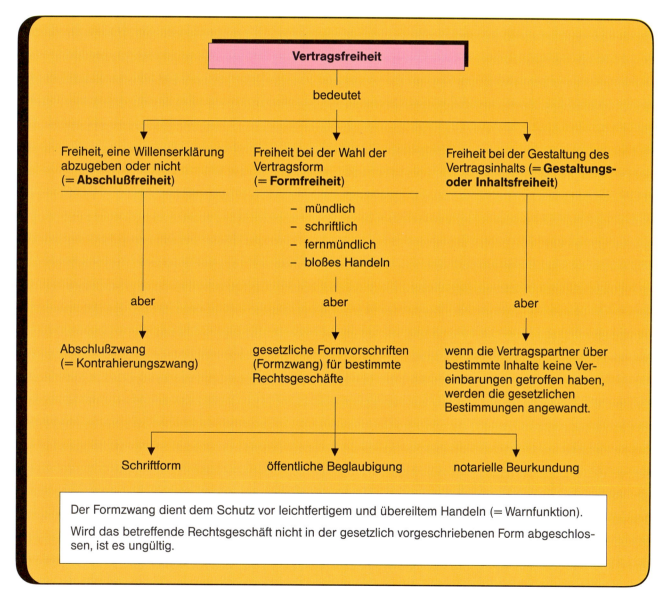

5.11 Allgemeine Geschäftsbedingungen

... versichert gegen Hundebisse jeder Art; ausgenommen sind lediglich a) Bisse von männlichen Hunden, b) Bisse von weiblichen Hunden. Kastrierte Hunde fallen nicht unter den Begriff Hund ...

Welche Auswirkungen haben die Versicherungsbedingungen für diesen Mann?

Information

Notwendigkeit, Anwendungsgebiete und Inhalt der Allgemeinen Geschäftsbedingungen

Heutzutage kommt es in vielen Betrieben täglich zu einer Vielzahl von Vertragsabschlüssen. Dies hat dazu geführt, daß die dabei verwendeten vertraglichen Bedingungen vereinheitlicht wurden. Beim Abschluß eines Kaufvertrages werden die Vertragsinhalte nicht mehr jedesmal neu ausgehandelt und formuliert. Es werden vielmehr, im Interesse eines reibungslosen und nicht zu zeitaufwendigen Geschäftsablaufs, Vertragsbedingungen einheitlich **vorformuliert.**

Diese **Allgemeinen Geschäftsbedingungen** (AGB) – so werden die vorformulierten Klauseln genannt – sind heute aus dem Wirtschaftsleben nicht mehr wegzudenken. Sie haben eine **Rationalisierungsaufgabe,** denn sie helfen, Kosten und Arbeit zu sparen. Insbesondere Hersteller und Händler nutzen die Vertragsfreiheit zu ihren Gunsten. Sie haben AGB ausgearbeitet und auf typische, regelmäßig wiederkehrende Probleme des Geschäftsverkehrs abgestimmt, wie z. B.

- Liefer- und Zahlungsbedingungen,
- Erfüllungsort und Gerichtsstand,
- Lieferzeit,
- Eigentumsvorbehalt,
- Gefahrenübergang,
- Verpackungs- und Beförderungskosten.

Damit haben sie sich eine Art Modellvertrag geschaffen, der jederzeit neu verwendbar ist. Die AGB liegen meist in kleingedruckter Form vor, z. B. auf der Rückseite von Angeboten – man bezeichnet sie deshalb auch als das „Kleingedruckte".

Vorzufinden sind entsprechende AGB in fast jedem Wirtschaftszweig: Banken, Versicherungen, Groß- und Einzelhandel, Reiseveranstalter, Spediteure, Industriebetriebe u. v. m. Die im Verkehr befindlichen AGB werden auf mindestens 20 000 geschätzt.

Gefahren durch die AGB

Die sehr häufig umfangreichen Vertragsbedingungen des Verkäufers werden mit dem Käufer nicht mehr einzeln ausgehandelt, sondern sollen von ihm von vornherein als Ganzes akzeptiert werden.

Da im deutschen Recht Vertragsfreiheit herrscht, gelten stets die AGB, wenn sie Bestandteil eines Vertrages geworden sind, und nicht die Regelungen des HGB und BGB. Die gesetzlichen Bestimmungen sind nur dann wirksam, wenn die Vertragspartner keine besonderen vertraglichen Vereinbarungen getroffen haben.

So zeigte sich bald eine häufig einseitige Verlagerung von Risiken auf den AGB-unterworfenen Käufer, der sich der Gegenmacht nicht erwehren konnte. Die im BGB enthaltenen Schranken der Vertragsfreiheit erwiesen sich als unzulänglich gegenüber dem „Kleingedruckten", das ja nicht ausgehandelt wurde. Der Käufer wurde in seinen gesetzlichen Rechten eingeschränkt. Mitunter wurden Preiserhöhungsmöglichkeiten für den Verkäufer willkürlich eingeräumt, berechtigte Reklamationsrechte oder die Haftung bei grobem Verschulden ausgeschlossen. Sehr häufig wird auch das „Kleingedruckte" vom Käufer nicht gelesen, übersehen oder aufgrund komplizierter Formulierungen nicht verstanden.

Gesetz zur Regelung des Rechts der Allgemeinen Geschäftsbedingungen

Um Benachteiligungen des wirtschaftlich Schwächeren durch vorformulierte Vertragsbedingungen zu verhindern, um mehr Rechtssicherheit und Gerechtigkeit zu schaffen, ist am 01. 04. 1977 das **„Gesetz zur Regelung des Rechts der Allgemeinen Geschäftsbedingungen** (AGB-Gesetz) in Kraft getreten.

Im einzelnen wird im AGB-Gesetz zum Schutz von Nichtkaufleuten (= einseitiger Handelskauf) ausgeführt:

– „Kleingedrucktes" gehört nicht automatisch zum Vertrag (§ 2 AGBG), sondern nur, wenn

   a) der Käufer ausdrücklich auf die AGB hingewiesen wurde: Üblicherweise finden sich bei schriftlichen Angeboten des Verkäufers AGB auf der Rückseite des Vertrages. Hierbei ist aber erforderlich, daß sich auf der Vorderseite ein deutlicher Hinweis auf die auf der Rückseite abgedruckten Bedingungen erkennen läßt.

   Fehlt ein solcher Hinweis ganz, oder ist er undeutlich und unter dem Unterschriftenfeld abgedruckt, werden die AGB nicht Bestandteil des Vertrages. Es gelten dann automatisch die BGB-Regelungen;

   b) der Wortlaut der AGB für den Käufer leicht erreichbar ist, also z. B. im Verkaufsraum aushängt oder auf dem Vertragsformular abgedruckt ist;

   c) die AGB (auch ohne Lupe) mühelos lesbar und verständlich sind;

   d) der Käufer mit den AGB einverstanden ist. Beim Vertragsabschluß kann der Käufer das „Kleingedruckte" durchstreichen und auf Geltung der BGB-Regelungen drängen.

Ist der Verkäufer unter diesen Umständen nicht mehr zum Vertragsabschluß bereit, steht es dem Käufer frei, sich einen anderen Verkäufer zu suchen. In den meisten, wirtschaftlich bedeutsamen Bereichen besteht diese Möglichkeit der Vertragsfreiheit für den Käufer jedoch nicht, denn sämtliche Verkäufer verwenden AGB, zum Teil sogar über Empfehlungen der jeweiligen Verbände (Automobile, Banken, Versicherungen, Reisen u. v. m.)

– Die AGB dürfen keine „überraschenden" Klauseln enthalten (§ 3 AGBG). Beispielsweise darf der Käufer einer bestimmten Möbelgarnitur bei Lieferschwierigkeiten nicht zur Abnahme einer anderen Ausführung verpflichtet werden. Oder mit dem Kauf einer Ware darf nicht der Kauf einer anderen Ware oder Leistung verbunden werden.

– Persönliche Absprachen haben Vorrang vor den AGB (§ 4 AGBG).

> **Beispiel:**
>
> Auf der Vorderseite des Vertrages steht die zwischen Verkäufer und Käufer ausgehandelte Vertragsbedingung „Zahlbar innerhalb von 14 Tagen mit 2 % Skonto". Auf der Rückseite ist in den AGB des Verkäufers aber die Klausel „Zahlbar innerhalb von 10 Tagen ohne Abzug" zu lesen. Nach dem AGB-Gesetz muß sich der Verkäufer nach der Zahlungsweise mit Skontoabzug richten.

Grundsätzlich gilt das auch für mündliche Absprachen, doch ist im Streitfall der Beweis schwierig.

Das AGB-Gesetz enthält aber auch einen ganzen Katalog von **verbotenen** und damit **unwirksamen Klauseln** bei Verbrauchergeschäften:

– nachträgliche Preiserhöhungen bei Lieferungen innerhalb von vier Monaten,

– eine Verkürzung der gesetzlichen Gewährleistungsfrist bei mangelhafter Lieferung (nach BGB mindestens sechs Monate),

– Ausschluß der Haftung bei grobem Verschulden des Verkäufers,

– Ausschluß von Reklamationsrechten,

– Ausschluß des Rücktritts bzw. des Rechts auf Schadenersatz bei zu später Lieferung und weitere in den §§ 10 und 11 AGB-Gesetz enthaltene Unwirksamkeitsregelungen.

Insgesamt darf niemand durch das „Kleingedruckte" unangemessen benachteiligt werden (§ 9 AGBG).

Durch die Bestimmungen des AGB-Gesetzes wird der wirtschaftlich Schwächere vor einseitig vorformulierten Vertragsbedingungen geschützt. Es stärkt und verbessert bei der Vertragsgestaltung gleichzeitig entscheidend die Stellung des Käufers. Die im BGB eingeräumte Vertragsfreiheit wurde somit erfolgreich gezähmt.

Dennoch darf aber nicht übersehen werden, daß trotz des AGB-Gesetzes durch die Verwendung Allgemeiner Geschäftsbedingungen die Käuferrechte, wie sie das Bürgerliche Gesetzbuch vorsieht, eingeschränkt werden.

Trifft ein Käufer im Geschäftsverkehr auf fragwürdige Allgemeine Geschäftsbedingungen, so sollte er diese den **Verbraucherberatungsstellen und -zentralen** mitteilen. Erst die konsequente Verfolgung unzulässiger AGB-Bestimmungen verhilft nämlich dem AGB-Gesetz letztlich zu seiner Durchsetzung in der Alltagspraxis und damit den Verbrauchern zu größerem Schutz vor den Tücken des „Kleingedruckten".

Darüber hinaus sollte der Käufer sämtliche Möglichkeiten in Anspruch nehmen, AGB-Bestimmungen aus Verträgen zu verdrängen und an ihre Stelle die Bestimmungen des BGB treten zu lassen.

Das AGB-Gesetz hat vorwiegend Bedeutung für einseitige Handelskäufe (Geschäfte mit privaten Käufern), weniger für zweiseitige Handelskäufe (Geschäfte zwischen Kaufleuten).

Aufgaben

1. Welche wirtschaftliche Bedeutung haben AGB für den Verkäufer?

2. Warum haben AGB Vorrang vor gesetzlichen Regelungen?

3. Was beabsichtigt das AGB-Gesetz?

4. Welche Mindestanforderungen müssen erfüllt sein, damit die AGB Bestandteil eines Vertrages werden?

5. Entscheiden Sie mit Hilfe des AGB-Gesetzes, ob und warum in den folgenden Beispielen das AGB-Gesetz befolgt oder verletzt wurde.

a) AGB-Klauseln von verschiedenen Unternehmen:

1. Wir sind berechtigt, den PKW auch in einer anderen als der bestellten Farbe zu liefern.

2. Sollten es die wirtschaftlichen Umstände erfordern, so können nachträglich jederzeit die Verkaufspreise entsprechend erhöht werden.

3. Reklamationen sind nur innerhalb von acht Tagen nach Warenempfang möglich; bei einer nicht mehr möglichen Nachbesserung einer mangelhaften Ware wird eine Rücktrittserklärung bzw. eine Preisherabsetzung ausgeschlossen.

4. Grundsätzlich gelten die AGB, schriftlich oder mündlich getroffene Vereinbarungen sind unwirksam.

5. Die gelieferten Waren bleiben bis zur völligen Bezahlung des Kaufpreises Eigentum des Verkäufers.

6. Erfüllungsort und Gerichtsstand ist der Wohnsitz des Verkäufers.

7. Mit dem Kauf des Fernsehgerätes verpflichtet sich der Käufer, alle notwendigen Reparaturen in der Werkstatt des Verkäufers durchführen zu lassen.

8. Im Falle des Zahlungsverzugs ist eine Vertragsstrafe von 25 % des Kaufpreises zu zahlen.

9. Der Käufer ist nicht berechtigt, auch bei rechtzeitiger und begründeter Rüge oder aus anderen Gründen, vereinbarte Zahlungen zurückzuhalten oder zu kürzen.

b) Herr Denzin hat für die bevorstehende Heizperiode 6 000 Liter Öl bestellt. Durch grobes Verschulden des Lieferanten, der beim Einfüllen des Öls achtlos eine Zigarette weggeworfen hat, brennt das gesamte Untergeschoß aus. Der Lieferer weigert sich, für den Schaden aufzukommen, da in den AGB eine Haftung grundsätzlich ausgeschlossen wird.

6. Herr Reinhardt bestellt in einem Fachgeschäft telefonisch einen Kühlschrank. Die Inhaberin des Geschäftes, Frau Bruns, bestätigt den Kauf und teilt Herrn Reinhardt mit, daß ihre Allgemeinen Geschäftsbedingungen Bestandteil des Kaufvertrages sind und diese in ihren Geschäftsräumen ausliegen. Nachdem der Kühlschrank geliefert wurde, findet Herr Reinhardt auf der Rückseite des Lieferscheins die AGB des Fachgeschäftes.

Sind die AGB des Geschäftes Bestandteil des Kaufvertrages geworden? Begründen Sie Ihre Antwort.

Allgemeine Geschäftsbedingungen

Definition: AGB

– sind alle für eine Vielzahl von
  Verträgen vorformulierten Vertragsbedingungen,
– die eine Vertragspartei der anderen
  Vertragspartei **einseitig** stellt,
– ohne daß die Klauseln im einzelnen
  ausgehandelt worden sind;

– können von einzelnen Unternehmen
  bzw. für Wirtschaftsbereiche
  formuliert werden: z. B. AGB bei
  Banken, Transportunternehmen,
  Reiseveranstaltern, Groß- und
  Einzelhandel.

Bedeutung im Wirtschaftsleben

– vereinfachen den Abschluß von
  Massenverträgen (Rationalisierungsaufgabe)

– begrenzen das Risiko des Verkäufers durch die Einschränkung seiner Vertragspflichten
– stärken die Stellung des Verkäufers und schränken die
  Rechte des Käufers ein

Schutz des Verbrauchers
gegenüber AGB durch

Inhalte

z. B. Vereinbarungen über:

– Gefahrenübergang

– Erfüllungsort

– Gerichtsstand

– Zahlungsweise

– Eigentumsvorbehalt

– Gewährleistungsansprüche
  bei Mängeln

– Verpackungs- und
  Beförderungskosten

Gesetz zur Regelung des Rechts der
Allgemeinen Geschäftsbedingungen
(AGB-Gesetz) vom 01. 04. 1977

● Kleingedrucktes gehört nicht automatisch zum Vertrag;
  Mindestvoraussetzungen:
  a) ausdrücklicher Hinweis des Verkäufers auf seine AGB,
  b) AGB müssen für den Käufer leicht erreichbar und mühelos lesbar sein,
  c) Käufer muß den AGB zustimmen.

● Persönliche Absprachen haben Vorrang vor abweichenden AGB; dies gilt auch für mündliche
  Absprachen, **aber Vorsicht:** der Beweis ist schwierig!

● Überraschende Klauseln werden nicht Bestandteil des Vertrages – sie sind unwirksam.

● Einzelverbote, z. B.
  a) Ausschluß oder Einschränkung von Reklamationsrechten,
  b) unangemessen lange oder ungenau bestimmte Nachfrist,
  c) Beschneidung von Rechten bei zu später Lieferung,
  d) nachträgliche Preiserhöhungen (innerhalb von vier Monaten),
  e) Ausschluß oder Beschränkung der Haftung bei grobem Verschulden
     u. ä. m.

> Vorschriften des AGB-
> Gesetzes, die den Käufer
> schützen, können **nicht**
> durch Bestimmungen
> der AGB umgangen
> werden.

Oberster Grundsatz

Der Verbraucher darf nicht unangemessen benachteiligt werden (Generalklausel § 9 AGB-Gesetz).

5.12   Besondere Arten des Kaufvertrages

Kaufvereinbarung

Die Firma Brandes & Markgraf, Fernseh – Video – Hi-Fi
Rathfeld 7, 30163 Hannover

verkauft an

Frau Krüger, Hauptstraße 7, 31036 Eime

den nachfolgend bezeichneten Videorecorder:

Modell: De Luxe NR 760 mit Funkstörungsschutz gemäß
            den EG-Vorschriften 76/889/EG

Besondere Eigenschaften: Frontlade-System, Infrarot-Fernbedienung, Speicherfunktion,
            „One Touch"-Aufnahmetaste, Einzelbild-Wiedergabe

Kaufpreis: 1 750,00 DM

Der Verkäufer überläßt dem Käufer das Gerät ab dem Tag der Übergabe für 14 Tage zur kostenlosen
Ansicht. Erfolgt nach Ablauf der Frist kein Widerruf durch den Käufer, so gilt der Kauf als abgeschlossen.

Die Garantie beginnt mit dem Tag nach Ablauf der Probezeit und bezieht sich auf das Gerät mit sämtlichen
Einzelteilen.

Zahlungsbedingungen: Der Kaufpreis ist in Teilbeträgen zu entrichten. Anzahlung bei endgültiger
            Übernahme: 500,00 DM, den Rest in fünf Raten zu je 250,00 DM, jewells am 01.03. / 01.04. /
            01.05. / 01.06. und 01.07.19..

Der Kunde erwirbt das Eigentum an dem Gerät erst nach Zahlung der letzten Rate.

Der Kunde ist verpflichtet, das ihm auf Probe überlassene Gerät sorgfältig zu behandeln.

Hannover, den 04. 02. 19 ..   Brandes & Markgraf
                                                        Hannover

(Käuferin: Frauke Krüger)   _(Verkäufer: Altmann)_

Durch welche Merkmale unterscheidet sich dieser Kauf von den üblichen Käufen?

Information

Kaufverträge lassen sich unterscheiden nach:
1. Art und Beschaffenheit der Ware,
2. der Lieferzeit,
3. dem Zeitpunkt der Zahlung,
4. der rechtlichen Stellung der Vertragspartner,
5. dem Leistungsort (Erfüllungsort).

Unterscheidung der Kaufverträge nach Art und Beschaffenheit der Ware

Kauf auf Probe

Der Käufer hat das Recht, den Kaufgegenstand innerhalb einer vereinbarten Frist zu prüfen und auszuprobieren. Sollte ihm die Ware nicht gefallen, so kann er sie innerhalb der Frist zurückgeben, ohne daß dies für ihn nachteilige rechtliche Folgen hat – ein Kaufvertrag ist nicht zustande gekommen (Kauf mit Rückgaberecht).

Meldet sich der Käufer allerdings während der Probezeit nicht, so gilt sein Verhalten als Annahme des Angebots. Nach Ablauf der Frist ist ein rechtsgültiger Kaufvertrag zustande gekommen.

Kauf nach Probe

Beim Kauf nach Probe liefert der Verkäufer die Ware aufgrund einer vorher vorgelegten oder übergebenen Probe oder eines Musters. Der Verkäufer muß sich bei seiner späteren Lieferung ganz genau an sein Probeexemplar halten.

Beispiele im Groß- und Einzelhandel:

Der Kauf von Stoffen, Tapeten, Leder, Papier, Lebensmitteln oder Tabak.

Kauf zur Probe

Möchte beispielsweise ein Einzelhändler eine neue Ware in sein Sortiment aufnehmen, so wird er zunächst eine geringe Menge bestellen, lediglich um sie zu testen. Bei seiner Bestellung kann er die Nachbestellung größerer Mengen in Aussicht stellen.

Sollte ihm die Ware nicht zusagen, so geht er bei der bezogenen kleinen Menge kein großes wirtschaftliches Risiko ein. Kommt die Ware hingegen beim Kunden gut an, so kann er später immer noch eine größere Bestellung aufgeben. Das Recht zur Rückgabe der Ware besteht beim Kauf zur Probe nicht.

Gattungskauf

Von einem Gattungskauf spricht man, wenn im Kaufvertrag die Ware nur der Art oder Klasse nach (nach allgemeinen Merkmalen) bestimmt ist. Ist nichts Näheres zwischen Verkäufer und Käufer vereinbart, so ist eine Ware mittlerer Art und Güte zu liefern.

Beispiele:

– Frau Krüger möchte den Videorecorder Modell „De Luxe" NR 760. Ob es der fünfte oder sechste in der Verkaufsreihe oder einer aus dem Lager ist, ist ihr gleichgültig.

– Kauf einer bestimmten Menge Soja,

– Kauf eines fabrikneuen PKW,

– Kauf von Heizöl, Brot oder eines Herrenanzuges „von der Stange" (Konfektionsware).

Die Kaufgegenstände sind also stets **gleichartige (= vertretbare) Sachen**. Vertretbare Sachen sind Sachen von gleicher Beschaffenheit, die nach Maß, Zahl oder Gewicht bestimmt werden. Eine vertretbare Sache kann durch eine andere, gleiche Sache ersetzt werden (z. B. Getreide, Obst, Bier, Geld, Aktien oder Serienmöbel).

Stückkauf

Der Stückkauf betrifft eine nicht nur der Gattung nach, sondern vom Käufer auch persönlich bestimmte Ware.

Beispiele:

– Frau Krüger besteht beim Kauf des Videorecorders auf die Aushändigung eines ganz bestimmten Gerätes. Sie zeigt mit dem Finger auf den Recorder. Dieses Gerät möchte sie haben und kein anderes baugleiches Modell.

– Kauf eines Maßanzuges, eines gebrauchten PKW, eines Originalgemäldes von Picasso,

– Kauf eines Grundstückes.

Kaufgegenstände sind in diesen Fällen **genau bestimmte (= nicht vertretbare) Sachen**.

Bei Mängeln an einer nicht vertretbaren Sache kann der Käufer nicht die Neulieferung einer fehlerfreien Ware verlangen.

Bestimmungskauf (Spezifikationskauf)

Der Käufer legt beim Vertragsabschluß lediglich die Warenart und die Gesamtmenge fest. Er behält sich das Recht vor, innerhalb einer festgelegten Frist die Ware genauer zu bestimmen (zu spezifizieren), z. B. nach Maß, Form, Farbe, Stück u. v. m. Sollte der Käufer die vereinbarte Frist versäumen, so kann der Verkäufer die genauere Bestimmung vornehmen. Beim Bestimmungskauf handelt es sich stets um den Kauf einer Gattungsware.

Ramschkauf (Kauf „en bloc" bzw. „in Bausch und Bogen")

Ein Käufer kauft eine bestimmte Warenmenge und vereinbart mit dem Verkäufer einen Gesamtpreis (= Pauschalpreis). Besonderes Merkmal beim Ramschkauf ist, daß für die einzelnen Stücke keine bestimmte Qualität zugesichert wird; ausschlaggebend ist die Beschaffenheit der Gesamtmenge.

Beispiel:

Aufgrund des Konkurses eines Sportfachgeschäftes wird der gesamte Warenbestand zum Pauschalpreis von 120 000,00 DM von einem Warenhaus ersteigert.

Unterscheidung der Kaufverträge nach der Lieferzeit

Sofortkauf (Tageskauf)

Der Verkäufer muß die Ware unmittelbar nach Abschluß des Kaufvertrages liefern. Die vertragliche Klausel lautet: „Lieferung sofort."

Terminkauf

Man spricht von einem Terminkauf, wenn zwischen Käufer und Verkäufer vereinbart wird, daß die Ware zu einem bestimmten Termin oder innerhalb einer festgelegten Frist geliefert werden soll.

Beispiele für Vereinbarungen:

Lieferung innerhalb der Zeit vom 1. bis 6. Juni; Lieferung Anfang Mai d. J.; Lieferung am Ende des folgenden Monats; Lieferung innerhalb eines Monats nach Bestellung; Lieferung bis 14 Tage nach der Ernte.

Fixkauf

Wird zwischen Käufer und Verkäufer ein Fixkauf vereinbart, so muß der Verkäufer die bestellte Ware zu einem genau festgelegten Zeitpunkt liefern. Versäumt der Verkäufer diesen Termin, so hat er den Vertrag nicht erfüllt und gerät automatisch in Lieferungsverzug. Die Einhaltung des vereinbarten Liefertermins ist als wesentlicher Bestandteil dieses Vertrages anzusehen. Eine nachträgliche Leistung kann nicht mehr als Erfüllung des Vertrages angesehen werden.

Beispiele für Vereinbarungen:

Lieferung am 30. September 19 . . fix (bestimmt, exakt, präzise); Lieferung bis 15. Februar 19 .. , 17.00 Uhr, fest; Lieferung genau am 10. Juni.

Kauf auf Abruf

Der Verkäufer liefert die bestellte Ware später, erst wenn der Käufer sie abruft. Vereinbart wird dabei ein Zeitpunkt innerhalb einer angemessenen Frist, zu dem der Käufer die Ware als Ganzes oder in Teilmengen geliefert haben möchte.

Beispiel:

Der Inhaber einer gutgehenden Pizzeria kauft 500 kg Mehl, das er in Teilmengen liefern läßt.

Vorteil: Durch die Abnahme einer größeren Menge erhält er Mengenrabatt und kann gleichzeitig Lagerkosten einsparen.

Unterscheidung der Kaufverträge nach dem Zeitpunkt der Zahlung

Kauf gegen Anzahlung

Der Käufer muß vor der Warenlieferung eine Teilsumme bezahlen. Verkäufer verlangen diese Zahlungsweise häufig dann, wenn über die Zahlungsfähigkeit eines Kunden (= Bonität) keine zuverlässigen Angaben vorliegen.

Barkauf

Ein Barkauf liegt vor, wenn der Käufer die Ware sofort nach der Übergabe der Ware zahlen muß. (Zug-um-Zug-Geschäft).

Kommissionskauf

Beim Kommissionskauf schließt z. B. ein Einzelhändler mit dem Lieferanten einen Kommissionsvertrag. Danach soll der Einzelhändler Ware vom Lieferanten erhalten und sie für ihn, aber in eigenem Namen verkaufen, so daß der Lieferant selbst unbekannt bleiben kann. Der Einzelhändler muß die Ware erst bezahlen, wenn er sie weiterverkauft hat. Bis zum Verkauf an den Endverbraucher bleibt der Lieferant Eigentümer der Kommissionsware, danach geht das Eigentum auf den Verbraucher über.

Der Einzelhändler rechnet die verkaufte Kommissionsware mit dem Lieferanten ab, indem er den Rechnungsbetrag abzüglich der Verkaufskosten und der ihm zustehenden Provision überweist. Nicht verkaufte Ware kann er ohne Nachteile an den Lieferanten zurückgeben.

Kommissionsgeschäfte können für den Einzelhändler von Vorteil sein, wenn er z. B. neue oder/und modische Waren einführen will. Denn einerseits trägt der Lieferant das Absatzrisiko alleine und andererseits ist der Kapitalbedarf für den Einzelhändler gering bei gleichzeitig breitem und/oder tiefem Sortiment.

Kommissionsgeschäfte sind von Bedeutung im Buch-, Schmuck-, Gebrauchtwagen-, Möbel- und Elektrohandel.

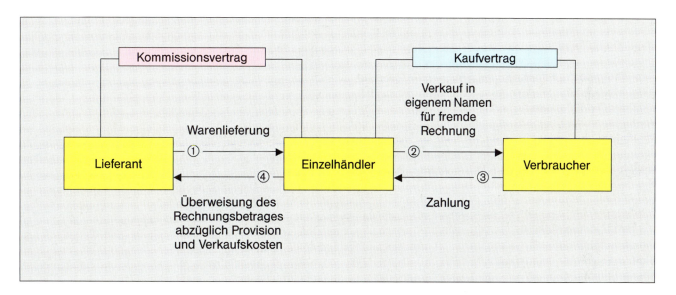

Zielkauf

Wird zwischen Käufer und Lieferant vereinbart, daß die Zahlung des Kaufpreises erst einige Zeit nach der Lieferung der Ware erfolgen soll, z. B. 30 Tage, so handelt es sich um einen Zielkauf.

Abzahlungskauf (Ratenkauf)

Kann vom Käufer der Kaufpreis nicht sofort in voller Höhe bezahlt werden, so kann der Verkäufer mit ihm vereinbaren, den Kaufpreis in gleichbleibenden Teilbeträgen zu begleichen, die Zahlung also über einen längeren Zeitraum zu verteilen. Man spricht dann von einem Abzahlungs- oder Ratenkauf, wenn der Kaufpreis in mindestens zwei Raten bezahlt wird. Der Verkäufer kann sich bis zur vollständigen Bezahlung des Kaufpreises das Eigentum an der Kaufsache vorbehalten. Erst mit der Zahlung der letzten Rate geht das Eigentum an der Sache auf den Käufer über.

Ist der Käufer kein Kaufmann, so wird ein Abzahlungskauf nur wirksam, wenn bestimmte Mindestanforderungen eingehalten werden. Erforderlich ist die **Schriftform** des Vertrages mit folgenden Inhalten:
- Barzahlungspreis,
- Teilzahlungspreis,
- Betrag, Zahl und Fälligkeit der Teilzahlungsraten, z. B. erste Rate bei Lieferung, 17 weitere Raten von je 184,00 DM, fällig jeweils am 15. eines Monats.
- Effektiver Jahreszins.

Die Gegenüberstellung von Bar- und Teilzahlungspreis soll dem Käufer deutlich machen, welchen Aufpreis er bezahlen muß; der effektive Jahreszins gibt hierüber Aufschluß.

Darüber hinaus räumt das Verbraucherkreditgesetz (VerbrKrG vom 17. 12. 1990) dem Käufer ein **Widerrufsrecht** ein, das er innerhalb einer Woche nach Aushändigung des schriftlichen Kaufvertrages ohne Angaben von Gründen wahrnehmen kann. Der Kaufvertrag muß eine schriftliche Belehrung über das Widerrufsrecht enthalten, die vom Abzahlungskäufer gesondert unterschrieben werden muß. Der Kaufvertrag wird erst wirksam, wenn der Käufer nicht innerhalb einer Woche von seinem Widerrufsrecht Gebrauch macht.

Sollte der Käufer mit seinen Ratenzahlungen in Verzug geraten, ist der Lieferer ohne vorherige Fristsetzung zum Rücktritt vom Kaufvertrag berechtigt. Jede Vertragspartei ist dann verpflichtet, der anderen die bereits empfangenen Leistungen zurückzuerstatten. Kommt es über ein Abzahlungsgeschäft zum Rechtsstreit, ist das Gericht am Wohnsitz des Käufers zuständig.

Unterscheidung der Kaufverträge nach der rechtlichen Stellung der Vertragspartner

Am Zustandekommen eines Kaufvertrages können Kaufleute und Privatpersonen (= Nichtkaufleute) beteiligt sein.

Zweiseitiger Handelskauf

Beide Vertragspartner sind Kaufleute, die im Rahmen ihres Handelsgewerbes ein Geschäft abschließen (= Handelsgeschäft).

Beispiel:

Eine Holzgroßhandlung verkauft Spanplatten an einen Tischler. Da Käufer und Verkäufer mit dem Holz aus geschäftlichen Gründen handeln, ist das Geschäft für beide ein Handelsgeschäft.

Einseitiger Handelskauf

Mindestens ein Vertragspartner handelt als Kaufmann. Für ihn ist das Geschäft ein Handelsgeschäft, so daß die Bestimmungen über den Handelskauf zutreffen. Der andere Partner kann eine Privatperson oder ein Kaufmann sein, der den Kauf für private Zwecke abschließt. Für den Partner, der als Nichtkaufmann handelt, gelten die Vorschriften des bürgerlichen Kaufs.

Es ist daher stets entscheidend, ob jemand als Kaufmann **handelt,** nicht, ob er Kaufmann ist.

Beispiele:

– Ein Unternehmer kauft in einem Kaufhaus einen Taschenrechner, den er ausschließlich für den privaten Gebrauch benötigt.
– Jens Schrader kauft in einem Fachgeschäft eine Videokassette.

Bürgerlicher Kauf

Beide Vertragspartner sind Nichtkaufleute, für beide ist das Geschäft kein Handelsgeschäft. Für den bürgerlichen Kauf gelten die Bestimmungen des Bürgerlichen Gesetzbuches.

Beispiele:

– Martina kauft das gebrauchte Surfbrett ihrer Freundin Patty.
– Der Lebensmittelgroßhändler Breves kauft aufgrund einer Zeitungsanzeige von einer Privatperson einen Tennisschläger.

Aufgaben

1. Bestimmen Sie, welche Kaufvertragsarten mit den folgenden Beispielen bzw. Aussagen angesprochen werden.

   a) Die Firma Sander & Sohn erhält eine Warensendung mit folgendem Begleitschreiben (Auszug): „Aufgrund Ihrer schriftlichen Anfrage vom 18. 06. erhalten Sie das gewünschte Gerät mit Rückgaberecht innerhalb von 14 Tagen."

   b) Ein Kaufmann bezieht eine geringe Menge einer Ware und gibt dem Lieferer zu erkennen, daß später weitere Bestellungen folgen werden, wenn die gelieferte Ware seinen Erwartungen entspricht.

   c) Ein Kaufmann nimmt aufgrund einer Probe einen Artikel in sein Warensortiment neu auf.

   d) Ein Einzelhändler kauft bei seinem Großhändler eine vertretbare Sache, z. B. Mehl.

e) Der Zeitpunkt der Lieferung ist in das Ermessen des Käufers gestellt.

f) Kauf einer Ware, bei dem nähere Einzelheiten innerhalb einer Frist noch angegeben werden.

g) Der Käufer erwirbt eine größere Menge Ware „wie sie steht und liegt", ohne daß der Verkäufer bestimmte Eigenschaften zusichert.

h) Die Lieferung hat sofort nach der Bestellung zu erfolgen.

i) Der Käufer einer Ware muß erst nach Ablauf einer Frist bezahlen.

j) Die Lieferung muß zu einem genau bestimmten Zeitpunkt oder innerhalb des vereinbarten Zeitraums erfolgen; dies ist ein wesentlicher Bestandteil des Vertrages.

k) Ein Hersteller von Fahrrädern möchte für die notwendigen Werkstoffe Lagerraum und damit Lagerkosten einsparen, trotzdem aber die Einkaufsvorteile für größere Bestellmengen in Anspruch nehmen.

l) Ein Händler läßt sich eine Ansichtssendung mit Weinen verschiedener Jahrgänge und Qualitäten zusenden. Danach bestellt er „wie gehabt" verschiedene Weine in unterschiedlichen Bestellmengen.

m) Der Käufer hat das Recht auf Prüfung der Ware innerhalb einer bestimmten Frist ohne Kaufzwang.

n) Im Kaufvertrag wurde vereinbart „Lieferung Anfang Oktober d. J".

o) Ein Einzelhändler verkauft Ware in eigenem Namen, aber für fremde Rechnung.

2. Welchen Vorteil hat der Kauf auf Abruf für den Käufer?

3. Welchen Vorteil bietet der „Kauf auf Probe"?

4. Nennen Sie verschiedene Vorteile, die das Kommissionsgeschäft für

   a) den Einzelhändler,

   b) den Auftraggeber bringt.

5. Welche Geschäfte führen zu einem

   – einseitigen Handelskauf,

   – zweiseitigen Handelskauf,

   – bürgerlichen Kauf?

a) Frau Weiß ist Inhaberin eines Blumengeschäftes. Sie kauft von einem Autohändler einen Kleintransporter für ihr Geschäft.

b) Frau Weiß kauft sich im Modehaus „Lafontaine" ein Kostüm.

c) Die Hausfrau Bruns kauft einen Staubsauger in einem Warenhaus.

d) Der Geschäftsführer eines Unternehmens kauft für private Zwecke einen PKW von einem Gebrauchtwagenhändler.

e) Der Geschäftsführer eines Unternehmens schließt einen Kaufvertrag über den Bezug von Stoffen für die Produktion.

f) Der Bäckermeister Gravenkamp entnimmt Backwaren aus seinem Laden für private Zwecke.

g) Peter verkauft seine Briefmarkensammlung an seinen Freund Jens.

6. Herr Koch leistet bei Vertragsabschluß über den Kauf einer Couchgarnitur eine Anzahlung und vereinbart mit dem Verkäufer, daß der Rest bei Lieferung gezahlt wird. Seine zur Zeit bettlägerige Frau ist mit diesem Kauf nicht einverstanden – ihr gefällt das Design nicht. Herr Koch beruft sich auf das AbzG und widerruft daraufhin noch am selben Tag telefonisch den abgeschlossenen Kaufvertrag. Das Unternehmen weigert sich jedoch, den Widerruf anzuerkennen. Über welche rechtlichen Bestimmungen war Herr Koch nicht informiert?

7. Herr Arnold hat am 05.08. einen Diaprojektor auf Raten gekauft. Der Vertragstext ist von ihm unterschrieben (1. Unterschrift) und eine Durchschrift ordnungsgemäß ausgehändigt worden.

Am 19.08., Herr Arnold hat zu diesem Zeitpunkt den Projektor längst noch nicht vollständig bezahlt, erklärt er ohne Angaben von Gründen den Widerruf des Kaufvertrages.

Einige Tage später erhält Herr Arnold ein Schreiben des Verkäufers. Hierin weigert er sich – unter Hinweis auf die bereits abgelaufene Wochenfrist –, das Schreiben anzuerkennen. Herr Arnold sei folglich an den rechtsgültig abgeschlossenen Kaufvertrag gebunden und zur ordnungsgemäßen Zahlung verpflichtet.
Warum sind in diesem Fall die Einwände des Verkäufers rechtlich nicht haltbar?

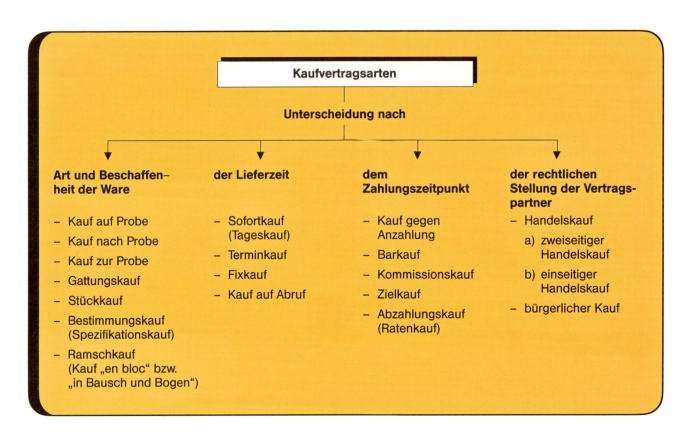

5.13 Die Warenannahme

Was muß bei der Annahme der Ware beachtet werden?

Information

Bestellte Waren werden einem Unternehmen durch die Post oder die Eisenbahn, durch Boten oder Speditionsunternehmer zugestellt. Vertragsgemäß gelieferte Ware muß abgenommen werden. Nicht immer jedoch ist die Lieferung einwandfrei. Die Ware kann Mängel aufweisen, die entweder der Hersteller zu verantworten hat oder die durch den Transporteur verursacht wurden. Damit das Unternehmen als Käufer nicht das Recht zur Reklamation verliert, müssen beim Wareneingang verschiedene Prüfungen vorgenommen werden.

Es wird sofort – also auf der Stelle – mit Hilfe der Warenbegleitpapiere die **Berechtigung der Lieferung** kontrolliert. Bei der Ware könnte es sich ja um Irrläufer handeln oder um unverlangte Gegenstände. Irrläufer erkennt man meist schon an der falschen Adresse. Unverlangte Sendungen sind zu erkennen, wenn die Warenannahme im Betrieb (z. B. durch die Einkaufsabteilung) rechtzeitig über jeden zu erwartenden Eingang unterrichtet ist.

Auch die **Verpackung** muß sofort überprüft werden. Noch in Gegenwart des Überbringers ist festzustellen, ob die Verpackung in irgendeiner Weise beschädigt ist. Bei Artikeln, die nicht verpackt sind, ist das Äußere der Ware auf Mängel hin zu untersuchen. Anschließend wird eine

Mengenprüfung vorgenommen. Es wird geklärt, ob die Anzahl bzw. das Gewicht der Versandstücke mit den Versandpapieren übereinstimmt.

Ergeben sich bei den drei genannten Kontrollen Mängel, verlangt der Mitarbeiter in der Warenannahme eine Tatbestandsaufnahme. Tatbestandsaufnahme bedeutet, daß der Transporteur die festgestellten Mängel schriftlich bestätigt. Der Betrieb ist dann berechtigt, die Abnahme der Ware zu verweigern oder die Ware nur unter Vorbehalt anzunehmen.

Weiterhin muß der **Zustand der Waren** untersucht werden. Nach dem Auspacken der Ware ist zu prüfen, ob die gelieferten Artikel den im Kaufvertrag vereinbarten Eigenschaften entsprechen. Eine genaue Kontrolle läßt sich aus zeitlichen Gründen nicht immer sofort bei der Übergabe der Ware durchführen. Sie muß aber „unverzüglich" erfolgen.

Unverzüglich bedeutet, die Prüfung darf ohne wichtigen Grund nicht verzögert werden. Die Ware muß zum nächstmöglichen Zeitpunkt auf eventuelle Mängel hin untersucht werden.

Stellt ein Mitarbeiter in der Warenannahme fest, daß die Ware beispielsweise beschädigt ist, teilt er dies dem Lieferanten mit. Die fehlerhafte Ware wird mit dieser „Mängelrüge" beanstandet, damit der Betrieb seine Ansprüche nicht verliert.

Ist die Ware einwandfrei, wird sie ins Lager oder in die Verkaufsräume gebracht. Gleichzeitig wird der Einkaufsabteilung und der Buchhaltung gemeldet, daß die bestellte Ware eingetroffen ist.

Aufgaben

1. Warum muß der Betrieb bei der Annahme von Waren bestimmte Kontrollen vornehmen?
2. Erklären Sie den Unterschied zwischen einer sofortigen und einer unverzüglichen Prüfung.
3. Welche Kontrollen müssen beim Wareneingang sofort vorgenommen werden?
4. Was kann unverzüglich kontrolliert werden?
5. Welche Maßnahmen hat der Betrieb bei Beanstandungen zu ergreifen?

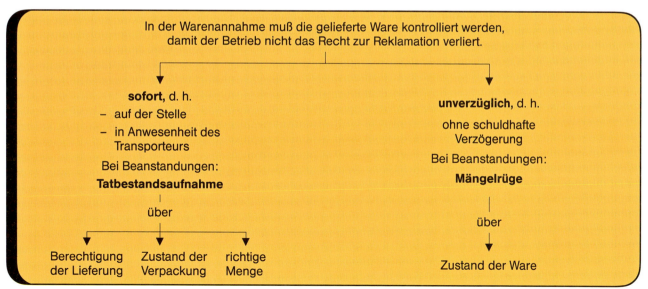

5.14 Mangelhafte Lieferung

Herr Deppe, Leiter der Einkaufsabteilung im Sporthaus Klaus Kuhlmann, Hannover, bestellt bei der Firma Bernd Grothe & Sohn, Braunschweig

100 Stück **Grothe Prestige,** Jogginganzüge, Farbe: marine, Obermaterial Tactel-Polyamid, Polyester, Klimamembrane für absolute Wasserdichtheit, verstellbarer Beinabschluß, in der Taille Kordelzug und Klemmverschluß, Größe 44,

50 Stück **Grothe Prestige,** Größe 38.

Eine Woche später trifft die bestellte Ware im Sportgeschäft Kuhlmann ein.

Beim Eingang der Anzüge werden bei der Überprüfung der Lieferung einige Mängel festgestellt. Daraufhin erhält Herr Deppe von einem Mitarbeiter des Wareneingangs folgende schriftliche Mitteilung:

Wareneingang: 06. 07. 19 . .

Lieferer:

Firma Bernd Grothe & Sohn
Fabrikation von Sportkleidung
Sonnenhagen 20
38100 Braunschweig

Fehlermeldung

Ware	Best.-Nr.	gelieferte Anzahl	fehlerhafte Anzahl	Beanstandung
Jogginganzüge Grothe Prestige Größe 44	17649	99	3	1 Anzug wurde zu wenig geliefert. 1 Anzug weist unsaubere Nähte auf. 2 Anzüge mit Rissen im Oberstoff
Grothe Prestige Größe 38	17647	–	–	Es wurden 50 Anzüge Grothe Sierra geliefert.

geprüft: *Schramm*   Datum: *06. 07. 19 . .*

Welche Rechte kann der Einkaufsleiter, Herr Deppe, in Anspruch nehmen?

Information

Der Verkäufer trägt das Risiko des zufälligen Untergangs oder der zufälligen Verschlechterung der Ware bis zum Zeitpunkt der Übergabe (Gefahrenübergang). Die Ware muß mit der Bestellung übereinstimmen und muß zum Zeitpunkt des Gefahrenübergangs mangelfrei sein. Dies bedeutet, daß keine Fehler vorhanden sein dürfen und daß die Ware die zugesicherten Eigenschaften aufweisen muß. Für sämtliche Fehler bis zum Zeitpunkt der Übergabe muß der Verkäufer haften **unabhängig davon, ob ihn ein Verschulden trifft oder nicht.**

Arten der Mängel

Eine Warenlieferung kann folgende Mängel aufweisen:

● Mängel im Hinblick auf die **Ware**:

Mängel in der		Beispiele:		
Menge (Quantitätsmangel)	Falschlieferungen	Es wird zu wenig oder zu viel Ware geliefert, z. B. anstatt 100 nur 99 Jogginganzüge.	Mängel beim zweiseitigen Handelskauf gemäß HGB	
Art (Gattungsmangel)		Es wird eine andere Ware als die bestellte geliefert, z. B. anstatt 50 Jogginganzüge der Marke „Prestige" die Marke „Sierra".		Mängel beim einseitigen Handelskauf u. bürgerlichen Kauf gemäß BGB
Beschaffenheit	Sach- oder Qualitätsmängel	Es wird verdorbene oder beschädigte Ware geliefert, z. B. Jogginganzüge mit Rissen im Oberstoff.		
Güte		Es wird Ware geliefert, der zugesicherte Eigenschaften fehlen, z. B. bestellte wasserdichte Jogginganzüge, die aber aufgrund unsauberer Nähte wasserdurchlässig sind.		

Die Mängelrüge

Der Käufer hat die Pflicht, die gelieferte Ware zu prüfen und etwaige Mängel aufzunehmen, ggf. sind Stichproben zu entnehmen, deren Anzahl sich an der Menge und der Art der Ware orientiert; z. B. 5 von 2 400 Pilzkonserven genügen.

Die Mitteilung an den Verkäufer über die vorgefundenen Warenmängel ist grundsätzlich **formfrei,** sofern sich aus dem Handelsbrauch nichts anderes ergibt. Versucht der Käufer mehrfach erfolglos, den Verkäufer telefonisch zu erreichen, muß er danach – unverzüglich – **schriftlich rügen.** Es genügt die rechtzeitige Absendung der Rüge durch ein zuverlässiges Beförderungsmittel. Verzögerungen bei der Übermittlung gehen zu Lasten des Verkäufers. Die Beweislast für den Zugang und die Verlustgefahr liegen allerdings beim Käufer. Aus Gründen der Beweissicherung ist es daher immer empfehlenswert, schriftlich zu reklamieren und dabei die festgestellten Mängel so genau wie möglich zu beschreiben. Die Rüge kann auch durch Telefax erfolgen.

Welche Reklamations**frist** dabei eingehalten werden muß, ist u. a. abhängig von der Erkennbarkeit des Mangels (vgl. Seite 174).

● Mängel im Hinblick auf die **Erkennbarkeit**:

Offene Mängel

sind bei der Prüfung der Ware sofort zu erkennen, z. B. eine beschädigte Tischoberfläche.

Versteckte Mängel

sind bei der Prüfung der Ware nicht gleich sichtbar, sondern zeigen sich erst später, z. B. verdorbene Konserven, Materialfehler bei einem Auto.

Arglistig verschwiegene Mängel

sind versteckte Mängel, die der Verkäufer absichtlich verheimlicht hat, z. B. der Verkauf eines angeblich unfallfreien PKWs, obwohl es ein Unfallwagen ist.

Reklamationsfristen (Rügefristen)

Der Käufer muß bestimmte Reklamationsfristen einhalten. Sie sind beim bürgerlichen Kauf und einseitigen bzw. zweiseitigen Handelskauf unterschiedlich.

Art des Kaufs Reklamations- fristen bei:	Käufer und Verkäufer sind Kaufleute (zweiseitiger Handelskauf)	Käufer und Verkäufer sind oder handeln als Privatpersonen bzw. einer von beiden (bürgerlicher Kauf oder einseitiger Handelskauf)
offenen Mängeln	unverzüglich (= ohne schuldhaftes Verzögern) nach Prüfung	keine unverzügliche Prüfung nötig;
versteckten Mängeln	unverzüglich nach Entdeckung, spätestens sechs Monate nach Lieferung (vertragliche Verlängerung ist möglich)	innerhalb von sechs Monaten nach Lieferung (= gesetzliche Gewährleistungsfrist)
arglistig verschwiegenen Mängeln	unverzüglich nach Entdeckung innerhalb von 30 Jahren	30 Jahre

Kommt **beim zweiseitigen Handelskauf** ein Käufer seiner **Reklamationspflicht nicht fristgerecht nach, verliert er seine Rechte aus der mangelhaften Lieferung.** Die Ware gilt dann als genehmigt, es sei denn, es handelt sich um einen „nicht erkennbaren" Mangel.

Durch Schweigen verliert also der Käufer seine Gewährleistungsansprüche nach kurzer Zeit. Dies gilt sogar, wenn der Verkäufer ihm eine andere als die vereinbarte Ware geliefert hat.

Die Vorschrift soll dazu beitragen, Handelsgeschäfte zügig abzuwickeln. Der Verkäufer soll voraussehen und berechnen können, was im Geschäftsverkehr mit anderen Unternehmen auf ihn zukommt.

Beispiel:

Die Jogginganzüge ohne offensichtliche Mängel werden im Laufe der nächsten drei Wochen verkauft. Vierzehn Tage später beschweren sich zwei Kunden beim Sporthaus Kuhlmann, daß sie in ihren Jogginganzügen naß geworden sind. Sie wollen die Anzüge nicht behalten und verlangen den Kaufpreis zurück.

Versehentlich meldet der Einkaufsleiter, Herr Deppe, den versteckten Mangel bei der Firma Bernd Grothe & Sohn, Braunschweig, erst sieben Monate nach der Lieferung. Er hat nun z. B. kein Recht mehr auf Rückgabe, sondern muß die mangelhafte Ware bezahlen.

Aufbewahrungspflicht

Beim zweiseitigen Handelskauf ist der Käufer nur dazu verpflichtet, die mangelhafte Ware – auf Kosten des Verkäufers – aufzubewahren, bis ihm dieser mitteilt, wie er weiterhin mit ihr verfahren will.

Bei verderblicher Ware hat der Käufer das Recht, die mangelhafte Ware öffentlich zu versteigern oder sie durch einen öffentlich ermächtigten Handelsmakler verkaufen zu lassen.

Rechte des Käufers bei Sachmängeln

Hat der Käufer einen Mangel rechtzeitig gemeldet, so stehen ihm folgende Gewährleistungsrechte **zur Wahl**:

Wandlung (§ 462 BGB),
d. h. den **Kaufvertrag rückgängig machen.** Der Käufer gibt die Ware zurück und bekommt den Kaufpreis erstattet.

Den Rücktritt wird der Käufer dann wählen, wenn das Geschäft sich im nachhinein als ungünstig herausstellt und er froh ist, davon loszukommen, beispielsweise, wenn er anderswo günstiger einkaufen kann.

Minderung (§ 462 BGB),
d. h. **angemessene Herabsetzung des Kaufpreises** verlangen (Preisnachlaß) und die Ware behalten.

174

Auf Minderung wird der Käufer bestehen, wenn er die Ware trotz des Mangels wirtschaftlich verwerten kann.

Wahlrecht:

Hat sich der Käufer einmal für die Wandlung entschieden, so ist der Vertrag **endgültig aufgelöst;** Minderung kommt dann nicht mehr in Betracht. Wurde dagegen wegen eines Mangels gemindert, so kann wegen eines anderen Mangels an derselben Ware erneut gemindert oder auch gewandelt werden (§ 475 BGB).

Die Minderung läßt den Vertrag bestehen.

Ersatzlieferung (§ 480 BGB),

d. h. **mangelfreie Ware der gleichen Art verlangen** (Ersatz- oder Neulieferung).

Das Recht auf Ersatzlieferung ist **nur bei Gattungsware** möglich (= vertretbare Sachen wie z. B. Bücher oder Butter).

Anstelle von Wandlung oder Minderung wird der Käufer die Lieferung einer mangelfreien Ware verlangen, wenn z. B. der vereinbarte Kaufpreis besonders günstig war.

Schadenersatz wegen Nichterfüllung (§ 463 BGB)

Dieses Recht kann der Käufer nur geltend machen, wenn

- der Ware eine zugesicherte Eigenschaft fehlt, z. B. nicht dem zugesandten Muster entspricht (Kauf nach Probe) oder
- der Verkäufer einen Fehler arglistig verschwiegen hat oder
- eine nicht bestehende Eigenschaft arglistig vorgetäuscht wurde.

Schadenersatz wegen Nichterfüllung wird der Käufer verlangen, wenn ihm aufgrund der mangelhaften Ware Gewinn entgangen ist, Kunden verlorengegangen oder andere Geschäftsschädigungen entstanden sind.

Beispiel:

Der Inhaber eines Geschäftes für Malerbedarf bestellt aufgrund eines ihm zuvor zugeschickten Musters 100 Rollen abwaschbare Tapeten mit einem besonders interessanten, modischen Design direkt beim Hersteller. Nach 14 Tagen ist zwar der gesamte Tapetenvorrat verkauft, aber dann beginnt auch der Ärger. Zwei langjährige Kunden reklamieren die Ware. Von „abwaschbar" konnte nicht im geringsten die Rede sein, denn der Hersteller hatte die entsprechende Sonderbeschichtung

---

vergessen. Die verärgerten Kunden ist der Händler daraufhin für immer los. Es entsteht ihm ein Schaden, da weitere Verkäufe an diese Kunden nun nicht mehr möglich sind. Für den dadurch entstandenen Schaden (= entgangener Gewinn) muß der Tapetenhersteller haften.

Die vier dargestellten Rechte des Käufers können ihm unterschiedliche Vorteile bringen, je nach Gestaltung des konkreten Falles. Er muß sich daher genauestens überlegen, welcher Anspruch sich für ihn wirtschaftlich am günstigsten auswirkt.

Es sei noch einmal darauf hingewiesen, daß beim einseitigen Handelskauf und beim bürgerlichen Kauf lediglich die Mängel in der Beschaffenheit und Güte als Mängel betrachtet werden und daher Gewährleistungsansprüche nur in diesen Fällen bestehen (vgl. Tabelle Seite 173).

Der Käufer ist dabei aber nicht verpflichtet, eine Gutschrift des Kaufmanns entgegenzunehmen.

Vertragliche Abweichungen

Vertragsbestimmungen über **Beschränkungen und Ausschluß** der Gewährleistungs*ansprüche* sind **zulässig** (§ 477 I, 2 BGB).

Derartige Klauseln finden sich besonders in den AGB. Sie sind gegenüber Nichtkaufleuten nur wirksam, wenn sie Vertragsbestandteil geworden sind.

Durch die Allgemeinen Geschäftsbedingungen kann

- der Käufer bei „offensichtlichen" Mängeln zu einer kürzeren Frist für die Mängelrüge und
- zur Akzeptierung der Nachbesserung bei unerheblichen Mängeln verpflichtet werden.

Der Anspruch auf kostenlose Fehlerbeseitigung kann dem Käufer einer neuen Sache aber nie genommen werden.

Bei gebrauchten Waren kann die Gewährleistung ausgeschlossen werden. Dazu gehören aber nicht Mängel, die „arglistig" oder „vorsätzlich" verschwiegen werden.

Eine besondere Stellung nehmen die den Waren beigefügten Garantiekarten ein und die darin dem Endverbraucher eingeräumten Rechte auf Nachbesserung bzw. Ersatzlieferung.

Die Garantie bedarf der ausdrücklichen vertraglichen Vereinbarung, in der Inhalt und Umfang sowie die Garantiefrist bestimmt werden sollten.

Garantiekarten entbinden den Verkäufer nicht von seiner Gewährleistungspflicht. Er ist der Vertragspartner des Käufers, und er muß dafür geradestehen, daß die gekaufte Ware bei Übergabe keine Mängel aufweist.

Nach dieser Händlerpflicht kann ein Käufer Waren, die einen Mangel aufweisen, innerhalb von sechs Monaten
- zurückgeben und den Kaufpreis zurückverlangen,
- das mangelhafte Stück behalten, sich aber einen Teil des Kaufpreises erstatten lassen,
- gegen ein fehlerfreies Stück austauschen lassen.

Garantiekarten ändern an dieser Rechtslage zunächst gar nichts, da sie zumeist vom Hersteller stammen, mit dem der Käufer keine Vertragsbeziehung hat.

Im Kleingedruckten vieler Vertragsformulare ist indes geregelt, daß ein Käufer erst einmal Nachbesserungsversuche an der Ware dulden muß, bevor er diese Käuferrechte geltend machen kann.

Meist sind zwei Nachbesserungsversuche des Händlers zulässig, bis es heißt: die Nachbesserung ist fehlgeschlagen.

Bei einfachen Waren ist dies schon nach einer einmaligen Reparatur der Fall, bei technisch komplizierten Waren, wie z. B. Kameras oder Stereoanlagen, können bis zu drei Reparaturen vorgenommen werden. Die Kosten hat der Verkäufer zu tragen, z. B. für Material, Transport, Arbeit.

Nun kann es passieren, daß mittlerweile sechs Monate vergangen sind, und nach Ablauf dieser Frist der Anspruch des Käufers auf Preisminderung oder Rückgängigmachung des Vertrages nach dem BGB verjährt wäre. Dabei ist zu beachten, daß die Zeit, die der Verkäufer für seine Nachbesserungsversuche benötigt hat, nicht mitgerechnet wird. Das heißt: Haben die Nachbesserungsversuche insgesamt drei Monate gedauert, verlängert sich die Verjährungsfrist von sechs auf neun Monate.

Räumt der Verkäufer in den Geschäftsbedingungen zunächst nur ein Recht auf Nachbesserung der mangelhaften Ware ein und erfüllt er diesen Anspruch nicht, kann der Käufer den Mangel selbst beseitigen lassen und hierfür vom Verkäufer einen Vorschuß verlangen.

Das Vorschußrecht hat man allerdings erst, wenn man den Verkäufer per Mahnung in Verzug setzt. Statt des Vorschusses kann man verlangen, daß der Preis herabgesetzt oder aber der Kauf rückgängig gemacht wird.

Verpflichtet sich der Verkäufer zu einer *Verlängerung* der Gewährleistungs**frist** von 6 Monaten, so gilt diese vertraglich vereinbarte Zeit.

Verkürzungen hingegen, z. B. in den Allgemeinen Geschäftsbedingungen des Verkäufers wie „... Garantie innerhalb von drei Monaten" oder „Reklamationen nur innerhalb von acht Tagen", sind unwirksam.

Sollte sich herausstellen, daß beim einseitigen Handelskauf der Kunde bei seiner Reklamation keine Rechte geltend machen kann, weil er im Unrecht ist, so sollte sich der Kaufmann dennoch überlegen, ob er ihm nicht freiwillig entgegenkommt. Ein derartig entgegenkommendes Verhalten nennt man im Geschäftsleben „**Kulanz**".

Kulanzregulierungen liegen beispielsweise vor bei
- Umtausch der Ware, obwohl die Rügefrist verstrichen ist,
- Erweiterung der Garantie,
- Umtausch der Ware, obwohl die Beschädigung der Ware wahrscheinlich während des Transportes nach Hause entstanden ist,
- Anerkennung der vom Kunden vorgenommenen Preisreduzierung.

Umtausch?
Häufig lese ich in den Schaufenstern: „Sonderangebote werden nicht umgetauscht." Gilt das auch, wenn ich hinterher einen Fehler an der Ware entdecke?

E. L., Wuppertal

Grundsätzlich gilt:
Ein Geschäftsinhaber ist gesetzlich nicht verpflichtet, eine gekaufte Ware umzutauschen, weder zu normalen Zeiten noch während Schluß- oder Sonderverkäufen.

Meistens jedoch zeigen sich die Geschäftsleute kulant, wenn ein Kunde, zum Beispiel weil ein Hemd doch nicht zum Jackett paßt, eine Ware gegen eine andere umtauschen will. Im Zweifel sollte sich der Käufer die Umtausch-Zusage auf dem Kassenbon schriftlich bestätigen lassen. Entdeckt der Kunde am gekauften Stück allerdings einen Fehler erst zu Hause, dann ist der Verkäufer gesetzlich verpflichtet, dem Kunden nach dessen Wahl ein makelloses Produkt anzubieten, den Preis zurückzuerstatten oder eine Preisminderung auszuhandeln. Das gilt in jedem Fall, gleich, ob die Ware regulär gekauft wurde oder aus Schluß- oder Sonderverkäufen stammt. Ein Hinweis, daß Sonderangebote nicht reklamiert werden können, ist nur dann zulässig, wenn die Ware ausdrücklich als fehlerhaft oder zweite Wahl kenntlich gemacht wurde.

Produkthaftungsrecht

Seit dem 01.01.1990 muß der Hersteller nach dem **Produkthaftungsgesetz** (Gesetz über die Haftung für fehlerhafte Produkte; **ProdHG**) für Schäden haften, die dem privaten Verbraucher aus der Benutzung seines Produktes entstehen. Dies gilt sowohl für Personen- als auch für Sachschäden, die dem Verbraucher bei bestimmungsgemäßem Gebrauch infolge eines Produktfehlers entstanden sind. Das Gesetz steht neben dem Paragraphen 823 BGB, der die bisherigen Produkthaftung regelt.

> **Beispiele:**
>
> – nicht ausreichend tragfähige Leiter
> – ungenügend gesicherte Kindersitze
> – defekte Skibindung
> – platzende Mineralwasserflaschen

Generell erfaßt das Produkthaftungsrecht

– typische *Massenprodukte* wie Kraftfahrzeuge, Werkzeuge, elektrische Geräte, Computerprogramme, Mineralwasserflaschen;
– *Einzelprodukte* wie individuell erstellte Maschinen und Bauteile, durch Tuning veränderte Pkw und Einbauteile.

Zur Abgrenzung der Verbraucherrechte aus Gewährleistung und *zu Mangelfolgeschäden* muß beachtet werden, daß die Produkthaftung nur auf solche Fälle anzuwenden ist, in denen der Schaden nicht an dem Produkt selbst, sondern an einer anderen Sache entstanden ist. Die Haftung tritt sodann ohne Nachweis eines Verschuldens ein (Gefährdungshaftung).

Voraussetzung für die Haftung

Nach § 3 ProdHG hat ein Produkt einen Fehler, wenn es nicht die Sicherheit bietet, die unter Berücksichtigung aller Umstände berechtigterweise (vom durchschnittlichen Produktbenutzer) erwartet werden kann.

Insbesondere erwähnt das Gesetz:

a) die **Darbietung** des Produkts.

> **Beispiele:**
>
> An Produkte, die als „absolut feuerfest, bruchsicher usw." bezeichnet werden, dürfen entsprechend hohe Anforderungen gestellt werden.
>
> Ein allradgetriebener Pkw, der in der Fernsehwerbung eine verschneite Skisprungschanze hinauffährt, muß sich auch im Alltag als überdurchschnittlich wintertauglich erweisen.

b) den **üblichen Gebrauch** (auch den „Fehlgebrauch").

> **Beispiel:**
>
> Kinder nehmen Holzspielzeug oft in den Mund. Dies ist zwar nicht bestimmungsgemäß, aber üblich und deshalb für den Hersteller zu erwarten. Er darf deshalb bei diesen (und vergleichbaren) Produkten keine giftigen Anstrichfarben verwenden. In diesem Fall genügt kein schriftlicher Hinweis, etwa mittels Beipackzettel, denn die Warnung der Kinder ist damit noch nicht sichergestellt. Der Hersteller muß daher gefahrlose Farben verwenden oder ungefärbte Produkte verkaufen.

c) den **Zeitpunkt**, in dem es in den **Verkehr gebracht** wurde.

Der entscheidende Zeitpunkt für die Beurteilung der Fehlerhaftigkeit ist der Augenblick, in dem das Produkt in den Verkehr gebracht wurde. Ein Produkt, das zu diesem Zeitpunkt den üblichen Sicherheitserwartungen entsprach, wird nicht später fehlerhaft, weil sich die Erwartungen an das Maß der Sicherheit verschärfen.

> **Beispiele:**
>
> Ein Airbag-System gehört wohl heute noch nicht zum Sicherheitsstandard eines normalen Mittelklassewagens. Sollten Airbags in einigen Jahren zur Serienausstattung gehören wie heute etwa die Sicherheitsgurte, werden dadurch die Alt-Pkw nicht fehlerhaft.

Konkret können Hersteller auf Schadenersatz verklagt werden, wenn ihr Produkt einen Schaden verursacht hat aufgrund eines:

● Konstruktionsfehlers

Beispiel:
– fehlerhaftes Bremssystem beim Pkw – Riß des Seils eines Förderkorbes – arterienunverträgliches Narkosemittel – platzendes Schauglas eines Kühlautomaten – mangelhafte Befestigung eines Ölabflußrohres

● Fabrikationsfehlers

Beispiel:
– Materialschwäche bei Fahrradgabel – durch Bakterien verunreinigter Impfstoff – defekte Dichtung einer Propangasflasche – fehlerhafte Lenkvorrichtung beim Motorroller

● Instruktionsfehlers
(fällt unter den Begriff „Darbietung")

Beispiel:
– Unterbliebene Hinweise auf Unverträglichkeit von Narkosemittel – fehlender Hinweis auf Unverträglichkeit bei gleichzeitiger Anwendung verschiedener Pflanzenschutzmittel – Feuergefährlichkeit von Rostschutzmitteln, von Grundierungsmitteln, Klebemitteln

Darüber hinaus treffen den Hersteller aber auch sog. **Produktbeobachtungspflichten,** d. h., er muß vor eventuellen Gefahren warnen, falls diese erst später, nachdem das Produkt in den Verkehr gebracht wurde, aufgetaucht sind. Zu beobachten ist auf mögliche Konstruktions- und Fabrikationsfehler hin, und zwar durch Test der Konstruktionsmodelle und Qualitätssicherung der Fertigung.

Lassen sich erkennbare Gefahren anders nicht beseitigen, müssen notfalls auch *Warnaktionen* über Medien wie Presse, Funk und Fernsehen mit mehrfachen Wiederholungen durchgeführt werden. Hierbei muß konkret auf Gefahrenlagen hingewiesen und mitgeteilt werden, wie sich diese vermeiden oder beheben lassen.

Rückrufe von Produkten sind erforderlich, wenn aufgetretene Gefahrenlagen anders nicht zu beseitigen sind, insbesondere Warnungen und Gebrauchshinweise nicht ausreichen.

Umfang der Haftung

Welche **Rechte der Käufer** besitzt, soll die Grafik auf der folgenden Seite klarmachen.

Die Produkthaftung ist zwingend und kann auch nicht durch Allgemeine Geschäftsbedingungen ausgeschlossen oder beschränkt werden. Sie ermöglicht, wie die Übersicht zeigt, alle Personen- und Sachschäden ersetzt zu verlangen, die von fehlerhaften Produkten verursacht werden.

Beispiele für Ersatzansprüche:
● *Bei Personenschäden:* – Unfall mit Klappfahrrad durch Bruch eines Gabelschaftes; – schwere Augenverletzung durch Feuerwerkskörper; – Verletzung durch explodierenden Kondenstopf.

Haftungshöchstsumme: für Tod und Körperverletzung max. 160 Mio. DM. Diese Begrenzung kann bei EU-weit auftretenden Serienschäden schnell erreicht sein, etwa bei Lebensmitteln, Personenkraftwagen oder Küchenmaschinen. Dann müssen sich alle die Höchstsumme teilen, so daß sie keinesfalls voll entschädigt werden.

Beispiel aus der Vergangenheit:
Gesüßter Kindertee zerstörte bei weit mehr als 10 000 deutschen Kleinkindern zuerst den Zahnschmelz der Schneidezähne, dann faulten die Milchzähne ab, und Zahnfleisch sowie Kieferknochen begannen zu eitern. Die durch Kindertee verursachten Personenschäden lagen um ein Vielfaches über 160 Millionen Mark.

● *Bei Sachschäden:*
– Verwendung von Fertigbauteilen, die mit Konstruktions- oder Fabrikationsfehlern behaftet sind;
– nicht ausreichend festes Kellermauerwerk durch fehlerhaft arbeitenden Betonmischer;
– Neuverlegen von Platten wegen eines mangelhaften Kontaktklebers;
– Verkauf eines PKWs mit für diesen nicht zugelassenen Reifen.

Haftungsmindestsumme: Das ProdHG erfaßt nur Sachschäden über 1 125,00 DM. Über das Gesetz einklagbar ist damit nur eine diese Mindestsumme *überschießende Differenz.*

Beispiel:
Sachschaden 5 000,00 DM/Selbstbeteiligung 1 125,00 DM/einklagbare Summe: 3 875,00 DM.

Der Fall:

**Defekter Fernseher setzt Wohnung in Brand.
Der Geräteeigentümer muß mit einer schweren Rauchvergiftung
ins Krankenhaus.**

Wenn der Eigentümer des Fernsehgeräts vom Hersteller Geld haben will, darf der Apparat nicht älter als zehn Jahre sein. Der Kläger muß vor Gericht nachweisen, daß sein TV-Gerät bereits ab Werk fehlerhaft geliefert wurde. Zudem muß er beweisen, daß der Schaden eindeutig vom fehlerhaften Produkt verursacht wurde (kausaler Zusammenhang).

Sachschaden

Hersteller mit Sitz in EU-Ländern haften bei Schäden ab 1125 Mark, unabhängig davon, ob sie ein Verschulden trifft.
(Der Verbraucher muß also Sachschäden bis zu einer Höhe von 1 125,00 DM selbst tragen.)

Nach dem ProdHG gelten auch

– Importeure (wenn Ware aus Drittländern in die EU eingeführt wird) und

– Einzelhändler (wenn Hersteller und Importeur unbekannt sind) als Hersteller.

Personenschaden

Für ein Produkt oder gleiche Produkte mit demselben Fehler, die zu Personenschäden führen, **haftet der Hersteller bis 160 Millionen Mark.**

Tod: Beerdigungskosten erstattet der Hersteller.

Arbeitsausfall/Rente: Arbeitgeber zahlt nach wie vor sechs Wochen den vollen Lohn. Danach überweist die Krankenkasse einen Teil des Gehalts (Krankengeld). Der Produzent muß die Differenz zum vollen Lohn zahlen. Und bei Erwerbsunfähigkeit auch die Rente. Der Arbeitgeber kann sich dann aber …

Unfallkosten: Arzt und Krankenhaus bezahlt nach wie vor die Krankenkasse. Sie kann sich aber …

… das Geld vom Produzenten zurückholen.

Schmerzensgeld

Der Hersteller (nicht der Importeur oder Händler) muß Schmerzensgeld zahlen.

Es sei denn, er weist vor Gericht nach, daß er alles mögliche getan hat, um den Fehler zu vermeiden, ihn also kein Verschulden trifft.

4035179 B

Haftungsadressat

Der Kunde kann also nicht nur den Hersteller belangen (vgl. Übersicht auf Seite 179). Kauft er einen Fernseher, der außerhalb der EU hergestellt wurde und aus sogenannten Drittländern, z. B. Hongkong, eingeführt wird, kann er entweder den Importeur oder den Händler (wenn der Hersteller unbekannt ist) haftbar machen. Die originäre Haftung des Importeurs soll dem Schutz des Verbrauchers dienen, da eine Rechtsverfolgung z. B. in Hongkong (China) dem Geschädigten häufig kaum möglich ist. Die verschuldensunabhängige Haftung des Händlers (= Auffanghaftung) soll der Verschleierung der Herstellerhaftung durch Vertrieb von anonymen No-name-Produkten entgegenwirken. Im Einzelfall kann sogar ein Privatmann für das Abgeben eines gefährlichen Produktes haftbar gemacht werden. Sind mehrere Hersteller nebeneinander zum Schadenersatz verpflichtet, so haften sie als Gesamtschuldner.

Ausschluß der Haftung

Das Produkthaftungsgesetz sieht folgende Ausnahmen vor:

Von der Haftung befreit ist der Hersteller bei sogenannten *Entwicklungsfehlern.* Das heißt, der Hersteller muß für Fehler, die zum Zeitpunkt der Produktion (nach dem Stand der Wissenschaft und Technik) keiner kennen konnte, nicht haften. Unter den Begriff „keiner" fällt sowohl der Konkurrent, die gesamte Branche, z. B. die Elektroindustrie, als auch wissenschaftliche Institute. Und keineswegs nur auf Europa bezogen, sondern weltweit (mit Ausnahme der Arzneimittelproduzenten – hier gilt weiterhin das deutsche Arzneimittelgesetz).

Weiterhin kommt es in diesem Fall nicht darauf an, ob der Hersteller mit seinen persönlichen Kenntnissen den Fehler nicht erkennen konnte, sondern es kommt auf den allgemeinen Stand der Wissenschaft an.

Der zweite Schwachpunkt des Gesetzes aus der Sicht der Verbraucher besteht darin, daß es nicht für „unverarbeitete Naturprodukte" gilt, wie beispielsweise Obst, Gemüse und Getreide.

Die dritte Einschränkung ist darin zu sehen, daß eine Haftung für Schmerzensgeld grundsätzlich ausgeschlossen ist.

Beispiel:

Platzt eine Mineralwasserflasche, und der Kunde verliert sein Augenlicht, bekommt er nach dem ProdHG keinen Pfennig Schmerzensgeld. Nur wenn den Hersteller ein Verschulden trifft, erhält er eine finanzielle Entschädigung.

Keine Haftung besteht für Produkte, die vor dem 01.01.1990 in den Verkehr gebracht wurden.

Verjährung und Erlöschen von Ansprüchen

Alle Ansprüche unterliegen der Verjährung. Sie müssen spätestens innerhalb von drei Jahren von dem Zeitpunkt an, in dem der Kunde Kenntnis hat von dem Schaden, dem Fehler und der Person des Ersatzpflichtigen, geltend gemacht werden (z. B. durch Einleitung eines Gerichtsverfahrens).

Der Schadensersatzanspruch erlischt zehn Jahre nach dem Zeitpunkt, in dem der Hersteller das Produkt, das den Schaden verursacht hat, in den Verkehr gebracht hat.

Darüber hinaus sind die Vorschriften über die Verjährung des BGB anzuwenden (vgl. Kapitel 5.21).

Aufgaben

1. Bestimmen Sie in den Fällen a) – c) die Mangelart und die dem Käufer jeweils zustehenden Gewährleistungsrechte.
   a) Der Einzelhändler Vogel bestellt bei der Rundfunk- und Phonofabrik Korte zehn Kassettendecks. Die Lieferung enthält nur neun Kassettendecks.
   b) Vogel bestellt weiterhin 15 Radiorecorder. Korte liefert 15 Kassettenrecorder.
   c) Vogel kauft von einem Privatmann einen gebrauchten Lieferwagen. Der Verkäufer sichert ihm auf Befragen zu, daß der Wagen unfallfrei sei. Schon am selben Tag muß Vogel den Transporter in die Werkstatt bringen. Dort stellt man fest, daß die Lenkung infolge eines früheren Unfalls beschädigt worden ist. Die Reparatur dauert zwei Tage.

2. Von welchem Käuferrecht würden Sie in den folgenden Fällen Gebrauch machen? Begründen Sie Ihre Antwort.
   a) Ein Mikrowellenherd hat sichtbare Kratzer an der Gehäusewand.
   b) Es wird Blumenkohl der Handelsklasse II statt der Handelsklasse I geliefert.

c) Eine Sendung T-Shirts zeigt leichte Verfärbungen am Saum.

d) Es wird nicht der Kühlschrank „De Luxe" Nr. 435 E, sondern „De Luxe", Ausführung 435 F geliefert.

3. Wann muß in den folgenden Fällen reklamiert werden?

a) Viereinhalb Monate nach dem Kauf erscheint ein Kunde im Geschäft eines Teppichhändlers. Er bringt einen Orientteppich zurück, weil die Farben seiner Meinung nach nicht echt seien, da sie beim Reinigen abgefärbt haben.

b) Ein Supermarkt erhält von einer Brotfabrik angeschimmelte Brötchen.

c) Herr Rath entdeckt beim Lesen eines Buches, daß einige Seiten fehlen. Er hat das Buch erst vor zwei Wochen in einer Buchhandlung gekauft.

4. Unter welcher Voraussetzung hat der Käufer auch das Recht auf Schadenersatz?

5. Warum ist das Recht auf Umtausch nur bei Gattungsware möglich?

6. Welche Gewährleistungsansprüche räumt das BGB dem Käufer beim einseitigen Handelskauf ein?

7. Wie ist die in den Garantie- und Gewährleistungsbedingungen eines Händlers formulierte Klausel „ ... gewähren wir Ihnen eine Garantie von drei Monaten" rechtlich zu beurteilen?

8. Wann muß ein Großhändler beim Auspacken festgestellte offene Mängel beim Lieferer beanstanden?

9. Welche Vorschriften gelten für die Beanstandung von Falschlieferungen?

10. Der Großhändler Pforte ersteigert einen größeren Posten Campingzelte. Bei der noch am Abend vorgenommenen Prüfung stellen sich erhebliche Qualitätsmängel an einigen Zelten heraus. Welche Rechte kann Pforte geltend machen?

11. Was geschieht mit mangelhafter Ware?

12. Manfred Fengler hat sich in einem Fachgeschäft eine Armbanduhr gekauft. Ein Garantieschein mit der Zusicherung einer Garantiefrist von einem Jahr ist ihm vom Verkäufer ausgehändigt worden. Obwohl Herr Fengler mit der Uhr sachgemäß umgeht, bleibt sie nach zehn Tagen stehen. Daraufhin möchte er von seinem gesetzlichen Umtauschrecht Gebrauch machen. Der Uhrmachermeister bietet ihm allerdings lediglich die Reparatur der Uhr an. Was kann Herr Fengler tun?

13. Eine Kundin möchte einen Pullover, den sie vor zwei Tagen in einer Boutique gekauft hatte, umtauschen, weil ihr das Muster nicht mehr gefällt. Ist die Boutique zum Umtausch verpflichtet? Begründen Sie Ihre Antwort.

14. Ein Kunde kauft im Schlußverkauf ein Paar Schuhe. Zu Hause stellt er an der Ware einen Mangel fest. Wie ist die Rechtslage?

15. Das Technikkaufhaus Sonnemann, Braunstraße 14, 27749 Delmenhorst, erhält am 15.12.19.. von der Fernsehgerätefabrik Globus, Braunschweiger Straße 178, 31061 Alfeld/Leine, 20 von ihm bestellte Farbfernsehgeräte. Bei der unverzüglichen Prüfung der Warensendung stellt ein Mitarbeiter fest, daß drei der Geräte kleine Kratzer am Gehäuse aufweisen und ein Gerät funktionsunfähig ist. Schreiben Sie an die Fernsehgerätefabrik Globus. Machen Sie in dieser Mängelrüge Ihre Ansprüche geltend.

16. Schäden können an verschiedenen Stellen auftreten. Entscheiden Sie in den folgenden Schadensfällen, ob eine Haftung nach dem ProdHG gegeben ist.

Schaden

a) am Produkt selbst, z. B. defekter Pkw-Reifen;

b) an Teilen einer Sache, z. B. umgebauter Motorkolben, Bremszug oder Reifen eines Kfz;

c) an anderen Sachen als dem Produkt, z. B. Schaden am anderen Pkw bei Auffahren durch Bremsversagen;

d) an Leben und Gesundheit eines Menschen.

17. Welchen Nachweis muß der Verbraucher erbringen, wenn ihm ein Schaden nach dem Produkthaftungsgesetz entstanden ist und welchen Beweis muß er nicht erbringen?

18. Nennen Sie drei Fehlerquellen, durch die ein Produkt einen Schaden verursachen kann und demzufolge der Hersteller haften muß.

19. Wie ist die Haftungsgrenze bei Personen- und Sachschäden festgelegt?

20. Was verstehen Sie unter „Produktbeobachtungspflicht" der Hersteller?

Wandlung/Ersatzlieferung mangelfreier Ware

Sporthaus Klaus Kuhlmann
Tennis · Ski · Freizeit · Vereinsbedarf

Sporthaus Klaus Kuhlmann · Stammestraße 5 · 30457 Hannover

Bernd Grothe & Sohn
Fabrikation von Sportkleidung
Sonnenstraße 20

38100 Braunschweig

Ihr Zeichen, Ihre Nachricht vom	Unser Zeichen, unsere Nachricht vom	☎ Durchwahl-Nr.	Datum
	di-at, 16.08.19..	3 25	02.09.19..

Mangelhafte Lieferung

Sehr geehrte Damen und Herren,

bei der Überprüfung der von Ihnen am 01.09.19.. gelieferten Ware
mußten wir leider feststellen, daß Sie unsere Bestellung SL 28/12/53
vom 16.08.19.. nicht zufriedenstellend ausgeführt haben.

Anstelle von	50 Jogginganzügen Grothe-Prestige, Gr. 38,
sandten Sie uns	50 Jogginganzüge Grothe-Sierra, Gr. 38.

Von den gelieferten Jogginganzügen Grothe-Prestige, Gr. 44, haben
zwei Anzüge Risse im Oberstoff, so daß sie nicht mehr verwendet werden können.

Wir stellen Ihnen diese Anzüge zur Verfügung, da sie auch mit einem
Preisnachlaß nicht mehr zu verkaufen sind. Für die 50 falsch gelieferten Sportanzüge bitten wir um sofortige Ersatzlieferung gemäß dem
zwischen uns abgeschlossenen Kaufvertrag.

Mit freundlichen Grüßen

K. Kuhlmann

Sporthaus Kuhlmann

Barbara Thiele
Amselweg 15
30559 Hannover

Hannover, 20.02.19..

Firma
Miethe Electronic
Goethestraße 5

30457 Hannover

Kauf eines Plattenspielers

Sehr geehrte Damen und Herren,

am 12.02. d. J. kaufte ich bei Ihnen den Plattenspieler „DUNA 66V"
zum Preis von 1 460,00 DM. Vorgestern, also am 18.02.19.., teilte ich
Ihnen mit, daß sich die automatische Endabschaltung während des
Betriebes immer wieder abschalte. Diese Funktionsstörung stellt
einen erheblichen Fehler dar, der mich berechtigt, auf Lieferung
eines typengleichen neuen Plattenspielers zu bestehen.

Sie lehnten eine Ersatzlieferung jedoch mit dem Hinweis auf Ihre Allgemeinen Geschäftsbedingungen ab, in denen Sie sich eine Nachbesserung solcher Fehler vorbehalten hätten. Sie seien deshalb nur
bereit, das Gerät zu reparieren.

Eine solche Reparatur lehne ich jedoch ab. Die von Ihnen angeführ-
ten Allgemeinen Geschäftsbedingungen sind nicht Gegenstand des
zwischen uns geschlossenen Kaufvertrages geworden. Denn Sie
haben auf diese Bedingungen vor Vertragsabschluß weder hingewiesen, noch mir Gelegenheit gegeben, sie zustimmend zur Kenntnis zu
nehmen. Beides ist jedoch nach § 2 AGB-Gesetz Voraussetzung
dafür, daß AGB zum Vertragsinhalt werden.

Somit kann ich uneingeschränkt die gesetzlichen Kaufrechte des
Bürgerlichen Gesetzbuches geltend machen.

Ich fordere Sie deshalb auf, mir ein typengleiches neues Gerät gegen
Rückgabe des fehlerhaften zu liefern. Sollte ich nicht bis zum
28.02.19.. einen positiven Bescheid von Ihnen erhalten, sehe ich mich
gezwungen, die Hilfe eines Gerichtes in Anspruch zu nehmen.

Mit freundlichen Grüßen

Barbara Thiele

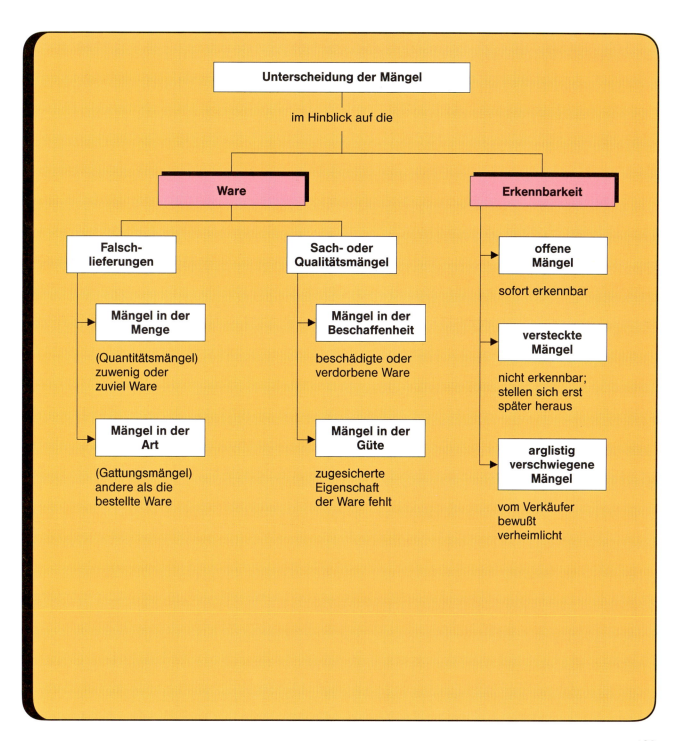

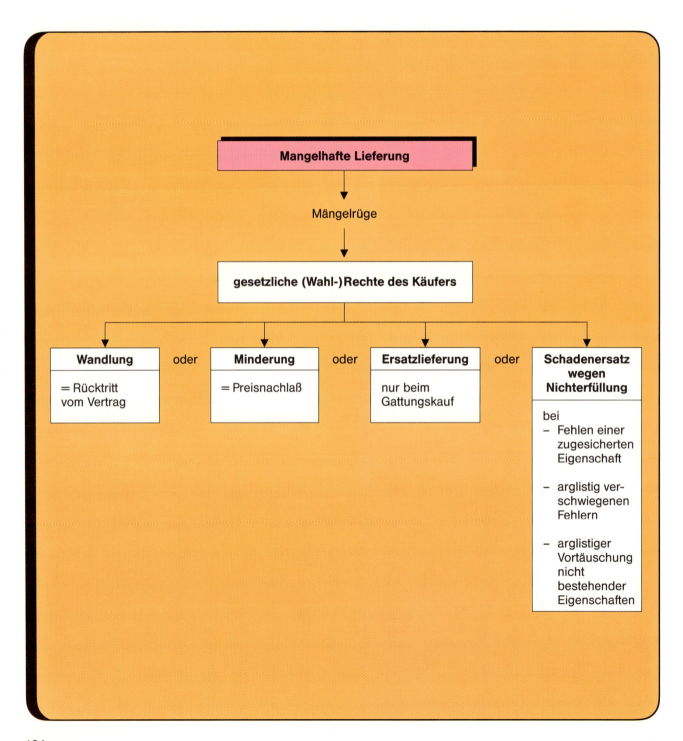

Produkthaftung

Geschützte Personen: jeder

Geschützte Rechtsgüter: Leben, Körper, Gesundheit, Freiheit und Eigentum eines anderen;

aber nicht: – Schäden an der Sache selbst
             – an gewerblich genutzten Sachen
             – Schmerzensgeldansprüche

Haftungsansprüche möglich gegen:
– den Hersteller
– den Importeur
– den Händler

Schmerzensgeld: ja, wenn Produzenten Verschulden trifft.

Beweislast des Geschädigten:
– Fehler
– Schaden
– Schadensverursachung durch das Produkt (= Kausalität)
– nicht: Verschulden

Haftungsgrenzen:
– bei Personenschäden:
  Haftungshöchstbetrag begrenzt auf 160 Mio. DM
– bei Sachschäden:
  erfaßt werden nur Schäden ab einer *Mindestsumme* von 1 125,00 DM

Ausnahmen:
– Entwicklungsrisiken
– unverarbeitete Naturprodukte

Verjährung/Erlöschen:
– Ansprüche müssen innerhalb von drei Jahren geltend gemacht werden.
– Schadensersatzansprüche erlöschen nach zehn Jahren.

5.15 Der Lieferungsverzug

> Frau Deskau, Inhaberin einer gutgehenden Boutique in der Innenstadt, will zum 02.05. in der Südstadt ein Fachgeschäft eröffnen, in dem sie vornehmlich junge Mode anbieten möchte.
>
> Die Einrichtung des Verkaufsraumes wird nach Frau Deskaus ganz speziellen Wünschen bei einem Tischler am 16.03. in Auftrag gegeben. Im Kaufvertrag wird „Lieferung ab Mitte April" vereinbart.
>
> Als am 21.04. die Spezialeinrichtung immer noch nicht eingetroffen ist, wird Frau Deskau unruhig. Aufgrund eines Telefonats erfährt sie schließlich, daß die Tischlerei wegen Arbeitsüberlastung den Auftrag nicht bis zum vereinbarten Termin fertigstellen kann.

Was kann Frau Deskau tun?

Information

Mit Abschluß des Kaufvertrages verpflichtet sich der Verkäufer, die bestellte Ware zur rechten Zeit am richtigen Ort zu übergeben. Liefert er nicht rechtzeitig, kann er sich im Lieferungsverzug befinden.

Dies bedeutet, daß er zwar zum vereinbarten Termin nicht liefern kann, doch später seine Leistung ohne weiteres erbringen könnte.

Ist die Lieferung allerdings auch später nicht mehr möglich, also nicht mehr nachholbar, so spricht man von Unmöglichkeit der Lieferung, die andere Rechte des Käufers zur Folge hat.

Beispiel:

Der Kunstsammler Schobel kauft von einem Antiquitätenhändler ein Bild von einem bekannten Künstler; die Übergabe des Gemäldes soll am darauffolgenden Tag erfolgen. In der Nacht vernichtet ein Brand Verkaufsraum samt Gemälde. Die Lieferung ist für den Verkäufer nicht mehr nachholbar, d. h., es ist für ihn unmöglich geworden, die Ware zu liefern.

Da beim Vorliegen des Lieferungsverzuges der Käufer weitgehende Rechte gegenüber dem Verkäufer hat, sind **bestimmte Voraussetzungen für den Eintritt des Lieferungsverzuges** gesetzlich festgelegt:

– Fälligkeit der Lieferung,

– Mahnung durch den Käufer,

– Verschulden des Verkäufers.

Fälligkeit der Lieferung und Mahnung durch den Käufer

1. Wird der Liefertermin **kalendermäßig nicht genau** festgelegt, z. B.

   – Lieferung ab Anfang Juni,

   – frühestens am 10.06.,

   – lieferbar ab Juli,

   – Lieferung sofort,

   so muß der Käufer die **Lieferung** beim Verkäufer **anmahnen.** Erst wenn er die Ware nochmals ausdrücklich verlangt, gerät der Verkäufer in Verzug.

„Baldigst" bedeutet höchstens acht Wochen

München (ap)

Steht im Bestellformular, daß ein Neuwagen „baldigst" geliefert werden soll, braucht sich der Käufer – nach einer Entscheidung des Oberlandesgerichts Nürnberg – auf Lieferfristen von mehr als acht Wochen nicht einzulassen. (Az.: 8 U 1237/80). Ist in der Auftragsbestätigung eine längere Lieferfrist angegeben, so ist der Käufer an seine Bestellung nicht mehr gebunden, entschieden die Richter nach Mitteilung des ADAC in München am Donnerstag.

Die Mahnung ist **formfrei,** sie kann also auch mündlich erfolgen. Um die dann eintretenden Beweisschwierigkeiten zu vermeiden, sollte man immer schriftlich mahnen.

2. Steht der Liefertermin **kalendermäßig genau** fest, oder ist er kalendermäßig genau bestimmbar (= Vereinbarung eines genau bestimmten Zeitpunktes oder eines begrenzten Zeitraumes), z. B.

– Lieferung am 21.09.19 . .
– Lieferung 30 Tage ab heute
– Lieferung zwischen 10. und 13.10. } **Termingeschäft**
– Lieferung im Mai
– Lieferung Anfang September

oder

– Lieferung 15.11.19 . . fest
– Lieferung bis 10. Juni fix } **Fixgeschäft**

so kommt der Verkäufer **ohne Mahnung** in Verzug. Es wird dem Grundsatz gefolgt: „Der Tag mahnt anstelle des Menschen."

Formulierungen wie „exakt", „genau" oder „prompt" weisen auf ein Fixgeschäft hin.

Ferner ist die Mahnung nicht notwendig, wenn der Verkäufer nicht liefern will oder liefern kann, weil z. B. die für die Ausführung der Bestellung erforderlichen Materialien nicht rechtzeitig erhalten hat. Mit seiner Weigerung setzt er sich selbst in Verzug **(= Selbstinverzugsetzung).**

Verschulden des Verkäufers

Ein Verschulden liegt immer dann vor, wenn der Verkäufer fahrlässig oder vorsätzlich handelt.

Beispiel:

Die Tischlerei hat die Lieferung der Boutiqueneinrichtung zwar nicht absichtlich (vorsätzlich) verzögert, aber sie hat die im Verkehr erforderliche Sorgfalt außer acht gelassen (Fahrlässigkeit). Der Tischlermeister hätte die Annahme des Auftrages von Frau Deskau nach seinen betrieblichen Möglichkeiten sorgfältiger planen müssen.

Ist die verspätete Lieferung auf höhere Gewalt zurückzuführen (z. B. Brand, Sturm, Streik), so kommt der Verkäufer nicht in Lieferungsverzug, da er unschuldig ist.

Bei Gattungsware gerät er allerdings auch **ohne sein Verschulden in Verzug.** Er kann sich ja Ware derselben Gattung am Markt neu besorgen.

Beispiel:

500 kg Kaffee werden durch einen Jahrhundertsturm vernichtet. Ein Verschulden des Verkäufers wird **nicht** ausgeschlossen. Es handelt sich um eine vertretbare Sache, die Lieferung ist nachholbar.

Befindet sich der Verkäufer bereits im Lieferungsverzug, so haftet er auch für Schäden, die auf höhere Gewalt zurückzuführen sind (= Haftungserweiterung).

Rechte des Käufers

Liegen die Voraussetzungen für den Eintritt des Lieferungsverzuges vor, so stehen dem Käufer **wahlweise** folgende Rechte zu:

1. **Ohne eine Nachfrist zu setzen,**

   auf die Lieferung weiterhin bestehen und – wenn nachweisbar – außerdem Schadenersatz wegen verspäteter Lieferung verlangen.

Beispiel:

Frau Deskau kann kurzfristig keine ihrer Boutique entsprechende Einrichtung von einer anderen Tischlerei bekommen, so daß sie auf der Erfüllung des Kaufvertrages besteht. Die Eröffnung des Modegeschäftes kann daraufhin erst 14 Tage später als angekündigt erfolgen. Den entstandenen Schaden (Kosten für die erneute Anzeigenkampagne, Telefonate, Porto, entgangener Gewinn usw.) will sie von dem Tischlermeister ersetzt haben.

Mögliche Gründe für das Verlangen auf Vertragserfüllung können demnach sein:

– Bei der Ware handelt es sich um eine Sonderanfertigung,

– die Beschaffung der Ware ist woanders nicht möglich,

– die Ware ist bei anderen Verkäufern teurer,

– andere Verkäufer haben längere Lieferfristen.

2. **Eine angemessene Nachfrist setzen** (schon mit der ersten Mahnung möglich) **und die Ablehnung der Ware androhen.**

   Nach Ablauf der Nachfrist ist der Käufer berechtigt, die Lieferung abzulehnen und entweder

a) vom Vertrag zurückzutreten.

Schadenersatz kann er dann nicht mehr beanspruchen, denn aus einem nicht mehr bestehenden Vertrag können keine Ansprüche geltend gemacht werden.

Von diesem Recht wird der Käufer Gebrauch machen, wenn er die gleiche Ware inzwischen preisgünstiger und dennoch termingerecht einkaufen kann; oder

b) Schadenersatz wegen Nichterfüllung zu verlangen. Von diesem Recht wird der Käufer bei einem Deckungskauf Gebrauch machen.

Beispiel:

Frau Deskau will den Eröffnungstag ihrer Boutique verständlicherweise nicht verschieben. Nach Ablauf der gesetzten Nachfrist mit Ablehnungsandrohung bestellt sie bei der Konkurrenz eine gleichwertige Einrichtung (= Deckungskauf). Der neue Handwerksbetrieb liefert zwar pünktlich, doch muß Frau Deskau nun 3 000,00 DM mehr bezahlen als bei der ursprünglichen Tischlerei. Den Preisunterschied muß der in Lieferungsverzug geratene Tischlermeister bezahlen.

Die Nachfrist ist stets dann angemessen, wenn es dem Verkäufer möglich ist, die Ware unter normalen Umständen innerhalb dieser Frist zu liefern, ohne diese erst beschaffen oder anfertigen zu müssen.

Eine **Nachfrist entfällt**

a) beim Fixkauf (als Handelskauf).

Mit der Einhaltung des festgelegten Termins steht oder fällt der Vertrag.

Der Verkäufer gerät mit dem Überschreiten des vereinbarten Liefertermins automatisch in Verzug, auch wenn kein Verschulden vorliegt.

Der Käufer kann

- ohne Mahnung vom Vertrag zurücktreten,
- auf der Lieferung bestehen, muß dies aber dem Verkäufer unverzüglich (**sofort nach dem Stichtag**) mitteilen,
- Schadenersatz wegen Nichterfüllung verlangen.
  Dann ist aber Voraussetzung das Verschulden des Verkäufers (nicht bei Gattungsware).

b) beim Zweckkauf.

Ein Zweckkauf liegt vor, wenn eine Ware für einen ganz bestimmten Zweck bestellt wurde, beispielsweise ein schwarzer Anzug anläßlich einer Hochzeit. Kommt die Ware erst nach der Feier, hat sie ihren Zweck verfehlt, sie ist für den Käufer uninteressant geworden.

c) bei Selbstinverzugsetzung (≙ Lieferungsverweigerung).

Berechnung des Schadens beim Lieferungsverzug

Das BGB sieht vor, daß der Verkäufer dem Käufer den durch den Lieferungsverzug entstandenen Schaden ersetzen muß.

Von **konkreten Schäden** spricht man, wenn sie sich genau nachweisen lassen, z. B. die Mehrkosten beim Deckungskauf, Anwaltsgebühren, Mahnkosten, Telefonkosten.

Beispiel:

Das Spielzeugwarenfachgeschäft Ackermann & Lange hat zum bevorstehenden Weihnachtsgeschäft bei der Weinmann OHG in Hildesheim 20 Mini-Modelleisenbahnen zum Preis von 60,00 DM / Stück bestellt – Liefertermin 10.12. fix.

Als die Ware am 10.12. nicht eintrifft, kauft Herr Lange die Eisenbahnen bei einem anderen Lieferanten in Hamburg zum allerdings höheren Preis von 67,00 DM / Stück.

Die Mehrkosten dieses Deckungskaufs in Höhe von 140,00 DM für die Eisenbahnen zuzüglich der Kosten für Telefonate und den Transport (von Hamburg) in Höhe von 25,60 DM stellt er der in Lieferungsverzug geratenen Weinmann OHG in Rechnung.

Abstrakte Schäden liegen immer dann vor, wenn sie nur geschätzt werden können oder schwer zu beweisen sind.

Beispiel:

Der entgangene Gewinn des Käufers:
Ihm sind beispielsweise Kundenaufträge verlorengegangen, weil er durch die verzögerte Warenlieferung seinen Kunden gegenüber nicht lieferfähig war.

Da derartige Probleme bei der Schadensberechnung häufig zu gerichtlichen Auseinandersetzungen führen, sollte der Käufer schon bei Vertragsabschluß eine **Konventionalstrafe** (= Vertragsstrafe) vereinbaren. Sie ist zu zahlen, sobald der Verkäufer in Lieferungsverzug gerät. Neben der Konventionalstrafe kann der Käufer weiterhin auf Lieferung bestehen.

Ines Deskau · Fachgeschäft für young fashion
Bandelstraße 7 · 30171 Hannover

Ines Deskau · Bandelstraße 7 · 30171 Hannover

Einschreiben

Tischlerei
Hans G. Bluhm
Zeißstraße 84

30519 Hannover

Ihr Zeichen, Ihre Nachricht vom	Unser Zeichen, unsere Nachricht vom	☎ Durchwahl-Nr.	Datum
bl-ji 12.03.19..	de-ko 16.03.19..	75 30 22	21.04.19..

Lieferungsverzug

Sehr geehrter Herr Bluhm,

das von mir am 16. März bestellte Mobiliar für meine Geschäftsräume
in der Südstadt ist bis heute nicht bei mir eingetroffen, obwohl ich um
Lieferung ab Mitte April gebeten hatte.

Da die aufwendige Werbekampagne zur Eröffnung des Geschäfts
bereits abgeschlossen ist, ist es unumgänglich notwendig, daß die Einrichtungsgegenstände unverzüglich eintreffen.

Ich setze Ihnen nunmehr eine Nachfrist von sieben Tagen und erwarte
daher die Anlieferung am 28. April.

Sollte wider Erwarten die Eröffnung meiner Boutique durch Ihre Liefe-
rungsverzögerung nicht zum 02.05. erfolgen können, werde ich den
Auftrag an die Konkurrenz vergeben. Der Mehrpreis geht zu Ihren
Lasten.

Außerdem werde ich wegen des entgangenen Gewinns ab 02.05. für
jeden Tag Schadenersatz fordern. Er kann für Sie erheblich werden,
weil zusammen mit dem Eröffnungstermin am 02.05. in der Südstadt
ein Stadtteilfest stattfinden wird.

Ich hoffe, daß Sie Ihrer Lieferungsverpflichtung rechtzeitig nachkom-
men werden.

Hochachtungsvoll

Deskau

Aufgaben

1. Herr Kaufmann, Inhaber eines Käsefachgeschäftes, bestellt am 15.08.19.. bei dem Großhändler für Feinkost-
waren, Bernd Wolf, 200 kg französischen Camembert,
zum Preis von 13,40 DM pro kg. Die Lieferung soll unverzüglich erfolgen.

Nach vier Wochen ist der Käse immer noch nicht bei
Kaufmann eingetroffen, weil in der Großhandlung ein
Mitarbeiter den Auftrag versehentlich als erledigt abge-
legt hatte.

a) Befindet sich der Lebensmittelhändler Wolf in Lieferungsverzug? Begründen Sie Ihre Antwort.

b) Was sollte Herr Kaufmann unternehmen, wenn der
Preis dieses Käses inzwischen um 17 % gestiegen
ist?

c) Welche Voraussetzungen müssen für den Eintritt des
Lieferungsverzuges im allgemeinen vorliegen?

2. Welches der ihm zustehenden Rechte wird der Käufer
beim Lieferungsverzug geltend machen?

3. Wie wird die Höhe eines Schadens berechnet?

4. Nach einer Ware besteht unerwartet große Nachfrage.
Der Großhändler verkauft die erste Sendung innerhalb
von nur vier Tagen restlos. Daraufhin bestellt er weitere
Sendungen beim Hersteller zur Lieferung „so bald wie
möglich". Diese Sendung trifft jedoch später ein als
üblich. Zwischenzeitlich hätte der Großhändler einen
großen Teil der Ware verkaufen und einen erheblichen
Gewinn machen können. Welches Recht kann er
gegenüber dem Hersteller geltend machen?

5. Welchen Anspruch hat der Käufer normalerweise beim
Lieferungsverzug, wenn

a) keine Nachfrist gesetzt wurde?

b) die Lieferung nicht zu der bestimmten Zeit oder
innerhalb der festgesetzten Frist erfolgte?

6. Nennen Sie drei Kaufvertragsvereinbarungen, bei
denen der Verkäufer bei Nichterfüllung ohne Mahnung
in Verzug gerät.

7. Wann kommt der Verkäufer bei folgenden Liefertermi-
nen in Verzug?

a) am 22. August 19..   e) bis 31.07.19..

b) lieferbar ab Januar   f) 23.09.19.. fix

c) heute in vier Monaten   g) drei Wochen nach
Abruf

d) im Laufe der zweiten
Novemberhälfte   h) sofort

8. Die Spielwarengroßhandlung Mooser, Gartenstraße 26,
82481 Mittenwald, bestellt am 15.11.19.. beim Hersteller
Merklun, Illingstraße 131, 81379 München, 100 Modell-
eisenbahn-Grundkästen „Tandem" für das Weihnachtsgeschäft.

Der Hersteller Merklun sagt die Lieferung bis Ende
November zu. Am 02.12. sind die Kästen in der Spielwarengroßhandlung Mooser immer noch nicht eingetroffen.

Schreiben Sie für den Großhändler Mooser an den
Hersteller Merklun.

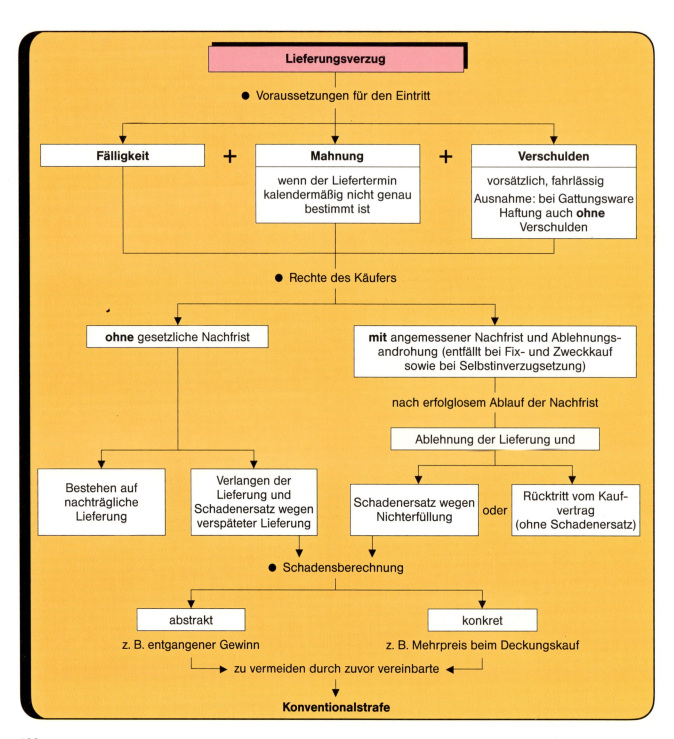

5.16 Der Annahmeverzug

Die Großhandlung Caulmanns & Co., Hannover, liefert ordnungsgemäß 50 Kisten Ceylontee an einen langjährigen Kunden, den Einzelhändler Hans Körbel in Berlin. Vereinbart war zwischen den Vertragspartnern im Kaufvertrag vom 13.08. „Lieferung in vier Wochen".

Auf der Fahrt wird der LKW jedoch durch einen Stau unvorhergesehen lange aufgehalten, so daß er mit der Ware einen Tag verspätet erst am 14.09. in Berlin ankommt.

Daraufhin weigert sich Hans Körbel, den Tee abzunehmen mit dem Hinweis, daß Caulmanns & Co. zu spät geliefert habe. Ausschlaggebend war dabei, daß zwischenzeitlich die Teepreise gesunken sind und Hans Körbel die gleiche Ware von einem anderen Verkäufer nun preisgünstiger einkaufen kann.

Nach telefonischer Rücksprache mit seinem Chef in Hannover, fährt der LKW-Fahrer die Wagenladung Tee vorerst zur Einlagerung in die Berliner Lagerhaus AG. Zu allem Unglück werden dabei zehn Kisten Tee durch einen Unfall, an dem der hannoversche Fahrer schuldlos war, vernichtet.

Prüfen Sie,

a) ob Hans Körbel die Annahme des Tees verweigern durfte und
b) wer für den Schaden an der Ware haften muß.

Information

Nimmt der Käufer die ihm ordnungsgemäß gelieferte Ware nicht an, so kommt er in Annahmeverzug.

Anders als beim Lieferungsverzug, bei dem es sich um eine Pflichtverletzung des Verkäufers (= Schuldner) handelt, liegt beim Annahmeverzug eine Pflichtverletzung durch den Käufer (= Gläubiger) vor. Man spricht daher auch vom **Gläubigerverzug.**

Voraussetzungen für den Eintritt des Annahmeverzugs

Der Annahmeverzug setzt **kein** Verschulden voraus. Es ist daher gleichgültig, ob der Käufer an der Nichtannahme schuldlos ist oder nicht.

Beispiel:

Aufgrund eines Hundebisses fährt der Elektroeinzelhändler Held unverzüglich ins Krankenhaus und muß sich dort mehrere Stunden aufhalten. In der Zwischenzeit liefert der Großhändler Schwerdtfeger per LKW ordnungsgemäß zehn bestellte Farbfernseher an. Er trifft niemanden an – Held gerät in Annahmeverzug.

Fälligkeit der Lieferung

Damit der Annahmeverzug eintritt, muß die Lieferung fällig sein.

Tatsächliches Angebot der Lieferung

Der Verkäufer muß dem Käufer die Ware tatsächlich liefern, und zwar zur richtigen Zeit, am richtigen Ort und in der vereinbarten Art und Weise (Art, Güte, Menge).

Nichtannahme

Der Käufer muß die ordnungsgemäß gelieferte Ware nicht angenommen haben.

Folgen des Annahmeverzugs

Nach Eintritt des Annahmeverzugs haftet der Verkäufer nur noch für Vorsatz und grobe Fahrlässigkeit. Bei Gattungswaren trägt der Käufer die Gefahr für die Ware vom Zeitpunkt der Annahmeverweigerung. Er haftet nun nicht nur für leichte Fahrlässigkeit, sondern auch für Schäden, die durch Zufall, z. B. höhere Gewalt, eintreten.

Beispiel:

Der Käufer hat die Annahme der Ware verweigert. Daraufhin lagert der Verkäufer sie bei sich ein. Durch leichte Fahrlässigkeit eines Lagerarbeiters wird die Ware durch Brand vernichtet. Der Käufer muß dennoch den Warenpreis zahlen. Anspruch auf Ware hat er nicht mehr.

Rechte des Verkäufers

Liegen die Voraussetzungen für den Eintritt des Annahmeverzugs vor, so stehen dem Verkäufer folgende Rechte zu:

1. **Rücktritt vom Kaufvertrag**

   Der Verkäufer tritt vom Kaufvertrag zurück. Von diesem Recht wird er Gebrauch machen, wenn

   – er die Ware anderweitig verkaufen kann,

– die Verkaufspreise zwischenzeitlich gestiegen sind,
– er es mit einem guten Kunden zu tun hat (Kulanz),
– es sich um einen geringfügigen Rechnungsbetrag handelt.

Der Verkäufer kann jedoch auch auf der Erfüllung des Kaufvertrages bestehen. Bis zur endgültigen Klärung der Sachlage muß er dafür sorgen, daß die Ware aufbewahrt wird, z. B. in einem öffentlichen Lagerhaus oder in seinem eigenen Lager (= Hinterlegungsrecht).

Die Kosten der Lagerung und die Haftung für die Ware trägt der Käufer. Der Aufbewahrungsort muß dem Käufer unverzüglich mitgeteilt werden.

Caulmanns & Co. · Teeimporteur
Sedanstraße 135 – 30161 Hannover

Caulmanns & Co. · Sedanstraße 135 · 30161 Hannover

Teetruhe
Körbel & Hansen
Goltzstraße 33

10781 Berlin

Ihr Zeichen, Ihre Nachricht vom	Unser Zeichen, unsere Nachricht vom	☎ Durchwahl-Nr.	Datum
Kö-Fa 11.08.19..	Ca-Bo 13.08.19..	44 25 60	15.09.19..

Annahmeverweigerung

Sehr geehrte Damen und Herren,

wie mir unser LKW-Fahrer, Herr Ludwig, gestern telefonisch mitteilte, haben Sie die Annahme der ordnungsgemäß am 14.09.19.. gelieferten 50 Kisten Ceylontee mit dem Hinweis verweigert, daß verspätet geliefert worden sei.

Da die rechtlichen Voraussetzungen für einen Lieferungsverzug nicht vorliegen, ist Ihre Annahmeverweigerung unbegründet.

Der Tee befindet sich mittlerweile bei der Berliner Lagerhaus AG und wird dort bis zum 21.09. auf Ihre Kosten und Gefahr eingelagert. Sollte ich bis zu diesem Zeitpunkt keine Nachricht von Ihnen erhalten haben, wird der Tee am 23.09. in den Lagerräumen der Lagerhaus AG öffentlich versteigert.

Den Zeitpunkt der Versteigerung werde ich Ihnen rechtzeitig mitteilen.

Ich hoffe, daß Sie bei nochmaliger Überprüfung der Rechtslage die 50 Kisten Tee annehmen werden.

Hochachtungsvoll

Caulmanns

Caulmanns

Gleichzeitig kann der Verkäufer wahlweise folgende Rechte in Anspruch nehmen:

2. Bestehen auf Abnahme der Ware

Der Verkäufer verklagt den Käufer auf Abnahme der Ware. Er wird dies in Erwägung ziehen, wenn er die Ware anderweitig nicht mehr oder nur mit Verlust verkaufen kann.

Nachteile des Klageweges: Er ist sehr zeitraubend, gefährdet die Geschäftsbeziehung und erhöht die Lager- und Gerichtskosten.

3. Selbsthilfeverkauf

Um eine Klage zu umgehen, kann der Verkäufer die eingelagerte und hinterlegte Ware im Selbsthilfeverkauf verkaufen, und zwar

– in einer **öffentlichen Versteigerung,** z. B. durch einen Gerichtsvollzieher oder
– im **freihändigen Verkauf,** z. B. durch einen anerkannten Handelsmakler, vorausgesetzt die Ware hat einen Börsen- oder Marktpreis (z. B. Kaffee, Getreide, Tee, Kupfer).

Die Durchführung des Selbsthilfeverkaufs (für Rechnung des Käufers) ist zum Schutz des Käufers an **bestimmte Voraussetzungen** gebunden. Der Verkäufer muß

– dem Käufer den Selbsthilfeverkauf androhen und ihm eine angemessene Nachfrist zur Abnahme der Ware setzen;
  Ausnahme: Bei leicht verderblichen Waren, wie z. B. Gemüse, Schnittblumen, Obst (= **Notverkauf**);
– ihm rechtzeitig mitteilen, wo und wann der Selbsthilfeverkauf stattfinden wird, damit er selbst mitbieten kann;
– ihn nach abgeschlossenem Selbsthilfeverkauf unverzüglich unterrichten und ihm die Abrechnung übersenden.

Den Mindererlös (= Differenz zwischen Preis und Erlös) sowie die Kosten des Selbsthilfeverkaufs muß der Käufer tragen, ein etwaiger Mehrerlös ist an den Käufer auszuzahlen.

Aufgaben

1. Die Annahme einer bestellten und ordnungsgemäß gelieferten Ware wird vom Käufer ohne Angabe von Gründen abgelehnt. Wie verhält sich der Verkäufer richtig?
2. Welche Rechte hat der Verkäufer beim Annahmeverzug?
3. Welche Haftungsfolgen ergeben sich für den Verkäufer durch den Annahmeverzug?

4. Bei einer Versteigerung wird im Rahmen eines Selbsthilfeverkaufs für die Ware ein höherer Preis erzielt als die Vertragspartner im Kaufvertrag vereinbart hatten. Wie beurteilen Sie die Rechtslage?
5. Unter welchen Voraussetzungen tritt Annahmeverzug ein?
6. Welche Vorschriften sind bei der Durchführung des Selbsthilfeverkaufs vom Verkäufer zu beachten?
7. Unter welchen Umständen braucht die vorherige Androhung des Selbsthilfeverkaufs nicht zu erfolgen?
8. Wodurch unterscheidet sich der freihändige Verkauf vom Notverkauf?
9. Nennen Sie jeweils drei Warenarten, die beim freihändigen Verkauf bzw. beim Notverkauf gehandelt werden.
10. Welche Überlegungen könnten den Verkäufer veranlassen, von seinem Rücktrittsrecht Gebrauch zu machen?

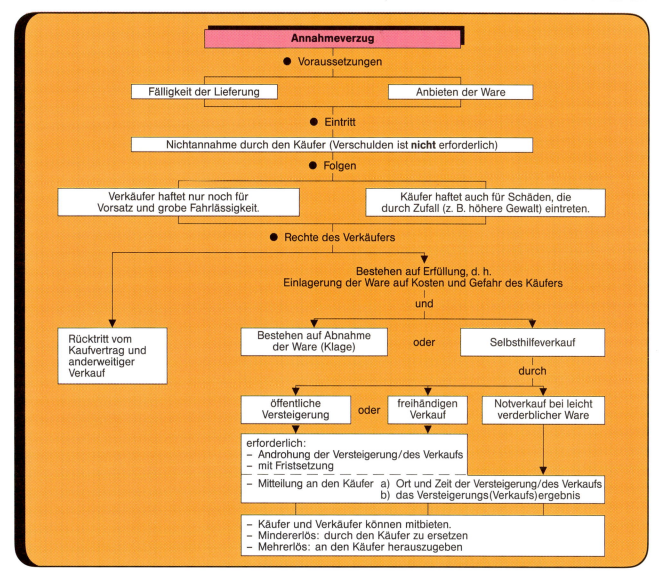

5.17   Der Zahlungsverzug

Nach der Rückkehr aus seinem Urlaub läßt sich der Abteilungsleiter des Rechnungswesens der Großhandlung Radtke am 28. März durch das EDV-gestützte Warenwirtschaftssystem die Liste der demnächst fälligen Ausgangsrechnungen ausdrucken:

FÄLLIGKEITSLISTE					STAND	ALLE			DATUM: 28.03.19..	SEITE: 1	
HAUS	LIEF	NAME	RECHNUNGS-NUMMER	RE-DATUM	BEL.-NR:	WE-DATUM	FÄLLIG	ART	BRUTTO	SKONTO	NETTO
1	700 000	SCHUHHAUS	1/HH	05.04.19..	123 456	01.04.19..	15.04.19..		570,00	22,80	547,20
		SCHREI	12/HH	24.02.19..	123 361	28.02.19..	24.03.19..		1 300,00	24,00	1 276,00
			123/HH	15.02.19..	123 920	05.03.19..	30.03.19..		228,00	5,13	2222,87

Der Ausdruck zeigt beim Kunden Schrei eine längst fällig gewordene Rechnung.
Der Betrag in Höhe von 1 300,00 DM wurde durch die Unachtsamkeit eines Mitarbeiters im Unternehmen Schrei nicht an die Großhandlung Radtke überwiesen.

Welche Folgen könnte das Überschreiten des Fälligkeitstages für das Schuhhaus Schrei haben?

Information

Der Käufer hat die Pflicht, den vereinbarten Kaufpreis rechtzeitig zu bezahlen. Zahlt er nicht oder nicht rechtzeitig, kann er in Zahlungsverzug geraten. Da der Käufer als Geldschuldner mit der Erfüllung seiner Pflicht in Verzug ist, spricht man auch von Schuldnerverzug.

Gründe für den Käufer, die Zahlung zu verzögern, können sein:

– Zahlungsunfähigkeit

– Zahlungsunwilligkeit

– Vergeßlichkeit bzw. Unaufmerksamkeit

Voraussetzungen

1. Ein Verschulden des Käufers muß nicht vorangegangen sein. Der Käufer kommt auch **ohne sein Verschulden** in Zahlungsverzug, wenn es sich, wie es beim Geld der Fall ist, um Gattungsware handelt.

2. Die Zahlung muß fällig sein.

Eintritt

Ist der Zeitpunkt der Zahlung im Kaufvertrag **kalendermäßig nicht genau** vereinbart, z. B.:

– „Zahlung sofort",

– „Zahlbar innerhalb von drei Monaten nach Lieferung der Ware",

– „Zahlbar ab März 19 . .",

– „Zahlbar 30 Tage nach Erhalt der Rechnung",

muß der Verkäufer den Käufer **mahnen und ihm eine Nachfrist setzen.** Hat der Käufer nach Ablauf der Nachfrist immer noch nicht gezahlt, tritt der Zahlungsverzug ein.

Das Übersenden einer zweiten Rechnung ersetzt die Mahnung nicht.

Ist dagegen ein **genau bestimmter bzw. nach dem Kalender bestimmbarer Zahlungstermin** vereinbart, gerät der Käufer auch **ohne Mahnung in Verzug,** sobald der Zahlungstermin abgelaufen ist.

Folgende Beispiele gelten als genau bestimmte Termine:

– „Zahlung am 20. 04. 19 . ."

– „Zahlbar bis 20. Januar 19 . ."

– „Zahlung Mitte Mai 19 . ."

– „Zahlbar bis Ende Oktober"

Rechte des Verkäufers

Befindet sich der Käufer in Zahlungsverzug, stehen dem Verkäufer wahlweise folgende Rechte zu:

1. Ohne Nachfristsetzung
   - **Zahlung verlangen** und ggf. den Käufer auf Zahlung verklagen.
   - **Zahlung und Schadenersatz wegen verspäteter Zahlung verlangen.**

   Für verspätete Zahlungen kann der Verkäufer
   a) **Verzugszinsen** fordern:

   beim zweiseitigen Handelskauf 5 % der Schuldsumme ab Fälligkeitstag;

   beim einseitigen Handelskauf und bürgerlichen Kauf 4 % vom Tag des Verzugs an.

   Höhere Verzugszinsen können ausdrücklich oder in den Allgemeinen Geschäftsbedingungen vereinbart werden. Zugrunde gelegt wird dabei der banksübliche Sollzinssatz. Zinseszinsen dürfen nicht berechnet werden.

   b) **Kostenersatz** verlangen.

   Hierzu sind die Kosten für die Mahnung, Porti, einen Bankkredit, Telefon- oder Fernschreibgebühren, Anwaltsgebühren usw. zu rechnen.

2. Mit Nachfristsetzung und Ablehnungsandrohung
   - **vom Kaufvertrag zurücktreten**, sofern die Nachfrist abgelaufen ist.

   Dies wäre sinnvoll, wenn sich der Käufer in ernsthaften Zahlungsschwierigkeiten befindet und die Ware unter Eigentumsvorbehalt geliefert wurde. Die Ware muß dann vom Käufer zurückgegeben werden.

   - Nach Ablauf einer angemessenen Nachfrist **Schadenersatz wegen Nichterfüllung verlangen.**

   Denkbar wäre die Inanspruchnahme dieses Rechts, wenn der Verkäufer die nicht bezahlte Ware an einen anderen Kunden – zu einem niedrigeren Preis – verkaufen kann. Den Differenzbetrag zwischen zuvor vereinbartem und nun tatsächlich erzieltem Preis kann er als Schadenersatz verlangen.

   Die Nachfrist entfällt, wenn
   a) für den Gläubiger kein Interesse mehr besteht,
   b) der Käufer die Zahlung endgültig verweigert,
   c) ein Fixgeschäft vorliegt.

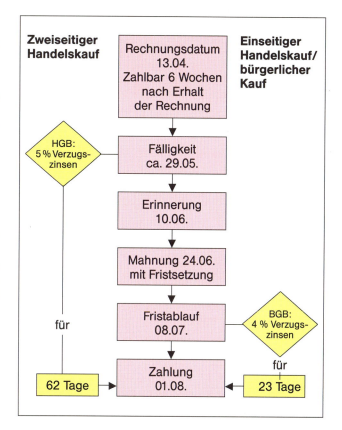

Aufgaben

1. In einem Kaufvertrag war Zahlung bis zum 15. 07. 19 .. vereinbart. Die Zahlung ist bis zu diesem Termin nicht eingegangen.

   a) Ist in diesem Fall eine Mahnung mit Fristsetzung erforderlich, um den Schuldner in Verzug zu setzen? Begründen Sie Ihre Antwort.

   b) Von welchem Tag an besteht Zahlungsverzug?

2. Die Firma Michaelis & Brunotte schickt einem säumigen Kunden eine nochmalige Rechnung mit dem Stempelaufdruck „Zweitrechnung" (vereinbart war ein Zahlungsziel von 30 Tagen ab Rechnungserhalt). Warum ist der Kunde damit noch nicht in Zahlungsverzug geraten?

3. Die Kundin eines Großhändlers kaufte am 29. 05. Waren für 235,00 DM. Es wurde vereinbart, den Betrag innerhalb von vier Wochen zu bezahlen. Am 10. 07. ist der Rechnungsbetrag beim Großhändler immer noch nicht eingetroffen. Befindet sich die Kundin bereits im Zahlungsverzug? Begründen Sie Ihre Antwort.

4. Wann tritt der Zahlungsverzug ein,
   a) bei einem kalendermäßig genau festgelegten Zahlungstermin?
   b) bei einem kalendermäßig nicht genau festgelegten Zahlungstermin?

5. Welche Rechte stehen dem Gläubiger im Falle des Zahlungsverzugs zu?

6. Um den Käufer in Zahlungsverzug zu setzen, ist häufig eine Mahnung erforderlich. Bei welchem der folgenden Zahlungstermine kann auf die Mahnung verzichtet werden?

   a) „Zahlbar bis 25. November 19 . ."
   b) „Zahlbar sofort"
   c) „Zahlbar 4 Wochen ab heute"
   d) „Zahlbar 6 Wochen nach Rechnungsdatum"
   e) „Zahlbar am 6. Juni 19 . ."
   f) „Zahlbar 14 Tage nach Erhalt der Rechnung"
   g) „Zahlbar 3 Wochen nach Erhalt der Lieferung"

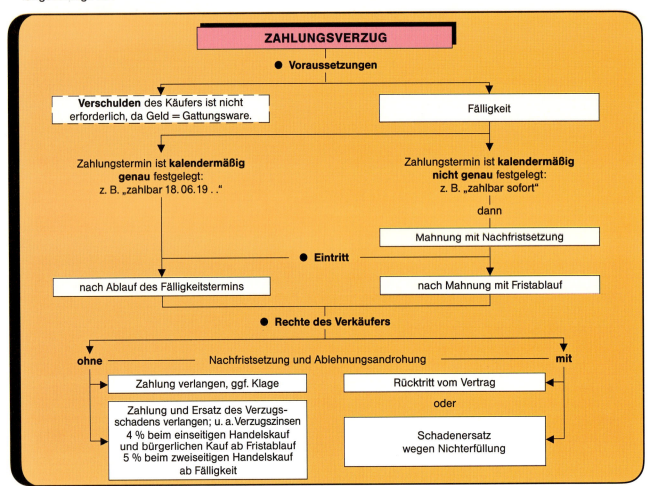

5.18 Das außergerichtliche (kaufmännische) Mahnverfahren

Da das SCHUHHAUS SCHREI – ein langjähriger und guter Kunde der Großhandlung RADTKE, Hannover – seine Rechnung nicht termingerecht bezahlt hat, schreibt der Geschäftsführer des Unternehmens Radtke folgenden Brief:

Großhandlung Jacob Radtke
Lange Straße 4 · 30559 Hannover

Großhandlung Jacob Radtke · Lange Straße 4 · 30559 Hannover

Schuhhaus
Gustav Schrei
Rathausplatz 43

29227 Celle

Ihr Zeichen, Ihre Nachricht vom	Unser Zeichen, unsere Nachricht vom ☎ Durchwahl-Nr.	Datum
	R-L 22.02.19.. 75 30 60	25.03.19..

1. Mahnung

Sehr geehrte Damen und Herren,

auf Ihrem Konto steht der Betrag unserer Rechnung vom 22.02. in Höhe von

1 300,00 DM

noch offen.

Bei einem Ziel von 30 Tagen war dieser Rechnungsbetrag bereits am 24. März d. J. fällig.

Um nicht selber in Zahlungsschwierigkeiten zu geraten und um die Aufnahme teurer Bankkredite zu vermeiden, müssen wir auf den pünktlichen Eingang unserer Forderungen ganz besonderen Wert legen.

Kein Kaufmann kann sich heutzutage die Geschäftsbeziehung mit Kunden leisten, die längst fällig gewordene Rechnungsbeträge erst mehrere Wochen nach Fälligkeit zu begleichen.

Sollten Sie den oben genannten Betrag zuzüglich 8 % Verzugszinsen nicht bis zum 01.04. auf unser Konto überwiesen haben, werden wir gerichtlich gegen Sie vorgehen.

Hochachtungsvoll

Strahler

Warum ist es nicht ratsam, einen Kunden möglichst schnell und in einem derart scharfen Ton zu mahnen?

Information

Zweck der Mahnung

Ein Kaufmann muß auf den pünktlichen Zahlungseingang seiner Forderungen achten, weil Zahlungsverzug u. U. für ihn bedeutet:

- Verringerung der eigenen finanziellen Mittel,
- Aufnahme teurer Bankkredite,
- Erschwerung der Skontoausnutzung,
- Erhöhung der Verlustgefahr, da sich die finanzielle Lage des Käufers verschlechtern kann und die Verjährung der Forderung droht.

Kein Kaufmann will sich solchen Gefahren und deren möglichen wirtschaftlichen Folgen aussetzen.

Säumige Käufer müssen daher gemahnt werden. Mit der Mahnung wird ausdrücklich auf den fälligen Betrag hingewiesen und zugleich ein letzter Zahlungstermin genannt. **Mit der Mahnung gerät der Käufer in Zahlungsverzug,** vorausgesetzt der Zahlungstermin war kalendermäßig **nicht** genau festgelegt.

Die Mahnung ist **formfrei,** also auch mündlich möglich. Aus Gründen der Beweissicherung sollte aber stets schriftlich gemahnt werden.

Trotz aller Vorsichtsmaßnahmen wird ein Kaufmann jedoch nicht sein erstes Schreiben an den säumigen Käufer als Mahnung abfassen oder gar gleich mit gerichtlichen Schritten drohen. Schließlich könnte es sich lediglich um ein Versehen handeln, und mit dem im Mahnschreiben angeschlagenen Ton würde man den Käufer – zumal einen langjährigen – verletzen oder sogar für immer verlieren.

In der kaufmännischen Praxis ist es deshalb allgemein üblich, dem Käufer vor der 1. Mahnung ein Erinnerungsschreiben zuzusenden, z. B. in Form einer Rechnungskopie mit Zahlschein oder in Form eines Kontoauszuges. Das höflich formulierte **Erinnerungsschreiben** ist rechtlich gesehen keine Mahnung und **setzt den Käufer auch nicht in Verzug.**

Sollte der Käufer daraufhin nicht reagieren, ist das **außergerichtliche Mahnverfahren** – wie auf Seite 198 beschrieben – möglich (also nicht zwingend vorgeschrieben), bevor der gerichtliche Mahnweg beschritten wird.

Das außergerichtliche Mahnverfahren wird von den Unternehmen unterschiedlich gehandhabt. Es ist u. a. abhängig von den Gründen des Zahlungsverzugs, der Art der Geschäftsbeziehung und der wirtschaftlichen Situation des Verkäufers.

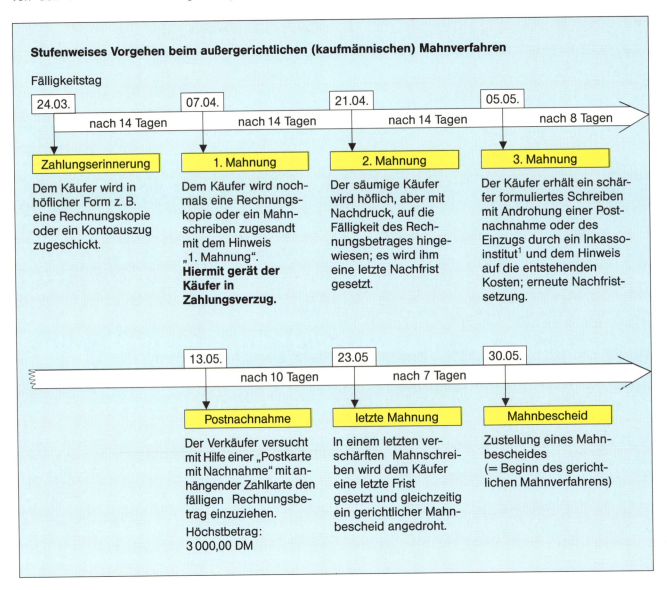

[1] Inkassoinstitute übernehmen gewerbsmäßig den Einzug von fremden Forderungen bei Geldschulden. Der Gläubiger hat den Vorteil, daß er die Kosten für die Überwachung der Zahlungseingänge sparen kann, beispielsweise für die Mahnabteilung oder für die Kreditkontrolle. Er muß allerdings eine Inkassogebühr entrichten, die jedoch als Verzugszinsen gegenüber dem säumigen Schuldner geltend gemacht werden können.

Großhandlung Jacob Radtke · Lange Straße 4 · 30559 Hannover

Großhandlung Jacob Radtke, Lange Str. 4, 30559 Hannover

Schuhhaus
Gustav Schrei
Rathausplatz 43

29227 Celle

Bankverbindung:
Noris Bank Hannover
Konto-Nr. 800 621 900
BLZ 760 204 00

1. MAHNUNG

Kunden-Nr.	Datum
280930	07.04.19 ..

Bitte bei Zahlung und Schriftverkehr
unbedingt angeben

Seite 1

Zur Abstimmung erhalten Sie nachstehend eine Aufstellung der offenen Posten. Sollten darin bereits fällige Beträge enthalten sein, so betrachten Sie bitte diesen Auszug als Erinnerung.

Wir bitten um baldigen Ausgleich.

Beleg-Nr.	Beleg-Datum	BA	Fälligkeits-Datum	Buchungstext	Offene Posten	Fälliger Betrag	Mahnstufe
HH 060652	22.02.	04	24.03.	Rechnung	1300,00	1300,00	1
					1300,00*	1300,00*	

Zahlungseingang berücksichtigt bis 31.03.19 ..

Großhandlung Jacob Radtke
Lange Straße 4 · 30559 Hannover

Großhandlung Jacob Radtke · Lange Straße 4 · 30559 Hannover

Schuhhaus
Gustav Schrei
Rathausplatz 43

29227 Celle

Ihr Zeichen, Ihre Nachricht vom	Unser Zeichen, unsere Nachricht vom	☎Durchwahl-Nr.	Datum
	R-L 13.05.19..	75 30 40	23.05.19..

Letzte Mahnung

Sehr geehrte Damen und Herren,

Sie haben trotz mehrfacher Aufforderung unsere Rechnung vom 22.02.19.., fällig am 24.03.19.., noch nicht beglichen.

Ihr Verhalten ist uns unverständlich. Da unsere Preise sehr knapp kalkuliert sind, können wir Ihnen ein Zahlungsziel, wie es jetzt von Ihnen in Anspruch genommen wird, nicht länger einräumen. Kein Kaufmann kann heutzutage tatenlos zusehen, wie die Zinsverluste bei seinen Außenständen seine Gewinne aufzehren.

Sie zwingen uns leider dazu, unsere Forderungen gerichtlich durchzusetzen.

Wir werden deshalb am 30.05.19.. gegen Sie den Erlaß eines Mahnbescheides über 1 300,00 DM zuzüglich Verzugszinsen und Mahnkosten erwirken.

In Anbetracht unserer langjährigen Geschäftsbeziehungen setzen wir Ihnen eine letzte Zahlungsfrist bis zum 28.05.19..

Mit freundlichen Grüßen

Strahler

Forderungseinzug durch Postnachnahme

Mit Hilfe der Postnachnahme können durch den Postboten vom säumigen Käufer Forderungen eingezogen werden.

Der Nachnahme ist eine Zahlkarte angeheftet. Auf der Zahlkarte erscheint der um die Zahlkartengebühr verminderte Nachnahmebetrag.

Aufgaben

1. Warum wird ein Kaufmann auf den pünktlichen Eingang seiner Forderungen achten?

2. Wovon wird es abhängen, in welcher Form und wie oft ein Verkäufer einen Käufer mahnt?

3. Welchen Zweck hat das außergerichtliche Mahnverfahren?

4. Sie sind unterschriftsbevollmächtigter Mitarbeiter der Textilgroßhandlung Bachmann, Kurze Straße 18, 30629 Hannover.

   Konten: Postbank Hannover, BLZ 250 100 30
   Konto-Nr. 275 942-305

   Sparda-Bank Hannover e.G.
   BLZ 250 905 00
   Konto-Nr. 154 032

   a) Die Textilgroßhandlung Bachmann hat an das Textilfachgeschäft Bernd Krellwitz, Goethe Str. 124, 31135 Hildesheim, Waren im Wert von 2 100,00 DM geliefert, Ziel 30 Tage. Bernd Krellwitz hat die Rechnung vom 07.09.19.. nicht fristgemäß bezahlt. Eine Erinnerung vom 09.10.19.. und eine Mahnung vom 16.10.19.. mit beigefügtem ausgefülltem Zahlschein blieben ohne Erfolg.

   Aufgabe:
   Schreiben Sie mit Datum 23.10.19.. eine Mahnung an Bernd Krellwitz. Berücksichtigen Sie die obige Sachlage. Drohen Sie bei Nichtzahlung den Geldeinzug durch Postnachnahme an. Weisen Sie auf die dadurch entstehenden Kosten hin.

   b) Bernd Krellwitz hat auch die ihm inzwischen zugestellte Postnachnahme nicht eingelöst.

   Aufgabe:
   Schreiben Sie mit Datum vom 08.11.19.. eine letzte Mahnung mit einer angemessenen Nachfrist. Drohen Sie bei Nichtbeachtung gerichtliche Schritte an.

5. Welche Vorgehensweise schlagen Sie vor, wenn ein guter Kunde eine fällige Rechnung nicht unverzüglich begleicht?

6. Aus welchen Gründen ist eine Mahnung erforderlich?

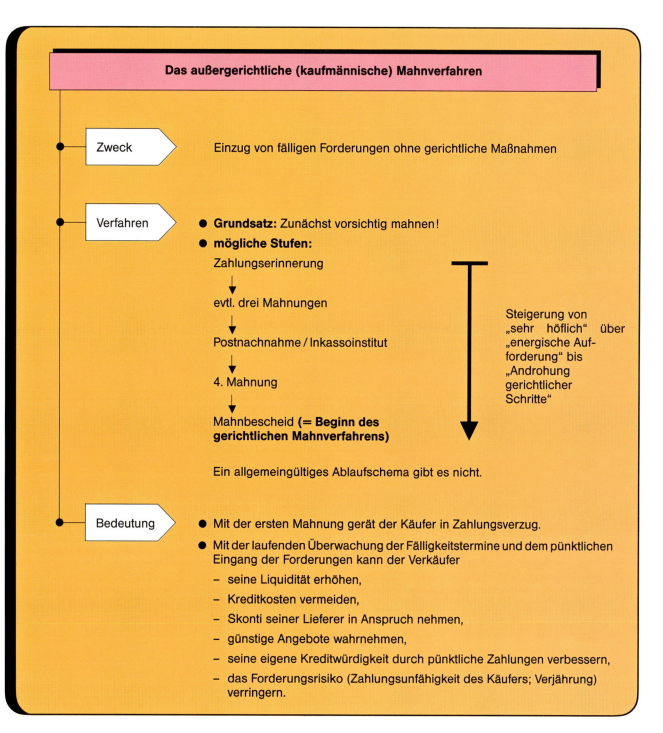

5.19 Das gerichtliche Mahnverfahren

Der letzte Mahnbrief vom 23.05.19.. der Großhandlung Jacob Radtke an das Schuhhaus Schrei bleibt unbeantwortet, der längst fällige Rechnungsbetrag wird nicht überwiesen.

Der Inhaber der Großhandlung, Herr Radtke, kann das Schuhhaus Schrei nun mit Hilfe des Gerichts auf Zahlung verklagen oder beim Gericht den Erlaß eines Mahnbescheides beantragen.

Da Herr Radtke glaubt, durch das gerichtliche Mahnverfahren schneller und kostensparender zu seinem Geld zu kommen, beantragt er einen Mahnbescheid.

Mahnbescheid | 30.05.19.. | ← Datum des Mahnbescheids

③ **Antragsteller,** ges. Vertreter, Prozeßbevollmächtigte(r); Bankverbindung

Großhandlung
Jacob Radtke
Lange Str. 3
30559 Hannover

Stadtsparkasse Hannover
BLZ 250 930 00
Konto-Nr. 146-46

④ **macht gegen –Sie–** ☐ als Gesamt-schuldner

⑤ **folgenden Anspruch geltend** (genaue Bezeichnung, insbes. mit Zeitangabe): Geschäftszeichen des Antragstellers: ....

Forderung aufgrund von Warenlieferung vom "4. Februar 19.."

Rechnung HH 060652 über 1.300,00 DM

⑥ Hauptforderung DM 1.300,00 | Zinsen 8 % Zinsen seit dem 24.03.19..

⑦ Vorgerichtliche Kosten DM 18,00 | ☐ seit dem Tage der Zustellung dieses Mahnbescheids | ☐ zzgl. | % MWSt. auf die Zinsen

⑧ Kosten dieses Verfahrens (Summe ① bis ⑤) DM 30,30 | ① Gerichtskosten 20,00 DM | ② Auslagen d. Antragst. 10,30 DM | ③ Gebühr d. Prozeßbev. DM | ④ Auslagen d. Prozeßbev. DM | ⑤ MWSt. d. Prozeßbev. DM

⑨ **Gesamtbetrag** DM 1348,30 **zuzügl. der Zinsen** | Der Anspruch ist nach Erklärung des Antragstellers von einer Gegenleistung ☐ nicht abhängig. ☒ abhängig; diese ist aber bereits erbracht.

Das Gericht hat nicht geprüft, ob dem Antragsteller der Anspruch zusteht. Es fordert Sie hiermit auf, innerhalb von z w e i W o c h e n seit der Zustellung dieses Bescheids e n t w e d e r die vorstehend bezeichneten Beträge, soweit Sie den geltend gemachten Anspruch als begründet ansehen, zu begleichen o d e r dem (oben bezeichneten) **Gericht auf einem Vordruck der beigefügten Art** (s. Hinweis dazu auf der Rückseite) **mitzuteilen, ob und in welchem Umfang Sie dem Anspruch widersprechen.**

Werden die geforderten Beträge nicht beglichen und wird auch nicht Widerspruch erhoben, kann der Antragsteller nach Ablauf der Frist einen Vollstreckungsbescheid erwirken, aus dem er die Zwangsvollstreckung betreiben kann. Ein streitiges Verfahren in Ihrem allgemeinen Gerichtsstand wäre nach Angabe des Antragstellers durchzuführen vor dem

⑩ ☐ Amtsgericht ☐ Landgericht ☐ Landgericht -Kammer für Handelssachen- | Plz, Ort in ....

An dieses Gericht, dem eine Prüfung seiner Zuständigkeit vorbehalten bleibt, wird die Sache im Falle Ihres Widerspruchs abgegeben.

Rechtspfleger

Welche Folgen kann der Mahnbescheid für das Schuhhaus Schrei haben?

Information

Führt die außergerichtliche Mahnung nicht zur Begleichung des fälligen Rechnungsbetrages, so wird der Gläubiger (= Antragsteller) das gerichtliche Mahnverfahren einleiten, die schärfste und nachdrücklichste Form der Mahnung.

Der Mahnbescheid

Der Mahnbescheid wird ohne Rücksicht auf die Höhe der Forderung beim Amtsgericht des Gläubigers beantragt.

Sachlich ist bei einem Streitwert bis 10 000 DM immer das Amtsgericht zuständig. Bei einem höheren Streitwert wird vor dem Landgericht verhandelt.

Für das gerichtliche Mahnverfahren gilt **Formularzwang**. Der Formularsatz, erhältlich z. B. in Schreibwarengeschäften, muß vom Antragsteller selbst ausgefüllt werden.

Ist ein Mahnbescheid lückenhaft ausgefüllt, kann er erst nach zeitraubenden Rückfragen erlassen werden.

Das Gericht stellt dem Schuldner (Antragsgegner) nach Bezahlung der Gerichtskosten den Mahnbescheid zu. Eine Prüfung, ob die Forderung zu Recht besteht, findet nicht statt.

Nach der Zustellung des Mahnbescheides hat der Antragsgegner folgende Möglichkeiten:

– Er bezahlt: Das gerichtliche Mahnverfahren ist beendet.

– Er legt Widerspruch ein.

– Er schweigt.

Der Schuldner (Antragsgegner) legt Widerspruch ein

Mit dem Mahnbescheid muß sich der Schuldner nicht abfinden. Wenn er die Forderung nicht anerkennt, muß er innerhalb von 14 Tagen gegen den Mahnbescheid Widerspruch beim im Mahnbescheid angegebenen Amtsgericht[1] einlegen, entweder mündlich dem Beamten der Mahnabteilung gegenüber oder schriftlich. Der Widerspruch braucht nicht begründet zu werden.

Das Amtsgericht gibt den Rechtsstreit von Amts wegen an das **örtlich** zuständige Gericht (Amts- oder Landgericht) ab.

---

[1] Gericht, das den Mahnbescheid erlassen hat.

Dies ist das Prozeßgericht, in dessen Bezirk der Schuldner seinen Geschäfts- bzw. Wohnsitz hat (= gesetzlicher Gerichtsstand). Das Gericht benachrichtigt die Parteien, sobald es die Sache abgegeben hat.

Bei Verträgen unter Vollkaufleuten (= zweiseitige Handelskäufe) kann vertraglich ein anderer Gerichtsstand vereinbart werden.

Ist auch nur eine Partei Minderkaufmann oder eine Privatperson, so ist eine Gerichtsstandvereinbarung nicht möglich.

Anschließend kommt es auf Antrag von Gläubiger oder Schuldner zu einem ordentlichen Gerichtsverfahren, in dem geklärt wird, ob die Forderung begründet ist. Der Gläubiger – jetzt Kläger – muß seinen Anspruch vor Gericht begründen, der Schuldner muß dem Gericht vortragen, warum er den Anspruch für unbegründet hält.

> Der **Mahnbescheid** kann daher als Aufforderung an den Schuldner angesehen werden, entweder innerhalb einer gegebenen Frist den geschuldeten Betrag zuzüglich Zinsen und entstandenen Kosten zu zahlen oder sich zu verteidigen.

Der Schuldner (Antragsgegner) schweigt

Falls der Schuldner auf den Mahnbescheid nicht reagiert, kann der Gläubiger

– frühestens nach dem Ende der Widerspruchsfrist,

– spätestens nach einer Frist von sechs Monaten

bei demselben Amtsgericht den Erlaß eines Vollstreckungsbescheides beantragen, der dem Schuldner dann zugestellt wird.

Wird der Antrag nicht innerhalb der sechsmonatigen Frist, beginnend mit der Zustellung des Mahnbescheides, erhoben, verjähren die Rechte aus dem Mahnbescheid.

Der Vollstreckungsbescheid

Dieser Bescheid ist die letzte Zahlungsaufforderung des Gerichts. **Schweigt der Schuldner** daraufhin, wird der Vollstreckungsbescheid rechtskräftig, er hat die Wirkung eines gerichtlichen Urteils.

Dadurch hat der Gläubiger die Möglichkeit, die Zwangsvollstreckung zu betreiben. Er kann z. B. den Gerichtsvollzieher mit der Pfändung und Versteigerung von Sachen des Schuldners beauftragen oder eine Lohn- und Gehaltspfändung vornehmen lassen.

Vollstreckungsbescheid = „vollstreckbarer Titel" mit dem Recht, gegen den Schuldner die Zwangsvollstreckung einzuleiten.

Zunächst hat der Schuldner aber wieder zwei Wochen Zeit, gegen den Vollstreckungsbescheid – ab Zustellung – **Einspruch einzulegen.** Der Einspruch muß an das Amtsgericht – mündlich oder schriftlich – gerichtet werden, das den Vollstreckungsbescheid erlassen hat. Der Rechtsstreit wird dann ohne besonderen Antrag von Amts wegen an das zuständige Gericht zur Prüfung gegeben (gleiches Verfahren wie auf Seite 203 beschrieben).

Der Einspruch gegen den Vollstreckungsbescheid verhindert die Zwangsvollstreckung nicht, d. h., der Gläubiger hat das Recht, bis zur Klärung gegen den Schuldner die Zwangsvollstreckung zu betreiben. Das Gericht kann allerdings auf Antrag des Schuldners die Vollstreckung vorerst einstellen.

Die Kosten des gerichtlichen Mahn- und Vollstreckungsverfahrens muß der unterliegende Vertragspartner zahlen.

Aufgaben

1. Die Firma Berger & Co. in Hannover hat an die Simpex GmbH in Lüneburg eine fällige Warenforderung in Höhe von 6 340,00 DM. Berger & Co. wollen nach vergeblichem außergerichtlichen Mahnverfahren einen Antrag auf Erlaß eines Mahnbescheides stellen.

   a) Welches Gericht ist zuständig?

   b) Was bewirken Widerspruch und Einspruch des Schuldners während des Verfahrens?

   c) Wie kann die Simpex GmbH nach Zustellung des Vollstreckungsbescheides die Zwangsvollstreckung noch verhindern?

2. Warum überprüft das zuständige Gericht beim Erlaß eines Mahnbescheides nicht, ob der Anspruch des Gläubigers zu Recht besteht?

3. In welcher Reihenfolge laufen die Phasen des gerichtlichen Mahnverfahrens ab? Ordnen Sie folgerichtig.

4. Wie kann sich der Schuldner nach Zustellung des Mahnbescheides verhalten?

5. Wie kann sich der Schuldner nach Zustellung des Vollstreckungsbescheids verhalten?

6. Was ist ein Vollstreckungsbescheid?

7. Wie ist ein Mahnbescheid zu beantragen?

8. Der Antrag auf Erlaß eines Mahnbescheides kann ohne vorherige Ankündigung gestellt werden. Zu welchem Zeitpunkt ist dies frühestens möglich?

9. Ein Schuldner, wohnhaft in Hannover, legt gegen einen vom Gläubiger, wohnhaft in München, beantragten Mahnbescheid Widerspruch ein – Streitwert 2 500 DM. Welches Gericht ist in dieser Angelegenheit zunächst zuständig?

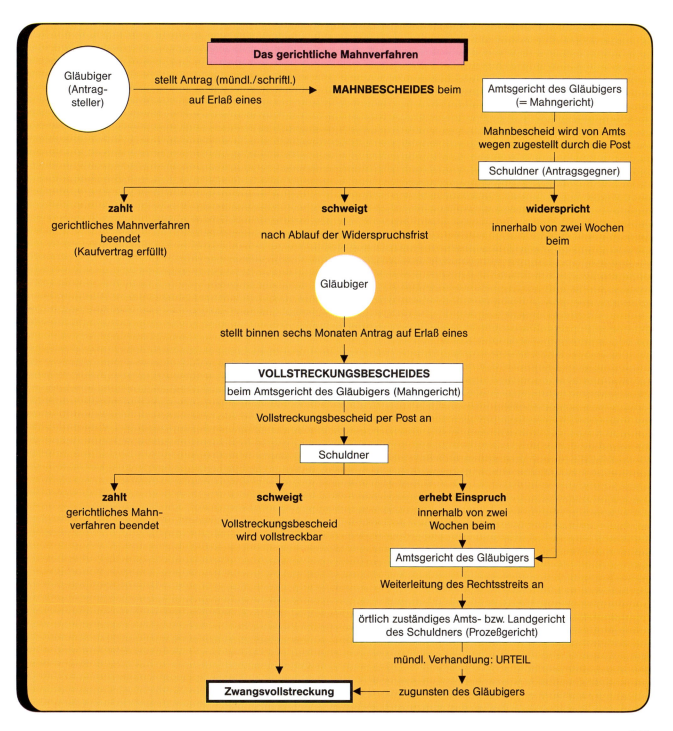

5.20 Zwangsvollstreckung

> Die Großhandlung J. Radtke hat, da das Schuhhaus Schrei nicht reagierte, am 21.06. einen Vollstreckungsbescheid beantragt. Dieser Bescheid ist dem Schuhhaus vom Gericht zugestellt worden.
>
> Als am 01.07. der ausstehende Geldbetrag immer noch nicht eingegangen ist, glaubt der Geschäftsführer der Großhandlung, Herr Strahler, an die endgültige Zahlungsunwilligkeit der Firma Schrei. Daraufhin will er die Zwangsvollstreckung durch den Gerichtsvollzieher veranlassen. Doch der von ihm beauftragte Gerichtsvollzieher winkt ab.

Aus welchem Grund kann er nicht tätig werden?

Information

Voraussetzungen der Zwangsvollstreckung

- **Zustellung**

  Voraussetzung für den Beginn von Vollstreckungsmaßnahmen ist die Zustellung des Vollstreckungsbescheides. Der Vollstreckungsbescheid stellt einen Vollstreckungstitel dar.

- **Vollstreckungstitel**

  Soll die Zwangsvollstreckung gegen den Schuldner veranlaßt werden, muß ein Vollstreckungstitel gegen den Schuldner vorliegen. Zu den wichtigsten Vollstreckungstiteln gehören

  – Urteile und
  – Vollstreckungsbescheide.

  Mit einem Vollstreckungstitel kann der Gläubiger pfänden lassen.

- **Vollstreckungsklausel**

  Die Vollstreckungsklausel muß in jedem Vollstreckungstitel enthalten sein (= amtliche Bescheinigung), z. B. „Vorstehende Ausfertigung wird der Großhandlung Jacob Radtke, Hannover, zum Zwecke der Zwangsvollstreckung erteilt".

  Die Vollstreckungsklausel wird grundsätzlich von dem Urkundsbeamten des Gerichts erteilt.

Wenn diese Voraussetzungen erfüllt sind, kann der Vollstreckungsantrag beim Amtsgericht gestellt werden.

Durchführung der Zwangsvollstreckung

Die Zwangsvollstreckung bezieht sich auf alle Vermögenswerte des Schuldners:

1. **Die Zwangsvollstreckung in das bewegliche Vermögen**

   Die Zwangsvollstreckung in das bewegliche Vermögen erfolgt durch Pfändung und Versteigerung. Für sämtliche Zwangsvollstreckungsmaßnahmen in das bewegliche Vermögen ist der Gerichtsvollzieher zuständig. Wenn er – nur auf Antrag – tätig wird, kann er grundsätzlich nur Sachen pfänden, die sich im unmittelbaren Besitz des Schuldners befinden. Er prüft dabei nicht, wer Eigentümer der beim Schuldner vorgefundenen Sachen ist.

Zwangsversteigerungen

Versteigerung

Am Mittwoch, dem 19. Oktober 19.., 12 Uhr, versteigere ich meistbietend gegen bar: 1 Pkw Renault 25 GTS, Baujahr 1986, 58 000 km. Der Pkw ist untergestellt und wird versteigert auf dem Gelände der Fa. Renault-Ahrens, Bremer Straße 53, 30827 Garbsen. Plinke, Gerichtsvollzieher in Neustadt

---

- **Körperliche Sachen**

  Der Gerichtsvollzieher nimmt die Gegenstände in seinen Besitz, indem er sie entweder an sich nimmt (= **Faustpfand**), z. B. Bargeld, Wertpapiere und wertvolle Gegenstände, oder er bringt, bei schweren Gegenständen, ein **Pfandsiegel** („Kuckuck") an, z. B. bei Schränken, Tiefkühltruhen, Maschinen.

  Nachdem das Siegel angebracht wurde, darf der Gepfändete nicht mehr über die gepfändeten Gegenstände verfügen. Die Entfernung des Siegels ist strafbar.

  Die Pfandsachen werden nach einer bestimmten Frist (frühestens nach sieben Tagen) öffentlich versteigert. Der Erlös wird – nach Abzug der Vollstreckungskosten – an den Gläubiger abgeführt. Wertpapiere mit einem

Börsen- oder Marktpreis (z. B. Aktien) verkauft der Gerichtsvollzieher freihändig zum Tageskurs.

Der Schuldner erhält eine Abrechnung (und einen evtl. erzielten Überschuß).

Aus sozialen Gründen sind zahlreiche bewegliche Sachen nicht pfändbar. Hierzu gehören insbesondere Sachen, die für eine bescheidene Lebens- und Haushaltsführung und die Berufsausübung notwendig sind, z. B. Lebensmittelvorräte für vier Wochen, Kleidungsstücke, Betten, Wäsche, Rundfunk- und Fernsehgeräte einfacher Ausführung, Haus- und Küchengeräte (z. B. eine Nähmaschine), notwendige Arbeitsgeräte (z. B. LKW eines Bierverlegers; Auto eines Architekten) usw.

Eine klare und einheitliche Regelung läßt sich aber nicht finden, da es keinen „Einheitsschuldner" gibt.

Beispiele:

Kühlschrank: Er wird weitgehend als unpfändbar angesehen, aber nicht einhellig. Zum Teil wird darauf abgestellt, ob dem Schuldner zugemutet werden kann, täglich einzukaufen. Auch bei einem Haushalt mit kleinen Kindern ist daher der Kühlschrank pfändbar.

Waschmaschine: Entscheidend ist die Größe der Familie. Bei einem Zweipersonenhaushalt ist sie entbehrlich, nicht jedoch bei einem älteren Ehepaar.

Eine Möglichkeit, doch verhältnismäßig wertvolle aber unpfändbare Sachen zu pfänden, bietet die sog. **Austauschpfändung.**

Gehört dem Schuldner z. B. ein wertvolles Farbfernsehgerät, so kann es dennoch gepfändet werden, wenn der Gläubiger dem Schuldner zugleich ein betriebsfähiges Gerät von geringerem Wert zur Verfügung stellt.

● **Geldforderungen und andere Rechte**

Hierzu zählen z. B. das Arbeitseinkommen, Bankguthaben, Kreditforderungen, Leistungen aus Lebensversicherungen, Mietforderungen.

Die Pfändung einer Geldforderung erfolgt – auf Antrag des Gläubigers – durch einen Pfändungsbeschluß des Gerichts.

Liegt z. B. ein Lohnpfändungsbeschluß vor, so wird der Arbeitgeber des Schuldners verpflichtet, vom Lohn / Gehalt des Schuldners den pfändbaren Teil einzube-

halten. Der gepfändete Betrag ist statt dessen an den Gläubiger zu überweisen.

Damit der Lebensunterhalt des Gepfändeten gesichert bleibt, ist ein Teil des Einkommens unpfändbar.

Pfändungsfreigrenzen steigen

Anpassung an steigende Lebenshaltungskosten zum 1. Juli 1992

oto. **Hannover**

Konsum auf Kredit erfreut sich bei den Bundesbürgern zunehmender Beliebtheit. Diesen Sachverhalt dokumentieren nicht zuletzt die Angaben des Statistischen Bundesamtes in Wiesbaden, nach denen die westdeutschen Haushalte 1991 ihre Konsumschulden um 29 Milliarden DM ausgeweitet haben, was im Vergleich zu 1986 einer Verdreifachung entspricht. Für Diskussionen haben in diesem Zusammenhang die bisher geltenden Pfändungsfreigrenzen gesorgt. Acht Jahre lang sind sie nicht angehoben worden, obwohl die Lebenshaltungskosten im gleichen Zeitraum um rund 17 Prozent gestiegen sind.

Die bisherige Pfändungsfreigrenze liegt in den alten Bundesländern für einen Ledigen bei 760 DM. Von 1153 DM, die der Bundesfamilienminister vor eineinhalb Jahren als Existenzminimum bezifferte, darf ein alleinstehender Schuldner bisher lediglich 882 DM behalten. Vom 1. Juli 1992 an gilt hier nun die neue Grenze von 1120 DM, die ein Lediger netto zum Leben behalten darf.

Wie die Verbraucher-Zentrale Niedersachsen (VZN) in Hannover mitteilte, ist die Änderung der Pfändungsfreigrenzen allerdings keine automatische Verbesserung für alle betroffenen Schuldner. Denn nach der geltenden Übergangsregelung können sogenannte Drittschuldner weiterhin nach der alten Tabelle pfänden, bis ihnen ein Berichtigungsbeschluß des Vollstreckungsgerichtes zugestellt wird. Das gilt insbesondere für die Arbeitgeber: Häufig verlangen Gläubiger zur Sicherung eines Kredites, daß der Schuldner seinen Arbeitgeber als „Drittschuldner" ermächtigt, einen Teil des Lohnes an den Gläubiger abzutreten. Die VZN rät deshalb allen betroffenen Arbeitnehmern, das Gespräch mit dem Arbeitgeber zu suchen und sich rückzuversichern, daß die neuen Tabellen Anwendung finden. Sollte der Arbeitgeber sich gegen diese Forderung sträuben, müßten die Betroffenen unverzüglich einen Antrag auf Berichtigung des Pfändungsbeschlusses beim Vollstreckungsgericht stellen. Entsprechendes gilt auch, wenn ein Teil des Einkommens ohne gerichtlichen Beschluß im Rahmen einer Lohn- und Gehaltsabtretung einbehalten wird. Zur Vereinfachung dieser unerfreulichen Amtswege hält die Verbraucher-Zentrale (VZN-Versand, Postfach 61 26, 3000 Hannover 1) einen Musterbrief bereit, der gegen einen vorfrankierten Rückumschlag zugeschickt wird.

HAZ vom 22. 06. 1992

---

2. **Die Zwangsvollstreckung in das unbewegliche Vermögen**

Zum unbeweglichen Vermögen zählen Grundstücke und Gebäude. Es soll auf zwei Arten der Zwangsvollstreckung in das unbewegliche Vermögen eingegangen werden:

● **Zwangsversteigerung**

Der Schuldner verliert durch die Versteigerung sein Eigentum. Den Erlös erhält der Gläubiger zum Ausgleich seiner – meist sehr hohen – Forderung.

● **Zwangsverwaltung**

Durch die vom Gericht auf Antrag des Gläubigers angeordnete Zwangsverwaltung werden das Grundstück und die Erträge aus dem Grundstück, z. B. Miet- und Pachteinnahmen, beschlagnahmt. Der Schuldner bleibt zwar Eigentümer des Grundstücks, doch erhält der Gläubiger die Einnahmen.

Erfolglose Durchführung der Zwangsvollstreckung

Führen die Zwangsvollstreckungsmaßnahmen nicht zum Erfolg, kann der Schuldner – auf Antrag des Gläubigers beim zuständigen Amtsgericht – zur Abgabe einer **eidesstattlichen Versicherung** (früher: „Offenbarungseid") über seine Vermögensverhältnisse gezwungen werden. Er bestätigt damit die Richtigkeit und Vollständigkeit seiner Aufstellung. Falsche Angaben gelten als Meineid und werden mit Freiheitsstrafe geahndet.

Anschließend wird er in das für jedermann zugängliche Schuldnerverzeichnis des Vollstreckungsgerichts (sog. schwarze Liste) eingetragen. Sinn und Zweck des Verzeichnisses ist der Schutz Dritter; die Auskunft ist kostenlos.

Verweigert der Schuldner die eidesstattliche Versicherung, kann er auf Antrag des Gläubigers bis zu sechs Monate in Erzwingungshaft genommen werden. Die Haftkosten sind vom Gläubiger zu tragen und monatlich im voraus zu entrichten.

Ist der Schuldner völlig ohne Mittel und das gerichtliche Mahn- und Vollstreckungsverfahren erfolglos geblieben, bleiben die Ansprüche des Gläubigers noch 30 Jahre lang bestehen.

Aufgaben

1. Wie wird sich der Gerichtsvollzieher beim Vorfinden folgender Sachen verhalten:
   - Farbenvorrat eines Malermeisters,
   - Aktien,
   - Pelzmantel im Wert von 12 000,00 DM,
   - Schreibtisch eines Rechtsanwalts,
   - wertvolles Gemälde,
   - größere Geldsumme,
   - Pkw eines Handelsvertreters,
   - Wochenendhaus eines leitenden Angestellten am Bodensee,
   - Stereoanlage im Wert von 6 000,00 DM,
   - Radiogerät,
   - Waschmaschine einer vierköpfigen Familie,
   - antiker Bauernschrank.

2. Beschreiben Sie die Pfändung von Forderungen.

3. Nennen Sie die Voraussetzungen der Zwangsvollstreckung.

4. Welche Arten der Zwangsvollstreckung gibt es?

5. Beschreiben Sie die Zwangsvollstreckung in
   a) das bewegliche Vermögen,
   b) das unbewegliche Vermögen
   des Schuldners.

6. Was ist eine eidesstattliche Versicherung?

7. Warum sollte der Gläubiger mit der Zwangsvollstreckung warten, bis die Einspruchsfrist abgelaufen ist?

8. Beachtet der Schuldner den Vollstreckungsbescheid nicht, kann der Gläubiger die Zwangsvollstreckung erwirken.
   a) Wer führt die Zwangsvollstreckung durch?
   b) Wie wird die Zwangsvollstreckung durchgeführt?

9. Wie werden gepfändete Sachen verwertet?

10. Was verstehen Sie unter einer Austauschpfändung?

11. Erklären Sie die Aussage: „Der Gerichtsvollzieher pfändet aufgrund eines Titels."

12. Dem Rentner Wolff droht eine Pfändung. Da er aber mit seiner Rente unter der Pfändungsgrenze bleibt, glaubt er sich vor dem Zugriff des Gerichtsvollziehers sicher. Wolff hat eine Lebensversicherung über 100 000,00 DM, die in zwei Jahren ausbezahlt wird.

    Können die Gläubiger die Zwangsvollstreckung in die Lebensversicherung beantragen? Begründen Sie Ihre Antwort.

13. Was verstehen Sie unter „Faustpfand"?

14. Wo ist zu erfahren, ob ein Schuldner eine eidesstattliche Versicherung geleistet hat und ob ein Haftbefehl vorliegt?

15. Was kann der Gläubiger bei erfolgloser Pfändung unternehmen?

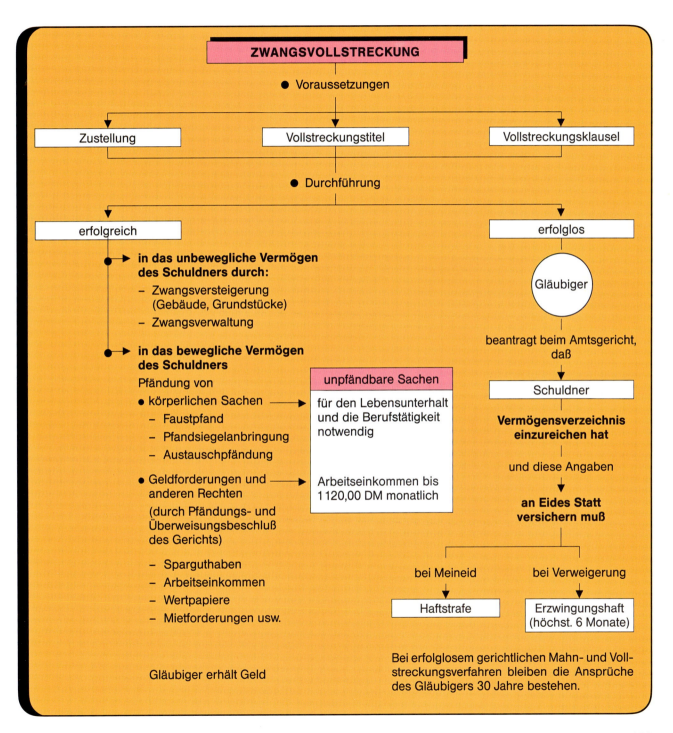

5.21 Die Verjährung

Das Schuhhaus Schrei in Celle erhielt von der Großhandlung Jacob Radtke in Hannover am 22.02. verschiedene Schuhmodelle auf Probe; die Zahlungsbedingungen lauteten „Zahlbar innerhalb von 10 Tagen mit 2 % Skonto oder innerhalb von 30 Tagen netto". Am 24.03. 92 erinnert die Firma Radtke ihren Schuldner an den noch ausstehenden Rechnungsbetrag in Höhe von 1 300,00 DM. Da diese Erinnerung unbeantwortet bleibt, versendet die Großhandlung am 07.04.92 eine 1. Mahnung.

Versehentlich unterbleiben weitere Mahnungen im laufenden Jahr. Dieses Versehen stellt der Geschäftsführer, Herr Strahler, erst im April des neuen Jahres fest.

Prüfen Sie, ob die Forderung in Höhe von 1 300,00 DM gegen das Schuhhaus Schrei noch berechtigt ist.

Information

Bedeutung der Verjährung

Wenn nach Abschluß eines Vertrages eine bestimmte Zeitspanne verstrichen ist, ohne daß der Gläubiger seine Forderung geltend gemacht hat, besteht die Gefahr, daß er seinen Anspruch durch Verjährung verliert.

Der Schuldner hat **nach Ablauf der jeweiligen Verjährungsfrist** das Recht, seine Leistung zu verweigern (=**Einrede der Verjährung**).

Macht er von der Einrede der Verjährung Gebrauch, bleibt zwar der gegen ihn gerichtete Anspruch des Gläubigers bestehen, aber er wird kraftlos. Der Gläubiger kann seine Forderung nicht mehr einklagen.

Bezahlt der Schuldner allerdings eine bereits verjährte Forderung, so kann er die einmal geleistete Zahlung nicht mehr zurückverlangen.

Ziel der Verjährung ist der **Rechtsfrieden.** Der Gläubiger soll seine Ansprüche möglichst schnell geltend machen, damit die Beweislage noch einigermaßen eindeutig feststellbar ist; der Schuldner hingegen soll vor unzumutbaren Beweisforderungen nach längerer Zeit geschützt werden.

Verjährungsfristen

Ein Anspruch ist verjährt, wenn eine vom Gesetz bestimmte Frist abgelaufen ist.

	Regelmäßige Verjährungsfrist	Verkürzte Verjährungsfristen	
	30 Jahre	4 Jahre	2 Jahre
Gültigkeit bei:	Ansprüchen • von Privatleuten untereinander • aus rechtskräftigen Urteilen • aus Vollstreckungsbescheiden • aus Konkursforderungen • aus Darlehensforderungen	Ansprüchen • von Kaufleuten untereinander • auf Zinsen jeder Art • auf wiederkehrende regelmäßige Zahlungen (Unterhaltsbeiträge, Miete, Pacht, Renten)	Ansprüchen von • Kaufleuten an Privatleute • Lohn- und Gehaltsempfängern an den Arbeitgeber • Transportunternehmen • Gast- und Pensionswirten • freiberuflich Tätigen (Ärzte, Anwälte, Architekten usw.)
Beginn der Verjährungsfrist	mit dem Datum der Entstehung des Anspruchs (bei Forderungen: Fälligkeitstag)	mit Ablauf des Jahres, in dem der Anspruch entstanden ist oder fällig war (31.12.)	

Regelmäßige Verjährungsfrist	Verkürzte Verjährungsfristen	
30 Jahre	4 Jahre	2 Jahre
Beispiele: Am 17.09.1989 wird der Vollstreckungsbescheid gegen Herrn Huber fällig. Die Forderung verjährt am 17.09.2019.	Der Großhändler Brecht liefert dem Einzelhändler Lau am 14.06.1992 Elektroartikel auf Kredit. Die Forderung verjährt mit Ablauf des 31.12.1996.	Einzelhändler Lau liefert einem Kunden am 17.03.1992 einen CD-Player auf Kredit. Die Forderung verjährt mit Ablauf des 31.12.1994.

Die Verjährungsfristen können zwar vertraglich verkürzt, aber nicht verlängert oder ausgeschlossen werden.

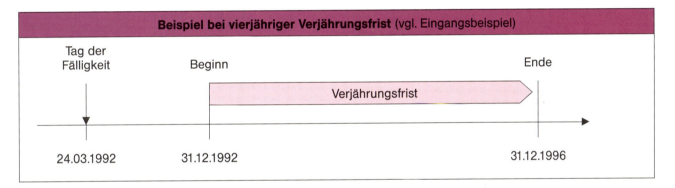

Beispiel bei vierjähriger Verjährungsfrist (vgl. Eingangsbeispiel)

Tag der Fälligkeit: 24.03.1992 — Beginn: 31.12.1992 — Ende: 31.12.1996

Unterbrechung der Verjährung

Will der Gläubiger den Eintritt der Verjährung verhindern, so muß er rechtzeitig geeignete Maßnahmen einleiten, um die Verjährung zu **unterbrechen**. Das hat zur Folge, daß die bis dahin verstrichene Zeit **unberücksichtigt** bleibt und die Verjährungsfrist **neu zu laufen** beginnt.

In diesem Fall beginnt die neue Frist immer vom Ende der Unterbrechung an und nicht erst ab dem darauffolgenden Jahresende.

Die Unterbrechung kann u. a. erreicht werden:

1. Vom Gläubiger durch
   - **gerichtlichen** Mahnbescheid (eine Mahnung genügt nicht),
   - Klage,
   - Antrag auf Erlaß eines Vollstreckungsbescheides,
   - Anmeldung der Forderung im Konkurs,
   - Beantragung der Zwangsvollstreckung.

2. Vom Schuldner durch
   - Teilzahlung,
   - Zahlung von Verzugszinsen,
   - schriftliche Bitte um Stundung,
   - ausdrückliches Schuldanerkenntnis, z. B. Schuldschein.

Im Geschäftsleben wird hin und wieder der Trick angewendet, den Schuldner mit einer höheren als der tatsächlich bestehenden Forderung anzumahnen; beispielsweise statt 570,00 DM den Forderungsbetrag von 770,00 DM. Wenn der Schuldner sich nun hierauf schriftlich meldet und bemerkt, daß er nur 570,00 DM schulde und nicht 770,00 DM, so liegt ein Schuldanerkenntnis vor.

Hiergegen ist zwar rechtlich nichts einzuwenden, moralisch ist diese Methode allerdings nicht unbedingt vertretbar.

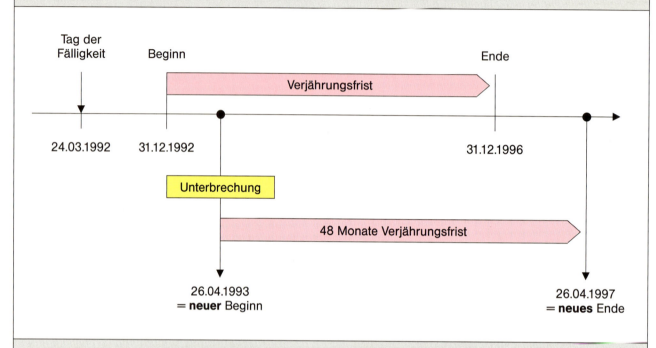

Hemmung der Verjährung

Auch die Möglichkeit der Hemmung dient dem Schutz des Gläubigers. Während der Zeit der Hemmung **ruht** die Verjährungsfrist. Sie beginnt erst wieder zu laufen, wenn der Hemmungsgrund beseitigt ist. Anders als bei der Unterbrechung läuft ab diesem Zeitpunkt die bereits begonnene Verjährungsfrist weiter. Die vor und nach der Hemmung abgelaufenen Verjährungsfristen werden zusammengerechnet. Die Verjährung tritt ein, wenn die Summe der Abschnitte der Verjährungsfrist der gesetzlichen Verjährungsfrist entspricht.

Als Hemmungsgründe kommen in Betracht:

– Der Gläubiger stundet die Forderung.

– Der Schuldner kann die Zahlung aus berechtigten Gründen verweigern (Gegenanspruch).

– Über das Vermögen besteht infolge eines Vergleichs oder eines Konkurses eine Geschäftsaufsicht.

– Die Rechtspflege ruht (z. B. durch Naturkatastrophen oder Krieg).

Beispiel:

Die Großhandlung Jacob Radtke in Hannover hat nach ihrem Versehen im Jahre 1992 am 30.04.1993 ein zweites Mal gemahnt. Gleichzeitig bietet sie in diesem Mahnschreiben dem Schuhhaus Schrei die Stundung des Rechnungsbetrages von zwei Monaten an.

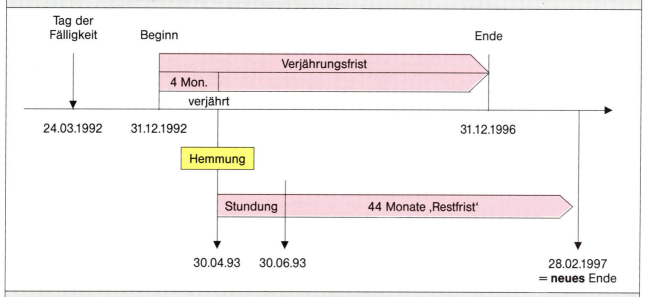

- Die Zeit vor der Hemmung wird berücksichtigt (31.12.1992 bis 30.04.93 = 4 Monate).
- Vom Tage der Hemmung (30.04.93) ruht die Verjährungsfrist für die Zeit der Hemmung (= 2 Monate, d. h. bis zum 30.06.93).
- Die Verjährungsfrist läuft, nachdem der Hemmungsgrund (hier: Stundung) weggefallen ist, weiter (ab 30.06.93).
- Die Hemmungszeit wird nach Ende der Hemmung der Verjährungsfrist hinzugezählt (31.12.96 + 2 Monate Stundung).

Aufgaben

1. Welche regelmäßige Verjährungsfrist gilt, wenn das Gesetz keine besondere Regelung vorsieht?

2. Stellen Sie die Verjährungsfristen für folgende Ansprüche fest, und ermitteln Sie, wann die Forderungen verjährt sind.

   a) Die Elektro OHG hat seit dem 19.06.93 eine Forderung an den Büroangestellten Gerhard Weinrich über 340,00 DM.

   b) Herr Gerhards schuldet seinem Bekannten Zillmer seit dem 15.05.90 250,00 DM Zinsen für ein Darlehen.

   c) Die Sanitätsgroßhandlung Schulte & Co. lieferte am 16.11.93 Waren für 19 456,00 DM an den Einzelhändler Alfred Konopka. Die Rechnung war zahlbar bis 15.01.1994.

   d) Der Rechtsanwalt Wimmer stellt an den Autohändler Hofer am 20.12.93 eine Honorarforderung ohne Angabe von Zahlungsbedingungen für die Übernahme seiner gerichtlichen Verteidigung.

3. Welche Wirkung hat der Eintritt der Verjährung auf eine Forderung?
4. Herr Siewert hat am 17.08. eine längst fällige Schuld bezahlt. Danach erfährt er, daß die Forderung verjährt war. Was kann er tun?
5. Welche Folgen haben Hemmung und Unterbrechung auf die Verjährungsfrist?
6. Was verstehen Sie unter dem Recht der Einrede der Verjährung?
7. Sie haben von einem Bekannten am 14.03.1992 einen gebrauchten Kühlschrank gekauft. Wann verjährt die Kaufpreisforderung?
8. Wann wäre die Forderung aus Beispiel Nr. 7 verjährt, wenn der Kühlschrank bei einem Gebrauchtwarenhändler gekauft worden wäre?
9. Ein Großhändler schickte am 04.11.90 eine Rechnung an die Einzelhandels OHG. Am 12.01.1991 wurde eine erste Mahnung geschickt. Erst am 24.11.91 stellt ein Mitarbeiter in der Buchhaltung fest, daß die Rechnung immer noch nicht bezahlt ist. Ist die Forderung inzwischen verjährt? Begründen Sie Ihre Antwort.

10. Stellen Sie fest, ob es sich in den folgenden Beispielen um Hemmung oder Unterbrechung handelt und, bestimmen Sie den Tag der Verjährung.

Mitte Juni hat der Gas- und Wasserinstallateurmeister Huber das Rohrleitungssystem bei Herrn Schmidt repariert. Die Rechnung über 256,00 DM war am 01.06.1992 fällig.

a) Nach drei schriftlichen Mahnungen leistet Herr Schmidt am 15.01.93 eine Anzahlung in Höhe von 50,00 DM.

b) Herr Huber stundet ihm die Restschuld in Höhe von 206,00 DM am 01.03.93 für ein halbes Jahr.

c) Da Herr Schmidt nach Ablauf der Stundung immer noch nicht gezahlt hat, beantragt Herr Huber am 15.02.94 beim Amtsgericht den Antrag auf Erlaß eines Mahnbescheides.

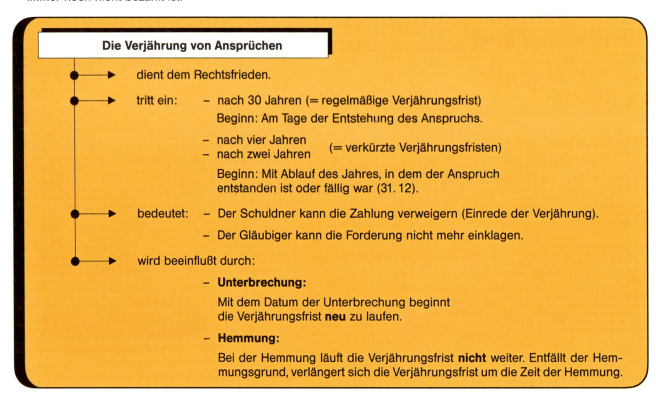

6 Lagerung

6.1 Das Lager und seine Aufgaben

Gabriele Winkelmann ist im Rahmen ihrer Ausbildung seit kurzem im Lager eingesetzt.

Welche Aufgaben muß sie dort erfüllen?

Information

Die Lagerhaltung

Unter einem Lager versteht man den Ort, an dem die Ware auf Vorrat aufbewahrt wird.

Kaum ein Betrieb ist in der glücklichen Lage, jede gerade gelieferte Ware sofort wieder verkaufen zu können. Da der Unternehmer die Nachfrage der Verbraucher nicht vorhersehen kann, ist es nahezu unmöglich, die Beschaffung und den Absatz von Waren zeitlich und mengenmäßig genau aufeinander abzustimmen. Es gelingt einem Betrieb fast nie, nur soviel einzukaufen, wie für den Verkauf gerade benötigt wird. Daraus ergibt sich die Notwendigkeit der Lagerhaltung, die Spannungen zwischen Wareneinkauf und -verkauf möglichst vermeiden soll.

Lagerarten

Dem Ablauf der Fertigung entsprechend, werden in der *Industrie* folgende Lager geführt:

- **Eingangslager**

    → Roh-, Hilfs- und Betriebsstofflager

    Das Eingangslager enthält Lagergegenstände, die im eigenen Betrieb noch nicht be- oder verarbeitet wurden. Sie werden aufbewahrt, um in die Fertigung weitergegeben zu werden.

- **Zwischenlager**

    → für noch nicht absatzreife Zwischenprodukte

    Zwischenlager liegen zwischen den einzelnen Fertigungsstufen.

- **Fertigwarenlager**

    → für fertige Erzeugnisse

    Hier werden Endprodukte zur Weitergabe an den Absatzmarkt gespeichert.

Großhandelsunternehmen brauchen große Lager, da sie Waren in großen Mengen an die Industrie und den Einzelhandel verkaufen. Im *Großhandel* werden Waren sowohl im eigenen (**Eigen**lager) als auch in fremden Lagerräumen gelagert. Wenn es für den Großhändler vorteilhaft ist, wird er seine Ware in **Fremd**lagern bei selbständigen Lager-haltern aufbewahren. In einigen Fällen betreiben Groß-händler sogar Streckengeschäfte: Sie brauchen kein Lager, weil die verkaufte Ware direkt vom Hersteller zum Kunden geht.

Lager findet man im *Einzelhandel* in unterschiedlichen Formen und Größen. Grundsätzlich kann man aber zwei Arten von Lagern unterscheiden:

- das Verkaufslager und
- das Reservelager.

Die meiste Ware wird dort gelagert, wo sie dem Kunden angeboten wird. Jeder Einzelhandelsbetrieb benutzt also seine Verkaufsräume als sog. **Verkaufslager.** Hier werden die Artikel verkaufsbereit gehalten. In Geschäften mit Vor-wahl oder Selbstbedienung ermöglicht das Verkaufslager dem Verbraucher sogar einen unmittelbaren Zugriff auf die Ware. Die Anordnung der Artikel im Verkaufslager hat nach den Gesichtspunkten der Werbung zu erfolgen, da gerade hier der Kunde mit der Ware in engen Kontakt kommt.

Ein **Reservelager** findet man meist in der Nähe der Ver-kaufsräume. Hauptaufgabe dieser Lagerart ist die schnelle Ergänzung der Bestände im Verkaufslager. Hier werden aber auch Arbeiten durchgeführt, die den Verkauf stören würden: Die Ware wird angenommen, ausgepackt, geprüft, ausgezeichnet und gelagert, bis sie im Verkaufslager benötigt wird.

Aufgaben der Lagerhaltung

Hauptziel der Lagerhaltung ist der Ausgleich zwischen Beschaffung und Absatz von Waren. In diesem Zusam-menhang erfüllt das Lager verschiedene Aufgaben.

Sicherung der Verkaufsbereitschaft

Waren werden im Lager bereitgehalten, um die Verbrau-cher sofort und bedarfsgerecht versorgen zu können. Das Lager soll also einerseits verhindern, daß Schwierigkeiten bei der Beschaffung von Waren (wie z. B. Lieferverzöge-rungen oder Transportschwierigkeiten) die Verkaufs-bereitschaft stören. Andererseits werden aber auch Artikel auf Vorrat gehalten, um Nachfrageschwankungen abzu-fangen. Solche Unregelmäßigkeiten im Verkauf können aus modischen, saisonalen oder konjunkturellen Gründen auftreten.

Ausnutzung von Preisvorteilen

Das Lager ermöglicht, Preis- und Kostenvorteile wahrzu-nehmen, die der Beschaffungsmarkt bietet. Sehr oft liegen die Preise der Lieferer niedriger, wenn die Nachfrage zu bestimmten Zeiten nicht so groß ist. Dann empfiehlt es sich, die Waren günstig einzukaufen und auf Vorrat zu nehmen. Aber auch die Vorteile des Großeinkaufs kann man durch ein Lager nutzen. Die Einkaufspreise können sich erheb-lich verringern durch Mengenrabatte, die gewährt werden. Oft erreicht man überdies durch den Einkauf größerer Mengen, daß die Verpackungs- oder Beförderungskosten sinken oder ganz vom Lieferanten übernommen werden.

Pflege, Umformung und Veredelung

Eine weitere Aufgabe der Lagerhaltung ist die zweckmä-ßige Behandlung und Pflege der Ware, durch die deren Gebrauchsfähigkeit erhalten wird. Darüber hinaus wird im Lager oft noch nicht verwendungsfähige Ware in einen ver-kaufsfähigen Zustand gebracht. Hier finden Umpack-, Umfüll-, Misch- und Sortiervorgänge statt. Um den Kunden beispielsweise eine große Auswahl zu bieten, wird die Ware in den vom Verbraucher gewünschten Mengen bereitgestellt.

In seltenen Fällen soll im Lager eine qualitative Verände-rung der Ware bewirkt werden. So wird dort Obst auf-bewahrt, um zu reifen. Wein gewinnt an Wert, wenn er sorgsam gelagert wird.

Aufgaben

1. Warum sind Lager notwendig?

2. Was versteht man unter einem Lager?

3. Welche Lagerarten unterscheidet man im Einzel-handel?

4. Welche Lagerarten unterscheidet man in der Industrie?

5. Welche Lagerarten unterscheidet man im Großhandel?

6. Welche Aufgaben erfüllt das Lager?

7. Führen Sie Beispiele für die Pflege, Umformung und Veredelung von Waren im Lager auf.

Lager
= Ort, wo Ware auf Vorrat aufbewahrt wird

AUFGABEN DES LAGERS

- ● → **Sicherung der Verkaufsbereitschaft:** Das Lager gewährleistet eine optimale Belieferung der Verbraucher.

- ● → **Ausnutzung von Preisvorteilen:** Das Lager ermöglicht günstige Einkäufe.

- ● → **Pflege, Behandlung und Veredelung:** Im Lager wird die Ware verkaufsfertig.

6.2 Anforderungen an ein Lager

Lagerleiter Hintermeier berichtet Gabriele Winkelmann aus der Gründungszeit des Unternehmens:

„Damals hatten wir einige Schwierigkeiten. Unser Lager war zunächst einmal sehr klein. Ein Teil der Ware mußte in den Kellerräumen eines anderen Gebäudes untergebracht werden. Auf der ungesicherten Kellertreppe kam es zu zwei Arbeitsunfällen. Oft mußte Ware gesucht werden, weil wir nicht wußten, wo benötigte Artikel standen. Wertvolle Ware wurde offen in den Regalen aufbewahrt..."

Welche Gesichtspunkte müssen bei der Lagerung von Waren beachtet werden?

Information

Damit die Aufgaben der Lagerhaltung optimal erfüllt werden können, müssen bei der Einrichtung des Lagers bestimmte allgemeingültige Grundsätze beachtet werden.

Geräumigkeit

Das Lager sollte groß genug sein, denn es werden dort Waren angenommen, ausgepackt und geprüft. Anschließend sollen die Waren eventuell noch sortiert, abgepackt, umgefüllt oder abgewogen werden. Schließlich müssen die Artikel mühelos entnommen und transportiert werden können. Für all diese Arbeiten wird ausreichend Platz benötigt. Ein zu enges oder zu kleines Lager würde zusätzliche Kosten durch Zeitverlust verursachen. Außerdem wäre der rationelle Einsatz von maschinellen Hilfsmitteln wie z. B. Gabelstaplern nicht möglich.

Übersichtlichkeit

Oft können Vorteile, die beim Einkauf der Ware gewonnen wurden, durch eine unübersichtliche Lagerung wieder verloren werden. Wird in solchen Lagern ohne vorgeplante Lagerordnung gearbeitet, entsteht oft ein erhebliches Durcheinander. Das Lager sollte so gestaltet werden, daß die Ware schnell und sicher aufgefunden werden kann. Erreicht werden kann dies durch eine systematische Wareneinordnung. Zunächst einmal wird die Ware nach dem Prinzip des Transportminimums eingelagert. Das bedeutet, daß möglichst kurze Lagerwege angestrebt werden für Artikel, die häufig verlangt werden. Es sollte weiterhin ein übersichtliches und leicht kontrollierbares Lagersystem eingeführt werden. Das Lager wird dabei in verschiedene Zonen aufgeteilt, die z. B. bestimmten Warengruppen entsprechen. Dadurch werden Sucharbeiten sowie Warenverluste durch schlecht einsehbare Ecken und überfüllte Regale ausgeschlossen. Am Lagerort sollte die Ware schließlich gruppenweise und griffbereit aufbewahrt werden, da dies das Aufsuchen des Lagergutes sowie die Inventur erleichtert. Stets sollte man das Prinzip „first in – first out" beachten, um Ladenhüter zu vermeiden. Das bedeutet, daß die Artikel, die beispielsweise zuerst in ein Regal eingelagert wurden, nach Möglichkeit auch wieder zuerst den Lagerplatz verlassen sollen.

Artgemäße Lagerung

Oft kommt es zu erheblichen Lagerverlusten, weil die Ware nicht immer sachgerecht behandelt wird. Einige Waren haben bestimmte Eigenschaften, auf die man bei der Lagerung Rücksicht nehmen muß. Sind die Lagerbedingungen den Eigenschaften der Ware angepaßt, dann wird ihr Alterungsprozeß verzögert. Deshalb muß die Ware – je nach ihrer Beschaffenheit – geschützt werden vor:

- **Licht:** z. B. bei Papieren, Büchern, bestimmten Nahrungsmitteln, Gummierzeugnissen, bunten Geweben,
- **Schädlingen,**
- **Geschmacksverlust oder -übertragung:** Käse, Wurst, Butter, Tee, Kaffee, Kakao,
- **Wärme:** z. B. verschiedene Lebensmittel,
- **Feuchtigkeit:** Bücher, Papiere, Leder, Metall- und Holzartikel sowie bestimmte Lebensmittel,
- **Austrocknung:** Artikel wie Käse, Tabak, Gummi, Wolle usw.

Sachgerechte Lagereinrichtung

Eine grundlegende Aufgabe des Lagers besteht darin, alle Artikel so aufzubewahren, daß sie nicht beschädigt werden und daß alle Lagertätigkeiten reibungslos und wirtschaftlich ausgeführt werden können. Zu diesem Zweck ist jedes Lager mit verschiedenen Einrichtungen ausgestattet. Unter Lagereinrichtungen werden alle Hilfsmittel verstanden, die zum Aufbewahren der Artikel dienen. Jeder Unternehmer weiß, daß die Wirtschaftlichkeit der Lagereinrichtung weniger von den Anschaffungskosten abhängig ist als vielmehr von der zweckmäßigen Planung, der leichten Bedienbarkeit und der Möglichkeit zum Umbauen.

Sicherheit

Durch bestimmte Vorsorge- und Sicherungsmaßnahmen kann im Lager die Gefahr eines Brandes, eines Diebstahls oder eines Unfalls vermindert werden.

Jeder Brand im Lager würde einen erheblichen wirtschaftlichen Verlust verursachen, weil gerade dort große Warenmengen gelagert sind. Aus diesem Grund ist die Feuersicherung eine wichtige Aufgabe. Die Mehrzahl der Brandursachen läßt sich völlig beseitigen, wenn die geltenden Brandschutzvorschriften genau eingehalten werden. Darüber hinaus können auch technische Brandschutzvorrichtungen wie Feuerlöscher, Sprinkler- und Alarmanlagen die Brandgefahr vermindern.

Einbrüche und Diebstähle werden erschwert, indem das Lager beispielsweise durch Schlösser und Stahltüren besonders gesichert wird. Weiterhin empfehlen sich Kontrollen und Überwachungsmaßnahmen (im Verkaufslager z. B. Fernsehanlagen und Spiegel). Besonders ist darauf zu achten, daß außer dem Lagerpersonal niemand das Reservelager betritt.

Die Arbeitsbedingungen im Lager müssen den Vorschriften des Arbeitsschutzes entsprechen. Die Mitarbeiter des Lagers müssen so weitgehend wie möglich vor Einflüssen geschützt werden, die schädlich für ihre Gesundheit sind oder sie anderweitig gefährden können.

Aufgaben

1. Warum sollte ein Lager geräumig sein?
2. Wie kann ein übersichtliches Lager erreicht werden?
3. Was versteht man unter einer artgemäßen Lagerung von Waren?
4. Wovor müssen die nachstehenden Waren geschützt werden?

   a) Papier b) Leder c) Käse d) Obst
   e) Tabak f) Filme g) Holz

5. Welche Maßnahmen unterstützen die Sicherheit im Lager?

6.3 Der optimale Lagerbestand

Der Lagerleiter, Herr Hintermeier, und der Leiter der Einkaufsabteilung, Herr Schneider, sind unterschiedlicher Meinung:

Herr Schneider: „Aufgrund des vorhergesagten schönen Wetters ist mit einer verstärkten Nachfrage der Verbraucher zu rechnen. Wir wollen jeden möglichen Gewinn mitnehmen. Deshalb haben wir erheblich mehr als üblich bestellt."

Herr Hintermeier: „Aber wir haben keinen Platz mehr im Lager. Wo soll ich die Ware unterbringen?"

Herr Schneider: „In der Nachbarschaft ist doch ein Lagerraum frei."

Herr Hintermeier: „Das bedeutet aber zusätzliche Kosten."

Wer von beiden hat recht?

Information

Der optimale Lagerbestand

Das Hauptproblem im Rahmen der Lagerhaltung ist die Ermittlung des optimalen Lagerbestandes. Darunter versteht man den für den Betrieb günstigsten Lagervorrat. Dieser muß einerseits aus Kostengründen so klein wie möglich gehalten werden. Andererseits muß er aber auch groß genug sein, um die Lieferbereitschaft aufrechterhalten zu können. Optimal ist ein Lagerbestand dann, wenn die Nachteile eines zu großen sowie die eines zu niedrigen Lagerbestandes vermieden werden können.

Nachteile eines zu großen oder zu niedrigen Lagerbestandes

Ein zu großer Lagerbestand würde zu unnötig hohen Lagerkosten führen. Eventuell müßten neue Lagerräume angemietet werden, neues Personal wäre einzustellen. Darüber hinaus besteht die Gefahr einer Wertminderung der Bestände. Liegt die Ware zu lange auf Lager, kann sie veralten, unmodern werden oder verderben. Auch darf der Einkäufer nicht übersehen, daß er in den hohen Waren- oder Materialvorrat Geld angelegt hat, das er anderswo im Betrieb hätte besser gebrauchen können. Da er dieses gebundene Kapital („totes Kapital") überdies nicht gewinnbringend bei einer Bank anlegen kann, entgehen ihm mögliche Zinseinnahmen.

Lagerkosten

Kosten für die Lagerbestände	Kosten für die Lagerausstattung	Kosten für die Lagerverwaltung
– Zinsen für das in den Lagerbeständen gebundene Kapital	– Raumkosten	– Löhne und Gehälter des Lagerpersonals
– Prämien für die Versicherung der Waren- bzw. Materialvorräte	– Instandhaltung, Strom, Heizung	– Büromaterial für die Lagerverwaltung
– Wertminderung der Vorräte durch Diebstahl, Schwund, Veralten und Verderb	– Abschreibungen auf Gebäude und Einrichtungen	
	– Verzinsung des Kapitals, das in Gebäude und Einrichtung investiert wurde	

Bei einem zu kleinen Lagerbestand könnte der Fall eintreten, daß der Kunde Waren, die er benötigt, nicht kaufen kann. Abgesehen von dem entgangenen Gewinn besteht für den Betrieb die Gefahr, daß der Kunde in Zukunft andere Unternehmen bevorzugt. Ein weiterer möglicher Nachteil eines zu kleinen Lagerbestandes sind höhere Kosten beim Bezug kleinerer Mengen. Kauft der Einkäufer nur eine geringe Stückzahl eines Artikels, muß er eventuell auf Mengenrabatt verzichten.

Der Betrieb und der optimale Lagerbestand

Der optimale, d.h. den gegebenen Umständen nach „beste" Lagervorrat ist abhängig von der Marktlage, den Transportverhältnissen und auch von der Leistungsfähigkeit des Lieferanten. Je besser diese Voraussetzungen sind, um so kleiner kann der Lagerbestand sein, da ja jederzeit nachgekauft werden kann. Der optimale Lagerbestand läßt sich nicht eindeutig berechnen, weil man die Nachfrage der Verbraucher nicht voraussehen kann. Es wird aber immer versucht, im Lager so wirtschaftlich wie möglich zu planen und sich damit weitgehend dem optimalen Lagerbestand anzunähern. Dazu müssen jedoch die Bestände ständig kontrolliert werden (vgl. 6.4) und Lagerkennzahlen (vgl. 6.5) gebildet werden.

Aufgaben

1. Was versteht man unter dem optimalen Lagerbestand?
2. Welche Nachteile hat ein zu großer Lagerbestand?
3. Welche Nachteile hat ein zu kleiner Lagerbestand?
4. Nennen Sie Beispiele für Lagerkosten.
5. Warum läßt sich der optimale Lagerbestand nicht eindeutig ermitteln?

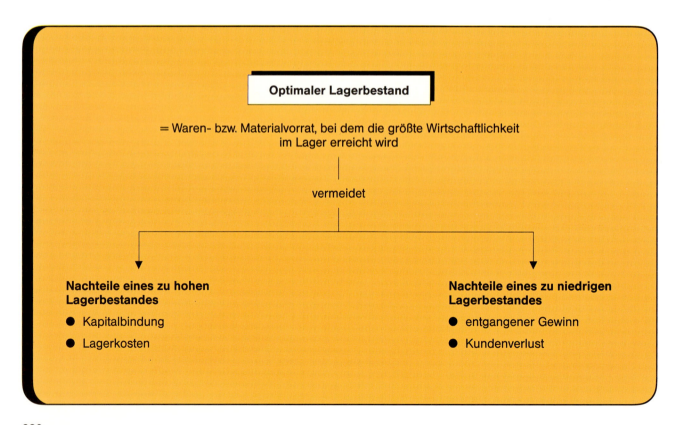

6.4 Bestandskontrolle im Lager

> Gabriele Winkelmann erfährt in einem Gespräch mit dem Lagerleiter Hintermeier:
>
> „Seitdem wir unsere Lagervorräte systematisch kontrollieren, haben sie sich um ungefähr ein Drittel verringert. Dadurch konnte das im Lager gebundene Kapital erheblich gesenkt werden. Das bringt Liquidität und macht Mittel frei für andere Dinge, die wichtig sind. ..."

Wie könnte eine systematische Bestandskontrolle im Lager aussehen?

Information

Die rechtzeitige und mengenmäßig richtige Lagerergänzung ist eines der schwierigsten Probleme im Rahmen der Lagerhaltung. Um einen angemessenen und wirtschaftlichen Lagervorrat zu erreichen, müssen die Bestände ständig überwacht werden. Die dazu notwendige Bestandskontrolle kann sowohl körperlich als auch buchmäßig mit Hilfe von Listen, Karteien und Bildschirmanzeigen erfolgen. Ziel der Bestandskontrolle ist eine möglichst genaue Ergänzung der Warenvorräte.

Aus Kostengründen soll nur soviel Ware gelagert werden, wie in absehbarer Zeit benötigt wird. Um dies zu erreichen, wird die Ware oft erst dann bestellt, wenn der Vorrat eines Artikels unter einen vorher festgelegten Bestand gesunken ist. Bei diesem häufig angewandten Verfahren sind verschiedene Bestandsarten zu unterscheiden.

Der Mindestbestand

Jeder Betrieb sollte immer über einen Reservebestand an Materialvorräten verfügen, der einen störungsfreien Ablauf der Betriebstätigkeit ermöglicht. Dieser Bestand wird oft auch **Mindestbestand** oder **eiserner Bestand** genannt. Er darf – mit Zustimmung der Geschäftsleitung – nur dann angetastet werden, wenn die Verkaufsbereitschaft bzw. Produktionsbereitschaft gefährdet ist. Dies kann der Fall sein, wenn

– der tatsächliche Absatz der Waren größer ist als der geplante Absatz,

– aus nicht vorhersehbaren Gründen die Beschaffung von Waren oder Material länger dauert als geplant. Hervorgerufen werden können solche Lieferstörungen beispielsweise durch Streiks oder schlechte Witterungsverhältnisse.

Auszug aus einer Inventurliste

Der Mindestbestand wird aufgrund von Erfahrungswerten festgelegt. Der Einkäufer sollte ihn jedoch nicht zu hoch ansetzen. Zuviel in den Vorräten gebundenes Kapital wäre praktisch stillgelegt und würde zudem Zinsen kosten.

Der Meldebestand

Im Handel muß neben dem Mindestbestand auch die Warenmenge berücksichtigt werden, die ausreicht, die Zeitspanne zwischen Bestellung und Auslieferung einer Ware zu überbrücken. Bei Erreichen des sog. **Meldebestandes** muß der Einkäufer sofort nach-bestellen. Zwar verkauft er während der Beschaffungszeit weiterhin Ware, bei einem pünktlichen Eintreffen der bestellten Artikel wird das Lager jedoch rechtzeitig wieder aufgefüllt. Der Mindestbestand muß also nicht angegriffen werden.

Der Meldebestand entspricht dem geplanten Verkauf der Beschaffungszeit. Er läßt sich folgendermaßen berechnen:

Meldebestand =
(täglicher Absatz · Lieferzeit) + Mindestbestand

Beispiel:

Ein Handelsbetrieb verkauft täglich durchschnittlich 40 Stück eines bestimmten Artikels. Die Lieferzeit für diesen Artikel beträgt zehn Tage. Als Mindestbestand wurden von der Unternehmensleitung 100 Stück fest-gelegt.

Meldebestand = (40 · 10) + 100 = 500 Stück

Ist der Lagerbestand auf 500 Stück gesunken, muß bestellt werden. Es wäre falsch, erst zu ordern, wenn der Artikel ausgegangen ist. Da der Artikel dann wegen der Lieferzeit zehn Tage nicht vorrätig wäre, würden die Kunden verärgert das Geschäft verlassen und bei der Konkurrenz kaufen.

Der Höchstbestand

Durch die Festlegung eines Höchstbestandes soll ein überhöhter Lagervorrat vermieden werden, der zu einer extremen Steigerung der Lagerkosten führen würde. Der Höchstbestand gibt an, welche Menge von Artikeln insge-samt auf Lager sein darf, ohne daß dem Betrieb unnötige Lagerkosten entstehen.

Der Höchstbestand ist abhängig von den Lagermöglich-keiten, die zur Verfügung stehen. Da er meist nach dem Eingang der bestellten Menge erreicht wird, läßt sich der Höchstbestand auch berechnen.

Höchstbestand = Mindestbestand + Bestellmenge

Beispiel:

Nach Erreichen eines Mindestbestandes von 100 Stück werden 3 000 Stück neu bestellt. Nach zehn Tagen trifft die Ware ein.

Höchstbestand = 100 + 3 000 = 3 100

Bestandskontrolle und Bestellzeitpunkt

Für die Bestandskontrolle ist eine aktuelle und richtige Bestandsfortschreibung sehr wichtig. Dadurch wird auch eine Zeitplanung ermöglicht, mit der man den Bestellzeit-punkt für Waren optimal festlegen kann. Der Bestellzeit-punkt ist der Tag, an dem der Meldebestand erreicht wird.

Beispiel:

Ein Handelsbetrieb hat einen Artikel im Sortiment, von dem täglich durchschnittlich 20 Stück verkauft werden. Die Lieferzeit für diesen Artikel beträgt fünf Tage. Es soll ständig ein Mindestbestand von 40 Stück gehalten wer-den. Der Höchstbestand beträgt 400 Stück.

Erläuterung zu umseitigem Schaubild:

Am Morgen des ersten Arbeitstages hat der Warenvor-rat noch den Höchstbestand von 400 Stück (1). Setzt der Handelsbetrieb durchschnittlich 20 Stück pro Tag ab, dann befinden sich am Ende des 1. Tages nur noch 380 Stück auf Lager (2). Am Abend des 13. Tages wird der Meldebestand von 140 Stück erreicht (3). Dieser Tag ist der Bestellzeitpunkt. Innerhalb der Lieferfrist von fünf Tagen verkauft der Handelsbetrieb weitere 100 Stück der Ware, so daß am Ende des 18. Tages nur noch 40 Stück auf Lager liegen (4). Diese 40 Stück stellen den Mindestbestand dar, der unter normalen Umständen nicht unterschritten werden darf. Der Bestellzeitpunkt (bzw. Meldebestand) ist so gewählt, daß an dem Tag, an dem der Mindestbestand erreicht wird, neue Ware geliefert wird. Am Abend des 18. Tages – dem Lieferzeitpunkt – befinden sich wieder 400 Stück auf Lager (5).

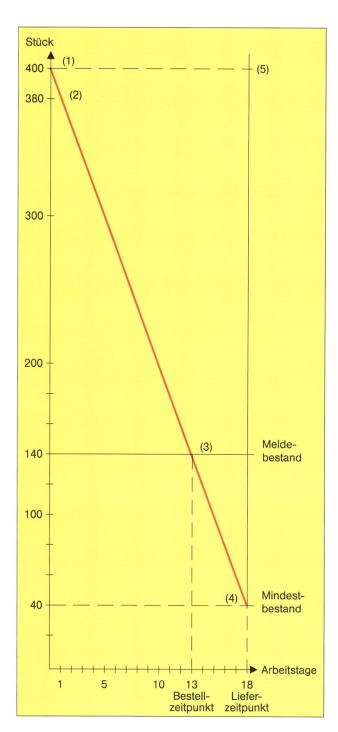

Die Bedingungen des Beispiels sind vereinfacht. In der Praxis sind solche Fälle nur selten anzutreffen. Bei vielen Artikeln kommt es nämlich zu stark schwankenden Umsätzen, wodurch die Arbeit des Einkäufers erschwert wird. Dieser muß seine Entscheidungen bei Unterschreiten des Meldebestandes oft überdenken oder diesen auch neu festlegen.

Aufgaben

1. Welche Aufgabe hat die Bestandskontrolle?
2. In welchen Fällen kann die Verkaufsbereitschaft gefährdet sein?
3. Wozu dient der Mindestbestand?
4. Welche Bedeutung hat der Meldebestand?
5. In einem Großhandelsbetrieb werden täglich durchschnittlich 120 Stück eines bestimmten Artikels verkauft. Die Lieferzeit beträgt 20 Tage. Als Mindestbestand wurden 200 Stück festgelegt.

   Wie hoch ist der Meldebestand?

Bestandskontrolle

dient der rechtzeitigen und mengenmäßig richtigen Lagerergänzung.

- **Mindestbestand**
  Reserve zur Aufrechterhaltung der Verkaufsbereitschaft

- **Meldebestand**
  – Bestand, bei dem bestellt werden muß, damit neue Ware bzw. Vorräte spätestens beim Erreichen des Mindestbestandes angeliefert wird.

  – Meldebestand = (täglicher Absatz · Lieferzeit) + Mindestbestand

  – Der Tag, an dem der Meldebestand erreicht wird, ist der Bestellzeitpunkt.

- **Höchstbestand**
  Bestand, bis auf dessen Höhe das Lager aufgefüllt werden darf.

6.5 Lagerkennziffern

> Herr Hintermeier, der Lagerleiter, liest in einer Fachzeitschrift, daß in Unternehmen seiner Branche ein Artikel durchschnittlich 25 Tage auf Lager liegt. Herr Hintermeier untersucht daraufhin die Situation in seinem Lager. Die durchschnittliche Lagerdauer eines Produkts beträgt hier 32 Tage.

Welche Aussagen lassen solche Kennzahlen zu?

Information

Ein Artikel verursacht um so mehr Lagerkosten, je länger er auf Lager liegt. Der Betrieb wird also versuchen, die Lagerdauer der Ware so kurz wie möglich zu halten. Um die Wirtschaftlichkeit der Vorratshaltung kontrollieren zu können, werden in der Praxis regelmäßig Lagerkennziffern errechnet.

Der durchschnittliche Lagerbestand

Während eines ganzen Jahres ergeben sich aufgrund von Lagerzu- oder -abgängen unterschiedliche, zum Teil stark voneinander abweichende Lagerbestände. Deshalb wird zur Übersicht aus Einzelwerten ein Mittelwert errechnet.

Der **durchschnittliche Lagerbestand (DLB)** gibt für einen bestimmten Zeitabschnitt an, wie groß der Vorrat eines bestimmten Artikels im Durchschnitt ist. Zur Ausschaltung von Zufallsergebnissen wird in der Regel vom durchschnittlichen Jahresbestand ausgegangen.

Die Genauigkeit dieser Kennziffer hängt davon ab, wieviel Bestände zur Berechnung herangezogen werden. Werden die Vorräte im Lager nur im Rahmen einer Jahresinventur kontrolliert, dann stehen nur der Anfangsbestand zum 01.01. des Jahres und der Endbestand zum 31.12. des Jahres zur Bildung des durchschnittlichen Lagerbestandes zur Verfügung:

$$\text{durchschnittlicher Lagerbestand} = \frac{\text{Anfangsbestand} + \text{Endbestand}}{2}$$

Der durchschnittliche Lagerbestand kann sowohl mengen- als auch wertmäßig errechnet werden.

Als Mengenkennziffer wird der durchschnittliche Lagerbestand in Stück angegeben.

Beispiel:

Eine Büroartikelgroßhandlung vertreibt u. a. auch Aktenordner. Am Anfang des Jahres hatte der Betrieb einen Vorrat von 520 Stück; am Ende des Jahres betrug der Bestand 800 Stück.

Als durchschnittlicher Lagerbestand werden 660 Stück ermittelt.

$$DLB = \frac{800 + 520}{2} = 660 \text{ Stück}$$

Der durchschnittliche Lagerbestand als Wertkennziffer sagt dagegen aus, in welcher Höhe Kapital durch die Lagervorräte im Durchschnitt gebunden ist.

Beispiel:

Am 1. Januar eines Jahres hat eine Elektrogroßhandlung Batterien im Wert von 4 200,00 DM auf Lager. Am 31. Dezember wird ein Bestand in Höhe von 2 800,00 DM ermittelt.

$$DLB = \frac{4\,200 + 2\,800}{2} = 3\,500,00 \text{ DM}$$

Es befinden sich also durchschnittlich Batterien im Wert von 3 500,00 DM auf Lager.

Genauer und empfehlenswerter ist die Berechnung des durchschnittlichen Lagerbestandes auf der Grundlage der 12 Monatswerte. Die Formel für den durchschnittlichen Lagerbestand lautet dann:

$$\text{durchschnittlicher Lagerbestand} = \frac{\text{Jahresanfangsstand} + \text{12 Monatsendbestände}}{13}$$

Artikel: Musikkassetten Gutton 90			
Meldebestand: 210		Höchstbestand: 480	
Tag	Eingang	Ausgang	Bestand
01.01.			220
07.01.	230		450
03.02.		100	350
17.02.		138	212
09.03.		20	192
23.03.	150		342
25.03.		31	311
07.04.		13	298
20.05.		118	180
25.06.	180		360
28.06.		8	352
15.07.	100		452
21.07.		39	413
28.08.		32	381
02.09.		153	228
05.10.		50	178
23.10.	67		245
11.11.		49	196
01.12.	150		346
15.12.		62	284

Beispiel:

Im Sortiment eines Großhandelbetriebs für Unterhaltungselektronik befinden sich auch Musikkassetten. Aus der Lagerkartei ergaben sich während des Jahres folgende Bestände:

Anfangsbestand am 01.01.: 220 Stück

Monatsendbestände:

Januar:	450	Mai:	180	September:	228
Februar:	212	Juni:	352	Oktober:	245
März:	311	Juli:	413	November:	196
April:	298	August:	381	Dezember:	284

DLB = (220 + 450 + 212 + 311 + 298 + 180 + 352 + 413 + 381 + 228 + 245 + 196 + 284) : 13

$$= \frac{3770}{13} = 290 \text{ Stück}$$

Durchschnittlich lagen 290 Stück auf Lager.

Die Umschlagshäufigkeit

Die Umschlagshäufigkeit gibt an, wie oft der Lagerbestand eines Artikels innerhalb eines Jahres erneuert wird. Wurde der durchschnittliche Lagerbestand mengenmäßig ermittelt, dann läßt sich die Umschlagshäufigkeit nach folgender Formel berechnen:

$$\text{Umschlagshäufigkeit} = \frac{\text{Jahresabsatz}}{\text{durchschnittlicher Lagerbestand}}$$

Beispiel:

Ein Handelsbetrieb hat während eines Jahres von einem Artikel 2 320 Stück verkauft. Der durchschnittliche Lagerbestand dieser Ware betrug 290 Stück.

$$\text{Umschlagshäufigkeit} = \frac{2\,320}{290} = 8$$

Die Umschlagshäufigkeit dieses Produkts beträgt 8. Achtmal wurde der durchschnittliche Lagerbestand innerhalb eines Jahres verkauft und ersetzt.

Liegt der durchschnittliche Lagerbestand wertmäßig vor, wird die Umschlagshäufigkeit in dieser Form ermittelt:

$$\text{Umschlagshäufigkeit} = \frac{\text{Wareneinsatz}}{\text{durchschnittlicher Lagerbestand zu Einstandspreisen}}$$

Beispiel:

Der Wareneinsatz einer Großhandlung für eine Warengruppe betrug 450 000,00 DM. Der durchschnittliche Lagerbestand lag bei 75 000,00 DM.

$$\text{Umschlagshäufigkeit} = \frac{450\,000}{75\,000} = 6$$

Der Warenvorrat dieser Warengruppe wurde also sechsmal im Jahr umgesetzt.

Die durchschnittliche Lagerdauer

Kennt man die Umschlagshäufigkeit eines Artikels, kann man auch dessen durchschnittliche Lagerdauer angeben. Diese Kennziffer zeigt, wie lange Ware durchschnittlich bevorratet wird. Sie mißt die Zeitspanne zwischen der Ankunft der Ware im Lager und der Ausgabe bzw. dem Verkauf.

$$\text{durchschnittliche Lagerdauer} = \frac{360}{\text{Umschlagshäufigkeit}}$$

Beispiel:

Ein bestimmter Artikel hat eine Umschlagshäufigkeit von 8.

$$\text{durchschnittliche Lagerdauer} = \frac{360}{8} = 45 \text{ Tage}$$

Es ergibt sich eine durchschnittliche Lagerdauer von 45 Tagen.

Eine Erhöhung der Umschlagshäufigkeit bewirkt eine Verkürzung der durchschnittlichen Lagerdauer.

Beispiel:

Die Umschlagshäufigkeit wurde von 8 auf 10 erhöht.

$$\text{durchschnittliche Lagerdauer: } \frac{360}{10} = 36 \text{ Tage}$$

Wenn die Ware jetzt zehnmal im Jahr umgesetzt wird, liegt sie nur noch durchschnittlich 36 Tage auf Lager.

Lagerzinssatz

Eine ebenfalls häufig verwendete Lagerkennziffer ist der Lagerzinssatz. Dies ist eine Kennzahl, mit der die Zinskosten erfaßt werden, die durch die Investition in Waren bzw. Materialvorräte entstehen. Der Lagerzinssatz gibt somit Auskunft über das in den Lagerbeständen angelegte Kapital. Das dort gebundene, tote Kapital würde bei den Geschäftsbanken Zinsen erbringen.

Lagerzinssatz

$$\text{a)} = \frac{\text{Jahreszinssatz}}{\text{Umschlagshäufigkeit}} \quad \text{oder}$$

$$\text{b)} = \frac{\text{Jahreszinssatz} \cdot \text{durchschnittliche Lagerdauer}}{360}$$

Beispiel:

Ein Handelsunternehmen hat einen Wareneinsatz von 1 350 000,00 DM. Der durchschnittliche Lagerbestand beträgt 180 000,00 DM. Der Jahreszinssatz der Banken liegt bei 9 %.

Berechnung der Umschlagshäufigkeit:

$$\frac{1\,350\,000}{180\,000} = 7,5$$

Berechnung der durchschnittlichen Lagerdauer:

$$\frac{360}{7,5} = 48 \text{ Tage}$$

Berechnung des Lagerzinssatzes nach Formel

$$\text{a) } \frac{9}{7,5} = 1,2 \text{ \%} \quad \text{oder} \quad \text{b) } \frac{9 \cdot 48}{360} = 1,2 \text{ \%}$$

Je höher der Lagerzinssatz, desto größer ist der Zinsverlust infolge auf Lager liegender Ware.

Mit Hilfe des Lagerzinssatzes und des durchschnittlichen Lagerbestandes können die Lagerzinsen ermittelt werden. Sie betragen 1,2 % von 180 000,00 DM.

$$\text{Lagerzinsen} = \frac{180\,000 \cdot 1,2}{100} = 2\,160,00 \text{ DM}$$

Für die 180 000,00 DM, die der Händler in Ware investierte, bekäme er Zinsen in Höhe von 2 160,00 DM, wenn er den Geldbetrag bei einer Bank zu 9 % anlegen würde.

Bedeutung der Lagerkennziffer

Für alle Betriebe sind die Lagerkennziffern von besonderer Bedeutung. Im Zeitvergleich zeigen sie zunächst Entwicklungstendenzen des Betriebes, einer Warengruppe oder eines Artikels auf.

> **Beispiel:**
>
> Die durchschnittliche Lagerdauer für eine Warengruppe betrug im Vorjahr 45 Tage; in diesem Jahr liegt sie bei 50 Tagen.
>
> Der Händler erkennt, daß sich die durchschnittliche Lagerdauer dieser Warengruppe verschlechtert hat. Er wird untersuchen, wie es zu dieser negativen Entwicklung kommen konnte und eventuell Maßnahmen ergreifen.

Aber auch im überbetrieblichen Vergleich lassen sich interessante Erkenntnisse gewinnen. So wird für fast alle Branchen eine typische Umschlagshäufigkeit ermittelt, anhand der man die Wirtschaftlichkeit eines Betriebes beurteilen kann.

> **Beispiel:**
>
> Als Lagerumschlagshäufigkeit einer Branche wurde die Kennzahl 12 ermittelt. Ein Betrieb dieser Branche hat die Umschlagshäufigkeit 8. Dieser Betrieb weist ein schlechteres Ergebnis als der Durchschnitt aller Unternehmen dieser Branche auf. Es müssen nun die Ursachen für diese Abweichung erforscht werden. Diese könnten u. a. liegen
>
> – in einer schlechten Bestellorganisation,
> – an zu hohen Mindestbeständen,
> – an Ladenhütern,
> – an einer Sortimentszusammensetzung, die sich vom Durchschnitt in der Branche unterscheidet.

Der Betrieb sollte immer versuchen, eine hohe Umschlagshäufigkeit zu erzielen. Diese bewirkt nämlich, daß der Einsatz von Kapital für den Warenvorrat geringer wird.

> **Beispiel:**
>
> Zwei vergleichbare Betriebe einer Branche haben in einer Warengruppe einen Wareneinsatz von je 200 000,00 DM. Für den ersten Betrieb wurde eine Umschlagshäufigkeit von 10, für den zweiten eine von 4 ermittelt.
>
> **1. Betrieb:**
>
> $$\text{Umschlagshäufigkeit:} = \frac{\text{Wareneinsatz}}{\text{durchschnittl. Lagerbestand}}$$
>
> $$10 = \frac{200\,000}{\text{DLB}} \qquad \text{DLB} = \frac{200\,000}{10} = 20\,000,00 \text{ DM}$$
>
> **2. Betrieb:**
>
> $$4 = \frac{200\,000}{\text{DLB}} \qquad \text{DLB} = \frac{200\,000}{4} = 50\,000,00 \text{ DM}$$
>
> Beim ersten Betrieb waren im Lager durchschnittlich nur 20 000,00 DM gebunden, beim zweiten aber 50 000,00 DM. Obwohl er im Jahr dieselbe Menge an Waren verkaufte, hat der erste Betrieb im Gegensatz zu seinem Mitbewerber 30 000,00 DM Kapital zusätzlich frei für andere Zwecke.

Da durch eine höhere Umschlagshäufigkeit das in die Artikel investierte Kapital in kürzeren Abständen zurückfließt, werden auch die Lagerkosten geringer. Dies wirkt sich positiv auf die Gewinnsituation des Betriebes aus.

Beispiel:

Der erste Handelsbetrieb mit dem durchschnittlichen Lagerbestand von 20 000,00 DM braucht für seine Warenvorräte weniger Verderb und Schwund zu fürchten als das zweite Unternehmen (mit durchschnittlich 50 000,00 DM auf Lager). Es wird auch weniger Lagerraum und Lagerpersonal benötigen.

Eine Erhöhung der Umschlagshäufigkeit bzw. eine Verkürzung der durchschnittlichen Lagerdauer kann u. a. erreicht werden durch
- eine permanente Lagerbestandsüberwachung,
- Festlegung von Höchstbeständen,
- Straffung des Warenangebots,
- Kauf auf Abruf.

Aufgaben

1. Was versteht man unter dem durchschnittlichen Lagerbestand?
2. Worüber gibt die Lagerumschlagshäufigkeit Auskunft?
3. Wie wird die durchschnittliche Lagerdauer errechnet?
4. Aus der Lagerkartei der Textilgroßhandlung „Erwin Lottermann" ergaben sich für Herrenanzüge einer bestimmten Größe während des Jahres folgende Bestände:

Anfangsbestand: 130 Stück

Monatsendbestände:

Januar: 55	Mai: 34	September: 27
Februar: 12	Juni: 37	Oktober: 28
März: 40	Juli: 32	November: 88
April: 27	August: 11	Dezember: 21

Der Jahresabsatz betrug 170 Stück.

Berechnen Sie:
  a) den durchschnittlichen Lagerbestand
  b) die Lagerumschlagshäufigkeit
  c) die durchschnittliche Lagerdauer

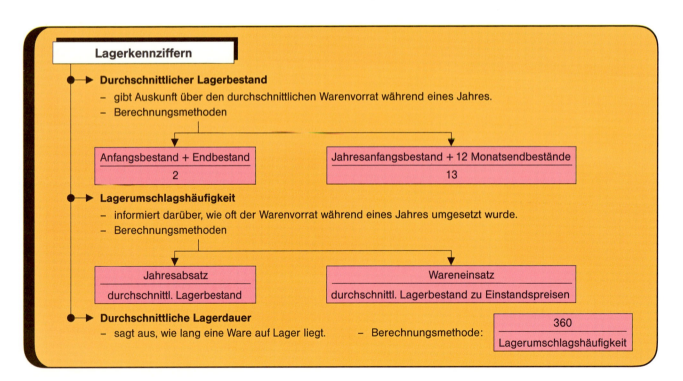

7 Produktion

Die Schüler der Klasse Ia der Berufsfachschule beschließen, zum Schuljahresende Kekse zu backen.

In der Schule

Zehn Tage später

Welche Überlegungen müßten eine Schülerin und ein Schüler berücksichtigen, wenn sie gemeinsam von der Gruppe beauftragt wären, die gesamte Organisation für das Backen von Schokoladenkeksen zu übernehmen?

Ordnen Sie Ihre Überlegungen in eine zeitlich vernünftige Reihenfolge.

Information

Durch die Kombination der betrieblichen Produktionsfaktoren (vgl. Kapitel 2.4) wird der Geschäftsleitung der reibungslose Verlauf der Leistungserstellung im Betrieb[1] ermöglicht.

Die Aufgaben eines Betriebes können bestehen in

- der Produktion von Sachgütern (Produktions- und Konsumgütern),
- der Bereitstellung von Dienstleistungen.

Jeder Betrieb ist mit dem Wirtschaftskreislauf von zwei Seiten verbunden. Er bezieht von den *Beschaffungsmärkten* die Produktionsfaktoren Arbeitskräfte, Betriebsmittel und Werkstoffe, aber auch Transportleistungen, Geld und Patente. Der Transport dient dazu, die Werkstoffe vom Beschaffungsmarkt zum Lager und von dort zur Fertigungsstätte zu bringen. Das Lager nimmt die beschafften Werkstoffe auf, bis sie für die Fertigung benötigt werden. Die Produktionsfaktoren werden miteinander kombiniert, um aus ihnen bzw. mit ihrer Hilfe neue Güter zu **produzieren** bzw. Rohstoffe zu gewinnen, sofern es sich um Betriebe der Urproduktion handelt. Dieser Phase der **Leistungserstellung** folgt die **Leistungsverwertung,** da die produzierten Güter anschließend gegen Geld auf den *Absatzmärkten* verkauft werden.

In der Phase der Leistungsverwertung können ebenfalls die Funktionen *Transport* und *Lagerhaltung* und zusätzlich Vertrieb unterschieden werden.

---

[1] Betrieb = kleinste technisch-organisatorische Wirtschaftseinheit; Produktionsstätte der Unternehmung

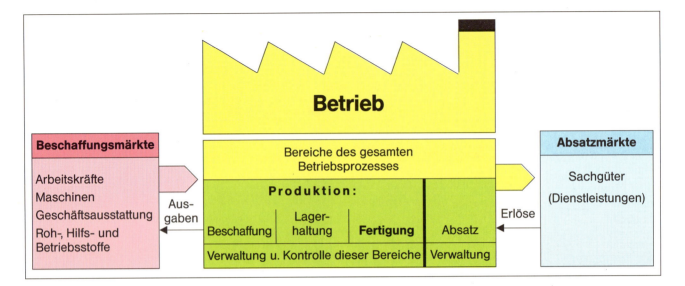

Durch die **Produktion** (= betriebliche Leistung**erstellung**) werden, abhängig von der Art des Betriebes,

- Rohstoffe und Energie gewonnen, z. B. in einer Eisenhütte,
- Zwischenprodukte weiterverarbeitet, z. B. Öl in einer Raffinerie,
- Endprodukte hergestellt, z. B. Staubsauger oder Fernseher,
- Dienstleistungen ausgeführt durch Dienstleistungsbetriebe, wie z. B. Banken, Versicherungen oder Transportbetriebe.

Handelsbetriebe sind mit ihrer Dienstleistung die Mittler zwischen den genannten Bereichen.

Die Produktion umfaßt daher die Grundaufgaben

- Beschaffung,
- Lagerhaltung,
- Fertigung und
- Verwaltung und
- Kontrolle dieser Bereiche.

Da die Produktion als ein Teilbereich des gesamten **betrieblichen** Prozesses zu sehen ist, umfaßt sie daher **nicht** die Bereiche Absatz (= Leistung**verwertung**) und Finanzierung. Diese stellen neben der Produktion eigene betriebliche Teilbereiche dar.

Bezieht man den Produktionsbegriff lediglich auf die Gütererzeugung in Handwerksbetrieben, wie z. B. in einer kleinen Bäckerei, und in Industriebetrieben, wie den Bergbau, die Energiewirtschaft und die verarbeitende Industrie (Dienstleistungsbetriebe gehören nicht dazu), so spricht man von **Fertigung**. Die Fertigung ist die Hauptaufgabe des Industriebetriebes und wird in drei Stufen eingeteilt:

- Fertigungsplanung,
- Fertigungsdurchführung,
- Fertigungskontrolle.

Die Fertigungsplanung

230

Die Fertigungsplanung läßt sich einteilen in die Planung

● des Fertigungsprogramms und
● des Fertigungsablaufs.

Bei der **Fertigungsprogrammplanung** muß entschieden werden, *wieviel Produktarten* (→ **Programmbreite**), und *wieviel Ausführungen jeder Produktart* (→ **Programmtiefe**) hergestellt werden sollen.

Beispiele:

Programmbreite: Ein Unternehmer aus dem Bereich „Foto, Optik, Video" produziert Videogeräte, Videokameras, Spiegelreflexkameras und Kameraobjektive.

Programmtiefe: Der Hersteller stellt von einem Fotoapparatetyp Ausführungen mit verschiedenen Ausstattungen her, wie mit und ohne eingebautem Blitzlicht, unterschiedlicher Programmautomatik, verschiedene farbliche Gehäuseausführungen, Selbstauslöser usw.

Die Fertigungsprogrammplanung wird maßgeblich beeinflußt von Absatzüberlegungen, von Kostengesichtspunkten und von den Fertigungsverhältnissen des Betriebes.

Beispiel:

Die unternehmerische Entscheidung, viele Produktarten in vielen Ausführungen zu produzieren, hat den Vorteil, daß unterschiedliche Kundentypen und -gruppen angesprochen werden können, und daß die Abhängigkeit von einem einzelnen Produkt nicht so groß ist. Des weiteren können u. U. nicht ausgelastete Maschinen genutzt werden, während andererseits aber die Fertigungskosten durch die Umrüstung von Maschinen auf die jeweilige Produktart steigen können.

Eventuell müssen sogar Arbeitskräfte umgeschult bzw. Fachkräfte eingestellt werden. Denkbar ist auch, daß ein bestimmtes Fertigungsverfahren Voraussetzung für den Produktionsprozeß ist.

Hinzu kommen Überlegungen bezüglich der **Programmgestaltung**, wie Fragen der Farbe, der Form (Design), der Einsatzmöglichkeiten usw.

Die **Planungen des Fertigungsablaufs** folgen zeitlich nach Beendigung der Programmplanung. Bei diesen Planungsarbeiten wird der Produktions**ablauf** festgelegt.

Die wichtigsten Bereiche sind

– die Termin- und Zeitplanung sowie
– die Arbeitsablaufplanung

Beispiel:

Zwei Schüler, die beim Keksebacken mit der Organisation beauftragt wurden, stellen einen Arbeitsplan auf, in dem sie festlegen, von wem, was, wo, wie, womit und in welcher Zeit auszuführen ist.

In der Praxis werden für die Aufstellung von Arbeitsplänen folgende Fertigungsunterlagen verwendet:

– Konstruktionszeichnungen,
– Materialentnahmescheine (Belege für die Werkstoffausgabe),
– Lohnkarten (Angaben für die Lohnberechnung),
– Fertigungslisten (Anweisungen u. a. für die Meister),
– Laufkarten (= Arbeitsbegleitkarten) und
– Stücklisten.

SPT	Stückliste			Nr. 01
Stückzahl	Erzeugnis/Gruppe	Erzeugnis/Gruppen-Benennung		Werks-Nr.
4	4466	ZK-K-NW 900		4-325-270069
M/Auftrag	Benennung/Text		Fertigteil Nr.	Werkstoff
	ZK - K Abdichtpappe NW 900 ND 6 Kurze Baulänge Flansch gebohrt ND 10			
1	Gehäuse NW 900 Gummifutter einvulkanisiert		550 00264	GG -25-PERB
1	Klappe		550 002101	GZ -OUSN 10
4	Verschluß-Schraube R 1		DIN 910	A 4
1	Gehäusedeckel (oben)		553 009564	GG - 25

Quelle: Verlag Europa Lehrmittel

Stücklisten enthalten sämtliche Werkstoffe, die zur Herstellung des Produkts (z. B. einer Videokamera) notwendig sind. Detailliert sind aufgelistet die Art, Menge, Güte und Abmessungen des benötigten Gegenstandes.

SPT	Arbeitsplan-Laufkarte			
Arbeits-gang Nr.	Zeichnungen, Material, Arbeitsgänge	Minuten Rüst	Stück	AWG
	550 002664 Gehäuse NW 900			
1	Bohrung und seitl. Flanschen Dreh., Einschl. Aussen 4 MM andreh, Z.Ausr.	66	230	7
2	Ob. -u-Unt. Flansch u. Bohrg. Dreh.	80	150	8
3	Bohr. Gew. schneid. u. entgr.	10	90	5
4	Anschlußflanschen Bohr., Gew. schneid. u. entr.	10	120	6
5	Gummifutter einvulkanisieren			
6	Gummifutter ausschleifen			

Quelle: Verlag Europa Lehrmittel

Laufkarten begleiten das Produkt zu allen Arbeitsplätzen bis zu seiner Fertigstellung. Der jeweilige Facharbeiter entnimmt ihr Arbeitsanweisungen, Zeitvorgaben und einzusetzende Betriebsmittel. Die einzelnen Arbeitsgänge sind auf der Laufkarte in zeitlicher Reihenfolge angeordnet.

Die Fertigungsdurchführung

Bei der Durchführung der Produktherstellung sind verschiedene Produktionsverfahren möglich. Nimmt man eine *Einteilung nach der Menge der herzustellenden Produkte* vor, so sind folgende **Fertigungsarten** zu unterscheiden:

● Einzelfertigung
● Mehrfachfertigung

Fertigungsarten	Merkmale	Beispiele
Einzelfertigung	– von einem Produkt wird nur ein Stück hergestellt – Produktion erfolgt auf Bestellung und berücksichtigt detaillierte Kundenwünsche (Auftragsfertigung) – in Handwerks- und Industriebetrieben – anpassungsfähige Produktionsanlagen – kostenungünstig (im Vergleich zur Mehrfachfertigung) – es herrscht das Werkstättensystem vor	**industrielle Einzelfertigung** – Schiffsbau – Brückenbau – Spezialmaschinen – Gebäude **handwerkliche Einzelfertigung** – Hochzeitskleid
Mehrfachfertigung | kommt vor als	Fertigung größerer Mengen; der Fertigungsvorgang wird beliebig oft wiederholt	
→ **Serienfertigung**	– von gleichartigen Produkten wird eine größere, begrenzte Anzahl hergestellt (Großserie) – ein Produkt besteht aus vielen unterschiedlichen Einzelteilen – Produktion erfolgt für den anonymen Markt (Lagerfertigung) – die Serien weichen voneinander ab – nach Auslaufen einer Serie müssen die Fertigungsanlagen umgebaut werden – Einsatz von angelernten Arbeitskräften	– Schuhe – Schreibmaschinen – Konfektionskleidung – verschiedene Autotypen – Radio- und Fernsehgeräte – verschiedene Möbeltypen
	– kann Auftragsfertigung sein (Kleinserie), dann – Einsatz von qualifizierten Arbeitskräften	– Werkzeugmaschinen – Spezialfahrzeuge für das Rote Kreuz

Sorten-fertigung (Erzeugnisse ähneln sich weit mehr als bei der Serienfertigung)	– von einem Grundprodukt werden verschiedene Varianten oder aus demselben Ausgangsmaterial (Rohstoff) werden verschiedene Erzeugnisse auf derselben Fertigungsanlage hergestellt	– Seife – verschiedene Biersorten – Werkzeuge – Bleistifte – verschiedene Schraubentypen – Herrenanzüge
Massen-fertigung	– ein Produkt wird ohne Veränderung in großen Mengen ständig (auf Vorrat) produziert – Produkte sind völlig gleichartig – ist organisiert als Fließfertigung oder automatische Fertigung	– Zement – Zucker – Benzin – Zigaretten – Schrauben – Glühlampen – Steinkohle

Es gibt verschiedene Möglichkeiten, den Fertigungsablauf zu organisieren. Die Herstellung eines von einem Kunden in Auftrag gegebenen Großcontainerschiffes stellt andere Anforderungen an die Produktion als die Herstellung von Autoradios oder Wohnungssesseln.

Unterscheidet man die Produktionsverfahren nach der *Anordnung der Betriebsmittel (= Organisation des Fertigungsablaufs)*, dann kommt man zu der Einteilung nach **Fertigungstypen:**

Fertigungstypen: Wie ist der Fertigungsablauf organisiert?

Werkstätten-fertigung	Werkstatt: 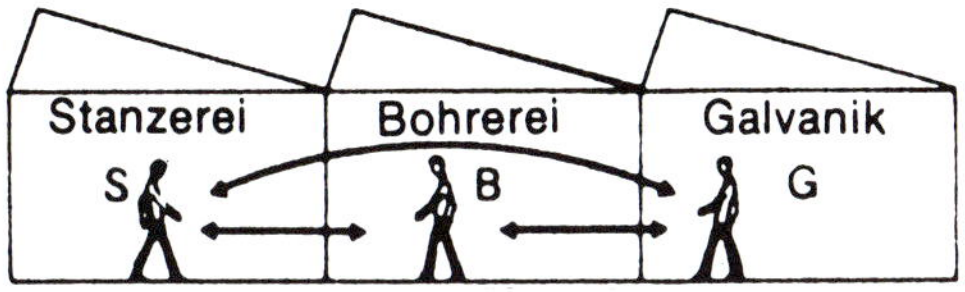 		Anwendungs-schwerpunkte: Vorfertigung und Montage in der Einzelfertigung
Reihen-fertigung	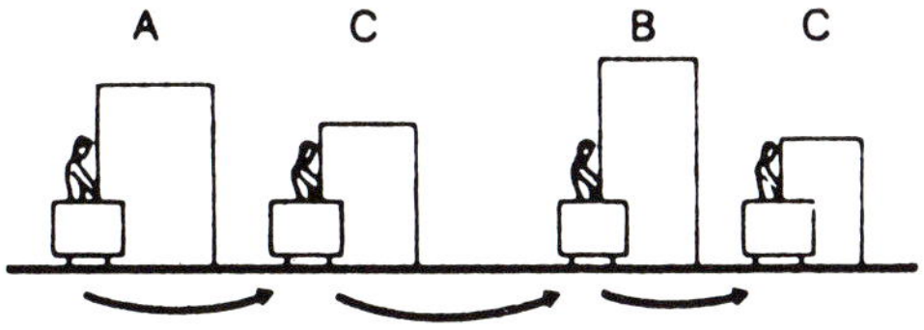	Arbeitsplätze in Reihenfolge des Arbeitsablaufes, Transport zwischen den Werkstätten entfällt.	Vorfertigung und Montage in der Serienfertigung
Mischtyp: Reihen- und Fließfertigung	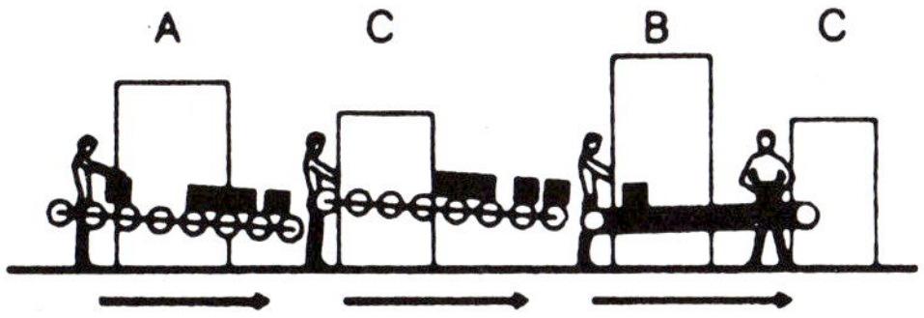	Arbeitsplatzverbindung mittels mechanischer Fördermittel, begrenzte Zwischenstapelung	Montage in der Serienfertigung

4035233 B

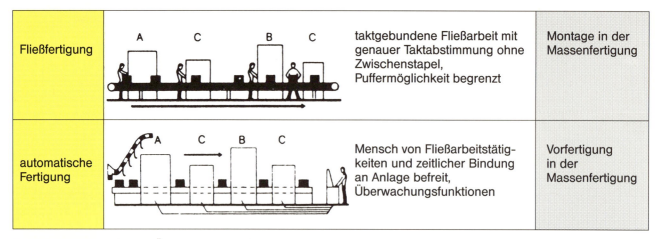

Fließfertigung		taktgebundene Fließarbeit mit genauer Taktabstimmung ohne Zwischenstapel, Puffermöglichkeit begrenzt	Montage in der Massenfertigung
automatische Fertigung		Mensch von Fließarbeitstätigkeiten und zeitlicher Bindung an Anlage befreit, Überwachungsfunktionen	Vorfertigung in der Massenfertigung

Ergänzt werden muß diese Übersicht um die *Gruppenfertigung*. Sie stellt eine Kombination zwischen Reihen- und Werkstattfertigung dar: Innerhalb der Gruppe einigt man sich, wer was macht. Jede Gruppe ist für einen bestimmten Bereich der Montage zuständig. Die Arbeiter kontrollieren

Fertigungsmethode im Automobilbau
Werkstatt in der Fabrik: Gruppen von 15 bis 25 Arbeitern werden zu Spezialisten für bestimmte Sektionen des Automobilbaus ausgebildet (Sektionsbeispiele: Bremsanlage und Räder ①, Motorraum ②). Innerhalb dieses Bereichs kann jeder Arbeiter jede Arbeit selbständig ausführen. Statt eines Fließbandes transportieren elektrisch betriebene

sich in ihrem Bereich selber. Sie sind nicht mehr Handlanger, sie sind wieder Handwerker. Hat eine Gruppe ihre Arbeit beendet, genügt ein Signal an den Computer, und das Produkt (z. B. eine Autokarosserie) gleitet wieder davon, um in der nächsten Wartezone auf Abruf zu parken.

Karren ③ die Autos. Sie werden durch auf den Boden geklebte Magnetbänder ④ gelenkt; diese Bänder können von der Gruppe innerhalb ihres Arbeitsraums beliebig verlegt werden. Um unbequeme Arbeitshaltungen zu vermeiden, sind die Karren mit Hebe- und Kippvorrichtungen ⑤ ausgestattet.

Nach: Der Spiegel Nr. 29

Die Arbeitsräume der Gruppen sind durch Parkzonen ⑥ voneinander getrennt, in denen bis zu sechs von der Vorgruppe bearbeitete Autos abgestellt werden können. Arbeitstempo und Ruhepausen werden von der Gruppe selbst bestimmt. Jede Gruppe hat ihre eigenen Ruhe-, Wasch- und Umkleideräume ⑦. Große Fensterfronten ⑧ geben den Blick auf Parkanlagen frei.

Die technologische und organisatorische Spitzenstellung von heute entscheidet über die Marktmacht von morgen. Wer im Wettbewerb bestehen will, muß das Tempo bei der technischen Entwicklung mitbestimmen und Wettbewerbsvorteile durch **verkürzte** Entwicklungs- und **Produktionszeiten** bei gleichzeitig hoher Produktqualität sichern. Die Kunden wollen kurze, exakt eingehaltene Lieferzeiten, gesicherte Qualität und ein vielfältiges, flexibles Sortiment. Die in vielen Fabrikhallen eingeführten Konzepte der **Lean Production**[1] haben die Büros erreicht. Der Dispositionsspielraum der Mitarbeiter wird erweitert. In Teams wird darüber gesprochen, wie der *Arbeitsablauf optimiert* werden kann. Produktion und Verwaltung werden mehr miteinander verzahnt.

---

[1] vgl. Kapitel 2.6, Seite 40

Der Wandel der Arbeitswelt

Tätigkeiten westdeutscher Erwerbstätiger in Prozent

Westdeutsche Erwerbstätige in Millionen
1973 · 27,1
1991 · 29,7

Allgemeine Dienstleistungen einschließlich Transportieren, Sichern, Ausbilden, Informieren
Quelle: Institut der Deutschen Wirtschaft

Schon zu Beginn der 80er Jahre wurde von der Wissenschaft auf die Notwendigkeit hingewiesen, die Effizienz im Büro zu erhöhen. Denn das Informationsaufkommen wuchs beständig, die Produktivität allerdings nur wenig. Erst die Diskussion über die schlanke Produktion hat das Thema wieder aktuell werden lassen. Nur wird es jetzt unter einem anderen Namen behandelt: **Lean Administration** heißt die Devise.

Nicht selten wird der modische Begriff mit Personalabbau gleichgesetzt. Das Konzept der schlanken Verwaltung zielt jedoch in eine ganz andere Richtung. Es will die Qualifikation, die Motivation sowie den Ideenreichtum der Mitarbeiter besser zur Geltung bringen. Kennzeichnend für die Lean Administration sind fünf Punkte:

Produktionsnahe Bürotätigkeiten werden in der Produktion erledigt: Sie werden direkt den dort tätigen Mitarbeitern übertragen und eben nicht zentral von einer Überbürokratie wahrgenommen. So werden von teilautonomen Gruppen eigenverantwortlich beispielsweise die Materialdisposition oder die Urlaubsplanung übernommen.

Die verbleibenden Verwaltungsaufgaben werden gestrafft: Als wichtigste Maßnahme zur Verkürzung der Durchlaufzeiten gilt die frühe Einbindung aller mit einem Verwaltungsschritt befaßten Abteilungen und Mitarbeiter.
Das Vorschlagwesen im Büro wird ausgebaut: Auch die einzelnen Mitarbeiter werden aufgefordert, Vorschlä-

ge zur Vereinfachung und zur Optimierung des Arbeitsablaufs in ihrem eigenen Sachgebiet zu machen. Dadurch kommt es zu einem kontinuierlichen Verbesserungsprozeß.

Die Befugnisse der Sachbearbeiter werden erweitert: Es werden nicht mehr einzelne Arbeitsschritte vorgegeben, sondern ein Ziel. Dazu werden Mischarbeitsplätze eingerichtet. An diesem Arbeitsplatz sind mehrere unterschiedliche Funktionen zusammengefaßt, die vorher getrennt waren.

Außerdem entscheiden nicht mehr die Chefs über die Abwicklung eines Auftrages, sondern die Mitarbeiter selbst. Durch den erweiterten Dispositionsspielraum werden die Hierarchien in den Verwaltungsetagen flacher, die Flexibilität wird größer.

Mitarbeiter aus Verwaltung und Produktion sitzen an einem Tisch: Sie besprechen die termingerechte Auftragserledigung von der Beschaffung bis hin zum Versand. Wird die Verwaltung in diesem Sinne gestrafft, entstehen auch für die Mitarbeiter Vorteile: Die Arbeitsaufgaben werden anspruchsvoller. Die Taylorisierung der Arbeitsabläufe hat ein Ende. Dadurch können sich die Angestellten wieder stärker mit ihrer Tätigkeit identifizieren. Die Arbeitsqualität nimmt in der Folge erfahrungsgemäß zu.

(Institut der deutschen Wirtschaft, Köln)

Die Fertigungskosten

Zur Produktion von Gütern muß z. B. ein Industriebetrieb andere Güter und Dienstleistungen einsetzen. Es sind dies die Produktionsfaktoren Arbeitskräfte, Werkzeuge, Maschinen, Roh-, Hilfs- und Betriebsstoffe, aber auch die *Beschaffung* von Werkstoffen und Betriebsmitteln oder die Transportleistung eines Spediteurs zählen dazu. Diese Güter und Dienstleistungen müssen bezahlt werden.

> Der in Geld ausgedrückte wertmäßige Verzehr von Sachgütern und Dienstleistungen zur Erstellung einer wirtschaftlichen Leistung (von Gütern und Dienstleistungen) wird als **Kosten** bezeichnet.

Die **Ausgaben** für den Kauf einer EDV-Anlage oder eines firmeneigenen Pkws **sind keine Kosten**. Erst zu dem Zeitpunkt, zu dem diese Investitionsgüter für die betriebliche Leistungserstellung gebraucht werden, entstehen Kosten.

Beispiele für Kostenarten:

- Personalkosten: Löhne, Gehälter, Sozialkosten
- Sachkosten: Roh-, Hilfs- und Betriebsstoffe, Treibstoffe, Büromaterial
- Kosten für Dienstleistungen Dritter: Strom, Gas, Miete, Wasser, Versicherungen, Transportkosten, Telefon
- Anlagekosten: Abschreibungen der Maschinen
- Steuern und Abgaben

Da die gesamten Kosten eines Unternehmens die Verkaufspreise der angebotenen Güter maßgeblich beeinflussen, ist es von größter Wichtigkeit, sie genau zu erfassen und möglichst niedrig zu halten.

Vereinfachtes Beispiel:

Marc S. entstehen bei der Produktion seines patentierten Datenträgers für PCs folgende Kosten (keine vollständige Auflistung):

Kosten für die Abnutzung der Anlagen	69 500,00 DM
Mietaufwendungen	60 000,00 DM
Kapitalkosten	44 300,00 DM
Personalkosten der Verwaltung	10 310,00 DM
	184 110,00 DM

Hinzu kommen pro Datenträger:	
Kosten des Materialverbrauchs	2,705 DM
Fertigungslöhne	5,645 DM
Energiekosten	1,305 DM
	9,655 DM

Diese aufgelisteten Kosten sind einerseits feste (fixe) Kosten. Andererseits sind es veränderliche (variable) Kosten.

Feste (fixe) Kosten

Fixe Kosten, wie Abschreibungen oder Mietaufwendungen, **verändern sich** mit der Zunahme oder Abnahme der produzierten Stückzahlen **nicht**. Sie entstehen unabhängig von der hergestellten Menge, also selbst dann, wenn überhaupt nicht produziert wird.

Als *Stückkosten* ändern sich die fixen Gesamtkosten mit der Menge der hergestellten Erzeugnisse. Sie verursachen, z. B. bei zunehmender Produktionsmenge, abnehmende Stückkostenanteile.

Produzierte Stückzahl	Fixe Kosten (DM) gesamt	pro Stück
0	184 110,00	0,00
1	184 110,00	184110,00
500	184 110,00	368,22
10 000	184 110,00	18,41
15 800	184 110,00	11,65
24 750	184 110,00	7,44
38 000	184 110,00	4,85

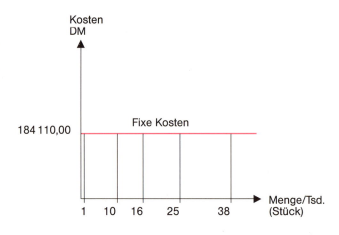

Veränderliche (variable) Kosten

Variable Kosten sind z. B. Kosten des Rohstoffverbrauchs, Fertigungslöhne oder Energiekosten. **Sie sind abhängig von der produzierten Stückzahl.** Sie steigen an, wenn die Produktion zunimmt bzw. vermindern sich bei rückläufiger Produktionsmenge.

Als *Stückkosten* bleiben die variablen Gesamtkosten stets gleich (konstant).

Produzierte Stückzahl	Variable Kosten (DM) gesamt	pro Stück
0	0,00	0,000
1	9,655	9,655
500	4 827,50	9,655
10 000	96 550,00	9,655
15 800	152 549,00	9,655
24 750	238 961,25	9,655
38 000	366 890,00	9,655

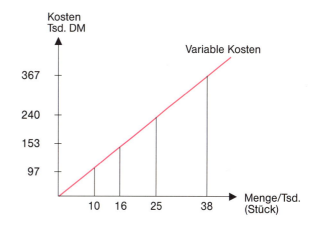

Gesamtkosten

Addiert man die fixen und variablen Kosten, so erhält man die *Gesamtkosten.*

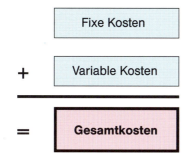

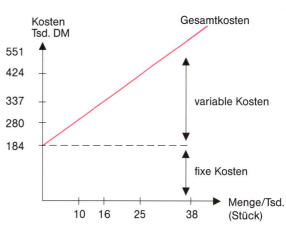

Entwicklung der Gesamtkosten bei unterschiedlichen Produktionsmengen

Gesetz der Massenproduktion

Die Stückkosten werden ermittelt, indem man die Gesamtkosten durch die Produktionsmenge teilt:

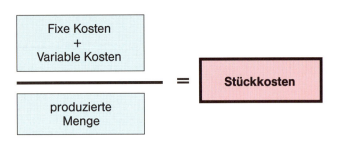

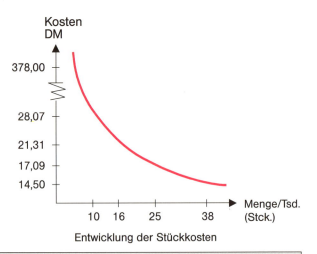

Entwicklung der Stückkosten

Die folgende Übersicht verdeutlicht:
Je mehr produziert wird, desto mehr sinken die Kosten pro Stück (vgl. auch die Kurve „Entwicklung der Stückkosten"). Der Grund dafür ist darin zu sehen, daß sich die fixen, nicht veränderlichen Kosten auf eine immer größer werdende Anzahl von Produkten verteilt. Die Selbstkosten pro Stück setzen sich dann überwiegend aus variablen Kosten zusammen. Durch die sinkenden Stückkosten kann ein Unternehmen seine Produkte preiswerter am Markt anbieten und kann dadurch Wettbewerbsvorteile gegenüber seinen Konkurrenten erlangen. Voraussetzung ist allerdings die Massenproduktion bzw. Großserien bei Serienfertigung, denn je höher die Ausbringungsmenge, desto größer die Menge, auf die sich die Fixkosten verteilen lassen und desto größer die kostensenkende Wirkung.

Aufgrund der fixen Kosten *sinken die Stückkosten* mit zunehmender Produktionsmenge. Diese Wirkung wird als das

Gesetz der Massenproduktion

bezeichnet. Es gilt bis zur vollen Ausnutzung der normalen Kapazität.[1]

Produzierte Stückzahl	Fixe Kosten DM	Variable Kosten DM	Gesamtkosten DM	Kosten p. Stück DM
0	184 110,00	0,00	184 110,00	0,00
1	184 110,00	9,655	184 119,66	184 119,66
500	184 110,00	4 827,50	188 937,50	377,88
10 000	184 110,00	96 550,00	280 660,00	28,07
15 800	184 110,00	152 549,00	336 659,00	21,31
24 750	184 110,00	238 961,25	423 071,25	17,09
38 000	184 110,00	366 890,00	551 000,00	14,50

1 Mögliche Menge der Produkte, die ein Betrieb herstellen kann (= betriebliche Leistungsfähigkeit innerhalb einer Zeitspanne).

Wirtschaftet ein Betrieb mit anlageintensiven Betriebsmitteln, und hat er dadurch hohe fixe Kosten in Form von Abschreibungen und Zinskosten, so kann er – und zwar je höher die fixen Kosten sind – seine Produkte um so preisgünstiger anbieten je höher die Ausbringungsmenge ist. Dabei wird stets vorausgesetzt, daß die Kapazität möglichst voll ausgelastet ist (= Vollbeschäftigung).

Geht die Beschäftigung zurück (= abnehmender Beschäftigungsgrad), d. h. wird die normale Kapazität nicht voll genutzt, so steigen die Stückkosten an, da in diesem Fall die fixen Kosten auf eine geringere Ausbringungsmenge verteilt werden müssen.

$$\text{Beschäftigungsgrad} = \frac{\text{genutzte Kapazität}}{\text{normale Kapazität}} \cdot 100\,\%$$

Die Fertigungskontrolle

Die Fertigungskontrolle ist notwendig zur Überprüfung sämtlicher Daten der Fertigungsplanung und der Zielerreichung. Sie bezieht sich im wesentlichen auf zwei Bereiche:
– die Einhaltung der Termine und
– die Qualitätsprüfung (Gütekontrolle).

Qualitätskontrollen

– werden während oder nach der Fertigung vorgenommen,

Bei Prüfungen rund um die Uhr müssen neue Reifen ihre Haltbarkeit unter Beweis stellen.

In einem Zeitungsverlag gehört die Überprüfung des Drucks zu den wichtigsten Kontrollarbeiten.

– können als Stichproben oder als Gesamtprüfung durchgeführt werden,
– erfolgen durch Kontrolleure (Fremdkontrolle) oder durch den Ausführenden selbst (Selbstkontrolle).

Merkmale für die Qualität eines Produkts sind
– die Fehlerfreiheit, wie z. B. Härtegrade, Keimfreiheit oder Säurefestigkeit,
– die Funktionstüchtigkeit, wie z. B. Haltbarkeit und Sicherheit,
– die Vorschriftsmäßigkeit, wie z. B. VDE-Vorschriften oder DIN-Normen.

Aufgaben

1. Unterscheiden Sie Produktion und Fertigung.
2. In welche Stufen wird die Fertigung aufgeteilt?
3. Bei der Fertigungsablaufplanung werden u. a. Stücklisten und Laufkarten benötigt. Was verstehen Sie unter diesen beiden Begriffen?
4. Nennen Sie detailliert sämtliche Fertigungsarten und Fertigungstypen.
5. Welche Produkte eignen sich für Massenfertigung?
6. Wodurch unterscheiden sich Sorten- und Serienfertigung?

   Nennen Sie je drei Beispiele.

7. Was verstehen Sie unter Programmtiefe und Programmbreite?
8. Worin sehen Sie die Vorteile der Gruppenfertigung?
9. Auf welche Bereiche bezieht sich die Fertigungskontrolle?
10. Warum sind Qualitätskontrollen notwendig?
11. Unterscheiden Sie zwischen fixen und variablen Kosten.
12. Nennen Sie je vier Beispiele für fixe und variable Kosten.
13. Erklären Sie das 'Gesetz der Massenproduktion'.
14. Warum ist es aus unternehmerischer Sicht sinnvoll, die fixen Kosten möglichst niedrig zu halten?
15. In einem Betrieb betragen die fixen Kosten 50 000,00 DM. Die variablen Kosten betragen 115,00 DM pro Stück.
    a) Stellen Sie den Verlauf der Gesamtkosten (fixe und variable Kosten) zeichnerisch dar.
    b) Stellen Sie in einer zweiten zeichnerischen Darstellung den Verlauf der Stückkosten dar, und erklären Sie den Kurvenverlauf.
16. Nennen Sie fixe und variable Kosten, die
    a) durch eine EDV-Anlage verursacht werden;
    b) bei der Produktion von Autos anfallen.
17. Stellen Sie den Zusammenhang dar zwischen Betrieb, Beschaffungsmärkten und Absatzmärkten.

18. Erklären Sie die folgenden Kostenverläufe (K = Gesamtkosten; k = Stückkosten):

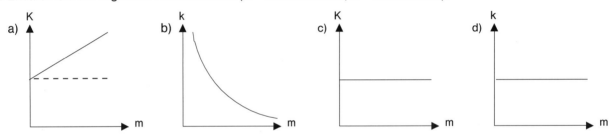

19. Die Kapazität eines Industriebetriebes der Sanitärbranche beträgt für eine aufwendig herzustellende Spezialdichtung 400 Stück pro Monat. Der Betrieb wurde in den Monaten Februar zu 25 % ausgelastet, im März zu 50 %, im April zu 75 % und im Mai zu 100 %. Es fallen an gesamten Fixkosten 500,00 DM an, die variablen Gesamtkosten sind beim niedrigsten Beschäftigungsgrad mit 2 000,00 DM ermittelt worden.

Stellen Sie eine Tabelle nach folgendem Muster auf, und berechnen Sie die Zahlenwerte für alle vier Beschäftigungsgrade. Füllen Sie die Tabelle nicht im Buch aus.

Produzierte Menge (Beschäftigungsgrad)	fixe Kosten		variable Kosten		gesamte Stückkosten
	gesamt	p. Stück	gesamt	p. Stück	

20. Erläutern Sie den Zusammenhang zwischen Beschäftigungsgrad (produzierter Menge), Fixkosten und Stückkosten.

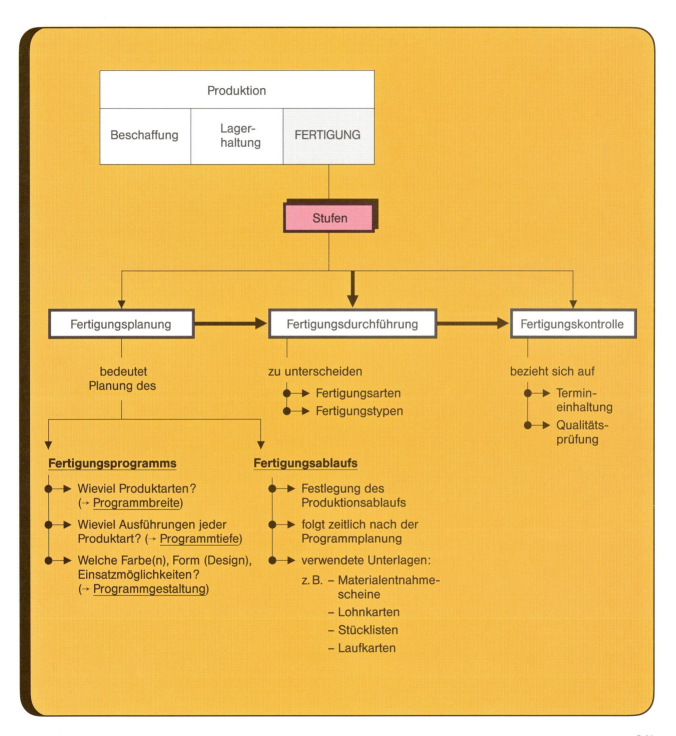

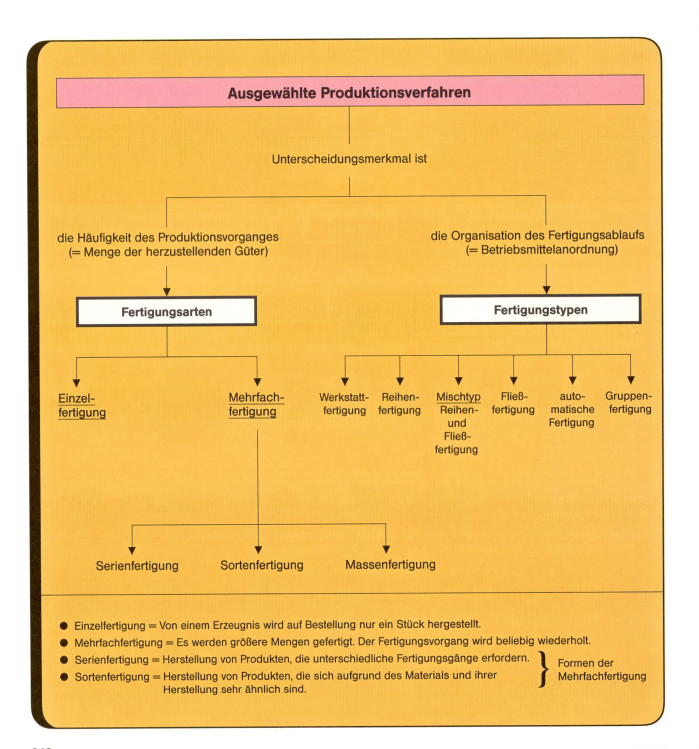

Nach dem Verhältnis der
Gesamtkosten zur Beschäftigung
unterscheidet man

Veränderliche (variable) Gesamtkosten

- – entstehen durch die Produktion
- – verändern sich bei steigendem oder sinkendem Beschäftigungsgrad
- – bleiben als Stückkosten gleich hoch
- – Beispiele:
  - - Fertigungsmaterial
  - - Akkordlöhne
  - - Verpackungskosten

Gleichbleibende (fixe) Gesamtkosten

- – entstehen, ohne daß produziert wird
- – bleiben unverändert trotz Änderung der Beschäftigung (der Anzahl der hergestellten Produkte)
- – ändern sich als Stückkosten bei veränderter Ausbringungsmenge
- – Beispiele:
  - - Abschreibungen auf Gebäude
  - - Kfz-Steuern
  - - Zinsen für langfristiges Fremdkapital
  - - Gehälter
  - - Miete für Geschäftsräume

Gesetz der Massenproduktion

● Bei Massenfertigung sinken die Stückkosten bei zunehmender Ausbringungsmenge, weil sich die hohen fixen Kosten auf eine größere Stückzahl verteilen.

● Die Stückkosten sinken um so schneller,

- - je höher der Anteil der fixen Kosten an den Gesamtkosten ist und
- - je stärker der Beschäftigungsgrad zunimmt.

● Beschäftigungsgrad = prozentualer Anteil der tatsächlichen Ausbringung (= genutzte Kapazität) an der möglichen (normalen) Kapazität.

● Die Fertigungskontrolle erstreckt sich auf die Termin- und Qualitätsüberprüfung.

8 Warenabsatz

8.1 Marketing

Ergebnisse einer Untersuchung bei 300 Besuchern von Fachgeschäften
je zur Hälfte Männer und Frauen

Anteil der Frauen bzw. Männer, die mit „trifft zu/trifft voll und ganz zu" geantwortet haben.

Statement	Frauen %	Männer %
Qualität ist nicht nur Strapazierfähigkeit, hier spielt auch das edle Aussehen (eines Kleidungsstücks) eine große Rolle	77	76
Ich wäre enttäuscht, wenn man, nur um den Preis zu halten, die Stoffqualität und Verarbeitungsqualität senkt	86	83
Lieber etwas mehr Geld ausgeben und dafür ein gutes (Kleidungsstück) bekommen	83	80
In der schnelllebigen Zeit ist die Qualität eines Kleidungsstücks nicht mehr so wichtig, wie das früher der Fall war	25	24
Für mich ist wichtig, daß das Kleidungsstück in Paßform und Farbe gefällt, das Material spielt nur eine untergeordnete Rolle	35	32
In (Kleidung) aus reiner Schurwolle ist man immer gut angezogen	62	69
Das Material (eines Kleidungsstücks) hat für mich keine große Bedeutung, wichtiger ist es, daß man es in der Waschmaschine waschen kann	24	21
Das Material, aus dem ein (Kleidungsstück) hergestellt ist, ist für mich wichtiger als die Marke des Herstellers	86	81

Welche Bedeutung können die Ergebnisse der Untersuchung für den Unternehmer haben?

Information

> Sämtliche Maßnahmen, die darauf abzielen, den Absatz zu fördern, nennt man **Marketing** (engl. = auf den Markt bringen).

Dabei orientiert sich ein marketingbewußter Unternehmer mit all seinen Aktivitäten zielbewußt, planmäßig und organisatorisch an den Problemen, Wünschen und Bedürfnissen ausgewählter Kundengruppen.

Nicht das Produkt oder die Produktion steht im Mittelpunkt. Vielmehr wird das Unternehmen vom Absatz her geführt, so daß sämtliche unternehmerischen Maßnahmen durch das „Denken-vom-Markt-her" geprägt sind.

Zum Marketing gehören Marktforschung, mit ihren Teilbereichen Marktanalyse und Marktbeobachtung, Marktprognose, aber auch die absatzpolitischen Instrumente Produkt-, Preis-, Distributions- und Kommunikationspolitik.

Beispiel:

Bei der Planung eines neuen Schokoriegels werden Marktdaten erhoben, Verbraucher befragt, aktuelle Trends und Entwicklungen verfolgt. Auf dieser Grundlage werden Rezepte und die Packung entworfen, der Preis ausgerichtet, die Vertriebswege festgelegt und die Kommunikationsmaßnahmen geplant.

Die absatzpolitischen Instrumente des Marketing

Als absatzpolitische Instrumente werden diejenigen Instrumente bezeichnet, die dem Unternehmen dazu dienen, aktiv Einfluß auf den Absatzmarkt zu nehmen.

Sortimentspolitik
Die bewußte und planmäßige Zusammenstellung des Sortiments bezeichnet man als Sortimentspolitik. Überwiegend im Handel wirksam wird sie angewandt, um den Umsatz bzw. den Gewinn des Unternehmens zu steigern (vgl. Kapitel 8.2).

Produktpolitik

Das Produkt ist das Ergebnis der Arbeit eines Unternehmens. Es wird so gestaltet, daß es in erhöhtem Maße dazu geeignet ist, die Probleme der Käufer zu lösen, ihre Bedürfnisse zu befriedigen oder Rentabilität zu gewähren. Besondere Vorteile erzielt ein Produkt im Wettbewerb, wenn es einmalig ist oder als „etwas Besonderes" angesehen wird. Im einzelnen zählen dazu die Produktgestaltung, Markenpolitik, Packung, Planung des Produktlebenszyklus (vgl. Kapitel 8.3).

Beispiel:

Bei der Planung eines neuen Pkws können verschiedene Ansprüche berücksichtigt werden: Wirtschaftlichkeit, Leistung, Komfort, Sicherheit, Umweltverträglichkeit, Prestigewert. Die Ansprüche, die bei der Produktgestaltung in den Vordergrund gestellt werden, machen das Besondere des Produkts oder der Marke aus.

Preis- und Konditionenpolitik

Der Preis eines Produkts ist einerseits das Entgelt für die Leistung des produzierenden Unternehmens. Andererseits ist er ein Maßstab für die Kaufentscheidung der möglichen Käuferinnen und Käufer. Deshalb muß der Preis Erträge ermöglichen und konkurrenzfähig sein. Außerdem sind preispsychologische Erfahrungen zu berücksichtigen (vgl. Kap. 8.4). Entscheidungen über die Preishöhe sind beispielsweise zu treffen, wenn die Nachfrage nach dem Produkt sich verändert, wenn die Kosten steigen, wenn ein neues Produkt erstmalig auf den Markt kommt, wenn die Konkurrenz ein Unternehmen zu Preisänderungen zwingt.

Beispiel:

Um sämtliche Kosten zu decken und dem Unternehmen einen bestimmten Gewinn zu bringen, müßte ein neues Produkt mindestens 800 DM kosten. Der Preis der Konkurrenzprodukte liegt jedoch zwischen 580 und 750 DM. Bei der Einführung soll das neue Produkt innerhalb dieser Preisspanne angeboten werden. Aus Gründen der Preispolitik wird ein Preis von 748 DM festgesetzt.

Zwar besteht das vorrangige Ziel der Preispolitik darin, die Gewinne eines Unternehmens zu maximieren. Aber als alleiniger unternehmerischer Grundsatz wäre dies nur eine grobe Zielgröße, die deshalb zu differenzieren ist. Es

ließen sich z. B. hierbei betriebs- oder mehr *marktorientierte* Ziele unterscheiden. Sind die Ziele mehr betriebsorientiert, dann werden die Kosten eher in den Blick genommen. Hierbei könnte es u. a. darum gehen, den Absatz mehr an den Produktionsgang anzupassen, die Vollbeschäftigung sicherzustellen oder Kosten überall dort zu reduzieren, wo es sinnvoll und möglich ist. Wird eher marktorientiert gedacht (vgl. Beispiel), dann ginge es darum, wie der Absatz zu maximieren ist oder die Konkurrenz ausgeschaltet werden kann, und wie die Marktanteile für ein Produkt sich erhöhen lassen. Betriebs- und marktgerichtete Ziele bei der Preis- und Konditionenpolitik sind allerdings keine Gegensätze, sondern immer aufeinander zu beziehen.

Unter Preis- und Konditionenpolitik werden alle vertraglichen Vereinbarungen über Zahlungs- und Lieferungsbedingungen, Preise, Rabatte und über Kreditgewährung verstanden.

Distributionspolitik

Produzierte Waren müssen ihren Käufer erreichen. Die Verteilung (Distribution) muß von dem Unternehmen organisiert werden. Distribution umfaßt alle Entscheidungen über Absatzwege (Wahl des „Absatzkanals"). Dabei wird festgelegt, welche Distributionsorgane eingeschaltet werden, damit die Lieferbereitschaft gesichert ist, wie z. B. Groß- und Einzelhandelsbetriebe, Makler, Handelsvertreter, Vertriebsabteilung des Unternehmens. Damit verbunden ist die Frage, wie aufgrund der Kundennachfrage das richtige Produkt zur richtigen Zeit an den richtigen Ort gelangt (Marketing-Logistik). Dabei sind Entscheidungen zu treffen über die Transportmethode, das Transportmittel, die Anzahl der Standorte von Vertriebs- und Auslieferungslager. Darüber hinaus ist die Frage der Servicebereitschaft zu klären.

Beispiel:

Ein Unternehmen möchte Elektrogeräte durch exklusiven Vertrieb aufwerten. Es verzichtet auf das Angebot über Groß- und Einzelhandel und bietet seine Produkte nur über Außendienstmitarbeiterinnen und -mitarbeiter an. Diese werden speziell geschult und betreuen einen festen Verkaufsbezirk.

Distribution läßt sich als Gestaltung des Weges eines Produkts vom Hersteller zum Käufer bezeichnen. Die *Absatzwege* zeigen die Möglichkeiten an, wie eine Ware oder eine Dienstleistung an den Endverbraucher gelangen können.

Die *Logistik* ist dann die physische Warenverteilung über Straße, Schiene, Wasser und Luft mit entsprechenden Transportmitteln.

Kommunikationspolitik

Marketing-Kommunikation ist die Verständigung des Unternehmens mit *möglichen* Konsumenten (Werbung), mit Kundinnen und Kunden (Verkaufsförderung), mit der Öffentlichkeit (Public Relations) und mit Unternehmensangehörigen (Human Relations). Ziel dieser Informationsprozesse ist die Beeinflussung im Sinne der Unternehmensziele. Der abgestimmte Einsatz aller Maßnahmen wird **„Kommunikationsmix"** genannt.

Beispiel:

Ein Unternehmen für Reitsportartikel möchte sich als Experte für die Beziehung „Mensch – Pferd" darstellen. Alle Werbemaßnahmen laufen unter dem Slogan *„Sie – Ihr Pferd – und WIR"*, in ausgewählten Sportfachgeschäften werden Infotheken für Reitsportfreunde eingerichtet, eine Spende für die Olympia-Reitmannschaft wird groß herausgestellt, und die Mitarbeiterinnen und Mitarbeiter erhalten kostenfreien Reitkurs.

Werbung

Werbung umfaßt alle Kommunikationsmaßnahmen, die darauf ausgerichtet sind, den Absatz der Produkte zu fördern. Sie wendet sich an die möglichen Konsumenten der Produkte. Werbung kann Kenntnisse und Wissen vermitteln (Information), anregen (Motivation) und beeinflussen (Manipulation). (vgl. Kap. 8.6 und 8.10)

Beispiel:

Zur Förderung des Absatzes von hochwertigen Herrenoberhemden plant ein Textilunternehmen eine Anzeigenserie in Zeitschriften, die von Männern mit gehobenem Sozialstatus gelesen werden. Dabei soll über die Faser Baumwolle informiert und zum häufigeren Hemdwechsel angeregt werden. Außderdem soll dem Leser vermittelt werden, daß er in Hemden dieser Marke besonders markant und erfolgreich wirkt.

Verkaufsförderung

Als Verkaufsförderung werden alle Maßnahmen angesehen, die die Erlebnisqualität beim Einkauf steigern, also am Ort des Verkaufs bzw. Kaufs (Point of sale) eingesetzt werden (vgl. Kap. 8.6).

Beispiel:

Für die Einführung einer neuen Kosmetikserie werden folgende Maßnahmen am Point of sale vorgesehen: Attraktive Ständer mit großen Postern zur Präsentation der Ware, eine kostenlose Beratung, die Ausgabe von Proben und Autogrammstunden mit dem weiblichen Star einer Fernsehserie.

Public Relations

Der Begriff Public Relations bezeichnet eine Öffentlichkeitsarbeit, die das Image (den Ruf) des Unternehmens aufbaut, pflegt und korrigiert. Es wird um Vertrauen, um Goodwill, um Verständnis für die eigenen Anliegen geworben (vgl. Kap. 8.6).

Beispiel:

Durch die Havarie eines Tankers ist ein Unternehmen in die massive Kritik der Öffentlichkeit geraten. Das Unternehmen startet eine Anzeigenserie, in der auf seine besonderen Leistungen für den Umweltschutz hingewiesen wird. Damit soll der negative Einfluß auf das Image korrigiert werden.

Diese Öffentlichkeitsarbeit soll sich langfristig natürlich auch positiv auf den Absatz eines Unternehmens auswirken.

Human Relations

Als Human Relations ist die Kommunikation innerhalb des Unternehmens zu verstehen. Es handelt sich um sämtliche Maßnahmen, die das Wohlbefinden der Unternehmensangehörigen steigern und zur Identifikation mit dem Unternehmen beitragen soll.

Beispiel:

Ein Unternehmen, das Dauergebäck in hoher Qualität herstellt, möchte seine Mitarbeiterinnen und Mitarbeiter an sich binden und zu besonderer Leistung motivieren. Es gibt eine interne Zeitschrift heraus, in der Werksangehörige im Mittelpunkt stehen:
Berichte über einzelne und ihre Arbeit, Erfolge der Betriebsfußballmannschaft, interessante Hobbys und private Nachrichten.

Zielsetzungen des Unternehmens

Die Ziele des Unternehmens auf den verschiedenen Ebenen (Unternehmen, Marketing, Kommunikation und Werbung) müssen untereinander abgestimmt und aufeinander bezogen sein. Damit werden „Zielkonflikte", die zu Verlusten führen, vermieden.

Unternehmensziele

Die ursprünglichen Unternehmensziele, z. B. Gewinn, Rentabilität, Auslastung, werden durch das Marketing immer mehr am Markt orientiert.

Beispiele für marktbezogene Unternehmensziele:

- Festlegung der Märkte, auf denen das Unternehmen aktiv wird
- hoher Marktanteil bzw. Marktführerschaft
- Unabhängigkeit, z. B. von anderen Unternehmen und Behörden

Marketingziele

Die Marketingziele werden aus den Unternehmenszielen abgeleitet und beziehen sich auf den Wirkungsbereich des Marketing-Mix (Produkt, Preis, Distribution, Kommunikation; vgl. Seite 248).

Beispiel:

- Erhöhung des Marktanteils eines Produkts um 10 Prozent
- Einführung eines neuen Produkts
- Gewinnung eines neuen Marktes, z. B. im Ausland

Kommunikationsziele

Die Kommunikationsziele werden aus den Marketingzielen abgeleitet und beziehen sich auf den Wirkungsbereich des Kommunikations-Mix (Werbung, Public Relations, Verkaufsförderung, Human Relations).

Beispiel:

- Erhöhung des Bekanntheitsgrades eines Produkts
- Verbesserung des Unternehmens-Images
- Beeinflussung der Kundeneinstellung zum Unternehmen

Werbeziele

Die Werbeziele werden aus den Kommunikationszielen abgeleitet und beziehen sich auf alle möglichen Werbemaßnahmen.

Beispiel:

- Vorstellung eines neuen Produkts und seines Nutzens bei der angepeilten Zielgruppe
- Bekanntmachung einer Sonderaktion
- Beeinflussung von Kundinnen und Kunden als vorbereitende Einstimmung für das Verkaufsgespräch
- Stärkung des Vertrauens in ein Produkt zur Erhaltung von Markentreue

---

Marktforschung als Instrument des Marketing

Ein Unternehmen, das erfolgreich sein will, muß seinen Markt genau kennen. Dazu gehört nicht nur, daß es ein attraktives Sortiment anbietet und weiß, wo man es möglichst günstig einkaufen kann. Es muß auch die Wünsche der Verbraucher kennen und außerdem wissen, ob die Kunden mit seinem Geschäft und den angebotenen Leistungen zufrieden sind.

Genauso wichtig ist, daß es möglichst umfassend über die absatzfördernden Maßnahmen seiner Konkurrenten Bescheid weiß. Denn sein Ziel sollte es sein, sich von ihnen möglichst abzuheben und auf ihre Stärke Rücksicht zu nehmen oder ihre Schwäche auszunutzen.

Um die verschiedenen Marktinformationen zu beschaffen und zu verarbeiten, muß das Unternehmen **Marktforschung** betreiben.

Marktforschung ist die Beschaffung notwendiger Informationen über z. B. Konkurrenten, allgemeine Marktdaten (Kaufkraft, Preise, Lohnniveau) oder darüber, wie die Waren beim Kunden ankommen und wie der zukünftige Bedarf aussehen wird.

Beispiel „Trend-Scout":

Markenfirmen bezahlen Trend-Scouts in allen großen Städten. Diese teilen ihre Beobachtungen aus der Szene der Zentrale mit. Auf dieser Grundlage werden neue Schuhtypen erzeugt und in einigen firmeneigenen Schuhgeschäften probeweise zum Kauf angeboten. Die Registrierkassen in den Filialen sind vernetzt. Im Zentralcomputer wird daher rasch erkennbar, wie die Szene auf das Bild reagiert, das sich die Firma von ihr gemacht hat. Steigen die Verkaufszahlen eines Typs, geht er groß in Produktion. Selbst wenn die Firma sich geirrt hat, entsteht damit eine neue Wahrheit.

In Sekundenschnelle findet die Bauanleitung ihren Weg durchs Internet nach Asien, wenige Wochen später ist der Schuh in Europa lieferbar. Konkurrenten wittern einen Trend und beginnen mit dem Kopieren. Ist die erste Kopie auf dem Markt, ist das Original schon ein Stück originaler geworden.

Der Ursprung einer neuen Form ist kreisförmig. Eine Kettenreaktion von Nachahmungen beginnt, in die sich Abweichungen einschleichen. Überlagerungen, Kombinationen, Zufälle und Mißverständnisse spielen die gleiche Rolle wie die mitspielenden Akteure. So wie ein Raver den anderen nachahmt, kopiert eine Schuhfirma die andere und alle gemeinsam kopieren sie die Szene, die nichts anderes ist als die Gesamtheit dieser Kopiervorgänge.

Methoden der Marktforschung

Werden **eigene** Befragungen (schriftlich mit Fragebögen; telefonisch; mündlich durch Interviews), Beobachtungen (z. B. die Laufrichtung der Kunden im Geschäft) und Experimente (mit Versuchsgruppen, die sich z. B. auf die Packung oder den Geschmack der Ware beziehen) durchgeführt, so spricht man von **Primärforschung (Field-Research).**

Wird **bereits vorhandenes Zahlenmaterial** (z. B. amtliche Statistiken, Zeitungen und Zeitschriften, Messeberichte, Mitteilungen von Instituten, Verbänden und Organisationen, innerbetriebliches Informationsmaterial: Vertreterberichte, Zahlen aus der Buchhaltung, Reklamationen) ausgewertet, so handelt es sich um **Sekundärforschung (Desk-Research).**

Bereiche der Marktforschung

Die Marktanalyse ist die **einmalige** Untersuchung des Marktes zu einem bestimmten Zeitpunkt, beispielsweise die Feststellung des tatsächlichen Absatzes einer neu auf den Markt gebrachten Damenstrumpfhose (= **Zeitpunkt**-Untersuchung).

Die Marktbeobachtung ist eine **laufende** Beobachtung des Marktes über einen längeren Zeitraum hinweg (= Kette von Marktanalysen), z. B. die Beobachtung der Absatzentwicklung einer alkoholfreien Biermarke im Zeitablauf (= **Zeitraum**-Untersuchung).

Die Ergebnisse der Marktbeobachtung bzw. der Marktanalyse werden zur **Marktprognose** (= Voraussage der Marktentwicklung) verarbeitet. Mit ihr wird versucht, die **zukünftige Marktentwicklung** abzuschätzen und vorauszuberechnen. Die Marktprognose ist Grundlage für die absatzpolitischen Entscheidungen des Unternehmers.

Marketing-Mix (Mischung)

Das Warenangebot, aus dem der Kunde seine Wahl treffen kann, wird zunehmend größer. Das bedeutet aber auch, daß der Unternehmer sich stärker am Bedarf der Nachfrage orientieren muß.

Hierzu müssen die absatzpolitischen Instrumente berücksichtigt werden, die sich gegenseitig bedingen oder ergänzen. Das Zusammenwirken dieser Instrumente wird als **Marketing-Mix** bezeichnet.

Es geht dabei hauptsächlich um die beschriebenen Bereiche:

- Sortimentspolitik,
- Produktpolitik,
- Preis- und Konditionenpolitik,
- Distributionspolitik und
- Kommunikationspolitik
  mit den Bestandteilen Werbung, Verkaufsförderung, Public Relations und Human Relations.

Werbung ist also nur eine Größe im gesamten Marketinggeschehen!

> **Marketing-Mix** ist die von einem Unternehmen zu einem bestimmten Zeitpunkt eingesetzte **optimale Kombination von marketingpolitischen Instrumenten** entsprechend dem strategischen Marketingziel.

Marktkräfte, die auf das Marketing-Mix einwirken

Kaufverhalten der Verbraucher
z. B. bestimmt durch:
- Kaufgepflogenheiten
- Lebensgewohnheiten
- Kaufkraft
- Image
- soziale Umwelt
- verändertes ökologisches Bewußtsein

Verhalten der Groß- und Einzelhändler
z. B. bestimmt durch:
- ihre Motivierungen
- ihre Gepflogenheiten, Struktur und Einstellungen
- ihr Potential

Stellung und Verhalten der Konkurrenten
z. B. beeinflußt durch:
- Branchenstruktur
- Verhältnis von Angebot und Nachfrage
- technologische und soziale Trends
- Ausmaß des Preis- und Qualitätswettbewerbs

Verhalten des Staates
z. B. Sicherheits- und Umweltschutzauflagen:
- Vorschriften über Preise, Werbung
- Absatzweg (z. B. Vertrieb von Pharmazeutika)

Aufgaben

1. Worin besteht der Unterschied zwischen Marketing und Marktforschung?

2. Nennen Sie das Ziel der Marktforschung.

3. Das Sporthaus Winkler will sein Angebot an spezieller Ausrüstung für Hochgebirgswanderer ausweiten. Um ganz sicher zu gehen, daß die Ware auch ihre Abnehmer finden wird, will der Inhaber, Herr Winkler jun., den Markt untersuchen lassen.

   Auf welche Informationen wird er dabei besonderen Wert legen?

4. Wie kann die Primärforschung durchgeführt werden, und welchem Zweck soll sie dienen?

5. Unterscheiden Sie zwischen Marktanalyse und Marktbeobachtung.

6. Welche Bereiche werden beim Marketing-Mix berücksichtigt?

7. Welche wirtschaftlichen Vorteile kann ein Unternehmer gegenüber seinen Konkurrenten aufgrund einer richtig erstellten Marktprognose haben?

8. Welche drei Aussagen können den Begriffen

   a) Marktprognose,
   b) Marktanalyse
   c) Marktbeobachtung

   zugeordnet werden?

   Aussagen:

   – Sie versuchen durch den Vergleich von betrieblichen Kennziffern den Absatz zu beeinflussen.

   – Sie untersuchen die Struktur von Angebot und Nachfrage zu einem bestimmten Zeitpunkt.

   – Sie sind die in Abständen von einigen Jahren immer regelmäßig wiederkehrenden Wellenbewegungen der Wirtschaft.

   – Sie sind bemüht, die zukünftige Marktentwicklung richtig abzuschätzen und vorauszubestimmen.

   – Sie verfolgen laufend die Marktentwicklung.

   – Sie sind langfristige Veränderungen der Wirtschaftsentwicklung.

9. Welche Bestandteile beinhaltet die Kommunikationspolitik?

10. Ein neues Eau de Cologne soll auf den Markt gebracht werden. Entwerfen Sie das Marketing-Mix zweier Parfüm-Hersteller. Wählen Sie zwei unterschiedliche Strategien.

    Zu berücksichtigen sind

    – die Produktpolitik einschl. Packungsgestaltung,

    – der Absatzweg,

    – die Werbung und

    – die Preis- und Konditionenpolitik.

11. Was verstehen Sie unter Human Relations?

12. Nennen Sie drei mögliche Werbeziele der Unternehmung.

13. Welche Marktkräfte wirken auf das Marketing-Mix?

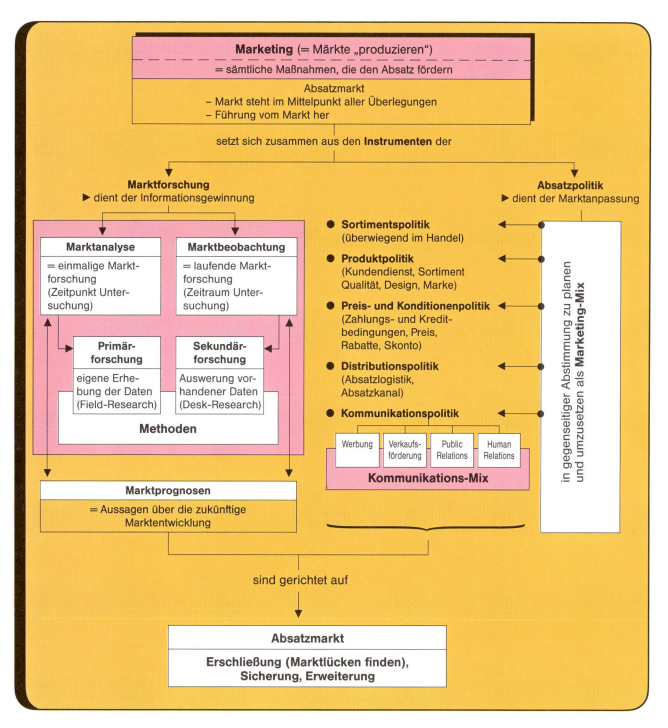

8.2 Sortimentspolitik

```
Artikelbericht (Auszug)

        ART.BERICHT VON 06.02. BIS 12.02.19..          FILIALE:   001

WARENGRUPPE 1 ***** LEBENSMITTEL *****

ARTIKEL-NR.   BEZEICHNUNG   VK-PREIS   VK-STCK   BESTAND VK   UMSATZ   LAG.% LUG
INTERNE NR.                 EK-PREIS   BESTAND   BESTAND EK   GEWINN   ERZ.%

    4020514 SENF 100ML         1.39        23       93.94     31.97   26.32   12
      10001                    0.899       77       69.22      9.86   30.85

400011510051 PFEFFER           1.99        19       54.25     37.81   29.77   19
      10004                    1.229       31       38.10     12.83   33.92

400052821203 QUARKFEIN         1.04         8       83.72      8.32   28.02    4
      20001                    0.655       92       60.26      2.70   32.48

401330002939 LOTUS TEA         3.49         5       58.14     17.45   23.04    8
      10002                    2.355       19       44.75      4.84   27.76


WARENGRUPPE 2 ***** MOLKEREIPROD *****

ARTIKEL-NR.   BEZEICHNUNG   VK-PREIS   VK-STCK   BESTAND VK   UMSATZ   LAG.% LUG
INTERNE NR.                 EK-PREIS   BESTAND   BESTAND EK   GEWINN   ERZ.%

    40363707 MAGER-QUARK       1.39        22       49.40     30.58   24.23   18
      30001                    0.985       38       37.43      7.41   24.23

570466113328 FRISCH-KASE       0.89         1       46.02      0.89   23.71    1
      30003                    0.595       59       35.11      0.25   28.32
```

Der Artikelbericht des Supermarktes Freese dient dem Marktleiter als Unterlage für die Kontrolle seines Sortiments. Welche Entscheidungen kann er auf der Grundlage dieses Berichtes treffen?

Information

Sortimentspolitik ist die bewußte, planmäßige Zusammenstellung des Sortiments. Ziel der Sortimentspolitik ist es, Inhalt und Umfang des Sortiments so zu gestalten, daß die geplanten Umsätze und Gewinne erreicht werden.

Sortimentsgliederung

Das **Sortiment** ist die Gesamtheit aller Waren und Dienstleistungen, die ein Handelsbetrieb anbietet. Es besteht aus verschiedenen Sorten, die zu Artikeln und Warengruppen zusammengefaßt werden können.

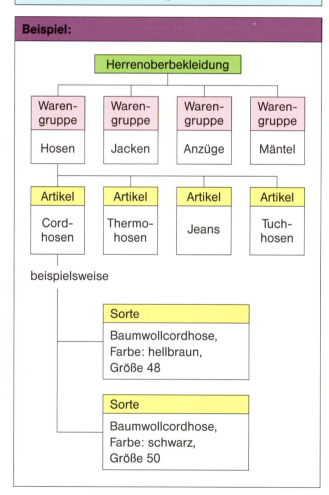

Die **Sorte** ist die kleinste Einheit des Sortiments. Gleichartige Sorten, die sich nur nach der Menge, Größe, Farbe und Musterung unterscheiden, bilden einen **Artikel**. Verschiedene, aber ähnliche Artikel werden zu **Warengruppen** zusammengefaßt.

Beispiel:

Sortiment	Warengruppen
Lederwaren	Koffer, Geldbörsen, Damentaschen, Herrentaschen
Schuhe	Damenschuhe, Herrenschuhe, Kinderschuhe
Damenoberbekleidung	Röcke, Mäntel, Kleider, Kostüme, Hosen usw.
Lebensmittel	Fleisch, Fisch, Molkereiprodukte usw.

Sortimentsumfang

Der Sortimentsumfang eines Handelsbetriebes kann mit den Begriffen „Sortimentsbreite" und „Sortimentstiefe" beschrieben werden.

Die **Sortimentsbreite** wird durch die Zahl der Warengruppen bestimmt. Je mehr Warengruppen in einem Handelsbetrieb angeboten werden, um so **breiter** ist sein Sortiment. Ein breites Sortiment enthält viele Warengruppen. Ein **schmales** Sortiment besteht nur aus einer oder wenigen Warengruppen.

Die **Sortimentstiefe** wird durch die Artikel- und Sortenzahl bestimmt. Je mehr Artikel und Sorten innerhalb einer Warengruppe angeboten werden, um so **tiefer** ist ein Sortiment. Ein Handelsbetrieb führt ein tiefes Sortiment, wenn er innerhalb der einzelnen Warengruppen viele Artikel und Sorten anbietet. Werden innerhalb der einzelnen Warengruppen nur wenige Artikel und Sorten angeboten, spricht man von einem **flachen** Sortiment.

Kern- und Randsortiment

Nach der Bedeutung für den Gesamtumsatz kann man das Sortiment eines Handelsbetriebes in Kern- und Randsortiment unterteilen.

Das **Kernsortiment** ist der Sortimentsteil, auf den sich die Haupttätigkeit des jeweiligen Handelsbetriebes erstreckt. Es erbringt in der Regel den überwiegenden Umsatzanteil.

Das **Randsortiment** wird zur Ergänzung und Abrundung des Kernsortiments geführt. Es erbringt den geringeren Umsatzanteil.

Beispiel:

Zum Kernsortiment eines Lebensmittelgeschäftes gehören u. a. Molkereiprodukte, Nährmittel, Brot- und Backwaren, Obst und Gemüse, Fleisch- und Wurstwaren. Im Randsortiment führt dieses Geschäft Zeitschriften, Strümpfe und Kunststoffgeschirr.

Bestimmungsgrößen der Sortimentspolitik

Die Sortimentspolitik eines Handelsbetriebes wird durch verschiedene Einflußgrößen bestimmt.

Die **Branche** (Geschäftszweig), in der der Handelsbetrieb tätig ist, bestimmt den Rahmen des Sortimentsinhalts. Innerhalb einer Branche kann die Sortimentszusammensetzung jedoch sehr unterschiedlich sein. Branchen lassen sich in herkunfts- oder stofforientierte Branchen (z. B. Eisenwaren, Textilien, Lederwaren, Glas und Porzellan, Papierwaren) und bedarfsorientierte Branchen (z. B. Sportartikel, Haushaltswaren, Fotobedarf, „Do it yourself", Bekleidung, Alles für das Kind) unterscheiden.

Die zur Verfügung stehende **Verkaufsfläche** und die **Lagerfläche** begrenzen die Zahl der in einem Sortiment geführten Warengruppen, Artikel und Sorten.

Zu einer Begrenzung des Sortimentsumfangs kann ebenfalls das zur Verfügung stehende **Kapital** führen.

Der **Standort** des Handelsbetriebes beeinflußt den Sortimentsinhalt. Die Zusammensetzung des Sortiments, z. B. eines Einzelhandelsbetriebes, muß sich am Bedarf und

der Kaufkraft der im Einzugsgebiet lebenden Menschen orientieren.

Der **Bedarf des angesprochenen Kundenkreises** ist eine wesentliche Einflußgröße für die Sortimentsgestaltung.

Wenn Handelsbetriebe keine Umsatz- und Gewinneinbußen erleiden wollen, müssen sie ihr Sortiment an Änderungen des Kundenbedarfs, der Kaufgewohnheiten und der Einkommensverhältnisse ihrer Kunden anpassen.

Bei der Sortimentsgestaltung muß der Handelsbetrieb auch die Zusammensetzung der **Sortimente der Konkurrenz** beachten.

Sortimentskontrolle

Durch eine ständige Kontrolle des Sortiments sollen Informationen über Sortimentslücken und nicht oder nur schwer verkäuflicher Warengruppen, Artikel und Sorten gewonnen werden. Dazu können insbesondere folgende Methoden angewendet werden:

– **Fehl- und Nichtverkaufskontrolle**

Von **Fehlverkäufen** wird gesprochen, wenn eine Ware, die grundsätzlich im Sortiment geführt wird, zum Zeitpunkt der Nachfrage durch den Kunden nicht auf Lager war.

Von **Nichtverkäufen** spricht man, wenn Kunden eine Ware nachfragen, die im bestehenden Sortiment nicht geführt wird.

– **Sortimentskontrolle durch die kurzfristige Erfolgsrechnung**

Die kurzfristige Erfolgsrechnung (KER) ist ein Teilgebiet des handelsbetrieblichen Rechnungswesens. Sie kann manuell oder mit Hilfe der elektronischen Datenverarbeitung (EDV) durchgeführt werden. Die mit Hilfe der EDV durchgeführte kurzfristige Erfolgsrechnung liefert u. a. warengruppen- und artikelgenaue Informationen über den Umsatz, Lagerbestand, Lagerumschlagshäufigkeit und Roherträge.

Beispiel:

Aus dem Artikelbericht des Lebensmittelsupermarktes Freese kann der Marktleiter für jeden Artikel den Verkaufspreis (Vk-Preis) und Einkaufspreis (Ek-Preis) pro Stück, die in der Zeit vom 06.02. bis 12.02. verkauften Stück (Vk-Stück), den Lagerbestand in Stück (Bestand), den Lagerbestand bewertet zu Verkaufspreisen (Bestand Vk) und zu Einkaufspreisen (Bestand Ek), den Umsatz in der Zeit vom 06.02. bis 12.02., den Rohertrag in DM (Gewinn) und in Prozent (ERZ%), sowie die Lagerumschlagshäufigkeit (LUG) entnehmen. Aus dem Artikelbericht läßt sich eine Renner- und eine Pennerliste erstellen. Die Rennerliste enthält alle Artikel aus dem Artikelbericht, die gut verkauft wurden. Die Pennerliste listet die Artikel auf, die wenig verkauft wurden.

```
RENNER/PENNER BERICHT                           FILIALE:  001

WARENGRUPPE 1 ***** LEBENSMITTEL ***** ARTIKEL MIT VK-STCK GROESSER   10

ARTIKEL-NR.   BEZEICHNUNG   VK-PREIS   VK-STCK   BESTAND VK   UMSATZ   LAG.% LUG
INTERNE NR.                 EK-PREIS   BESTAND   BESTAND EK   GEWINN   ERZ.%

    4020514 SENF 100 ML       1.39       23        93.94      31.97   26.32  12
      10001                   0.899      77        69.22       9.86   30.85

 400011510051 PFEFFER         1.99       19        54.25      37.81   29.77  19
       10004                  1.229      31        38.10      12.83   33.92

BERICHTSENDE


RENNER/PENNER BERICHT                           FILIALE:  001

WARENGRUPPE 1 ***** LEBENSMITTEL ***** ARTIKEL MIT VK-STCK KLEINER    10

ARTIKEL-NR.   BEZEICHNUNG   VK-PREIS   VK-STCK   BESTAND VK   UMSATZ   LAG.% LUG
INTERNE NR.                 EK-PREIS   BESTAND   BESTAND VK   GEWINN   ERZ.%

 400052821203 QUARKFEIN       1.04        8        83.72       8.32   28.02   4
       20001                  0.655      92        60.26       2.70   32.48

 401330002939 L    TEA        3.49        5        58.14      17.45   23.04   8
       10002                  2.355      19        44.75       4.84   27.76

BERICHTSENDE
```

Die Auswertung der kurzfristigen Erfolgsrechnung hilft, wirtschaftliche und unwirtschaftliche Artikel im Sortiment aufzuspüren.

Möglichkeiten der Sortimentsveränderung

Sortimentsveränderungen sind notwendig, wenn durch die Sortimentskontrolle Sortimentslücken oder nicht bzw. schwer verkäufliche Artikel festgestellt werden. Durch Bereinigung und Erweiterung versuchen Handelsbetriebe, ihr Sortiment an das veränderte Nachfrageverhalten der Kunden anzupassen. Dadurch soll die Leistungsfähigkeit des Handelsbetriebes erhöht werden.

Bei der **Sortimentsbereinigung** werden bestimmte Artikel und Sorten aus dem Sortiment gestrichen. Dadurch wird der Sortimentsumfang verringert.

Bei der **Sortimentserweiterung** werden zusätzliche Artikel und Sorten in das Sortiment aufgenommen. Die Aufnahme zusätzlicher Artikel und Sorten in schon bestehende Warengruppen führt zu einer **Vertiefung des Sortiments.** Die Aufnahme zusätzlicher Warengruppen führt zu einer **Sortimentsverbreiterung.**

Eine Sonderform der Sortimentserweiterung ist die **Diversifikation.** Sie liegt vor, wenn ein Handelsbetrieb Warengruppen neu in sein Sortiment aufnimmt, die mit seinem bisherigen Sortiment keine oder nur geringe Verwandtschaft aufweisen.

Beispiele:

- Ein Lebensmittelgeschäft nimmt Blumen in sein Sortiment auf.

- Ein Fachgeschäft für Damenoberbekleidung nimmt Schuhe in sein Sortiment auf.

Die Erweiterung, Vertiefung und/oder qualitative Anhebung des Sortiments (z. B. durch größere Auswahl, höheres Qualitäts- und Preisniveau, umfangreichere Dienstleistungen, anspruchsvollere Geschäftsausstattung) wird als **Trading-up** bezeichnet.

Aufgaben

1. Was versteht man unter einem Sortiment?

2. Fassen Sie folgende Artikel in zwei Warengruppen zusammen: Frischmilch, Früchtejoghurt, Weintrauben, Goudakäse, Pfirsiche, Apfelsinen.

3. Wodurch können sich die Sorten folgender Artikel unterscheiden?

   a) Jeans, b) Kondensmilch, c) Mineralwasser.

4. Beschreiben Sie Tiefe und Breite des folgenden Sortiments:

   Damenschuhe in 30 verschiedenen Formen und Farben, Größe 36 bis 42;

   Herrenschuhe in 20 verschiedenen Formen und Farben, Größe 39 bis 48.

5. Welche der folgenden Artikel gehören zum Kernsortiment eines Schuhgeschäfts?

   Damenschuhe, Stiefel, Ledergürtel, Einlegesohlen, Hausschuhe, Schnürsenkel, Geldbörsen.

6. Durch welche Größen wird die Gestaltung eines Sortiments beeinflußt?

7. Unterscheiden Sie Fehlverkäufe und Nichtverkäufe.

8. Welche Hilfe bietet die kurzfristige Erfolgsrechnung bei der Sortimentskontrolle?

9. Welche Maßnahmen würden Sie nach Auswertung der Artikelliste des Supermarktes Freese durchführen?

10. Welches Ziel verfolgt ein Handelsbetrieb durch eine Sortimentsbereinigung?

11. Welche Sortimentserweiterung wird als Diversifikation bezeichnet?

12. Warum führen Handelsbetriebe Sortimentserweiterungen durch?

13. Nennen Sie Gründe für Trading-up.

Sortiment

= Gesamtheit der angebotenen Waren und Dienstleistungen

- **Gliederung:** Warengruppe, Artikel, Sorte

- **Umfang:** – Sortimentsbreite (breites oder schmales Sortiment)
  – Sortimentstiefe (tiefes oder flaches Sortiment)

- **Bedeutung für Gesamtumsatz:**
  – Kernsortiment
  – Randsortiment

Sortimentsgestaltung

- **Bestimmungsgrößen**
  – Branche
  – Verkaufsfläche und Lagerfläche,
  – Kapital
  – Bedarf des Kundenkreises
  – Sortiment der Konkurrenz

- **Sortimentskontrolle**
  durch:
  – Fehl- und Nichtverkaufskontrolle
  – kurzfristige Erfolgsrechnung

- **Sortimentsveränderungen**
  – Sortimentsbereinigung:
  Aufgabe einzelner Artikel und Sorten

  – Sortimentserweiterung:
  Aufnahme zusätzlicher Artikel und Sorten

  – Diversifikation:
  Aufnahme von Warengruppen, die mit dem bisherigen Sortiment keine oder
  nur geringe Verwandtschaft aufweisen.

8.3 Produktpolitik

GF PARIS: „Eine Ware ist nicht besser, weil sie schön verpackt ist und einen schönen Namen hat – wählen Sie unbeeinflußt von der Verpackung – das ist Freiheit – kaufen Sie Waren ohne Namen – sie sind ebenso gut, aber billiger – die freien Produkte finden Sie bei Carrefour."

Die französische Supermarktkette dieses Namens hat 25 Mio. FF in einen Werbefeldzug gesteckt, der vierzig Produkte – Speiseöl, Kaffee, Konfitüren, Waschmittel usw. – ohne Namen, d. h. ohne Marke, als „freie Produkte" lanciert und sich – wie man bei Carrefour versichert – bereits nach wenigen Wochen reichlich bezahlt machte.

Die Namenlosen („No Names") hatten in der Folgezeit rasch Nachahmer gefunden – in den USA, Kanada und Europa. Die Idee, „gute, preiswerte Ware ohne Marketing-Ballast", wird von breiten Verbraucherschichten (man spricht von 65 %) gutgeheißen. Mittlerweile bieten Einkaufsgenossenschaften und freiwillige Ketten etwa 1 100 sog. „Weiße" an.

Welche generellen Überlegungen muß ein Unternehmer bei der Einführung von Produkten anstellen?

Information

Die Produktpolitik

Im Rahmen der **Produktpolitik** eines Unternehmens wird über Qualität, Technik, Form, Farbe und sonstige Ausstattung eines Produktes entschieden. Die Produktpolitik umfaßt im weiteren Sinn:

- die Produktgestaltung,
- die Packungspolitik (vgl. Kapitel 8.4),
- die Planung des Produktlebenszyklus,
- die Markenpolitik.

Die Produktpolitik ist überwiegend eine Aufgabe von Industrieunternehmen. Sehr oft versuchen jedoch auch Handelsunternehmen aktiv auf die produktpolitischen Entscheidungen der Erzeugerunternehmen Einfluß zu gewinnen. Dies geschieht häufig durch Großhandlungen oder durch solche Einzelhandelsunternehmen, die aufgrund ihrer Größe und Marktmacht eine unmittelbare Wirkung auf die Industrieunternehmen erzielen können. Gegenstand der Einflußnahme kann die Qualität der Produkte, ihre logistische Handhabbarkeit (z. B. Transport- oder Stapelfähigkeit) oder die äußere Produktgestaltung sein.

Bereiche der Produktpolitik

Hauptziel der Produktpolitik ist es, daß die Käufer Produkte möglichst positiv beurteilen. Dafür gibt es verschiedene Möglichkeiten:

Coca-Cola ist kein Getränk. Coca-Cola ist Weltanschauung, ist „American way of life", Freiheit und Frohsinn. Die geriffelte 0,2 Liter-Flasche mit der Jugendstilschrift ist kein Behälter. Das ist ein Denkmal der Konsumgesellschaft oder (für Andy Warhol und Jasper Johns, für Rauschenberg und Mel Ramos) Kunst. Doch soviel Mythen verdecken den Blick aufs Geschäft. Und das lief so sagenumwoben in den letzten Jahren keineswegs. Der Konkurrent Pepsi holte beträchtlich auf, und das „einzig wahre Getränk", Coca-Cola, drohte in den USA zur Nummer zwei unter den Durstlöschern zu werden. Mit einem neuen Manager kam neuer Schwung in die Konzernzentrale. Als all seine Aktivitäten den vollen Erfolg nicht brachten, griff er zum letzten Mittel: Er änderte das ein Jahrhundert alte Rezept der braunen Brause.

Coca-Cola ist nicht mehr das, was es einmal war. Die braune Brause schmeckt seit dem 8. Mai (vorerst nur in den USA) anders als vorher. Süßer vor allem. Das Rezept des Drinks wurde geändert und Durstige in 155 Ländern der Erde werden sich umstellen müssen – oder zu den Flaschen und Dosen der Konkurrenz greifen.

Quelle: Frankfurter Rundschau vom 18.05.1985

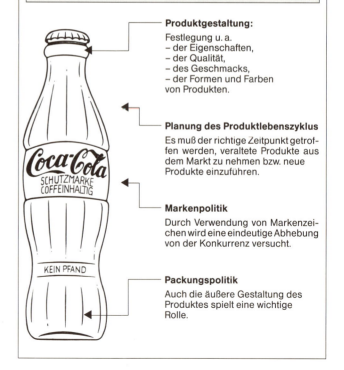

Produktgestaltung:
Festlegung u. a.
– der Eigenschaften,
– der Qualität,
– des Geschmacks,
– der Formen und Farben von Produkten.

Planung des Produktlebenszyklus
Es muß der richtige Zeitpunkt getroffen werden, veraltete Produkte aus dem Markt zu nehmen bzw. neue Produkte einzuführen.

Markenpolitik
Durch Verwendung von Markenzeichen wird eine eindeutige Abhebung von der Konkurrenz versucht.

Packungspolitik
Auch die äußere Gestaltung des Produktes spielt eine wichtige Rolle.

Die Produktgestaltung

Die optimale Gestaltung eines Produktes trägt ganz entscheidend zu einem möglichen späteren Markterfolg eines Unternehmens bei. Die Festlegung der Erscheinungsform eines Produktes hat daher so zu erfolgen, daß seine Eigenschaften den Anforderungen und Wünschen der Marktteilnehmer gerecht werden. Art und Charakter des Produktes werden bestimmt durch:

- Aussehen des Produktes,
- Qualität des Produktes,
- Farbe und Konsistenz des Produktes,
- Konstruktionsform oder Produktansatz,
- Produkteigenschaften und Produktnutzen,
- Zusatznutzen.

Die Produktgestaltung ist überwiegend eine Aufgabe der Industrie. Der Handel kann dabei jedoch einen gewissen Einfluß nehmen:

- Er kann die Hersteller über Entwicklungen auf dem Markt informieren, Einführungschancen prüfen und die Einführung neuer Produkte unterstützen.
- Er wirkt bei der Industrie auf Lieferung handelsgerechter Versandeinheiten und Verpackungen hin.

Der Lebenszyklus eines Produktes

Eine Aufgabe der Produktpolitik ist es, durch rechtzeitige Einführung verfeinerter, abgeänderter oder neuer Produkte den zukünftigen Absatz zu sichern bzw. zu erweitern. Jedes Unternehmen, dem es gelingt, neue Produkte zu entwickeln und vor der Konkurrenz auf den Markt zu bringen, erzielt einen beträchtlichen Wettbewerbsvorteil.

Produkte durchlaufen – vergleichbar dem Menschen – verschiedene Lebensalter. Die Kenntnis, in welcher Phase des Lebenswegs sich ein bestimmter Artikel gerade befindet, ermöglicht einen effizienten Einsatz der absatzpolitischen Instrumente.

Insbesondere bei Konsumgütern läßt sich der Lebenszyklus eines Produktes in folgende Phasen einteilen:

- In der *Einführungsphase* sind die Umsätze gering, da das Produkt noch wenig bekannt ist. Auch hohe Werbeaufwendungen führen noch nicht dazu, daß das Produkt sich in der Gewinnzone befindet. Durch die Quasimonopolstellung des Anbieters wird ein hoher Produktpreis verlangt.

- In der *Wachstumsphase* steigen die Umsätze sehr stark an: das Produkt kommt in die Gewinnphase. Die nach wie vor starke Werbung erfaßt breite Käuferschichten. Konkurrenten treten als Nachahmer auf, so daß die Preise sinken.

- In der *Reifephase* können die Umsätze zwar noch wachsen, aber die Wachstumsraten verringern sich. Der Preiswettbewerb verschärft sich.

- In der *Sättigungsphase* erreichen die Umsätze ihren höchsten Punkt. Der Gesamtgewinn ist am größten. Doch spätestens jetzt müssen entweder Pläne für ein neues Produkt fertig sein oder Verjüngungsmaßnahmen für das existierende Produkt ergriffen werden, die den Lebenszyklus des Produktes verlängern.

- In der *Degenerationsphase* sind die Umsätze und Gewinne rückläufig.

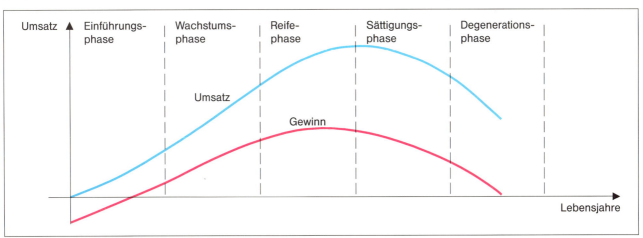

Ein Unternehmen sollte möglichst über eine Mischung aus Produkten in unterschiedlichen Lebensphasen verfügen. Nur so lassen sich Umsatz- und Gewinnschwankungen im Rahmen des unternehmerischen Handelns im Zeitablauf ausgleichen.

Das vorgestellte idealtypische (= theoretische) Lebenszyklusmodell kommt in der Praxis recht häufig vor und gibt wertvolle Denkanstöße und Anregungen für die Strategiefindung von Unternehmen. Es ist jedoch nicht allgemeingültig. Funktionen eines Produktes, Marketingstrategien, Zeitgeist und sonstige Faktoren können den Verlauf des Lebenszyklus entscheidend verändern. Solche realtypischen (= wirkliche) Verläufe können sein:

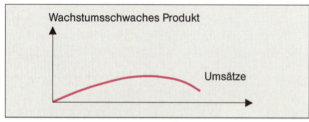

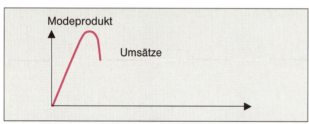

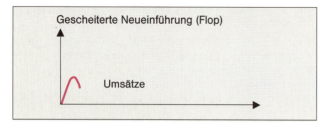

Die Markenpolitik

Im Rahmen der Markenpolitik eines Unternehmens soll der Käufer durch die Wahl eines Produktnamens oder Warenzeichens an das Produkt gebunden werden.

Markenartikel der Hersteller (= Herstellermarken) sind Waren,

– die durch Warenzeichen gekennzeichnet sind,
– die in stets gleicher Art, Aufmachung und Mengenabpackung überall erhältlich sind,
– deren Lieferung in gleichbleibender oder verbesserter Qualität gewährleistet ist.

Beispiele:

Gustin, Odol, Persil, Rama

Die **Marke** enthält

– einen Markennamen, der den ansprechbaren Teil der Marke darstellt,
– und ein Markenzeichen, das die Ware optisch im Bewußtsein des Verbrauchers festhält.

Beispiele:

Verwendung finden als Markenzeichen

<u>Symbole:</u> der Bär von Bärenmarke, die Kuh von Milka, der Mercedes-Stern

<u>bestimmte Schreibweisen:</u> Coca-Cola-Schriftzug, 4711-Marke

Mit der Anmeldung des Warenzeichens beim Patentamt erwirbt das Unternehmen das ausschließliche Recht, mit diesem Zeichen die Waren oder deren Packungen bzw. Verpackungen zu versehen.

Gründe für die Schaffung eines Markenartikels:
1. Nur durch die Markierung läßt sich die Ware aus der Masse der anderen Waren herausheben und sich so von Konkurrenzwaren deutlich abheben.
2. Die mit der Markierung erreichte Kennzeichnung und Herausstellung der Ware ermöglicht eine warenspezifische Werbung, die auf die besonderen Eigenschaften und Vorzüge gezielt gerichtet sind.
3. Nur die Markenbildung bietet die Möglichkeit, für eine Ware ein besonderes Image aufzubauen.
4. Markenartikel ermöglichen es, bei den Kunden eine gewisse Markenbindung und Markentreue zu der entsprechenden Ware aufzubauen.

Konsumverhalten

Die deutschen Verbraucher sind markentreu. Besonders ausgeprägt ist dieses Verhalten bei der Wahl der Zigarette: 87 % der Konsumenten rauchen immer dieselbe Marke. Aber auch bei Waschmitteln (75 %), Handcreme (73 %), Kaffee (71 %), Bier (71 %) oder Zahncreme (70 %) bevorzugen die Bundesbürger das Vertraute. Die Wirtschaft läßt sich die Förderung der Markenbindung zwischen Kunde und Produkt einiges kosten: Mehr als 52 Milliarden Mark investierten die deutschen Unternehmen nach Angaben des Zentralverbands der Werbewirtschaft (ZAW) 1995 in die Werbung.

Bei Herstellermarken üben die Handelsbetriebe lediglich eine Verteilerfunktion für die vom Produzenten hergerichteten Markenartikel aus. Es können aber durch größere Einzelhandels- oder Großhandelsunternehmen Informationen über geäußerte Verbraucherwünsche und Unzufriedenheitsreaktionen hinsichtlich bestimmter Produkte an die Hersteller weitergegeben werden. Ob Änderungsvorschläge durchgesetzt werden können, hängt von der Marktmacht ab.

Handelsmarken (Haus- oder Gemeinschaftsmarken) sind Warenzeichen der Großbetriebe im Einzelhandel (Versandhäuser, Warenhäuser) oder mit dem Einzelhandel kooperierender Großhandlungen. Die **Handelsunternehmen sind Eigentümer der Marke.**

Beispiele:
„Elite" bei Kaufhof, „Privileg" bei Quelle, „jinglers" bei C & A

Die ausführenden Markierungsaufgaben, einschließlich der damit verbundenen produktbezogenen Aktivitäten, werden vielfach an weisungsgebundene Hersteller übertragen. Der Absatz von Handelsmarkenerzeugnissen erfolgt normalerweise nur in Betrieben des Markeneigentümers.

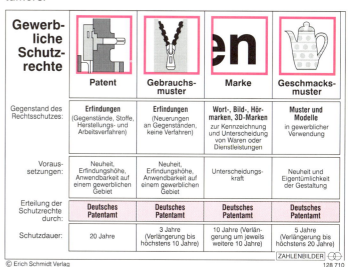

Aufgaben

1. Welche Bereiche umfaßt die Produktpolitik?
2. Wovon hängt eine optimale Produktgestaltung ab?
3. Welche Lebensphasen durchläuft ein Produkt normalerweise?
4. Bringen Sie Beispiele für Produkte, die
   a) einen idealtypischen Verlauf,
   b) einen realtypischen Verlauf haben.
5. Aus welchen Bestandteilen setzen sich Marken zusammen?
6. Unterscheiden Sie Handelsmarken von Markenartikeln.
7. Welche wirtschaftlichen Gründe sprechen für das Vorhandensein von Markenartikeln im Handel?
8. Nennen Sie
   a) Markenartikel   b) Handelsmarken
   aus Ihrem Erfahrungsbereich.

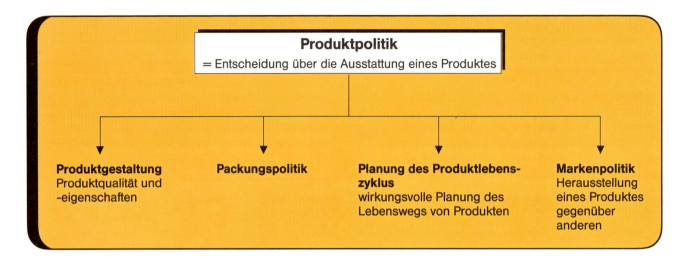

8.4 Packung und Verpackung

Frau Biermann beim Wochenendeinkauf: Im Supermarkt fällt ihr eine neue Kaffeesorte auf. Die Packung sieht recht einladend aus. Neugierig greift sie nach dem Kaffee, der neuen Marke mit der schön leuchtend weiß/rot/grünen Bemalung auf schwarzem Untergrund.

Zu Hause angekommen, öffnet sie die Packung. Sie reißt zunächst die verklebte äußere Hülle auf. Anschließend schneidet sie den verschweißten Innenbeutel aus Pliofilm auf, der den Kaffee vor Frische- und Aromaverlust schützen soll.

Nach dem Umfüllen des Kaffees in eine Dose wirft sie die Packung in den Mülleimer.

Warum wurde der Kaffee so verpackt?

Information

Packung und Verpackung

Die Umhüllung der Ware aus Gründen der Zweckmäßigkeit nennt man **Verpackung.**

Die ursprüngliche Aufgabe der Verpackung war der Schutz der Ware vor äußeren Einflüssen, Feuchtigkeit und schädlichen Temperaturen, Druck und Stoß.

Wenn eine Verpackung über das Zweckmäßige hinaus einen verkaufsfördernden, werblichen Zusatznutzen aufweist, der als Verkaufsanreiz und Umsatzsteigerung genutzt wird, so wird die Verpackung zur **Packung.**

Die Packung bietet die Ware in einprägsamer Form, wirksam durch Text, Bild und Farbe, oft auch sichtbar durch Glas und glasähnliche Stoffe, zum Kauf an – sie wirbt also für ihren Inhalt.

Neue Entwicklungstendenzen im Bereich des Warenabsatzes und die Wandlung der Verbrauchergewohnheiten haben die ursprüngliche Aufgabe der Verpackung erweitert und sie zum Werbemittel, zur Packung gemacht.

Aufgaben der Packung

Aus der Sicht des Verbrauchers muß die Packung bestimmten Ansprüchen gerecht werden.

Sie sollte

– über die Ware informieren (Informationsfunktion) und
– bestmögliche Handhabung und Bequemlichkeit gewährleisten (Gebrauchs- und Servicefunktion).

Informationsfunktion der Packung

Mit dem Aufkommen der Selbstbedienungsgeschäfte fällt der Warenpackung in verstärktem Maße eine Verkaufsfunktion zu, d. h. **die Packung muß verkaufen helfen;** sie ersetzt gewissermaßen das Verkaufsgespräch. Dadurch wird sie zu einem wichtigen **Informationsträger.**

Die Packung muß Auskunft geben über

- Warensorte, Menge, Preis und Herkunft,

- Verwendungszweck (von der Ware abhängig),

- Bestandteile, Zusammensetzung, Zusatzstoffe, Haltbarkeit, Behandlungsverfahren, Pflegeanleitungen und Gebrauchsanweisungen, soweit dies gesetzlich vorgeschrieben ist bzw. sinnvoll erscheint.

Gebrauchs- und Servicefunktion der Packung

Die Packung kann den **Umgang mit der Ware erleichtern,** wenn sie berücksichtigt:

- gute Handhabung,

- den Hygienestandard,

- problemloses Öffnen,

- leichtes Entleeren,

- Standfestigkeit (für die Vorratshaltung) und

- Verschließbarkeit, insbesondere bei Reinigungsmitteln und Medikamenten, bei denen ein kindersicherer (Wieder-) Verschluß besonders wichtig ist.

Vor noch gar nicht so langer Zeit verbrachte eine Hausfrau mit einer Familie von vier Personen durchschnittlich 5,5 Stunden mit der Vorbereitung des Abendessens, kurz nachdem sie das Geschirr vom Mittagessen weggeräumt hatte. Heutzutage kann die Hausfrau/Hausmann in 90 Minuten oder noch kürzerer Zeit drei Mahlzeiten pro Tag zubereiten. Insofern erfüllt die Packung in zunehmendem Maße auch eine **Servicefunktion,** z. B. durch

- die Möglichkeit, für den Verbraucher Lebensmittel in der Packung zuzubereiten.

Beispiel:

Kochbeutel ermöglichen es, eine Reihe von verschiedenen Gemüsen zur selben Zeit in ein und demselben Topf zu kochen. Jedes Mitglied der Familie kann sich dann seine Gerichte selber wählen, ohne daß dies dem „Koch" Extramühen und Schwierigkeiten bereitet.

- die Möglichkeit, Menüs in der Originalpackung auf dem Tisch zu servieren.

- die Bildung von sog. Bedürfniseinheiten:

  Menü-Schnellieferdienste servieren z. B. ein komplettes Frühstück mit Brot, Butter, Käse, Kuchen usw. oder auch ein warmes Essen.

- die Bildung von Sammelgebinden, wie Getränke in Sechser-, Achter- oder Zehnerpackungen.

Aus Sicht des Handels bringt die Packung folgende Vorteile:

1. **Das Abpacken entfällt**

   Der Vergangenheit gehören die Tage der Heringstonne und des Gemischtwarenladens an. Verpackung bestand damals im wesentlichen aus Behältern, aus denen der Einzelhändler seine Waren abgab.

   Heute wird das Abpacken vom Hersteller oder Großhändler mit Hilfe moderner Verpackungs- und Abfüllanlagen übernommen.

2. **Selbstbedienung ist möglich**

   Spätestens mit der zunehmenden Verbreitung der Selbstbedienungsläden wurde die Verkaufstätigkeit unpersönlicher.

   Das Verkaufsgespräch wird mehr und mehr durch „den Trend zur Packung" ersetzt. Man geht dazu über, Waren, die früher erst im Beisein des Kunden verkaufsfertig zubereitet, gewogen und verpackt wurden, **vorzuverpacken.**

   Heute ist ein Verkauf im SB-Laden nur noch möglich, wenn die Waren abgepackt und in verbrauchergerechten Mengen angeboten werden. Für nahezu den gesamten Haushalts- und Familienbedarf trifft das zu: für Kuchen, Kekse, Konfekt, Gemüse, Früchte, Öl, Drogeriewaren, Bolzen, Muttern und Nägel: was man nur will.

   Kaufhäuser, Filialunternehmen, Einkaufsgenossenschaften und Großhändler beginnen, Waren der Lebensmittelindustrie und der Landwirtschaft, die lose angeliefert werden, im eigenen Haus oder durch Abpackungsbetriebe verpacken zu lassen. Der Einzelhändler hat den Wert vorverpackter Waren längst erkannt, denn sie erleichtern ihm die Arbeit im Stoßgeschäft und schaffen durch einen Aufdruck auf der Packung eine zusätzliche Werbemöglichkeit.

Hier treffen sich die Wünsche des Handels mit denen des Kunden. Der Kunde will sich möglichst schnell und vollständig informieren (Packungsbeschriftung), und dem Lebensmittelhändler liegt viel daran, das Gespräch zwischen Kunden und Ladenpersonal einzuschränken, den Verkaufsvorgang zu beschleunigen und damit Kosten zu sparen.

3. **Regalgerechte Lagerung ist möglich**
Von ganz besonderer Bedeutung ist die Stapelfähigkeit der Einzelpackung. Im Großraumladen gewinnt der Massenstapel, freistehend oder an den Regalenden, eine zunehmende Bedeutung. Ein Massenverkauf, z. B. von Konserven, ist kaum noch anders denkbar.

4. **Die Packung fördert den Absatz**
Vor allem der Trend zur Selbstbedienung verlangt, daß die Packung selber zum **perfekten Verkäufer** wird.
In zunehmendem Maße muß sich daher heute eine Ware selbst verkaufen, da mehr und mehr die Packung das Verkaufsgespräch ersetzt.
Die Fülle der miteinander konkurrierenden Waren zwingt die Hersteller, ihre Waren aus der Menge der Konkurrenzerzeugnisse herauszuheben, um dadurch die Verkaufsfähigkeit zu steigern. Hersteller und Händler haben erkannt, daß dabei Formgebung und äußere Gestaltung entscheidend für den Absatz sind.

War die Verpackung früher eine aus Gründen des Warenschutzes und der Zweckmäßigkeit angefertigte Hülle, wird die Packung nun zum Werbemittel und -träger zugleich. Sie soll die Kunden auf die Ware aufmerksam machen und zum Kauf anregen. Dabei soll sie nicht nur zum einmaligen Kauf anreizen, sondern auch den wiederholten Kauf fördern und schließlich zur Markentreue erziehen. Form und Ausstattung müssen so viele Merkwerte und Erinnerungsstützen enthalten und so unverwechselbar sein, daß sie sich bewußt oder unbewußt einprägen. Eine Ware muß daher aus der anonymen Masse herausgehoben werden und ein bestimmtes unverwechselbares Aussehen erhalten. Man kann sagen, daß die „Persönlichkeit" einer Ware durch die Packung geprägt wird.

Neben der Selbstbedienung hat der Trend hin zur verpackten Ware und die Gedankenverbindung Warenqualität – Packung den Markengedanken gefördert (Markenartikeleinsatz). Der Käufer sieht in der Packung eine Garantie; vor allem die Marke, die Markierung, das gleichbleibende Bild der Umhüllung sind ihm Kennzeichen für die Beständigkeit der Warengüte.

Gestaltungselemente der Packung

„Sie müssen eine Verpackung haben, von der die Frau wie von einer vor ihren Augen auf- und niedertanzenden Taschenlampe gefesselt und fasziniert wird."
Gerald Stahl, geschäftsführender Vizepräsident, Package Council

aus: Vance Packard, „Die geheimen Verführer", Verlag Ullstein GmbH, Frankfurt-Berlin-Wien, o. J., Seite 79.

Jede Farbe, jede farbige und gestalterische Kombination einschließlich Dekor (Druckbild) **soll beim Kunden optische und psychische Reaktionen hervorrufen,** soll in ihm Kaufwünsche wecken und ihn schließlich zum Kauf bewegen. Insbesondere bei Gütern, die völlig gleichartig sind, wie Wasch- und Putzmittel, Grundnahrungsmittel u. v. m., ist die Packungsgestaltung von herausragender Bedeutung.

Selbst Zucker, Salz oder Geschirrspülmittel werden heute vom Hersteller mit Firmenaufdruck oder Markenbezeichnungen in Packungen geliefert, die sich durch Form, Farbe, Größe, grafische Gestaltung und Material bzw. Charakter (Glasflaschen, Kunststoffflaschen, Aluminiumdosen, Tuben, Faltschachteln, Tüten, Beutel, Zylinder mit kreisrunder oder ovaler Grundfläche usw.) von Packungen der Konkurrenz unterscheiden.

Gerade die Farbe ist weniger ein Appell an die Vernunft, als vielmehr ein **Anruf an das Gefühl,** an das Unbewußte. Sie soll bei den Käufern bestimmte Vorstellungen hervorrufen.

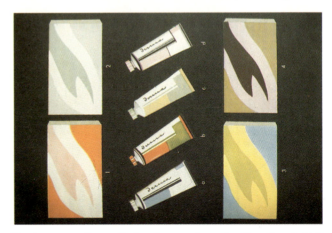

Packungen, deren Farbgebung einen bestimmten Inhalt suggeriert.

1 = süß,   2 = salzig,   3 = sauer,   4 = bitter.

Die Tuben a, b, c, d enthalten eine Salbe oder Creme, deren Bestimmung durch die Farbgebung wie folgt suggeriert wird:

a) Zahnputzmittel, mechanische Reinigung; frisch, aber nicht parfümiert;
b) aktive Vitamincreme, stimulierende und aktivierende Salbe im pharmazeutischen, weniger im kosmetischen Bereich;
c) lindernde, zarte Wirkung, auch hautpflegend, schmerzlindernd;
d) „Schönheitscreme", parfümiert, kosmetisches Produkt, hygienisch.

Seit langem verbinden wir bestimmte Farben mit dem Geschmack z. B. bestimmter Getränke: braun mit Coca-Cola, grün mit Pfefferminz, gelb mit Zitrone usw. Ein Kunde verlangt „Kaugummi in einer gelben Packung" und erwartet, daß es nach Zitrone schmeckt, oder er verlangt eine grüne Packung und erwartet Minzgeschmack, doch er verlangt Kaffee in grünen oder roten Paketen. Blau fördert den Verkauf von Eisenwaren, weil wir die Farbe mit hochwertigem Stahl verbinden. Rosa ordnen wir kosmetischen Artikeln zu. Bestimmte Farbtöne hindern oder fördern den Verkauf: Blau für Teepackungen gibt uns den Eindruck einer schwachen, rot aber einer zu starken Sorte.

Bei einheitlicher Verpackungsart wie bei Arzneimitteln in Tuben oder Döschen, Wein und Likören in Flaschen oder Marmeladen in Gläsern ist das **Etikett** das wesentliche Merkmal der Unterscheidung. Ihm kommt deshalb gerade in manchen Wirtschaftszweigen die Bedeutung zu, die man der Packung allgemein zumißt. Im Selbstbedienungsladen wird das aufklärende Etikett selber zum aktiven Verkäufer. Es fördert den planmäßigen wie auch den **Impulskauf.**

Einen weiteren Anspruch, den Handel und Verbraucher gemeinsam an die Packung stellen, ist der **Schutz der Ware** (= Schutzfunktion).

Damit ist zweierlei gemeint:

1. Die Packung soll die Ware bis zum Ge- oder Verbrauch vor Transport- und Lagerschäden (Erschütterungen, Druck) schützen sowie vor sämtlichen Fremdeinflüssen, wie Schmutz, Staub, Feuchtigkeit und Austrocknung. Darüber hinaus hat sie die Aufgabe, Gärungsprozesse z. B. bei Sekt (Flaschengärung) zu ermöglichen.

2. Die Packung muß einen Beitrag zum **Umweltschutz** leisten.

In der Bundesrepublik Deutschland werden je Einwohner und Jahr 374 kg Hausmüll produziert. Alle Einwohner zusammen genommen bringen es auf fast 30 Millionen Tonnen häuslicher Abfälle.

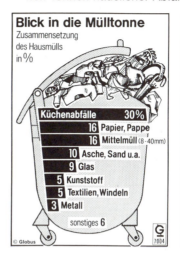

Von Hamburg bis Peking würde der Güterzug reichen, der mit diesem jährlichen Abfall beladen ist. Daran beträgt der Anteil des Packungsmaterials über ein Drittel, ca. 10 Millionen Tonnen – mit steigender Tendenz.

Hier zahlt der Verbraucher einmal mehr für die Packung, nämlich bei der Müllabfuhr. Denn je mehr Müll anfällt, desto höher sind auch die **Kosten** für dessen Beseitigung. Zwei Drittel der Packungen, die auf den Deponien landen, sind überflüssig. Das ist die Kehrseite der Medaille.

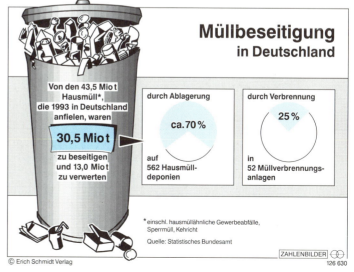

Viele Waren sind aufwendig oder sogar mehrfach verpackt und verursachen dadurch zusätzliche Abfallbelastungen.

Beispiele:

Margarine: Eine Papphülle wird zusätzlich über den Kunststofftopf verwendet (95 % Werbezweck und nur 5 % Informationszweck).

Fischkonserven: Die stabile Blechdose steckt oft noch in einer Pappschachtel.

Zahnpasta: Die Ware wird zunächst in eine Tube verpackt, die bedruckt oder auf andere Art gekennzeichnet worden ist, um ihre Besonderheit hervorzuheben. Dann wird jede Tube in einen Karton gelegt, der wieder bedruckt oder markiert wird; und eine Anzahl solcher Bündel wird in einem Behälter versandt. Die Versandbehälter werden wiederum mit Band, Draht oder Klebstoff verschlossen und eventuell auf Stapelplatten montiert.

Diverse Blisterpackungen: Oben Kunststoff, unten Pappe und dazwischen alle möglichen Waren, die man auch lose kaufen könnte – vom Lippenstift über Kugelschreiberminen, Mundspray bis hin zum Klebestift.

Herrenhemden: „Die Kunststoffhülle ist noch das geringste Problem, die wird einfach heruntergezogen. Doch was nun folgt, läßt den Adrenalinspiegel so mancher Konsumenten in die Höhe schnellen: Zig Stecknadeln – immer dort, wo man sie gerade nicht vermutet – müssen aus dem Hemd „gefisselt" werden. Und schließlich heißt es noch Karton und Kragenunterlage zu entfernen ... Wozu also diese aufwendige Verpackung, die nicht nur Kosten verursacht – was ja letztlich vom Konsumenten beim Hemdenkauf mitbezahlt werden muß –, sondern auch zum Müllproblem beiträgt!"

aus: Konsument, 6/84, Seite 23

Mehr Müll entsteht auch durch Kunststoffflaschen und andere Behälter für Flüssigprodukte. Bislang gibt es kaum Möglichkeiten, diese stabilen Packungen dem Recycling zuzuführen oder sie nachfüllen zu lassen.

Die Nachteile für unsere Umwelt sind nicht zu übersehen. Glas verrottet nicht. Bei der Verbrennung von Kunststoff entstehen giftige Abgase. Jede überflüssige Packung muß als Umweltbelastung, aber auch als Verschwendung der nur begrenzt zur Verfügung stehenden Rohstoffe verurteilt werden.

Beispiele:

- aus Sand und Kalk entsteht Glas
- aus Holz entsteht Papier
- aus Erdöl entstehen Kunststoffe
- aus Zinn und Bauxit entstehen Weißblech und Aluminium

Aus diesen Feststellungen ergeben sich Forderungen nach einer umweltfreundlichen Packungsgestaltung. An Rohstoffen und Müll läßt sich viel sparen, wenn anstatt von Einweg- verstärkt Mehrwegpackungen eingesetzt werden. So zirkuliert z. B. die Ein-Liter-Flasche aus Glas zwischen Hersteller und Verbraucher 20mal, verpackte Getränkemenge also 20 Liter.

Insofern bestand Handlungsbedarf als am 21. 06. 1991 die **Verordnung über die Vermeidung von Verpackungsabfällen (VerpackV)** in Kraft getreten ist.

Die Verordnung hat folgende Zielsetzungen:
- Die Verpackungsflut soll durch Vermeidung und Wiederverwertung vermindert werden;
- Hersteller und Vertreiber (u. a. auch der Einzelhandel) von Verpackungen sollen in die Verantwortung für ihr Produkt eingebunden werden;
- die Kommunen sollen hinsichtlich ihrer Entsorgungspflichten entlastet werden;
- Mehrwegverpackungen sowie die stoffliche Wiederverwertung (Recycling) sollen nachhaltig gefördert werden.

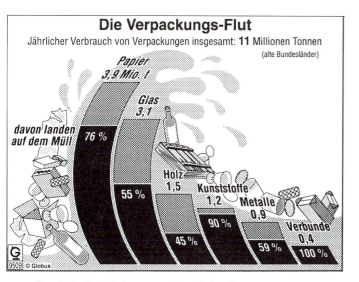

Rund ein Drittel des gesamten Müllaufkommens stammt aus Verpackungen. Von diesen 11 Millionen Tonnen werden aber nur 30 % wiederverwertet. Am einfachsten ist das bei den Werkstoffen Glas und Holz, wo nur die Hälfte endgültig auf dem Müll landet. Schwierigkeiten gibt es vor allem bei den Kunststoffen und Materialverbindungen, da es hier am technischen Wissen für die Wiederverwertung fehlt.

Die Verordnung zwingt letztlich die Verursacher, d. h. Industrie und Handel, möglichst auf Verpackungen zu verzichten und in den Bereichen, in denen man auf sie nicht verzichten kann, konkrete Verwertungsmöglichkeiten aufzubauen. Pro Jahr werden dadurch die Verpackungsabfälle um 6,8 Mio. Tonnen vermindert.

Im einzelnen enthält die Verpackungsverordnung folgende Bestimmungen:

– Die Hersteller und Vertreiber müssen ab 01.12.1991 **Transportverpackungen** zurücknehmen und einer stofflichen Verwertung zuführen.

Transportverpackungen sind Fässer, Kanister, Kisten, Säcke, einschließlich Paletten, Kartonagen, geschäumte Schalen, Schrumpffolien und ähnliche Umhüllungen, die Bestandteil von Transportverpackungen sind und die dazu dienen, Waren auf dem Weg vom Hersteller bis zum Vertreiber vor Schäden zu bewahren, oder die aus Gründen der Sicherheit des Transports verwendet werden (z. B. Beschädigungen von Personen oder Sachen durch Herabfallen, Umstürzen usw. der verpackten Ware).

Beispiele für Transportverpackungen

a) **beim privaten Endverbraucher**
 – Karton um Elektroherd, Kühlschrank

b) **beim gewerblichen Endverbraucher**
 – Folie um Verkaufstheke für Ladengeschäft
 – Holzkiste für Druckmaschine

– **Umverpackungen** können ab 01.04.1992 im Laden zurückgelassen werden; der Vertreiber hat sie einer erneuten Verwendung oder einer stofflichen Verwertung zuzuführen.

Umverpackungen sind Blister, Folien, Kartonagen oder ähnliche Umhüllungen, die dazu bestimmt sind, als zusätzliche Verpackung um Verkaufsverpackungen

1. die Abgabe von Waren im Wege der Selbstbedienung zu ermöglichen oder

2. die Möglichkeit des Diebstahls zu erschweren oder zu verhindern oder

3. überwiegend der Werbung zu dienen.

Kauft ein Kunde z. B. ein Shampoo, das zusätzlich in einer Faltschachtel verstaut ist, kann er diese Verpackung im Laden zurücklassen. Die Verordnung verpflichtet sämtliche Geschäfte – von der kleinen Bäckerei bis zum Kaufhauskonzern –, in den Läden gut sichtbar Behälter aufzustellen. Getrennt nach den verschiedenen Müllsorten, können Kunden dort Umverpackungen deponieren.

Die Entsorgung der Verpackungen, die wiederverwertet werden müssen, übernehmen private Unternehmen.

Umverpackungen verlieren ihre Funktion bei der Übergabe an den Endverbraucher an der Kasse des Vertreibers. Es kann allenfalls die Werbefunktion darüber hinaus im Interesse des Warenherstellers im Einzelfall fortbestehen.

Beispiele für Umverpackungen

- Karton/Folie um Whiskey-Flasche (z. B. auch als Geschenkverpackung), Parfümfläschchen oder Bade-öl;
- Karton um Margarinebecher, Kunststoffeisbecher, Fischdose;
- Karton um Zahnpastatube, Marmeladenglas;
- Klarsichtfolie um zwei einzeln verpackte Schokoladenriegel;

Die Verpackungsverordnung schreibt zwar vor, daß Handel und Hersteller ihre Verpackungen kostenfrei für den Kunden zurücknehmen müssen. Sie können sich von der Rücknahmepflicht im Laden allerdings unter bestimmten Voraussetzungen befreien: Sie müssen ein System für das Einsammeln von Verpackungen beim Endverbraucher aufbauen. Und sie müssen dafür sorgen, daß die eingesammelten Verpackungen wiederverwertet („recycelt") werden. Ein solches Erfassungs- und Verwertungssystem hat die Wirtschaft mit der Gründung des **„Dualen Systems"** und mit der Einführung des **„Grünen Punkts"** geschaffen.

die Freistellung von der Rücknahmepflicht widerrufen, und der Kunde kann seinen Verpackungsmüll im Laden hinterlassen.

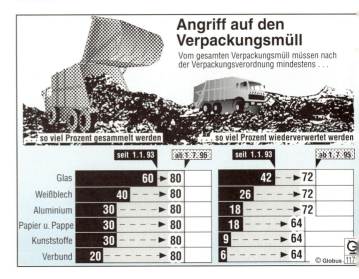

Die Sache mit dem grünen Punkt

„Duales System Deutschland" vergibt grüne Punkte an Verpackungshersteller	Verpackungshersteller zahlen dafür eine Gebühr an das „Duale System"	Mit den Gebühren wird ein zweites Entsorgungs- und Verwertungssystem neben der öffentlichen Müllabfuhr aufgebaut

ZIELE
- Weniger Verpackung
- Mehr Recycling
- Kleinere Müllberge

Verbraucher sortieren vor
- Gläser und Flaschen in ► Glascontainer
- Pappe und Papier in ► Papiercontainer
- übrige Verpackungen mit grünem Punkt in ► „Wertstoff-Tonne" (neu, für jeden Haushalt)

1.
2. Abfuhrunternehmen holen ab
3. Verwertungsunternehmen sortieren: Glas, Papier, Kunststoffe, Aluminium, Weißblech, Verbundverpackungen
4. Recyclingunternehmen verwerten zurückgewonnene Stoffe

Nichtverwertbares in den Müll
Unsortierbares in den Müll

DER GRÜNE PUNKT

© Globus 9491

Die Verordnung legt eindeutig fest, wieviel Prozent von jeder Art des Verpackungsmülls eingesammelt und wieviel Prozent wiederverwertet werden müssen. Versagt das System und werden diese Prozentsätze nicht erreicht, wird

- **Verkaufsverpackungen** sind ab 01.01.1993 von Hersteller und Vertreiber zurückzunehmen und einer erneuten Verwendung oder einer stofflichen Verwertung zuzuführen.

Zu den Verkaufsverpackungen zählen geschlossene oder offene Behältnisse und Umhüllungen von Waren, wie Becher, Beutel, Blister, Dosen, Eimer, Fässer, Flaschen, Kanister, Kartonagen, Schachteln, Säcke, Schalen, Tragetaschen oder ähnliche Umhüllungen, die vom Endverbraucher zum Transport oder bis zum Verbrauch der Waren verwendet werden. Verkaufsverpackungen sind auch Einweggeschirr und Einwegbesteck.

Verkaufsverpackungen dienen dazu, daß der Endverbraucher die erworbene Ware transportieren oder die Ware überhaupt verbrauchen bzw. in Gebrauch nehmen kann. Sie verlieren ihre Funktion erst beim Endverbraucher.

- Ab 01.01.1993 wird darüber hinaus für **Getränkeverpackungen** mit einem Füllvolumen von 0,2 l ein Pflichtpfand in Höhe von mindestens 0,50 DM, ab einem Füllvolumen von 1,5 l in Höhe von mindestens 1,00 DM eingeführt. Gleiches gilt für Verpackungen für Wasch- und Reinigungsmittel.

Für Verpackungen von **Dispersionsfarben** mit einem Füllvolumen ab 2 kg beträgt das Pfand 2,00 DM. Durch diese Pfandregelung wird ein weiterer Anreiz für die Verbraucher geschaffen, diese Verpackungen zurückzugeben.

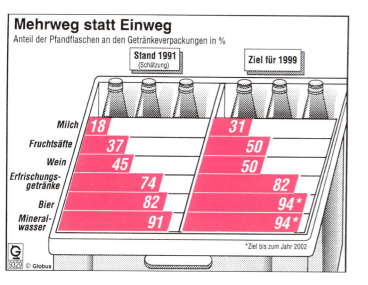

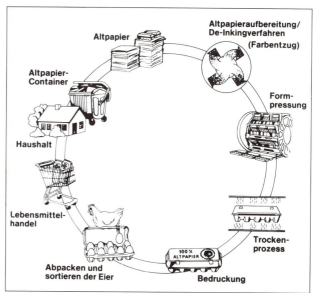

Der Recyclingkreislauf bei Eierverpackungen aus Altpapier

Ein großer Teil des Hausmülls besteht aus Getränkeverpackungen. Plastikschläuche, Pappkartons mit Folienbeschichtung, Dosen und jede Menge Glasbehältnisse landen auf den Müllbergen. Es sind vor allem Verpackungen von Milch, Wein und Fruchtsäften. Viel besser steht es bei Mineralwässern und Bier; für diese werden überwiegend Pfandflaschen und -kästen verwendet. Diese Mehrwegflaschen sollen nun für alle Getränke durchgesetzt werden. Bis zur Jahrtausendwende sollen die Pfandflaschen die Einwegverpackungen weitestgehend ersetzen. Falls sich dieses Ziel nicht realisieren läßt, droht der Umweltminister mit einem Pflichtpfand für Einwegverpackungen.

Verpackung ist Rohstoff und Rohstoff ist wertvoll, also zu schade für den Müll. Ein Weg in die richtige Richtung ist das **Recycling.**

Papier und Glas kann recycelt werden, ebenso Aluminium, bekannt von Folien, Tuben und Behältern sowie Weißblech, verwendet für Konserven, Dosen, Deckel und Verschlüsse. Das Recycling von ca. einer Milliarde Pfandflaschenverschlüssen bringt einen Minderverbrauch von 1 500 t Aluminium jährlich. Das ist wertvoller Rohstoff, der wieder verarbeitet werden kann.

Seit 1974 wurde das Gewicht der Getränkedosen von damals 86 Gramm auf heute 33 Gramm gesenkt. Dadurch wurden jedes Jahr 78 000 t weniger Weißblech, 48 % weniger Zinnauflage und nochmal 1 500 t weniger Aluminium verbraucht.

Das vorhandene Mehrwegsystem auszubauen und die Wiederverwertung von Packungsmaterial zu steigern, ist ein wichtiger Beitrag zum Umweltschutz. Dabei darf die Wiederverwertung aber immer nur Ergänzung, nicht aber Ersatz für den sparsamen Umgang mit Packungen sein.

So kann z. B. der Mülleimer weitgehend entlastet werden, wenn einige Grundsätze beachtet werden:
– Zum Einkaufen immer Netz, Korb oder Tasche mitnehmen.
– Obst, Gemüse, Wurst, Brot und Käse sollten dort gekauft werden, wo die Ware lose angeboten wird und die Packung gering bleibt.
– Die Weiterverwendung von Packungen für andere Zwecke sollte auch in anderen Bereichen genutzt werden – z. B. bei Senfgläsern.
– Bei Wasch-, Reinigungs- und Körperpflegemitteln sollten möglichst ergiebige Konzentrate bevorzugt werden,

die sich zudem sparsam dosieren lassen (z. B. kleine Öffnung bei Geschirrspülmitteln).
- Wo sich Packungen nicht völlig vermeiden lassen, sollten solche Materialien gewählt werden, die sich am besten wiederverwerten lassen, also häufig Papier und Glas. Verzichtet werden sollte auf nicht wiederverwertbare Verbundstoffe, die zum Beispiel aus Kunststoff/Aluminium bestehen.

Die getrennte Müllsammlung und Aussortierung von verwertbaren Abfällen erleichtern das Recycling und sind ein Beitrag zum Umweltschutz.

Verbreitung finden können umweltfreundliche Waren allerdings nur, wenn der Handel bereit ist, sie in sein Sortiment aufzunehmen oder sie sogar vom Hersteller zu fordern.

Der Händler hat weitere Mittel, um den Umweltschutzgedanken zu fördern. Er kann z. B. den Gebrauch der Einkaufstüten kostenpflichtig machen oder auch umweltfreundliche Waren durch gute Plazierung fördern und damit das Umweltbewußtsein von Verbrauchern und Herstellern verstärken.

Außerdem ermöglichen umweltfreundliche Waren zusätzliche Werbeaktionen, die so dem Handel und der Umwelt dienen.

Gedacht ist das Umweltzeichen für Waren, die gegenüber anderen Waren dieser Art umweltfreundlicher sind. Dabei wird ihre Gebrauchstauglichkeit nicht wesentlich verschlechtert oder ihre Sicherheit beeinträchtigt.

Das Umweltzeichen wird auf Antrag des Herstellers durch das Deutsche Institut für Gütesicherung und Kennzeichen (RAL) vergeben.

Ziel dieser Verleihung soll es sein, Wirtschaft und öffentlicher Hand Anreize zu geben, sich umweltfreundlich zu verhalten.

Das verliehene Umweltzeichen enthält einen Zusatz, weshalb die jeweilige Ware konkret „umweltfreundlich" ist. Es handelt sich daher stets um eine „relative Umweltfreundlichkeit", da man davon ausgehen kann, daß eine Ware nie in jeder Hinsicht umweltfreundlich, d. h. ihre Herstellung oder Verwendung nie ohne Belastung für die Umwelt ist.

Das Umweltzeichen wird damit für Waren verliehen, die **relativ umweltfreundlich** sind, also die Umwelt weniger als vergleichbare Waren belasten.

Da jedoch über die Begriffe „umweltfreundlich", „umweltschonend" oder „bio" weitgehend Unklarheit herrscht, ist die Gefahr der Irreführung im Bereich umweltbezogener Werbung besonders groß.

Daran müssen Händler denken, wenn sie mit dem „Blauen Umweltengel" werben wollen: Sie sollten dem Kunden erklären, warum Waren diese Auszeichnung erhalten haben.

Jede Verwendung des Umweltzeichens ohne die Angabe des Grundes für die Verleihung ist irreführend im Sinne des § 3 UWG und damit unzulässig.

Bis vor wenigen Jahren war es das Hauptanliegen der bundesdeutschen Abfallpolitik, die wachsende Abfallflut in geordnete Bahnen zu lenken und möglichst schadlos zu beseitigen. Weil auf Dauer aber nicht immer mehr Rohstoffe verarbeitet, verbraucht und dann als Abfall weggeworfen werden können, setzt das neue **Kreislaufwirtschafts- und Abfallgesetz** – in Kraft ab 07. 10. 1996 – grundlegend andere Prioritäten. Mit dem Ziel die natürlichen Ressourcen zu schonen, will es schon möglichst früh, bei der Entstehung von Abfällen, eingreifen.

Das Gesetz legt in einer dreistufigen Rangfolge die Pflichten im Umgang mit Abfällen fest. Oberstes Gebot ist die
● **Vermeidung von Abfällen**. Sie soll unter anderem erreicht werden durch die anlageninterne Kreislaufführung von Stoffen (also z. B. die Weiterverarbeitung von Metallresten oder chemischen Nebenprodukten im gleichen Betrieb), durch abfallarme Produktgestaltung und durch ein Konsumverhalten, das abfall- und schadstoffarmen Produkten den Vorzug gibt.

An zweiter Stelle steht die ● **Verwertung** der Abfälle, die sich nicht vermeiden lassen. Dabei können die Abfälle entweder stofflich verwertet oder aber als Brennstoff zur Energiegewinnung eingesetzt werden; Vorrang hat jeweils die umweltverträglichere Art der Verwertung. Um eine stoffliche Verwertung handelt es sich, wenn Rohstoffe durch Recyclingmaterial ersetzt werden und wenn die stoffliche Beschaffenheit der Abfälle entweder für den ursprünglichen Zweck (z. B. gereinigtes Öl als Schmiermittel) oder für einen anderen Zweck (z. B. Pflanzenabfälle als Kompost) genutzt wird. Wenn eine Verwertung nicht in Frage kommt, hat in dritter Linie die schadlose ● **Beseitigung** der Abfälle zu erfolgen. Um die Menge des Abfalls zu verringern, verwertbare Stoffe herauszuziehen und schädliche Bestandteile zu zerstören, umzuwandeln oder abzutrennen, ist zunächst eine Behandlung des Abfalls erforderlich. Als Möglichkeit dafür kommt vor allem die Müllverbrennung in Frage. Die verbleibenden Mengen sind schließlich dauerhaft abzulagern. Das Gesetz verlangt im übrigen, daß die Abfälle im Inland beseitigt werden.

Zur Durchsetzung einer abfallarmen Kreislaufwirtschaft werden Hersteller und Handel besonders in die Pflicht genommen. Sie tragen die **Produktverantwortung,** die sich über den gesamten Lebenszyklus eines Produkts erstreckt, und haben folglich dafür zu sorgen, daß bei dessen Herstellung und Gebrauch möglichst wenig Abfälle entstehen und daß es nach Gebrauch umweltverträglich verwertet und beseitigt werden kann.

Kosten der Packung

Durch das Verpacken von Waren entstehen **Kosten,** die letztlich der Endverbraucher bezahlen muß.

Zu den **Verpackungskosten** gehören:
- Aufwand für Packstoffe, Packmittel und die Kosten des Verpackens (Personal- und Maschinenkosten);
- Beschaffungskosten;
- Lagerkosten (für das Verpackungsmaterial);
- Kapitalbindungskosten;
- anteilige Raumkosten;
- anteilige innerbetriebliche Transportkosten u. v. a.

Stets sollten Warenwert und Packungskosten in einem vertretbaren Verhältnis zueinander stehen. Dabei muß allerdings berücksichtigt werden, daß die Leistungsausstattung (Gestaltung, Grafik, Farbe, Form, Zusatznutzen) von Packungen verschieden ist, daß sich die Packgüter in ihrer Empfindlichkeit unterscheiden und auch sehr verschiedene Warenwerte aufweisen. So wird man bei Elektrogeräten mit 3–8 % der Selbstkosten für die Packung auskommen, während man bei Lebensmitteln oft mit 30 % rechnen muß.

Daher sind stets Maßnahmen zu begrüßen, die zum Ziel haben, die Verpackung und damit auch die Verpackungskosten zu minimieren.

Neueste Entwicklungen gehen nun sogar in die Richtung, daß zukünftig eßbare und umweltfreundliche Schutzhüllen für Lebensmittel hergestellt werden sollen. Die neuartige, geschmacksneutrale Verpackungshülle, zusammengestellt aus Weizenproteinen und Stärkemehl, soll sich wie eine Glasur um die Frucht oder den Salat schmiegen. Dadurch würde die heute noch gängige Plastikverpackung überflüssig, das Obst und Gemüse wäre aber ebenso geschützt.

Nichtsdestoweniger gilt:
Je aufwendiger die Warenpackung, desto teurer ist sie. Hierbei muß man sich die Frage stellen, ob nicht zu häufig von den Packungsgestaltern zu viel des Guten getan wird und ob nicht ein Weniger gleichzeitig ein Mehr bedeuten könnte.

Bsp. zur Rolle der Packung bei der Preisgestaltung:

– 100 Gramm Schokolade gleicher Qualität können weniger als eine Mark oder auch mehr als drei Mark kosten. Für weniger als eine Mark bekommt der Verbraucher eine 100-g-Tafel gute Schokolade; für

mehr als drei Mark erhält er zwar ebenfalls 100 Gramm gute Schokolade, aber er bezahlt fast drei

Mark mehr für die Form eines Weihnachtsmannes oder eines Osterhasen.
- 100 Gramm sehr gute Pralinen sind unverpackt für 4,50 DM zu bekommen. Dieselbe Menge kann in schöner Packung bis zu 7,80 DM kosten.
- Für eine einzelne Flasche Parfüm, die im Kaufhaus 2,99 DM kostet, muß der Verbraucher in der „vornehmen Geschenkpackung" mit zusätzlich sechs Briefumschlägen, Ton in Ton mit Plastikfolie und Papierschleife schon 11,99 DM bezahlen. 9,00 DM zusätzlich für Packmaterial, das später sowieso im Mülleimer landet.

Typenwirrwarr belastet das Produktionsprogramm, erschwert die Lagerhaltung und führt bei minimalen Umsatzanteilen der verschiedenen Sorten zu hohen Kosten, Unwirtschaftlichkeit und letzten Endes zur Verteuerung der Waren.

Die Entstehung dieser sinnlosen Vielfalt ist häufig darin zu sehen, daß manche Hersteller durch die Wahl von ständig neuen Zwischengrößen die Preisoptik ihrer Waren verbessern wollen. Weitere Ursachen sind im Wettbewerb zu sehen, der viele Unternehmen dazu verleitet, mit immer neuen Variationen, mit immer neuen Riesen- und Kleinstmengen ihrer verpackten Waren eine Erweiterung oder ein Halten des Marktanteils anzustreben.

Sowohl eine **Bereinigung des Sortiments** als auch eine **Begrenzung der Packungsgrößen** dürften wesentlich dazu beitragen, den Wettbewerb auf seine wichtigsten Größen, nämlich Preis und Qualität, zu konzentrieren. Den Verbrauchern würde eine bessere Marktübersicht geboten und die Bedarfsbefriedigung erleichtert. Darüber hinaus kann eine wesentliche Kostensenkung erreicht werden, die auch eine Senkung der Verbraucherpreise zur Folge haben müßte.

Des weiteren werden durch nicht praktiziertes Recycling die Rohstoffe knapper, mit der Folge, daß sich die Waren bzw. Packungen verteuern.

Nicht zu übersehen ist allerdings, daß erst durch den Effekt der Absatzförderung durch marktgerechte Packungen Massenfertigung möglich ist.

Vorverpackung und Packung fördern die Nachfrage, Nachfrage schafft höhere Produktion, höhere Produktion führt zu niedrigeren Preisen. Denn je mehr hergestellt wird, desto rationeller und billiger kann produziert werden. Die Rationalisierungsersparnisse bei der Verpackung können sodann an den Verbraucher weitergegeben werden.

Gefahren durch Packungen

Die Packung soll einladend und vielversprechend aussehen, um den Verbraucher zum Kauf anzuregen. Das kann dazu führen, daß sie viel mehr verspricht, als die Ware hält. Das gilt auch für die Warenmenge.

Mogelpackungen

Warenbehältnisse, die beim Käufer den Eindruck einer größeren als tatsächlich vorhandenen Füllmenge erwecken – im Volksmund „Mogelpackung" genannt –, verstoßen gegen das Eichgesetz und sind damit wettbewerbswidrig.

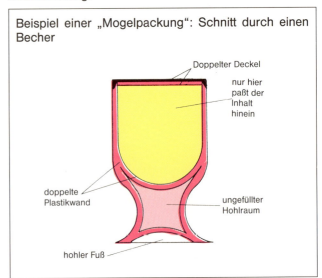

Beispiel einer „Mogelpackung": Schnitt durch einen Becher

Mogelpackungen täuschen eine größere Warenmenge vor, z. B. durch Hohlböden, doppelte Wandungen oder übermäßig hohe Verschlußkappen.

Es gibt auch Packungen, deren Inhalt fast unmerklich verringert wird, z. B. bei Flaschen, die von drei Liter auf zwei Liter verkleinert wurden, und das so geschickt, daß man es ihnen äußerlich kaum oder gar nicht ansieht. Der Preis allerdings veränderte sich nur wenig.

Dazu das Eichgesetz § 17 a:

> Fertigpackungen müssen so gestaltet sein, daß sie keine größere Füllmenge vortäuschen, als in ihnen enthalten ist.

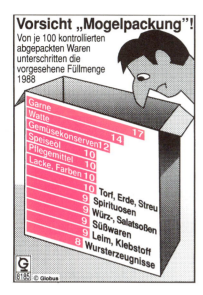

Erlaubt, also nicht als täuschend betrachtet, ist ein Verhältnis zwischen Packungsvolumen und Füllgewicht von 6 ml/1 g.

Doch diese Bestimmungen gelten für einige Kosmetika nicht. Weder für Parfüm noch für Mittel zum Färben und Verschönern (z. B. Make-up, Dauerwellenpräparate, Nagellack) bestehen feste Regelungen für die Verpackungsgröße.

Unehrliche Packungen

Sie täuschen durch äußeren Schmuck wie „Wertsiegel" bei Schokolade und Pralinen, „Hauswappen" oder goldene oder silberne Dekors einen hohen Wert vor, obwohl die Packung in keinem angemessenen wertmäßigen Verhältnis zum Inhalt steht.

Unprüfbare Packungen

Derartige Packungen sollen beim Verbraucher unbewußte Reflexe und Gefühle auslösen, die dann zum Kauf der Ware reizen (sog. „unterschwellige Lockvögel"). Denn den Ladenbesucher von heute leitet im SB-Geschäft mehr und mehr der Gedanke: Wenn eine Ware irgendwie meine Aufmerksamkeit fesselt und aus irgendeinem Grunde besonders gut aussieht, **will ich sie haben.**

Beispiele:

– „Greif-mich-Packung": Packungen mit Henkel und Griffen;

– Waren, die mit gefärbten und glänzenden Folien überzogen sind, um die Ware im Aussehen positiv zu verändern: grün für Äpfel, rosa-orange für Karotten, glänzend für Pralinen;

– diverse Gestaltungsmöglichkeiten mittels Farbe, Form, Bild, Textversprechen und -aufforderung (z. B. „Nimm Zwei") und erotische Symbole.

Die Packung muß ins Auge fallen, denn häufig ist sie in Material, Format und Preis den Packungen der Konkurrenz ähnlich. Die aktive Packung sagt ihren Namen klar und unmißverständlich; er muß prägnant sein, um behalten zu werden. Der grafische Gesamteindruck ist entscheidend für die Augenblicke, in denen das Auge zwischen Verweilen und Weitereilen verharrt. Die Farben sollen kräftig und leuchtend, die Kontraste deutlich sein. Der Werbewert einer Zigarettenpackung z. B. hängt weniger vom Gebrauch bestimmter Farben und Farbstellungen ab als von der Anordnung dieser Farben im Gesamtbild. Es ist der Name, der eine Zigarettenmarke „macht", sein Klang, der in die gewünschte Richtung weist.

Packungen, die zum Mehrverbrauch verleiten

Der Verbraucher wird zum Mehrverbrauch gezwungen durch Packungen, die

– nicht oder schlecht verschließbar sind und daher sofort verbraucht werden müssen;

– keine Dosierungsvorrichtung haben, wie Spül- oder Haarwaschmittel;

– größere Mengen beinhalten, als man kaufen möchte.

Dabei müssen „Großtuben" oder „Familienpackungen" nicht immer preiswerter sein als kleine Mengen. Manche „Großtube zum Sparpreis" entpuppt sich schließlich als „Tube zum Verdienstpreis" für den Hersteller bzw. Händler, da die größere Menge vergleichsweise teurer ist.

Die Packung ist ein getreuer Spiegel des Wandels der Konsumgewohnheiten. Sie muß appetitanregend und informierend sein, leicht zu handhaben, leicht zu lagern, zu öffnen, zu gebrauchen, zu verschließen und leicht zu beseitigen. Der moderne Konsument kauft und kocht schneller.

Die Packung schafft die Voraussetzungen für neue Waren, neue Käufer, neue Lebensgewohnheiten. Ihre ursprüngliche Schutzfunktion ist ganz wesentlich perfektioniert worden. Und noch mehr: die passive Rolle der Packung ist im 20. Jahrhundert immer bewußter aktiviert worden zum souverän genutzten Mittel der Absatzförderung.

Bei der Schaffung einer optimalen Packung sind viele Gesichtspunkte zu berücksichtigen, wie

– die Verkaufsförderung,
– die Attraktivität,

- die Zweckmäßigkeit,
- die Kosten für das Verpackungsmaterial,
- Umweltfreundlichkeit und
- gesetzliche Bestimmungen.

Der Handel sollte im Rahmen seiner Möglichkeiten mit dafür sorgen, daß Fehlentwicklungen im Bereich der Warenpackung vermieden werden.

Aufgaben

1. Worin besteht der Unterschied zwischen Packung und Verpackung?
2. Welche Aufgaben hat die Packung
    a) für den Verbraucher und
    b) für den Einzelhändler bzw. Hersteller?
3. Welche wirtschaftliche Bedeutung hat das Vorverpacken der Ware für den Handel?
4. Was verstehen Sie unter „verkaufsaktiver Packung"?
5. Warum ist es von besonderer Bedeutung, daß die Packung eine Umweltschutzfunktion erfüllt?
6. Nennen Sie Maßnahmen von Verbrauchern und Einzelhandel bzw. Herstellern, die geeignet sind, Fehlentwicklungen im Packungswesen zu vermeiden.
7. Welche Bedeutung bzw. Auswirkungen haben die Packungskosten auf die Verbraucherpreise?
8. Erklären Sie, wie es möglich ist, daß durch fortschrittliche Packungen die Verkaufspreise gesenkt werden können.
9. Nennen und erklären Sie die Gefahren, die von bestimmten Packungstypen ausgehen.
10. Nennen Sie Maßnahmen, bei denen es sich um Recycling handelt.

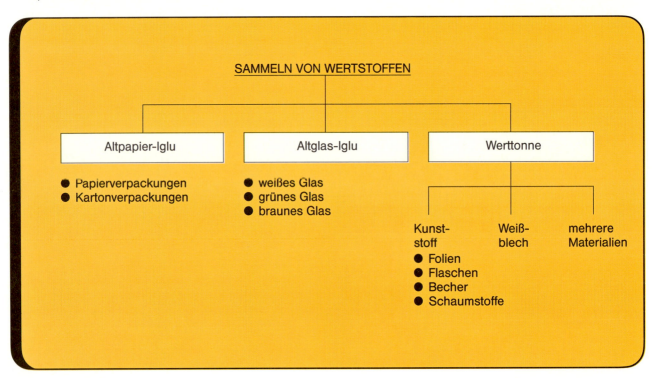

Packung

und ihre

Aufgaben
Informationsfunktion
Gebrauchsfunktion
Rationalisierungsfunktion
Absatzförderungsfunktion
Transport- und Lagerungsfunktion
Umweltschutzfunktion

– ermöglicht die Einführung von Portionierung, von Markenartikeln, von Selbstbedienung
– erhöht – verbrauchergerecht genutzt – die Lebensqualität

Gestaltungselemente
Form
Farbe
Schrift
Bild
Material
Größe

macht die Ware verkaufsaktiv und fördert den Impulskauf

Gefahren für die Umwelt
durch:
– nutzlose und zu aufwendige Packungshüllen
– Verschwendung von Rohstoffen
– Verwendung von nicht wiederverwertbaren Materialien

Maßnahmen:
– Recycling
– Mehrwegsystem
– Flaschenpfand
– umweltbewußtes Verhalten des Verbrauchers, des Herstellers und des Handels

Auswirkungen auf die Kosten
– unnötige Erhöhung der Verkaufspreise durch aufwendige Packungsmittel und -gestaltung;
– Kostensenkung durch Massenproduktion und Rationalisierung (z. B. durch Mehrfachpackungen, weniger Verkaufs- und Lagerfacharbeiter)

Gefahren durch bestimmte Typen
Mogelpackungen
unehrliche Packungen
Packungen, die zum Mehrverbrauch verleiten

versprechen mehr, als die Ware hält

- ist getreuer Spiegel des veränderten Konsumverhaltens
- schafft Voraussetzungen für neue Ware, neue Käufer und neue Lebensgewohnheiten
- ist die Voraussetzung u. a. für die Rationalisierung im Einzelhandel
- ist Werbeträger und zugleich Werbemittel für Hersteller und Händler

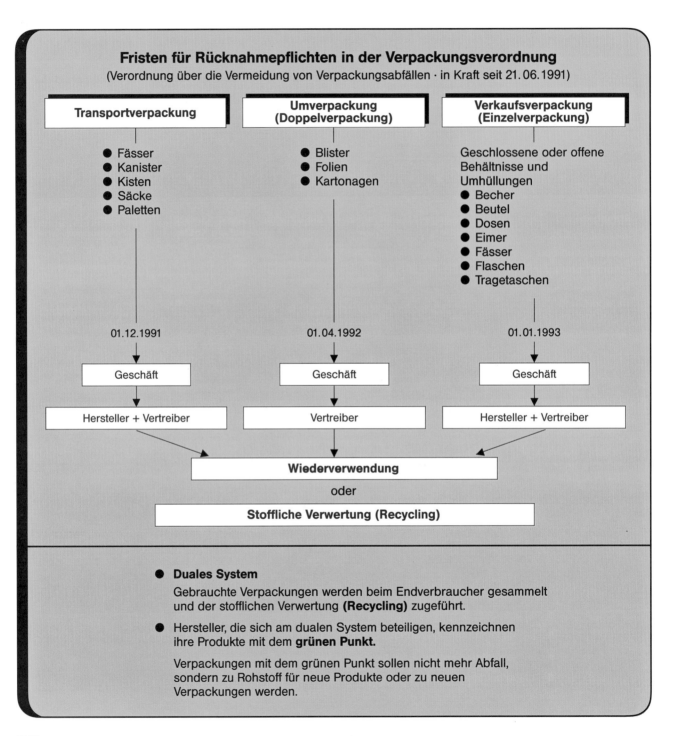

8.5 Preispolitik

> Ein Großhandelsunternehmen bezieht eine Ware von seinem Lieferer zu einem Bezugspreis von 50,00 DM pro Stück. Die Großhandlung verkauft diese Ware an ihre Kunden zu einem Nettoverkaufspreis von 100,00 DM. Bei diesem Preis verkauft sie monatlich durchschnittlich 100 Stück.
>
> Die Geschäftsführung überlegt, ob sie den Preis auf 90,00 DM pro Stück senken soll. Bei diesem Preis wird ein durchschnittlicher Absatz von 130 Stück monatlich erwartet.

Wie würden Sie anstelle des Geschäftsführers entscheiden?

Information

Einflußgrößen der Preispolitik

Bei der Festlegung der Verkaufspreise muß die **Kostensituation** des Betriebes berücksichtigt werden. Grundsätzlich müssen die Verkaufspreise langfristig die Gesamtkosten decken.

Bei der Preisgestaltung muß der Anbieter neben seiner innerbetrieblichen Kostensituation eine Reihe außerbetrieblicher Einflußgrößen beachten. Dazu gehören besonders

- die Marktstruktur,
- das Verhalten der Kunden und
- Preisempfehlungen der Hersteller.

Die **Marktstruktur** ist durch die Anzahl der Anbieter und Nachfrager gekennzeichnet.

Auf einem Markt können Waren von

- vielen,
- wenigen oder
- nur einem **Anbieter**

angeboten und von

- vielen,
- wenigen oder
- nur einem **Nachfrager** nachgefragt werden.

Aus der Kombination der Anbieter- und Nachfragerzahl ergeben sich die unterschiedlichen Marktformen (siehe Kapitel 2.10).

Typische Marktformen für den Handel sind die vollständige Konkurrenz und das Angebotsoligopol. Bei der vollständigen Konkurrenz ist der Einfluß des einzelnen Anbieters auf das Zustandekommen des Marktpreises so gering, daß von ihm vorgenommene Preisänderungen keine Auswirkungen auf die Mitwettbewerber haben.

Beim Angebotsoligopol ist der Marktanteil eines Anbieters so groß, daß seine preispolitischen Maßnahmen den Absatz der Mitanbieter fühlbar beeinflussen. In diesem Fall muß der Anbieter damit rechnen, daß seine Mitanbieter seine preispolitischen Maßnahmen mit Gegenmaßnahmen (z. B. ebenfalls mit Preissenkungen) beantworten.

Das **Verhalten der Nachfrager auf Preisänderungen** ist abhängig von der Art der Waren. Bei Konsumgütern des Grund- oder Gewohnheitsbedarfs (z. B. Fleisch, Gemüse, Milch) und Produktionsgütern reagieren Kunden wesentlich stärker auf Preisänderungen als bei Prestigewaren (z. B. Schmuck, Pelzwaren) oder Waren des Hobbybedarfs. Damit eignen sich gängige Waren eher für Preisaktionen als Prestige- oder Luxusprodukte.

Preisempfehlungen des Herstellers sind unverbindliche Empfehlungen an den Handel, zu diesen Preisen zu verkaufen. Der Händler ist an diese Empfehlung nicht gebunden. Unverbindliche Preisempfehlungen sind gesetzlich zulässig. Eine **verbindliche Preisbindung** durch den Hersteller ist gesetzlich nur noch bei Verlags- und Pharmaerzeugnissen erlaubt.

Die Mischkalkulation

Die Marktsituation (Preise der Konkurrenz, Kundenverhalten) zwingt Anbieter häufig, Artikel ihres Sortiments mit unterschiedlichen Handelsspannen zu kalkulieren:

- einige Artikel mit einer Handelsspanne, die nicht zur Deckung der Handelskosten und zur Erwirtschaftung eines angemessenen Gewinns ausreicht (Ausgleichsnehmer),
- andere Artikel mit einer überdurchschnittlich hohen Handelsspanne zum Ausgleich der Ausgleichsnehmer (Ausgleichsträger).

Dieses Verfahren nennt man Misch- oder Ausgleichskalkulation.

Ausgleichsnehmer sind häufig Artikel, bei denen sich die Käufer sehr preisbewußt verhalten, z. B. Waren des lebensnotwendigen und täglichen Bedarfs und Artikel mit aufgedruckten Preisempfehlungen, durch deren Unterbietung der Handelsbetrieb seine Preiswürdigkeit verdeutlichen kann.

Als Ausgleichsträger eignen sich besonders Artikel, bei denen sich die Kunden weniger preisbewußt verhalten, weil sie bei ihnen nur einen geringen Marktüberblick haben. Dies ist häufig bei Waren des aperiodischen und gehobenen Bedarfs der Fall, z. B. bei Wohnzimmereinrichtungen, hochwertiger Kleidung.

Sonderangebote

Während bei der Mischkalkulation bestimmte Artikel langfristig mit geringen Spannen kalkuliert werden, bietet man bei Sonderangeboten einzelne normal kalkulierte Waren für kurze Zeit zu vergleichsweise niedrigen Preisen an.

Sonderangebote dienen dazu,
- die Preiswürdigkeit des Sortiments eines Anbieters zu verdeutlichen,
- den Verkauf von möglichen Ladenhütern zu beschleunigen und damit zusätzliche Kosten (Lagerkosten, Kapitalbindung, Verderb) zu vermeiden.

Gelegentlich werden Sonderangebote auch dazu benutzt, die Liquiditätslage des Anbieters kurzfristig zu verbessern.

Das Gesetz gegen den unlauteren Wettbewerb erlaubt Sonderangebote nur, wenn sie
- sich auf einzelne nach Güte und Preis gekennzeichnete Waren beziehen und
- sich in den regelmäßigen Geschäftsbetrieb des Unternehmens einfügen.

Sonderangebote, die sich nicht nur auf einzelne Waren, sondern auf eine oder mehrere Warengruppen beziehen, stellen verbotene Sonderveranstaltungen dar.

> **Beispiel:**
> „Mäntel und Kostüme" bilden schon eine Warengruppe, die auf eine unzulässige Sonderveranstaltung hindeutet.

Als zeitlich begrenzte Sonderveranstaltungen sind saisonale Schlußverkäufe, Räumungs- und Jubiläumsverkäufe zulässig. Diese Sonderveranstaltungen unterliegen genauen gesetzlichen Regelungen (siehe Kapitel 8.12).

Zu kurz befristetes Sonderangebot

Sonderangebote dürfen zwar mittlerweile befristet werden. Das heißt aber nicht, daß nun jede noch so knappe zeitliche Begrenzung zulässig wäre. Die Grenze liegt vielmehr da, wo die Frist zu unbedachten bzw. übereilten Entscheidungen verleitet. Der Gesetzgeber hat bereits klargestellt, daß sehr kurze Zeiträume zu einem gem. § 1 UWG unzulässigen übertriebenen Anlocken führen können. Einem Textilhändler wurde deshalb zu Sonderangeboten der Hinweis „Nur heute" verboten.

Welche Frist im Einzelfall als noch zulässig gelten kann, hängt vor allem vom Produkt und den Gepflogenheiten der jeweiligen Branche ab. Beschränkungen auf einen Tag oder gar auf wenige Stunden sind allenfalls bei besonders leicht verderblicher Ware erlaubt. Wer Sonderangebote befristen will, sollte ferner bedenken, daß man für die genannte Frist auf jeden Fall einen ausreichenden Warenvorrat haben muß.

Die Preisdifferenzierung

Preisdifferenzierung liegt vor, wenn ein Unternehmen die gleiche Ware oder Dienstleistung zu unterschiedlichen Preisen anbietet. Ziel der Preisdifferenzierung ist es, sich mit der Preisstellung den Marktgegebenheiten genau anzupassen.

Formen der Preisdifferenzierung sind
- die räumliche Preisdifferenzierung,
- die personelle Preisdifferenzierung,
- die zeitliche Preisdifferenzierung,
- die mengenmäßige Preisdifferenzierung.

Bei der **räumlichen Preisdifferenzierung** wird die gleiche Ware an verschiedenen Orten zu verschiedenen Preisen angeboten.

Beispiel:
Ein Filialunternehmen bietet seine Waren an Orten mit vielen Konkurrenzbetrieben günstiger an, als an Orten ohne Konkurrenzbetriebe.

Bei der **personellen Preisdifferenzierung** wird die gleiche Ware unterschiedlichen Kundengruppen zu unterschiedlichen Preisen angeboten.

Beispiel:
Ein Einzelhändler gibt Ware an Handwerker billiger ab, als an Endverbraucher.

Bei der **zeitlichen Preisdifferenzierung** wird die gleiche Ware oder Dienstleistung zu verschiedenen Zeiten, zu unterschiedlichen Preisen angeboten.

Beispiele:
Zur zeitlichen Preisdifferenzierung gehören – verbilligte Angebote von Saisonwaren außerhalb der Saison (z. B. günstigere Preise für Kohle und Heizöl im Sommer), – Sommer- und Winterschlußverkäufe.

Bei der **mengenmäßigen Preisdifferenzierung** werden größere Mengen einer Ware zu günstigeren Preisen abgegeben.

Rabattgewährung

Der einmal von einem Anbieter festgelegte Preis für eine Ware kann durch die Gewährung von Rabatten verändert werden. Rabatte sind Nachlässe von einheitlich festgelegten Bruttopreisen.

Sie können u. a. gewährt werden

– für die Abnahme größerer Mengen (Mengenrabatt),
– an langjährige Kunden (Treuerabatt),
– an Händler und Produktionsbetriebe (Wiederverkäuferrabatt),
– an Betriebsangehörige (Personalrabatt),
– bei Geschäftsjubiläen des Anbieters (Jubiläumsrabatt),

– für vorzeitige Zahlung (Skonto),
– wenn der Kunde am Ende eines Jahres einen bestimmten Mindestumsatz erreicht oder überschritten hat (Bonus). (siehe auch Kapitel 5.4)

Psychologische Preisfestsetzung

Im Handel geht man häufig davon aus, daß Kunden positiver auf Preise reagieren,

– die mit einer gebrochenen Zahl enden, z. B. 12,85 DM, oder
– die unmittelbar unterhalb einer runden Zahl liegen, z. B. 0,99 DM statt 1,00 DM oder 198,00 DM statt 200,00 DM.

Aufgaben

1. Von welchen Größen wird die Festsetzung der Verkaufspreise eines Betriebes beeinflußt?
2. Bei welchen der folgenden Waren verhalten sich Kunden beim Einkauf besonders preisbewußt? Begründen Sie Ihre Meinung.
   a) Polstergarnitur   d) Waschmittel
   b) modische Kleidung   e) Schmuck
   c) Brot   f) PKW
3. a) Was versteht man unter Mischkalkulation?
   b) Warum wenden Handelsbetriebe bei der Preisgestaltung die Mischkalkulation an?
4. Welche Ziele verfolgen Anbieter mit Sonderangeboten?
5. Wodurch unterscheiden sich Sonderangebote und Sonderveranstaltungen?
6. Welche der folgenden Sonderangebotsankündigungen verstoßen gegen das Wettbewerbsrecht?
   a) „Alles 20 % billiger"
   b) „Inventur-Preise bis 40 % herabgesetzt"
   c) „Eine Fülle von Sonderangeboten"
7. Um welche Formen der Preisdifferenzierung handelt es sich in den folgenden Fällen?
   a) Ski werden im Sommer zu günstigeren Preisen angeboten als zur Weihnachtszeit.
   b) Der Preis für eine Normalpackung beträgt 2,58 DM. Der Preis für eine Doppelpackung beträgt nur 4,98 DM.
   c) In einem Fachgeschäft für Berufskleidung erhalten Kunden, die Inhaber eines Betriebes sind, auf alle Waren einen Nachlaß von 10 %.
8. Warum zeichnen Einzelhändler ihre Waren häufig mit gebrochenen Preisen aus?

4035279 B

279

Einflußgrößen der Preispolitik

sind:
- die Kostensituation des Anbieters
- die Marktstruktur (= Anzahl der Anbieter und Nachfrager)
- Preisempfehlungen der Hersteller

Preispolitische Maßnahmen

sind:

- **Mischkalkulation** = Ausgleichskalkulation

- **Sonderangebote** = Angebote einzelner Artikel zu reduzierten Preisen

- **Erlaubte Sonderveranstaltungen**
  – Schlußverkäufe   – Räumungsverkäufe   – Jubiläumsverkäufe

- **Preisdifferenzierung**
  = Angebot gleicher Waren und Dienstleistungen zu unterschiedlichen Preisen:
  - Räumliche Preisdifferenzierung
  - Personelle Preisdifferenzierung
  - Zeitliche Preisdifferenzierung
  - Mengenmäßige Preisdifferenzierung

- **Rabattgewährung** = Gewährung von Preisnachlässen
  - Mengenrabatt — Treuerabatt
  - Wiederverkäuferrabatt — Personalrabatt
  - Jubiläumsrabatt — Skonto
  - Bonus

- **Psychologische Preisfestsetzung**

8.6 Konditionengewährung und Kundendienstleistungen

Zwei konkurrierende Elektrogroßhandlungen bieten eine Ware zu gleichen Preisen an. Ihre Lieferungsbedingungen weisen jedoch Unterschiede auf.

Großhandlung 1: Lieferung innerhalb von vierzehn Tagen nach Auftragseingang, Lieferung unfrei.

Großhandlung 2: Lieferung innerhalb von zehn Tagen nach Auftragseingang. Der Versand erfolgt auf Kosten und Gefahr des Käufers.

---

1. Unter welcher Voraussetzung würde ein Kunde das Angebot der Großhandlung 1 vorziehen?

2. Unter welcher Voraussetzung würde ein Kunde das Angebot der Großhandlung 2 vorziehen?

3. Wie müßte die Großhandlung 2 ihre Konditionen ändern, damit die Kunden ihr Angebot auf **jeden Fall** dem ihres Konkurrenten vorziehen?

Information

Unternehmen bieten Kundendienstleistung und kundenfreundliche Konditionen an, um

– neue Kunden zu gewinnen,
– Kunden dauerhaft als Stammkunden zu erhalten und
– den Absatz mit bestehenden Kunden zu erhöhen.

Konditionengewährung

Konditionen sind die Lieferungs- und Zahlungsbedingungen, die zwischen Verkäufer und Käufer vereinbart werden (siehe Kapitel 5.4).

Absatzfördernde Lieferungs- und Zahlungsbedingungen sind

– die schnelle und kostenfreie Zustellung der gekauften Ware mit betriebseigenen oder betriebsfremden Fahrzeugen, mit der Post oder mit der Bahn,

– die Übernahme des Transportrisikos durch den Anbieter,

– die Einräumung von Zahlungsbedingungen, die dem Kunden eine nachträgliche Bezahlung der Ware erlauben, z. B.

  - Teilzahlungsverkäufe,

  - Zielverkäufe,

– die Vereinbarung, daß gebrauchte Anlagegüter (z. B. Büromaschinen) in Zahlung genommen werden,

– die Vereinbarung eines Kommissionsgeschäfts (siehe Kapitel 5.12).

Da kleine Absatzmengen dem Anbieter nahezu die gleichen Absatzkosten verursachen wie größere Absatzmengen, vereinbaren Anbieter mit ihren Abnehmern häufig Mindestabnahmemengen oder Mindestauftragswerte. Für den Fall, daß ein Kunde eine geringere Menge bestellt, wird ihm von dem Anbieter ein Mindermengenzuschlag berechnet.

Kundendienstleistungen

Kundendienstleistungen sind Nebenleistungen eines Anbieters, die er zusätzlich zu seiner Hauptleistung, dem Verkauf von Waren erbringt, z. B.:

– Aufstellen von technischen Geräten (Waschmaschinen, Fernsehgeräte, Videorecorder usw.),

– Reparaturservice (z. B. für technische Geräte, Uhren, Schuhe),

– Inspektions- und Wartungsservice (z. B. bei Kraftfahrzeugen und Büromaschinen),

– Änderungsservice bei Bekleidung,

– Auswahlsendungen,

– Garantiegewährung,

– Umtausch von Waren bei Nichtgefallen.

Der Umtausch von Waren bei Nichtgefallen ist eine freiwillige Leistung des Anbieters, da er gesetzlich nur zum Umtausch fehlerhafter Ware verpflichtet ist. Ein solches Verhalten des Anbieters wird als **Kulanz** (Entgegenkommen) bezeichnet. Kulanz liegt auch dann vor, wenn Mängel an einer gekauften Ware von dem Anbieter auch nach Ablauf der Garantiefrist kostenlos behoben werden.

Bei Kundendienstleistungen kann es sich um kostenlose oder kostenpflichtige Leistungen handeln.

Reparaturdienst und Änderungen an Waren werden normalerweise nur gegen Bezahlung angeboten.

Aufgaben

1. Ein Textilgroßhändler gewährt seinen Abnehmern bei allen Lieferungen ein Zahlungsziel von 30 Tagen. Bei Überschreiten des Zahlungsziels berechnet er Verzugszinsen in Höhe von 5 %.

   Er beliefert in erster Linie größere Fachgeschäfte. Kleinere Fachgeschäfte kaufen bei ihm nur Waren in kleinen Mengen, da sie nur wenig liquide sind.

   Welche Veränderungen seiner Konditionen sollte er vornehmen?

2. Ein Unterhaltungselektronik-Großhändler hat PAL plus-Fernseher in sein Sortiment aufgenommen. Seine Stammkunden (Fernsehfachgeschäfte) zögern, diesen Artikel zu kaufen, da sie nicht wissen, ob diese Fernsehgeräte bei ihren Kunden Anklang finden.

   Welches Angebot sollte der Großhändler seinen Stammkunden machen?

3. Ein Computer-Händler bietet einem Kunden ein neues leistungsfähiges Computersystem an. Der Kunde zeigt wenig Interesse, da er erst vor einem Jahr neue Computer für sein Büro gekauft hat.

   Welches Angebot könnte der Händler seinem Kunden machen?

4. Welche Kundendienstleistungen erwarten Kunden beim Kauf von

   a) Einrichtungsgegenständen,

   b) Maschinen,

   c) Teppichböden,

   d) Gardinen,

   e) Kraftfahrzeugen.

5. Welche Vor- und Nachteile hat die kostenfreie Warenzustellung an den Kunden für den Anbieter?

6. In welchen Fällen handelt es sich um Kulanz?

   a) Ein Kunde tauscht ein Paar Schuhe um, weil sie ihm nicht passen.

   b) Eine Kundin tauscht ein vor einer Woche gekauftes Kleid um, weil eine Naht aufgegangen ist.

   c) Ein Kunde gibt am 20. 10. einen am Vortag gekauften Becher Joghurt zurück. Der Becher trägt den Aufdruck „mindestens haltbar bis zum 18. 10." Der Kunde erhält sein Geld zurück.

   d) Ein vor sieben Monaten gekaufter Videorecorder ist defekt. Der Händler führt die notwendige Reparatur kostenlos aus.

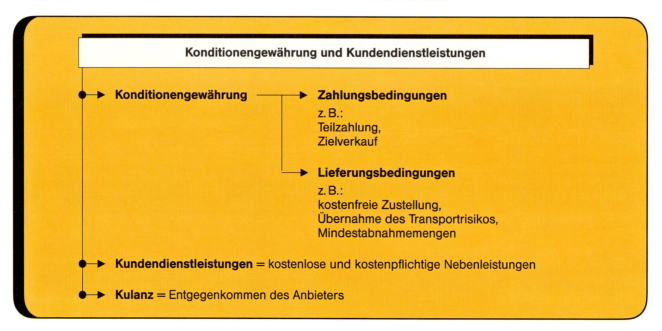

8.7 Die Werbung im Rahmen der Kommunikationspolitik

aus: Am Markt sind wir stark, Königsteiner Wirtschaftsverlag, Königstein/Ts.

Warum wirbt der Hersteller für seine Waren?

Information

Die Kommunikationspolitik umfaßt die kommunikationspolitischen Maßnahmen

- Öffentlichkeitsarbeit (Public Relations),
- Werbung,
- Verkaufsförderung (Sales-promotion),
- Reklame und
- Human Relations (vgl. S. 246).

Öffentlichkeitsarbeit (Public Relations)

Was ist PR...

„Wenn ein junger Mann ein junges Mädchen kennenlernt und ihr sagt, was für ein großartiger Kerl er ist, so ist das Reklame. Wenn er ihr sagt, wie reizend sie aussieht, so ist das Werbung. Aber wenn das Mädchen sich für ihn entscheidet, weil sie von anderen gehört hat, was für ein feiner Mensch er sei, dann ist das Public Relations."

Alwin Münchmeyer, Privatbankier

aus: Peter Kohrs „Werbung: Wirtschaftlicher Zusammenhang, Formen, Sprache." J. B. Metzlersche Verlagsbuchhandlung, Stuttgart

Bezieht sich die Wirtschaftswerbung nicht auf eine bestimmte Ware, sondern auf das Unternehmen als Ganzes, so spricht man von **Öffentlichkeitsarbeit.**

Unter Öffentlichkeitsarbeit sind sämtliche Maßnahmen zu verstehen, die ein Unternehmen ergreift, um sein **Ansehen in der Öffentlichkeit zu pflegen oder zu verbessern.** Man nennt diese entsprechenden Maßnahmen auch **Imagepflege.**

Angesprochen werden sollen mit Hilfe der Öffentlichkeitsarbeit nicht nur die Verbraucher, sondern alle, die in irgendeiner Verbindung zum Unternehmen stehen, wie z. B. Geschäftspartner, Kapitalgeber, Behörden, Parteien, Regierungen, Gewerkschaften, Massenmedien usw.

Weitere Mittel der Public-Relations-Politik sind u. a.
– Betriebsbesichtigungen („Tag der offenen Tür"),
– Geschäftsberichte,
– Wettbewerbe,
– Modeschauen,
– Informationsabende,
– Einladungen an Hausfrauen und Verbraucherverbände,
– Mitwirkung des Unternehmers in Vereinen und Verbänden,
– Förderung des Gemeinwohls, z. B. durch Spenden.

Öffentlichkeitsarbeit wird nicht nur von einzelnen Unternehmen, sondern ebenso für einzelne Wirtschaftszweige insgesamt betrieben, z. B. von den Einzelhandelsverbänden oder der chemischen Industrie.

Werbung

Die wichtigste Form der Kommunikationspolitik ist die Werbung. Mit ihrer Hilfe bemühen sich Unternehmen, Waren und Dienstleistungen abzusetzen. Verschiedene Werbemittel, z. B. Zeitungsanzeigen unterstützen sie dabei.

Aufgabe der Werbung ist es, die Ware den Verbrauchern so nahezubringen, daß sie sie schließlich auch kaufen.

Die Werbung stellt die Verbindung her zwischen Hersteller bzw. Händler und Verbraucher.

Ohne Werbung, die die Masse der Verbraucher über das breite Warenangebot unterrichtet, gäbe es keinen Massenabsatz und damit keine Massenproduktion.

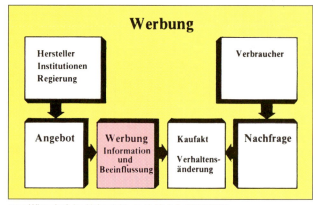

aus: Wirtschaft im Unterricht, Jg. 1, Heft 5, 16.10.1975

Im Wirtschaftsleben hängt von den Verbrauchern viel ab. Fragen sie längere Zeit nur wenig Waren und Dienstleistungen nach, dann gerät wegen des Nachfrageausfalls die gesamte Wirtschaft in Gefahr. Sind die Verbraucher hingegen ausgabefreudig, dann geht es dem Handel, der Konsumgüterindustrie und den Wirtschaftsbetrieben in anderen Branchen gut.

Aus diesem Grund setzen die Unternehmen alles daran, das Verbraucherverhalten zu erforschen und zu beeinflussen. Dabei spielt die **Werbung als absatzpolitisches Instrument** eine wichtige Rolle.

Sie ist für Hersteller wie Händler notwendig, um in einer auf Wettbewerb ausgerichteten Wirtschaft überleben zu können.

Zeichnung: M. Forget

Die Werbung hat ihr Ziel erreicht, wenn der Kunde die Ware gekauft hat.

Die **Werbung** soll

a) aus der Sicht des Verbrauchers

– über Konsumgüter informieren und aufklären, wie z. B. über die Eigenschaften, Verwendungsmöglichkeiten, Verbesserungen oder über technische Neuerungen;

– eine Marktübersicht geben und damit Preisvergleiche ermöglichen.

b) aus der Sicht des Unternehmens

- neue Waren bekanntmachen (**Einführungswerbung**);
- den bestehenden Kundenkreis erhalten (**Erinnerungs- oder Stabilisierungswerbung**);
- beim Verbraucher neue Bedürfnisse wecken und dadurch neue Verbraucher hinzu- oder ehemalige Verbraucher zurückgewinnen (**Expansionswerbung**).

Diese Teilziele dienen dem Hauptziel der Wirtschaftswerbung, nämlich der Anbahnung, Erhaltung und Förderung des Absatzes zur Maximierung des Gewinns.

> Werbung ist die planmäßige Beeinflussung der Verbraucher, um den Absatz bzw. die Nachfrage nach einer Ware oder Dienstleistung zu fördern, anzuregen oder hervorzurufen.

Verkaufsförderung (Sales-promotion)

Unter Verkaufsförderung sind alle Maßnahmen des Anbietenden zu verstehen, die seine Absatzbemühungen unterstützen. Maßnahmen der Verkaufsförderung gehen über die eigentliche Absatzwerbung hinaus, da sie z. B. auch Elemente wie Preispolitik und Service enthalten.

Zu nennen sind im Handel z. B.

- Preisausschreiben,
- Pfennig-Aktion,
- Aktion mit Prominenz,
- Gutscheinaktionen,
- Ballonwettflug,
- erlaubte Zugaben,
- Sonderangebote,
- Display-Material, wie werbewirksame Ständer oder Schütten, Regalstopper und Regalaufkleber,
- günstige Warenplazierung,
- ansprechende Gestaltung der Verkaufsräume und Schaufenster,
- eigene Verkäuferschulungen, z. B. Schulung der Verkaufstechnik und Vermittlung von Fachwissen bei beratungsintensiven Waren, z. B. Computern,
- Suchaktionen,
- Kostprobenverteilung (Sampling-Aktionen) und
- Self-liquidating offers (z. B. Verkauf von Büchern zum Selbstkostenpreis bei Kaffeegeschäften; durch das Angebot eines Zweitartikels wird die Nachfrage nach Röstkaffee erhöht).

Durch derartige Maßnamen läßt sich der Warenverkauf allgemein nachhaltig beeinflussen. Stets soll zum **Impulskauf** angeregt werden. Er kann dazu beitragen, den Umsatz zu steigern und die Marktposition des Herstellers bzw. Händlers zu verbessern.

Reklame

Reklame ist die übertriebene und z. T. unseriöse Form der Massenwerbung für Waren und Dienstleistungen.

Aufgaben

1. Was verstehen Sie unter Wirtschaftswerbung?

2. Welche Aufgabe hat die Werbung
   a) aus der Sicht des Verbrauchers,
   b) aus der Sicht des Einzelhändlers?

3. Ordnen Sie jeweils nur ein Beispiel den absatzpolitischen Zielen a) Erinnerungswerbung, b) Einführungswerbung und c) Expansionswerbung zu.

   Beispiele:
   (1) Umfangreiche Werbemaßnahmen, um neue Waren und / oder Dienstleistungen bekanntzumachen.
   (2) Verstärkte Werbemaßnahmen, um zusätzliche Käufer (von der Konkurrenz) zu gewinnen.
   (3) Gelegentlich durchgeführte Werbeaktionen, um Leistungen eines Unternehmens bei bestehendem Kundenkreis und früheren Kunden im Bewußtsein zu erhalten.

4. Wann hat die Werbung ihr Ziel erreicht?

5. Welches vorrangige Ziel verfolgt die Werbung?
   a) Werbung soll ein Unternehmen in der Öffentlichkeit bekanntmachen.
   b) Werbung soll das Ansehen des Unternehmens verbessern.
   c) Durch Werbung sollen Waren und Dienstleistungen eines Unternehmens bekannt und begehrenswert gemacht werden.
   d) Ziel der Werbung ist es, den Kunden zu beraten und zu informieren.

6. Ein Absatzgroßhändler führt Verkäuferschulungen für seine Einzelhandelskunden durch. Um welches Instrument handelt es sich?

7. Nennen Sie Zielgruppen für Public Relations.

8. Erklären Sie den Unterschied zwischen Produktwerbung und Öffentlichkeitsarbeit.

9. Entscheiden Sie, welche Art Werbung (Absatzwerbung, Public Relations, Verkaufsförderung) vorliegt.
   a) Im Supermarkt werden Käsehäppchen als Proben an Kunden verteilt.
   b) Im Central-Kino werden Werbedias ortsansässiger Geschäfte vorgeführt.
   c) Ein Supermarkt läßt in der Innenstadt Handzettel verteilen.
   d) Ein Modefachgeschäft lädt zu einer Modenschau ein.
   e) Ein Bräunungsstudio verschickt Werbebriefe an Stammkunden.

10. Nennen Sie geeignete Public-Relations-Maßnahmen für folgende Zielgruppen:
    a) Kinder,
    b) Lieferanten,
    c) Kunden,
    d) Publikum allgemein,
    e) Sportinteressenten,
    f) Kindergärten.

11. Nennen Sie fünf mögliche Mittel der Public Relations.

12. Welche Bedeutung hat der Impulskauf für den Handel?

13. Suchen Sie aus Zeitungen und Zeitschriften jeweils zwei Beispiele für Öffentlichkeitsarbeit, Absatzwerbung, Verkaufsförderung (Sales-promotion) und Reklame.

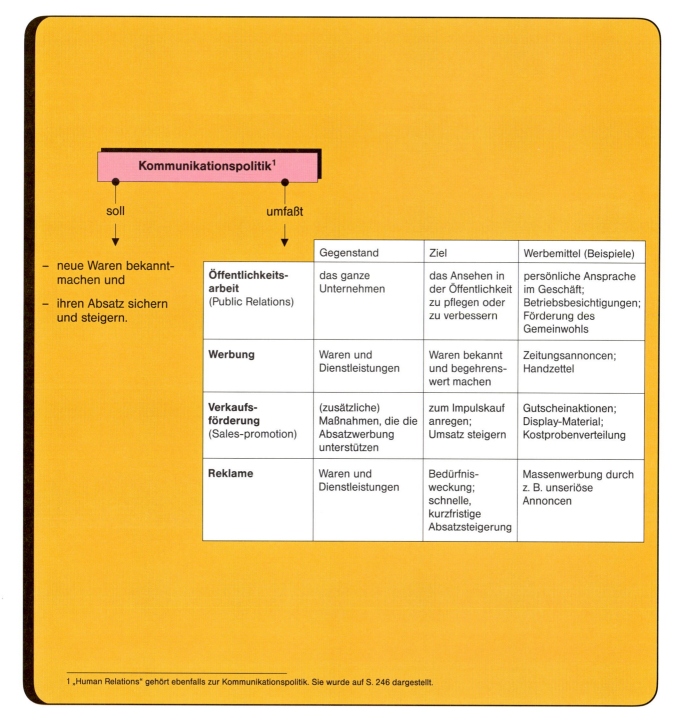

8.8 Werbearten

Wodurch unterscheiden sich die beiden abgebildeten Werbeanzeigen?

Information

Nach der Zahl der **Werbenden** unterscheidet man
- Alleinwerbung (Individualwerbung),
- Gemeinschaftswerbung,
- Sammelwerbung.

Alleinwerbung (Individualwerbung)

Von Alleinwerbung spricht man, wenn die Werbung von einem Unternehmen allein durchgeführt wird. Firmenname und Ware sind aus der Werbung ersichtlich (siehe Beispiel 2).

Gemeinschaftswerbung

Ein Fachverband oder mehrere Unternehmen einer Branche werben gemeinsam ohne Namensnennung für ihre Branche (siehe Beispiel 1 und nebenstehendes Foto).

Damit sich die Gemeinschaftswerbung für den einzelnen Anbieter absatzfördernd auswirkt, muß er versuchen, die Werbeaussage mit seinem Unternehmen zu verbinden.

Sammelwerbung

Sammelwerbung liegt vor, wenn sich mehrere Unternehmen verschiedener Branchen, z. B. aus derselben Einkaufsstraße oder eines Stadtteils, zusammenschließen und unter Namensnennung gemeinsam für ihre Leistungen werben.

Ein Anbieter wird sich für die Sammelwerbung entschließen, weil er dadurch preisgünstig und noch dazu zusätzlich werben kann.

Allerdings kann und sollte die Sammelwerbung die Alleinwerbung nicht ersetzen.

Wirtschaftliche Bedeutung

Jegliche Art von Werbe-Kooperationen ermöglicht es den Anbietern durch die Zusammenfassung mehrerer einzelner – zumeist relativ kleiner – Werbeetats zu einem großen, Vorteile zu erzielen. So kann durch Sammelwerbung beispielsweise

– ein gemeinsamer, einprägsamer Slogan und ein einheitliches Symbol entwickelt und benutzt werden;
– anhaltend gleichbleibende Werbung mit hohem Wiedererkennungswert erreicht werden, auch durch umfangreiche, für den einzelnen Hersteller bzw. Händler preiswerte Serien von Kleinanzeigen;
– ein Werbe-Profi (z. B. Betriebswirtschaftliche Beratungsstelle für den Einzelhandel) eingesetzt werden;
– an größeren Aktionen mit hoher Durchschlagskraft teilgenommen werden;
– den massiven Kampagnen der Großbetriebe begegnet, Verbrauchermärkte werblich abgewehrt und
– bei der Werbung durch Fachverbände, eine gewisse Exklusivität für einen kleinen Kreis erreicht werden.

Nach der Zahl der **Umworbenen** teilt man die Wirtschaftswerbung ein in

– Einzelwerbung (Direktwerbung),
– Massenwerbung.

Einzelwerbung (Direktwerbung)

Bei der Einzelwerbung werden bestimmte Personen oder Unternehmen durch Gespräche, Werbebriefe, Warenproben oder Zusendung von Preislisten **direkt angesprochen.** Zwar entstehen dadurch höhere Werbungskosten, meist ist aber der wirtschaftliche Erfolg auch größer.

Massenwerbung

Die Werbung richtet sich an eine Vielzahl möglicher Kunden. Die Werbung ist unpersönlich gehalten.

Soll die Wirtschaftswerbung sehr breite, nicht abgrenzbare Schichten der Bevölkerung erreichen, so spricht man von **gestreuter Massenwerbung (= Allgemeinwerbung).**

Beispiele:

1. Fernsehwerbespot,
2. Postwurfsendungen,
3. Werbesendung im ZDF „Schaufenster am Donnerstag".

Wendet sich die Wirtschaftswerbung hingegen an einen bestimmten Personenkreis, z. B. an eine Berufs-, Alters- oder Geschlechtsgruppe, so liegt **gezielte Massenwerbung (= Gruppenwerbung)** vor.

Beispiele:

1. Schulbuchwerbung, gerichtet an Lehrer;
2. die Bewohner eines Stadtteils erhalten von dem neuen Pächter der Tankstelle „Sopex" einen an sie gerichteten Werbebrief;
3. Anzeigen von Kosmetik-, Bekleidungs- und Plattenfirmen in der Zeitschrift „Mädchen".

Aufgaben

1. Um welche Art der Werbung handelt es sich bei dem Werbeslogan „Eßt mehr Obst – und ihr bleibt gesund"?
2. Welche Werbeart liegt bei folgendem Text auf einem Handzettel vor: „Hannover, Oktoberfest auf dem Schützenplatz, Freitag: Riesenfeuerwerk, Mittwoch: Familientag. 23. September bis 2. Oktober 19.."?
3. Was ist unter Einzelwerbung zu verstehen?
4. Was versteht man unter Gemeinschaftswerbung?
5. Worin besteht der Unterschied zwischen Alleinwerbung und Einzelwerbung?
6. Welcher Unterschied besteht zwischen den Beispielen 1 und 2?

   Beispiel 1: Werbespot im ZDF kurz vor den heute-Nachrichten;

   Beispiel 2: In der Südstadt einer Großstadt erhalten die Bewohner einen an sie gerichteten Werbebrief des Inhabers einer neuen Vollkornbäckerei.

8.9 Werbemittel und Werbeträger

aus: Am Markt sind wir stark,
Königsteiner Wirtschaftsverlag, Königstein/Ts.

Information

Damit der Hersteller bzw. Händler mit seiner Werbung die Umworbenen auch erreicht, muß er **Werbemittel** erarbeiten und im nächsten Schritt für diese Werbemittel geeignete **Werbeträger** finden.

Während das Werbemittel die **Werbebotschaft** darstellt bzw. beinhaltet, z. B. das Plakat, die Zeitungsanzeige, Aufschriften auf Straßenbahnen und Omnibussen, ausgestellte Waren im Schaufenster, ist der Werbeträger gewissermaßen das **Transportmittel** für das Werbemittel, z. B. die Litfaßsäule, die Zeitschrift, Straßenbahnen und Omnibusse, das Schaufenster sowie, obwohl nur als Randerscheinung, die Diskette. Werbeträger sind alle Personen oder Dinge, die Werbemittel an den umworbenen Verbraucher herantragen (siehe Grafik nächste Seite).

Warum ist die Werbefläche für die Werbung so wichtig? Nennen Sie weitere Möglichkeiten, wie durch Werbung neue Waren bekanntgemacht werden können.

Beispiel:

Ein Händler, der sein Geschäft in einer Gemeinde nahe einer Großstadt hat, wird kaum erwarten können, daß Leser anderer Städte, anderer Gemeinden oder die der Großstadt zum Einkaufen in sein Geschäft kommen.

Werbemittel außerhalb des Unternehmens

Leuchtmittel
Ihr Einsatz soll die Kunden auffordern, das Geschäft zu betreten.

Vitrinen im Handel
Vitrinen sind nicht an den Standort des Handelsgeschäfts gebunden. Sie sollten dort aufgestellt werden, wo der Passantenstrom besonders groß ist.

Zeitungsanzeigen
Die Zeitungsanzeige ist für den Anbieter sehr bedeutsam. Das kleine und mittlere Unternehmen wird aus Kostengründen und um Streuverluste zu vermeiden, regionale und örtliche Blätter bevorzugen.

Neben der Zeitungsanzeige bedienen sich Unternehmen mit größerem Geschäft zur Bekanntmachung ihrer Waren des Prospekts, den man farbig gestaltet als Beilage in den Tageszeitungen findet.

Der Handzettel
Für den Unternehmer mit kleinerem Geschäft ist aus Kostengründen eher der Handzettel geeignet. Er wird meist als einseitig bedrucktes oder – häufig selbst – vervielfältigtes Werbeblatt auf der Straße, im Geschäft oder durch Austräger verteilt. Der Handzettel ist ein wichtiges Werbemittel bei Verbrauchern, die keine Tageszeitung lesen.

Der Werbebrief
Der Werbebrief ist, neben dem Verkaufsgespräch im Handel, das persönlichste Werbemittel. Mit seiner Hilfe kann der Anbieter einen bestimmten Kundenkreis ganz gezielt und persönlich ansprechen.

Anlässe für das Verwenden von Werbebriefen können z. B. Sonderverkäufe, die Einrichtung neuer Abteilungen oder die Aufnahme neuer Artikel in das Sortiment sein.

Weitere Werbemittel außerhalb der Geschäftsräume sind:
- Werbebotschaften auf Geschäftsfahrzeugen, Straßenbahnen, Omnibussen, Plakat- und Häuserwänden, Telefonzellen, Litfaßsäulen, Tragetaschen, Außenaufsteller, Sandwichmen (Plakatträger), Hostessen usw.,
- Werbebotschaften im Zusammenhang mit erlaubten Zugaben, wie z. B. auf Kugelschreibern, Fähnchen, Taschenkalendern, Kostproben, Ansteckern, Türklebern usw.,
- Kinowerbung,
- Rundfunkwerbung und
- Fernsehwerbung.

Bei der Überlegung, ob das Unternehmen lieber relativ viel Geld für einige Werbemittel ausgeben sollte oder besser weniger Geld für viele einzelne, ist folgendes zu bedenken:

Die **Chance,** jeweils neue Käufer zu erreichen, nimmt mit der Anzahl der Werbemittel ab, da es in einem solchen Fall immer häufiger vorkommt, daß mit den letzten Werbemitteln keine neuen Käufer erreicht werden, sondern genau dieselben Verbraucher wie mit den ersten. Es scheint grundsätzlich besser, eine bestimmte Geldsumme für **wenige** Werbemittel auszugeben, als sie über viele Werbemittel zu verteilen.

Beeinflußt wird die Auswahl vor allem von:
- dem Werbeziel,
- der anzusprechenden Zielgruppe,
- der Höhe der Geldsumme, die für die Werbung ausgegeben werden kann,
- dem Image des Geschäftes,
- der Werbung der Konkurrenten,
- der möglichen Aufmerksamkeitswirkung des einzelnen Werbemittels in der anzusprechenden Zielgruppe.

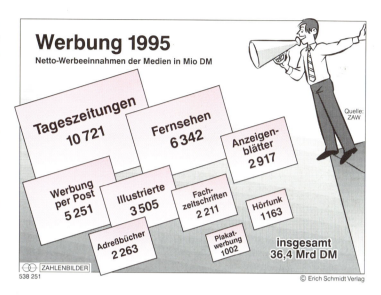

Werbemittel innerhalb der Geschäftsräume (z. B. eines Einzelhandelsbetriebes)

Warenpräsentation im Schaufenster

Mit das wichtigste Werbemittel im Einzelhandel ist die Gestaltung der Waren im Schaufenster. Das Schaufenster ist die Visitenkarte des Einzelhändlers.

Es stellt die unmittelbare Verbindung zu seinem Geschäft her und gibt diesem ein werbewirksames Aussehen. Ein gut gestaltetes Schaufenster zieht die Kunden an und veranlaßt Vorübergehende zum Stehenbleiben. Die Kunden können sich jederzeit unverbindlich und ungehindert über das Sortiment informieren, sich anregen lassen und eventuell schon eine Vorauswahl treffen. Die wirkungsvolle Warenauslage trägt mit dazu bei, daß Kunden das Geschäft überhaupt betreten, um die angebotene Ware zu kaufen.

Insofern sind gerade die **Gestaltung und der Aufbau der Waren im Schaufenster** die wichtigste Voraussetzung für die Anziehungskraft bzw. Werbewirksamkeit des Schaufensters.

Das Verkaufsgespräch

Neben der Warenpräsentation im Schaufenster ist das **Verkaufsgespräch das wichtigste Werbemittel im Einzelhandel.** Es ist eines der besten und preisgünstigsten Werbemittel des Einzelhändlers.

Warenpräsentation im Verkaufsraum

Der Kunde soll sich im Verkaufsraum wohlfühlen; er soll zum Kaufen angeregt werden. Zu einer angenehmen Kaufatmosphäre im Sinne einer Umsatzsteigerung kann insbesondere die **Warenanordnung in den Regalen und auf den Verkaufstischen** beitragen (siehe Kapitel 8.11, Seite 304).

Die Packung der Ware

Schon lange hat die Packung mehr als nur eine Schutzfunktion für Transport und Lagerung. Ihre wirtschaftliche Bedeutung liegt heutzutage vielmehr darin, den **Kunden** – durch unterschiedliche Aufmachung und Gestaltung – **zum Kauf anzuregen** (siehe Kapitel 8.4).

Aufgaben

1. Welcher Unterschied besteht zwischen Werbemittel und Werbeträger?
2. Nennen Sie verschiedene Werbeträger.
3. Ein Händler möchte eine neue Warengruppe einführen. Welche Werbemöglichkeiten sind für diesen Zweck geeignet?
4. Ordnen Sie drei Werbemittel den Werbeträgern zu:

   a) Zeitung, b) Litfaßsäule und c) Kinoleinwand.

   Werbemittel:

   Plakat – Modenschau – Werbedia – Werbegeschenk – Inserat – Katalog.
5. Welcher Werbeträger ist für die PR-Werbung eines Herstellers für Haarspray am besten geeignet?
6. Welche Bedeutung hat das Verkaufsgespräch für den Einzelhandel, insbesondere für Fachgeschäfte?
7. Nennen Sie Werbemittel außerhalb des Unternehmens.
8. Ein Einzelhandelskaufmann in einer Kleinstadt möchte seine Stammkunden auf die Eröffnung seines Erweiterungsbaues aufmerksam machen. Welches Werbemittel ist hierfür besonders geeignet?
9. Welches Werbemittel hat für den Einzelhändler die größte wirtschaftliche Bedeutung?
10. Warum wird ein Unternehmer ohne Filialgeschäfte für seine Anzeigenwerbung regionale und örtliche Blätter bevorzugen?
11. Aus welchen Anlässen können Werbebriefe versandt werden?
12. Welches Werbemittel hat die größte, welches die zweitgrößte Werbewirkung usw. Stellen Sie eine Rangfolge auf.

    Werbemittel:

    Werbebrief – Zeitungsanzeige – Schaufenster – Plakat – Prospekt – Handzettel.

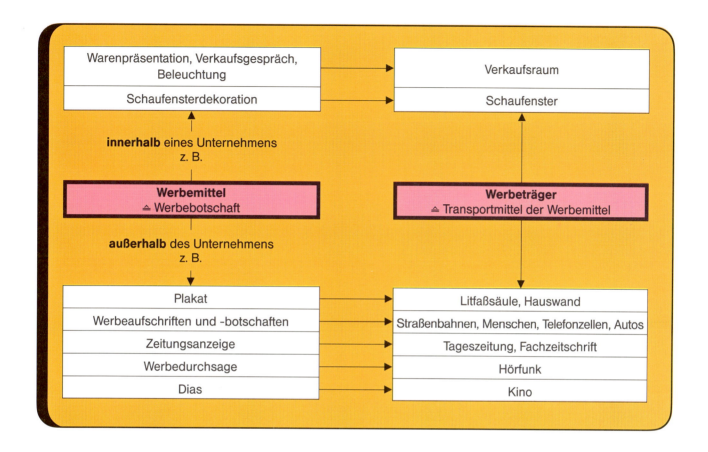

8.10 Die Werbeplanung und Werbedurchführung

Das Mantelhaus König will seine Werbung durchschlagskräftiger gestalten. Der Geschäftsführer verspricht sich von der Anzeigenwerbung in der regionalen Tageszeitung eine nennenswerte Umsatzsteigerung. Die Anzeigen werden regelmäßig und ganzseitig auf der letzten Seite abgedruckt. Insgesamt wird hierfür Dreiviertel der für Werbezwecke zur Verfügung stehenden Geldsumme ausgegeben. Für andere Werbemaßnahmen – auch für die am Standort – bleiben daher nur noch geringe finanzielle Mittel übrig.

Welchen Fehler hat der Geschäftsführer des Mantelhauses König begangen?

Information

Die Werbeplanung

Grundsätzlich gilt, daß die Werbung die Vorzüge der Ware bekanntmachen und herausstellen muß, damit der Verbraucher ihren Nutzen für sich erkennen kann. Ziel der Werbung ist es, Ware verkaufen zu helfen.

Damit dieses Ziel erreicht werden kann, muß Werbung **planmäßig** betrieben werden.

Ein **Werbeplan** muß die Einzelheiten für die Durchführung der Werbung festlegen. Dabei sind sieben Bereiche vom Werbenden selbst oder von einer von ihm beauftragten Werbeagentur festzulegen.

Bereich		zentrale Fragestellung	Beispiele
Werbeziel		**WAS** soll mit den Werbemaßnahmen erreicht werden?	Erweiterung des Absatzmarktes aller oder bestimmter Waren; Erhaltung des bereits gewonnenen Kundenstammes; Einführung neuer Waren.
Werbeetat		**WIEVIEL** Geld steht für die Werbung zur Verfügung?	Vorjahresbetrag (evtl. plus Zuschlag); gleicher Prozentsatz vom Planumsatz wie in der Branche im Durchschnitt; geschätzte Ausgabesumme eines direkten Konkurrenten (plus Zuschlag). (Je mehr Personen angesprochen werden sollen, desto höher sind die Werbekosten.)
Zielgruppe (= Streukreis)	bestimmen die Reichweite der Werbemaßnahmen.	**WER** soll mit der Werbung angesprochen werden?	Personen oder Personenkreise, wie z. B. Autofahrer, Eltern von Kleinkindern, Jugendliche im Alter von 14 – 20 Jahren, Heimwerker.
Streugebiet		**WO** soll geworben werden?	An oder im Geschäft, in der Nachbarschaft, im Stadtteil, in der Region.
Werbemittel und Werbeträger (= Streuweg)		**WOMIT** soll geworben werden?	Anzeigen, Prospekte, Werbegeschenke, Schaufenster u. a.
Werbemittelgestaltung		**WIE** können die Werbeziele umgesetzt werden, so daß sie von der Zielgruppe verstanden und angenommen werden?	Klarheit der Aussagen; Farben; Formen u. a.
Streuzeit		**WANN** soll geworben werden?	Jeden Samstag in der örtlichen Tageszeitung; in bestimmten Abständen; zu bestimmten Anlässen, wie Muttertag, Theatersaison, Frühjahrs-Hausputz, Badesaison, WSV u. a.

Die Werbedurchführung

Im Anschluß an die Werbeplanung folgt die **Durchführung**. Da der Einsatz von Werbeträgern bzw. Werbemitteln bei den Verbrauchern eine möglichst große Werbewirkung erzielen soll, müssen folgende **Werbegrundsätze** beachtet werden:

Wahrheit

Werbung muß frei sein von unzutreffenden Behauptungen, Übertreibungen und Entstellungen von Tatsachen. Durch unwahre Aussagen über Beschaffenheit, Verwendbarkeit und Preise der angebotenen Waren wird

– der Kunde irregeführt und verärgert,

– gegen das Gesetz gegen den unlauteren Wettbewerb (UWG) verstoßen.

Deshalb sollten auch Steigerungsformen wie „unerreicht", „einmalig", „unübertrefflich", „das Allerbeste" möglichst vermieden werden. Ein Zuviel an Lob stellt die Glaubwürdigkeit der Werbung in Frage.

Wirksamkeit

Um Aufmerksamkeit zu erreichen, muß die Werbung ideenreich sein. Die Werbemaßnahmen sollen sich von denen der Konkurrenz deutlich abheben (**Originalität** der Werbung). Hinzu kommen die Wahl geeigneter Werbemittel und die Einprägsamkeit.

Je wirksamer eine Werbemaßnahme ist, desto sicherer kann das Hauptziel „Absatzförderung" erreicht werden. Wie die Werbung auf den Verbraucher wirkt, bevor er seine Kaufentscheidung trifft, läßt sich vereinfacht in einem stufenartigen Zusammenhang darstellen (sog. AIDA-Formel, siehe nächste Seite).

Klarheit

Die Werbebotschaft sollte schnell erfaßbar, leicht verständlich und übersichtlich sein.

Wirtschaftlichkeit

Das Ziel des Anbieters muß sein, mit möglichst geringen Kosten seinen Umsatz zu steigern. Er muß daher sehr genau prüfen, ob die durch die Werbung erzielte Wirkung in einem angemessenen Verhältnis zu den Werbekosten steht (= Werbeerfolgskontrolle).

Die Werbeerfolgskontrolle

Ermittlung des ökonomischen Werbeerfolgs

Die Beurteilung des Werbeerfolgs hängt von der Zielsetzung ab, die der Anbieter mit einer Werbemaßnahme erreichen will.

Steht die Umsatzsteigerung im Vordergrund, so muß er überprüfen, ob durch die Werbemaßnahme eine Steigerung seines Umsatzes erreicht wurde.

$$\text{Werbeerfolg} = \frac{\text{Umsatzsteigerung}}{\text{Werbekosten}}$$

Wirtschaftlich ist der Werbeeinsatz immer bei einem Ergebnis größer 1.

A	I	D	A

Attention =
Die Werbebotschaft soll Aufmerksamkeit erzielen.

Beispiele:

durch
Lautsprecher-durchsage, Schlagzeile, Melodien, Blickfang, Farbgestaltung

Aber:
Botschaft hören heißt noch lange nicht Interesse haben.

Interest =
Interesse wecken. Dadurch soll die Werbebotschaft im Gedächtnis des Umworbenen bleiben (= länger anhaltende Aufmerksamkeit).

Beispiele:

durch
den Aufbau eines positiven Gesamtbildes (Image) mittels Wiederholungen (Erkennungsmelodie, Fernsehspots), Beleuchtung

Aber:
Interesse heißt noch lange nicht Kaufwunsch haben.

Desire =
Drang, Kaufwunsch auslösen. Dem Umworbenen soll eine angenehme Gefühls- oder Erlebniswelt vermittelt werden, so daß er die Ware besitzen möchte.

Beispiele:

durch
ein Bild, Demonstrationen, Kostproben werden die Vorzüge der Ware herausgestellt, wird der Verbraucher von den Vorteilen der Ware überzeugt – es entsteht ein Kaufmotiv.
(= Steigerung des Interesses; starkes Verlangen)

Aber:
Kaufwunsch haben heißt noch lange nicht kaufen.

Action =
Aktion, Kauf bewirken. Der Umworbene kauft die Ware.

Beispiele:

durch
Zeitungsanzeigen oder Prospekte mit Bestellschein und Werbepräsent bei Bestellung; Befristung des Angebots

Aber:
Kaufen heißt noch lange nicht Produkttreue.

Um Wirksamkeit zu erzielen, muß der Anbieter daher auch auf **Stetigkeit** achten. Denn einmalige Werbemaßnahmen haben erfahrungsgemäß nur bescheidenen Erfolg; sie müssen über einen längeren Zeitraum erfolgen.

Beispiel:

Ein Hersteller von Frühstücksmarmelade hat nach Abschluß einer Werbemaßnahme einen Umsatzzuwachs (= Werbeertrag) von 255 000 DM. Für die Werbemittel (Zeitungsanzeige, Handzettel und Rundfunkspot) mußte er insgesamt 102 000 DM bezahlen. Sein Werbeerfolg war positiv, er betrug 2,5.

Nur theoretisch läßt sich aber so der Werbeerfolg ermitteln. Praktisch treten Schwierigkeiten auf, da

– sich häufig die Werbekosten nicht genau von den anderen Kosten im Unternehmen abgrenzen lassen,

– sich andere Absatzmaßnahmen und Faktoren – neben der eingesetzten Werbemaßnahme – ebenfalls und gleichzeitig auf den Umsatz auswirken können, beispielsweise die Produktgestaltung, Bedarfsverschiebungen (Mode), Preisänderungen bei der Konkurrenz, Konjunktureinflüsse und anderes mehr,

– eine zeitliche Abgrenzung der Werbeerträge häufig unmöglich ist. Eine Werbemaßnahme kann z. B. schon längst abgeschlossen sein, ihre absatzfördernde Wirkung kann aber unvermutet und unerkannt noch über einen längeren Zeitraum wirken.

Außerdem liegt der wirtschaftliche Werbeerfolg nicht nur im Verkauf der verlangten Ware, sondern auch im Verkauf zusätzlicher Ware. Für den Anbieter ist es daher sehr schwer, diesen Erfolg festzustellen.

Ist das Ziel die Erhaltung des bisherigen Umsatzes, so sind die Schwierigkeiten einer Erfolgskontrolle darin zu sehen, daß der Händler bzw. Hersteller nicht sagen kann, um wieviel sein Umsatz zurückgegangen wäre, wenn er die Werbemaßnahme nicht durchgeführt hätte.

Ermittlung des außerökonomischen Werbeerfolgs

Von außerökonomischen Werbeerfolgen spricht man, wenn es dem Unternehmer gelingt,

– die Kundenkontakte zu erhöhen,

– den Bekanntheitsgrad seines Unternehmens zu steigern,

– die Erinnerungsfähigkeit der Kunden an sein Unternehmen zu erhöhen,

– das Image des Unternehmens zu verbessern.

Die Erfolgskontrolle muß sich dabei über einen längeren Zeitraum erstrecken. Mittel zur außerökonomischen Werbeerfolgskontrolle sind

– Meinungsumfragen und

– Image-Analysen.

Aufgaben

1. Warum muß Werbung planmäßig betrieben werden?

2. Wie bezeichnet man die Gruppe, die durch die Werbung angesprochen werden soll?

3. Was versteht man in der Werbung unter Streuzeit?

4. Erläutern Sie den Begriff Streugebiet.

5. Ordnen Sie zwei von den fünf Beispielen den Werbefachbegriffen a) Streuzeit und b) Streugebiet zu.

Beispiele:

a) Das Jeansgeschäft einer Kreisstadt eröffnet eine Filiale in Marienhagen.

b) Die neue Einkaufsmöglichkeit soll 14 Tage vor bis 14 Tage nach der Eröffnung bekannt und populär gemacht werden.

c) Es sollen die männlichen und weiblichen Jugendlichen im Alter von 12 – 25 Jahren angesprochen werden.

d) Es sollen Marienhagen und die unmittelbare Umgebung abgedeckt werden.

e) Es sollen Kosten für verschiedene Werbemittel/Werbeträger miteinander verglichen werden.

6. Prüfen Sie die folgenden Beispiele und entscheiden Sie, ob für die genannte Zielgruppe ein geeigneter Werbeträger ausgewählt wurde. Begründen Sie Ihre Antworten.

a) In einer Jugendzeitschrift wird für Ferienreisen in die Karibik geworben.

b) In einem Manager-Magazin wird zum Kauf von ausländischen Wertpapieren mit einer besonders hohen Rendite geraten.

c) Kurz vor einer Schulfunksendung im Radio wird für Autos geworben.

d) Im Kino wird vor Beginn des Hauptfilmes ein Spot für Erfrischungsgetränke gezeigt.

7. Nennen Sie die zentralen Fragestellungen der Werbeplanung.

8. Welche Zielgruppen sollen mit den folgenden Werbeaktionen angesprochen werden?

– Bergsportzentrale Münzer setzt auf Zelt-Komfort.

– Alles für den Hobby-Bastler.

– Exklusive Mode für die selbstbewußte Frau von heute.

– Ihr Verbrauchermarkt – Ihre günstige Einkaufsstätte.

– Die neue Skimode für alle, denen Qualität und Design etwas bedeutet.

9. Welcher Streuweg wäre bei folgenden Werbemaßnahmen der beste?

   – Ein Uhrenfachgeschäft wirbt in der unmittelbaren
     Umgebung des Geschäftes.

   – Ein großer Getränkehersteller wirbt für sein neues
     „light"-Produkt.

   – Ein Fotogeschäft bringt sich bei ihm bekannten
     Kunden in Erinnerung.

   – Die Einzelhändler des Stadtteils Linden werben alle
     14 Tage gemeinsam.

   – Ein Discountgeschäft startet zweimal im Monat eine
     größere Werbeaktion mit vielen verschiedenen
     preisgünstigen Waren aus dem Gesamtsortiment.

10. Ordnen Sie die Grundsätze der Werbung (Wirtschaft-
    lichkeit, Wahrheit, Klarheit, Originalität, Wirksamkeit)
    den folgenden Beispielen zu:

    Beispiele:

    a) Eine Erhöhung der Aufmerksamkeit durch eine ori-
       ginelle Werbung führt zu einer klaren Abgrenzung
       von der Konkurrenz.

    b) Die Werbewirkung bei einzelnen oder gezielt aus-
       gewählten Kundengruppen sollte, trotz aller damit
       verbundenen Schwierigkeiten, fortlaufend über-
       prüft werden.

    c) Übertreibungen in der Werbung wie auch bewußt
       falsche Aussagen führen zu einem Vertrauens-
       schwund und zum Verlust an Glaubwürdigkeit und
       Umsatzeinbußen für den Anbieter.

    d) Besonders eingängige, klare und leicht verständ-
       liche Aussagen bewirken die erwünschte Auf-
       merksamkeit und Aufnahme der Werbebotschaft.

    e) Das Verhältnis zwischen dem Aufwand der Kosten
       für die Werbung und dem Ertrag muß wirtschaftlich
       zu rechtfertigen sein.

11. Erklären Sie die AIDA-Formel.

12. Was verstehen Sie unter einem Werbeetat?

13. Wie nennt man die Gesamtheit der Maßnahmen zur
    Überwachung der Wirtschaftlichkeit der gesamten
    oder einzelner Werbemaßnahmen?

14. Wie wird der Werbeerfolg festgestellt?

15. Beschreiben Sie die Problematik der Werbeerfolgs-
    kontrolle.

16. Wann spricht man von außerökonomischem Werbe-
    erfolg?

Werbeplanung

Im einzelnen sind vom Unternehmer und/oder einer beauftragten Werbeagentur festzulegen:

- → Werbeziele
- → Werbeetat = Geldmittel, die für eine bestimmte Werbekampagne zur Verfügung stehen
- → Streukreis = umworbener Personenkreis
- → Streugebiet = Einsatzgebiet der Werbung
- → Streuweg = Werbemittel und Werbeträger, mit denen die Umworbenen erreicht werden sollen
- → Streuzeit = zeitlicher Einsatz der Werbung

Werbegrundsätze

- → Wirksamkeit
  (= Originalität und Stetigkeit)
  unter Beachtung
  der „AIDA"-Formel:

  Attention
  Interest
  Desire
  Action

- → Wahrheit
- → Klarheit
- → Wirtschaftlichkeit

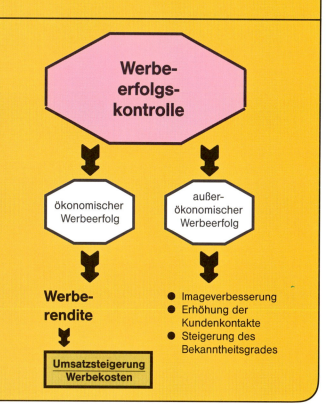

Werbeerfolgskontrolle

- ökonomischer Werbeerfolg → **Werberendite** → Umsatzsteigerung / Werbekosten
- außerökonomischer Werbeerfolg →
  - Imageverbesserung
  - Erhöhung der Kundenkontakte
  - Steigerung des Bekanntheitsgrades

8.11 Gefahren der Werbung

aus: „Von Tauschern zu Täuschern", SOAK Verlag, Wunstorf 1974

Welche Problematik wird mit dem Comic angesprochen?

Information

Die Werbung hat neben der Aufgabe, über Waren und Dienstleistungen zu informieren, auch eine **Motivationsfunktion.**

Menschliche Entscheidungen erfolgen nur zu einem geringen Teil (ca. 25 %) über den Verstand. Überwiegend sind Entscheidungen von den Gefühlen (Emotionen) beeinflußt. Am Anfang steht dabei der Mensch mit seinen Träumen, Hoffnungen und Wünschen, die zu bestimmten Begierden werden können. Der Wunsch wird zur Motivation, konkretisiert sich dann im Bedarf und wird schließlich in den Kauf umgesetzt.

Werbung, die den Verstand übergeht und die Gefühle anspricht, **gaukelt** dem Verbraucher vor, daß er mit der bestimmten Ware z. B. Ansehen erwirbt, daß er mit ihr zu den besonderen Menschen gehört. Oder sie versucht ihm **einzureden**, daß derjenige, der diese Ware besitzt, besondere Eigenschaften hat. Er wird bewundert, ist attraktiv, sportlich oder weltgewandt. Besonders stark wirken Werbebotschaften, die an die sexuellen Triebwünsche gerichtet sind. Sichtbares Zeichen dafür sind die häufig in der Werbung erscheinenden attraktiven Frauen.

Werbung, die darauf abzielt, daß der Verbraucher mit der Ware bestimmte Vorstellungen verbindet, die mit den Eigenschaften der Ware in keinem Zusammenhang stehen, bezeichnet man als **suggestive Werbung** (suggestiv = seelisch beeinflussend; etwas einredend; zu etwas überredend).

Beispiele für emotionale Werbebotschaften:

– Freiheit an den Füßen
– Sicherheit und Erfolg durch elegante Kleidung
– Das Gefühl von Freiheit in Jeans und Jacketts von ...
– Behaglichkeit und Wärme – Wohnmöbel von ...
– Ein Hauch von Zärtlichkeit – Die Nachtwäsche von ...
– Sorglos schlafen – sicher geweckt – durch unsere ... uhren.

Der Verbraucher soll davon überzeugt werden, daß die Ware ihm einen Vorteil/Nutzen bringt, der über ihren üblichen Gebrauchswert hinausgeht. Die Werbebotschaft für ein After-shave „MIT DIESEM DUFT KANN DIR ALLES PASSIEREN" verspricht Attraktivität, Aufregendsein, Schönheit und Exklusivität, und zwar für **jeden** Mann, der dieses After-shave kauft.

Die Gefahr für den Verbraucher besteht darin, daß er sich nicht klarmacht, daß man derartiges nicht mit einem Kosmetikartikel kaufen kann und daß er unterbewußt Ware und Werbebotschaft gleichsetzt. Hier soll eine Kaufentscheidung fallen aufgrund **gefühlsmäßiger (emotionaler) Beeinflussung.**

Zur suggestiven Werbung gehört auch die „**Leitbildwerbung**", bei der bekannte Persönlichkeiten für Waren werben. So sieht man beispielsweise Sportler, die für ein Getränk werben, das sie selber gar nicht trinken, oder Schauspieler machen Werbung für einen Kosmetikartikel, den sie privat nicht benutzen. Die Leitbildwerbung verfolgt den Zweck, daß sich bestimmte Verbraucher oder Verbrauchergruppen mit diesen „Vorbildern" identifizieren und ihnen nacheifern, um mit ihnen etwas gemeinsam zu haben.

Soll die Werbung sich überwiegend an den Verstand wenden, so muß sie logisch aufgebaut sein und überzeugen können.

Man spricht dann von **informierender (sachlicher) Werbung.**

Neu: Canovision A1.
Ein technisches Meisterstück setzt neue Maßstäbe.

Der neue 8-mm-Camcorder A1 ist das Spitzenmodell im Canon-Videoprogramm. Ein technisches Meisterstück, in dem die Ergebnisse einer weltweiten Anwenderbefragung in geradezu genialer Weise verwirklicht wurden. Mit dem Camcorder A1 geht Canon neue Wege im Bau von Videokameras. Schon äußerlich unterscheidet sich der A1 deutlich von herkömmlichen Camcordern.

Die technische Ausstattung und filmische Möglichkeiten orientieren sich an Profikameras. Der A1 setzt deutlich neue Maßstäbe: Höhere Bildauflösung durch verbesserten CCD-Sensor · HiFi-Stereoton · Zehnfach-Zoomobjektiv 1:1,4/8–80 mm, mit Makroeinstellung · Hochgeschwindigkeits-Verschluß 1/50 bis 1/2000 s · schwenkbarer Sucher · Mehrzonen-Belichtungsmessung · Zweizonen-Autofokus · Zeitraffer, Zeitlupe · Infrarot-Fernauslöser und vieles andere mehr. Im Camcorder A1 sind High-Tech und Bedienungskomfort auf ideale Weise kombiniert. Wo immer nötig und sinnvoll, werden Funktionen automatisch gesteuert, wobei im Bedarfsfall die manuelle Korrektur immer möglich bleibt, wenn besondere, kreative Effekte ausdrücklich gewünscht werden.

Grundausstattung DM 3998,–*

*Unverbindliche Preisempfehlung von Canon Euro-Photo GmbH für Canon Kameras mit Original-Sicherheitssiegel.

Erhältlich im Rundfunk- und Fotofachhandel.

Informationen auch bei Canon Euro-Photo GmbH, Siemensring 90–92 D-4156 Willich 1

Canovision. Der sichere Weg zum perfekten Videofilm.

In letzter Zeit werden immer öfter Markenartikel, ob Autos, Schuhe, Uhren oder Zigaretten – als Requisiten getarnt – so geschickt in einen Film eingebaut (z. B. bei „Dallas"), daß der Zuschauer die werbende Absicht nicht mehr erkennt. **„Product placement"** nennen es die Werbefachleute.

Informationsdienst zur wirtschaftlichen Bildung, Heft 23, 1983, Seite 7

Aus den genannten Gründen hört man sehr häufig, daß die Werbung, indem sie den Verbrauchern einredet, mit der Ware/Dienstleistung gleichzeitig ein bestimmtes Gefühl zu erwerben, **manipuliert**, d. h., daß man Dinge kauft, die man bewußt und überlegt so nicht gekauft hätte.

In diesem Zusammenhang sei auf die **Warenplazierung** im Lebensmitteleinzelhandel hingewiesen, wo – vornehmlich in SB-Läden – folgende Grundsätze angewendet werden:

1. In den Eingang gehören „Stopper" durch Sonderangebote und Impulsartikel.
2. Anordnung der Waren und Regale in der Form, daß der Kunde
   – an möglichst allen Waren vorbeigeführt wird,
   – immer wieder zum Stehenbleiben veranlaßt wird.
   Grund: Der Kunde soll dazu verleitet werden, mehr zu kaufen, als er ursprünglich vorhatte (**Impulskäufe**).
3. Gut kalkulierte Artikel und Neuheiten sollen am Rand des Regals aufgebaut werden, da sie vom Kunden besonders beachtet werden.
4. Suchartikel und Artikel des täglichen Bedarfs gehören in die Regalmitte.
5. Dabei liegen die Mußartikel, wie Brot, Milch, Zucker, Salz usw., also Artikel, die der Kunde unbedingt benötigt, unten oder oben (in der Bück- oder Reckzone). Man benötigt sie, also wird sich jeder bücken oder recken.
6. Impuls-, Zusatz- und teuere Artikel sind am besten in der Greif- und Sichtzone zu plazieren (0,80 m – 1,60 m), zudem auf der rechten Seite. Untersuchungen haben ergeben, daß Kunden bevorzugt nach rechts schauen, außerdem sind die meisten Rechtshänder.
   Der Händler geht davon aus, daß ein und derselbe Artikel, der in Augenhöhe 100mal verkauft wird, in Hüfthöhe nur noch 70mal, in Kniehöhe sogar nur 30mal verkauft wird.
7. Aufstellen von sogenannten Schütten. Durch geplante Unordnung soll der Kunde Lust zum Kauf am Wühltisch gewinnen. Er soll gleichzeitig den Eindruck bekommen: Diese Ware ist so billig, daß man sich erst gar nicht die Arbeit machen konnte, sie ordentlich aufzubauen oder zu stapeln.
8. Plazierung der umsatzstärksten Artikelgruppen, wie Frischfleisch und Käse, im hinteren Teil des Geschäfts (dem Eingang entgegengesetzt), damit der Kunde auf dem Weg dorthin an möglichst vielen Waren vorbeigeführt wird. Je länger er nämlich im Laden bleibt, desto mehr kauft er.
9. Aufbau insbesondere von Süßwaren in der Kassenzone, so daß sie besonders Kinder zu einem schnellen Zugriff animieren können.

Reckzone
über 1,60 m;
weniger verkaufsaktiv

Sichtzone
1,20 – 1,60 m;
sehr verkaufsintensiv

Greifzone
0,80 – 1,20 m;
durchschnittlich verkaufsintensiv

Bückzone
bis 0,80 m;
weniger verkaufsintensiv

Die Beeinflußbarkeit des Menschen hat jedoch auch ihre Grenzen. Der Verbraucher kann nicht beliebig zum Kauf von irgendwelchen Waren verführt werden, weil

– es eine Vielzahl von Konkurrenzwaren gibt,
– er häufig Markentreue beweist und
– er immer häufiger jeder Werbebotschaft kritisch gegenübersteht.

Jeder Verbraucher sollte sich bewußt machen, daß die Werbung das Ziel hat, den Warenabsatz des Anbieters zu steigern. Er sollte sich daher von gefühlsmäßigen Käufen freimachen und vielmehr verstandesmäßig kaufen.

Er sollte

– Informationsmöglichkeiten nutzen durch die Tagespresse, Funk- und Fernsehsendungen, Fachzeitschriften, die Schriften des Bundesausschusses für volkswirtschaftliche Aufklärung, die Verbraucherberatungsstellen und die Zeitschrift der Stiftung „Warentest".

- bedenken, daß in der Werbung der Werbende nur seine beste Seite zeigt. Niemand ist verpflichtet, auf Nachteile seines Angebotes aufmerksam zu machen.
- sich bewußt machen, welche seiner Gefühle und Neigungen in der Werbung angesprochen werden sollen. Gefühlsreaktionen können weitgehend unwirksam werden, wenn man sich klarmacht, was damit beabsichtigt ist.
- die Werbung nicht so ernst nehmen.

Eine Übersicht über die Argumente der Befürworter und Gegner der Werbung zeigt die folgende Darstellung:

Werbung	
PRO	**CONTRA**
Werbung	Werbung
– informiert den Kunden über neue Waren,	– verleitet den Menschen zu Handlungen, für die er sich sonst nicht entscheiden würde (sie manipuliert),
– kann dazu beitragen, den Absatz zu steigern,	
– läßt durch erhöhte Produktion die Stückkosten sinken und damit die Preise,	– treibt häufig gefühlsmäßige Beeinflussung (Suggestion),
– schafft Arbeitsplätze,	– vermittelt nur positive Informationen über die Ware – es wird eine heile Welt vorgegaukelt,
– erhöht den Gewinn,	
– hilft, die eigenen Waren von denen der Konkurrenz abzugrenzen,	– verursacht zu hohe Kosten und erhöht damit die Preise,
– fördert die Konkurrenz, weil sie die Marktübersicht erhöht,	– steigert die Suchtgefahren (Tabak, Alkohol, Tabletten),
– steigert die Lebensqualität,	– gefährdet den Wettbewerb, weil sich nur finanzstarke Unternehmen aufwendige Werbemaßnahmen leisten können.
– belebt das Straßenbild.	

Aufgaben

1. Werbung hat u. a. suggestive Wirkung. Was verstehen Sie darunter?
2. Welches Beispiel würden Sie der informativen Werbung zuordnen?

   Beispiele für Geschirrspülmittel:
   a) Der knallgelbe Kraftspüler
   b) Ein Liter nur 1,35 DM
   c) Jetzt ist Wasch dran
   d) Wasch ist toll
   e) Das schafft nur Wasch: Kräftige Apfelsinenfrische bringt frischen Wind in Ihr Geschirr
3. Erklären Sie die Aussage „Werbung manipuliert".
4. Sammeln Sie je fünf verschiedene Schlagworte für suggestive Werbung, wenn
   a) die sexuellen Wünsche,
   b) Sorge, Angst, Schuldgefühle,
   c) Prestige, Ansehen, Statusgefühl angesprochen werden sollen.
5. Beschreiben Sie die „Leitbildwerbung".

8.12 Gesetzliche Regelungen des Wettbewerbs

Anschlag desselben Geschäftes:

Prüfen Sie, warum dem Möbeleinzelhändler der Räumungsverkauf wegen Geschäftsverkleinerung nicht gestattet wurde.

Information

Ein Wettbewerbsrecht in Form eines einzigen Wettbewerbsgesetzes gibt es nicht. Die gesetzlichen Bestimmungen zum Schutz der Verbraucher und Mitbewerber untereinander sind vielmehr in vielen Spezialgesetzen und Verordnungen zu finden. Sie legen allgemeine Grundsätze fest, z. B. über die Irreführung des Verbrauchers, enthalten aber auch genaue Werbeverbote, z. B. das Verbot für Zigarettenwerbung in Rundfunk und Fernsehen.

Die wichtigsten Gesetze und Verordnungen sind im einzelnen:

Das Gesetz gegen den unlauteren Wettbewerb (UWG)

§ 1 (Generalklausel) des UWG verbietet
- alle Handlungen zu Zwecken des Wettbewerbs im geschäftlichen Verkehr, die gegen die „guten Sitten" verstoßen.

§ 3 des UWG verbietet
- alle irreführenden oder täuschenden Werbemaßnahmen.

Danach verstoßen die folgenden Maßnahmen gegen das UWG:

1. **Vergleichende Werbung**

Ein Anbieter darf über seine Konkurrenten keine abfälligen Bemerkungen machen. Dies gilt auch dann, wenn die Konkurrenz namentlich nicht erwähnt wird.

Beispiel:

Anzeige eines Optikers:
„Weil niemand gern zuviel bezahlt: Optiker Schönhoff!"

Mit dieser Anzeige bezieht er sich unmittelbar auf die Preisgestaltung der Mitbewerber. Daraus folgt: Die Anpreisung der eigenen Leistung ist durchaus statthaft, nicht jedoch die Hervorhebung des eigenen Angebots durch Herabsetzen anderer.

2. **Unlauterer Kundenfang**

Unlauter sind Handlungen, die Mitbewerber vom Wettbewerb ausschließen oder behindern und denen keine eigene Leistung zugrunde liegt,

z. B. durch

- psychologischen Kaufzwang, z. B. durch Gewinnspiele: Gewinnspiele sind zwar nicht von vornherein verboten, sie sind jedoch u. a. dann unzulässig, wenn der Verbraucher zur Teilnahme am Gewinnspiel gezwungen ist, das Geschäft des Anbieters aufzusuchen.
- Anlocken von Kunden durch geschmacklose, aufdringliche oder lästige Werbung.

Beispiele:

Telefonanruf im privaten Bereich zu Werbezwecken;
Zusendung unbestellter Ware;
Werbung für ein Bestattungsunternehmen durch Werbeaufdruck auf den Trikots von Fußballspielern.

– gefühlsbetonte Werbung.

Beispiel:

Werbeanzeige eines Schnellimbißrestaurants: „McHappy-Tag ist Spendentag". Der Erlös dieser Spendenaktion soll an das Deutsche Kinderhilfswerk abgeführt werden.

Mit der Spendenaktion sollte der Gewinn gesteigert werden. Die Werbung sollte auf das Restaurant aufmerksam machen und ihm ein positives Image verleihen. Gefördert wurde nicht nur der Umsatz der von der Spendenaktion betroffenen „Hamburger", sondern das gesamte Angebot.

3. Irreführende Preisgegenüberstellungen

Nach der Aufhebung des § 6 e UWG (seit dem 01. 08. 1994) ist es wieder erlaubt mit Preisgegenüberstellungen zu werben.

PREISREDUZIERUNG:

Herren-Freizeit-Hemden		schon ab	**15,-**
Denim Winter-Jeans orig. Blue Star	bisher **79,90**	jetzt	**35,-**
Winter-Blousons	bisher **98,-**	jetzt	**45,-**

GELD SPAREN

Kinder-Nickys	bisher **29,90**	jetzt	**15,-**
Kinder-Stepp-Latzhosen	bisher **59,90**	jetzt	**40,-**
Kinder-Parkas	bisher **69,90**	jetzt	**45,-**

BILLIG-BILLIG

Damen-Flanell-Blusen	bisher **49,90**	jetzt	**15,-**
Damen-Pullover	bisher **39,90**	jetzt	**25,-**
Damen-Kleider Angora-Mischungen	bisher **149,-**	jetzt	**98,-**

Zulässige Werbung mit Preisgegenüberstellungen:

Beispiele:

– „Seidenblusen zum halben Preis, statt 118,00 DM nur noch 59,00 DM"

– „Mountain-Bikes, um 150,00 DM reduziert"

Irreführende Preisgegenüberstellungen bleiben jedoch weiterhin verboten. Unzulässig ist eine Werbung mit Preisgegenüberstellungen z. B. dann, wenn

– in der Werbung der Eindruck erweckt wird, bei dem früheren Preis handele es sich um den eigenen Preis. Tatsächlich handelt es sich aber um eine unverbindliche Preisempfehlung des Herstellers.

– der Anbieter den früheren Preis künstlich so hoch gesetzt hat, daß von einer ernsthaften Preisbemessung nicht mehr gesprochen werden kann (sogenannter „Mondpreis").

– sich die Preise auf unterschiedliche Waren beziehen.

Beispiel:

Ein Möbelhändler wirbt:

„Wohnzimmerschränke bis zu 30 % reduziert".

Bei den Schränken handelt es sich jedoch nicht um Neuware, sondern um Ausstellungsstücke.

Wenn der Werbende nicht mit einem deutlichen Zusatz darauf hingewiesen hat, daß es sich um Ausstellungsstücke handelt, ist diese Werbung irreführend.

4. Preisspaltung

Es ist verboten, für die gleiche Ware in demselben Geschäftslokal, zur selben Zeit unterschiedliche Preise zu verlangen.

Beispiel:

Es ist unzulässig, identische Ware am Sonderangebotstisch zu einem niedrigeren Preis anzubieten als am regulären Platz im Regal.

Im stationären Einzelhandel liegt jedoch keine verbotene Preisspaltung vor, wenn ein Filialunternehmen an verschiedenen Standorten in derselben Stadt für die gleiche Ware zur selben Zeit unterschiedliche Preise verlangt.

Dem Versandhandel ist es jedoch untersagt, für die gleiche Ware zur selben Zeit in verschiedenen Katalogen unterschiedliche Preise zu verlangen.

5. **Lockvogel-Werbung**

Die Werbung mit preisgünstigen Angeboten soll als Lockvogel dazu dienen, Kunden in das eigene Geschäft zu locken, um ihnen vor allem andere, weniger preisgünstige Waren zu verkaufen.

Der Anbieter kann eine derartige Irreführung vermeiden, indem er deutlich macht, daß das Angebot eine Ausnahme ist und von der übrigen allgemeinen Preisgestaltung abweicht, z. B. durch den Hinweis **„Sonderangebot"**.

Unzulässig ist auch die Werbung mit Niedrigpreisen, wenn erhebliche Teile des Sortiments dauerhaft unter dem Selbstkosten- oder Einstandspreis verkauft werden (= ruinöser Wettbewerb). Der Verkauf zu Verlustpreisen kann zur Verdrängung von Mitbewerbern führen, wodurch der Wettbewerb auf einem bestimmten Markt ganz oder zumindest weitgehend aufgehoben werden kann.

Beispiel:

Ein Warenhaus bietet Foto-, Filmkameras sowie Zubehör laufend zu Preisen an, die um 5 bis 10 % unter den Einstandspreisen liegen. Die Verluste können durch Gewinne im übrigen Sortiment ausgeglichen werden. Die ortsansässigen Fotofachhändler, die über diese Möglichkeit nicht verfügen, werden in ihrer Existenz gefährdet.

Eine andere Form der unlauteren Lockvogel-Werbung ist die Werbung mit irreführenden Angaben über die Vorratsmenge.

Zeichnung: M. Forget

6. Werbung mit irreführenden Angaben über die Vorratsmenge

Sie liegt vor, wenn einzelne, aus dem gesamten Angebot hervorgehobene, besonders preisgünstige Waren in der Werbung angepriesen werden, die dann im Geschäft nicht oder nicht in ausreichender Menge vorhanden sind oder nur zu einem höheren Preis verkauft werden.

Will der Anbieter nicht gegen das UWG verstoßen, so muß er die angebotene, preisgünstige Ware am ersten Verkaufstag nach der Werbung mindestens 20 Minuten lang zur sofortigen Mitnahme vorrätig haben. Es muß sichergestellt sein, daß die aufgrund einer Anzeige normalerweise zu erwartende Nachfrage gedeckt ist.

Damit soll verhindert werden, daß Kunden, wenn die angekündigte Ware nicht mehr vorhanden ist, verleitet werden, andere Waren zu kaufen.

Für welchen Zeitraum der Vorrat ausreichen muß, kann man nicht pauschal sagen. Grundsätzlich muß ein Angebot am Tag, der dem Erscheinungsdatum der Anzeige folgt, noch vorrätig sein; normalerweise sogar für drei Tage reichen. Denn viele Berufstätige lesen die Anzeige erst nach Feierabend, und etlichen bleibt die Werbung noch zwei Tage im Gedächtnis.

Nach der Aufhebung des § 6 d UWG (seit dem 01.08.1994) ist es wieder zulässig, in der Werbung einzelne Angebote mengenmäßig zu beschränken.

Beispiel:

Folgende Hinweise sind z. B. erlaubt:
- „Abgabe maximal fünf Stück pro Kunde."
- „Abgabe nur in handelsüblichen Mengen."

---

7. Irreführende Angaben beispielsweise über

- sich selbst oder die eigenen geschäftlichen Verhältnisse, wie z. B. über Größe und Bedeutung des eigenen Unternehmens: Größe der Verkaufsfläche, Höhe des Umsatzes, Zahl der Mitarbeiter (= **Alleinstellungswerbung**);

- die Ware oder Leistung, wie z. B. die Beschaffenheit, den Zustand, die Echtheit, die Wirkung, den Ursprung oder die Herstellungsart.

Unzulässig wäre es z. B. Kunstseide als Seide zu verkaufen oder Schlafzimmer und Betten im Prospekt abzubilden, die komplett einschließlich Bettzeug ausgestattet sind, während der dazu angegebene Preis nur für den leeren Bettrahmen gilt.

Der Zusatz „echt" oder „Original" ist nur zulässig, wenn es auch unechte oder nachgeahmte Waren dieser Art gibt; die Bezeichnung „echte Zuchtperlen" oder „echte Kunstseide" ist daher nicht erlaubt.

8. Bestechung von Angestellten anderer Unternehmen

9. Benutzung fremder Firmen- oder Geschäftsbezeichnungen

Beispiel:

Ein Einzelhändler wählt absichtlich den geschützten Firmennamen eines Mitbewerbers an demselben Ort. Durch die beabsichtigte Verwechslungsgefahr möchte er vom guten Ruf seines Konkurrenten profitieren.

---

10. Verrat von Geschäftsgeheimnissen

Beispiel:

Ein Angestellter gibt betriebsinterne Daten der Preisberechnung an den Geschäftsführer eines Konkurrenzunternehmens weiter.

---

11. Geschäftsschädigende Behauptungen

Durch üble Nachrede oder Verleumdung soll der Konkurrent nachhaltig geschädigt werden.

Beispiel:

Ein Hersteller von Autos behauptet wider besseres Wissen, daß den Autos des Konkurrenten XYZ die notwendigen Sicherheitsstandards fehlen.

Auch wenn die Behauptung der Wahrheit entspricht, kann unlauterer Wettbewerb vorliegen, sofern sie gegen die guten Sitten verstößt.

(**Üble Nachrede** = etwas über einen Mitbewerber verbreiten, ohne es beweisen zu können;

Verleumdung = wider besseres Wissen etwas Geschäftsschädigendes über einen anderen behaupten).

4035309 B

Rücktrittsrecht der Verbraucher

Ist ein Kaufvertrag zwischen Händler und Verbraucher aufgrund unwahrer und zur Irreführung geeigneter Werbemaßnahmen zustande gekommen, so hat der das Recht, innerhalb von sechs Monaten vom Kaufvertrag zurückzutreten. Der Händler haftet auch für irreführende Angaben in Prospekten der Hersteller, sofern er die Unwahrheit der Werbeangabe kannte oder kennen mußte.

Weiterhin ist im UWG die Durchführung von Sonderveranstaltungen geregelt.

Während das einzelne Sonderangebot zulässig ist, sind Sonderveranstaltungen grundsätzlich verboten.

Um eine unzulässige Sonderveranstaltung handelt es sich, wenn nicht nur einzelne Artikel, sondern ganze Artikelgruppen oder Sortimentsteile als Sonderangebote beworben werden (siehe Seite 278).

Unter Sonderveranstaltungen versteht man Verkaufsveranstaltungen im Einzelhandel,

– die außerhalb des regelmäßigen Geschäftsverkehrs stattfinden,
– der Beschleunigung des Warenabsatzes dienen und den Eindruck hervorrufen, daß Kaufvorteile gewährt werden.

Erlaubte Ausnahmen vom Sonderveranstaltungsverbot sind:

– Winter- und Sommerschlußverkäufe,
– Jubiläumsverkäufe und
– Räumungsverkäufe.

Winter- und Sommerschlußverkäufe

Winter- und Sommerschlußverkäufe sind ohne besondere Genehmigung zugelassen. Sie dauern zwei Wochen bzw. zwölf Werktage und beginnen jeweils am letzten Montag

– im Monat Januar (WSV),
– im Monat Juli (SSV).

In diesen Saisonschlußverkäufen dürfen Schuhwaren, (sämtliche) Lederwaren, Sportartikel, Bekleidungsgegenstände und Textilien verkauft werden.

Als Abgrenzung zu anderen Verkaufsveranstaltungen sollte der Einzelhändler in seiner Werbung stets auf den Schlußverkauf hinweisen, wobei „Schlußverkauf", aber auch „WSV", „SSV" ausreichen. Deutlich muß der Tag des Beginns angegeben sein. Ein Kaufmann handelt wettbewerbswidrig, wenn er beim Käufer aufgrund der Gestaltung seiner Anzeige oder seiner Schaufensterdekoration den Eindruck erweckt, der Schlußverkauf beginne bei ihm zu einem früheren Zeitpunkt.

Es steht zwar in keinem Gesetz, entspricht aber kaufmännischer Verkehrsauffassung, daß vor Beginn des Saisonschlußverkaufs eine sog. **Karenzzeit** von zwei Wochen zu beachten ist. Innerhalb dieser Frist sollte keine Werbung mit besonders herausgestellten Sonderangeboten gemacht werden (Vorwegnahme des Schlußverkaufs).

Das Vor- und Nachschieben von Waren während des Schlußverkaufs ist erlaubt.

Vorschieben von Waren bedeutet, daß die betreffenden Waren eigens für den Schlußverkauf angeschafft wurden.

Nachschieben von Waren bedeutet, daß während des Schlußverkaufs noch dafür bestimmte Waren hinzugekauft werden.

Jubiläumsverkäufe

Jubiläumsverkäufe sind

– zur Feier des Bestehens eines Unternehmens,
– im selben Geschäftszweig,
– nach Ablauf von jeweils 25 Jahren,
– für die Dauer von 12 Werktagen

zulässig.

Der Wechsel des Firmennamens oder des Geschäftsinhabers ist ohne Bedeutung.

Jubiläumsverkäufe müssen in dem Monat beginnen, in den der Jubiläumstag fällt. Entscheidend ist dabei der **Beginn** der Veranstaltung.

Beispiel:

Das Betriebsjubiläum eines Einzelhändlers findet am 1. März statt. Die Sonderveranstaltung darf noch am 31. 03. beginnen und damit in den April hineinreichen.

Unzulässig, da es sich nicht um ein Firmenjubiläum handelt, sondern um das Jubiläum einer Betriebsabteilung.

Das Nachschieben von Waren ist erlaubt. Zweigniederlassungen dürfen an der Veranstaltung teilnehmen, auch wenn sie nicht so lange bestehen. Eigene Jubiläumsverkäufe dieser Zweigstellen sind nicht statthaft.

Räumungsverkäufe

Räumungsverkäufe können stattfinden bei

- **einem Schaden infolge „höherer Gewalt"** (Feuer, Wasser, Sturm u. ä.).

   Dauer: Höchstens 12 Werktage.

   Anzeigefrist: Spätestens eine Woche vor ihrer erstmaligen Ankündigung bei der zuständigen Industrie- und Handelskammer (IHK).

   Erforderliche Angaben und Unterlagen: Schadensursache und Schadensumfang.

- **genehmigungspflichtigen Umbaumaßnahmen.**

   Voraussetzung:

   Vorlage eines anzeige- oder genehmigungspflichtigen Umbauvorhabens, wie Änderung, Abbruch oder Beseitigung baulicher Anlagen.

   Dauer: Höchstens 12 Werktage.

   Anzeigefrist: Spätestens zwei Wochen vor der erstmaligen Ankündigung bei der zuständigen IHK.

   Erforderliche Angaben und Unterlagen:

   Baupläne, Baubeschreibungen, Umfang und zeitlicher Ablauf der Umbaumaßnahmen.

- **Aufgabe des gesamten Geschäftsbetriebes.**

   Voraussetzungen:

   - Der gesamte Geschäftsbetrieb muß aufgegeben werden, d. h. jegliche geschäftliche Tätigkeit des Unternehmens muß eingestellt werden.
   - Der Geschäftsinhaber darf mindestens drei Jahre vor Beginn des Räumungsverkaufs keinen Räumungsverkauf wegen Geschäftsaufgabe in der gleichen Branche durchgeführt haben.

   Dauer: Höchstens 24 Werktage.

   Anzeigefrist: Spätestens zwei Wochen vor der erstmaligen Ankündigung bei der zuständigen IHK.

Rechtsfolgen: Dem Geschäftsinhaber, seinem Ehegatten oder nahen Angehörigen ist es verboten, den Geschäftsbetrieb fortzusetzen. Darüber hinaus darf er nach Beendigung des Räumungsverkaufs am gleichen Ort oder in den benachbarten Gemeinden vor Ablauf von zwei Jahren keinen neuen Handel mit den gleichen Warengattungen eröffnen (§ 8 Abs. 6 Ziff. 2 UWG).

In allen Fällen ist der Anzeige bei der IHK ein vollständiges, gegliedertes Verzeichnis der Räumungsverkaufsware beizufügen. Damit soll erreicht werden, daß der Einzelhändler nur Waren in den Räumungsverkauf einbeziehen kann, die sich bei normalem Geschäftsverlauf in den Verkaufsräumen befinden. Ein Vor- und Nachschieben von Waren ist verboten.

Bei der Ankündigung eines Räumungsverkaufs, z. B. durch Anzeigen, Plakate, Handzettel oder im Schaufenster, sind der Grund und der Beginn der Veranstaltung anzugeben.

Zulässig ist die Werbung für einen Räumungsverkauf nur in der zulässigen und angezeigten Dauer.

Ausdrücklich **unzulässig** sind Räumungsverkäufe wegen Aufgabe einer Verkaufsstelle, wegen Umzug oder Verkleinerung der Geschäftsräume, wegen Aufgabe einer Warengattung oder Aufgabe einer selbständigen Zweigniederlassung.

Die Zugabeverordnung

Zugaben sind Waren oder Dienstleistungen, die der Kunde „neben" dem Kauf einer anderen Ware oder Dienstleistung (Hauptkauf) kostenlos erhält.

Nach der Zugabeverordnung sind Zugaben **grundsätzlich verboten.** Sie dürfen weder angeboten, angekündigt oder gewährt werden.

Ausnahmen vom Zugabeverbot sind

- **Reklamegegenstände von geringem Wert mit Firmenaufdruck,** wie Taschenkalender, Kugelschreiber, Flaschenöffner oder Zündhölzer.

- **Geringwertige Kleinigkeiten,** wie
  - eine Packung Haarwaschmittel im Werte von 0,50 DM,
  - Einzelstücke eines Puppenservices,
  - Gegenstände, die keine Handelsware sind, wie z. B. Sammelbilder oder Plastikfiguren.

Unzulässig ist aber z. B. die kostenlose Abgabe von:
  - einem Diafilm, 120 g Bonbons, einem Gutschein für einen Ponyritt, einem Stück Seife.

- **Handelsübliches Zubehör und handelsübliche Nebenleistungen**
  Zulässig:
  - Verkauf von Senf in einem Henkelglas,
  - Verkauf von Kaffee in Schmuckdosen, deren Wert noch durch den Verpackungszweck gedeckt ist,
  - Verkauf von Tabak in aromaschützenden Blechdosen,
  - Zusendung der gekauften Ware,
  - Aufstellung gekaufter Möbel,
  - Serviceleistungen (Scheiben reinigen, Prüfung des Luftdrucks und des Ölstandes) bei Bedienungstankstellen.

  Unzulässig:
  - Verkauf von Marmelade in Einmachgläsern,
  - Taschen- oder Geschirrtücher als Verpackung für Kaffee,
  - Brillenetuis aus Leder beim Kauf einer Brille,
  - Nähen von Gardinen,
  - Zuschneiden von Stoffen,

- Änderung beim Kauf von Herrenkonfektion,
- unentgeltliche Filmentwicklung,
- Verlegung eines gekauften Teppichbodens.

Mit der Zugabeverordnung soll verhindert werden, daß der Wettbewerb weniger mit der Güte und Preiswürdigkeit der Hauptware als durch eine „Bestechung" der Kunden durch die Gewährung von Nebenleistungen geführt wird. Die Kunden sollen sich in ihrem Kaufentschluß an der angebotenen Hauptware und nicht an dem Wunsch orientieren, in den Genuß der Zugabe zu gelangen.

Das Gesetz über Preisnachlässe (Rabattgesetz)

Da Preisnachlässe sehr werbewirksam sind, will das Rabattgesetz verhindern, daß es zu Auswüchsen im Rabattwesen kommt. Es soll sicherstellen, daß der Preisnachlaß als Mittel des Wettbewerbs auf ein vernünftiges Maß beschränkt wird.

Rabattgewährung ist in drei Formen möglich:

- Barzahlungsnachlässe,
- Mengennachlässe und
- Sondernachlässe.

- **Barzahlungsnachlässe**

  Barzahlungsnachlässe sind Preisnachlässe, die dem Kunden für **sofortige Barzahlung** gewährt werden (= Skonto). Der Barzahlungsrabatt darf **3 %** des Preises für Dienstleistungen oder Waren des täglichen Bedarfs **nicht überschreiten.** Der Kunde hat auf die Rabattgewährung keinen Rechtsanspruch.

- **Mengennachlässe**

  Sie können entweder in der Form von Warenrabatten oder Geldrabatten gewährt werden (vgl. Kapitel 4.7).

  Mengenrabatte dürfen nur gewährt, nicht aber angekündigt werden.

- **Sondernachlässe**

  Sie dürfen gewährt werden

  ● an Abnehmer, die die betreffende Ware oder Dienstleistung für berufliche oder gewerbliche Zwecke verwenden, z. B. Ärzte oder Handwerker;

● an Großverbraucherkreise. Keine Rolle spielt dabei, ob die abgenommene Großmenge für den gewerblichen oder privaten Gebrauch verwendet wird;
● an Betriebsangehörige.

Ausgangspunkt für die Rabattgewährung ist der Normalpreis, den der Anbieter normalerweise fordert. Nur gegen die Unterbietung dieses eigenen Preises richtet sich das Rabattgesetz. Dies hindert z. B. einen Einzelhändler nicht an einer generellen Herabsetzung seiner Preise. Allgemeine Preisherabsetzungen, wie z. B. „Frühlingspreise", fallen damit nicht unter das Rabattgesetz.

Anzuwenden ist das Rabattgesetz nur auf der letzten Handelsstufe; es betrifft also nur die Rabattgewährung gegenüber dem Endverbraucher. Auf der vorhergehenden Handelsstufe besteht keine Sonderregelung der Rabattwerbung.

Verstöße gegen das Rabattgesetz sind Ordnungswidrigkeiten, die mit einer Geldbuße bis zu 10 000,00 DM geahndet werden können.

Im Zusammenhang mit der gesetzlichen Regelung des Wettbewerbs muß noch die **Preisangabenverordnung** erwähnt werden. Sie wird in dem nachfolgenden Kapitel gesondert behandelt.

Mögliche Rechtsfolgen bei Wettbewerbsverstößen

Unterlassungsanspruch
Bei Verstoß eines Konkurrenten gegen die wettbewerbsrechtlichen Bestimmungen kann der Unternehmer auf Unterlassung klagen.

Anspruch auf Schadenersatz
Bei schuldhaften Verstößen gegen die Vorschriften der Wettbewerbsordnung kann der klagende Unternehmer Schadenersatz fordern.

Strafrechtliche Verfolgung
Übertretungen der Gesetze und Verordnungen werden von Amts wegen, d. h. von der Staatsanwaltschaft, verfolgt, entweder automatisch oder auf besonderen Antrag. Schwere Verstöße können mit Geld- und Freiheitsstrafen bis zu einem Jahr geahndet werden.

Zuständig für Streitigkeiten sind zunächst aber die **Einigungsstellen** bei den Industrie- und Handelskammern. Sie sollen Wettbewerbsstreitigkeiten durch gütliche Vergleiche regeln und damit hohe Prozeßkosten aufgrund gerichtlicher Auseinandersetzungen vermeiden.

Aufgaben

1. Welche der folgenden Aussagen verstoßen gegen gesetzliche Regelungen? Begründen Sie Ihre Antwort.

   a) Der Inhaber eines Teppichgeschäftes kündigt einen größeren Warenposten an: „Greifen Sie zu, nur noch wenige Exemplare."

   b) Ein Fotofachhändler inseriert: „Jeder Kunde erhält ein Geschenk im Wert von 15,00 DM."

   c) In einer Werbekampagne stellt ein Kaufhaus seinen Kundenservice besonders heraus.

   d) Zur Ankurbelung des schleppenden Absatzes kündigt ein Einzelhändler einen „Räumungsverkauf" an.

   e) Auf einem Handzettel, der in der Innenstadt verteilt wird, steht: „... ist mein Sortiment umfangreicher und preisgünstiger als das vom Uhrengeschäft Liebermann. Vergleichen Sie genau!"

   f) Ein Verbrauchermarkt gewährt jedem Kunden beim Kauf einen Barzahlungsrabatt von 4 %.

2. Welche der folgenden Gegenstände sind im Einzelhandel als Zugaben verboten?

   – Blumenstrauß für alle weiblichen Kunden

   – Wegwerffeuerzeuge mit Firmenaufdruck

   – Luftballons für alle Kinder

   – Warengutscheine

   – Wandkalender mit Werbeaufdruck

   – Kunstkalender

3. Bei welchen Beispielen handelt es sich um unerlaubte Werbung?

   a) Der Einzelhändler Schulz erzählt dem Großhändler Schneider, Feinkosthändler Adler sei pleite. Heute wäre der Konkursantrag gestellt worden.

   b) Der Einzelhändler Petsch läßt seine Briefbögen mit einem Foto bedrucken, das eine Großhandlung mit demselben Namen zeigt.

   c) Bei seiner Geschäftseröffnung schenkt ein Textileinzelhändler den ersten zehn Kunden ein Kleidungsstück im Wert von 100,00 DM.

   d) Anzeige: „Bei Barzahlung gewähren wir 3 % Rabatt!"

4. Ein Einzelhändler erfährt, daß ein Mitbewerber während des Winterschlußverkaufs in seinem Schaufenster mit Preisgegenüberstellungen wirbt. Wie sollte sich der Einzelhändler verhalten?

5. Entscheiden Sie, in welchen Fällen nur ein Barzahlungsnachlaß von 3 % zulässig ist.

   a) Die Frau des Oberbürgermeisters kauft ein.

   b) Verkauf von Scheren und Kämmen an einen Friseursalon.

   c) Ein Einzelhändler kauft für sein Büro einen neuen Schreibtisch.

   d) Ein Lehrer kauft einen Schreibtisch.

   e) Der Hausmann Uwe S. kauft Lebensmittel für die Familie.

6. Was verstehen Sie unter Lockvogelwerbung?

7. Wann liegt Werbung mit irreführenden Angaben über die Vorratsmenge vor?

8. Nennen Sie vier Beispiele für irreführende Angaben in der Werbung.

9. Ein Kaufvertrag ist aufgrund unwahrer und irreführender Werbemaßnahmen zustande gekommen. Welches Recht haben Sie als Verbraucher?

10. In welchem der folgenden Beispiele wird der Antrag auf Genehmigung eines Räumungsverkaufs keinen Erfolg haben?

    a) Der Verkaufsraum ist durch Sturm erheblich beschädigt worden.

    b) Der Einzelhändler hat zu hohe Lagerbestände und möchte diese abbauen.

    c) Der Inhaber gibt sein Geschäft auf (in den letzten drei Jahren hatte er keinen Räumungsverkauf durchgeführt).

    d) Eine Warengruppe soll aus dem Sortiment herausgenommen werden.

    e) Die Geschäftsräume sollen verkleinert werden.

11. Wann beginnen WSV und SSV?

12. Wie lange dauern die Schlußverkäufe?

13. Welche Artikel dürfen im Winterschlußverkauf reduziert werden?

14. Nennen Sie Sonderveranstaltungen nach dem UWG.

15. Ein Einzelhändler hat im Jahr 1970 sein Geschäft eröffnet. Wann konnte bzw. kann er zum ersten Mal einen Jubiläumsverkauf durchführen?

314

16. Der Einzelhändlerr Hischer gewährt seinem Personal 20 % Rabatt. Üblich sind in der Branche jedoch nur 15 %. Ist diese Regelung zulässig?
17. Mantelhaus Bode gewährt neuerdings seinen Kunden bei Barzahlung 3 % Rabatt. Der aufmerksame Konkurrent Mantelhaus Dettmer hat jedoch feststellen müssen, daß bei Bode kurz zuvor die Preise um durchschnittlich 8 % erhöht wurden. Was kann Herr Dettmer unternehmen?
18. Wer ist zunächst für Streitigkeiten bei Übertretungen der Gesetze und Verordnungen zuständig?
19. Was verstehen Sie unter Karenzzeit?
20. Für wen gilt das Rabattgesetz?
21. Welche Ziele hat das Gesetz gegen den unlauteren Wettbewerb?
22. Welche Folgen können Verstöße gegen das Gesetz gegen den unlauteren Wettbewerb haben?

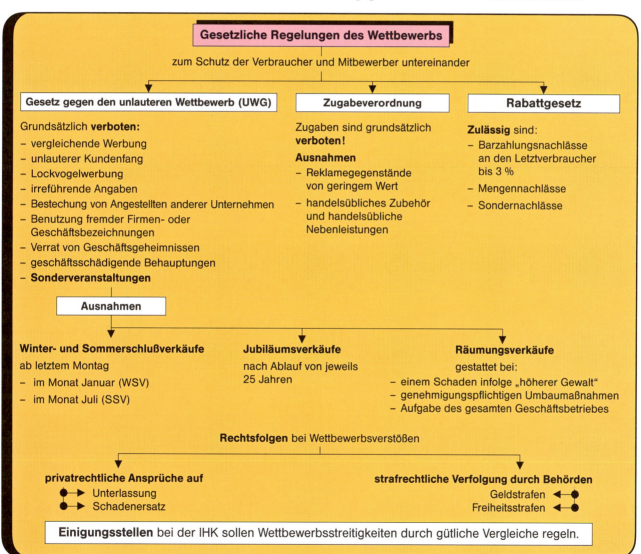

8.13 Die Preisangabenverordnung (PAngV)

Dirk Teuber hat ein Einzelhandelsgeschäft eröffnet. Einige Wochen nach Geschäftseröffnung startet er eine Werbekampagne und läßt Handzettel mit folgendem Inhalt verteilen:

> **Achtung: Ihr Vorteil!**
>
> Ich zeichne die Ware nicht mehr einzeln mit Preisen aus. Das bedeutet für mich Kosten- und Zeitersparnis und für Sie:
>
> **absolute Niedrigpreise**
>
> Am Eingang links:
> Handtaschen aus echtem Leder nur
> **65,90 DM**
> +15% Umsatzsteuer
>
> Auf demselben Tisch:
> Handtaschen aus hochwertigem Kunststoff von echtem Leder nicht zu unterscheiden jedoch viel billiger
>
> Hinten im Laden in einer Gondel:
> Echte Ledergürtel in unterschiedlichen Längen von 8,50 DM bis 38,00 DM

Warum sind derartige Preisangaben unzulässig? Argumentieren Sie aus der Sicht eines Verbrauchers.

Information

Die Vielfalt der angebotenen Waren und Dienstleistungen nimmt ständig zu. Für den Verbraucher wird es dadurch zunehmend schwieriger, sich einen Marktüberblick zu verschaffen. Aus diesem Grund ist es wichtig und notwendig, daß die Waren mit Preisen ausgezeichnet werden.

Durch die **Verordnung zur Regelung der Preisangaben** vom 14.03.1985 ist der Händler zur Preisauszeichnung seiner Waren verpflichtet. Diese Vorschrift gilt für alle Waren, die in Schaufenstern, Schaukästen, innerhalb oder außerhalb des Verkaufsraumes für den Kunden sichtbar ausgestellt sind oder die vom Verbraucher unmittelbar entnommen werden können (Selbstbedienung).

Im Interesse der **Preisklarheit** und **Preiswahrheit** müssen die Preise dem Angebot oder der Werbung eindeutig zugeordnet, leicht erkennbar und deutlich lesbar sein.

Durch die Pflicht zur Preisauszeichnung soll die Möglichkeit eines optimalen Preisvergleichs für die Verbraucher geschaffen werden. Gute Preisvergleichsmöglichkeiten sind eine entscheidende Voraussetzung für das Funktionieren der marktwirtschaftlichen Ordnung. Zusätzlich fördert die PAngV daher den Wettbewerb.

Grundvorschrift

Wer Letztverbrauchern gewerbsmäßig Waren oder Dienstleistungen anbietet, muß diese mit Preisen versehen.

Angaben auf dem Preisschild

a) **gesetzlich vorgeschrieben:**

- **Verkaufspreis einschließlich Umsatzsteuer (= Endpreis)**
- **Verkaufseinheit** (z. B. 5 Stück.; 3 m; 0,7 l; 1 kg)

  Unbestimmte Mengenangaben wie z. B. „300 g bis 350 g" oder „ca. 10 Stück" sind unzulässig.

- **Grundpreis bei Fertigpackungen**

  Bei Waren mit sogenannten krummen Mengen sind Doppelauszeichnungen notwendig. Es muß gleichzeitig der Preis für 1 kg oder 1 Liter bzw. 100 g oder 100 Milliliter angegeben werden.

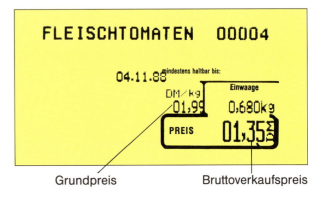

– **Handelsübliche Gütebezeichnung/Waren-
bezeichnung**

Damit ist die Benennung der Ware gemeint, wie z. B.
„Deutsche Markenbutter", „Gewürzgurken", „Vollkorn-
schnitten-Roggenschrotbrot" oder „. . . Handelsklasse
I a". Phantasienamen, wie z. B. „Pusta-Salat", dürfen
allein nicht benutzt werden, da sie keinen genauen
Rückschluß auf den Inhalt ermöglichen.

Bei Textilien sind Namen und Prozentsätze der verwendeten Fasern (aber nicht die Pflegekennzeichen) vorgeschrieben, bei Lebensmitteln das Verbrauchsdatum. Ist
das Verbrauchsdatum abgelaufen, darf das betreffende
Lebensmittel nicht mehr in den Verkehr gebracht werden.

b) **freiwillig:**

(aus Gründen der innerbetrieblichen Organisation)

– **Eingangsdatum**

zur Kontrolle der Lagerdauer;

– **Lieferantennummer**

für Nachbestellungen; Mängelrügen;

– **Artikel- und Lagernummer;**

– **Einkaufspreis**

zur Erleichterung der Inventur.

Durchführung

– **Ladenhandel**

– gut lesbare Preisschilder oder Etiketten an jeder
einzelnen Ware;

– besteht an den Waren selbst keine Auszeichnungs-
möglichkeit, sind die Behälter oder Regale, in denen
sich die Ware befindet, mit Preisschildern zu versehen;

– Beschriftung der Ware selbst;

– Waren, die nach Musterbüchern angeboten werden,
z. B. Tapeten, Gardinen, Stoffe oder Teppichfliesen,
sind mit Preisen auf den Mustern zu versehen oder in
Preisverzeichnissen aufzuführen.

– **Dienstleistungs- und handwerkliche Betriebe**

Dienstleistungsbetriebe wie Friseure, Hotels, Tankstellen u. a. sowie handwerkliche Einzelhandelsbetriebe
wie Bäckereien, Fleischereien u. a. müssen gut sichtbare Preisschilder oder Preislisten anbringen.

Gaststättenbetriebe haben Preisverzeichnisse für Spei-
sen und Getränke aufzustellen und in ausreichender
Zahl auf den Tischen zu verteilen. Die in den Preisverzeichnissen aufgeführten Preise müssen das Bedie-
nungsgeld und sonstige Zuschläge enthalten.

– **Versandhandel**

Waren, die nach Katalogen angeboten werden, sind
ebenfalls auszuzeichnen. Die Preise müssen neben den
Warenabbildungen oder Warenbeschreibungen, in
Anmerkungen oder in einem Preisverzeichnis angegeben werden.

Ausnahmen

Die Auszeichnungspflicht entfällt bei:

– Kunstgegenständen, Sammlerstücken und Antiquitä-
ten;

– Waren, die in Werbevorführungen angeboten werden,
sofern der Preis der jeweiligen Ware bei deren Vorführung und unmittelbar vor Abschluß des Kaufvertrages
genannt wird;

– Blumen und Pflanzen, die unmittelbar vom Freiland,
Treibbeet oder Treibhaus verkauft werden;

– Waren, die ein Unternehmer Letztverbrauchern ausschließlich im Namen und für Rechnung anderer
Gewerbetreibender anbietet, die diese Waren nicht
vorrätig haben und aus diesem Grund die Letztver-
braucher an den Unternehmer verweisen;

– Waren, die ausschließlich solchen Letztverbrauchern
angeboten werden, die die Waren in ihrer beruflichen
Tätigkeit verwerten (z. B. Schneiderinnen);

– Waren bei Versteigerungen.

Vorteile der Preisauszeichnung

a) **für den Verbraucher**

– Preisinformation und -vergleich bereits bei Waren im
Schaufenster;

– Preisvergleiche sind leichter und schneller möglich;

– Preiskontrolle beim Bezahlen an der Kasse;

b) **für den Einzelhändler**

– Die Ware wird nicht zu einem anderen Preis als dem vorgesehenen verkauft;

– bei Nachbestellungen sind alle wichtigen Daten schnell
zur Hand;

- anhand des Eingangsdatums leichteres Erkennen von Ladenhütern;
- informative Etiketten können die Beratung durch einen Verkäufer ersetzen;
- durch den verschlüsselten Einkaufspreis kann der Inventurwert bei Bestandsaufnahme schnell ermittelt werden.

c) **für den Mitarbeiter im Handel**
- Schnelle Einarbeitung, da nicht sämtliche Preise auswendig gelernt werden müssen;
- kein Handeln mit dem Kunden;
- die Auszeichnung gibt nützliche Hinweise für die Kundenberatung (Größe, Qualität, Material u. v. m.).

Ordnungswidrigkeiten
Die Einhaltung der Preisangabenverordnung wird vom Gewerbeaufsichtsamt überwacht. Vorsätzliche oder fahrlässige Verstöße werden mit Bußgeldern geahndet; es können Strafen bis zur Höhe von 50 000,00 DM ausgesprochen werden.

Etikettenarten
a) **nach der Art der Beschriftung**
- handgeschriebenes Etikett
- gestempeltes Etikett
- maschinengeschriebenes Etikett
- mit Auszeichnungsmaschine bedrucktes Etikett

b) **nach Art der Befestigung**
  Stecketikett
  Nadeletikett
  Hängeetikett
  Klebeetikett
  Stelletikett

c) **nach Art der Verwendung**
- Einfachetikett (einteilig)
- Mehrfachetikett (mehrteilig)

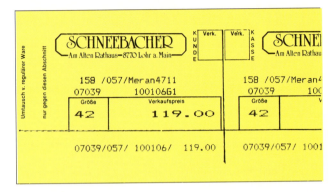

Das Einfachetikett wird lediglich für die Preisauszeichnung verwendet, während das Mehrfachetikett im Betrieb organisatorischen Zwecken dient, z. B. als Kassenzettel.

Sonstiges
- Ein niedriger Preis darf mit einem höheren Preis überklebt werden und umgekehrt. Der gültige Preis muß aber auf jeden Fall deutlich erkennbar sein.
- Übernimmt der Einzelhändler einen unverbindlich empfohlenen Preis unverändert, gilt der aufgedruckte Preis als Preisangabe. Der Händler kann aber auch mehr oder weniger fordern. Er muß die Ware aber dann neu auszeichnen.
- Dekorationsstücke sind keine Waren. Dagegen unterliegen Attrappen der Preisangabepflicht.
- In einem Selbstbedienungsgeschäft kommt der Kaufvertrag erst an der Kasse zustande. Insofern kann dort ein höherer Preis verlangt werden als der, der z. B. am Regal angebracht war. Das gleiche gilt, wenn zwei Preisschilder mit unterschiedlichen Preisen auf der Ware kleben. Aber auch in diesem Fall wird vorsätzliches Handeln bestraft.

Aufgaben
1. Welche Bedeutung hat die Preisangabenverordnung für den Verbraucher?
2. Welche gesetzlich vorgeschriebenen Angaben muß ein Preisschild enthalten?
3. Welche Angaben werden häufig aus betrieblich-organisatorischen Gründen zusätzlich aufgenommen?

4. Welche Waren sind von der Preisangabenpflicht ausgenommen?

5. Suchen Sie ein Wort mit zehn Buchstaben zur Verschlüsselung von Einkaufspreisen. Beachten Sie dabei, daß sich kein Buchstabe des Schlüsselwortes wiederholen darf.

6. Ihre Eltern bitten Sie, einen Weihnachtsbaum für das Weihnachtsfest zu besorgen. In die engere Wahl ist eine Edeltanne gekommen, weil die ihre Nadeln nicht so schnell verliert.

   Warum könnten Sie Schwierigkeiten beim Preisvergleich bekommen?

7. Was verstehen Sie unter einem Grundpreis?

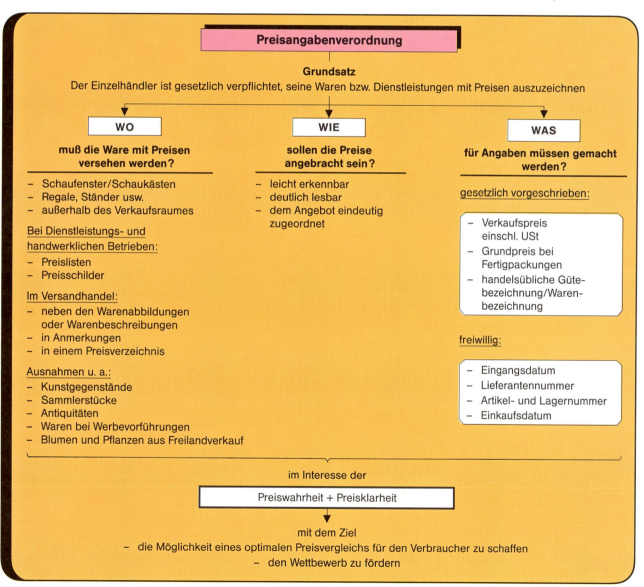

8.14 Verbraucherschutz: Weitere gesetzliche Regelungen

Frau H. wird an der Haustür von Vertreter Fuchs angesprochen. Mitleidserregend bittet er sie, ein Zeitungsabonnement abzuschließen, weil er gerade seinen Arbeitsplatz verloren hat und auf diese Weise seinen Lebensunterhalt und den seiner Familie verdienen muß. Frau H. will helfen und schließt ein Abonnement ab. Eine Auftragsbestätigung soll sie mit der ersten Zeitschriftenlieferung bekommen. Als ihr Mann von der „guten Tat" erfährt, macht er ihr Vorhaltungen, da zwei Zeitschriften und eine Fernsehzeitschrift genug seien. Frau H. will daraufhin den Vertrag widerrufen. Allerdings sind mittlerweile 14 Tage vergangen, seit der Vertreter Fuchs vor der Tür stand.

Welche Möglichkeit hat Frau H.?

Information

Gesetz über den Widerruf von Haustürgeschäften (HWiG)

Einen besseren Schutz des Verbrauchers verspricht das Gesetz über den Widerruf von Haustürgeschäften und ähnlichen Geschäften vom 01.05.1986. Ziel des Gesetzes ist es, den Kunden bei Haustür- und ähnlichen Geschäften vor der Gefahr einer Überforderung zu schützen. Es kommt sehr häufig vor, daß Kunden an der Haustür, auf der Straße oder bei sogenannten Kaffeefahrten zu Bestellungen verleitet werden, die sie nicht ausreichend geprüft und überlegt haben, die sie später nicht bezahlen können oder für die sie gar keinen Bedarf haben. Die Gefahr bei derartigen Geschäften besteht also deshalb, weil sie dem Kunden nur eine verkürzte Überlegungsfrist lassen. Dies gilt insbesondere für Verkäufe an der Haustür, bei denen häufig unter Ausnutzung eines Überrumpelungseffektes Ware zu überhöhten Preisen angeboten wird.

Um den Kunden einen ausreichenden Schutz bei solchen Geschäften zu gewähren, sieht das Gesetz die Einräumung eines befristeten **Widerrufsrechts** vor.

Es ist genau festgelegt, in welchen Fällen der Kunde einen Kauf wieder rückgängig machen kann:

- Wenn der Verkäufer den Kunden an seinem Arbeitsplatz oder in einem öffentlichen Verkehrsmittel angesprochen und zum Kauf überredet hat.
- Wenn der Kunde bei einer Freizeitveranstaltung oder Verkaufsfahrt überrumpelt wurde, z. B. auf einer Kaffeefahrt.
- Wenn es sich um Geschäfte handelt, die durch mündliche Verhandlungen in der Wohnung oder durch überraschendes Ansprechen auf der Straße (Ausnahmen sind Geschäfte an Verkaufsständen auf Märkten oder Volksfesten), auf Parkplätzen oder Fußgängerzonen zustande gekommen sind.

Es gilt für alle Verträge über entgeltliche Leistungen, also nicht nur für Kaufverträge, sondern auch für Verträge über Werk- und Dienstleistungen.

Das Gesetz gibt dem Kunden nun das Recht, die beim Vertragsabschluß abgegebene Willenserklärung **binnen einer Woche** *ohne jegliche Begründung* **zu widerrufen.** Man muß schriftlich nach Abschluß des Vertrages erklären, daß man von dem Kauf Abstand nehmen will. Wenn der Kunde sich also montags mit dem Verkäufer geeinigt hat, muß er spätestens am darauffolgenden Montag seinen Widerruf abschicken. Es gilt das Datum des Poststempels.

Die Wochenfrist beginnt nicht mit dem Kaufvertrag, sondern erst, wenn der Kunde vom Verkäufer ordnungsgemäß **über die Widerrufsmöglichkeit belehrt** wurde. Diese Belehrung darf auf demselben Schriftstück wie der Kaufvertrag stehen, muß aber eindeutig von ihm getrennt und drucktechnisch so deutlich hervorgehoben sein, daß der Kunde sie nicht übersehen kann. Sie darf nicht mit anderen Erklärungen vermischt sein. Neben dem Hinweis auf das Widerrufsrecht muß sie auch den Namen und die genaue Anschrift des Verkäufers enthalten. Der Käufer muß die Belehrung unterschreiben. Steht sie mit auf dem Vertragsformular, sind also zwei Unterschriften nötig. Ein Exemplar bekommt der Verbraucher ausgehändigt.

Erfüllt die Belehrung durch den Verkäufer diese Voraussetzungen nicht, so beginnt die Wochenfrist erst gar nicht zu laufen. Ein Widerruf des Kaufvertrages durch den Kunden ist dann noch so lange möglich, bis der Verkäufer eine ordentliche Belehrung nachholt. Versäumt er dies, erlischt die Widerrufsfrist erst einen Monat, nachdem der Kunde den Kaufpreis bezahlt und die gekauften Sachen bekommen hat.

Die Beweislast, ob und zu welchem Zeitpunkt dem Kunden die Belehrung ausgehändigt wurde, liegt im Zweifelsfall beim Verkäufer. Bis zum Ende der Widerrufsfrist ist der Vertrag schwebend unwirksam. Eine Postkarte reicht aus, um ein Haustürgeschäft zu widerrufen. Vertragsbedingungen, die den Widerruf per Einschreiben verlangen, sind nichtig. Um bei rechtlichen Auseinandersetzungen dennoch beweisen zu können, daß der Widerruf tatsächlich abgeschickt wurde, sollte er per Einschreiben mit Rückschein abgeschickt werden.

Macht der Kunde von seinem Widerrufsrecht Gebrauch, muß jede Vertragspartei der anderen die empfangenen Leistungen erstatten. Für die Nutzung des Kaufgegenstandes oder für sonstige Leistungen kann der Verkäufer vom Kunden eine angemessene Vergütung verlangen.

Bei Vertragsabschluß in der Wohnung besteht auch unabhängig von Formulierungen im Kleingedruckten ein Rück-

trittsrecht. Eine vorformulierte Klausel, der Kunde hätte den Verkäufer selbst bestellt, ist rechtswidrig, da sie den Kunden zwingt, das Gegenteil zu beweisen.

Auch Mietverträge sind widerruflich

Handelt ein Vermieter in der Wohnung des Mieters einen Vertrag über eine Mieterhöhung aus, kann die getroffene Vereinbarung nach dem HWiG widerrufen werden. Verträge fallen nur dann nicht unter das Gesetz, wenn der Vermieter nicht geschäftsmäßig handelt (Az: 4 W-RE-456/93). In dem Fall hatten Mitarbeiter einer Hausverwaltung die Mieter aufgesucht und die Erhöhung vereinbart.

Doch keine Regel ohne Ausnahmen:

● **Wer den Verkäufer zum Arbeitsplatz bestellt oder nach Hause einlädt, ist nicht geschützt.** Er kann sich nicht damit herausreden, „überrumpelt" worden zu sein, denn der Kunde kann sich auf die Kaufverhandlungen rechtzeitig einstellen.

Wenn der Verkäufer allerdings vorher angerufen hat, um die Einladung zu provozieren, z. B. indem nach einem Preisausschreiben ein Gewinn ins Haus gebracht werden soll, greift wieder der Schutz des Haustürwiderrufsgesetzes, und zwar auch dann, wenn der Vertreter vorher Prospekte schickt.

Beispiele für „provozierende" Bestellungen:

– Der Kunde hat schriftlich Informationsmaterial bestellt und wird daraufhin vom Vertreter angerufen. Ob der Verbraucher seine Telefonnummer auf der Bestellkarte angegeben hat oder nicht, ist unerheblich.

– Der Verbraucher hat auf einer Verkaufsveranstaltung – wegen einer Verlosung – Name und Adresse angegeben und wird anschließend von einem Vertreter besucht.

– Ein Kunde hat lediglich die Frage „Sie sind ja bestimmt an Angeboten interessiert" bejaht.

Logischerweise kann ein Kunde einen Vertreter nur dann bewußt eingeladen haben, wenn er weiß, welche Ware oder Leistung ihm angeboten wird. Außerdem muß die Besuchszeit in etwa festgelegt sein.

Beispiele:

– Wer einen Vertreter zur Vorführung eines Wasserverdunsters bestellt, behält sein Widerrufsrecht, wenn er bei ihm einen Staubsauger kauft.

– Bietet ein Autoverkäufer dem Kunden eine Probefahrt an und macht der Kunde dann mit dem Vertreter einen Termin aus, so hat er ihn normalerweise nicht schon zum Vertragsabschluß bestellt. Deshalb wird er die Bestellung des Autos widerrufen können, wenn er den Vertrag in seiner Wohnung unterschrieben hat.

Bemüht sich der Verkäufer per Telefonwerbung, mit dem Kunden einen Termin auszumachen, kann das noch nicht als Initiative des möglichen Käufers ausgelegt werden. Das gesetzliche Widerrufsrecht des Kunden bleibt unangetastet.

Beispiele:

– Am Telefon spricht der Vertreter nur von Information oder Beratung. Kommt es – ohne daß zuvor am Telefon von Vertragsverhandlungen gesprochen worden ist – beim Hausbesuch zum Vertragsabschluß, so steht dem Kunden nach wie vor das Recht zu, innerhalb einer Woche zu widerrufen.

– Zwischen Terminabsprache und Besuchstermin muß genug Zeit liegen, damit sich der Verbraucher auf seinen Besucher vorbereiten kann. Es reicht nicht aus, wenn zwischen Anruf und Besuch nur wenige Stunden liegen. Und auch der Vertreter, der nur „für einen Tag in der Stadt ist" und dem Kunden gern „Sondermodelle" vorstellen möchte, die nicht im Katalog stehen, muß mit der Möglichkeit des Widerrufs rechnen.

Unter das Haustürwiderrufsrecht fallen also keine Geschäftsabschlüsse, bei denen der Verkäufer nachweisen kann, daß

– der Kunde den Vertreter bestellt hat, d. h., wenn die Initiative vom Kunden ausging;
– von Vertragsverhandlungen die Rede war;
– der Verbraucher sich ausreichend lange auf den Besuch vorbereiten konnte.

● Ebenfalls ausgenommen vom Widerruf sind sogenannte Kleingeschäfte bis 80,00 DM („Bagatellgeschäft"),

wenn der Kaufpreis sofort bezahlt wird, sowie der Beitritt zu Vereinen, wenn der Vertragsabschluß notariell beurkundet worden ist, und Versicherungsverträge (einzige Ausnahme: bei kapitalbildenden Lebensversicherungen bieten die Versicherer freiwillig ein Rücktrittsrecht innerhalb von zehn Tagen).

Beispiel:

Ein Geschäft wird so aufgespalten, daß die Wertgrenze von 80,00 DM nicht überschritten wird, wie z. B. im Falle eines Wäschepaketes, das 480,00 DM kostet. Unterschreiben soll der Kunde sechs Verträge zu 80,00 DM. Ein derartiger Versuch zur Umgehung des Gesetzes ändert nichts am Widerrufsrecht des Kunden.

● Eine Sonderregelung gibt es für den Verkauf nach Katalog. Im Katalogversandhandel kann das Widerrufsrecht durch ein eingeschränktes Rückgaberecht des Kunden ersetzt werden. Voraussetzung dafür ist unter anderem, daß der Kunde den Katalog allein in aller Ruhe studieren konnte.

● Wer als Selbständiger ein Haustürgeschäft abschließt, kann den Vertrag nicht widerrufen. Wer als Kaufmann Waren bestellt oder als Architekt einen Kopierer least, ist von vornherein an seine Unterschrift gebunden.

● Das Gesetz gilt auch nicht, wenn zwei Privatleute einen Vertrag abschließen. Das ist beispielsweise der Fall, wenn ein Gebrauchtwagen den Eigentümer wechselt und weder Verkäufer noch Käufer Profis sind.

Rückgabe statt Widerruf

Das nach dem Verbraucherkreditgesetz vorgeschriebene Widerrufsrecht und die damit verbundene Belehrungspflicht entfällt, wenn dem Kunden statt dessen ein uneingeschränktes Rückgaberecht eingeräumt wird. Dann muß er allerdings hierüber entsprechend belehrt werden. Dazu muß die Rückgabefrist genannt und klargestellt werden, daß dies für ihn mit keinerlei Kosten verbunden ist. Der unauffällige Hinweis „Sie behalten nur, was Ihnen gefällt" genügt nicht (KG, Urt. v. 16. 6. 1993, Az.: Kart U 4635/91, MD 1993, 833).

Für Klagen aus Haustürgeschäften, die unter das Haustürwiderrufsgesetz fallen, ist ausschließlich das Gericht am Wohnsitz des Kunden zuständig. Dadurch soll erreicht werden, daß der Kunde leichter Klage erheben oder sich leichter verteidigen kann.

Das Verbraucherkreditgesetz (VerbrKrG)

Das Verbraucherkreditgesetz greift ein bei Warenkäufen mit Teilzahlungsabrede, wenn der Abzahlungskäufer nicht Kaufmann ist. Kann vom Käufer der Kaufpreis nicht sofort in voller Höhe bezahlt werden, so kann der Verkäufer mit ihm vereinbaren, den Kaufpreis in gleichbleibenden Teilbeträgen zu begleichen, die Zahlung also über einen längeren Zeitraum zu verteilen. Man spricht dann von einem Abzahlungs- oder Ratenkauf, wenn der Kaufpreis in mindestens zwei Raten bezahlt wird. Der Verkäufer kann sich bis zur vollständigen Bezahlung des Kaufpreises das Eigentum an der Kaufsache vorbehalten (Eigentumsvorbehalt; vgl. Kapitel 5.9). Erst mit der Zahlung der letzten Rate geht das Eigentum an der Sache auf den Käufer über.

Ist der Käufer kein Kaufmann, so wird ein Abzahlungskauf gem. VerbrKrG nur wirksam, wenn bestimmte Mindestanforderungen eingehalten werden. Erforderlich ist die **Schriftform** des Vertrages mit folgenden Inhalten:

- Barzahlungspreis,
- Teilzahlungspreis,
- Betrag, Zahl und Fälligkeit der Teilzahlungsraten, z. B. erste Rate bei Lieferung, 17 weitere Raten von je 184,00 DM, fällig jeweils am 15. eines Monats.
- Effektiver Jahreszins.
  Die Gegenüberstellung von Bar- und Teilzahlungspreis soll dem Käufer deutlich machen, welchen Aufpreis er bezahlen muß; der effektive Jahreszins gibt hierüber Aufschluß.

Darüber hinaus räumt das Verbraucherkreditgesetz (VerbrKrG) dem Käufer wie bei Haustürgeschäften ein **Widerrufsrecht** ein, das er innerhalb einer Woche *nach Aushändigung des schriftlichen Kaufvertrages* ohne Angabe von Gründen wahrnehmen kann. Zur Wahrung der Frist genügt die rechtzeitige **Absendung** des Widerrufs. Der Kaufvertrag muß eine schriftliche Belehrung über das Widerrufsrecht enthalten, die vom Abzahlungskäufer gesondert unterschrieben werden muß. Der Kaufvertrag wird erst wirksam, wenn der Käufer nicht innerhalb einer Woche von seinem Widerrufsrecht Gebrauch macht.

Wenn auch zur Wahrung der Frist die rechtzeitige Absendung des Widerrufs genügt, so muß doch der Käufer die fristgemäße Absendung des Widerrufs und dessen Zugang beim Verkäufer beweisen. Allein die Absendung durch Einschreiben reicht nicht aus, es ist vielmehr ein Einschreiben mit Rückschein zu empfehlen.

Wenn der Käufer die vereinbarten Raten nicht pünktlich bezahlt, kann der Verkäufer vom Vertrag zurücktreten. Nach dem Gesetz ist ein solcher Rücktritt damit erfolgt, daß der Verkäufer die Ware beim Käufer wieder abholt.

Um den Käufer durch einen Rücktritt nicht unangemessen zu benachteiligen, schreibt das Gesetz genau vor, welche Ansprüche die Beteiligten haben. Der Käufer muß dem Verkäufer die infolge des Vertrages gemachten Aufwendungen ersetzen: Porto, Transportkosten, Versicherungsprämien usw. Außerdem muß der Käufer für alle Beschädigungen Ersatz leisten, die er verschuldet hat. Für die Gebrauchsüberlassung muß er außerdem Wertersatz leisten, wobei auch die Wertminderung der Ware zu berücksichtigen ist. Der Verkäufer muß die vom Käufer gemachte Anzahlung und die geleisteten Raten zurückzahlen, soweit sie nicht durch seine Gegenansprüche auf dem Wege der Verrechnung verbraucht sind. Wichtig ist, daß der Verkäufer durch die Abrechnung nach einem Rücktritt unter Berücksichtigung des Restwertes der zurückgeholten Ware nicht besser gestellt wird als das bei der vollständigen Vertragserfüllung durch den Käufer der Fall gewesen wäre. Er darf also durch seinen Rücktritt kein Zusatzgeschäft machen.

Beide Parteien haben nach Rücktritt ein **Zurückbehaltungsrecht**. Sie brauchen ihre Leistungen nur Zug um Zug gegen die Leistung des anderen Teils zu erbringen. Dadurch haben beide ein wirksames Druckmittel in der Hand, das verhindert, daß der eine seine Pflicht erfüllt, während der andere dies nicht tut.

Der Verkäufer kann mit dem Käufer auch vereinbaren, daß die gesamte noch offene Restschuld – also die bis dahin noch nicht bezahlten Raten und Zinsen – fällig wird, wenn der Käufer mit mindestens zwei aufeinanderfolgenden Raten in Verzug ist und dieser Betrag mindestens ein Zehntel des Kaufpreises ausmacht. Dann muß der Käufer alles auf einmal bezahlen.

Kommt es über ein Abzahlungsgeschäft zum Rechtsstreit, ist das Gericht am Wohnsitz des Käufers zuständig.

```
                        M u s t e r b r i e f
              (Widerruf eines Abzahlungskaufs)

Name:
Anschrift:                                    Datum:

Firma (Name)                                  Einschreiben
(Straße, Haus-Nr.)                            Rückschein
(Postleitzahl, Ort)

Betrifft: Widerruf

Sehr geehrte Damen und Herren,

hiermit widerrufe ich den am . . . . . . . . . . . . . . . geschlossenen
Ratenvertrag über . . . . . . . . . . . . . . . (z.B. Kauf einer Maschine;
Lieferung einer Zeitschrift usw.)
Sollte die . . . . . . . . . . . . . . . . . . (Maschine, Zeitschrift)
trotzdem geliefert werden, werde ich die Annahme verweigern.

Mit freundlichen Grüßen


(Unterschrift)
```

Aufgaben

1. Nennen Sie die drei grundlegenden Geschäftsbereiche, die unter das Haustürwiderspruchsgesetz fallen.

2. Welches Recht steht dem Verbraucher zu, wenn er ein Haustürgeschäft abschließt?

3. Bei welchen Geschäften hat der Kunde kein Widerrufsrecht gem. HWiG?

4. Warum besteht die Regelung, daß bei Klagen das Gericht am Wohnsitz des Kunden zuständig ist?

5. Was bestätigt der Kunde mit seiner zweiten Unterschrift bei einem Haustürgeschäft?

6. Welche rechtliche Bedeutung hat die zweite Unterschrift des Kunden?

7. Nennen Sie die notwendigen Inhalte bei einem Ratenkauf, die der Verkäufer dem Kunden schriftlich mitzuteilen hat.

8. Herr Zapke kauft am Samstag, dem 28.09.19.. eine komplette EDV-Anlage auf Raten. Aus bestimmten Gründen will er nun diesen Kauf rückgängig machen und bringt daher den Einschreibebrief mit dem Widerruf an das Vertragsunternehmen am Freitag, dem 04.10.19.. zur Post.
Reicht dieser Zeitraum zur Wahrnehmung des Widerrufsrechts nach dem Abzahlungsgesetz aus? Begründen Sie Ihre Antwort.

9. Herr Koch leistet bei Vertragsabschluß über den Kauf einer Couchgarnitur eine Anzahlung und vereinbart mit dem Verkäufer, daß der Rest bei Lieferung gezahlt wird. Seine zur Zeit bettlägerige Frau ist mit diesem Kauf nicht einverstanden – ihr gefällt das Design nicht. Herr Koch beruft sich auf das AbzG und widerruft daraufhin noch am selben Tag telefonisch den abgeschlossenen Kaufvertrag. Das Unternehmen weigert sich jedoch, den Widerruf anzuerkennen. Über welche rechtlichen Bestimmungen war Herr Koch nicht informiert?

10. Herr Arnold hat am 05.08. einen Diaprojektor auf Raten gekauft. Der Vertragstext ist von ihm unterschrieben (1. Unterschrift) und eine Durchschrift ordnungsgemäß ausgehändigt worden.

Am 19.08., Herr Arnold hat zu diesem Zeitpunkt den Projektor längst noch nicht vollständig bezahlt, erklärt er ohne Angaben von Gründen den Widerruf des Kaufvertrages.

Einige Tage später erhält Herr Arnold ein Schreiben des Verkäufers. Hierin weigert er sich – unter Hinweis auf die bereits abgelaufene Wochenfrist –, das Schreiben anzuerkennen. Herr Arnold sei folglich an den rechtsgültig abgeschlossenen Kaufvertrag gebunden und zur ordnungsgemäßen Zahlung verpflichtet.

Warum sind in diesem Fall die Einwände des Verkäufers rechtlich nicht haltbar?

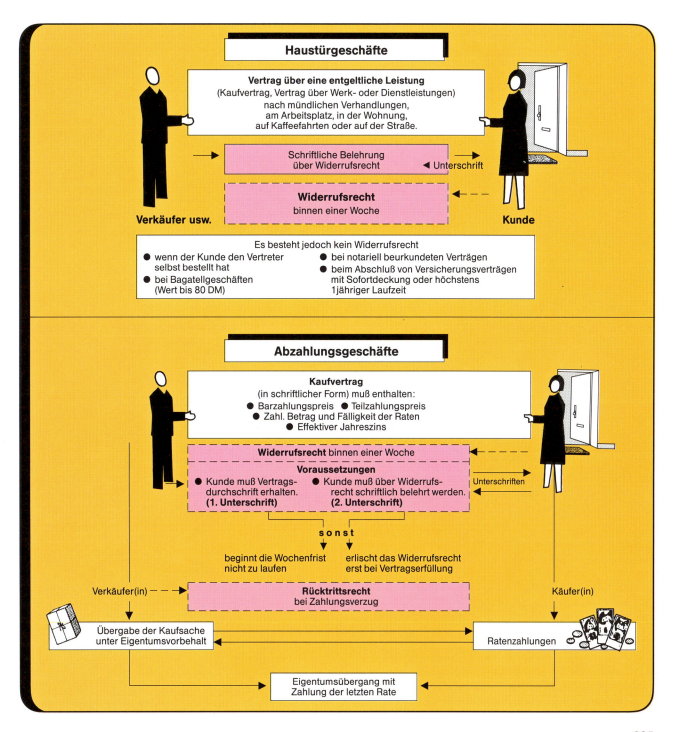

9 Zahlungsverkehr

9.1 Eigenschaften und Arten des Geldes

„Er verlangt Geld. Was ist das?"

aus: Pardon, Heft 11, 1976

Beschreiben Sie mit eigenen Worten, was Sie unter Geld verstehen?

Information

Beispiel:

Nach Beendigung des Zweiten Weltkrieges waren die meisten Städte und Fabriken zerstört. Die überwiegende Zahl der Menschen hatte keine Arbeit und war in unvorstellbarer Not. Es konnten nur vereinzelt Güter produziert werden, und deshalb tauschten die Menschen Waren aus, die sie über den Krieg hinweggerettet hatten.

Der Hunger trieb die Bevölkerung dazu, den Bauern ihre Habe zum Tausch gegen Lebensmittel anzubieten.

So wurden Teppiche, Schmuck, silberne Bestecke, Porzellan, Wäsche und ähnliches gegen Kartoffeln, Rüben, aus denen Sirup gekocht wurde, Mehl, Speck, Wurst und Schinken eingetauscht. Bei den Bauern waren Arzneimittel von Apothekern und Zigaretten besonders begehrt.

In den Städten bildeten sich regelrechte Tauschringe, da nicht alle Bewohner in die Dörfer fahren konnten.

So wurden an Bretterwänden oder noch ganzen Schaufensterscheiben Zettel mit Tauschgesuchen angehängt.

Herr Müller versuchte, einen Kinderwagen und Babysachen gegen Kinderbekleidung einzutauschen.

Unter anderem stand er vor folgendem Schaufenster:

Kolonialwaren – Fritz Kaufmann

Suche: Kinderbett
Biete: Kinderkleidung
E. Dietrich, Querallee 1

Biete: Kinderbett; **Suche:** Fahrrad
Maier, F., Niddaweg 14

Tausche **elektrische Eisenbahn** gegen
Schreibmaschine – Alfred Maaß, Parkstr. 7

Suche: Herrenmantel 48/52
Biete: Fahrrad
Heinz Schumacher, Goethealle 84

Tausche:
Brennholz gegen
2 VW-Autoreifen
Dr. Gebhard im
Stadtkrankenhaus

Suche: Spirituskocher und
Kochgeschirr, **Biete:** Wolle

Biete: Damenkleidung
gegen Zigaretten
A. Ahlheit
Am Kirchplatz 7

Biete: Goethe-Gesamtausgabe
(neuwertig). **Suche:** 2 Autoreifen
DKW-FS

Biete: Schreib-
maschine gegen
Lebensmittel
Max Müller
Uferstraße 33

Biete: Gasherd
Suche: Kleiderstoff
Erna Kramer
Unter den Linden 84 a

Biete: Herrenmantel, Gr. 50
Suche: Kinderwagen und Babysachen
Gustav Schüler, Schillerstraße 10

---

aus: Schneider/Zindel/Münscher, Wirtschaftlich denken und handeln, Winklers Verlag, Darmstadt

An diesem Beispiel wird deutlich, daß Herr Müller, um den Kinderwagen und die Babysachen gegen Kinderbekleidung eintauschen zu können – also Ware gegen Ware (=Naturaltausch) –, einen umständlich langen Tauschweg hätte gehen müssen. Denn es ist nicht immer leicht, einen Tauschpartner zu finden, der das eigene Gut gerade benötigt und anbietet, was man selbst braucht. Dies erschwert den Tausch erheblich.

Hinzu können noch weitere Schwierigkeiten kommen, wie die Beschaffung der benötigten Tauschgüter, unterschiedliche Bewertung, Transport, zudem Verderblichkeit und Unteilbarkeit mancher Güter.

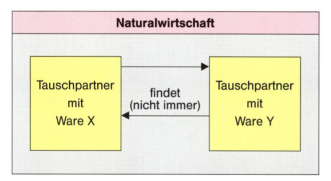

Genau diese Probleme führten schon vor Jahrtausenden dazu, daß der damalige Naturaltausch abgelöst wurde durch die Verwendung bestimmter Waren als Tauschmittel, also durch Waren, die jeder begehrte, weil sie knapp waren. Verwendet wurden Waffen, Muscheln, Perlen, Pfeilspitzen, Salz, Vieh, Felle, Tabak u. v. m. Man bezeichnet als Tauschmittel bevorzugte Sachgüter als **Warengeld**.

Warengeld wurde nicht genommen, weil man es selber benötigte, sondern nur, um es wieder gegen eine andere Ware einzutauschen.

> Man tauschte also:
> Eigene Ware gegen **Tauschmittel.**
> **Tauschmittel** gegen die erstrebte Ware.

Im Laufe der Zeit (ca. Mitte des 7. Jh. v. Chr.) setzten sich Edelmetalle, vor allem Gold und Silber, aber auch Kupfer durch, die schließlich zu Münzen geprägt wurden. Bei ihnen wurde durch ein Prägesiegel ein bestimmtes Gewicht und ein bestimmter Edelmetallgehalt garantiert.

aus: Von Tauschern zu Täuschern, SOAK Verlag, Wunstorf 1974

Dieses Münzgeld hatte bestimmte Vorteile, denn es war

- teilbar,
- allgemein anerkannt,
- wegen seiner Seltenheit knapp und daher
- allgemein begehrt,
- leicht transportierbar,
- gut aufzubewahren (haltbar) und
- staatlich geschützt.

Durch **Münzgeld** wurde der direkte Warentausch abgelöst – es entstand die **Geldwirtschaft**.

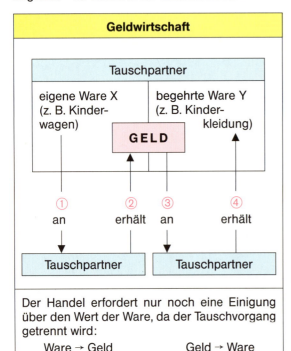

Bei den Münzen ist zu unterscheiden zwischen

- **Kurantmünzen** = vollwertige Münzen, bei denen der Metallwert exakt dem aufgeprägten Nennwert entspricht, und
- **Scheidemünzen** = unterwertige Münzen, bei denen der Metallwert unter dem auf der Münze aufgeprägten Nennwert liegt (Kaufkraft ist höher als Metallwert).

Beispiele

1- und 2-Pfennig-Stücke bestehen aus kupferplattiertem Flußstahl;

5- und 10-Pfennig-Stücke bestehen aus messingplattiertem Flußstahl;

2- und 5-Mark-Stücke sind aus Dreischichtwerkstoff gefertigt;

50-Pfennig- und 1-Mark-Stücke sind aus Nickel und Kupfer. Der Metallwert eines 5-DM-Stückes beträgt ca. 50 Pfennig.

Die Ausweitung des Handels machte es erforderlich, das schwere Münzgeld durch eine bequemere Zahlungsart zu ersetzen bzw. zu ergänzen.

Es war nur noch eine Frage der Zeit, bis das **Papiergeld** (= Banknoten im 14. Jh.) und schließlich das **Buch- oder Giralgeld** eingeführt wurde. Unter Buchgeld versteht man alle Guthaben oder Kredite bei Kreditinstituten, über die jederzeit durch Scheck oder Überweisung frei verfügt werden kann. Den Namen Buchgeld (= stoffwertloses Geld) hat es bekommen, weil es nur noch als Aufzeichnung auf den Kontenblättern oder auf Datenträgern einer EDV-Anlage des Kreditinstitutes vorhanden ist.

Ein Schuldner zahlt demnach mit Buchgeld durch das Umbuchen des zu zahlenden Betrages von seinem Konto auf das Konto des Gläubigers. In der Bundesrepublik Deutschland werden bis zu 90% aller Umsätze zahlungsmäßig durch Umschreibung auf Bankkonten abgewickelt.

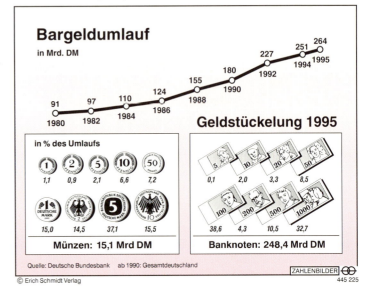

328

Ende 1995 waren insgesamt **263,5 Mrd. DM Bargeld** im Umlauf: Banknoten im Wert von 248,4 Mrd. DM (94 %) und Münzen im Wert von 15,1 Mrd. DM (6 %). Das entspricht einem Betrag von rund 3 230,00 DM je Einwohner. Gängigste Banknote, sowohl der Stückzahl als auch dem Wert nach, ist der Hundertmarkschein.

Während das Papiergeld auch aus Sicherheitsgründen entstanden ist, wurde das Buchgeld geschaffen, um Zahlungen schneller und einfacher abwickeln zu können.

Banknoten und (Scheide-)Münzen bilden den Bargeldumlauf in der Bundesrepublik Deutschland. Die Münzen werden von der Bundesregierung ausgegeben. Das alleinige Recht zur Ausgabe von Banknoten hat die Deutsche Bundesbank.

Geld ist ein allgemein anerkanntes Tauschmittel, das wegen seiner Knappheit einen Tauschwert besitzt.

Aufgaben

1. Welche Geldart spielt in einer hochentwickelten Volkswirtschaft die größte Rolle?
2. Welcher Unterschied besteht zwischen Kurant- und Scheidemünzen?
3. Wer hat das Recht, Banknoten zu drucken und in Umlauf zu bringen?
4. In welchem Fall spricht man von einer Zahlung mit Buchgeld?
5. Wie bezeichnet man eine Wirtschaft, in der Ware gegen Ware getauscht wird?
6. Nennen Sie die Eigenschaften des Geldes.

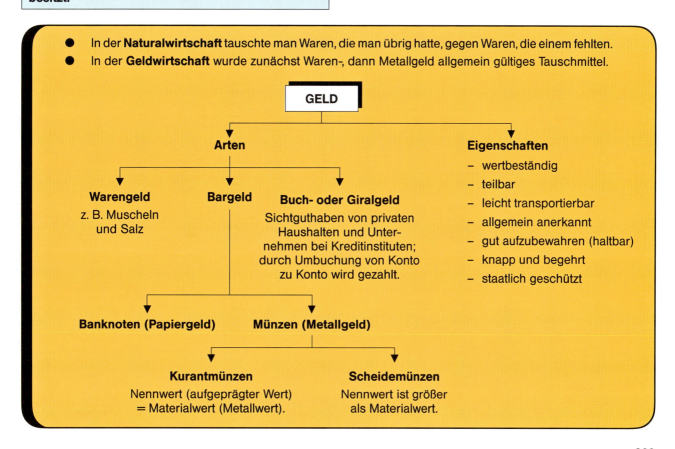

9.2 Aufgaben des Geldes

Welche Aufgaben erfüllt das Geld in den fünf Beispielen?

Information

Aufgrund seiner beschriebenen Eigenschaften erfüllt das Geld in einer arbeitsteiligen Wirtschaft folgende fünf Aufgaben (Funktionen). Geld ist

- Tauschmittel,
- Wertmesser und Recheneinheit,
- Zahlungsmittel,
- Wertübertragungsmittel und
- Wertaufbewahrungsmittel.

Tauschmittel

Geld ermöglicht den An- und Verkauf von Waren und Dienstleistungen. Waren werden gegen Geld getauscht, mit dem andere Waren wieder gekauft werden können.

Wertmesser und Recheneinheit

Durch das Geld können Waren und Dienstleistungen in Preisen ausgedrückt und somit verschiedene Angebote vergleichbar gemacht werden.

Aber auch Löhne und Gehälter, Verluste und Gewinne, Umsätze und Kosten verschiedener Jahre, Marktanteile, Leistungen einer Volkswirtschaft u. v. m. können wertmäßig erfaßt, in Zahlen ausgedrückt und verglichen werden.

Zahlungsmittel

Die genannten Aufgaben kann Geld nur erfüllen, wenn es allgemein anerkannt ist. Seine Aufgabe als Zahlungsmittel erfüllt das Geld, indem jeder Gläubiger verpflichtet ist, Münzen und Banknoten anzunehmen (= Geld als gesetzliches Zahlungsmittel mit schuldenbefreiender Wirkung!).

Für Banknoten besteht Annahmepflicht in unbegrenzter Höhe, für Münzen nur bis zum Wert von 20,00 DM, Pfennige (1, 2, 5, 10, 50 Pfennig) sogar nur bis zu einem Wert von 5,00 DM.

Wertübertragungsmittel

Geld ermöglicht (einseitige) Wertübertragungen.

Beispiele:

- Harald bekommt von seiner Mutter sein monatliches Taschengeld in Höhe von 50,00 DM.
- Der Großvater schenkt seiner Enkeltochter einen bestimmten Geldbetrag zum Geburtstag.
- Frau Mehrwald erhält von ihrer Bank das gewährte Darlehen in Höhe von 5 000,00 DM ausgezahlt.

In allen drei Beispielen werden bestimmte Werte (= Kaufkraft) übertragen.

Wertaufbewahrungsmittel

Als Wertaufbewahrungsmittel kann Geld aufgehoben und erst zu einem späteren Zeitpunkt gegen Waren getauscht werden (= Sparmittel).

> Geld ist, was **alle** Aufgaben erfüllt.

Es ist das „Schmiermittel" der Wirtschaft und ermöglicht einen reibungslosen Zahlungsverkehr, einen funktionsfähigen Wirtschaftskreislauf, die Steigerung der Produktion, des Wohlstands und der Sicherheit und damit der Lebensqualität.

Aufgaben

1. Was versteht man unter gesetzlichen Zahlungsmitteln?

2. Welche Aufgaben (Funktionen) erfüllt das Geld in den folgenden Beispielen?

   a) Jens Krüger spart monatlich 50,00 DM für eine Stereoanlage.

   b) Klaus W. erhält von seiner Mutter sein wöchentliches Taschengeld.

   c) Der Großhändler Grundstedt überweist dem Finanzamt die fällige Steuer.

   d) Frau Schütte kauft einen Kühlschrank und bezahlt mit Bargeld.

   e) Der Unternehmer Krause erhält von einem Installationsmeister einen Kostenvoranschlag für Umbaumaßnahmen.

   f) Familie Münch will sich einen neuen Pkw kaufen und erhält von ihrer Bank das erforderliche Geld zur Verfügung gestellt.

   g) Der Kaufmann Bruns errechnet seine Tageseinnahme und vergleicht die Summe mit der Einnahme des Vortages.

9.3 Zahlungsarten

Es gibt verschiedene Möglichkeiten, etwas zu bezahlen. Beim Zahlungsverkehr unterscheidet man deshalb nach Zahlungs**arten**. Die Übersicht zeigt die verschiedenen Arten.

Zahlungsart	Zahlender (Schuldner) zahlt durch	Zahlungsempfänger (Gläubiger) erhält	Zahlung von Hand zu Hand (persönlich / durch Boten)	Zahlung vermittelt durch Post und Postbank	Zahlung vermittelt durch Banken und Sparkassen	Konto
Barzahlung	Bargeld (Banknoten und Münzen)	Bargeld	Geldübergabe	Postanweisung, Wertbrief	–	keiner
Halbbare Zahlung	Bargeld	Gutschrift auf Konto	–	Zahlschein	Zahlschein	einer
	Lastschrift auf Konto	Bargeld	–	Postbankbarscheck	Barscheck	einer
Bargeldlose Zahlung	Lastschrift auf Konto	Gutschrift auf Konto	–	Postbankverrechnungsscheck, Postbanküberweisung	Verrechnungsscheck, Überweisung	beide

9.4 Zahlung mit Bargeld

Was hätte am Montag geschehen müssen, damit es am Freitag keinen Ärger gegeben hätte?

Zeichnung: M. Forget

Information

Barzahlung liegt vor, wenn

- Geld (Banknoten und Münzen) vom Schuldner an den Gläubiger persönlich oder durch einen Boten übermittelt wird und
- für die Zahlung keine eigenen Konten verwendet werden.

Barzahlung von Hand zu Hand (= unmittelbare Zahlung)

Nach wie vor ist die Zahlung mit Bargeld im Verkehrsgewerbe (z. B. Bus und Bahn) und im Einzelhandel beim Kauf über den Ladentisch üblich. Da es hier nur um kleinere Warenmengen geht, die an eine Vielzahl von Kunden abgegeben werden, wäre es umständlich und unwirtschaftlich, würde der Einzelhändler dem Kunden statt dessen einen Kredit einräumen, der nur einmal im Monat bezahlt zu werden brauchte. Der Verwaltungsaufwand für die Überwachung der Außenstände wäre zu groß. Hinzu kommt, daß viele Kunden unbekannt sind. Und Unbekannten gibt niemand Ware ohne sofortige Bezahlung.

Wer bar bezahlt, ob der Schuldner persönlich oder ein Handlungsgehilfe (Bote), sollte sich immer eine **Quittung** ausstellen lassen – er hat das Recht darauf:

> § 368 [Quittung] BGB. Der Gläubiger hat gegen Empfang der Leistung auf Verlangen ein schriftliches Empfangsbekenntnis (Quittung) zu erteilen.

Bei zweiseitigen Handelsgeschäften im Werte von 200,00 DM und mehr hat der Käufer Anspruch darauf, daß die Mehrwertsteuer gesondert ausgewiesen wird.

Die Quittung beweist die Übergabe von Bargeld. Als Quittung gelten Kassenbons, Kassenzettel und quittierte Rechnungen („Betrag dankend erhalten" / Unterschrift).

Es gibt aber auch Vordrucke, die man nur auszufüllen braucht. Jede Quittung sollte folgende Angaben enthalten:

① Zahlungsbetrag (in Ziffern und Buchstaben),
② Name des Zahlers,
③ Grund der Zahlung,
④ Empfangsbestätigung,
⑤ Ort und Tag der Ausstellung,
⑥ Unterschrift des Zahlungsempfängers (= Ausstellers).

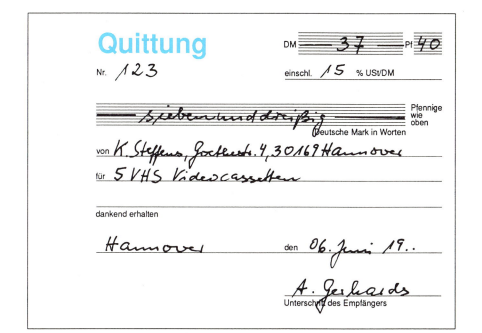

Barzahlung durch Wertbrief

Da die Bundespost bei gewöhnlichen Briefen gar nicht und bei Einschreiben nur mit 50,00 DM haftet, ist die Versendung von Bargeld oder anderen Wertgegenständen mit dem Wertbrief wesentlich sicherer. Die Barzahlung durch Wertbrief ist im Inland bis 100 000,00 DM möglich (bei Luftpostbeförderung bis zu 10 000,00 DM).

Zwar ist die Zahlung durch einen Wertbrief sicher, gleichzeitig ist sie aber auch umständlich und teuer. Von Bedeutung ist der Wertbrief weder im privaten Bereich noch im Geschäftsleben.

Barzahlung durch Postanweisung

Die Barzahlung durch Postanweisung bietet sich an, wenn die Zahlungsbeteiligten beide keine Konten besitzen bzw. wenn das Konto des Empfängers unbekannt ist. Der Zahlungsempfänger nimmt das Geld bar in einem Postamt in Empfang oder erhält es vom Postboten an der Haustür bar ausgezahlt.

Mit Postanweisungen können Beträge bis zu 3 000,00 DM übermittelt werden.

Muß das Geld den Empfänger sehr schnell erreichen, so ist die Zustellung durch die **telegrafische Postanweisung** möglich. Sie wird am Bestimmungsort wie ein Telegramm durch Eilboten zugestellt.

Postanweisungen werden meist von Privatleuten verwendet.

Die Kosten der Bargeldzahlung durch Postanweisung sind im Vergleich zu anderen Zahlungsmöglichkeiten relativ hoch.

Bedeutung der Barzahlung

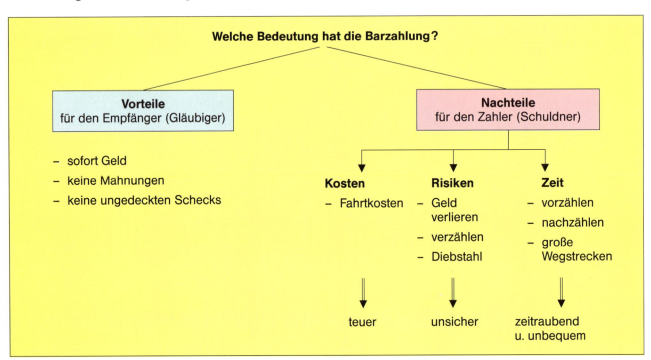

Aufgaben

1. Was versteht man unter Barzahlung?
2. Welche Formen der Barzahlung unterscheidet man?
3. Welche Angaben muß eine Quittung enthalten, um eine beweiskräftige Urkunde für die Zahlung zu sein?
4. Wann wird normalerweise eine Rechnung mit Postanweisung bezahlt?
5. Wie kann der Zahler bei der Barzahlung mit einer Postanweisung die tatsächliche Zahlung nachweisen?
6. Bis zu welchem Betrag kann man mit einer Postanweisung Geld übermitteln?
7. Warum verwenden Kaufleute sehr selten Postanweisungen, um ihre Rechnungen zu bezahlen?
8. Wie hoch ist die Schadenshaftung der Post bei Verlust eines Wertbriefes?
9. Welche Bedeutung hat eine rechtsgültige Quittung für den Zahler?
10. Erklären Sie die Bedeutung einer telegrafischen Postanweisung.
11. Welche Nachteile hat der Zahler bei Barzahlung?
12. Manfred Nagel, Hornweg 17 a, 30457 Hannover, schuldet dem Steuerberater Dr. Voßwinkel, Siemensstr. 153, 30173 Hannover, für Beratung 136,00 DM. Die Rechnung vom 15.06. zahlt Herr Nagel am 22.06. im Büro des Steuerberaters. Als die Sekretärin die Zahlung quittieren will, stellt Herr Nagel fest, daß er die Rechnung nicht dabei hat. Da im Sekretariat des Steuerberaters keine Quittungsformulare vorhanden sind, muß eine Quittung von Hand ausgeschrieben werden.

    a) Schreiben Sie die Quittung.
    b) Warum ist die Sekretärin verpflichtet, Herrn Nagel eine Quittung auszustellen?
    c) Prüfen Sie, ob Herr Nagel sich weigern kann, die Rechnung zu bezahlen, wenn die Sekretärin keine Quittung ausstellt.

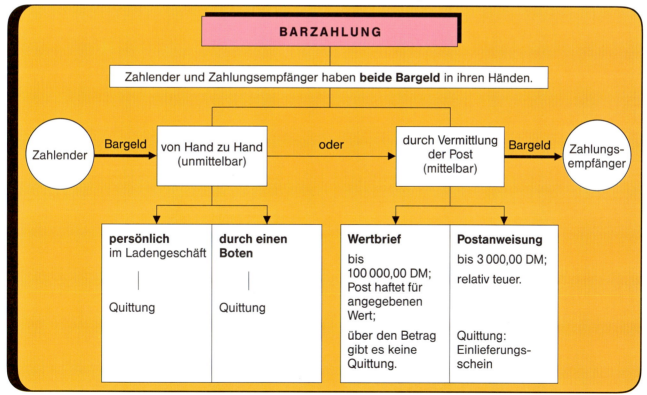

4.12 Halbbare Zahlung

> Der Auszubildende Alexander Stern erhält eine Rechnung des Versandhauses Quellmann in Augsburg über 79,00 DM, zahlbar entweder auf das Konto Nr. 8704 der Volksbank in Augsburg oder auf das Postbankkonto Nr. 1337 04-303.
> Alexander Stern hat noch kein eigenes Konto.

Wie kann Alexander Stern seine Schulden begleichen?

Information

Von **halbbarer (bargeldsparender) Zahlung** spricht man, wenn

- auf der einen Seite der Geldübermittlung eine Barzahlung und
- auf der anderen Seite eine Buchung steht, d. h., nur einer der beiden Zahlungsteilnehmer (Zahlungspflichtiger oder Zahlungsempfänger) hat ein Konto bei einer Bank, einer Sparkasse oder bei einer Postbank.

Nur der Zahlungsempfänger hat ein Konto

Hat der Zahlungsempfänger ein Konto bei einer Bank, Sparkasse oder Postbank, kann der Zahler mit einem **Zahlschein** zahlen.

In beiden Fällen, ob nun bei der Zahlung mit Zahlschein bei der Post oder bei Kreditinstituten, zahlt der Zahlungspflichtige Bargeld mit dem Auftrag ein, dem Zahlungsempfänger den entsprechenden Betrag auf seinem Postbank- oder Bankkonto gutzuschreiben.

Zahlschein der Post

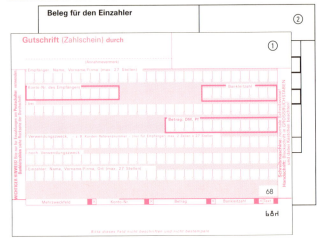

Original (Blatt 1):

Gutschriftsabschnitt, der zusammen mit dem Kontoauszug dem Zahlungsempfänger zugeschickt wird.

Durchschrift (Blatt 2)

Beleg für den Einzahler (Quittung)

Mit Zahlscheinen können Beträge in beliebiger Höhe übermittelt werden. Ihre Benutzung ist gebührenpflichtig.

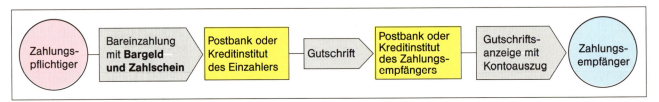

Nur der Zahlungspflichtige hat ein Konto

Hat nur der Zahlungspflichtige ein Konto, während der Zahlungsempfänger über kein Konto verfügt, dann kann der Zahler folgende Zahlungsmittel verwenden:

- Zahlungsanweisung der Post,
- Barschecks bzw. Euroschecks von Geldinstituten,
- Postbankbarschecks bzw. Kassenschecks.

Mit der **Zahlungsanweisung** ist es dem Inhaber eines Postbankkontos möglich, von seinem Konto einen bestimmten Geldbetrag abbuchen und dem Zahlungsempfänger **bar auszahlen** zu lassen. Die Höhe des Betrages ist unbegrenzt.

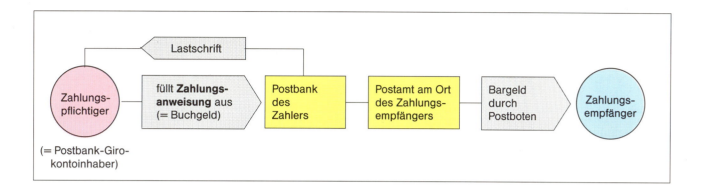

Mit der Zahlungsanweisung kann sich der Inhaber eines Postbank-Girokontos auch Geld vom eigenen Konto per Postboten ins Haus bringen lassen.

Wegen ihrer besonderen Bedeutung für den Zahlungsverkehr werden die Schecks als Zahlungsmittel der halbbaren Zahlung in einem besonderen Kapitel behandelt.

Bedeutung der halbbaren Zahlung

Im Vergleich mit der Barzahlung hat die halbbare Zahlung Vorteile, denn sie ist

- weniger zeitraubend und bequemer,
- sicherer (geringe Diebstahlsgefahr, kein Transportrisiko),
- billiger als Zahlung von Hand zu Hand (keine Fahrtkosten) durch Postanweisung oder durch Wertbrief.

Aufgaben

1. Was versteht man unter halbbarer Zahlung?
2. Welche Formen der halbbaren Zahlung unterscheidet man?
3. Welches ist die günstigste halbbare Zahlungsmöglichkeit, wenn Ihr Gläubiger ein Postbank Girokonto besitzt?
4. Wer besitzt bei Zahlung mit Zahlschein ein Konto?
5. Beschreiben Sie den Zahlungsvorgang bei der Zahlung mit Zahlschein.
6. Sie wollen eine Rechnung begleichen. Während Sie ein Postbank-Girokonto besitzen, hat der Zahlungsempfänger kein Konto. Welches Zahlungsmittel müssen Sie verwenden?
7. Welche der angegebenen Zahlungsarten gehören nicht zur halbbaren Zahlung?
   - Persönliche Zahlung
   - Zahlung durch Postanweisung
   - Zahlung mit Zahlschein
   - Zahlung durch Boten
   - Zahlung durch Zahlungsanweisung
   - Zahlung durch Wertbrief
8. Füllen Sie einen Zahlschein nach folgenden Angaben aus:

   Klaus Wentritt, Amselweg 15, 31094 Marienhagen, möchte die Rechnung Nr. 345-87 vom 27.11.19.. in Höhe von 485,36 DM, des Handwerkers Fred Kunert, Postfach 3462, 31061 Alfeld/Leine mittels eines Zahlscheines auf das Postbank-Girokonto Hannover 1189 47-242 begleichen.
9. Welche Vorteile hat die halbbare Zahlung im Vergleich mit der Barzahlung?
10. Worin besteht der Unterschied zwischen Zahlschein und Zahlungsanweisung?

HALBBARE ZAHLUNG

Nur **einer** der beiden Zahlungsteilnehmer besitzt ein Konto.

Zahlungspflichtiger (Schuldner) mit Konto — zahlt mit Buchgeld → Lastschrift auf dem Konto des Zahlers → erhält Bargeld → Empfänger (ohne Konto)

Träger des Zahlungsverkehrs	Zahlungsmittel
– Postbanken:	– Zahlungsanweisung
	– Postbankbarscheck
– Banken / Sparkassen:	– Barscheck bzw. Eurocheque

Zahlungspflichtiger (Schuldner) ohne Konto — zahlt mit Bargeld → auf das Konto des Empfängers → erhält Buchgeld (Gutschrift) → Zahlungsempfänger (mit Konto)

Träger des Zahlungsverkehrs	Zahlungsmittel
– Post:	– Zahlschein
– Banken / Sparkassen:	– Zahlschein

Bei der halbbaren Zahlung wird Buchgeld in Bargeld umgewandelt und umgekehrt.

9.6 Zahlung mit Bankschecks und Eurocheque-Karte

> Herr Fischer möchte in einem Eisenwarenfachgeschäft eine Rechnung über 360,00 DM mit einem Barscheck bezahlen. Der Geschäftsinhaber lehnt den Scheck ab, weil er Herrn Fischer nicht kennt.

Warum kann er den Scheck nicht bedenkenlos annehmen?

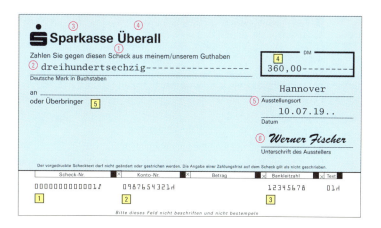

Information

Der Begriff „Scheck"

Der Scheck ist eine Anweisung an ein Geldinstitut, bei Vorlage einen bestimmten Geldbetrag zu Lasten des Scheckausstellers auszuzahlen.

Voraussetzungen für das Ausstellen eines Schecks

Der Aussteller eines Schecks muß ein Konto haben. Er darf einen Scheck nur ausstellen, wenn

- sein Konto ein Guthaben über den Scheckbetrag aufweist oder
- das kontoführende Geldinstitut dem Aussteller einen entsprechenden Kredit (= Dispositionskredit) eingeräumt hat.

Die Bestandteile des Schecks

Gemäß Scheckgesetz muß ein Scheck sechs gesetzliche Bestandteile enthalten:

① die Bezeichnung „Scheck" im Text der Urkunde,
② die unbedingte Anweisung, eine bestimmte Geldsumme zu zahlen,
③ den Namen dessen, der zahlen soll (= bezogenes Geldinstitut),
④ Zahlungsort (= Geschäftssitz des Geldinstitutes),
⑤ Ort und Tag der Ausstellung,
⑥ die Unterschrift des Ausstellers.

Fehlt einer dieser gesetzlichen Bestandteile, so ist der Scheck ungültig.

Die übrigen Bestandteile des abgebildeten Schecks

[1] Schecknummer,
[2] Kontonummer,
[3] Bankleitzahl,
[4] Betrag in Ziffern,
[5] Überbringerklausel

sind **kaufmännische Bestandteile.** Sie sollen den Geldinstituten die Scheckbearbeitung erleichtern.

Weicht in einem Scheck der in Buchstaben angegebene Geldbetrag von dem Betrag in Ziffern ab, ist der Scheck trotzdem gültig. Es gilt dann der in Buchstaben angegebene Geldbetrag.

Inhaberscheck

Die von den Geldinstituten ausgegebenen Scheckformulare tragen den Zusatz „oder Überbringer". Dies macht den Scheck zu einem Inhaberpapier. Das bezogene Geldinstitut zahlt an jede Person, die den Scheck vorlegt. Eine Streichung dieser Überbringerklausel wird von dem Geldinstitut nicht anerkannt, d. h., es zahlt auch dann an den Überbringer des Schecks. Die Angabe des Zahlungsempfängers ist deshalb bei einem Inhaberscheck nicht erforderlich.

Namensscheck

Er wird nur in besonderen Fällen (z. B. bei hohen Scheckbeträgen) verwendet. Er enthält den Namen des Zahlungsempfängers, aber keine Überbringerklausel. Das Geldinstitut zahlt den Scheckbetrag nur an den Zahlungsempfänger oder eine dritte Person aus, auf die der Namensscheck durch einen schriftlichen Übergabevermerk auf dem Scheck oder eine schriftliche Abtretung übertragen wurde.

Verwendung von Barschecks

- Der Inhaber eines Barschecks kann sich den Scheckbetrag an einem Schalter des bezogenen Geldinstituts bar auszahlen lassen.
- Er kann den Barscheck aber auch seiner Bank oder Sparkasse einreichen. Das Geldinstitut zieht dann den Scheckbetrag bei der bezogenen Bank ein und schreibt ihn dem Konto des Einreichers gut.
- Ein Scheck kann auch zur Bezahlung einer Schuld an einen Gläubiger weitergegeben werden.

Bankschecks sind stets Barschecks, es sei denn, die Verwendung als Barscheck wurde durch den schriftlichen Vermerk „Nur zur Verrechnung" auf dem Scheck ausdrücklich ausgeschlossen.

Verrechnungsscheck

Bei einem Verrechnungsscheck wird dem Überbringer des Schecks der Scheckbetrag nicht bar ausgezahlt, sondern seinem Konto gutgeschrieben. Verrechnungsschecks sind deshalb sicherer als Barschecks. Wenn z. B. ein Verrechnungsscheck gestohlen würde, könnte der Dieb nur an das Geld kommen, wenn er den Scheck seinem Konto gutschreiben ließe. Dazu müßte er aber seinen Namen angeben.

Aus Sicherheitsgründen kann man erhaltene Barschecks in Verrechnungsschecks umwandeln. Dazu muß man auf den Scheck nur den Vermerk „Nur zur Verrechnung" schreiben. Umgekehrt kann ein Verrechnungsscheck jedoch nicht durch Streichung des Vermerks „Nur zur Verrechnung" in einen Barscheck umgewandelt werden.

Eurocheque

Wer einen Scheck annimmt, kann nicht sicher sein, daß dieser immer von dem bezogenen Geldinstitut eingelöst wird. Denkbar wäre, daß das Geldinstitut die Einlösung verweigert, weil das Konto des Ausstellers kein Guthaben aufweist und auch kein Kredit eingeräumt wurde.

Diese Einlösegarantie hat der Scheckempfänger hingegen beim Eurocheque. Bei einem ordnungsgemäß ausgefüllten Eurocheque garantiert das bezogene Geldinstitut die Einlösung bis 400,00 DM.

Anhand der Eurocheque-Karte des Ausstellers kann der Empfänger des Schecks feststellen, ob der Eurocheque ordnungsgemäß ausgefüllt wurde. Er überprüft, daß

- die Scheckkartennummer auf der Rückseite des Schecks eingetragen wurde,
- die Kontonummer und die Unterschrift auf Scheck und Scheckkarte übereinstimmen,
- die Scheckkarte noch gültig ist (Gültigkeitsjahr),
- das bezogene Geldinstitut auf Scheck und Scheckkarte übereinstimmen.

Eurocheques werden nicht nur im Inland, sondern auch in den wichtigsten Urlaubsländern angenommen. Sie können dort auch in den meisten Fällen in ausländischer Währung ausgestellt werden.

Zum Schutz vor betrügerischen Barabhebungen mit Eurocheques bei Banken, Sparkassen und der Post hat der Zentrale Kreditausschuß alle Kreditinstitute angewiesen, Bargeld für Eurocheques nur noch in Verbindung mit dem Personalausweis auszuzahlen. Die Regelung gilt für ganz Europa.

Zur Zeit kann man mit Eurocheques in fünfundzwanzig Ländern Europas und der Mittelmeerküste einkaufen und Rechnungen begleichen. In weiteren vierzehn Ländern erhält man für Eurocheques bei den Geldinstituten Bargeld in der jeweiligen Landeswährung.

In vielen Städten kann man mit der Eurocheque-Karte auch Bargeld aus Geldautomaten entnehmen.

Die Scheckeinlösung

Ein Scheck ist bei Sicht zahlbar. Der Scheckinhaber kann einen Scheck also unmittelbar, nachdem er ihn erhalten hat, dem bezogenen Geldinstitut zur Einlösung vorlegen. Dies gilt auch für Schecks, in die als Ausstellungsdatum erst ein Tag in der Zukunft eingetragen wurde. Diese vordatierten Schecks können schon vor dem Ausstellungsdatum vorgelegt und eingelöst werden.

> **Beispiel:**
>
> Ein Einzelhändler erhält am 01.07.19.. einen Scheck mit dem Ausstellungsdatum 10.07.19... Der Einzelhändler kann den Scheck schon am 01.07. einlösen. Er muß nicht bis zum 10.07. warten.

Ein Scheck muß dem bezogenen Geldinstitut innerhalb einer bestimmten Frist zur Zahlung vorgelegt werden. Die Vorlegefristen bei einem Geldinstitut in der Bundesrepublik Deutschland betragen für

– im Inland ausgestellte Schecks: acht Tage,
– im europäischen Ausland ausgestellte Schecks: zwanzig Tage,
– im außereuropäischen Ausland ausgestellte Schecks: siebzig Tage ab Ausstellungsdatum.

> **Beispiel:**
>
> Das Ausstellungsdatum auf dem Scheck des Kunden Fischer ist der 10.07.19... Damit die Vorlegefrist eingehalten wird, muß der Scheck der Sparkasse Überall bis zum 18.07.19.. zur Einlösung vorgelegt werden.

Wenn ein Scheck erst nach Ablauf der Vorlegefrist vorgelegt wird, darf ihn das bezogene Geldinstitut noch einlösen, sofern er bis dahin vom Aussteller nicht gesperrt (widerrufen) wurde. Gesperrte Schecks dürfen von dem bezogenen Geldinstitut nicht eingelöst werden.

Löst das bezogene Kreditinstitut dennoch einen widerrufenen Scheck ein, muß es dem Kunden den Scheckbetrag wertstellungsgleich wieder gutschreiben und macht sich unter Umständen darüber hinaus schadenersatzpflichtig.

Weigert sich das bezogene Geldinstitut nach Ablauf der Vorlegefrist, den Scheck einzulösen, so hat der Inhaber des Schecks kein Rückgriffsrecht mehr gegenüber dem Aussteller.

Das Rückgriffsrecht besagt, daß der Scheckinhaber vom Aussteller die Schecksumme und eventuell anfallende Auslagen verlangen kann, wenn das bezogene Geldinstitut den vorgelegten Scheck nicht einlöst. Voraussetzung für das Rückgriffsrecht ist, daß

– der Scheck vor Ablauf der Vorlegefrist vorgelegt wurde und
– die Verweigerung der Zahlung festgestellt wurde (z. B. durch einen schriftlichen Vermerk des bezogenen Geldinstituts auf dem Scheck).

Electronic cash

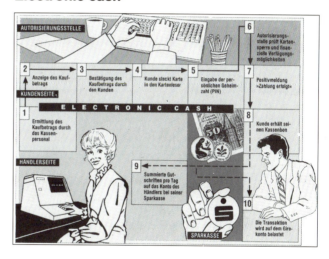

Electronic cash lautet das Schlagwort, von dem sich Händler und Kreditinstitute Vorteile versprechen und das dem Kunden ein grenzenloses Einkaufsvergnügen garantieren soll. Unter Electronic cash wird das bargeldlose Zahlen *nur mit der Eurocheque-Karte* verstanden. Sobald der zu zahlende Betrag feststeht, schiebt der Kunde seine Eurocheque-Karte in das bereitstehende elektronische Lesegerät und bestätigt den angezeigten Betrag per Tastendruck. Als nächstes wird die persönliche Geheimnummer PIN (Personal Identification Number) eingetippt. Damit ist der Zahlungsvorgang für den Kunden abgeschlossen, eine Unterschrift ist nicht erforderlich. Die Abwicklung ist schnell, denn es entfällt bei Electronic cash das zeitaufwendige Ausfüllen eines Eurocheque-Formulars bzw. das Wechseln von Bargeld. Für das

Unternehmen verringert sich wegen des geringeren Bargeldbestandes das Beraubungsrisiko, auch Kassenfehlbeträge sind mit Electronic cash weitgehend ausgeschlossen.

Um die hohen Sicherheitsanforderungen zu erfüllen, sind alle electronic-cash-fähigen Datenkassen on line mit Netzknotenrechnern privater Betreibergesellschaften verbunden, die den elektronischen Zahlungsverkehr abwickeln. Sobald also ein Zahlungsvorgang eingeleitet wird, erfolgt innerhalb weniger Sekunden – für Händler und Kunden unbemerkbar – eine Autorisierungsanfrage, die über den Netzknotenrechner an den jeweiligen Zentralrechner der Bankengruppe weitergeleitet wird. Dort wird dann je nach individueller Programmierung der Zahlungsvorgang unmittelbar untersucht oder noch mal

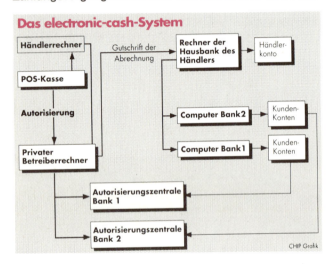

Das electronic-cash-System

weitergeleitet zum Computer des kontoführenden Institutes. Geprüft wird u. a. die richtige Eingabe der Geheimnummer sowie eine eventuelle Sperre der Karte. Das ebenso überwachte Ausgabenlimit kann von jeder Bankengruppe individuell vorgegeben werden. Möglich ist sowohl die Festlegung eines bestimmten Höchstbetrages (z. B. 2 000,00 DM pro Woche) wie auch der unmittelbare Zugriff auf das Kundenkonto und das darin gespeicherte Guthaben bzw. Kreditlimit. Die bisherige 400-DM-Grenze entfällt ersatzlos.

Untersuchungen haben gezeigt, daß mit Electronic cash die Höhe der einzelnen Einkäufe und die Zahl der Spontankäufe deutlich zunimmt. Zudem kann eine höhere Kundenbindung erreicht werden.

Verbraucherschutzverbände weisen in diesem Zusammenhang auf folgende Probleme hin:
– Jeder Kauf mit der Eurocheque-Karte kostet den Kunden Geld. Für jede Kontenbewegung berechnen die Banken eine Postengebühr.
– Electronic cash kann zu einer „Entsinnlichung" des Zahlens führen. Die Kunden verlieren den Überblick über ihre Käufe. Es besteht eine größere Neigung sich zu verschulden.

Lastschriftverfahren

Die mit Electronic cash verbundenen Kosten für die Händler (Bankgebühren, Leitungskosten, Hardwareausstattung) führten dazu, daß einige experimentierfreudige Händler Alternativen entwickelten. Bei dem von verschiedenen Einzelhändlern angewandten Lastschriftverfahren benötigt der Kunde nur seine Scheckkarte, mit Hilfe derer über einen Magnetstreifenleser Kontonummer und Bankleitzahl ermittelt sowie ein Lastschriftbeleg erstellt werden. Mit seiner Unterschrift auf dieser Einzugsermächtigung bevollmächtigt der Kunde den Händler, den Zahlbetrag von seinem Konto einzuziehen. Es findet dabei keine Prüfung der persönlichen Identifikationsnummer statt. Die Unternehmen sparen Kosten, da keine Gebühren für eine Verbindung zu einer Autorisierungszentrale anfallen. Das Unternehmen trägt jedoch das volle Risiko für die Zahlbeträge.

Zahlungskomfort

Für die rund 38 Millionen Inhaber von Eurocheque-Karten ist der Zahlungskomfort auf Auslandsreisen weiter verbessert worden. Der noch junge edc-Service (edc steht für electronic debit card) steht jetzt in 18 Ländern zur Verfügung. Damit hat sich die Zahl der beteiligten Staaten seit 1995 verdoppelt. Ähnlich wie beim Electronic-cash-Verfahren in Deutschland können Besitzer von Eurocheque-Karten auch im europäischen Ausland an elektronischen Kassen von Tankstellen, Geschäften, Warenhäusern, Hotels und Restaurants ohne Bargeld oder Schecks bezahlen; eine gültige ec-Karte genügt. Der Rechnungsbetrag wird dann direkt vom Konto abgebucht. Die meisten der fast 450 000 edc-Terminals finden Reisende in den südlichen Ferienländern Spanien, Italien und Portugal. Das Bezahlen per edc lohnt: Denn die Umsätze werden mit dem günstigeren Devisenbriefkurs und nicht mit dem beim Bargeldumtausch maßgeblichen Sortenkurs umgerechnet.

edc-Terminals

Land	Anzahl	Land	Anzahl
Belgien	20 000	Portugal	41 000
Frankreich	3 000	Schweden	15 000
Griechenland	9 000	Schweiz	2 000
Island	2 200	Slowakien	200
Italien	47 000	Spanien	275 000
Lettland	1 000	Tschechien	300
Luxemburg	300	Türkei	19 010
Malta	1 900	Ungarn	2 000
Österreich	2 560	Zypern	1 900
		Gesamt	**443 370**

Aufgaben

1. Wozu dienen die kaufmännischen Bestandteile eines Schecks?
2. Wodurch unterscheiden sich Inhaberscheck und Namensscheck?
3. Welcher Scheck gehört zur bargeldlosen Zahlung?
4. Woran erkennt man einen Verrechnungsscheck?
5. Was kann der Scheckempfänger mit einem Barscheck tun?
6. Welche Vorteile hat der Eurocheque gegenüber einem „normalen" Scheck?
7. Was muß ein Kassierer überprüfen, wenn er von einem Kunden einen Eurocheque annimmt?
8. Ein Scheck wurde im Inland am 03.08.19.. mit dem Ausstellungsdatum 05.08.19.. ausgestellt.
   a) Wann darf dieser Scheck dem bezogenen Geldinstitut frühestens zur Einlösung vorgelegt werden?
   b) Bis zu welchem Tag muß dieser Scheck dem bezogenen Geldinstitut spätestens zur Einlösung vorgelegt werden?
9. Ein gesperrter Scheck wird von der Bank des Ausstellers eingelöst. Wer trägt den Schaden?
10. Welche Vorteile hat Electronic cash für Einzelhandelsbetriebe?

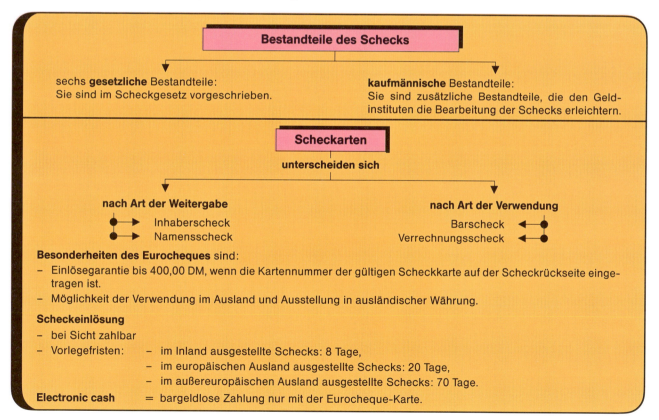

9.7 Zahlung mit Postbankschecks

> Herr Franke möchte in einem Rundfunk- und Fernsehfachgeschäft einen Videorecorder mit einem Postbankscheck bezahlen. Weil Herr Franke ein Stammkunde ist, nimmt der Geschäftsinhaber den Postbankscheck an.

Wo kann der Geschäftsinhaber diesen Postbankscheck einlösen?

Information

Jeder, der ein Postbankkonto bei einer der dreizehn Postbanken in der Bundesrepublik Deutschland besitzt, kann einen Postbankscheck ausstellen. Postbankschecks können als Postbankbarscheck, Kassenscheck oder Verrechnungsscheck verwendet werden.

Verwendung als Postbankbarscheck

Mit diesem Scheck kann der Inhaber des Postbankkontos oder eine von ihm beauftragte Person bei jedem **Postamt** Barbeträge abheben. Der Postbankbarscheck muß zusammen mit der Ausweiskarte, die die Postbank jedem Inhaber eines Postbankkontos ausstellt, vorgelegt werden. Der Scheckbetrag wird an jeden ausgezahlt, der den Scheck und die Ausweiskarte vorlegt.

Verwendung als Kassenscheck

Der Postbankscheck kann bei der kontoführenden **Postbank** ohne Vorlage der Ausweiskarte bar eingelöst werden. Die Zahlstelle der kontoführenden Postbank zahlt an jeden Überbringer den Scheckbetrag bar aus.

Verwendung als Verrechnungsscheck

Der Postbankscheck kann ebenso wie der Bankscheck durch den Vermerk „Nur zur Verrechnung" zum Verrechnungsscheck gemacht werden. Dadurch wird wie beim Bankverrechnungsscheck die Barauszahlung ausgeschlossen. Der Empfänger kann diesen Scheck auf seinem Postbank-, Bank- oder Sparkassenkonto gutschreiben lassen.

Der Eurocheque der Post

Postbankkunden können von ihrer Postbank auch Eurocheque-Formulare und eine Eurocheque-Karte erhalten. Die Postbank garantiert, wie alle Banken und Sparkassen, die Einlösung bis 400,00 DM je Scheck. Eurocheques der Postbank können genauso benutzt werden wie die Eurocheques der Banken und Sparkassen.

Aufgaben

1. Wo kann der Empfänger einen Postbankscheck bar einlösen?

2. Wofür wird die Ausweiskarte benötigt?

3. Welche Unterschiede gibt es zwischen Bankscheck und Postbankscheck?

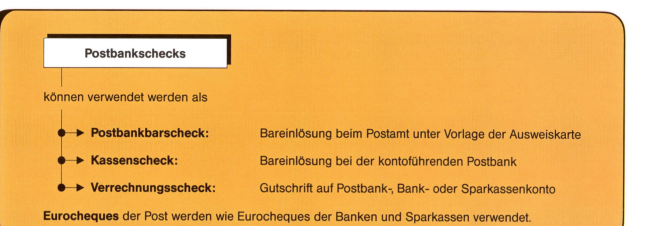

9.8 Bargeldlose Zahlung

Das Textilfachgeschäft Brinkmann erhält von der Großhandlung Beyer & Co. folgende Rechnung (Auszug):

Rechnung

Ihr Zeichen / Ihr Datum
L / B   18.06...

Unser Zeichen / Rechn.-Nr.
E / B   1020 / 88

Datum
02.07...

Pos.	Lieferung / Leistung	Menge	Preis je E.	Gesamtpreis
1	Geschirrtücher Artikelnummer 112/2	50 Stück	1,50 DM	75,00 DM
2	Walkfrottiertücher Artikelnummer 156/3	50 Stück	4,50 DM	225,00 DM
				300,00 DM
			+ 15 % MWSt.	45,00 DM
				345,00 DM

Zahlung: innerhalb von 10 Tagen abzüglich 2 % Skonto, innerhalb von 30 Tagen netto Kasse

Kontoverbindung:
Postbank Hannover
(BLZ 250 100 30) Konto-Nr. 954 33-102
Deutsche Bank, Zweigstelle Hannover
(BLZ 250 500 40) Konto-Nr. 12 345 678

Wie kann Brinkmann die Rechnung am schnellsten und bequemsten begleichen?

Information

Mit Überweisungen werden Geldbeträge von einem Konto auf ein anderes Konto umgebucht. Der Überweisungsbetrag wird vom Konto des Zahlers abgezogen. Man sagt dazu auch: „Der Betrag wird abgebucht" oder „Das Konto wird belastet". Der Betrag wird dem Konto des Zahlungsempfängers gutgeschrieben, d. h., sein Konto wird um den Überweisungsbetrag erhöht.

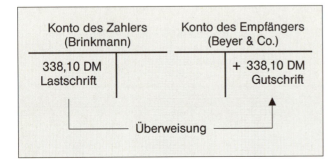

Überweisungen werden von Banken, Sparkassen und Postbanken ausgeführt.

Die Banküberweisung

Mit einem Banküberweisungsauftrag können Beträge auf Girokonten der Banken und Sparkassen und auf Postbankkonten überwiesen werden.

Wird ein Überweisungsauftrag erteilt, wird das Konto des Auftraggebers noch am selben Tag belastet. Hat der Zahlungsempfänger sein Konto bei demselben Geldinstitut, erfolgt die Gutschrift meist schon am selben Geschäftstag. Bei Überweisungen auf Konten anderer Geldinstitute kann es einige Tage dauern, bis der Überweisungsbetrag gutgeschrieben wird.

Die Überweisungsformulare der Banken und Sparkassen sind einheitlich. Es sind Durchschreibeformulare, die aus drei Teilen bestehen:

– Überweisungsauftrag für die kontoführende Bank oder Sparkasse,

– Durchschrift für den Auftraggeber,

– Gutschrift für den Empfänger.

In den Überweisungsauftrag muß der Zahler

– den Namen des Empfängers,

– Kontonummer und Geldinstitut des Empfängers (mit Bankleitzahl),

– den Überweisungsbetrag,

– seinen Namen und seine Kontonummer,

– das Ausstellungsdatum und

– seine Unterschrift

eintragen.

Außerdem sollte er den Verwendungszweck angeben (z. B. Rechnungsnummer), damit der Empfänger daraus ersehen kann, wofür er das Geld erhält.

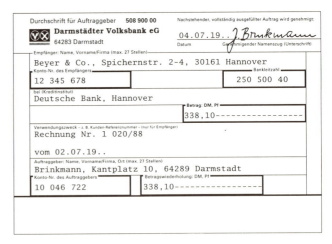

Eine Überweisung kann auch mit dem kombinierten Formblatt „Zahlschein / Überweisung" erfolgen. Die kombinierten Formblätter werden häufig einer Rechnung beigefügt. Sie können als Zahlschein für Bareinzahlungen oder für Überweisungen auf das Girokonto des Zahlungsempfängers benutzt werden. Soll das Formblatt als Überweisung verwendet werden, muß der Zahler seinen Namen, seine Kontonummer, Name und Sitz des beauftragten Kreditinstituts (mit Bankleitzahl) und das Ausstellungsdatum eintragen und den Überweisungsauftrag unterschreiben.

Die Postbanküberweisung

Jeder Inhaber eines Postbankkontos kann Geld von seinem Postbankkonto auf ein anderes Postbankkonto oder ein Girokonto bei einer Bank oder Sparkasse überweisen.

Dazu muß er einen Postbanküberweisungsauftrag ausfüllen und in einem Postbankbriefumschlag an seine kontoführende Postbank schicken.

Der Postbanküberweisungsauftrag entspricht im Aufbau den Überweisungsaufträgen der Banken und Sparkassen.

Sammelüberweisungsauftrag

Inhaber von Giro- oder Postbankkonten können mehrere Überweisungsaufträge an verschiedene Zahlungsempfänger in einem Sammelüberweisungsauftrag zusammenfassen. Sammelüberweisungsaufträge sind zeit- und kostensparend. Mit einem einzigen ordnungsgemäß unterschriebenen Sammelüberweisungsauftrag können beliebig viele zusammengefaßte Überweisungen zum Preis einer einzigen Buchung durchgeführt werden. In den Sammelüberweisungsauftrag wird nur die Gesamtsumme der Überweisungen eingetragen. Für jeden Zahlungsempfänger muß ein Überweisungsträger ausgestellt werden. Die dafür notwendigen Endlosformulare erhält der Auftraggeber bei seiner Bank, Sparkasse oder seiner Postbank.

Dauerauftrag

Mit einem Dauerauftrag beauftragt ein Kontoinhaber sein Geldinstitut oder seine Postbank, regelmäßig zu einem bestimmten Termin einen bestimmten Betrag auf das Konto des Zahlungsempfängers zu überweisen. Daueraufträge eignen sich für regelmäßig wiederkehrende Zahlungen in derselben Höhe (z. B. Miete, Versicherungsprämien).

Lastschriftverfahren

Beim Lastschriftverfahren erlaubt der Zahlungspflichtige dem Zahlungsempfänger, Zahlungen für einen bestimmten Zweck von seinem Giro- oder Postbankkonto abzubuchen. Dazu kann er dem Zahlungsempfänger eine Einzugsermächtigung (= **Einzugsermächtigungsverfahren**) oder seinem Geldinstitut einen Abbuchungsauftrag (= **Abbuchungsverfahren**) erteilen.

Im Rahmen des **Einzugsermächtigungsverfahrens** kann der Zahlungspflichtige eine ungerechtfertigte Belastung innerhalb von sechs Wochen bei seinem kontoführenden Geldinstitut oder seiner Postbank beanstanden. Der belastete Betrag wird dann sofort wieder gutgeschrieben.

Beim **Abbuchungsverfahren** ist eine Aufhebung der Belastung nicht möglich.

Das Lastschriftverfahren bietet sich bei regelmäßigen Zahlungen von Beträgen in unterschiedlicher Höhe an (z. B. Telefongebühren, Strom-, Gas- und Wasserkosten).

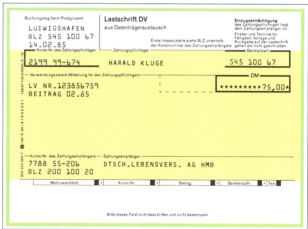

Aufgaben

1. Welche Vorteile bietet eine Überweisung
    a) dem Zahler?
    b) dem Zahlungsempfänger?
2. Wie kann ein Zahler nachweisen, daß er seiner Bank einen Überweisungsauftrag erteilt hat?

3. Welche besonderen Formen der Überweisung würden Sie in folgenden Fällen jeweils wählen? Begründen Sie Ihre Meinung.

   a) Zahlung der Fernsprechgebühren,
   b) Zahlung des IHK-Beitrags,
   c) Zahlung von Mitgliedsbeiträgen (Partei, Sportverein),
   d) Zahlungen an mehrere Zahlungsempfänger,
   e) Zahlung der Miete,
   f) Zahlung der Stromrechnung,
   g) Zahlung der Gehälter an die Angestellten des Betriebes.

4. Die Rechnung auf der Seite 345 soll durch eine Banküberweisung beglichen werden. Füllen Sie den Überweisungsauftrag für das Textilfachgeschäft Brinkmann aus.

5. Das Textilfachgeschäft Brinkmann will die Rechnung auf Seite 345 mit einer Postbanküberweisung bezahlen. Füllen Sie das entsprechende Formular aus.

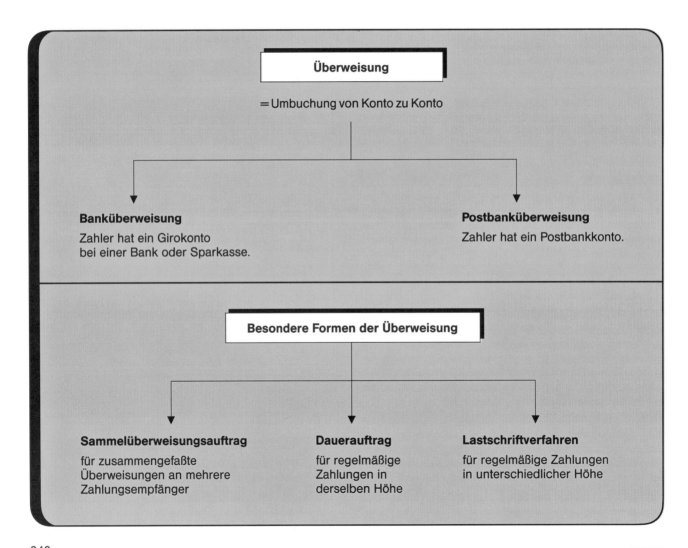

9.9 Zahlung mit Kreditkarten

1996 waren in Deutschland 11,8 Mio Kreditkarten in Umlauf, die zur bargeldlosen Zahlung per Unterschrift berechtigen und von über 300 000 Geschäften in Deutschland akzeptiert werden. Kreditkarten kosteten in Deutschland zwischen 30 DM und 500 DM im Jahr; einzelne Banken gaben sie unter bestimmten Bedingungen kostenlos ab (Citibank-Bahncard, BfG-Gehaltskonto). Rechnungsbeträge für Kreditkarten-Zahlungen werden meist monatlich vom Bankkonto des Inhabers abgebucht. Der Inhaber erhält so einen zinslosen Kredit bis zur Kontoabbuchung. Geschäfte, die Kreditkarten akzeptieren, zahlen eine Provision von 3–6 % des Umsatzes an das Kreditkarten-Unternehmen. An Geldautomaten kann man die Kreditkarte zur Auszahlung von Bargeld nutzen.

Mißbrauch: Kreditkarten-Mißbrauch wird in Deutschland mit Freiheitsstrafe bis zu drei Jahren oder mit Geldstrafe geahndet. Während in den USA nach Angaben des Bankenverbandes im Jahr 500 000 Mißbrauchsfälle einen Schaden von rd. 2 Mrd Dollar verursachen, gingen die Verluste durch Straftaten mit Kreditkarten in Deutschland auf etwa 100 Mio DM pro Jahr zurück.

Electronic Banking: Die Einführung bargeldloser Zahlung mit Eurocheque-Karte machte dem Kreditkarten-Geschäft kaum Konkurrenz. Nach einer Untersuchung der Kaufhof-Holding-AG wurden 1995 in den Warenhäusern 5,7 % der Umsätze (1994: 6 %) mit Kreditkarten getätigt. Das Geschäftsvolumen mit Electronic Banking stieg von 4,9 % auf 12,1 %.

Telefonieren: In Zusammenarbeit mit Telefongesellschaften bieten die Kreditkarten-Unternehmen verschiedene Dienste an, um die Kreditkarten zum bargeldlosen Telefonieren zu nutzen. In Deutschland sind 200 000 Eurocards mit einem Telefonchip in Umlauf, mit denen von jedem deutschen Kartentelefon aus telefoniert werden kann. Im Rahmen des T-Card-Services bietet die Deutsche Telekom an, von jedem Telefon der Welt aus bargeldlos mit Kreditkarten-Nummer und einer besonderen Geheimzahl zu telefonieren.

Elektronische Geldbörse: Einen erneuten Schub erwartet die Kreditkarten-Branche weltweit durch den Einsatz neuartiger Chipkarten, die als elektronische Geldbörse konzipiert sind. Der Chip speichert ein Guthaben, das über einfache Lesegeräte in Geschäften ausgegeben werden kann. An Bankautomaten wird der Chip zu Lasten des Kreditkarten-Kontos oder eines Bankkontos wieder aufgeladen; in Zukunft soll das über ein Zusatzgerät auch über Telefon möglich sein. Erste Testphasen mit elektronischem Kleingeld wurden 1996 in Swindon/Großbritannien und in Ravensburg durchgeführt.

Quelle: Aktuell '97, Harenberg Lexikon der Gegenwart

Welche Vor- und Nachteile bietet die Kreditkarte dem Karteninhaber?

Information

Kreditkartenarten

In der Bundesrepublik Deutschland werden Kreditkarten von Einzelhandelsbetrieben in eigener Regie oder von Kreditkartenorganisationen und Banken ausgegeben.

Die Kreditkarten, die einzelne Einzelhandelsbetriebe (meist Waren- und Kaufhäuser) kreditwürdigen Kunden auf Antrag ausstellen (sogenannte **Kundenkarten**), berechtigen zum Kauf auf Kredit in dem jeweiligen Einzelhandelsbetrieb. Die Kundenkarten werden an die Kunden kostenlos oder gegen eine geringe Servicegebühr abgegeben. Kundenkarten werden z. B. von Hertie (Goldene Kundenkarte), Massa (massacard), Quelle, Kaufhof und einigen Tengelmann-Filialen ausgegeben.

Mit einer **Kreditkarte,** die von einer Kreditkartenorganisation oder Bank ausgegeben wurde, kann der Karteninhaber bei allen in- und ausländischen Vertragsunternehmen des Kreditkartenherausgebers Waren oder Dienstleistungen bis zu einer bestimmten Höchstsumme auf Kredit erhalten. Zur Bezahlung muß er nur seine Kreditkarte vorlegen und auf der Rechnung unterschreiben. Für die von Kreditkartenorganisationen und Banken ausgegebenen Kreditkarten muß der Inhaber einen festen Jahresbeitrag bezahlen.

Die wichtigsten Kreditkartenorganisationen auf dem deutschen Markt sind zur Zeit Eurocard, American Express, Diners Club und VISA.

Vertragsunternehmen sind hauptsächlich Einzelhandelsbetriebe, Hotels und Gaststätten, aber auch Banken, Tankstellen, Reisebüros und Fluggesellschaften.

Abwicklung der Zahlung mit Kreditkarte

Der Karteninhaber legt beim Kauf seine Kreditkarte vor. Auf dieser Plastikkarte sind der Name des Karteninhabers und verschiedene Numerierungen (u. a. Kartennummer und Verfalldatum) in erhabenem Druck eingeprägt.

Der Verkäufer stellt die Kreditkartenrechnung aus und läßt sie von dem Kreditkarteninhaber unterschreiben.

Das Ausfüllen der Kreditkartenrechnung wird durch einen Handdrucker erleichtert: Der Verkäufer legt die Kreditkarte in den Handdrucker, der eine zweite Plastikkarte mit der Kontonummer und Anschrift des Vertragsunternehmers enthält. Über beide Karten legt er dann die Kreditkartenrechnung. Durch die Betätigung des Handdruckers werden die Daten beider Plastikkarten auf die Rechnung übertragen. Der Verkäufer trägt dann nur noch den Rechnungsbetrag in die Rechnung ein und läßt sie anschließend vom Kreditkarteninhaber unterschreiben.

Das Rechnungsformular besteht aus mehreren im Durchschreibeverfahren hergestellten Kopien. Eine Kopie wird dem Karteninhaber ausgehändigt. Eine zweite Kopie behält der Vertragsunternehmer (z. B. Einzelhändler) als Beleg. Die dritte Kopie schickt er zum Rechnungsausgleich an den Kreditkartenherausgeber. Der Kreditkartenherausgeber begleicht dann diese Rechnung innerhalb einer vertraglich festgesetzten Frist. Von der Rechnungssumme behält er eine ebenfalls vertraglich vereinbarte Umsatzprovision (zur Zeit zwischen 3 bis 8 % des Rechnungsbetrages) ein. Dafür trägt er das volle Kreditrisiko, d. h., wenn der Karteninhaber seine Rechnungen nicht begleicht, geht dies zu Lasten des Kreditkartenherausgebers.

Der Kreditkartenherausgeber verlangt meist einmal monatlich von dem Karteninhaber die Bezahlung aller Rechnungen. Sofern der Karteninhaber eine Einzugsermächtigung erteilt hat, läßt der Kreditkartenherausgeber den Betrag vom Konto des Karteninhabers durch Lastschrift einziehen. Der Karteninhaber braucht keine Zuschläge auf die von ihm unterschriebenen Rechnungen zu zahlen.

Kreditkartenrechnungen können auch von Datenkassen erstellt werden. Nachdem der Kassierer die Zahlungsartentaste „Kreditkarte" gedrückt und die Kartennummer eingegeben hat, erstellt die Datenkasse den Kreditkartenbeleg.

Vor- und Nachteile der Kreditkarte

Vorteile für den Kreditkarteninhaber	Nachteile für den Kreditkarteninhaber
– Zinsfreier Kredit bis zum Fälligkeitsdatum der Monatsrechnung, – übersichtliche Abrechnung: exakte und detaillierte Aufstellung aller Zahlungen mit Kreditkarte während eines Monats, – bequemes Zahlungsmittel: Zahlung mit Karte und Unterschrift, – sicheres Zahlungsmittel: Anstelle größerer Geldmengen braucht man nur eine Kreditkarte zum Einkauf mitzunehmen. Das Verlustrisiko wird dadurch erheblich vermindert.	– Jahresgebühr bei Kreditkarten, die von Kreditkartenorganisationen und Banken ausgegeben werden, – Einkauf mit Kreditkarte nur bei Vertragsunternehmen, – Gefahr, mehr einzukaufen, als wenn mit Scheck oder Bargeld bezahlt würde, – Offenlegen persönlicher Daten: Im Kreditkartenantrag werden u. a. Angaben über Familienstand, Monatseinkommen und Arbeitgeber verlangt.

Vorteile für das Vertragsunternehmen	Nachteile für das Vertragsunternehmen
– Steigerung des Umsatzes: Kreditkarten können zu Mehreinkäufen führen, – kein Kreditrisiko, wenn der Kunde mit Kreditkarte zahlt, die von einer Kreditkartenorganisation oder Bank herausgegeben wurde, – Einsatz der Kreditkarte im Electronic cash.	– Höhere Kosten: Der Kreditkartenherausgeber behält von den Kreditkartenumsätzen eine Umsatzprovision ein, – größerer Verwaltungsaufwand durch Abwicklungsformalitäten.

Aufgaben

1. Welche Unterschiede bestehen zwischen Kreditkarten, die von Kreditkartenorganisationen herausgegeben werden, und Kundenkarten einzelner Einzelhandelsbetriebe?

2. Weshalb geben Einzelhändler an ihre Kunden Kundenkarten aus?

3. Ein Kunde will in einem Fachgeschäft mit Kreditkarte bezahlen. Wie verhält sich der Verkäufer, wenn das Fachgeschäft Vertragsunternehmen des Kreditkartenherausgebers ist?

4. Wer trägt die Kosten, die bei der Zahlung mit Kreditkarte entstehen?

5. Weshalb ist der Anteil der Kunden, die mit Kreditkarte bezahlen in der Bundesrepublik Deutschland noch sehr klein?

6. Ein Gastwirt entschließt sich, Vertragsunternehmer einer Kreditkartenorganisation zu werden. Welche Vorteile verspricht er sich davon?

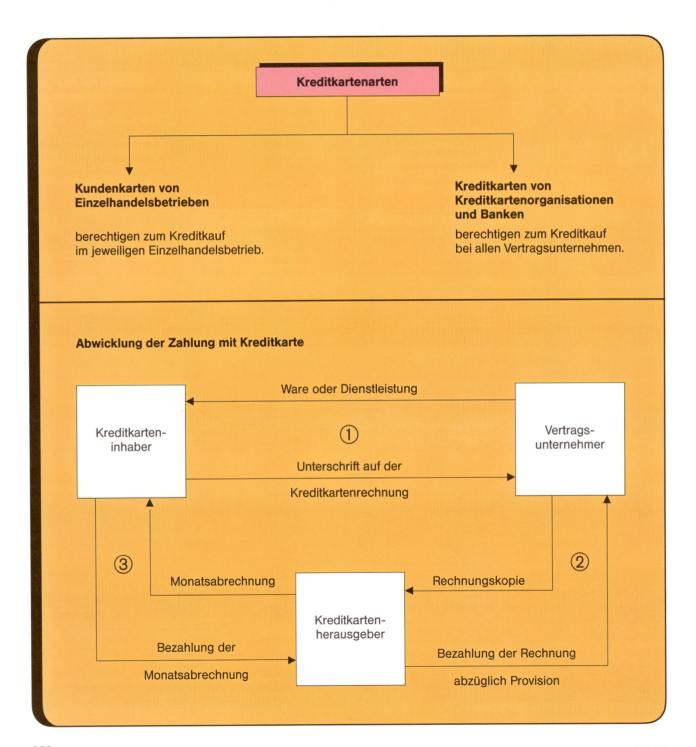

10 Finanzierung und Investition

10.1 Finanzierungs- und Investitionsanlässe, Finanzierungsgrundsätze und -arten

Herr Hermann und Herr Schreiber sind Inhaber der Elektroeinzelhandlung Hermann & Schreiber OHG. Ihre Geschäftstätigkeit liegt im Bereich von Elektroinstallationen, Einbau und Wartung von Nachtstromspeicheranlagen, Alarmanlagen, Antennenbau, Blitzschutz, Steuer- und Regeltechnik.

In einem Gespräch mit seinem Partner über die zukünftigen Unternehmenspläne weist Herr Hermann auf die geänderte Marktsituation und die sich verschlechternde Situation der OHG hin.

Um die Konkurrenzfähigkeit zu verbessern, schlägt er vor, die Verkaufsbereitschaft und den Kundenservice des Unternehmens zu erhöhen. Insbesondere der Kundenservice scheint in der letzten Zeit für den Verkauf von Elektroanlagen immer bedeutsamer geworden zu sein.

Dazu ist der

- Ausbau der Lagerräume und
- die Anschaffung eines weiteren Pkw für den Kundendienst

notwendig.

Nach seinen Berechnungen würden diese Maßnahmen 80 000,00 DM kosten.

Herr Schreiber gibt zu bedenken, daß die Eigenkapitaldecke des Unternehmens sehr dünn ist. Herr Hermann erwidert, daß der noch nicht ausgezahlte Gewinn des letzten Jahres zur Verfügung stehen würde.

Beide diskutieren noch sehr lange über die beste Finanzierungsmöglichkeit der notwendigen Anschaffungen.

a) Welche Möglichkeit haben die beiden Inhaber der OHG, sich das nötige Geld zu beschaffen?

b) Welche Chancen würden Sie dem Unternehmen Hermann & Schreiber OHG geben, wenn die Anschaffungen nicht vorgenommen werden?

Information

Ein Unternehmen muß ständig finanzielle Mittel einsetzen, um die Produktion von Gütern und Dienstleistungen ermöglichen zu können. Es setzt Geld ein, um möglicherweise seinen Produktionsapparat

- zu erhalten,
- zu verbessern und/oder
- zu erweitern.

Diese Verwendung finanzieller Mittel nennt man *Investition*.

> Investition bedeutet
> **Geldkapital** → wird umgewandelt in → **z. B. Sachkapital**

> **Investition** = Verwendung von finanziellen Mitteln zur Beschaffung von Sachvermögen, immateriellem Vermögen oder Finanzvermögen, Maschinen, Vorräte, Patente, Lizenzen, Wertpapiere, Beteiligungen.

Beispielsweise die beschafften Vermögenswerte, z. B. Gebäude, Maschinen, Rohstoffe, Gabelstapler, EDV-Anlage, werden auf der *Aktivseite der Bilanz* ausgewiesen (= Mittelverwendung).

Auf der *Passivseite der Bilanz* ist abzulesen, woher das Unternehmen die finanziellen Mittel für die betrieblichen Investitionen bekommen hat (= Mittelherkunft).

Kapitalbeschaffung bedeutet Finanzierung.

Der Begriff Kapitalbeschaffung wird üblicherweise gleichgesetzt mit der Beschaffung von Geldmitteln. Meistens denkt man bei dem Begriff Kapitalbeschaffung an eine Bilanzverlängerung. Hier werden zusätzliche Geldmittel in der Weise beschafft, daß das Eigen- oder Fremdkapital der Unternehmung in entsprechender Weise erhöht wird. Wenn einer Unternehmung etwa auf dem Kreditwege zusätzliche Geldmittel zufließen, so erhöht sich die Bilanzsumme.

Es ist zu beachten, daß eine Beschaffung von Geldmitteln auch dann vorliegt, wenn ein Aktivtausch zu diesem Zweck vorgenommen wird, d. h., wenn beispielsweise Wertpapiere oder Grundstücke verkauft werden, um so

(Vermögensumschichtung) den Kassenbestand zu erhöhen. Die Bilanzsumme bleibt bei einem Aktivtausch unverändert.

Auch ein Passivtausch, d. h. eine Kapitalumschichtung, kann zu Finanzierungszwecken vorgenommen werden, etwa mit dem Ziel, künftige Auszahlungen für das aufgenommene Fremdkapital zu vermeiden oder zu senken. Dieser Fall liegt dann vor, wenn Fremdkapital in eine Beteiligung, d. h. in Eigenkapital umgewandelt wird, oder wenn kurzfristige Verbindlichkeiten durch langfristige abgelöst werden. Die Bilanzsumme bleibt beim Passivtausch unberührt.

> **Finanzierung** = Sämtliche Maßnahmen, die der lang-, mittel- und kurzfristigen *Beschaffung* von Kapital in allen Formen (Eigen- oder Fremdkapital) dienen.

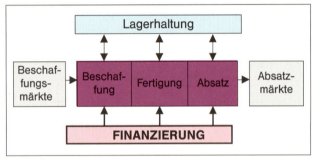

Einen Überblick, wie Kapital beschafft und verwendet wurde, gibt die Bilanz einer Unternehmung.

Bilanz

AKTIVA (Vermögen)	PASSIVA (Kapital)
Kapitalverwendung = Investition	Kapitalherkunft = Finanzierung
Anlagevermögen	Eigenkapital
Umlaufvermögen	Fremdkapital

Die Bilanz zeigt folglich auf beiden Seiten dieselben Mittel, die lediglich unter den unterschiedlichen Betrachtungsweisen dargestellt werden.

- Kapital**verwendung** = investierte Mittel
- Kapital**herkunft** = finanzielle Mittel

Die Höhe des Kapitals hängt dabei von verschiedenen Einflußgrößen ab, wie z. B. von

- der Betriebsgröße,
- der Betriebsform,
- der Branche,
- der Umschlagshäufigkeit (Kapitalbindung),
- der Rechtsform,
- der eigenen Kreditgewährung:

  Je länger das den Kunden eingeräumte Zahlungsziel ist, desto größer ist der Kapitalbedarf. Längere Kreditfristen haben die gleiche Wirkung wie eine längere Lagerdauer.

- den Lieferekrediten:

  Je länger das Lieferziel ist, desto geringer ist der Kapitalbedarf.

Durch entsprechende Finanzierung muß stets auch der **laufende Betriebsprozeß** sichergestellt sein. Regelmäßig zu finanzieren sind dabei z. B.

- Löhne und Gehälter,
- Sozialabgaben des Arbeitgebers,
- Steuern,
- Beschaffung von Roh-, Hilfs- u. Betriebsstoffen,
- Reparaturen,
- Miet-, Strom- und Heizungskosten oder
- laufende Ersatzbeschaffungen.

Investitionsarten

Unternehmerische Investitionsentscheidungen haben verschiedene Motive.

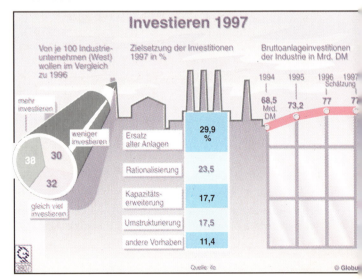

Die wichtigsten Investitionsarten sind

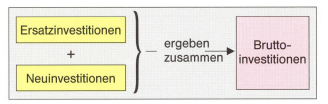

Bruttoinvestitionen sind die gesamten Investitionen in einer Volkswirtschaft. Sie sagen aber nichts aus über das Wachstum der Wirtschaft, da in dieser Summe auch die Ersatzinvestitionen enthalten sind.

Neu-(Netto-)Investitionen sind die Differenz zwischen Bruttoinvestitionen und Ersatzinvestitionen (Abschreibungen). Sind Neuinvestitionen vorhanden, so ist das gleichbedeutend mit einer Zunahme des gesamtwirtschaftlichen Güterangebots und einem Wachstum der Wirtschaft.

Ersatz-(Re-)investitionen dienen dazu, veraltete oder verbrauchte Anlagen zu ersetzen. Durch die Produktion nutzen sich beispielsweise die Maschinen ab. Ihre Lebensdauer ist zeitlich begrenzt. Die abgenutzten Anlagen müssen durch neue ersetzt werden. Zur Finanzierung der Ersatzinvestitionen werden sogenannte Abschreibungen gebildet. Sie werden ihrem Kostencharakter entsprechend in die Verkaufspreise einkalkuliert, kommen über die Erlöse in das Unternehmen zurück und können *reinvestiert* werden (vgl. Abb. S. 356). Ersatzinvestitionen dienen also nicht der Erweiterung, sondern in erster Linie dem Erhalt des Produktionsapparates.

Eine Ersatzinvestition kann aber gleichzeitig auch Rationalisierungsinvestition sein, wenn beispielsweise eine abgenutzte Maschine durch eine kostengünstiger produzierende ersetzt wird, ohne daß dabei die Kapazität verändert wird.

Ersatzinvestitionen zählen zu den Bruttoinvestitionen, die alle Investitionen umfassen, aber nicht zu den Neuinvestitionen, die mehr als den reinen Erhalt des Produktionsapparates bezwecken.

Bei den Neuinvestitionen lassen sich nach dem Zweck der Investition unterscheiden:
- Rationalisierungsinvestitionen,
- Erweiterungsinvestitionen,
- Vorratsinvestitionen.

Mit **Rationalisierungsinvestitionen** bezweckt das Unternehmen, seine Produktionskosten zu senken, ohne dabei aber seine Produktionsanlagen auszudehnen. Vielmehr wird in produktivere und kostengünstiger produzierende Betriebsmittel investiert. Rationalisierungsinvestitionen verbessern so zwar die Leistungsfähigkeit des Unternehmens, haben aber auch zur Folge, daß Arbeitsplätze verlorengehen. Arbeitskraft wird durch Kapital (= produzierte Produktionsmittel) ersetzt (substituiert). Rationalisierungsinvestitionen werden immer dann vorgenommen, wenn die Arbeitskosten real stärker steigen als die Produktivität.

Rationalisierungsinvestitionen sind die Voraussetzung für das allgemeine Wachstum einer Volkswirtschaft.

Erweiterungsinvestitionen vergrößern den Produktionsmittelbestand eines Unternehmens (= Kapitalneubildung).

Beispiele:
- Eröffnung eines Zweigwerkes
- Bau einer Lagerhalle
- Errichtung eines neuen Verwaltungsgebäudes
- Anschaffung eines Montageroboters mit erhöhter Kapazität
- Modernisierung der Betriebs- und Geschäftsausstattung

Zu den **Vorratsinvestitionen** zählen die *nicht dauerhaften Produktionsmittel,* wie z. B. die Lagerbestände der Roh-, Hilfs- und Betriebsstoffe und die Fertigprodukte. Sie stellen zusammen mit den Erweiterungs- und Rationalisierungsinvestitionen die Summe der Neuinvestitionen dar.

Eine weitere Gliederung der Investitionen ergibt sich aus der Betrachtung des Investitionsanlasses:
- *Sachinvestitionen,* z. B. Anlagevermögen wie Grundstücke, Maschinen und Fuhrpark; Handelswaren, Rohstoffe, Fertigerzeugnisse.

- *Finanzinvestitionen,* z. B. Beteiligungen an anderen Unternehmen, Wertpapiere, Forderungen gegen Kunden.
- *Immaterielle Investitionen,* z. B. Forschungs- und Entwicklungsarbeiten, Werbung, Ausbildung.

Unternehmen investieren nicht, um Arbeitsplätze zu schaffen, Unternehmen investieren in der Hoffnung auf künftige Gewinne. Und doch ist der Zusammenhang zwischen der Investitionslust und der Schaffung neuer Arbeitsplätze eng.

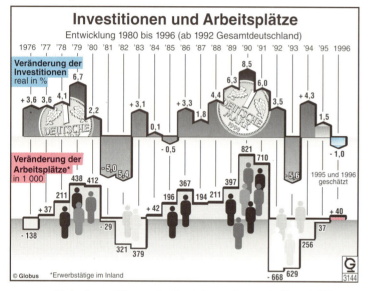

Mehr Investitionen bedeutet zunehmende Beschäftigung und Sicherung der Arbeitsplätze.

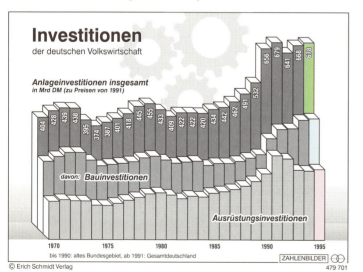

Für die wirtschaftliche Entwicklung eines Landes sind Investitionen von entscheidender Bedeutung, denn sie schaffen die Grundlage für die Produktion von morgen und damit für ein größeres Güterangebot, für Arbeitsplätze und höhere Einkommen. Unter **Anlageinvestitionen** versteht man die langfristige Anlage von Kapital zur Erhaltung, Verbesserung und Erweiterung des Produktionsapparats einzelner Unternehmen und der Volkswirtschaft im ganzen. Zu unterscheiden ist dabei zwischen **Ausrüstungsinvestitionen** (Maschinen, technische Anlagen, Fahrzeuge, EDV-Anlagen usw.) und **Bauinvestitionen** (Wohnungs-, Fabrik- und Verwaltungsgebäude, Verkehrsbauten usw.).

Finanzierungsgrundsätze

Das notwendige Kapital steht dem Unternehmer unterschiedlich lange Zeit zur Verfügung:

- kurzfristig,
- langfristig,
- unbefristet (= Eigenkapital).

Ein Unternehmen muß immer über flüssige Mittel verfügen, um Fremdkapital auch rechtzeitig zurückzahlen zu können.

Dabei gilt es, die „**goldene Finanzierungsregel**" zu beachten. Sie besagt:

> **Aufgenommens Fremdkapital soll erst dann fällig sein, wenn die damit finanzierten Investitionen durch den Umsatzerlös wieder zu Geld geworden sind (= Desinvestition).**

Das heißt:

- Anlagevermögen ist mit Eigenkapital bzw. in geringem Umfang mit langfristigem Fremdkapital zu finanzieren;
- Umlaufvermögen sollte mit mittel- und kurzfristigem Fremdkapital beschafft werden.

  Die Fristigkeiten (siehe Zeichnung) sollten sich decken.

> Erläuterung:
>
> Der Umschlag des Anlagevermögens erfolgt sehr langsam. Die Ausgaben für das Anlagevermögen gelangen über den Verkaufspreis nur allmählich in das Unternehmen zurück. Daher sollte das für das Anlagevermögen notwendige Kapital möglichst langfristig, am besten unbefristet, zur Verfügung stehen.

Das Umlaufvermögen hingegen läßt sich eher mit fremden Mitteln, die in relativ kurzer Zeit zurückzuzahlen sind, finanzieren. Umlaufvermögen, wie z. B. die Waren, wird wesentlich schneller umgeschlagen, so daß auch die eingesetzten Fremdmittel sehr schnell zum Unternehmen zurückfließen.

Dieser Grundsatz sollte eingehalten werden, wenn das Anlagevermögen etwa 40 bis 60 % der Bilanzsumme ausmacht. Wenn das Anlagevermögen geringer ist, sollte das Eigenkapital auch Teile des Umlaufvermögens abdecken.

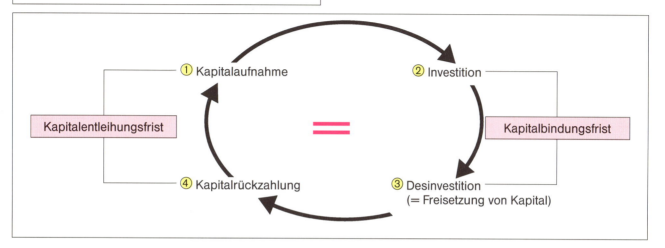

Silberne Finanzierungsregel

Wegen des überwiegend sehr knappen Eigenkapitals im Handel ist dort die goldene Finanzierungsregel kaum anwendbar. Deshalb ist in der Praxis eher die sogenannte „silberne Finanzierungsregel" anzuwenden.

Sie besagt, daß bei ungenügendem Eigenkapital mindestens das Anlagevermögen und etwa 1/3 des Umlaufvermögens durch Eigenkapital und langfristiges Fremdkapital gedeckt sein soll, während das restliche Umlaufvermögen mit kurzfristigem Fremdkapital finanziert werden kann. Außerdem sollten ein Teil der Kundenforderungen (ca. 1/3 bis 1/2 sowie eventuell eine Liquiditätsreserve (1/12 der jährlichen Kosten) langfristig finanziert sein.

Finanzierungsarten

Je nachdem, ob die Finanzierungsmaßnahme mit Eigen- oder Fremdkapital vorgenommen wurde, unterscheidet man zwischen **Eigenfinanzierung** und **Fremdfinanzierung**.

1. Die Eigenfinanzierung

Die Eigenfinanzierung umfaßt die **Einlagen- oder Beteiligungsfinanzierung** und die **Selbstfinanzierung;** in beiden Fällen erhält das Unternehmen **Eigenkapital**.

● **Einlagen- oder Beteiligungsfinanzierung**

Unternehmensverkauf Beteiligungen

– erfolgreich seit 20 Jahren
bei vielen Transaktionen –

Dr. Wolfgang Walter, Unternehmensmakler GmbH
69469 Weinheim, Postfach 1872, Tel. 0 62 01 / 38 11

Von Einlagen- oder Beteiligungsfinanzierung spricht man, wenn
- **der bisherige oder die bisherigen Gesellschafter eine zusätzliche Einlage leisten oder**
- **Kapitalgeber als neue Gesellschafter aufgenommen werden.**

Die Arten der Einlagen- oder Beteiligungsfinanzierung sind von der Unternehmensform abhängig. Den Unternehmen wird dabei aber stets Kapital (Geld, Sachleistungen oder Rechte) von **außen (= Außenfinanzierung)** zugeführt.

Bei der Einlagen- oder Beteiligungsfinanzierung ist der Kapitalgeber Eigentümer des Unternehmens. Er ist am Gewinn und Verlust des Unternehmens beteiligt.

Unternehmensform	Erhöhung des Eigenkapitals durch:
Einzelunternehmung	Einzahlung privater Gelder oder privaten Sachvermögens
OHG KG	weitere Kapitaleinlagen bzw. Aufnahme neuer Gesellschafter
GmbH	Erhöhung des Stammkapitals, indem die bisherigen oder neue Gesellschafter Geldmittel zuführen
AG	Ausgabe neuer Aktien (Grundkapitalerhöhung)
Genossenschaft	Erhöhung der Geschäftsanteile der Genossen und Eintritt neuer Mitglieder

Eigenkapital ist langfristiges Kapital, d. h., es steht dem Unternehmen **unbegrenzt lange** zur Verfügung. Da die Kapitalgeber keinen Anspruch auf eine feste Verzinsung ihres Kapitals haben, ist es in Krisensituationen vorteilhaft, wenn das Unternehmen zu einem großen Anteil mit Eigenkapital finanziert ist.

● **Selbstfinanzierung**

Unter Selbstfinanzierung versteht man die Finanzierung des Unternehmens **aus eigener Kraft, ohne Zuführung von Kapital von außen (= Innenfinanzierung).**

Selbstfinanzierung ist Finanzierung aus erwirtschafteten, einbehaltenen Gewinnen.

Selbstfinanzierung	
Vorteile	Nachteile
– keine Kosten für die Kapitalbeschaffung – unabhängig von Kapitalgebern	– Zinsloses Eigenkapital kann zu riskanten Spekulationsgeschäften verleiten (Gefahr der Fehlinvestition).

– keine Belastung durch Zins- und Tilgungsverpflichtungen

– Erhöhung der Kreditwürdigkeit

– Erhöhung der Krisenfestigkeit

– Steigerung der Investitionsbereitschaft (z. B. risikoreiche Investitionen) und Investitionstätigkeit

– Verringerung des Fremdkapitalanteils

– durch Eigenkapitalerhöhung zusätzliche Gewinnerzielung

– Verdeckte Selbstfinanzierung verschleiert die tatsächliche Rentabilität.

– Überhöhte Verkaufspreise, sofern die Bedingung des Verkäufermarktes gegeben ist (Verbraucher muß die Kapitalerhöhung bezahlen).

2. Die Fremdfinanzierung

Bei der Finanzierung durch Fremdkapital erhält das Unternehmen Kapital von außen – durch unternehmensfremde Personen (= Gläubiger) – in Form von Krediten (= Außenfinanzierung).

Da die Kapitalgeber Gläubiger des Unternehmens sind (es entsteht **keine** Beteiligung des Kreditgebers am Unternehmen des Schuldners), haben sie Anspruch

– auf Verzinsung und

– pünktliche Rückzahlung ihres Kapitals;

am Verlust nehmen sie nicht teil.

Zwar haben die Gläubiger kein Mitspracherecht im Unternehmen. Dennoch besteht die Gefahr erhöhter Abhängigkeit, sollte sich das Unternehmen bei einem Großkreditgeber hoch verschuldet haben.

Desweiteren ist bei der Aufnahme von **fremden** Geldmitteln zu beachten:

– Unabhängig von der Ertragslage des Unternehmens sind die Zins- und Tilgungsraten zu zahlen.

– Das Fremdkapital steht nur befristet zur Verfügung.

– Bei einem hohen Fremdkapitalanteil nimmt die eigene Kreditwürdigkeit ab.

Nach der Laufzeit unterscheidet man
- langfristige Kredite,
- mittelfristige Kredite und
- kurzfristige Kredite.

● **Langfristige Fremdfinanzierung**
Die langfristige Fremdfinanzierung ist eine Finanzierung durch **Darlehen** (über vier Jahre Laufzeit).

Darlehen sind Kredite, die an bestimmten, vertraglich vereinbarten Terminen auszuzahlen und zurückzuzahlen sind. Sie werden überwiegend zur Finanzierung des Anlagevermögens aufgenommen (vgl. Kapitel „Finanzierungsgrundsätze").

● **Mittel- und kurzfristige Fremdfinanzierung**
Mittelfristige Kredite (von sechs Monaten bis vier Jahren Laufzeit) und kurzfristige Kredite (bis sechs Monate Laufzeit) sind vornehmlich bei der Finanzierung des Umlaufvermögens (Waren und Forderungen) angebracht.

Bedeutsam bei der Beschaffung von kurzfristigen Mitteln sind
- Kredite der Lieferer,
- der Kontokorrentkredit und
- der Wechselkredit.

Zur kurzfristigen Fremdfinanzierung gehört ferner der Kundenkredit.

● **Finanzierung durch Liefererkredit**
Der Liefererkredit entsteht dadurch, daß der Lieferer (z. B. Großhändler) dem Käufer (z. B. Einzelhändler) ein Zahlungsziel einräumt (Kauf von Waren auf Ziel). Der Käufer muß den Rechnungsbetrag erst nach einer bestimmten Frist, z. B. nach 30 oder 60 Tagen, begleichen, beispielsweise „Zahlung innerhalb von 60 Tagen netto Kasse". Ihm wird durch den Zahlungsaufschub ermöglicht, seine Schulden aus den Umsatzerlösen der verkauften Waren zu bezahlen, so daß sein sonstiger Kapitalbedarf durch diese Art der Kreditgewährung wesentlich geringer ist.

Allerdings gewährt der Lieferer den Kredit nicht kostenlos. Er kalkuliert den Zins für die Gewährung des Liefererkredits zuvor in seinen Verkaufspreis ein, denn üblicherweise kann bei Barzahlung vom Rechnungspreis Skonto abgezogen werden, z. B. „Zahlbar in 30 Tagen ohne Abzug oder innerhalb von 14 Tagen mit 1% Skonto".

Das folgende Beispiel zeigt, daß es günstiger ist, den vom Lieferer gewährten Skonto in Anspruch zu nehmen, als den Liefererkredit zu nutzen.

Beispiel:

Der Einzelhändler Ulrich Wolf, Hannover, erhält die Rechnung des Großhändlers Arnold Gessner, Peine, vom 06.08.19... über 6000,00 DM. Sie enthält die Zahlungsbedingung „Zahlbar innerhalb von 10 Tagen mit 2% Skonto oder 30 Tage netto".

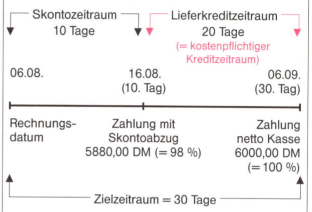

Zahlt der Einzelhändler Wolf spätestens am 10. Tag, so erhält er dafür, daß er 20 Tage vor dem Zahlungsziel zahlt, 2 % = 120,00 DM Skonto.

Die ersten 10 Tage des Ziels, während der ein Skontoabzug möglich ist, verursachen noch keine Kreditkosten. Kreditkosten in Höhe von 2 %, die im Verkaufspreis einkalkuliert sind, entstehen ab dem 11. bis zum 30. Tag. Der kostenpflichtige Kreditzeitraum umfaßt 20 Tage (Zielzeitraum – Skontozeitraum).

20 Tage Kredit kosten demnach 120,00 DM.

Da sich 2 % Skonto auf den kostenpflichtigen Kreditzeitraum von 20 Tagen beziehen, ergibt dies, bezogen auf ein Jahr, einen Jahreszinssatz von

$$\begin{array}{l} 20\text{ Tage} - 2\,\% \\ 360\text{ Tage} - x\,\% \end{array} \quad x = \frac{360 \cdot 2}{20} = \underline{\underline{36\,\%}}$$

Die genaue Lösung:

$$p = \frac{Z \cdot 360 \cdot 100}{K \cdot t} = \frac{120 \cdot 360 \cdot 100}{5\,880 \cdot 20} = \underline{\underline{36{,}73\,\%}}$$

Übersteigt der Skontoertrag (hier 120,00 DM) die Kosten für einen Bankkredit, ist es für den Käufer wirtschaftlicher, einen kurzfristigen Bankkredit aufzunehmen, um den Skontoabzug ausnutzen zu können.

Die Finanzierung durch Liefererkredit kann für ein Unternehmen aber dennoch von besonderer Bedeutung sein, wenn sein Eigenkapital und seine Liquidität gering sind, und wenn es nicht über genügend Sicherheiten verfügt, um Bankkredite in Anspruch nehmen zu können. Mit Hilfe des Liefererkredits kann es zumindest teilweise seine Lagerbestände finanzieren.

● **Finanzierung durch Kontokorrentkredit**

Der Kontokorrentkredit ist der wichtigste und am häufigsten vorkommende kurzfristige Bankkredit im Handel. Er entsteht bei der Abwicklung des Zahlungsverkehrs über das laufende Konto.

Die Bank gewährt dem Kreditnehmer (z. B. Einzelhändler) einen Kredit bis zu einer bestimmten Höhe. Bis zu dieser Kreditgrenze (= Limit) kann der Kontoinhaber innerhalb einer bestimmten Laufzeit sein Konto überziehen. Durch ständige Ein- und Auszahlungen entsteht eine laufende Rechnung, deren Saldo entweder ein Guthaben oder eine Kreditinanspruchnahme aufweist.

Verzinst wird nur der tatsächlich beanspruchte Kreditbetrag, wobei Überziehungsprovision, Kreditprovision (für die Bereitstellung des Kredits) und Umsatzprovision hinzukommen. Der Sollzinssatz für den Kreditsaldo ist relativ hoch, die Haben-Zinsen für den Guthabensaldo dagegen verhältnismäßig niedrig.

Dem Kreditnehmer dient der Kontokorrentkredit zur Sicherung seiner Zahlungsbereitschaft. Er ist besonders bedeutsam für die Ausnutzung von Skonto.

● **Finanzierung durch Kundenkredit**

Im Gegensatz zum Liefererkredit tritt bei Anzahlungen der Kunde eines Unternehmens als Kreditgeber auf. Der Kunde zahlt bereits, noch bevor das Unternehmen seine Leistung erbracht hat. Kundenanzahlungen zählen zur kurzfristigen Fremdfinanzierung.

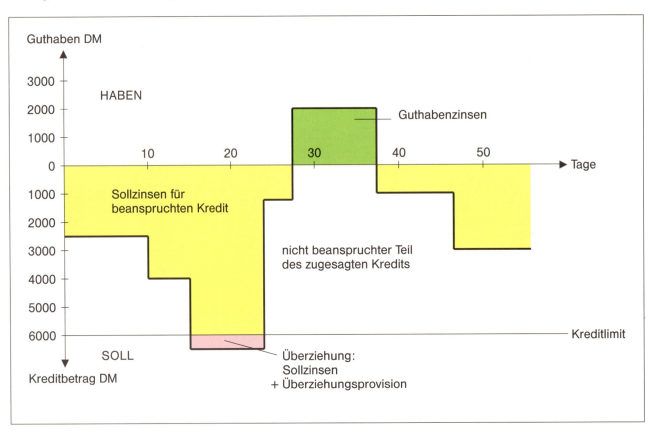

Beispiel:

Im Einzelhandel kommt es vor, daß Kunden eine Ware zurücklegen lassen und sie dann anzahlen. Aber auch der Einzelhändler verlangt eine Anzahlung beispielsweise bei Änderungen, Sonderbestellungen oder Schaufensterware, die nicht sofort aus dem Fenster genommen werden kann.

Im Einzelhandel hat die Anzahlung nur noch Bedeutung, wenn es sich um Anschaffungen von Einrichtungsgegenständen handelt, wie z. B. bei Möbeln, Rundfunkgeräten, Kochgeräten u. a.

Aufgaben

1. Der Unternehmer Fritz Schwerdtfeger, Asternweg 15, 31141 Hildesheim, will aufgrund der Gewinnsituation sein Unternehmen durch die Errichtung einer Filiale in Marienhagen erweitern. Dazu benötigt er umfangreiche Geldbeträge.

   Welche Möglichkeiten der Innen- und der Außenfinanzierung bieten sich Herrn Schwerdtfeger?

2. Welche Finanzierungsart (Einlagenfinanzierung, Selbstfinanzierung, Fremdfinanzierung) wird in den folgenden Beispielen angesprochen?

   a) Kapitaleinlage eines Kommanditisten

   b) Überziehung des Kontokorrentkontos

   c) Ausgabe neuer Aktien

   d) Erhöhung des Eigenkapitals durch Einlagen

3. Entscheiden Sie in den folgenden Fällen, ob

   (1) Innen- oder Außenfinanzierung,

   (2) Selbstfinanzierung, Beteiligungs- oder Fremdfinanzierung vorliegt.

   a) Der Unternehmer Karl-Otto Bodenstein stockt sein Warenlager durch Zieleinkäufe auf.

   b) Die Gesellschafter einer OHG beschließen, ihre Gewinnanteile in Höhe von je 50 000,00 DM nicht zu entnehmen, sondern für Investitionszwecke in ihrem Unternehmen zu belassen.

   c) Der Unternehmer Wilfried Bachstein nimmt bei der sparda Bank Hannover e.G. einen Kontokorrentkredit in Höhe von 65 000,00 DM auf.

4. Welche Vorteile hat es für den Unternehmer, wenn er sein Unternehmen vornehmlich mit Eigenkapital finanziert?

5. Nennen Sie die Grenzen der Eigenfinanzierung.

6. Worin besteht der Unterschied zwischen Beteiligungsfinanzierung und Selbstfinanzierung?

7. Erklären Sie die goldene Finanzierungsregel.

8. Welche Probleme können sich ergeben, wenn das Eigenkapital im Verhältnis zum Fremdkapital zu niedrig ist?

9. Zur Finanzierung einer besonders günstigen Warenlieferung benötigt ein Teppicheinzelhändler 150 000,00 DM für etwa fünf Monate. Eigenkapital steht nicht ausreichend zur Verfügung. Welche Kreditform würden Sie empfehlen?

10. Erklären Sie den Liefererkredit und den Kontokorrentkredit.

11. Heinz Rössing und Gertrud Seeler sind Gesellschafter der Rössing & Seeler OHG. Beide beschließen, dringend notwendige Investitionen vorzunehmen. Herr Rössing setzt sich dafür ein, das notwendige Kapital von 120 000,00 DM durch Bankkredite zu beschaffen. Frau Seeler hingegen vertritt die Auffassung, neue Gesellschafter in die OHG aufzunehmen. Wozu würden Sie Rössing und Seeler raten?

12. Welche Folgen ergeben sich aus der Tatsache, daß Fremdkapital stets befristet ist?

13. Welche Arten von Fremdfinanzierung gibt es?

14. Nennen sie drei Investitionsgründe.

15. Erläuten Sie den Begriff Desinvestition.

16. Welcher Zusammenhang besteht zwischen Finanzierung und Investition?

17. Ordnen Sie die folgenden Begriffe entweder der Aktiv- oder der Passivseite der Bilanz zu.

    a) Vermögen

    b) Finanzierung

    c) Kapitalverwendung

    d) Investition

    e) Kapital

    f) Kapitalherkunft

18. Welche Auswirkungen können

    a) Erweiterungsinvestitionen,

    b) Rationalisierungsinvestitionen

    auf eine Volkswirtschaft haben?

19. Welcher Anlaß kann eine Ersatzinvestition auslösen?

Finanzierungsgrundsätze

GOLDENE FINANZIERUNGSREGEL

Kapitalentleihungsfrist = Kapitalbindungsfrist

das heißt:

- ► Das Anlagevermögen sollte überwiegend durch Eigenkapital und (eventuell) zu einem geringen Teil mit Fremdkapital finanziert werden.

- ► Das Umlaufvermögen kann mit mittel- und kurzfristigem Fremdkapital finanziert werden.

Kreditarten

(Unterscheidung nach der Dauer)

Langfristige Kredite	Kurzfristige Kredite
(über vier Jahre Laufzeit)	(bis sechs Monate Laufzeit)

Langfristige Kredite

► Darlehen

Auszahlung des gesamten Kreditbetrages in einer Summe;

Rückzahlung in einer Summe oder nach Tilgungsplan.

Kurzfristige Kredite

Liefererkredit
Gewährung eines Zahlungsziels durch den Lieferer

Kontokorrentkredit
Überziehung des laufenden Kontos

Wechseldiskontkredit
Verkauf von Wechseln an eine Bank
(vgl. Kapitel 10.2)

Kundenanzahlungen

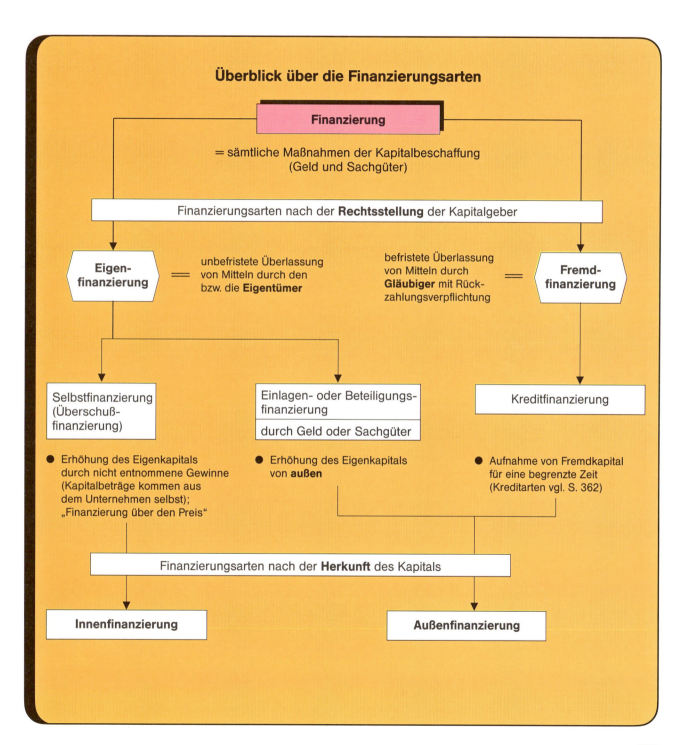

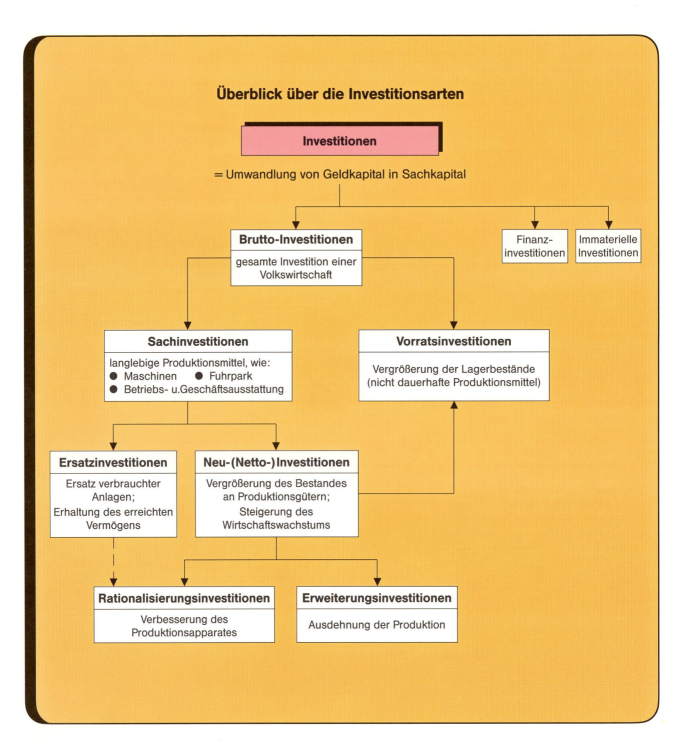

10.2 Finanzierung durch Wechselkredit

Der in der Goebenstraße 30 in 30163 Hannover ansässige Computerhändler Fred Hennies erhält als Vertragshändler am 15. Juni von dem Großhändler AGU Deutschland GmbH in 20255 Hamburg, Osterstr. 198 ein besonders günstiges Angebot über fünf Personalcomputer zum Gesamtpreis von 15 000,00 DM. Die Geräte müßten bar bezahlt werden.

Herr Hennies ist an dem Angebot des Großhändlers sehr interessiert. Allerdings verfügt er momentan weder über die entsprechenden finanziellen Mittel noch über einen entsprechenden Kreditspielraum bei seiner Bank.

Herr Hennies rechnet sich allerdings aus, daß er die seiner Meinung nach recht preisgünstigen Computer spätestens in drei Monaten verkauft haben wird. Mit den dann eingenommenen Beträgen könnte er ohne Probleme die Rechnung des Großhändlers begleichen.

Herr Hennies muß daher ein Zahlungsmittel wählen, das für ihn praktisch einen Kredit darstellt und gleichzeitig für den Großhändler zur Sicherung der Forderung dient. In einem Telefongespräch vereinbart Hennies mit der AGU Deutschland GmbH, daß die Lieferung mit einem Wechsel, der in drei Monaten fällig sein soll, bezahlt wird.

Welche Bedeutung hat die Zahlung mit Wechsel für den Unternehmer Fred Hennies?

Information

Das Wesen des Wechsels

> **Unter einem Wechsel versteht man eine Urkunde, durch die der Wechselaussteller (Zahlungsempfänger) den Wechselbezogenen (Zahlungspflichtigen) auffordert, zu einem festgesetzten Zeitpunkt eine bestimmte Geldsumme an den Wechselnehmer (= Wechselaussteller oder jemand anderes) zu zahlen.**

Ein Unternehmer kann u. a. mit Hilfe des Wechselkredits den Kauf seiner Waren finanzieren. Die Zahlung mit einem Wechsel macht es möglich, daß er dem Lieferer die Waren erst dann bezahlt, nachdem er sie wieder verkauft hat. Der Lieferer hingegen kann durch Verwendung des Wechsels sofort über Geld verfügen, um ebenfalls Warenlieferungen, Löhne, Verwaltungskosten usw. bezahlen zu können.

Die Finanzierung durch Wechselkredit entspricht infolgedessen dem Verlangen des Käufers nach einem Zahlungsziel wie auch dem Verlangen des Lieferers nach sofortiger Bezahlung.

Fortführung des Eingangsbeispiels:

Die AGU Deutschland GmbH hat selbst Verbindlichkeiten und will den Wechsel zum teilweisen Ausgleich dieser Schuld an ihren Lieferer, der Machmann Kommunikations-Industrie AG, An der Jakobuskirche 19 in 34123 Kassel weitergeben.

Nach dem Wechselrecht heißt der Schuldner „Bezogener" (**Trassat**), der Gläubiger „Aussteller" (**Trassant**).

Die AGU Deutschland GmbH ist Aussteller. Sie stellt auf den Einzelhändler Fred Hennies einen Wechsel aus (zieht = trassiert einen Wechsel), fällig in drei Monaten. Den „gezogenen" Wechsel nennt man **Tratte.**

Der Bezogene, Fred Hennies, nimmt den Wechsel an, indem er den gezogenen Wechsel auf der linken Seite des Wechselformulars quer unterschreibt. Damit verpflichtet er sich, den Wechsel am Fälligkeitstag einzulösen. Der akzeptierte Wechsel wird **Akzept** genannt.

Die AGU Deutschland GmbH gibt den Wechsel, nachdem sie ihn von Hennies zurückerhalten hat, zum Ausgleich ihrer Schulden an die Machmann Kommunikations-Industrie AG weiter.

Die Machmann Kommunikations-Industrie AG legt dem Bezogenen den Wechsel am Fälligkeitstag vor.

Der Bezogene bezahlt dann die Wechselschuld an die Machmann Kommunikations-Industrie AG.
(siehe Zeichnung auf Seite 366)

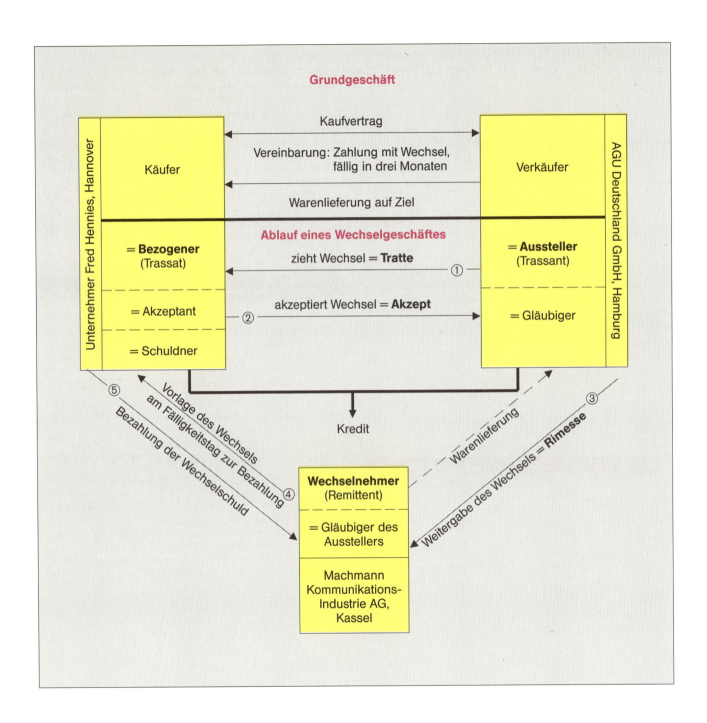

Bestandteile des Wechsels

Die Urkunde muß bestimmte, im Wechselgesetz vorgeschriebene Bestandteile enthalten, wenn sie als Wechsel gelten soll.

① Ort und Tag der Ausstellung
② das Wort „Wechsel" im Text der Urkunde
③ die Verfallzeit
④ Name des Wechselempfängers (Wechselnehmers/Remittenten), an den – oder an dessen Order – gezahlt werden soll.

Beispiel:

Da die AGU Deutschland GmbH den Wechsel zum Ausgleich eigener Verbindlichkeiten an ihren Lieferer Machmann Kommunikations-Industrie AG weitergeben möchte, wird als Wechselempfänger der Hersteller in Kassel eingetragen. Daher liegt im vorliegenden Beispiel ein **„Wechsel an fremde Order"** vor; mögliche Formulierungen: „an die Order der Firma…" oder „an Herrn…".

Sollte sich der Aussteller nicht sicher sein, an wen er den Wechsel weitergibt, setzt er sich selbst als Wechselnehmer ein. Man spricht dann von einem **„Wechsel an eigene Order"** mit dem Vermerk „an mich", „an eigene Order".

Beim Wechsel an eigene Order sind Aussteller und Wechselnehmer dieselbe Person. Dadurch kann der Aussteller den Wechsel beliebig weiterverwenden.

Mit dem Wechsel ist ein Orderpapier entstanden, das nur den namentlich genannten Gläubiger oder eine von ihm durch Order bestimmte Person berechtigt, die Zahlung am Fälligkeitstag einzuziehen.

⑤ Der Wechselbetrag möglichst in Worten mit der unbedingten Zahlungsanweisung[1]. Bei Abweichungen gilt immer die in Buchstaben geschriebene Summe.
⑥ Name des Bezogenen (Trassaten), der zahlen soll.
⑦ Zahlungsort
⑧ Unterschrift des Ausstellers

Sollten die Angaben unter 1, 3 oder 7 fehlen, ist der Wechsel dennoch gültig.

Kaufmännische Bestandteile

Die kaufmännischen Bestandteile sind im Einheitswechsel-Vordruck vorgesehen, um die Bearbeitung des Wechsels zu erleichtern. Zu ihnen zählen

a) Ortsnummer des Zahlungsortes,
b) Wiederholung des Zahlungsortes,
c) Wiederholung des Verfalltages,
d) Zusatz „erste Ausfertigung",
e) Wiederholung der Wechselsumme in Ziffern,
f) Zahlstellenvermerk:

---

[1] Die Wechselsumme braucht nur einmal angegeben zu werden. Das in der Praxis verwendete Einheitsformular (siehe oben) sieht die Angabe der Wechselsumme in Ziffern und in Buchstaben vor.

Die meisten Wechsel werden bei einem Kreditinstitut zahlbar gestellt. Die Deutsche Bundesbank nimmt nur Wechsel an, die an einem Bankplatz (Ort mit Niederlassung einer Landeszentralbank) zahlbar sind.

g) Anschrift des Ausstellers,

h) der Ordervermerk (die Orderklausel).

Verwendungsmöglichkeiten

Der Aussteller hat verschiedene Möglichkeiten, den (Besitz-)Wechsel zu verwenden.

Er kann ihn

– **bis zum Verfalltag aufbewahren** und den Betrag dann selbst oder durch ein Kredit- oder Inkassoinstitut einziehen.

– **vor dem Fälligkeitstag an ein Kreditinstitut verkaufen** (diskontieren). Damit erhält er vorzeitig flüssige Mittel. Das Kreditinstitut, das selber den Wechselbetrag erst später, am Verfalltag, einziehen kann, gewährt dem Aussteller somit einen kurzfristigen Kredit (Wechseldiskontkredit). Für diesen Kredit berechnet es Zinsen (Diskont für vorzeitige Zahlung), die sie von der Wechselsumme abrechnet (Wechselsumme minus Diskont = Barwert). Der Diskont wird dann meist dem Bezogenen in Rechnung gestellt. Er ist es ja schließlich, der den Wechsel als Kreditmittel nutzt. Und Kredit kostet Zinsen.

– als Zahlungsmittel an einen seiner Gläubiger **weitergeben** (vgl. Eingangsbeispiel).

Aussteller und Wechselnehmer haben beide eine Wechselforderung an den Bezogenen. Da sie den Wechsel „in Besitz" nehmen, ist der Wechsel für sie ein **Besitzwechsel.**

Für den Bezogenen entsteht eine Wechselverbindlichkeit, so daß für ihn der Wechsel ein **Schuldwechsel** ist.

Aufgaben des Wechsels

Der Wechsel erfüllt wichtige Aufgaben. Für den Kaufmann ist er in erster Linie

– **Kreditmittel,** da er (der Bezogene) erst zu einem späteren Zeitpunkt – erheblich nach der Warenlieferung – zahlen muß (= Liefererkredit in Wechselform). In der Zwischenzeit hat er die Möglichkeit, die erhaltene Ware „zu Geld zu machen" und aus dem Verkaufserlös den Wechsel einzulösen.

Für den Lieferer hat der Wechsel ebenfalls die Funktion eines Kreditmittels, da er beim Verkauf an ein Kreditinstitut einen kurzfristigen Kredit eingeräumt bekommt.

In zweiter Linie ist er

– **Zahlungsmittel,** da mit der Übergabe des Wechsels Verbindlichkeiten beim Lieferer beglichen werden können,

und

– **Sicherungsmittel,** da aufgrund der strengen Vorschriften des Wechselgesetzes Wechselforderungen sicherer sind als gewöhnliche Forderungen (vgl. hierzu die Ausführungen über „Wechselstrenge" Seite 371).

Die Annahme (Akzept) des Wechsels

Der Bezogene (hier Fred Hennies) verpflichtet sich mit seiner Unterschrift quer auf der linken Seite des Wechsels, ihn am Verfalltag einzulösen.

> Sowohl der angenommene Wechsel selbst als auch die schriftliche Annahmeerklärung werden AKZEPT genannt.

Da das Akzept kein gesetzlicher Bestandteil ist, ist der Wechsel auch ohne Annahmeerklärung gültig.

Weitergabe des Wechsels

Bei der Weitergabe des Wechsels durch den Aussteller oder jeden anderen Wechselnehmer muß der Wechsel mit einem **schriftlichen Übertragungsvermerk** auf der Rückseite versehen werden. Den Übertragungsvermerk bezeichnet man als **Indossament** („in dosso" = auf dem Rücken). Das Weitergeben wird indossieren oder girieren, der Weitergebende **Indossant** und der Empfänger **Indossat oder Indossatar** genannt.

Während das **Vollindossament** als die am häufigsten verwendete Übertragungsart den Namen des Indossatars und die Unterschrift des Indossanten enthält, besteht das **Blankoindossament** lediglich aus der Unterschrift des Indossanten. Gibt der Wechselinhaber den Wechsel unverändert weiter, so kann er, da er nicht als Indossant erscheint, wechselrechtlich auch nicht haftbar gemacht werden.

Rektaindossament. Das Vollindossament mit Weitergabeverbot (Rektaindossament) lautet z. B.: „ . . . Für uns an die firma Gebrüder Reißer, Amberg, nicht an deren Order, Ort, Tag, Unterschrift". Durch die Rektaklausel „nicht an deren Order" kann der Indossant zwar die Weitergabe des Wechsels nicht verbieten, haftet jedoch im Fall der Übertragung nur seinem Nachmann.

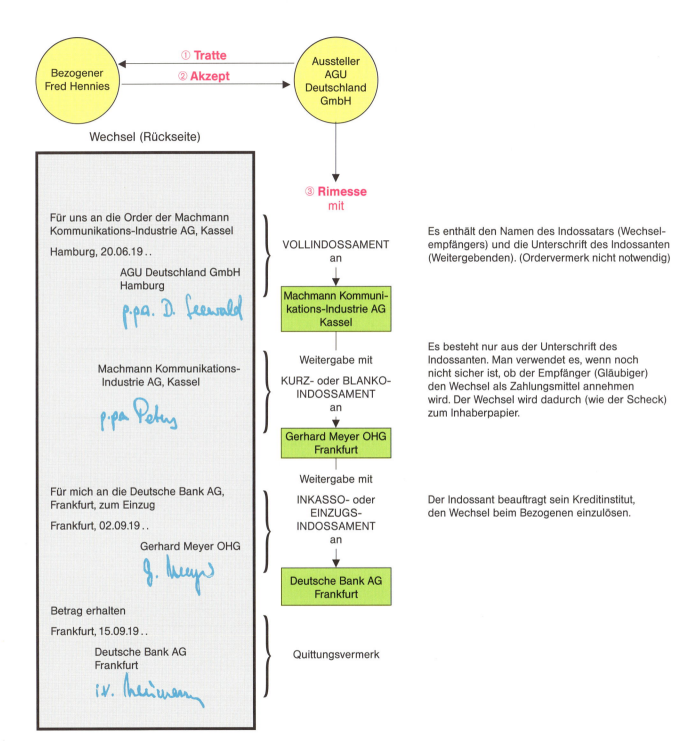

Angstindossament. Das Vollindossament mit Ausschluß der Haftung, auch Angstindossament genannt, lautet z. B.: „Für uns an die Drahtwerke Bühler KG, Schweinfurt, ohne Obligo. Ort, Datum, Unterschrift". Durch die Angstklausel „ohne Obligo" oder „ohne Gewähr" oder „ohne Haftung" schließt der Indossant seine Haftung für die Nachmänner aus, d. h. er haftet keinem der Nachmänner (z. B. nicht der Drahtwerke Bühler KG).

Mit dem Indossament erklärt jeder, der einen Wechsel weitergibt, daß der Bezogene nicht an ihn, sondern an einen neuen Zahlungsempfänger zahlen soll.

Das Indossament hat folgende Wirkungen:

– Alle Rechte aus dem Wechsel (z. B. das Recht, Zahlung zu verlangen, das Recht den Wechsel weiterzugeben) gehen auf den neuen Inhaber (Indossatar) über (= **Übertragungs- oder Transportfunktion);**

– der neue Inhaber kann sich als Wechselberechtigter ausweisen (= **Ausweis- oder Legitimationsfunktion);**

– der Weitergebende (Indossant) haftet durch seine Unterschrift zusätzlich für die Annahme und Einlösung des Wechsels (= **Garantiefunktion**), d. h., er kann bei Nichteinlösung oder Nichtannahme des Wechsels im Wege des Rückgriffs in Anspruch genommen werden.

Einlösung des Wechsels

Wechselschulden sind Holschulden. Der Wechsel ist beim Bezogenen (in dessen Geschäft oder in seiner Wohnung) oder der Zahlstelle (bei Wechseln mit Zahlstellenvermerk) einzuziehen.

Dies kann geschehen durch:

– den Wechselberechtigten selbst,

– einen Boten, Geschäftsfreund oder Angestellten,

– ein Kredit- oder Inkassoinstitut,

– die Deutsche Post (bis 3 000,00 DM).

Zur Einlösung vorgelegt werden muß der Wechsel am Verfalltag oder an einem der beiden darauffolgenden Werktage, spätestens bis 18 Uhr. Grundsätzlich ist der Zahlungstag der Verfalltag. Fällt der Verfalltag auf einen Samstag, Sonn- oder gesetzlichen Feiertag, so gilt der nächste Werktag als Verfalltag (Zahlungstag).

Beispiel:		
Verfalltag	Zahlungstag	letzter Vorlegungstag
Mittwoch Freitag Samstag	Mittwoch Freitag Montag	Freitag Dienstag Mittwoch

Der Bezogene bzw. die Zahlstelle prüft vor der Wechseleinlösung

– die Berechtigung des Vorlegenden,

– die Ordnungsmäßigkeit des Wechsels (gesetzliche Bestandteile),

– die Lückenlosigkeit der Indossamente.

Wenn der Bezogene gezahlt hat, wird ihm der quittierte Wechsel („Betrag erhalten"/Ort/Tag/Unterschrift) ausgehändigt bzw. zugestellt.

Versäumt der letzte Wechselinhaber die Vorlegungsfrist, so erlöschen die Rückgriffsansprüche gegen seine Vorpersonen und den Aussteller. Der Bezogene bleibt jedoch wechselmäßig verpflichtet.

Störungen des Wechselumlaufs („Notleidender Wechsel")

Ein notleidender Wechsel liegt vor, wenn der Bezogene den Wechsel

– nicht akzeptiert oder

– nicht oder nur teilweise einlöst.

Kann der Bezogene den Wechsel nicht einlösen, sind zwei Möglichkeiten denkbar:

a) Die Laufzeit des Wechsels wird verlängert (prolongiert),

oder

b) der Wechsel geht zu Protest.

Prolongation

Der Aussteller stellt auf rechtzeitiges Bitten des Bezogenen einen neuen Wechsel mit einem späteren Verfalltag aus. Er stellt dem Bezogenen gleichzeitig die zur Einlösung des alten Wechsels erforderliche Summe zur Verfügung. Die Kosten der Wechselprolongation trägt der Bezogene.

Wechselprotest

Der letzte Wechselinhaber muß spätestens am zweiten Werktag nach dem Zahlungstag Protest erheben (Protest mangels Zahlung). Versäumt er diese Frist, verliert er sein Rückgriffsrecht auf alle Vorpersonen, die ihre Unterschrift auf den Wechsel gesetzt haben: **Ohne Protest kein Rückgriff!**

> **Der Protest, der vom Gerichtsvollzieher, einem Notar oder der Deutschen Post (nur bis 3 000,00 DM) vorgenommen wird, ist eine Beweisurkunde, aus der hervorgeht, daß der Bezogene den ordnungsgemäß vorgelegten Wechsel nicht eingelöst hat.**

Benachrichtigung

Der letzte Wechselinhaber muß nach Protesterhebung den Aussteller und seine unmittelbare Vorperson innerhalb von vier Werktagen nach dem Protest benachrichtigen (= Notifikation).

Jeder Indossant wiederum muß seine jeweilige Vorperson innerhalb von zwei Werktagen nach Erhalt der Nachricht über den Protest informieren.

Wer die rechtzeitige Benachrichtigung versäumt, verliert nicht sein Rückgriffsrecht, er haftet aber für den durch seine Nachlässigkeit entstandenen Schaden bis zur Höhe der Wechselsumme.

Rückgriff (Regreß)

Sämtliche Vorpersonen des letzten Wechselinhabers sind regreßpflichtig. Daher kann sich bei rechtzeitiger Protesterhebung der letzte Wechselinhaber an eine **beliebige** Vorperson oder an den Aussteller wenden.

Wird dabei der Reihe nach eine Vorperson nach der anderen in Anspruch genommen, so liegt ein **Reihenrückgriff** vor.

Von **Sprungrückgriff** spricht man, wenn andere Vorpersonen übersprungen und eine beliebige, zahlungskräftige Vorperson in Anspruch genommen wird.

Wechselmahnbescheid und Wechselklage

Jeder Gläubiger, der einen protestierten Wechsel besitzt, kann beim zuständigen Amtsgericht den Erlaß eines Wechselmahnbescheides gegen den Bezogenen (Schuldner) beantragen. Formular und Ablauf sind identisch mit dem gerichtlichen Mahnverfahren (vgl. Kapitel 4.23).

Eine andere Möglichkeit, gegen den Bezogenen vorzugehen, besteht darin, Wechselklage zu erheben. Mit der Wechselklage wird der Wechselprozeß eingeleitet.

Der Wechselprozeß ist ein Urkundenprozeß, der den Kläger relativ schnell zu seinem Recht kommen läßt. Gegenüber einem normalen Zivilprozeßverfahren hat er folgende Besonderheiten (= **Wechselstrenge**):

- Kurze Ladungsfrist (Einlassungsfrist). Der Zeitraum zwischen Zustellung der Klageschrift und dem Verhandlungstermin beträgt 24 Stunden bis höchstens eine Woche.

- Die Beweismittel sind beschränkt. Zugelassen sind lediglich der Wechsel, die Protesturkunde sowie Kläger und Beklagter.

- Einwendungen des Beklagten gegen die Klage sind beschränkt.

- Das Urteil ist sofort vollstreckbar.

Einem Unternehmer, der einen Wechsel zu Protest gehen läßt, können nachhaltige wirtschaftliche Folgen entstehen. Neben den Vertrauensverlust tritt der Verlust seiner Kreditwürdigkeit. Kreditinstitute und Auskunfteien führen zentral eine sog. „schwarze Liste", in die er eingetragen wird. Das bedeutet, daß er kaum noch Wechselverbindlichkeiten eingehen kann und kaum noch Kredite erhalten wird.

Aufgaben

1. In welchem Fall ist der Wechsel ungültig?

   a) Wechsel ohne Angabe der Verfallzeit.

   b) Wechsel ohne Angabe der Anschrift des Ausstellers.

   c) Der Bezogene Hennies ist im Wechsel ohne Vornamen angegeben.

   d) Wechsel ohne Akzept.

   e) Wechsel mit Angabe der Summe nur in Zahlen.

   f) Wechsel ohne Angabe des Zahlungsortes.

2. Worin besteht der Unterschied zwischen einer Tratte und einem Akzept?

3. Ein Wechsel ist am Freitag fällig. Wann muß er spätestens dem Bezogenen vorgelegt werden?

4. Welche Bedeutung haben die gesetzlichen Bestandteile eines Wechsels?

5. Wer ist berechtigt, den Wechsel dem Bezogenen zur Einlösung vorzulegen?

6. Erklären Sie die Bedeutung und Funktion des Indossaments.

7. Wie kann ein Besitzwechsel verwendet werden?

8. Mit welcher auf der Vorderseite einer Tratte bezeichneten Person ist der 1. Indossant identisch, wenn es sich um einen Wechsel an fremde Order handelt?

9. Warum werden Wechsel an eigene Order ausgestellt?

10. Was verstehen Sie unter Wechselprolongation?

11. Begründen Sie, warum der Wechsel für den Einzelhändler ein Kreditmittel ist.

12. In welchem Fall ist der Verfalltag mit dem Zahlungstag nicht identisch?

13. Was verstehen Sie unter Wechselstrenge?

14. Durch wen kann Protesterhebung erfolgen?

15. Der letzte Wechselinhaber hat es versäumt, den Wechsel fristgerecht dem Bezogenen zur Einlösung vorzulegen. Welche Folgen hat das für ihn?

16. Erklären Sie, was unter „Notifikation" zu verstehen ist.

17. Was bedeutet Sprung- und Reihenrückgriff?

18. Warum ist der Sprungrückgriff vorteilhaft?

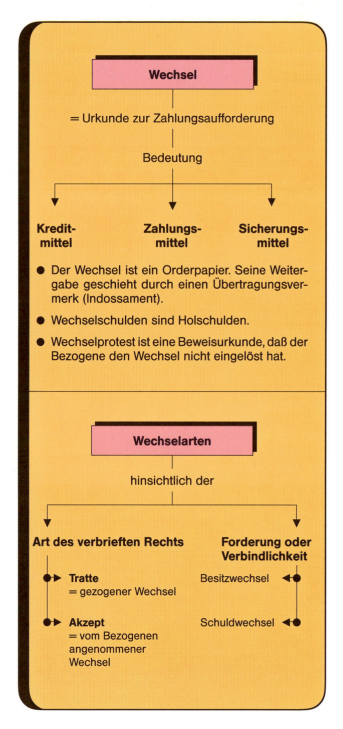

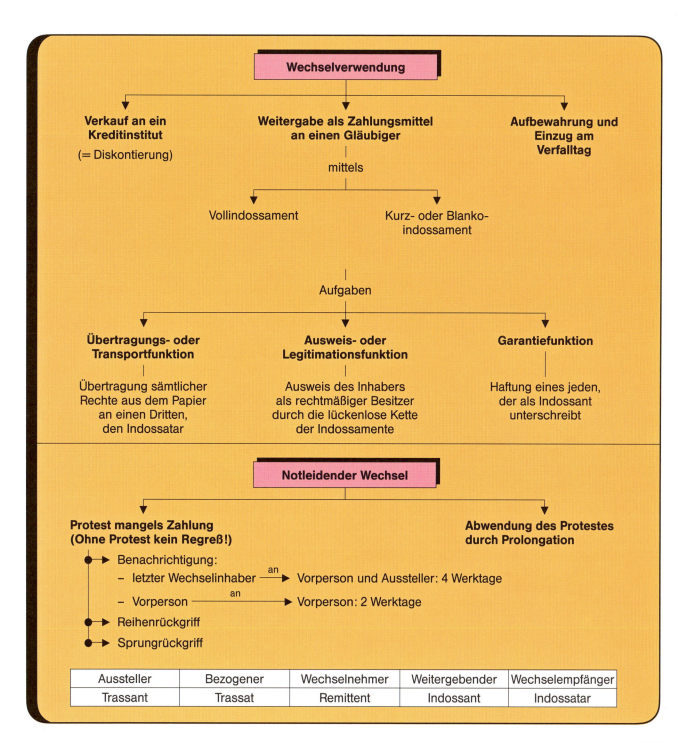

10.3 Die Sicherung von Bankkrediten

NEUHEIT

**im Auftrag ausländischer Geldgeber
Ideal-Spezial-Kredit ohne Bankauskunft**

Kredite von 2 000 bis 7 800 DM für jeden Verwendungszweck, für Selbständige, Rentner, Arbeitnehmer, ohne Sicherheiten, auch bei Mahnbescheid usw. Zinsen 5 % p. a., effektiver Jahreszins: 9,714 % freibleibend.

Auszahlung: 100 % ohne Abzug

Warum ist es normalerweise bei den Banken nicht üblich, Kredite ohne Sicherheiten zu gewähren?

Information

Kreditprüfung und Kreditvertrag

Kredit bedeutet, daß Geld durch den Kreditgeber an den Kreditnehmer (= Schuldner) gegeben wird. Der Kreditnehmer gibt dabei seine Zusage, das Geld zu einem vereinbarten späteren Zeitpunkt zurückzuzahlen.

Bevor allerdings der Kreditvertrag abgeschlossen wird, findet eine **Kreditprüfung** statt.

Sie umfaßt u. a. die Prüfung der **Kreditfähigkeit** und der **Kreditwürdigkeit (Bonität).**

Kreditfähig ist, wer rechtswirksam Kreditgeschäfte abschließen kann. Das sind

- natürliche Personen, die voll geschäftsfähig sind,
- handelsrechtliche Personenvereinigungen (OHG/KG),
- juristische Personen des privaten und öffentlichen Rechts.

Neben der Kreditfähigkeit hat die Kreditwürdigkeit besondere Bedeutung. Geprüft wird hierbei, ob der Kreditsuchende seriös und gewissenhaft ist und ob er pünktlich zahlt. Da Gewissenhaftigkeit und pünktliche Zahlweise nicht vom Gesicht abzulesen sind, bedienen sich Banken bestimmter Grundlagen.

Im einzelnen können die folgenden Unterlagen herangezogen werden (= **sachliche** Prüfung):

- Handelsregister,
- Grundbuch,
- Steuerunterlagen,
- Bilanz,
- Gewinn- und Verlustrechnung,
- Geschäftsbücher,
- Betriebsbesichtigung (Zustand der Geschäftseinrichtung, Organisation) und
- Auskünfte von z. B. Auskunfteien.

Zur **persönlichen** Kreditwürdigkeitsprüfung zählen:

- charakterliche Eigenschaften (z. B. Fleiß, Tüchtigkeit, Zuverlässigkeit),
- fachliche Qualifikation,
- persönliche Haftung (Rechtsform) und
- unternehmerische Fähigkeiten.

Hat der Kreditsuchende die Kreditprüfung, zu der auch die Prüfung der angebotenen Sicherheiten gehört, bestanden, wird zwischen der Bank als Kreditgeber und dem Kreditnehmer ein **Kreditvertrag** geschlossen.

Das Verbraucherkreditgesetz schreibt seit dem 01.01.1991 vor, daß der Kreditvertrag **schriftlich** abgeschlossen werden muß.

Dieser schriftliche Vertrag **muß** enthalten:

- den effektiven Jahreszins,
- alle sonstigen Kosten des Kredits einschließlich etwaiger Vermittlungskosten,
- den Nettokreditbetrag,
- die Art und Weise der Rückzahlung.

Fehlt auch nur eine der vorgeschriebenen Angaben, ist der Kreditvertrag nichtig.

Anders, wenn dem Kunden der (ungültige) Kredit bereits ausgezahlt wurde. Dann gilt der Vertrag. Versäumnisse gehen zu Lasten der Kreditinstitute.

Noch strengere Maßstäbe gibt es bei den Zinsen: Werden im Kreditvertrag der effektive Jahreszins oder der Gesamtbetrag (alle zu entrichtenden Teilzahlungen einschließlich Zinsen und sonstiger Kosten) nicht angegeben, ermäßigt sich der im Kreditvertrag zugrunde gelegte Zinssatz auf vier Prozent. Verrechnet sich die Bank aber und schreibt einen zu niedrigen effektiven Zinssatz in den Vertrag, reduziert sich der (nominale) Zinssatz entsprechend.

Kreditsicherungen (Kreditarten)

Kein Kreditgeber kann sicher sein, daß der Kreditnehmer den Kredit zum vereinbarten Termin zurückzahlen und die Zinsen für den gewährten Kredit aufbringen kann.

Daher müssen sich Kreditinstitute durch eine **Kreditsicherung** bei Zahlungsunfähigkeit des Schuldners vor Verlusten schützen.

Einfache Personalkredite (Blankokredite)

Einfache Personalkredite sind fast immer kurzfristige Kredite. Sie werden in Form des Kontokorrentkredits vergeben, gelegentlich als Darlehen.

Für die Gewährung des Personalkredits ist ausschließlich die Kreditwürdigkeit des Schuldners ausschlaggebend. Sie wird in erster Linie nach seiner persönlichen Zuverlässigkeit, seinem guten Ruf und dem Vertrauen in seine wirtschaftliche Leistungsfähigkeit beurteilt. Da besondere Sicherheiten nicht verlangt werden, ist die Kreditwürdigkeit sehr sorgfältig zu prüfen.

Verstärkte (erweiterte) Personalkredite

Ist beim Kreditnehmer keine ausreichende Gewähr für die termingerechte Rückzahlung und Verzinsung des Kredits gegeben, müssen außer dem Schuldner noch weitere Personen haften.

Verstärkte Personalkredite können in Form des Bürgschaftskredits, des Zessionskredits und des Wechseldiskontkredits gewährt werden.

Dem **Bürgschaftskredit** liegen zwei Rechtsgeschäfte zugrunde:

- der Kreditvertrag (zwischen Kreditnehmer = Hauptschuldner und Bank = Gläubiger) und
- der Bürgschaftsvertrag (zwischen Bank und Bürge = Nebenschuldner).

Der Bürgschaftsvertrag (normalerweise ist die Schriftform erforderlich; bei Vollkaufleuten ist die mündliche Form möglich) ist ein einseitig verpflichtender Vertrag. Darin verpflichtet sich der Bürge, für die Erfüllung der Verbindlichkeit des Hauptschuldners einzustehen.

Sittenwidrig sind die Verträge allerdings, wenn Bürgen – vor allem junge Erwachsene – beim Scheitern der Kreditrückzahlung die Schulden ein Leben lang nicht abtragen können und die Bank dabei geschäftliche Unerfahrenheit ausnutzt.

Beispiel:

- Eine 21jährige Arbeitslose bürgt für die Ausweitung der Geschäftskredite ihres Vaters
- Ein 23jähriger Zeitsoldat haftet für den Baukredit des Vaters in Höhe von 2,3 Millionen Mark.

Hier muß ein Gericht allerdings noch prüfen, ob der Sohn als Mitunternehmer einsteigen sollte. Bei großem eigeninteresse müßte der Bürge den Vertrag dann erfüllen.

Es sind zwei Arten der Bürgschaft zu unterscheiden:

- die Ausfallbürgschaft und
- die selbstschuldnerische Bürgschaft.

Bei der **Ausfallbürgschaft** muß der Bürge erst zahlen, wenn gegen den Hauptschuldner erfolglos die Zwangsvollstreckung betrieben wurde.

Der Bürge hat nämlich in diesem Fall die **Einrede der Vorausklage,** die ihm das Recht gibt, die Zahlung zu verweigern, solange der Gläubiger nicht eine Zwangsvollstreckung erfolglos versucht hat.

Der Bürge haftet nur für den **Ausfall.** Zahlt demnach der Schuldner lediglich einen Teil seiner Schuld, muß der Bürge in Höhe des noch bestehenden Ausfalls haften.

Die Einrede der Vorausklage ist ausgeschlossen, wenn der Bürge im Bürgschaftsvertrag ausdrücklich auf sie verzichtet hat. Man spricht dann von einer **selbstschuldnerischen Bürgschaft.**

In diesem Fall kann der Bürge ohne vorherige Zwangsvollstreckung zur Zahlung verpflichtet werden, wenn der Hauptschuldner am Fälligkeitstag nicht zahlt. Er haftet genauso wie der Hauptschuldner.

Die Bürgschaft von Vollkaufleuten bei einem Handelsgeschäft ist immer selbstschuldnerisch.

Beim **Zessionskredit** wird die Bank durch die Abtretung von Forderungen Eigentümerin der Forderung. Mit dem Abtretungsvertrag tritt die Bank an die Stelle des alten Gläubigers. Diesen Vorgang nennt man „Zession" (von lat. cedere = abtreten, zurücktreten). Der Zessionsvertrag ist formfrei.

Von **stiller Zession** ist immer dann die Rede, wenn der Drittschuldner von der Forderungsabtretung nichts erfährt. Er zahlt nach wie vor an seinen Gläubiger, der das Geld anschließend an die Bank (neuer Gläubiger) weiterleitet.

Wird er allerdings von der Abtretung benachrichtigt, so liegt eine **offene Zession** vor. Hierbei muß der Drittschuldner an die Bank direkt zahlen.

Wechseldiskontkredit (vgl. Kapitel 10.2)

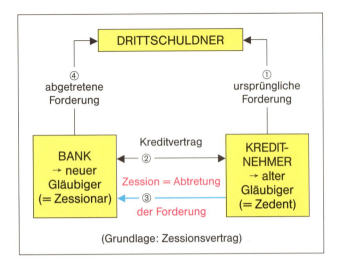

Realkredite

Realkredite sind Kredite, bei denen die Forderung des Kreditgebers durch bewegliche und unbewegliche Sachen (Dinge) abgesichert wird. Daher spricht man auch von **dinglicher Sicherung.**

Zu unterscheiden sind
- der Lombardkredit (Faustpfandkredit),
- der Sicherungsübereignungskredit,
- der Hypothekarkredit und
- der Grundschuldkredit.

Der Lombardkredit (Faustpfandkredit)

Zur Sicherung seiner Forderung schließt der Kreditgeber mit dem Schuldner einen Pfandvertrag. **Das Pfand,** wie z. B. Wertpapiere, Schmuck, Edelmetalle, Bausparverträge und Lebensversicherungen, **geht dabei in den Besitz des Kreditgebers über, während der Schuldner aber Eigentümer bleibt.** Das Pfandrecht erlischt dann, wenn der Schuldner seine Schulden bezahlt hat.

Sollte der Schuldner am Fälligkeitstag jedoch seine Schulden nicht begleichen können, gibt der Pfandvertrag dem Kreditgeber das Recht, die verpfändeten Sachen versteigern zu lassen und seine Forderung aus dem Erlös zu befriedigen.

Der Sicherungsübereignungskredit

Besitzt der Unternehmer zur Sicherung eines Kredits keine Gegenstände, die er verpfänden könnte, so besteht die Möglichkeit, daß er der Bank Vermögensgegenstände als Sicherheit anbietet, z. B. Warenvorräte, Lieferwagen, Geschäftseinrichtung.

Neben dem Kreditvertrag wird zwischen der Bank (Kreditgeber) und Schuldner (Kreditnehmer) ein Sicherungsübereignungsvertrag geschlossen, wodurch **die Bank Eigentümerin wird und der Schuldner Besitzer bleibt.**

Die Sicherungsübereignung ist nach außen von Dritten nicht zu erkennen. Sie hat für den Schuldner den Vorteil, daß er mit den übereigneten Sachen weiterarbeiten kann.

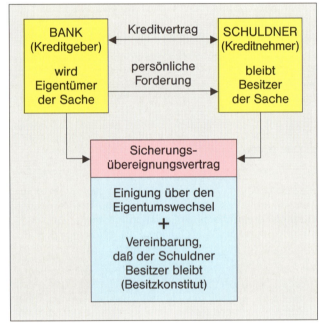

Grundpfandrechte

Die Absicherung von langfristigen Krediten (Darlehen) erfolgt bei Banken im allgemeinen durch ein Pfandrecht an einem Grundstück oder Gebäude in Form der **Hypothek** oder der **Grundschuld.**

Kreditinstitute bevorzugen eine solche Kreditsicherung, da Grundstücke wertbeständig sind und meist einen dauernden Ertrag versprechen.

Eingetragen werden die Grundpfandrechte im Grundbuch, einem Verzeichnis (staatlichem Register) aller Grundstücke in einem Amtsgerichtsbezirk. Es gibt Auskunft, wer Eigentümer eines Grundstücks ist und welche Lasten und Beschränkungen auf Grundstücken ruhen.

Das Grundbuch genießt öffentlichen Glauben, so daß sich jeder auf die Richtigkeit der Eintragungen verlassen kann. Einsicht nehmen kann jeder, der ein berechtigtes Interesse nachweist.

Die Hypothek

Die Hypothek entsteht durch **Einigung** der Beteiligten **und Eintragung** in das Grundbuch als **Buchhypothek.** Wird zusätzlich vom Grundbuchamt ein Hypothekenbrief (= öffentliche Urkunde) ausgestellt, so spricht man von einer **Briefhypothek.**

Die Hypothek setzt immer das Bestehen einer Forderung voraus. Daher erwirbt z. B. eine Bank als Gläubiger die Hypothek erst, wenn die Forderung tatsächlich entsteht, also bei Auszahlung des Darlehens. Bei einer Briefhypothek ist zudem die Übergabe des Briefes notwendig. Es wird immer nur **eine bestimmte Forderung** in der ursprünglichen Höhe abzüglich der darauf geleisteten Tilgungen **gesichert** (strenge Akzessorietät).

Bei der Bestellung der Hypothek verlangen die Banken grundsätzlich vom Kreditnehmer, daß er die persönliche Haftung übernimmt und sich der sofortigen Zwangsvollstreckung unterwirft. Kommt er nämlich mit seinen Leistungen in Verzug, so kann nach Kündigung des Kredits die Zwangsvollstreckung sowohl in das Grundvermögen (= **dingliche Haftung**) als auch in das sonstige Vermögen (= **persönliche Haftung**) des Schuldners betrieben werden.

Beispiel:

Ein Hauseigentümer nimmt bei seiner Bank ein Darlehen in Höhe von 100 000,00 DM auf (≙ tatsächliche Forderung der Bank). Als Sicherheit für den langfristigen Kredit belastet er sein Haus mit einer Hypothek in Höhe von 100 000,00 DM. Der Hauseigentümer (= Hypothekenschuldner) haftet nun mit seinem Haus (= dingliche Haftung) sowie mit seinem privaten Vermögen (= persönliche Haftung).

Sollte eine mögliche Zwangsversteigerung einen Betrag von 90 000,00 DM erbringen, so müßte der Schuldner die restlichen 10 000,00 DM aus seinem sonstigen Vermögen zur Begleichung der Schuld aufbringen.

Die Hypothek erlischt mit der Rückzahlung des Darlehens.

Die Grundschuld

Die Grundschuld entsteht wie die Hypothek durch **Einigung** der Beteiligten über die Belastung des Grundeigentums **und Eintragung** der Grundschuld in das Grundbuch. Der Schuldgrund, nämlich die Kreditaufnahme, wird nicht in das Grundbuch eingetragen. Auch hier gibt es die Form der Buch- und Briefgrundschuld.

Die Grundschuld bringt dem Kreditgeber **nur eine dingliche Haftung.** Sie ist ein Pfandrecht an einem Grundstück, bei dem nur das Grundstück haftet, nicht aber der Schuldner persönlich wie bei der Hypothek. Der Kreditgeber hat demnach keinen persönlichen Anspruch gegen den Grundstückseigentümer. Es besteht **keine persönliche Schuld,** insofern auch keine persönliche Forderung. Aus diesem Grund braucht im Falle der Zwangsvollstreckung eine Forderung auch nicht nachgewiesen werden.

Durch die Grundschuld können somit gegenwärtige und zukünftige Forderungen abgesichert werden. Insbesondere Kredite mit wechselnder Inanspruchnahme, wie Kontokorrentkredite, sind durch ein Grundpfandrecht abzusichern.

Auch bei zeitweiser Rückzahlung aller Verbindlichkeiten durch den Schuldner erlischt die Grundschuld nicht (**Grundschuld ohne Schuldgrund**). Sie bleibt in voller Höhe bestehen, auch wenn die persönliche Forderung aus dem Kreditgeschäft erloschen ist.

Die Grundschuld erlischt erst, wenn sie im Grundbuch gelöscht wird. Zur Löschung muß der Gläubiger eine Löschungsbewilligung ausfertigen.

Beispiel:

Die Deutsche Bank AG gewährt dem Großhändler Neubarth einen Kontokorrentkredit in Höhe von 20 000,00 DM. Zur Sicherung bestellt Herr Neubarth eine Grundschuld in Höhe von 30 000,00 DM. Die Grundschuld bleibt nun in unveränderter Höhe bestehen, egal ob auf dem Konto des Großhändlers ein Soll-Saldo von 10 000,00 DM, 18 000,00 DM oder gar ein Guthaben von 5 000,00 DM ausgewiesen wird. Die Grundschuld ist unabhängig von einer persönlichen Forderung.

Die Grundschuld ist wesentlich flexibler als die Hypothek. Daher wird die Hypothek von den Banken kaum noch praktiziert.

Beispiel:

Ein Hausbesitzer will das Dachgeschoß seines Hauses ausbauen. Für die Ausbauarbeiten rechnet er, verteilt auf die nächsten zwei Jahre, mit Kosten von ca. 80 000,00 DM. Über diesen Betrag läßt er eine Grundschuld zugunsten seiner Hausbank in das Grundbuch eintragen.

Je nachdem, wieviel Geld er dann jeweils im Laufe der nächsten zwei Jahre benötigt, kann er zu gegebener Zeit verschieden hohe Darlehen bei der Bank aufnehmen. Die Grundschuld dient für diese Darlehen – und bei Bedarf auch für künftige Kredite – als Sicherheit. Sie bleibt bestehen, auch wenn keine Schuld mehr vorliegt.

Bei einem Hypothekarkredit müßte der Hauseigentümer bei jedem Kredit eine Hypothek in das Grundbuch eintragen lassen. Das würde nicht nur mehr Zeit kosten, sondern auch zu steigenden Notariats- und Grundbuchkosten führen.

Aufgaben

1. Warum ist es für eine Bank notwendig, die Bonität eines Kreditnehmers zu prüfen?

2. Welche Informationsquellen kann der Kreditgeber bei der Kreditprüfung benutzen?

3. Worin besteht die Kreditsicherung bei einem
   - Personalkredit,
   - verstärkten Personalkredit,
   - Realkredit?

4. Wie kommt eine Bürgschaft zustande?

5. Erklären Sie die „Einrede der Vorausklage".

6. Unterscheiden Sie zwischen selbstschuldnerischer Bürgschaft und Ausfallbürgschaft.

7. Welche Bürgschaftsart kann ein Unternehmer übernehmen, wenn er
   a) für eine Verbindlichkeit der Heiko Binnewies KG bürgen will,
   b) für seine Tochter die Bürgschaft für die Bezahlung eines neuen Sportwagens übernehmen möchte?

8. Nennen Sie die Merkmale eines Lombardkredits.

9. Beschreiben Sie das Wesen einer Zession.

10. Der Großhändler Arnold tritt an die sparda Bank Hannover e. G. zur Sicherung eines Kontokorrentkredits Forderungen gegen seine Kunden über 60 000,00 DM ab.
    a) Wer ist Zessionar, Zedent und Drittschuldner?
    b) Wer erhält – bei Begleichung der Schulden durch die Kunden – das Geld bei
       - stiller Zession,
       - offener Zession?

11. Welche Vorteile bietet
    a) die offene Zession der Bank,
    b) die stille Zession dem Kreditnehmer?

12. Wie ist der Vorgang der Sicherungsübereignung und was bewirkt sie?

13. Was verstehen Sie unter dinglicher Sicherung?

14. Nennen Sie die entsprechende Kreditart für folgende Kreditsicherungsmittel:
    a) Forderungen aus Warenlieferungen und Leistungen,
    b) Kraftfahrzeuge,
    c) Grundstücke.

15. Welche Vorteile hat die Sicherungsübereignung für den Kreditnehmer?

16. Wer ist beim Faustpfandrecht Eigentümer und wer Besitzer der verpfändeten Sache?

17. Erklären Sie die Bedeutung des Besitzkonstituts im Zusammenhang mit der Sicherungsübereignung.

18. Worin besteht der grundlegende Unterschied zwischen Hypothek und Grundschuld?

19. Wie entsteht eine Hypothek?

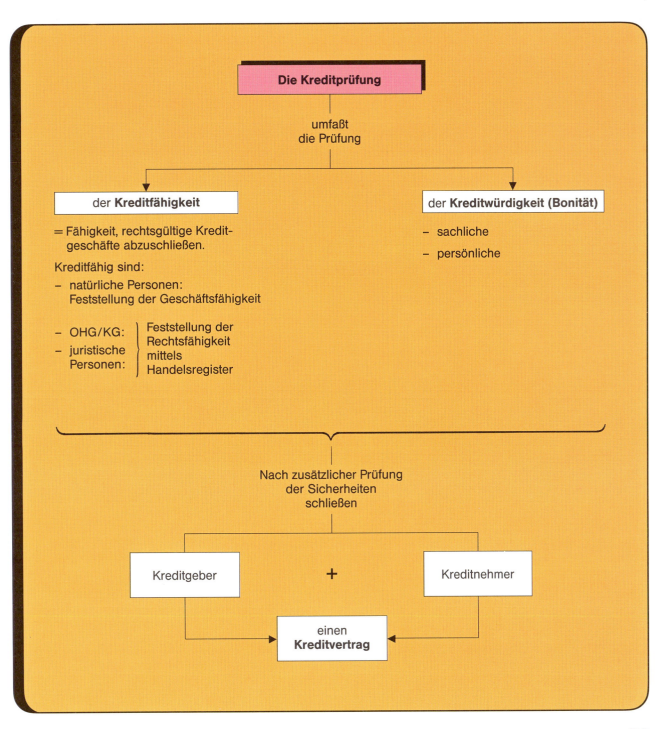

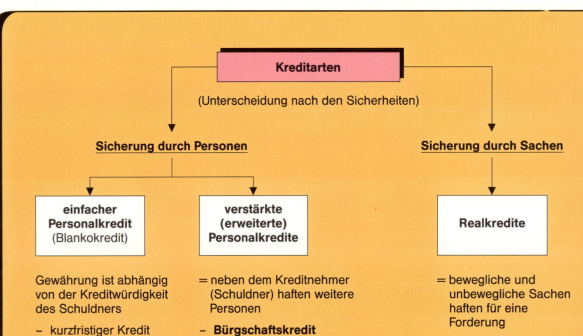

10.4 Finanzierung durch Leasing

> Die Elektroeinzelhandlung Hermann & Schreiber OHG hat inzwischen sowohl die Lagerräume als auch den nötigen zusätzlichen PKW für den Kundendienst angeschafft – Gesamtkosten 80 000,00 DM.
>
> Das Geschäft läuft durch diese Investitionen wieder gut – so gut, daß unbedingt drei weitere Kunden- bzw. Außendienstfahrzeuge für den Lieferungs-, Wartungs- und Reparaturdienst benötigt werden.
>
> Da die Eigenkapitaldecke mittlerweile aber gering ist, dem jungen wachsenden Unternehmen die banküblichen Sicherheiten fehlen und die nur noch geringen unternehmensbezogenen Kreditmöglichkeiten geschont werden sollen, stehen die beiden Inhaber vor einem Finanzierungsproblem.
>
> Sie möchten auf jeden Fall nach wie vor die OHG in der jetzigen Form, d. h. ohne ein Mitspracherecht von neuen Gesellschaftern, weiterführen.

Wie können Herr Hermann und Herr Schreiber die Anschaffung der drei Fahrzeuge im Gesamtwert von 75 000,00 DM finanzieren?

Information

Als eine weitere Möglichkeit zur langfristigen Finanzierung von Anlagevermögen kann das **Leasing** gesehen werden.

> **Beim Leasing handelt es sich um die Beschaffung von Investitionsgütern, bei der sich der Leasinggeber verpflichtet, dem Leasingnehmer gegen Zahlung von monatlichen festgesetzten Leasingraten bestimmte Investitionsgüter zur Nutzung zur Verfügung zu stellen.**

Der Leasingvertrag kann als eine besondere – meist langfristige – Art des Mietvertrages betrachtet werden, bei dem die Investitionsgüter während der gesamten Mietzeit im Eigentum des Leasinggebers bleiben. Will man die *Formen* des Leasings betrachten, so sind folgende Unterscheidungen gebräuchlich:

- nach dem Anbieter
- nach den Mietobjekten
- nach der Vertragsdauer

- Bei der Unterscheidung des Leasings **nach dem Anbieter** gibt es

- das **direkte Leasing**:

  Leasinggeber ist der Hersteller selbst oder eine speziell dafür eingerichtete Tochtergesellschaft und

- das **indirekte Leasing**:

  Leasinggeber ist eine herstellerunabhängige Finanzierungsgesellschaft.

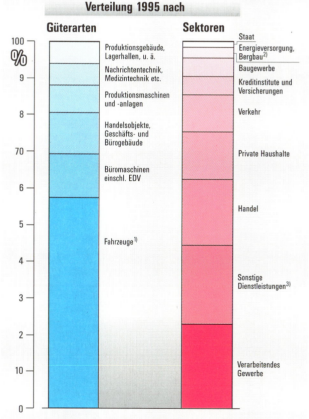

1) Einschließlich Luft- und Wasserfahrzeuge sowie Container, Krane, Gabelstapler etc.
2) Einschließlich Land- und Forstwirtschaft.
3) Einschließlich Organisationen ohne Erwerbszweck
Quelle: ifo; © Handelsblatt-Grafik

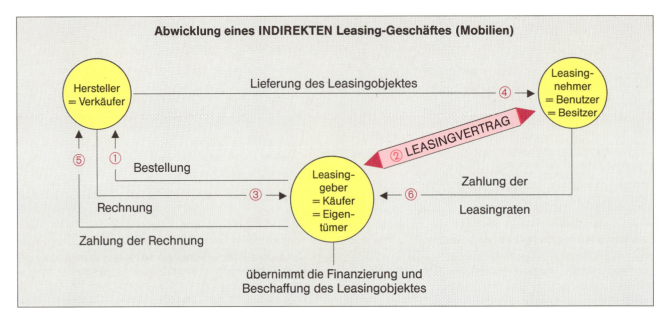

Eine *Sonderform* ist das **„Sale-lease-back"-Verfahren**, bei dem ein Unternehmer seine im Unternehmen vorhandenen Vermögensgegenstände an einen Leasingunternehmer verkauft. Der Leasingunternehmer vermietet dann die Gegenstände sofort im Leasingverfahren an den Unternehmer zurück, so daß sie weiterhin dem Unternehmen zur Verfügung stehen. Der frühere Eigentümer und spätere Leasingnehmer eines Anlagegutes sind in diesem Fall identisch. Dieses Verfahren wird zum Teil dazu benutzt, um dem Unternehmen Liquidität aus stillen Reserven zuzuführen.

Inhalt des Leasingvertrages sind:

Mietdauer, Höhe der Mietrate, Leasingobjekt, Versicherungen und Kündigungsfrist.

Der gesamte Fahrzeugkaufpreis braucht nicht sofort gezahlt zu werden, sondern kann über konstante monatliche Kreditraten zuzüglich Kreditgebühren (ggf. plus eine Anzahlung) getilgt werden. Der Käufer erwirbt nach Tilgung des Kredites das Eigentum am Fahrzeug.

Der Kunde zahlt mit bequemen monatlichen Leasing-Raten (ggf. plus eine einmalige Leasing-Sonderzahlung) nur für die Nutzung des Fahrzeuges (plus Kosten) während der gewünschten Leasing-Zeit. Bei Leasing-Ende gibt er das Fahrzeug einfach zurück und kann wieder ein neues Leasing-Auto übernehmen.

Grafik: Ford Aktiengesellschaft © 1.89

aus: dfz wirtschaftsmagazin, Heft 5/1989, 18. Jg (Seite 20).

- Man unterscheidet **nach den Mietobjekten**
  - **das Mobilien-Leasing:**
    Vermietung von Ladeneinrichtungen, Computern, Telefonanlagen, EDV-Anlagen, Schreibmaschinen, Auszeichnungsgeräten, Kassensystemen, Regalanlagen, Nutzfahrzeugen u. a.
  - **das Immobilien-Leasing:**
    Vermietung von Verwaltungsgebäuden, Lagerhallen u. a.

  Nach Beendigung der Vertragszeit muß der Leasingnehmer den gemieteten Gegenstand zurückgeben. Vertragsverlängerung oder Kauf ist möglich.

- **Nach der Dauer** des Leasingvertrages werden die Verträge in folgende drei Typen eingeteilt:

Der Vollamortisationsvertrag[1]
(→ Finanzierungsleasing)

Er umfaßt Verträge, bei denen

- die Grundmietzeit festgelegt ist

  (die Grundmietzeit muß zwischen 40 % und 90 % der betriebsgewöhnlichen Nutzungsdauer des Leasing-Gegenstandes liegen; sie läßt sich ermitteln nach den amtlichen AfA-Tabellen),

Beispiel:
EDV-Anlage
- 5 Jahre (= 60 Monate) Abschreibungszeit
- 40 % mindestens = 24 Monate ⎫ Laufzeit des
- 90 % höchstens = 54 Monate ⎭ Vertrages

- während der Grundmietzeit keine Vertragskündigung möglich ist,

- das Investitionsrisiko (Risiko des zufälligen Untergangs, der wirtschaftlichen Entwertung durch technischen Fortschritt) vom Leasingnehmer zu tragen ist,

- die Leasingraten die Kosten des Leasinggebers für die Anschaffung und Verwaltung einschließlich der Finanzierungskosten (insbesondere Zinsaufwendungen) und den Gewinn beinhalten.

Der Vollamortisationsvertrag wird vor allem dann angeboten, wenn der Leasingnehmer nach Ablauf der Grundmietzeit entscheiden möchte, ob er das Leasingobjekt weiter mieten, es kaufen oder es einfach zurückgeben und ein neues mieten möchte.

Finanzierungsleasing ist die Regel bei Leasingverträgen über Maschinen und maschinelle Anlagen sowie ganze Betriebs- und Geschäftsausstattungen.

Der Teilamortisationsvertrag
(→ Non-full-pay-out-Vertrag)

- Der Teilamortisationsvertrag wird auf eine **feste Laufzeit** abgeschlossen. Sie liegt wie beim Vollamortisationsvertrag zwischen 40 % und 90 % der betriebsgewöhnlichen Nutzungsdauer laut amtlicher AfA-Tabelle.

- Die monatliche Leasingrate ist so bemessen, daß der zum Vertragsende vorhandene Verkehrswert durch die gezahlten Leasingraten nicht gedeckt wird. Die monatlichen Leasingraten sind daher wesentlich niedriger als beim Vollamortisationsvertrag.

- Auf den nicht getilgten Rest kommt bei Vertragsende zunächst der Veräußerungserlös aus der Verwertung des Investitionsgegenstandes zur Anrechnung:
  a) Wird ein höherer Erlös erzielt, so gewähren die meisten Leasinggesellschaften dem Leasingnehmer eine Gutschrift bis zu 75 % des Mehrerlöses.
  b) Wäre der Erlös aus dem Verkauf niedriger als der geschätzte Restwert, so werden die Leasinggesellschaften von dem vertraglich vereinbarten Andienungsrecht Gebrauch machen, wonach der Leasingnehmer verpflichtet ist, das Investitionsgut zum vertraglich vereinbarten Restwert zu kaufen. Jedoch hat der Leasingnehmer kein Recht, den Leasing-Gegenstand erwerben zu dürfen.

     Hieraus ergibt sich, daß das Risiko der Wertminderung ausschließlich der Leasingnehmer trägt.

Teilamortisationsverträge sind im Kfz-Leasing weit verbreitet.

Der kündbare Leasingvertrag

Er läßt sich beschreiben als die Vermietung von Objekten, die einem raschen technischen Fortschritt unterliegen, wie z. B. Fotokopiergeräte, EDV-Anlagen und andere nicht

---

[1] Amortisation =   a) allgemein: Tilgung einer Schuld
　　　　　　　　　　　b) Finanzwirtschaft: Deckung der für ein Investitionsgut aufgewendeten Anschaffungskosten aus dem mit diesem Gut erzielten Ertrag.

speziell auf den Betrieb des Leasingnehmers abgestellte Güter. Dieser Vertrag kommt also zur Anwendung, wenn bei Vertragsabschluß nicht eindeutig abzusehen ist, wie lange die voraussichtliche Nutzungsdauer sein wird.

Im *kündbaren Leasingvertrag* wird
- keine feste Grundmietzeit vereinbart und
- ein Kündigungsrecht in der Regel nur für den Leasingnehmer eingeräumt.

Der Leasinggeber trägt bei diesem Vertragstyp das Investitionsrisiko.

Für den Fall der Kündigung werden Abschlußzahlungen des Leasingnehmers fällig, die bereits bei Vertragsbeginn im Leasingvertrag, gestaffelt nach Kündigungsterminen, festgelegt sind.

Da der Vertrag jederzeit verlassen werden kann, ist mit hohen Leasingraten bzw. einer hohen Abschlußzahlung zu rechnen.

Nach Ablauf des Mietverhältnisses werden diese (Universal-) Güter vom Leasinggeber erneut vermietet oder verkauft.

Allen Leasingarten ist gemeinsam, daß an die Stelle der einmaligen Zahlung des Kaufpreises eine laufende, regelmäßig zu entrichtende Mietzahlung tritt, in die der Leasinggeber einkalkuliert:
- den Abschreibungsbetrag,
- die Verzinsung des von ihm investierten Kapitals,
- eine Risikoprämie, z. B. für schnelles Veralten,
- sonstige Verwaltungs- und Vertriebskosten und
- den Gewinnzuschlag.

Vorteile des Leasings:

- Keine Bindung des Eigenkapitals, da eine 100%ige Fremdfinanzierung möglich ist.
- Eigenkapital kann rentabler eingesetzt werden
  a) im ertragsstarken Umlaufvermögen und
  b) durch Einräumung von Rabatt oder Sonderangeboten.
- Die Liquidität wird geschont bzw. erhöht, da weder eigene noch fremde Mittel benötigt werden. Die Mieten werden aus dem laufenden wirtschaftlichen Ertrag des Mietobjektes bezahlt.

Vorteile des Leasings:

- Leasingraten sind Fremdkapitalkosten, die steuerlich Betriebsausgaben darstellen und daher die Steuerbelastung mindern (wenn wirtschaftlich die Objekte nicht dem Leasingnehmer zugerechnet werden).
- Durch schnelle Anpassung an den technischen Fortschritt schützt Leasing vor Überalterung der Anlagen.
- Leasing bietet einen Servicevorteil durch Beratung, Wartung und Reparatur des Leasingobjektes durch den Leasinggeber.
- Der Finanzierungsspielraum und die Kreditlinien bleiben für den kurz- und mittelfristigen Finanzbedarf erhalten.
- Das Verhältnis zwischen Eigen- und Fremdkapital ändert sich nicht (gleichbleibende Bilanzrelationen).
- Der Leasingnehmer hat feste monatliche Raten, die eine genaue Kalkulation ermöglichen.
- Für die Dauer des Leasingvertrages liegen die monatlichen Leasingraten fest. Sie sind von Preisveränderungen unberührt. Das Risiko trägt der Leasinggeber.
- Leasing erleichtert den Kosten-Nutzen-Vergleich einer Investition, da die anfallenden Kosten genau fixiert sind. Investitionsentscheidungen können so leichter abgeklopft werden, ob sie vorteilhaft sind.

Nachteile des Leasings:

- Hohe finanzielle Belastung mit fixen Kosten.
- Das Leasing ist teurer als der Kreditkauf.
- Die Leasingobjekte müssen ihre Miete erst verdienen, was besonders in Krisenzeiten nicht immer möglich ist.
- Der Leasingnehmer ist während der Grundmietzeit (beim Finance-Leasing) vertraglich fest gebunden.
- Investitionsobjekte sind nicht im Eigentum des Nutzers.
- Sie können deshalb auch nicht – quasi kostenlos – nach der Abschreibungszeit weiterarbeiten.
- Die eventuell gewinnbringende Verwertung des Investitionsobjekts nach Ende der betrieblichen Nutzung liegt beim Leasinggeber.

Leasing bietet als langfristige Investitionsform ergänzend zu den bekannten Finanzierungsarten für den Unternehmer die Möglichkeit, die eigenen Mittel zu schonen und sie für eine andere Verwendung freizustellen, ohne dabei auf die notwendige Investition verzichten zu müssen. Seine Anwendung hängt aber letztlich von der jeweiligen betriebswirtschaftlichen Situation ab.

Leasing ist jedoch auf keinen Fall Rettungsanker für Unternehmen, die eine verfehlte Unternehmenspolitik betrieben haben. Voraussetzung für das Leasing ist eine ausreichende Bonität.

Aufgaben

1. Was verstehen Sie unter „Leasing"?
2. Aus welchen Rechengrößen setzt sich die Leasingrate zusammen?
3. Nennen Sie die Vorteile des Leasing-Verfahrens für den Leasingnehmer.
4. Welche Nachteile ergeben sich aus dem Leasing-Verfahren?
5. Beschreiben Sie die Abwicklung eines indirekten Leasing-Geschäftes.
6. Worin unterscheidet sich der Vollamortisationsvertrag vom kündbaren Vertrag?
7. Über welche Güter werden in den beiden Vertragstypen der Aufgabe 6 Verträge geschlossen?

11 Handelsrecht

11.1 Voraussetzungen für die Gründung eines Unternehmens

> Herr Schreiner ist seit zehn Jahren im Textilkaufhaus Mauritz als Abteilungsleiter in der Herrenoberbekleidungsabteilung tätig. In den letzten Jahren konnte er etwas Geld zurücklegen. Als ihm Geschäftsräume in der Innenstadt günstig angeboten werden, beschließt er, sich selbständig zu machen und ein Herrenbekleidungsfachgeschäft zu eröffnen.

Worauf muß bei der Gründung des Unternehmens geachtet werden?

Information

Persönliche Voraussetzungen

Wer ein Unternehmen gründen oder übernehmen will, muß voll geschäftsfähig sein, damit er Rechtsgeschäfte selbständig abschließen kann (siehe Kapitel 4.3).

Um sein Unternehmen erfolgreich führen zu können, muß der zukünftige selbständige Unternehmer Fachkenntnisse in der Branche mitbringen, in der er sich selbständig machen will. Darüber hinaus sollte er über ausreichende Kenntnisse

- des Vertragsrechts,
- der Handelsbräuche,
- des Rechnungs- und Steuerwesens,
- des Wettbewerbsrechts und
- des Arbeits- und Sozialrechts

verfügen.

Ein besonderer **Sachkundenachweis** wird von ihm verlangt, wenn er mit

- freiverkäuflichen Arzneimitteln,
- unedelen Metallen (z. B. Eisen),
- Milch,
- Hackfleisch oder
- Waffen handeln will.

Sachliche Voraussetzungen

Der Standort des Unternehmens

Die Wahl des Standorts ist eine Grundsatzentscheidung bei der Gründung eines Unternehmens, die dessen späteren wirtschaftlichen Erfolg maßgeblich bestimmt. Der Standort beeinflußt den zukünftigen Umsatz und die Kosten des Unternehmens. Deshalb muß die Standortentscheidung unter Berücksichtigung der Standortfaktoren sorgfältig geplant werden (siehe Kapitel 3.6).

Kapital

Wer sich selbständig machen will, benötigt ein ausreichendes Startkapital, damit er sein Geschäft mit den notwendigen Einrichtungsgegenständen und Waren ausstatten kann.

Der Kapitalbedarf ist u. a. von folgenden Einflußgrößen abhängig:

1. **Branche:** Ein Rundfunk- und Fernsehfachgeschäft benötigt mehr Kapital als ein Papierwarengeschäft.

2. **Größe:** Ein Textilkaufhaus benötigt mehr Kapital als ein Textilfachgeschäft.

3. **Rechtsform:** Die Gründungskosten liegen z. B. bei einer Aktiengesellschaft aufgrund der Vorschriften des Aktiengesetzes bedeutend höher als der Kapitalbedarf für die Gründung einer Einzelunternehmung (siehe Kapitel 11.6).

4. **Liefererkredite:** Je länger das Zahlungsziel des Lieferers ist, desto weniger Kapital benötigt der Unternehmer zur Finanzierung seiner Waren- bzw. Materialbestände.

5. **Kundenkredite:** Unternehmen, die ihren Kunden Ware auf Kredit verkaufen, haben einen höheren Kapitalbedarf als Betriebe, die ihre Ware nur gegen sofortige Zahlung abgeben.

Das für die Unternehmensgründung nötige Kapital stammt zum Teil aus dem privaten Vermögen des Unternehmers (= Eigenkapital). Das zusätzlich erforderliche Kapital kann von außen beschafft werden.

Rechtliche Voraussetzungen

Die Gewerbeordnung erlaubt es jedermann, ein selbständiges Gewerbe zu betreiben.

Meldepflichten bei der Unternehmensgründung

Die Eröffnung eines Unternehmens muß der zuständigen Ortsbehörde (Gewerbeamt) unverzüglich angezeigt werden (= Gewerbeanzeige).

Außerdem muß das Unternehmen bei folgenden Stellen angemeldet werden:
- dem zuständigen Finanzamt,
- der zuständigen Berufsgenossenschaft,
- der zuständigen Industrie- und Handelskammer,
- dem zuständigen Arbeitsamt, wenn für Mitarbeiter Fördermittel aus der Arbeitslosenversicherung bezogen werden können.

Vollkaufleute müssen sich beim Amtsgericht zur Eintragung in das Handelsregister anmelden (siehe Kapitel 11.3).

Kaufmann ist, wer im Sinne des Handelsgesetzbuches ein Handelsgewerbe betreibt.

Mußkaufmann (= Kaufmann kraft Gesetz)

Personen, die ein Grundhandelsgewerbe betreiben, sind auch ohne Eintragung in das Handelsregister Kaufleute.

Grundhandelsgewerbe sind
- Warenhandel,
- der Wertpapierhandel,
- die Be- und Verarbeitung von Waren,
- Versicherungsgeschäfte,
- Bankgeschäfte,
- Güter- und Personenbeförderung,
- die Tätigkeit als Kommissionär, Spediteur, Lagerhalter, Handelsvertreter oder Handelsmakler,
- Verlags-, Buch- und Kunsthandelsgeschäfte,
- Druckereigeschäfte, sofern sie nicht handwerksmäßig betrieben werden.

Minderkaufmann und Vollkaufmann

Mußkaufleute, deren Betrieb eine kaufmännische Organisation erfordert, sind **Vollkaufmann.** Für sie gilt das Handelsgesetzbuch im vollen Umfang.

Mußkaufleute sind **Minderkaufmann,** wenn ihr Betrieb keine kaufmännische Organisation erfordert (Kleinbetriebe, z. B. Kioske). Für sie gelten die Bestimmungen des Handelsgesetzbuches nur in eingeschränktem Maße.

Vollkaufmann	Minderkaufmann
– Er muß ins Handelsregister eingetragen werden.	– Er wird nicht ins Handelsregister eingetragen.
– Er muß Handelsbücher führen (gesetzliche Buchführungspflicht).	– Er ist nur zur Mindestbuchführung verpflichtet.
– Er führt eine Firma.	– Er führt keine Firma.
– Er darf Prokura erteilen.	– Er darf keine Prokura erteilen.
– Er darf eine Personengesellschaft gründen.	– Er darf keine Personengesellschaft gründen.
– Er bürgt selbstschuldnerisch.	– Er kann eine Ausfallbürgschaft übernehmen.

Sollkaufmann

Handwerkliche und gewerbliche Unternehmen, die kein Grundhandelsgewerbe betreiben, müssen sich in das Handelsregister eintragen lassen, wenn Art und Umfang ihrer Tätigkeit einen kaufmännischen Geschäftsbetrieb erfordern. Diese Unternehmer werden erst durch die Eintragung in das Handelsregister Vollkaufmann.

Kannkaufmann

Inhaber land- und forstwirtschaftlicher Unternehmen oder deren Nebenbetriebe (z. B. Mühlen, Brennereien, Molkereien) können sich in das Handelsregister eintragen lassen. Sie werden dadurch Vollkaufleute.

Formkaufmann = Kaufmann kraft Rechtsform

Alle Kapitalgesellschaften und Genossenschaften sind unabhängig von der Art ihrer Tätigkeit Vollkaufleute.

Aufgaben

1. Welche persönlichen Voraussetzungen muß jemand erfüllen, der ein Unternehmen gründen will?
2. Wovon ist der Kapitalbedarf eines Unternehmens abhängig?
3. Welcher Zusammenhang besteht zwischen Kapitalbedarf und Rechtsform?
4. Wo muß ein neu gegründetes Unternehmen angemeldet werden?
5. Welche Rechte und Pflichten hat
   a) ein Vollkaufmann,   b) ein Minderkaufmann?

Voraussetzungen für die Gründung eines Unternehmens

Persönliche Voraussetzungen

- Geschäftsfähigkeit
- gute Branchenkenntnisse
- ausreichende kaufmännische Fachkenntnisse
- Sachkundenachweis beim Handel mit bestimmten Waren

Sachliche Voraussetzungen

- günstiger Standort
- Kapital
  - Eigenkapital
  - Fremdkapital

Rechtliche Voraussetzungen

- Gewerbeanzeige
- Anmeldung beim
  - Finanzamt
  - Berufsgenossenschaft
  - Industrie- und Handelskammer
- Anmeldung von Vollkaufleuten beim Amtsgericht zur Eintragung ins Handelsregister

Kaufmannseigenschaft

Mußkaufmann	Sollkaufmann	Kannkaufmann	Formkaufmann
Minderkaufmann	Vollkaufmann		

11.2 Die Firma

Frau Emmi Schütte, Hannover, Braunstr. 17, benötigt für ihr neu gegründetes Süßwarengeschäft sowie für die von ihr selbst gebackenen Schokoladenkekse noch einen Namen.

In der Hoffnung auf einen besseren Absatz, wirbt sie – ungeachtet des in Hannover bestehenden und bekannten Süßwarengeschäftes von Herrn Fritz Schütte – für ihre Kekse auf den Packungen wie folgt:

Was halten Sie von dem Entwurf für Frau Schüttes Kekspackungen?

Information

Die Firma ist der **Name eines Vollkaufmanns,** unter dem er im Handel

- seine Geschäfte betreibt,
- seine Unterschrift abgibt,
- klagen und verklagt werden kann.

Die Firma muß beim Handelsregister angemeldet werden.

(Der Begriff Firma darf also nicht verwechselt werden mit dem Begriff Unternehmen.)

Minderkaufleute dürfen keine Firma führen. Sie betreiben ihr Gewerbe unter ihrem bürgerlichen Namen.

Firmenarten

Zur Firma können **Firmenkern** (zwingend vorgeschrieben) und **Firmenzusatz** gehören.

Der Firmenkern ist jeweils für die verschiedenen Unternehmensformen (vgl. Kapitel 11.4 – 11.7) gesetzlich geregelt.

Der Firmenkern wird häufig um einen Firmenzusatz ergänzt. Darunter sind diejenigen Angaben der Firma zu verstehen, die über den gesetzlich vorgeschriebenen Mindestinhalt – den Firmenkern – hinausgehen.

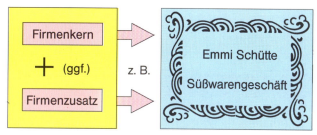

Es sind – in Abhängigkeit von unterschiedlichen Firmenkernen – folgende Arten von Firmen zu unterscheiden:

Personenfirma

Der Firmenname besteht aus einem oder mehreren bürgerlichen Namen.

Beispiele:
Klaus Grundstedt
Grundstedt & Wichmann
Wichmann & Co.

Sachfirma

Bei einer Sachfirma ist der Firmenname aus dem Gegenstand des Unternehmens abgeleitet.

Beispiele:
Rheinische Weinkellerei
Bayerische Motoren Werke AG
Deutsche Industriewartung GmbH
sparda Bank Hannover e.G.

Gemischte Firma

Sie beinhaltet neben dem Personennamen den Gegenstand des Unternehmens.

Beispiele:
Richard Weibke, Fahrradcontor
Photostudio Michael Scholtz
Werner Grigat – Immobilien KG
Blumenlädchen Bärbel Stobbe

Phantasiefirma

Sie kann aus Abkürzungen oder Firmenzeichen entstehen.

Beispiele:	
Pelikan AG	IBM Deutschland GmbH
Hanomag AG	BASF
adidas AG	

Phantasienamen können zur Firmenbezeichnung selbst nur eng begrenzt benutzt werden. Als Zusatz dagegen sind sie bedenkenlos verwendbar.

Die Wahl der Firmenart hängt von der Unternehmensform ab und ist durch entsprechende Gesetze geregelt (vgl. Kapitel 11.4 – 11.7)

Firmengrundsätze

Die Firma des Unternehmers kann sich in der Öffentlichkeit und bei Geschäftspartnern durch z. B. besonders gute Qualitätsware, vorzüglichen Kundenservice, großzügige Kulanzregelungen, Zuverlässigkeit, Kreditwürdigkeit usw. ein besonderes Ansehen erwerben.

Aus diesem Grund unterliegt der Gebrauch der Firmenbezeichnung besonderem Schutz und besonderen Grundsätzen.

Firmenwahrheit

Bei der Unternehmensgründung muß der Firmenkern wahr sein. Für den Einzelunternehmer bedeutet das, daß die Firma den Familiennamen des Inhabers oder Gründers und mindestens einen ausgeschriebenen Vornamen enthalten muß; bürgerlicher Name und Firma müssen übereinstimmen (vgl. Kapitel 11.4).

Beispiele:	
Der Einzelunternehmer Gerhard Volker Bodenstein kann z. B. seine Firma nennen:	
– Gerhard Bodenstein	– Gerhard V. Bodenstein
– Volker Bodenstein	– G. Volker Bodenstein

Entsprechende Vorschriften gibt es für andere Unternehmensformen.

Nicht zwingend vorgeschrieben, aber erlaubt sind Zusätze, die über den Geschäftszweig Auskunft geben, wie beispielsweise „Süßwarengeschäft" oder „Möbelzentrale". Auch sie müssen wahr sein.

Firmenklarheit

Der Firmenzusatz muß klar sein. Der Firma darf kein Zusatz beigefügt werden, der geeignet ist, eine Täuschung über die Art oder den Umfang des Geschäftes oder die Verhältnisse des Geschäftsinhabers herbeizuführen.

Beispiele:
– „Markt": Ein kleines Schuhgeschäft darf sich nicht „Schuhmarkt" nennen, weil die Bezeichnung „Markt" auf ein Einzelhandelsgeschäft mit einer gewissen Größe und Angebotsvielfalt hinweist.
– „Kinderladen" ist für ein bloßes Kinderbekleidungsgeschäft unzulässig. Beim „Kinderladen" erwartet man ein Geschäft, das vielerlei Gegenstände des kindlichen Bedarfs, z. B. auch Spielwaren, führt.
– Gebiets- oder Stadtnamen sind nur zulässig für führende Unternehmen des Gebiets (Orts) und Geschäftszweiges.
Beispiel: „Frankfurter Sitzmöbel",   „Buchvertrieb Europa".

Ein Firmenzusatz, der nicht der objektiven Kennzeichnung des Unternehmens, sondern ausschließlich Werbezwecken dient, ist unzulässig, wie z. B. „nix wie hin".

Firmenausschließlichkeit

Nach dem HGB muß sich jede Firma von allen an demselben Ort oder in derselben Gemeinde bereits bestehenden und in das Handelsregister eingetragenen Firmen deutlich unterscheiden.

„Sich deutlich unterscheiden" heißt, jede Verwechslungsgefahr ausschließen.

Firmenzusätze, die Wahl eines anderen oder weiteren Vornamens oder der Zusatz jun. oder sen. dienen zu Unterscheidung des Geschäfts.

Beispiel:	
bereits bestehende Firma	neue Firma
Klaus R. Fasold	Richard Fasold
	Klaus R. Fasold, Feinkostgeschäft
	Klaus Fasold, jun.

Gesellschafterzusätze allein, z. B. „GmbH", sind kein genügendes Unterscheidungsmerkmal.

Die örtliche Begrenzung gilt nicht für Unternehmen, deren Bedeutung über den Ort hinausgeht. Sein Schutz kann sich auf das gesamte Inland beziehen, wie z. B. bei adidas, IBM oder Mercedes.

Firmenbeständigkeit

Beim Wechsel des Inhabers (durch Verkauf, Heirat, Erbschaft oder Verpachtung) oder Umwandlung der Rechtsform kann die bisherige Firma beibehalten werden. Dazu ist die Zustimmung des früheren Inhabers oder dessen Erben notwendig.

Durch den Firmenwechsel ist es möglich, daß der Firmenname und der bürgerliche Name des neuen Inhabers voneinander abweichen. Der Inhaberwechsel kann mit oder ohne Zusatz, der das Nachfolgeverhältnis ausdrückt, erfolgen.

Beispiele:
– Frau Schramm hat der Schramm OHG ihren Namen gegeben. Die Firma kann diesen Namen behalten, auch wenn die Namensgeberin heiratet und nunmehr Grundmann heißt.

– Frau Elke Zimmermann erwirbt das Textilfachgeschäft Olaf Brennecke. Mögliche Firmenbezeichnungen wären:

„Elke Zimmermann" mit oder ohne Zusatz „Textilfachgeschäft",

„Elke Zimmermann, vorm. Olaf Brennecke"

„Olaf Brennecke" mit oder ohne Zusatz „Textilfachgeschäft"

„Olaf Brennecke, Nachfolgerin Elke Zimmermann"

„Olaf Brennecke, Nachf."

„Olaf Brennecke, Inh. Elke Zimmermann"

Durch die Fortführung der Firma bleibt der Firmenwert (= Goodwill) erhalten, der durch den guten Ruf des Unternehmens entstanden ist.

Der neue Inhaber haftet für alle Geschäftsverbindlichkeiten des ehemaligen Inhabers. Der alte Inhaber hat für seine Verbindlichkeiten noch fünf Jahre aufzukommen.

Die vertragliche Regelung, wonach der neue Inhaber für die bestehenden Schulden des übernommenen Unternehmens nicht haftet, ist möglich. Sie muß in das Handelsregister eingetragen und bekanntgegeben werden.

Firmenübertragbarkeit

Dieser Grundsatz besagt, daß eine Firma nur mit dem dazugehörigen Handelsgeschäft verkauft werden kann.

Firmenöffentlichkeit

Jeder Vollkaufmann ist verpflichtet, seine Firma in das Handelsregister eintragen zu lassen.

Für Einzelhandelsgeschäfte gilt zudem, daß deutlich sichtbar an der Außenseite oder am Eingang des Unternehmens der Name der Firma angebracht sein muß.

Bei Verstößen gegen die Firmengrundsätze kann der geschädigte Kaufmann auf Unterlassung klagen und Schadenersatz verlangen.

Aufgaben

1. Für welche Unternehmen gilt die Firmenschildvorschrift?
2. Was verstehen Sie unter dem Begriff „Firma"?
3. Welche Vorschrift besteht für die Firma eines Einzelunternehmens?
4. Welchen Sinn hat der Grundsatz der Firmenwahrheit?
5. Welcher Firmengrundsatz wird angesprochen, wenn sich Unternehmen an demselben Ort voneinander unterscheiden müssen?
6. Frau Engelmann eröffnet unter der Firmenbezeichnung „Lieselotte Engelmann, Weinhandlung" ein Einzelhandelsgeschäft. Im Nachbarort befindet sich ein sehr angesehenes Weingeschäft, die Firma „Lieselotte Tengelmann, Weinhandlung". Was kann Frau Tengelmann gegen die Firmenwahl ihrer Konkurrentin unternehmen?
7. Wer kann eine Firma führen?
8. Herr Steinhoff erwirbt einen Großhandelsbetrieb, den er unter der bisherigen Firma weiterführt. Wie ist die Haftung für die alten Verbindlichkeiten geregelt?
9. Suchen Sie aus der Tageszeitung, den Gelben Seiten und weiteren Quellen je vier Personen-, Sach-, Phantasie- und gemischte Firmen.
10. Horst Frank hat ein Computerfachgeschäft übernommen, das zuvor Roland Waak gehörte und unter der Firma „Roland Waak, Computer Software" geführt wurde. Welche Firma ist rechtlich zulässig? Nennen Sie sämtliche Möglichkeiten.
11. Warum kann aus dem Firmennamen allein nicht ohne weiteres auf den dahinterstehenden Inhaber geschlossen werden?

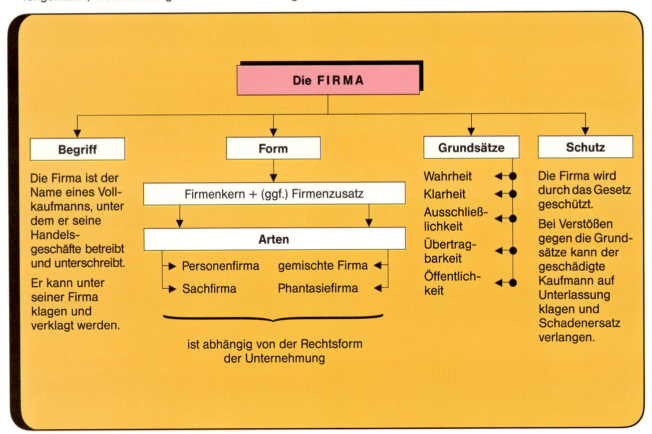

11.3 Öffentliche Register

Herr Springer tritt als Kommanditist mit einer Kapitaleinlage in Höhe von 20 000,00 DM in die Firma Giesselmann KG ein. Der Eintritt wird ordnungsgemäß beim Handelsregister gemeldet und daraufhin im Register eingetragen.

Infolge eines Versehens des Registergerichts wird Herr Springer in der Bekanntmachung als persönlich haftender Gesellschafter bezeichnet.

Der Einzelhändler Probst verläßt sich bei seiner Einsicht in das Handelsregister auf die fehlerhafte Eintragung und gewährt der Giesselmann KG im Vertrauen auf die ihm bekannten Vermögensverhältnisse von Herrn Springer einen Kredit in Höhe von 50 000,00 DM.

Als er wegen Zahlungsschwierigkeiten der KG Herrn Springer als persönlich haftenden Gesellschafter in Anspruch nimmt, wendet dieser ein, er sei gar nicht Komplementär, sondern Kommanditist und hafte daher nur in Höhe seiner Kapitaleinlage.

Welche Auswirkungen hat in diesem Fall die Eintragung der unrichtigen Tatsache in das Handelsregister für den Einzelhändler Probst?

Information

Das Handelsregister

Aufgabe und Inhalte des Handelsregisters

Das Handelsregister ist ein **öffentliches Verzeichnis** beim Amtsgericht, in das alle Vollkaufleute des betreffenden Amtsgerichtsbezirks einzutragen sind.

Ein Vollkaufmann ist zur Anmeldung der Eintragung seiner Firma in das Handelsregister verpflichtet. Das Registergericht kann vorgeschriebene Anmeldungen durch Ordnungsstrafen erzwingen.

Andererseits kann in das Register nur eingetragen werden, was das Gesetz als eintragungsfähig bestimmt. Der Kaufmann kann daher nicht beliebige Tatsachen, die er der Öffentlichkeit mitteilen möchte, in das Handelsregister eintragen lassen.

Das Handelsregister besteht aus zwei Abteilungen.

Die Eintragungen in das Handelsregister werden in einer örtlichen Zeitung sowie in einer Beilage des Bundesanzeigers veröffentlicht. Die Bekanntmachung ist wirksam mit Ablauf des Tages, an dem das letzte der beiden Veröffentlichungsblätter erschienen ist.

Beispiele für Eintragungen im Handelsregister

Handelsregister
I. Neueintragungen

HRB 85 749 – **Giulia Irving Modeagentur G. Casarotto GmbH, Grünwald, Lkr. München** (Südl. Münchner Str. 24). Gegenstand des Unternehmens: Vertrieb von Accessoires, insbesondere des Accessoires in Leder der Firma Giulia Irving sowie Übernahme von Modevertretungen. Stammkapital: 50 000,00 DM.

Geschäftsführer: Casarotto, Gino, Kaufmann in Grünwald. GmbH mit Gesellschaftsvertrag vom 1. Juli 1988. Ist nur ein Geschäftsführer bestellt, so vertritt er die Gesellschaft allein. Sind mehrere Geschäftsführer bestellt, so wird die Gesellschaft entweder durch zwei Geschäftsführer oder durch einen Geschäftsführer zu-

sammen mit einem Prokuristen vertreten. Der Geschäftsführer Casarotto, Gino ist befugt, die Gesellschaft bei der Vornahme von Rechtsgeschäften mit sich selbst oder als Vertreter eines Dritten uneingeschränkt zu vertreten. Nicht eingetragen: Bekanntmachungsblatt ist der Bundesanzeiger.

II. Veränderungen
26. Oktober 19..

HRA 58 138 – **Hans Mohrhagen GmbH & Co. KG Papiergroßhandlung, Kirchheim, Lkr. München.** Als persönlich haftender Gesellschafter ist ausgeschieden: Hans Mohrhagen GmbH, München. Durch Gesamtrechtsnachfolge: Drei Kommanditisten sind ausgeschieden. Ein Kommanditist ist eingetreten. Die Gesellschaft ist aufgelöst. Die Papier Union GmbH & Co. KG hat das Handelsgeschäft mit Aktiven und Passiven ohne Liquidation übernommen und führt es unter der Firma Hans Mohrhagen Papiergroßhandlung Zweigniederlassung der Papier Union GmbH & Co. KG fort.

III. Löschungen
26. Oktober 19..

HRA 8066 – **Max Straßer, München.**

HRA 8788 – **Max Fischer, Straßen- u. Pflasterbau oHG, München.** Die Gesellschaft ist aufgelöst. Die Firma ist erloschen.

HRA 12 043 – **Strauß-Apotheke Dr. Hildegard Barkhofer. Pächter Peter Schrader, München.**

HRA 14 634 – **Porol-Vertrieb Margarete Lahme, München.**

HRA 15 577 – **MEKO Metallkunst Ottmann KG, München.** Die Gesellschaft ist aufgelöst. Die Firma ist erloschen.

HRA 47 588 – **Hamburger Fischhalle Ernst Feldmayer, München.**

HRA 53 673 – **Theresien-Apotheke Adam D. Appel, München.**

HRA 57 769 – **Minexco Mineralien Explorations Company GmbH & Co. erste Beteiligungs-KG, München.** Die Firma ist erloschen. Von Amts wegen eingetragen aufgrund § 31 Abs. 2 HGB.

HRA 62 460 – **Schroll KG, Miesbach.** Die Gesellschaft ist aufgelöst. Die Firma ist erloschen.

Die Anmeldung erfolgt entweder mündlich durch den Inhaber oder den Geschäftsführer oder schriftlich in notariell beglaubigter Form.

Anzumelden sind auch die Änderungen der Firma oder ihres Inhabers sowie die Verlegung der Niederlassung an einen anderen Ort.

Wiedergabe eines Blattes aus dem Handelsregister

Amtsgericht Hannover — HRA 3 — Blatt

Nummer der Eintragung	a) Firma b) Ort der Niederlassung (Sitz der Gesellschaft) c) Gegenstand des Unternehmens	Geschäftsinhaber persönlich haft. Ges. Abwickler	Prokura	Rechtsverhältnisse	a) Tag der Eintragung und Unterschrift b) Bemerkungen
1	2	3	4	5	6
1	a) Klaus Kubel b) Hannover c) Haus für Herren- und Damenbekleidung	Diplom-Kaufmann Klaus Kubel Hannover	Herrn Walter Gerwien, Hannover-Linden, ist Einzelprokura erteilt.	Einzelkaufmann	a) 14. August 19.. _(Unterschrift)_ (Justizinspektor)
2		Alfred Bruns Kaufmann, Hannover	Die Einzelprokura des Walter Gerwien ist geblieben.	Geschäftsübergang auf Kaufmann Alfred Bruns. Firmenfortführung	a) 15. Januar 19.. _(Unterschrift)_ (Justizinspektor)

Aus nebenstehendem Registerauszug sind folgende Rechtsvorgänge erkennbar:

1) 14.08.19.. Eintragung der Einzelfirma Kubel, Inhaber ist Klaus Kubel; Walter Gerwien hat Prokura;

2) 15.01.19.. Übergang auf Alfred Bruns; Prokura Gerwien bleibt erhalten.

Ungültig gewordene Eintragungen werden im Handelsregister nicht durchgestrichen, sondern **rot unterstrichen** („gerötelt").

Genossenschaften werden in einem besonderen Genossenschaftsregister geführt (siehe S. 396).

Zweck des Handelsregisters ist es,

– die Firma des Kaufmanns zu schützen, sowie

– der Allgemeinheit, insbesondere aber den Geschäftspartnern des Kaufmanns, die Möglichkeit zu verschaffen, sich über die kaufmännischen Verhältnisse eines Kaufmanns zuverlässig zu informieren (Gläubigerschutz).

Das Handelsregister steht daher jedermann zur Einsicht offen. Jeder darf ferner vom Registerauszug Abschriften oder Ablichtungen verlangen.

Die Wirkung der einzelnen Eintragungen

● Manche Eintragungen haben **konstitutive** (= rechtsbegründende oder rechtserzeugende) Wirkung. In solch einem Fall ist die Eintragung notwendig, damit eine bestimmte Rechtslage überhaupt entsteht.

Beispiele:

– Personen, die ein Gewerbe betreiben, das nicht zu den Grundhandelsgewerben zählt, erwerben erst mit der Eintragung in das Handelsregister die Kaufmannseigenschaft.

– Die Aktiengesellschaft und die GmbH entstehen ebenfalls erst durch die Eintragung.

● Die meisten Eintragungen haben **deklaratorische** (= rechtsbezeugende) Wirkung. Der Rechtsvorgang ist dabei **ohne** die Eintragung wirksam, die Eintragung bestätigt ihn lediglich.

Beispiele:

– Die Erteilung und der Widerruf der Prokura sind ohne Eintragung rechtswirksam. Die Eintragung ist zwar vorgeschrieben. Sie hat aber nur die Aufgabe, die Prokuraerteilung kundzugeben.

– Derjenige, der ein Grundhandelsgewerbe betreibt, ist Kaufmann und wird automatisch Vollkaufmann, wenn sein Geschäftsbetrieb einen gewissen Umfang überschreitet; die Eintragung gibt das nur kund.

● In den Fällen der **freigestellten Anmeldung** ergibt sich die Wirkung aus der jeweiligen Bestimmung, die dem Betreffenden die Eintragung erlaubt.

Beispiel:

Für Herrn Bruns als Erwerber der Firma Klaus Kubel, Haus für Herren- und Damenbekleidung, der die Firma unverändert fortführt, gilt folgende gesetzliche Regelung des HGB:

§ 25 Haftung des Erwerbers bei Firmenfortführung

Wer ein unter Lebenden erworbenes Handelsgeschäft unter der bisherigen Firma mit oder ohne Beifügung eines das Nachfolgeverhältnis andeutenden Zusatzes fortführt, haftet für alle im Betrieb des Geschäfts begründeten Verbindlichkeiten des früheren Inhabers.

Bruns kann nun aber die Haftung für die Verbindlichkeiten des bisherigen Inhabers gegenüber den Gläubigern ausschließen, wenn der Haftungsausschluß im Handelsregister eingetragen und bekanntgemacht worden ist.

Der Schutz des Vertrauens auf das Handelsregister

Das Handelsregister genießt **öffentlichen Glauben,** d. h., daß sämtliche eingetragenen und veröffentlichten Tatsachen als bekannt gelten und ein Dritter darauf vertrauen kann, daß diese Eintragungen gültig sind. Er braucht daher nur das zu glauben, was im Handelsregister eingetragen ist.

Das gilt auch für den Fall, daß eine in das Handelsregister einzutragende Tatsache **nicht eingetragen und bekanntgemacht** wurde. Auch hier gilt der Schutz des Vertrauens auf das Register: Auf das Schweigen des Handelsregisters kann man sich verlassen.

Beispiele:

Herr Hentschel scheidet aus der Liebig OHG als Gesellschafter aus. Sein Ausscheiden wird nicht zum Handelsregister angemeldet und deshalb auch nicht eingetragen und bekanntgemacht. Die Gesellschaftsgläubiger könnten Herrn Hentschel weiterhin als Gesellschafter behandeln und auch für ihre nach dem Ausscheiden begründeten Forderungen persönlich in Anspruch nehmen.

Das Risiko liegt insofern bei demjenigen, in dessen Angelegenheit eine Eintragung vorzunehmen ist. Durch den Zwang der möglichst schnellen Anmeldung von anmeldepflichtigen Tatsachen wird die Vollständigkeit des Handelsregisters gewährleistet.

Andererseits kann sich ein Kaufmann auf eine von ihm ordnungsgemäß vorgenommene Eintragung berufen.

Beispiel:

Herr Bruns, der die Firma Klaus Kubel, Haus für Herren- und Damenbekleidung, unverändert fortführt, schließt die Haftung für alle vor der Übernahme des Geschäftes entstandenen Verbindlichkeiten des früheren Inhabers, Herrn Kubel, aus.

Gemeinsam mit Herrn Kubel läßt er diese vertragliche Regelung in das Handelsregister eintragen und bekanntmachen. Drei Wochen nach der Übernahme fordert der Gläubiger Homann von Herrn Bruns einen noch ausstehenden Betrag seiner Rechnung von vor zwei Monaten in Höhe von 4 300,00 DM. Herr Bruns braucht nicht zu zahlen, da Herr Homann über die Eintragung durch z. B. die örtliche Zeitung hätte informiert sein müssen; er hat fahrlässig gehandelt.

Letztlich kann sich ein Dritter auf eingetragene und bekanntgemachte Tatsachen im Handelsregister verlassen, auch wenn diese unrichtig sind.

Beispiel:

Der Einzelhändler Probst (vgl. Eingangsbeispiel) kann auf die Eintragung des Herrn Springer als Vollhafter vertrauen und seine Forderung in Höhe von 50 000,00 DM gegen ihn persönlich geltend machen.

Eine Ausnahme besteht nur dann, wenn der Dritte die Unrichtigkeit kannte.

Das Genossenschaftsregister

Die Gründung einer Genossenschaft ist erst mit der Eintragung im Genossenschaftsregister vollendet. Durch die Eintragung wird die Rechtsstellung einer „eingetragenen Genossenschaft" im Sinne des Gesetzes (§ 13 GenG) sowie die Rechtsfähigkeit, d. h. die Rechte einer juristischen Person, erworben. Einzutragen sind u. a. die wichtigsten Teile des Statuts (Firma, Gegenstand und Haftungsart der Genossenschaft), Namen der Vorstandsmitglieder, Änderungen des Statuts und Auflösung der Genossenschaft. Die Eintragung ist von dem bei der Gründung der Genossenschaft gewählten ersten Vorstand im Wege der Anmeldung zu veranlassen. Dies geschieht bei dem für den Sitz der Genossenschaft zuständigen Amtsgericht, bei dem das Genossenschaftsregister geführt wird.

Die Anmeldung muß durch einen Notar öffentlich beglaubigt sein. Der Anmeldung sind beizufügen:

– die von den Mitgliedern unterzeichnete Satzung nebst einer Abschrift,
– eine Liste der Mitglieder,
– eine Abschrift des Gründungsprotokolls,
– eine Mitgliedsbescheinigung des Prüfungsverbandes sowie
– eine gutachterliche Äußerung des Prüfungsverbandes, ob nach den persönlichen oder wirtschaftlichen Verhältnissen, insbesondere der Vermögenslage der Genossenschaft, eine Gefährdung der Belange der Mitglieder oder der Gläubiger der Genossenschaft zu erwarten sein könnte.

Gleichzeitig haben die Vorstandsmitglieder ihre Unterschriften in öffentlich beglaubigter Form beim Gericht einzureichen.

Das Vereinsregister

Ein Verein, der keine wirtschaftlichen Ziele verfolgt, z. B. ein Golfclub, erlangt die Rechtsfähigkeit durch Eintragung in das beim Amtsgericht geführte Vereinsregister. Die Eintragung soll nur bei einer Mindestzahl von sieben Mitgliedern erfolgen. Der Anmeldung müssen

– die Satzung (sie muß bestimmten in § 57 BGB aufgeführten Mindestanforderungen genügen),

– der Beschluß über die Bestellung des Vorstandes

beigefügt werden.

Mit der Eintragung erhält der Name des Vereins den Zusatz „e. V.“, z. B. „Golfclub Marienhagen e. V.“.

Das Schuldnerverzeichnis

Das Schuldnerverzeichnis (sog. Schwarze Liste) ist ein amtliches Verzeichnis, in das alle Personen, die bei der Zwangsvollstreckung eine eidesstattliche Versicherung abgegeben haben (vgl. Kapitel 5.20) oder gegen die zur Erzwingung die Haft angeordnet ist, eingetragen werden. Die Vollstreckung der Haft muß im Verzeichnis vermerkt werden, wenn sie sechs Monate gedauert hat. Die Eintragung geschieht von Amts wegen.

Das Verzeichnis wird beim Amtsgericht (Vollstreckungsgericht) des Wohnsitzes oder Geschäftssitzes des Schuldners geführt.

Es hat den Zweck, Dritte zu schützen. Denn in dieses Verzeichnis kann jedermann, ohne Nachweis eines bestimmten Interesses, Einsicht nehmen. Auf Antrag gibt das Gericht auch kostenfrei Auskunft über das Bestehen oder Nichtbestehen einer bestimmten Eintragung. Durch die Öffentlichkeit des Schuldnerverzeichnisses kann ein Schuldner schnell an Ansehen und Kreditwürdigkeit verlieren, was sich gerade für Kaufleute besonders negativ auf deren Geschäftstätigkeit auswirken kann.

Hat der Schuldner seine Schulden bezahlt oder sind drei Jahre *nach Ablauf* des Jahres, in dem die Eintragung erfolgt ist, vergangen, so wird die Eintragung auf Antrag des Schuldners entweder durch Unkenntlichmachung des Namens oder durch Vernichtung des Heftes gelöscht.

Das Grundbuch

Das Grundbuch ist ein öffentliches Register, das den Mittelpunkt der Rechtsgeschäfte mit Grundstücken bildet. Es soll insbesondere erkennen lassen, wer Eigentümer der einzelnen Grundstücke ist und ob und welche Rechte und Lasten, z. B. hypothekarische Belastungen, an den Grundstücken bestehen.

Das Grundbuch wird vom Grundbuchamt, einer Abteilung des Amtsgerichts, geführt. Ohne Kenntnis der hier vorgenommenen Eintragungen darf man kein Grundstück kaufen. Bei einem Grundstückskauf muß immer ein Notar mitwirken. Jeder Kauf muß durch ihn beurkundet werden. Vor der Beurkundung muß der Notar das Grundbuch einsehen und dem Käufer kostenlos Auskunft über die wichtigen Daten des Grundstücks erteilen.

Aus dem **Bestandsverzeichnis** im Grundbuch (vgl. S. 399, Abb. 1), kann der Käufer so alles über Gemarkung, Flur und Flurstück erfahren, dazu die Lage und die exakte Größe des Baugebietes feststellen.

Das Grundbuchamt hat neben dem Bestandsverzeichnis noch drei sogenannte Abteilungen. In der **ersten Abteilung** (Abb. 2) sind die Eigentumsverhältnisse festgehalten, wie Eigentümer, Wechsel des Eigentümers und Grund der Eintragung. Der Kaufinteressent kann schnell feststellen, ob der Verkäufer überhaupt berechtigt ist, das Grundstück zu veräußern, oder ob etwa eine Erbengemeinschaft der Vertragspartner ist.

Die **zweite Abteilung** (Abb. 3) gibt Auskunft über alle auf dem Grundstück ruhenden *Lasten* und *Beschränkungen,* wie Bau- und Nutzungsbeschränkung, Vorkaufsrecht, Grunddienstbarkeit, Bestehen einer Nacherbschaft sowie Eintragungen über Zwangsversteigerung, Zwangsverwaltung und Konkursverfahren. Dazu gehört z. B. auch das Wegerecht, das etwa einem Nachbarn das ungehinderte Überqueren des Grundstücks gestattet.

Die **dritte Abteilung** (Abb. 4) schließlich ist für die Eintragung von Hypotheken, Grund- und Rentenschulden, ihre Veränderungen und Löschungen vorgesehen. Stimmt ein Gläubiger dem Verkauf des Grundstückes, aus welchen Gründen auch immer, nicht zu, kann der beabsichtigte Verkauf platzen. Die Geldgeber – Hypothekenbanken, Sparkassen, Lebensversicherungen oder Bausparkassen – lassen ihre Forderungen erst löschen, wenn die Kredite zurückgezahlt sind.

Die einzelnen Positionen des Grundbuchs sind in verschiedene Punkte unterteilt, so daß der aktuelle Stand immer klar aus den Unterlagen hervorgeht.

Jeder, der ein berechtigtes Interesse nachweist, kann kostenlos Einsicht in das Grundbuch verlangen. Die Eintragungen genießen *öffentlichen Glauben,* d. h., grundsätzlich wird die Richtigkeit und Rechtswirksamkeit der Eintragungen im Grundbuch unterstellt. Dennoch kann das Grundbuch in Einzelfällen einmal *unrichtige Eintragungen* enthalten. Das gilt besonders, wenn

– das Grundbuchamt fehlerhaft eine Eintragung vorgenommen oder gelöscht hat,
– eine wirksame Änderung für die Eintragung im Grundbuch nicht vorliegt oder
– eine Rechtsänderung eingetreten ist, die noch nicht im Grundbuch eingetragen ist. Das sollte bei einem Eigentumsübergang durch Kauf nie vorkommen, ist aber beim Übergang durch Vererbung zunächst regelmäßig der Fall.

In allen diesen Fällen muß derjenige, der die Richtigkeit der Eintragungen des Grundbuchs anzweifelt, auch die Beweislast tragen. Bevor der Beweis nicht erbracht ist, gelten weiter die vorhandenen Eintragungen. In einem solchen Fall tut Eile not, denn ein Dritter, der *guten Glaubens* den Eintragungen im Grundbuch vertraut, kann durch normale Rechtsgeschäfte das Eigentum **rechtswirksam erwerben.**

Beispiel:

Durch ein Versehen ist Wiebke und nicht Nele als Erbe eines Grundstücks ins Grundbuch eingetragen. Nun kann Detlef Schramm von Wiebke dieses Grundstück rechtswirksam erwerben, obgleich es eigentlich vom Vererber im gültigen Testament Nele vermacht wurde. Das ist die vom BGB eindeutig festgelegte Folge des „öffentlichen Glaubens", in dem die Aufzeichnungen des Grundbuchs stehen. Die einzige rechtliche Möglichkeit, die Nele nun hat, ist, sich wegen Schadenersatz an den unrechtmäßigen Veräußerer Wiebke zu halten.

Die *Rechte am Grundstück* haben erst Gültigkeit, wenn sie ins Grundbuch eingetragen sind. Ein Käufer ist nicht dann schon Eigentümer eines Grundstücks, wenn der Kaufvertrag in aller Form vor dem Notar abgeschlossen ist, sondern erst, wenn dieser Eigentumsübergang auch im Grundbuch festgehalten wurde. Ein Kaufvertrag ohne Grundbucheintragung bietet also keine Sicherheit.

Der Grundstückserwerb geschieht praktisch in drei Phasen:

– Zuerst kommt der notarielle Abschluß des Kaufvertrages,
– dann die sogenannte Auflassung (das ist die notarielle Einigungserklärung von Verkäufer und Käufer über den Eigentumsübergang),
– schließlich der Eigentumsübergang mit Eintragung in das Grundbuch.

Beim Grundstückshandel gibt es also – im Gegensatz zu Alltagsgeschäften – einige Besonderheiten: Da ein Grundstück nicht wie ein Auto schlicht übergeben werden kann, wechselt der Eigentümer erst mit der Eintragung ins Grundbuch. Die Einigung darüber, daß ein Grundstück den Eigentümer wechseln soll, heißt *Auflassung*. Erst wenn die Auflassung erklärt und später die Eintragung ins Grundbuch vorgenommen ist, kann sich der Käufer als Eigentümer ausweisen. Das alles kann jedoch seine Zeit dauern. Damit der Verkäufer das Grundstück in der Zwischenzeit nicht an einen anderen Interessenten verkauft oder das Grundstück belastet, in Form einer aufgenommenen Hypothek oder Grundschuld, gibt es die Möglichkeit, sich mit einer Vormerkung ins Grundbuch (*Auflassungsvormerkung*) abzusichern. So wird juristisch klargestellt, daß die Immobilie verkauft, der Kaufvertrag aber noch nicht perfekt abgewickelt ist. Selbst wenn der bisherige Eigentümer das Grundstück belastet oder gar an andere verkauft – solche beeinträchtigenden Verfügungen sind für den vorgemerkten Käufer völlig unwirksam. Das gilt auch für den Fall einer Zwangsversteigerung, etwa weil der bisherige Eigentümer zahlungsunfähig ist. Der Anspruch steht unwiderruflich, sobald der Käufer im Grundbuch vorgemerkt ist. Die Auflassungsvormerkung dient insofern dem Schutz des Käufers vor weiteren Verfügungen im Grundbuch. Allerdings ist die Vormerkung dann wenig wert, wenn sie an zweiter Stelle hinter einer Globalbelastung eines Grundstücks steht, an dem später mehrere Interessenten Teileigentum erwerben wollen.

Im Grundbuch werden die auf dem Grundstück lastenden Schulden nach einer Reihenfolge eingetragen. Es ist immer so, daß im Falle einer Zwangsversteigerung die an erster Stelle eingetragenen Rechte vor den an zweiter Stelle stehenden befriedigt werden; diese wiederum vor den an dritter Stelle eingetragenen.

Der Notar ist verpflichtet, sich über den Grundbuchinhalt zu informieren und den Kaufparteien darüber Auskunft zu geben. Damit soll erreicht werden, daß die Übereignung des Grundstücks durch vorhandene fremde Rechte, etwa Vorkaufsrecht Dritter, verhindert wird oder der Käufer über unbekannte Belastungen wie Hypotheken oder Grundschulden im Unklaren gelassen wird.

Eine Eintragung erfolgt, abgesehen von solchen kraft Gesetzes oder von Amts wegen (z. B. zur Berichtigung von Schreibfehlern oder von Ungenauigkeiten), nur auf *Antrag und Bewilligung*. Den Antrag auf Eintragung kann jeder

Beteiligte (Käufer oder Verkäufer, Hypothekengeber oder -nehmer) stellen. Die Bewilligung muß derjenige aussprechen, dessen Recht von dem Vorgang betroffen wird. Beim Eigentumsübergang ist das der bisherige Eigentümer, bei der Löschung einer Hypothek der Hypothekengläubiger.

Die *Aufhebung* einer Eintragung erfolgt durch Löschung. Dafür ist in jeder Abteilung eine besondere Spalte „Löschungen" vorgesehen. Außerdem werden die Eintragung oder Teile der Eintragung, die künftig keine Wirkung mehr haben sollen, rot unterstrichen („gerötelt").

Bestandsverzeichnis

Lfd. Nr. der Grund-stücke	Bis-herige lfd. Nr. der Grund-stücke	Bezeichnung der Grundstücke und der mit dem Eigentum verbundenen Rechte					Größe			Bestand und Zuschreibungen		Abschreibung	
		Gemarkung (Vermessungs-bezirk)	Karte	Steuer-bücher		Wirtschafts-art und Lage	ha	a	m^2	Zur lfd. Nr. der Grundstücke		Zur lfd. Nr. der Grund-stücke	
		a	b	c	d	e							
1	2	3					4			5	6	7	8
		K.Bl.[1] (Flur)	Parz.[1] (Flur-stück)	GMR.[1] LgB.	GstR.[1] GbB.					1,2	Bei Anlegung des Grundbuches eingetragen am 3. August 1901 Müller Hermann		
1	–	Neustadt	37	835	3	27	Wohnhaus Lange Gasse 12	–	4	16			
2	–	Neustadt	12	110	16	–	Garten	–	32	28			

[1] Die Abkürzungen bedeuten:
K.Bl. = Kartenblatt
GMR. = Grundsteuermutterrolle
LgB. = Liegenschaftsbuch
GstR. = Gebäudesteuerrolle
GbB. = Gebäudebuch

Abb. 1

Erste Abteilung

Lfd. Nr. der Eintragungen	Eigentümer	Lfd. Nr. der Grundstücke im Bestands-verzeichnis	Grundlage der Eintragung
1	2	3	
1	Kaufmann Friedrich Scheerbaum in Neustadt	1,2	Bei Anlegung des Grundbuches aufgrund des Kaufvertrages vom 14. Mai 1897, eingetragen am 3. August 1901 Müller Hermann
2	Kaufmann Eugen Schwadler in Neustadt		

Abb. 2

Anmerkung: Die rot unterstrichenen Eintragungen im Grundbuch sind gelöscht

Zweite Abteilung

Laufende Nummer der Eintragungen	Laufende Nummer der betroffenen Grundstücke im Bestandsverzeichnis	Lasten und Beschränkungen	Veränderungen		Löschungen	
			Laufende Nummer d. Spalte 1		Laufende Nummer d. Spalte 1	
1	2	3	4	5	6	7
1	1	Ein Vorkaufsrecht für den Kaufmann Eugen Schwadler in Neustadt unter Bezugnahme auf die Bewilligung vom 18. Dezember 1933, eingetragen am 3. Januar 1934 *Heinrich Weller*			1	Gelöscht am 23. Oktober 1958 *Heinrich Weller*
2	1,2,3,4,5	Die Zwangsversteigerung des Grundstückes ist angeordnet. Eingetragen am 3. Juli 1958 *Heinrich Weller*			2	Die Anordnung der Zwangsversteigerung ist aufgehoben am 14. Oktober 1958, eingetragen am 18. Oktober 1958 *Heinrich Weller*

Abb. 3

Dritte Abteilung

Lfd. Nr. der Eintragungen	Lfd. Nr. der belasteten Grundstücke im Bestandsverzeichnis	Betrag	Hypotheken, Grundschulden, Rentenschulden	Veränderungen			Löschungen		
				Lfd. Nr. der Spalte 1	Betrag		Lfd. Nr. der Spalte 1	Betrag	
1	2	3	4	5	6	7	8	9	10
1	1	1 000 DM	40 Mark vom 15. Oktober 1898 an jährlich am 15. Oktober zahlbare Rentenschuld für die evangelische Kirchengemeinde St. Johannis zu Neustadt ablösbar mit 1 000 M, eingetragen bei Anlegung des Grundbuches *Müller Hermann*	2	16 000 M	Der Zinsfuß beträgt ab 1. Oktober 1915 4 1/2 vom Hundert. Eingetragen am 11. Oktober 1915 *Brauer Hermann*	1	1 000 M	Gelöscht am 2. Juli 1920 *Heinrich Weller*
2	1	16 000 DM	Sechzehntausend Mark Darlehen mit vier vom Hundert Jahreszinsen vierteljährlich verzinslich seit dem 1. April 1903 für die Städtische Sparkasse zu Neustadt. Die Erteilung eines Briefes ist ausgeschlossen. Unter Bezugnahme auf die Bewilligung vom 29. März 1903, eingetragen am 4. April 1903 *Müller Hermann*	3	6 000 DM	Der vorbehaltene Vorrang vor diesem Recht ist der Post Abt. III Nr. 4 eingeräumt. Eingetragen am 18. Januar 1951 *Heinrich Weller*	2	16 000 M	Sechzehntausend Mark gelöscht am 12. Oktober 1920 *Heinrich Weller*
3	1	6 000 DM	Sechstausend Deutsche Mark Hypotheke für ein mit acht vom Hundert Jahreszinsen vierteljährlich ab 1. Dezember 1950 zu verzinsendes Darlehen, für den Glaser Arthur Langner, Neustadt. Die Erteilung eines Briefes ist ausgeschlossen. Vorbehalten ist der Vorrang für eine Hypothek oder Grundschuld bis zu 4 000 DM nebst 8 v. H. Zinsen. Unter Bezugnahme auf die Bewilligung vom 11. Dezember 1950 eingetragen am 4. Januar 1951 *Heinrich Weller*						

Abb. 4

Anmerkung: Die rot unterstrichenen Eintragungen im Grundbuch sind gelöscht

Aufgaben

1. Wer ist für die Führung des Handelsregisters zuständig?

2. Aus welchen Abteilungen besteht das Handelsregister, und welche unterschiedlichen Informationen kann man ihnen entnehmen?

3. Wer kann Einsicht in das Handelsregister nehmen?

4. Welche Bestimmungen bestehen hinsichtlich der Veröffentlichung von Handelsregistereintragungen?

5. Warum ist es für einen Unternehmer sinnvoll, die Veröffentlichung von Eintragungen im Handelsregister in der Tageszeitung laufend zu verfolgen?

6. Nennen Sie Gründe für die Notwendigkeit des Handelsregisters.

7. Welche Bedeutung haben Eintragungen im Handelsregister, die rot unterstrichen sind?

8. Welche Eintragung ins Handelsregister hat

a) rechtserzeugende (konstitutive)

b) rechtsbezeugende (deklaratorische) Wirkung?

   – Eintragung der Hannoverschen Papierfabrik AG

   – Ein Hotelbesitzer läßt sich als Sollkaufmann eintragen

   – Eintragung eines Grundhandelsgewerbes

   – Eintragung der Bauunternehmung Frank Neumann

   – Eintragung von Herrn Adam als Prokurist

   – Eintragung der Kaufmannseigenschaft eines Mußkaufmanns

   – Eintragung der Kannkaufleute

9. Wie kann die Anmeldung zum Handelsregister erfolgen?

10. Wer muß die Eintragung der Firma ins Handelsregister beantragen?

11. Eine neu eröffnete Boutique wird ins Handelsregister eingetragen. Nennen Sie die Angaben, die die Anmeldung enthalten muß.

12. Wann muß die Firma oder Firmenänderung zur Eintragung ins Handelsregister angemeldet werden?

13. Der Unternehmer Flach hat seinem Prokuristen Adam die Prokura entzogen. Die Löschung der Prokura im Handelsregister hat er versäumt. Welche Folgen hat sein Vergessen?

14. Welche Bedeutung hat die Eintragung einer Genossenschaft in das Genossenschaftsregister?

15. Welchen Zusatz erhält der Name des Vereins nach der Eintragung in das Vereinsregister?

16. Welche Aufgabe hat das Schuldnerverzeichnis?

17. Nennen Sie die Hauptaufgabe des Grundbuchs.

18. Nennen Sie die einzelnen Abteilungen des Grundbuchs und ihre jeweiligen Inhalte.

19. Die Eintragungen im Grundbuch genießen *öffentlichen Glauben*. Was verstehen Sie darunter?

20. Erklären Sie die im Zusammenhang mit einem Grundstückskauf notwendige sogenannte Auflassung.

21. Welche Bedeutung hat die Reihenfolge der Eintragungen im Grundbuch?

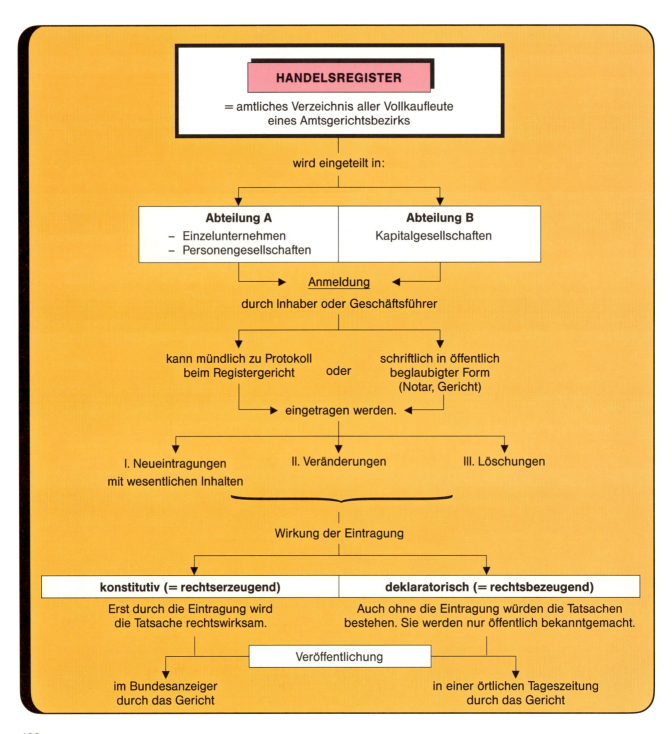

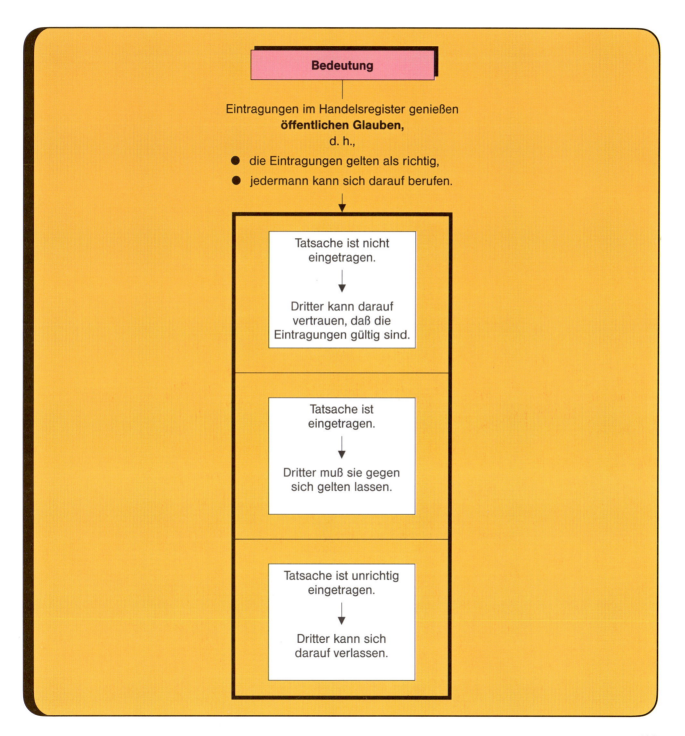

Genossenschaftsregister

- **Inhalte:**
  Status, Statusänderungen, Namen der Vorstandsmitglieder, Auflösung

- **Anmeldung:**
  - beim zuständigen Amtsgericht
  - durch den Vorstand
  - durch Notar beglaubigt
  - unter Beifügung bestimmter Unterlagen

- **Bedeutung der Eintragungen:**
  Genossenschaft erwirbt Rechtsstellung und Rechtsfähigkeit

Vereinsregister

- wird beim Amtsgericht geführt

- **Eintragung:**
  - verleiht dem Verein die Rechtsfähigkeit
  - berechtigt den Zusatz „e.V." (eingetragener Verein) im Vereinsnamen

Schuldnerverzeichnis

- WAS? Amtliches Verzeichnis

- WO? beim Amtsgericht (Vollstreckungsgericht) des Wohnsitzes oder Sitz des Schuldners

- WER? Eingetragen werden Personen,
  - die bei der Zwangsvollstreckung eine eidesstattliche Erklärung abgegeben haben,
  - gegen die Haft angeordnet ist.

- WARUM? zum Schutz Dritter

Grundbuch

- → Öffentliches Register, das beim Amtsgericht (Abt. Grundbuchamt) geführt wird
- → **Zweck:**
  Offenlegung der Eigentumsverhältnisse sowie der Rechte und Lasten an Grundstücken
- → **Gliederung/Eintragungen:**
  - Bestandsverzeichnis: Grundstücksbezeichnung
  - Erste Abteilung: Eigentumsverhältnisse ⎫ nur auf Antrag
  - Zweite Abteilung: Lasten und Beschränkungen ⎬ und
  - Dritte Abteilung: Hypotheken, Grund- und Rentenschulden ⎭ Bewilligung
- → **Wirkung der Eintragungen:**
  - Sie sind grundsätzlich richtig und rechtswirksam (Eintragungen genießen *öffentlichen Glauben*)
  - Sie verleihen dem Käufer die Rechte am Grundstück (Käufer wird Eigentümer)
  - Im Falle einer Zwangsversteigerung werden die Rechte in absteigender Reihenfolge der Eintragungen befriedigt
  - Aufhebung einer Eintragung durch Löschung (Eintragung wird **rot** unterstrichen = „gerötelt")
- → **Auflassung:**
  Notarielle Einigungserklärung von Verkäufer und Käufer über den Eigentumsübergang mit Eintragung ins Grundbuch (Auflassungsvormerkung); Zweck: Schutz des Käufers vor weiteren Verfügungen

11.4 Die Einzelunternehmung

Heinz Müller arbeitet seit einigen Jahren in der Feinkostabteilung eines großstädtischen Lebensmittelsupermarktes. Er ist fachkundig und tatkräftig. So macht er beispielsweise häufig Verbesserungsvorschläge, um die Umsatzsituation seiner Abteilung zu verbessern. Aufgrund von Widerständen seiner Vorgesetzten kann er seine Ideen nicht verwirklichen.

An seinem Wohnort – einer Mittelstadt – hat Müller eine Marktlücke entdeckt. Dort fehlt den Verbrauchern eine Einkaufsgelegenheit für Lebensmittel des gehobenen Bedarfs. Er beschließt, sich selbständig zu machen. Nachdem er eine Erbschaft gemacht hat, verfügt er über das notwendige Startkapital. Er mietet ein Ladenlokal in günstiger Lage, das er einzurichten beginnt. Doch bevor sein Unternehmen die Geschäftätigkeit aufnimmt, muß er noch einige rechtliche Probleme überprüfen.

Welche wirtschaftlichen Fragen muß Herr Müller zuvor klären?

Information

Eine Einzelunternehmung ist ein Unternehmen, dessen Eigenkapital von einer Person aufgebracht wird. Diese Unternehmensform hat also nur einen Inhaber, der für die Unternehmung mit seinem ganzen Privatvermögen haftet. Da der Eigentümer daher das Unternehmensrisiko allein zu tragen hat, steht ihm als Ausgleich auch der gesamte erzielte Gewinn zu.

Der Eigentümer leitet die Einzelunternehmung sowohl im Innenbereich als auch in der Vertretung nach außen alleinverantwortlich. Er kann aber verschiedene Aufgaben der Geschäftsführung an von ihm dazu ermächtigte Personen (Handlungsbevollmächtigte oder Prokuristen) übertragen.

Der Name (die Firma), unter dem die Einzelunternehmung eines Vollkaufmanns im Handel ihre Geschäfte betreibt, muß den Familiennamen und mindestens einen ausgeschriebenen Vornamen des Gründers enthalten. Geschäftsbezeichnungen, die nicht irreführen dürfen, sind als Zusatz erlaubt.

Beispiel:

Für die Einzelunternehmung von Heinz Müller wäre also möglich:

„Heinz Müller"

„Heinz Müller – Feinkost"

Wenn jemand eine bestehende Einzelunternehmung kauft, kann die alte Bezeichnung mit Zusätzen (wie z. B. Inhaber oder Nachfolger) weitergeführt werden.

Beispiel:

„Bernd Schneider – Lebensmittel
Inhaber: Stefan Maybaum"

Die meisten Betriebe in der Bundesrepublik Deutschland (ca. 90 %) sind Einzelunternehmungen. Sie beschäftigen aber nur ungefähr ein Drittel aller Arbeitnehmer. Es handelt sich dabei in der Regel um Kleinbetriebe mit wenigen Beschäftigten. Die Bedeutung dieser Unternehmungsform geht stark zurück. Dies ist auch auf den Hauptnachteil der Einzelunternehmungen zurückzuführen. Ihre mangelnde Kapitalstärke bewirkt oft, daß notwendige Betriebsinvestitionen nicht durchgeführt werden können, die eventuell für die Zukunft des Unternehmens sehr wichtig sind. Ebenfalls negativ wirkt sich aus, daß das Geschick des Betriebes unlösbar mit dem Schicksal des Einzelunternehmers verbunden ist.

Die Einzelunternehmung hat aber auch Vorteile. Der Unternehmer kann seine Entscheidungen selbständig, frei und vor allem schnell treffen. Das hat für das Marktgeschehen positive Auswirkungen. Der Einzelunternehmer ist unabhängig von kontrollierenden Organen und ist niemandem Rechenschaft schuldig. Es gibt auch keine Meinungsverschiedenheiten in der Geschäftsführung, wie es bei Gesellschaftsunternehmen häufig der Fall ist.

Aufgaben

1. Durch welche Merkmale ist eine Einzelunternehmung gekennzeichnet?
2. Welche Vorteile bringt die Gründung einer Einzelunternehmung?
3. Wodurch könnte ein Unternehmer veranlaßt sein, seine Einzelunternehmung in eine Gesellschaft umzuwandeln?
4. Welche Bedeutung hat die Einzelunternehmung?
5. Können Einzelunternehmungen folgendermaßen firmieren:
   a) „E. Surmann – Haushaltwaren"
   b) „Max Büsing – Spirituosen"
   c) „4812 – Parfümerie"?

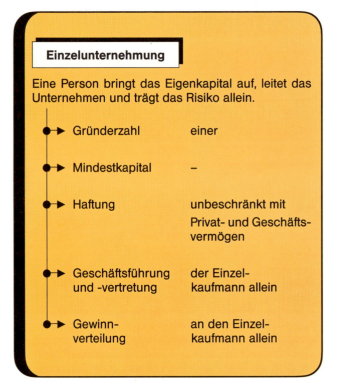

11.5 Personengesellschaften

Herr Müller klagt über die große Arbeitsbelastung. Sein Unternehmen „Heinz Müller – Feinkost" ist sehr erfolgreich. Aus Gesprächen mit Kunden erfährt Herr Müller, daß diese zu den hochwertigen Lebensmitteln auch gern die passenden Weine und Spirituosen kaufen möchten.

Eines Tages trifft er zufällig Erwin Kurz. Dieser sucht, nachdem er mehrere Jahre in einer Weinhandlung gearbeitet hat, eine neue, anspruchsvolle Beschäftigung. Da Herr Kurz sehr sparsam ist, verfügt er über ein Kapital von 120 000,00 DM.

Herr Müller möchte sein Unternehmen auf eine breitere Kapitalbasis stellen und außerdem um eine Abteilung für Weine und Spirituosen ergänzen. Daher schlägt er Erwin Kurz die Gründung einer offenen Handelsgesellschaft vor.

Welche Überlegungen führen zur Gründung einer offenen Handelsgesellschaft?

Information

Die offene Handelsgesellschaft

Ist die Kapitalgrundlage einer Einzelunternehmung zu schwach, kommt es oft zur Gründung einer offenen Handelsgesellschaft (abgekürzt OHG). Die OHG ist eine vertragliche Vereinigung von mindestens zwei Personen, die Eigenkapital zum Betrieb eines Handelsgewerbes zur Verfügung stellen. Alle Gesellschafter sind zur Geschäftsführung berechtigt und verpflichtet.

Die Inhaber der OHG haften für die Verbindlichkeiten der Gesellschaft mit ihrem gesamten Privatvermögen und nicht nur mit ihren Anteilen am Gesellschaftsvermögen. Die Haftung ist also **unbeschränkt.** Darüber hinaus haftet jeder Gesellschafter **unmittelbar.** Die Gläubiger der OHG können ihn daher direkt, ohne zuvor bei der Gesellschaft einen Ausgleich der Verbindlichkeiten gesucht zu haben, in Anspruch nehmen. Dabei liegt es im Ermessen der Gläubiger, ob ein Gesellschafter die Schulden der OHG in voller Höhe oder nur zu einem Teil begleichen soll. Jeder Gesellschafter haftet mit den anderen Gesellschaftern als Gesamtschuldner (**solidarische Haftung**). Eine Regelung zur Beschränkung der Haftung ist zwar im Innenverhältnis möglich (Gesellschaftsvertrag), Dritten gegenüber (Außenverhältnis) jedoch unwirksam.

Eine OHG firmiert unter dem Namen eines Gesellschafters sowie eines Zusatzes, der ein Gesellschaftsverhältnis andeutet. Die Firma kann auch die Namen aller Gesellschafter enthalten. Die Vornamen können entfallen.

Beispiel:

Für eine von den Gesellschaftern Müller und Kurz gegründete OHG käme u. a. in Frage:

Müller und Kurz; Müller OHG; Müller & Co.; Kurz und Gesellschafter

Die Unternehmensform der OHG hat besondere Bedeutung für klein- und mittelständische Unternehmen. Sie ist vor allem geeignet, wenn ein überschaubarer Kreis von Gesellschaftern ihr Kapital und ihre volle Arbeitskraft einsetzen wollen. Zwischen ihnen muß ein enges Vertrauensverhältnis bestehen. Wegen der strengen Haftungsgrundsätze genießt die OHG in der Regel hohen Kredit. Das volle Haftungsrisiko, das die Gesellschafter einer OHG zu tragen haben, ist der Hauptgrund dafür, daß Gesellschaftsgründer oft nach Unternehmensformen suchen, die eine geringere Haftungsgefahr mit sich bringen.

Wegen der unbeschränkten Haftung wird das Risiko der Gesellschafter nicht von den Kapitaleinlagen, sondern von der Höhe des vorhandenen Privatvermögens bestimmt. Deshalb ist eine Gewinnverteilung nur nach Kapitalanteilen i. d. R. nicht angemessen. Falls nichts anderes vereinbart wurde, gilt die gesetzliche Regelung, wonach sowohl die Kapitaleinlage als auch die Arbeitsleistung der Teilhaber bei der Verteilung der Gewinne berücksichtigt werden sollen. Die Gesellschafter erhalten zunächst vom Reingewinn der OHG 4 % ihrer Einlage als Kapitalverzinsung. Der sich ergebende Gewinnrest wird als Entgelt für die Arbeitsleistung nach Köpfen verteilt.

Die OHG wird aufgelöst

a) durch den Ablauf der Zeit, für den sie eingegangen worden ist;

b) durch den Beschluß der Gesellschafter;

c) durch die Eröffnung des Konkurses über das Vermögen der Gesellschaft;

d) durch den Tod eines Gesellschafters, sofern sich nicht aus dem Gesellschaftsvertrag anderes ergibt.

Wird der Gesellschaftsvertrag auf unbestimmte Zeit abgeschlossen, kann die Kündigung eines Gesellschafters nur für den Schluß eines Geschäftsjahres erfolgen. Sie muß mindestens sechs Monate vor diesem Zeitpunkt erfolgen.

Die Ansprüche gegen einen Gesellschafter aus Verbindlichkeiten der Gesellschaft verjähren in fünf Jahren nach dem Ausscheiden des Gesellschafters.

Die Kommanditgesellschaft

Beispiel:

Die Verkaufsräume von Müller und Kurz haben sich als zu klein erwiesen. Für die Anmietung und Einrichtung eines neuen, größeren Geschäftes benötigen Müller und Kurz Kapital, das sie allein nicht aufbringen können. Zwei Bekannte von Müller, der Rechtsanwalt Naumann und die Steuerberaterin Anneliese Otto, sind bereit, sich zu beteiligen. Sie möchten allerdings im Geschäft nicht mitarbeiten und auch nicht mit ihrem Privatvermögen haften. Müller schlägt die Gründung einer Kommanditgesellschaft vor.

Die Kommanditgesellschaft (abgekürzt KG) unterscheidet sich von der OHG dadurch, daß bei einem oder einem Teil der Gesellschafter die Haftung gegenüber den Gesellschaftsgläubigern auf den Betrag einer bestimmten Vermögenseinlage beschränkt bleibt. Es gibt daher in einer KG zwei Arten von Gesellschaftern, von denen mindestens je einer vorhanden sein muß:

- Die **Komplementäre** (= Vollhafter) haben als persönlich haftende Gesellschafter die gleiche Stellung wie die Gesellschafter einer OHG. Sie haften mit ihrem ganzen Vermögen. Das Recht, Entscheidungen im Unternehmen zu treffen, liegt allein bei ihnen. Auch nach außen vertreten nur die Komplementäre die Gesellschaft.

- **Kommanditisten** (= Teilhafter) heißen die Gesellschafter, deren Haftung den Gesellschaftsgläubigern gegenüber auf den Betrag ihrer Kapitaleinlage beschränkt ist. Ihnen stehen gewisse Kontrollrechte zu. Sie dürfen Bilanzabschriften und Bucheinsichten verlangen.

Bei der Gewinnverteilung bekommt zunächst einmal jeder Gesellschafter 4 % seines Kapitalanteils. Der Gewinnrest wird in einem angemessenen Verhältnis, das in dem Gesellschaftsvertrag festgelegt wird, verteilt. Dabei steht den Komplementären, die die Geschäftsführung innehaben und zudem mit ihrem ganzen Vermögen haften, im allgemeinen ein größerer Gewinnanteil zu als den Kommanditisten.

Die Verteilung eines Verlustes wird im Gesellschaftsvertrag geregelt. An dem Verlust darf der Kommanditist aber nur bis zum Betrag seines Kapitalanteils beteiligt werden.

Die Firma der KG muß den Namen wenigstens eines Komplementärs und einen das Gesellschaftsverhältnis andeutenden Zusatz enthalten. Der Name eines Kommanditisten darf nicht aufgenommen werden.

Beispiel:

„Müller KG"   „Müller & Co. KG"   „Müller & Co."

Die Kommanditgesellschaft hat im Wirtschaftsleben ständig an Bedeutung gewonnen. Die Möglichkeit der Aufnahme neuer Gesellschafter ist größer als bei der OHG. Kommanditisten gehen nicht das Risiko ein, auch ihr Privatvermögen bei Verlusten der Gesellschaft zu verlieren. Durch den Eintritt von Kommanditisten erhöht sich das Eigenkapital des Unternehmens, wodurch die Kreditwürdigkeit gestärkt wird.

Die stille Gesellschaft

Beispiel:

Der Rechtsanwalt Naumann, Kommanditist der Müller KG, ist mit einer Kapitaleinlage noch an einem anderen Unternehmen beteiligt. In einem Vertrag mit dem Einzelunternehmer Gerd Vesper wurde vereinbart, daß Naumann in keiner Weise haften und das Verhältnis zwischen der Firma „Gerd Vesper – Eisenwaren" nach außen nicht in Erscheinung treten soll.

Viele Einzelunternehmungen haben zur Erweiterung ihrer Kapitalgrundlage einen stillen Gesellschafter aufgenommen. Dieser ist nur mit einer Kapitaleinlage, die in das Vermögen der Firma übergeht, an der Einzelunternehmung beteiligt. Er muß kein Kaufmann sein. Der stille Gesellschafter haftet nicht persönlich, auch nicht mit seiner Einlage. Gläubiger können sich nicht an den stillen Gesellschafter, sondern nur an den Geschäftsinhaber wenden.

Die Einlage des stillen Gesellschafters bildet einen Teil des langfristigen Fremdkapitals. Da der stille Gesellschafter – im Gegensatz zum Kommanditisten – nicht Mitinhaber, sondern lediglich Darlehensgeber ist, kann er selbst als Konkursgläubiger auftreten.

Der stille Gesellschafter hat keinen Einfluß auf die Geschäftsführung. Er ist nicht befugt, unternehmerische Entscheidungen zu treffen. Er hat auch bei außergewöhnlichen Geschäften kein Widerspruchsrecht, sondern ist bei Pflichtverletzungen auf Schadensersatzansprüche gegen den tätigen Teilhaber oder notfalls auf die Kündigung der Gesellschaft angewiesen. Da die stille Gesellschaft nach außen hin nicht in Erscheinung tritt, wird auch keine neue Firma gegründet.

Beispiel:

Auch nach Hereinnahme des stillen Gesellschafters Naumann lautet die Firma „Gerd Vesper – Eisenwaren".

Bei einer stillen Gesellschaft muß der stille Gesellschafter am Gewinn beteiligt sein. Die Gewinnverteilung erfolgt nach Vereinbarung. Die Beteiligung am Verlust kann dagegen ausgeschlossen werden.

Die stille Gesellschaft bietet sich als Unternehmensform an, wenn jemand mit seiner Beteiligung nach außen unerkannt bleiben will. Sie dient dem Zweck, mittels einer Vermögenseinlage Gewinn zu erzielen. Stille Gesellschafter sind auch bei einer OHG oder KG denkbar.

Aufgaben

1. Was ist eine OHG?
2. Die OHG „Schulz & Otto" hat einen Jahresgewinn von 90 000,00 DM erwirtschaftet. Schulz hat sich mit 400 000,00 DM, Otto mit 150 000,00 DM am Unternehmen beteiligt. Wieviel DM erhält jeder der beiden Gesellschafter vom Gewinn, wenn der Gesellschaftsvertrag über die Gewinnverteilung nichts aussagt?
3. Erläutern Sie am Beispiel der OHG die Begriffe
   a) unbeschränkte Haftung, b) unmittelbare Haftung,
   c) solidarische Haftung.
4. Wie firmiert eine KG?
5. Was sind
   a) Komplementäre,   b) Kommanditisten?
6. Welche Stellung hat ein stiller Gesellschafter im Konkursfall seiner Gesellschaft?

Personengesellschaften

Art der Gesellschaft	Mindest-gründer-zahl	Mindest-kapital	Haftung	Geschäftsführung und -vertretung	Gewinn-verteilung
Offene Handels-gesellschaft alle Gesellschafter haften persönlich	zwei	–	alle Gesellschafter unbeschränkt, unmittelbar, solidarisch	jeder Gesellschafter	falls keine vertragliche Regelung: 4 % der Kapital-einlage, Rest nach Köpfen
Kommandit-gesellschaft mindestens ein Vollhafter (Komplementär) und mindestens ein Teilhafter (Kommanditist)	zwei	–	Komplementär wie bei OHG, Kommanditist mit Einlage	nur Komplementäre	falls keine vertragliche Regelung: 4 % der Kapital-einlage, Rest im angemessenen Verhältnis
Stille Gesellschaft Beteiligung an einer Einzelunternehmung, OHG oder KG, ohne daß dies öffentlich bekannt wird	zwei	–	Stiller Gesellschafter: kann nicht zur Haftung herange-zogen werden, muß aber evtl. Verlust der Einlage befürchten.	nur Geschäfts-inhaber	angemessene Anteile

11.6　Kapitalgesellschaften

Herr Müller, Komplementär der Müller KG, hat Sorgen. In der Nachbarschaft hat sich ein Warenhaus eine Feinkostabteilung zugelegt. Vor der Stadt bieten zwei neugegründete Verbrauchermärkte ebenfalls Lebensmittel des gehobenen Bedarfs an. Die Umsatzzahlen des bisher erfolgreichen Unternehmens gehen stark zurück.

Da die Situation momentan nicht gerade rosig ist, macht sich Müller vorsichtshalber Gedanken um die Zukunft. Im Konkursfall würde er als Komplementär wegen der vollen Haftung sein ganzes Privatvermögen aufs Spiel setzen.

Müller sucht eine Unternehmensform, bei der er als Gesellschafter nicht persönlich haften muß. Nachdem er einige Erkundigungen eingezogen hat, wandelt er mit Zustimmung der übrigen Gesellschafter die bisherige Firma in die Müller GmbH um.

Warum wählt Müller die Unternehmensform der GmbH?

Information

Die Gesellschaft mit beschränkter Haftung

Die Gesellschaft mit beschränkter Haftung (abgekürzt GmbH) ist eine Kapitalgesellschaft, die nicht nur zum Betrieb eines Handelsgewerbes, sondern zu jedem gesetzlich zulässigen Zweck errichtet werden kann. Die GmbH hat eine eigene Rechtspersönlichkeit. Sie ist eine juristische Person, die selbständig ihre Rechte und Pflichten hat. Sie kann beispielsweise Eigentum und Rechte an Grundstücken erwerben, vor Gericht klagen und verklagt werden.

Das Gesellschaftskapital wird Stammkapital genannt und muß mindestens 50 000,00 DM betragen. Stammeinlagen sind die Beiträge der einzelnen Gesellschafter zum Stammkapital. Die Höhe der Stammeinlage kann für die einzelnen Gesellschafter unterschiedlich groß sein. Jeder Gesellschafter muß sich aber mit mindestens 500,00 DM beteiligen.

Für die Verbindlichkeiten der Gesellschaft haftet den Gläubigern grundsätzlich nur die GmbH mit ihrem Gesellschaftsvermögen. Die Gesellschafter haften nicht mit ihrem Privatvermögen. Die Gesellschafter haben Anspruch auf den von der GmbH erzielten Reingewinn. Falls der Gesellschaftsvertrag nichts anderes bestimmt, wird dieser nach dem Verhältnis der Geschäftsanteile verteilt.

Die gesetzlich vorgesehenen Organe zur Vertretung, Überwachung und Beschlußfassung der GmbH sind Geschäftsführer, Gesellschafterversammlung und Aufsichtsrat:

– Durch die Geschäftsführer handelt die GmbH.

– Die Gesellschafterversammlung, die in der Regel durch die Geschäftsführer einberufen wird, ist das oberste Organ der GmbH. Hier entscheiden die Gesellschafter über alle grundsätzlichen Angelegenheiten.

– Ein Aufsichtsrat kann als Kontrollorgan eingerichtet werden. Gesetzlich vorgeschrieben ist er nur für Gesellschaften mit beschränkter Haftung, die mehr als 500 Arbeitnehmer beschäftigen.

Die Firma der GmbH muß entweder den wesentlichen Unternehmungsgegenstand erkennen lassen oder den Namen wenigstens eines Gesellschafters enthalten. Auch eine gemischte Firma ist denkbar. In jedem Fall muß aber der Zusatz GmbH enthalten sein.

Beispiel:

Mikrocomputer GmbH,

Robert Bosch GmbH,

Alte Schwarzwälder Hausbrennerei GmbH
Alfred Schloderer

Die GmbH wird als Unternehmensform oft gewählt, wenn eine einzelne Person oder ein überschaubarer Kreis mehrerer Personen ein kaufmännisches Unternehmen führen wollen, bei dem keiner die volle Haftung übernehmen will. Sie ist daher hauptsächlich bei kleineren und mittleren Unternehmen anzutreffen. Auch die meisten Neugründungen erfolgen als Gesellschaften mit beschränkter Haftung. Neben der eingeschränkten Haftung hat die GmbH weitere Vorzüge:

- Die Zahl der Gesellschafter ist unbegrenzt.
- Das zur Gründung notwendige Mindestkapital beträgt lediglich 50 000,00 DM.
- Die gesetzlichen Vorschriften, die für eine GmbH gelten, sind relativ einfach zu erfüllen. Daher kann die GmbH über den Gesellschaftsvertrag den Besonderheiten des Einzelfalles besonders gut angepaßt werden.

Eine spezielle Unternehmensform stellt die **GmbH & Co. KG** dar. Sie ist eine Personengesellschaft, als deren Komplementär eine Kapitalgesellschaft – nämlich die GmbH – auftritt. Der Unterschied zur KG liegt darin, daß in dieser Gesellschaft eine juristische Person die Unternehmung führt. Dadurch gelingt es, die unmittelbare und unbeschränkte Haftung des Komplementärs in eine mittelbare und beschränkte Haftung zu verwandeln.

Die Firma der GmbH & Co. KG muß die volle Bezeichnung der GmbH enthalten. Außerdem ist ein das Vorhandensein eines Gesellschaftsverhältnisses andeutender Zusatz („& Co. KG") enthalten.

> **Beispiel:**
>
> Müller GmbH & Co. KG

Die Aktiengesellschaft

> **Beispiel:**
>
> Herr Müller hat erneut eine Marktlücke entdeckt, die viel Gewinn abzuwerfen verspricht: die Gründung eines Unternehmens, das hormonfreies Kalbfleisch produziert und vertreibt. Vier seiner Bekannten sind von dieser Idee begeistert und möchten sich beteiligen. Die Aufzucht von Kälbern verursacht jedoch zunächst einmal riesige Kosten. Da Müller und die anderen Gesellschafter den für die nötigen Investitionen erforderlichen Kapitalbetrag nicht allein aufbringen können, suchen sie eine große Zahl weiterer Kapitalgeber, die zur Finanzierung des Vorhabens beitragen wollen. Zu diesem Zweck gründen sie eine Aktiengesellschaft.

Die Aktiengesellschaft (abgekürzt AG) ist eine Kapitalgesellschaft. Die Anteilseigner haften – im Gegensatz zu einer Personengesellschaft – nicht mit ihrem persönlichen Vermögen für die Verbindlichkeiten des Unternehmens, sondern ausschließlich mit ihrer Kapitaleinlage. Das Kapital der AG wird durch den Verkauf von Aktien aufgebracht: Aktien sind Urkunden über Anteils- und Besitzrechte an einer Aktiengesellschaft. Der Aktionär – der Inhaber von Aktien – ist somit Teilhaber am Vermögen und den Erträgen einer Aktiengesellschaft.

Die Aktien können einen unterschiedlichen Nennwert haben. Der Nennwert ist der auf einer Aktie aufgedruckte Betrag in DM. Er drückt aus, mit welchem DM-Betrag ein Aktionär am Grundkapital der AG beteiligt ist. Zum Nennwert wird eine Aktie meistens bei der Gründung einer Aktiengesellschaft ausgegeben. Der Mindestnennwert betrug bisher 5,00 DM.

> **Beispiel:**
>
> Die Nordwestdeutsche Kalbfleisch AG hat ihr Grundkapital in Höhe von 5 000 000,00 DM in 100 000 Aktien zum Nennwert von je 50,00 DM aufgestückelt. Herr Otte besitzt eine dieser Aktien. Dadurch ist er zu 1/100 000 am Vermögen und an den Erträgen des Unternehmens beteiligt. Außerdem hat er dadurch eine von insgesamt 100 000 Stimmen auf der Hauptversammlung, dem jährlichen Treffen der Aktionäre.

Ein Aktionär erhält den auf ihn entfallenden Gewinn nur zum Teil in Form der Dividende ausbezahlt. Die Dividende ist der auf die einzelne Aktie entfallende Anteil des Jahresüberschusses der AG. Sie ist das Entgelt dafür, daß der Aktionär dem Unternehmen Geld zur Verfügung stellt, mit dem es arbeiten kann.

Der größere Teil des Gewinns wird jedoch einbehalten und wieder in die AG investiert, um deren wirtschaftliche Leistungsfähigkeit zu verbessern. Werden ständig finanzielle Mittel in eine Aktiengesellschaft investiert, so wird das Unternehmen natürlich immer wertvoller. Dadurch steigt jedoch in der Regel auch der tatsächliche Wert der Aktie über den Nennwert. Der Preis der an der Börse gehandelten Aktie steigt. Dieser Börsenpreis wird auch Kurs oder Kurswert genannt. Für den Kapitalanleger hat die Aktie den Vorteil, daß er immer am Gewinn des Unternehmens beteiligt ist. Einerseits fließt ihm der Gewinn in

Form der Dividende zu. Werden Jahresüberschüsse aber einbehalten, dann steigt der Kurs der Aktie. In diesem Fall läßt sich ein Gewinn erzielen, indem der Aktionär seine Aktien verkauft.

Die in der Bundesrepublik Deutschland übliche Form der Aktie ist die **Inhaberaktie**. Bei ihr sind alle Rechte aus der Aktie (z. B. auf Dividendenzahlung) allein an den Besitzer der Aktie und nicht an eine namentlich bestimmte Person geknüpft. Eine Inhaberaktie kann jederzeit wie eine bewegliche Sache veräußert werden. Seltener ist die Ausgabe von Namensaktien, bei denen der Name des Inhabers auf der Aktie vermerkt ist. An der Ausgabe von **Namensaktien** kann die Aktiengesellschaft ein Interesse haben, wenn sie anhand des Aktienbuches den Bestand der Aktionäre überwachen will. Nur der im Aktienbuch eingetragene Besitzer einer Aktie gilt als Aktionär.

Zur Gründung einer AG ist seit 1994 nur noch eine Person nötig. In der Satzung (dem Gesellschaftsvertrag) wird die Höhe des Grundkapitals festgelegt, das mindestens 100 000,00 DM betragen muß.

Eine Aktiengesellschaft muß über folgende Organe verfügen:

– Die **Hauptversammlung** ist die Zusammenkunft aller Aktionäre, die regelmäßig alle Jahre mindestens einmal einberufen wird. Die Aktionäre üben überwiegend hier ihre Rechte aus. Sie entscheiden u. a. über die Verwendung des ausgewiesenen Jahresgewinns oder über die Änderung von Grundkapital und Satzung. Die Hauptversammlung wählt mindestens die Hälfte der Mitglieder des Aufsichtsrates sowie den Vorsitzenden. Der Vorstand hat über die geschäftliche Lage zu berichten und sich vor den Aktionären zu verantworten.

– Der **Aufsichtsrat** soll als Kontrollorgan der AG den Vorstand überwachen. Er wird auf vier Jahre gewählt. Der Aufsichtsrat besteht aus mindestens drei Personen, die nicht im Vorstand sein dürfen. Zu seinen Pflichten gehört die Berufung bzw. Entlastung des Vorstandes. Zusätzlich hat er den Jahresabschluß und den Geschäftsbericht zu prüfen.

Für die Zusammensetzung des Aufsichtsrats gilt das Betriebsverfassungsgesetz von 1952 für alle Unternehmen mit mehr als 500 Beschäftigten mit Ausnahme von Großunternehmen sowie Unternehmen des Bergbaus und der Eisen- und Stahlindustrie. Es sieht vor, daß in jeder AG $2/3$ der Aufsichtsratsmitglieder von den Aktionären, $1/3$ von den Belegschaftsangehörigen

gewählt werden. Für Großunternehmen mit über 2 000 Beschäftigten gilt das Mitbestimmungsgesetz von 1976. Dort stehen den Aktionärsvertretern im Aufsichtsrat ebenso viele Arbeitnehmervertreter (darunter ein Vertreter der leitenden Angestellten) gegenüber.

– Der **Vorstand** führt als Leitungsorgan der Gesellschaft die Geschäfte. Er wird auf höchstens fünf Jahre bestellt, wobei aber eine wiederholte Bestellung zulässig ist. Der Vorstand vertritt die AG gerichtlich und außergerichtlich. Der Vorstand kann aus einer oder mehreren Personen bestehen, die nicht Aktionäre zu sein brauchen. Im allgemeinen gehören dem Vorstand Fachleute („Manager") an, die keine Aktien des Unternehmens besitzen.

Es gehört zu den wesentlichen Merkmalen der Aktiengesellschaft, daß die Unternehmensleitung und die Mitgliedschaft an der Aktiengesellschaft grundsätzlich getrennt sind: Der einzelne Aktionär trägt zwar das wirtschaftliche Risiko – das allerdings auf den bei Erwerb der Aktien erbrachten Kapitaleinsatz beschränkt ist –, er ist aber nicht an der Unternehmensleitung beteiligt.

Die Firma ist im allgemeinen dem Gegenstand des Unternehmens entnommen und muß den Zusatz „Aktiengesellschaft" enthalten.

Beispiel:
Nordwestdeutsche Kalbfleisch AG
Bayerische Motoren Werke AG
<u>Ausnahmsweise sind auch Personenfirmen zulässig:</u>
Daimler-Benz AG

Die Aktiengesellschaft ist die geeignete Unternehmensform für Großunternehmen. Durch den Verkauf von Aktien an mehrere Personen, kann der hohe Kapitalbedarf gedeckt werden. Das Vermögen einzelner würde dafür nicht ausreichen. Der Erwerb von Aktien wird für diese Personen interessant durch

– die einfache Form der Beteiligung,

– das geringe Risiko,

– die freie Übertragbarkeit der Aktien,

– den geringen Preis der einzelnen Aktie,

– die Möglichkeit, sich ohne kaufmännische Fähigkeiten an einem Wirtschaftsunternehmen zu beteiligen.

Aufgaben

1. Welche Organe hat eine GmbH?

2. Welche Vorteile sprechen für die Unternehmensform der GmbH?

3. Was ist eine Einmann-GmbH?

4. Was ist eine GmbH & Co. KG?

5. Erklären Sie die folgenden Begriffe:
   - a) Aktie,
   - b) Nennwert,
   - c) Kurs,
   - d) Grundkapital,
   - e) Dividende.

6. Wie firmiert die Aktiengesellschaft?

7. In welcher Situation wird die Unternehmensform der AG gewählt?

Kapitalgesellschaften

Gesellschaft mit beschränkter Haftung

Eine Person (Einmann-GmbH) oder mehrere Personen beteiligen sich am Stammkapital, das mindestens 50 000,00 DM betragen muß.

Mindest-gründerzahl	Mindest-kapital	Haftung	Geschäftsführung und -vertretung	Gewinn-verteilung
einer	mindestens 50 000,00 DM Stammkapital	nur die Gesell-schaft haftet mit ihrem Vermögen	Geschäftsführer	im Verhältnis der Geschäftsanteile

Aktiengesellschaft

Aktionäre beteiligen sich an dem in Aktien zerlegten Grundkapital, das mindestens 100 000,00 DM betragen muß.

Mindest-gründerzahl	Mindest-kapital	Haftung	Geschäftsführung und -vertretung	Gewinn-verteilung
einer	mindestens 100 000,00 DM Grundkapital	nur die AG haftet	Vorstand	im Verhältnis der Aktienanteile

11.7 Die Genossenschaft

Das Feinkostunternehmen von Herrn Müller bekommt beim Einkauf von den Lieferanten weitaus schlechtere Konditionen eingeräumt als die Verbrauchermärkte vor der Stadt, die als Großabnehmer auftreten. Auf längere Sicht, so glaubt Herr Müller, kann deshalb sein Unternehmen mit den Großunternehmen nicht mehr konkurrieren. Auf einer Fachmesse kommt er mit Feinkosthändlern aus Nachbarstädten ins Gespräch, die vor ähnlichen Problemen stehen. Ein Unternehmensberater, der eingeschaltet wird, schlägt die Gründung einer Genossenschaft vor. Sie soll den gemeinsamen Einkauf der beteiligten Feinkosthändler durchführen.

Wodurch unterscheidet sich eine Genossenschaft von den anderen Unternehmensformen?

Information

Alle bisher angesprochenen Unternehmensformen werden verwendet, wenn es darum geht, Geschäfte zu betreiben, die letzten Endes Gewinn erwirtschaften sollen.

Die Genossenschaft dagegen ist ein wirtschaftlicher Zweckverband, der lediglich kostendeckend arbeiten soll. Die Genossenschaft ist ein Verein, der die Förderung der wirtschaftlichen Interessen seiner Mitglieder – der Genossen – durch einen gemeinschaftlichen Geschäftsbetrieb zum Gegenstand hat. Im Wege des genossenschaftlichen Zusammenschlusses und der genossenschaftlichen Selbsthilfe soll die Selbständigkeit kleinerer Unternehmen durch Vorteile gestärkt werden, die sonst überwiegend nur Großbetriebe in Anspruch nehmen können. Dazu zählen beispielsweise der billige Einkauf von Waren, eine bessere Organisation des Absatzes und die Inanspruchnahme günstiger Kredite.

Für die Genossenschaft ist die unbestimmte Zahl und der freie Wechsel der Mitglieder kennzeichnend. Die Gründung und Existenz einer Genossenschaft erfordert aber immer mindestens sieben Gesellschafter. Im Einzelhandel treten hauptsächlich Einkaufsgenossenschaften auf, von denen die Mitgliedsbetriebe ihre Waren beziehen. Die Selbständigkeit der einzelnen Mitglieder bleibt jedoch in jedem Fall erhalten.

Daß man Widerstände leichter überwinden kann, liegt an einer großen Idee.

Wenn viele gemeinsam eine Sache anpacken – und das mit „Köpfchen" –, kann man ungeahnte Kräfte entwickeln. Gemeinsamkeit macht stark.

Die genossenschaftliche Idee: Wir helfen uns selbst.

Beispiel:

Eine Genossenschaft im Einzelhandel ist die EDEKA-Gruppe. Sie besteht aus über 16 000 selbständigen Einzelhandelsunternehmen, deren Waren von EDEKA auf nationaler und internationaler Ebene (durch eine von den Genossen gegründete AG) zentral beschafft werden. Die dadurch erreichten Kostenvorteile tragen zur Wettbewerbsfähigkeit der Mitglieder bei.

Die Organe der Genossenschaft ähneln denen der Aktiengesellschaft, sind jedoch alle von Genossen besetzt:

– Der Vorstand muß aus mindestens zwei Genossen bestehen, die die Genossenschaft unter eigener Verantwortung leiten und sie nach außen hin vertreten.

– Die Generalversammlung setzt sich aus allen Mitgliedern zusammen und ist oberstes Organ der Genossenschaft. Sie wählt den Aufsichtsrat und Vorstand, entlastet diese Organe und beschließt über eine eventuelle Gewinn- oder Verlustverteilung. Da eine Genossenschaft eigentlich nicht auf Gewinn angelegt ist, kann das Statut (die Satzung) eine Überführung des Gewinns in einen Reservefonds vorsehen. Dieser Reservefonds dient der Deckung eines vielleicht später auftretenden Verlustes. Ansonsten wird der Gewinn auf die Genossen entsprechend ihrem Geschäftsanteil verteilt. Dies ist der in der Satzung festgelegte Betrag, mit dem sich ein Mitglied an der Genossenschaft beteiligen kann.

– Den Aufsichtsrat bilden mindestens drei Genossen. Diese haben den Vorstand bei der Geschäftsführung zu überwachen, Kontrollen vorzunehmen und der Generalversammlung Bericht zu erstatten.

Für die Verbindlichkeiten haftet die Genossenschaft nur mit dem Vermögen der Genossenschaft.

Die Firma der Genossenschaft muß vom Gegenstand des Unternehmens abgeleitet sein. Der Name von Genossen darf in die Firma nicht aufgenommen werden. Außerdem ist die Bezeichnung „eingetragene Genossenschaft" oder die Abkürzung „e G" anzufügen. Ein Zusatz, der darauf hindeutet, ob und in welchem Umfang die Genossen zur Leistung von Nachschüssen verpflichtet sind, darf der Firma nicht beigefügt werden.

Beispiel:

Vedes Vereinigung der Spielwaren-Fachgeschäfte eG

Aufgaben

1. Prüfen Sie in den folgenden Fällen, um welche Unternehmensform es sich handelt.

   a) Vierzehn selbständige Winzer haben sich zusammengeschlossen. Durch einen gemeinsamen Verkauf ihrer Produkte und gemeinschaftliche Werbung erhoffen sie sich bessere Absatzmöglichkeiten. Andere Winzer des Weinanbaugebietes sind aufgerufen, sich ebenfalls zu beteiligen.

   b) Christine Errath beabsichtigt die Eröffnung einer Modeboutique. Mit einem angesparten Kapital von 45 000,00 DM richtet sie ihr Geschäft ein. Als zusätzliche Hilfe stellt sie die Verkäuferin Helga Herzhorn ein.

   c) Herr Schmidt und Herr Rössig betreiben zehn Lebensmittelsupermärkte. Herr Schmidt haftet mit seinem Geschäfts- und Privatvermögen, Herr Rössig nur mit seiner Einlage in Höhe von 700 000,00 DM.

   d) Fünf Hotelbesitzer in einem Alpendorf wollen eine Seilbahn bauen, um die Attraktivität des Feriengebietes zu erhöhen. Von den veranschlagten Kosten in Höhe von 7 000 000,00 DM können sie nur 2 000 000,00 DM aufbringen. Deshalb sollen sich auch andere Bewohner des Ortes sowie interessierte Feriengäste beteiligen. Der Mindestanteil beträgt 50,00 DM.

   e) Hans Ebensen beteiligt sich am Sportartikelgeschäft „Franz Feuerstein". Er hat das Recht auf einen angemessenen Gewinnanteil, ist jedoch von der Geschäftsführung ausgeschlossen.

   f) Göttmann, Schimanski und Marlowe betreiben eine Privatdetektei. Die drei Gesellschafter haften aber nur mit ihrem Geschäftsanteil von 40 000,00 DM, 10 000,00 DM und 50 000,00 DM.

   g) Erwin Bodenburg und Matthias Groß vereinbaren die Gründung eines Fotogeschäftes. Bodenburg übernimmt die Verwaltungsarbeiten, Groß den Verkauf. Beide sind bereit, auch mit ihrem Privatvermögen zu haften.

2. Welcher Grundgedanke liegt den Genossenschaften zugrunde?

3. Was spricht für genossenschaftliches Wirtschaften?

4. Welche Organe hat eine Genossenschaft?

5. Vergleichen Sie eine Aktiengesellschaft mit einer Genossenschaft.

| **Genossenschaft** | | | | |

= Selbsthilfeorganisation mit mindestens sieben Mitgliedern
zur Förderung wirtschaftlicher Ziele der Mitglieder

Mindest-gründerzahl	Mindest-kapital	Haftung	Geschäftsführung und -vertretung	Gewinn-verteilung
sieben	–	nur das Vermögen der Genossenschaft (evtl. Nachschußpflicht)	Vorstand	laut Statut oder im Verhältnis der Geschäftsguthaben

11.8 Konzentration

Das große Fressen im Einzelhandel

Der Koloß Metro schürt das Fusionsfieber/Von Claudia Schmidt

Wo haben Sie heute Ihre Lebensmittel eingekauft? Bei Penny, Minimal, HL oder Heller & Pfennig? Egal, in welchem Geschäft Sie auch waren, die Rewe-Gruppe, größter Lebensmittelhändler in Westdeutschland mit rund 17 Prozent Marktanteil, hat sich gefreut, denn alle diese Supermärkte gehören zu ihr. Oder waren Sie bei Plus, Kaiser's Kaffee oder Grosso? Dann waren Sie Kunde der Tengelmann-Gruppe, immerhin die Nummer fünf des Lebensmittelhandels. Zwar gibt es noch rund 67 000 Geschäfte, die die westdeutsche Bevölkerung mit Lebensmittel versorgen, doch bei nur gut 10 000 handelt es sich um unabhängige Betriebe, die keinem der großen Handelskonzerne zuzurechnen sind. Die große Vielfalt, die die unterschiedlichen Namen vorgaukeln, ist also Schall und Rauch. Sie wurde von der Fusionswelle im Handel hinweggeschwemmt. Und ein Ende ist nicht abzusehen. Im Gegenteil: Die Schlagzeilen über die Konzentration im Handel reißen nicht ab.

Übernahmekandidat Asko

Die Großen werden immer größer, und dabei gibt die Düsseldorfer Metro das Tempo an. Der Handelskoloß, der von den überaus schweigsamen Eignern Otto Beisheim, der Haniel-Familie und den ehemaligen Spar-Händlern Schmidt-Ruthenbeck kontrolliert und von Erwin Conradi geführt wird, hat beim Bundeskartellamt in Berlin den Antrag gestellt, mehr als 50 Prozent des Kapitals der Asko Deutsche Kaufhaus AG in Saarbrücken übernehmen zu wollen. Bereits jetzt soll die Metro, die offiziell nur etwas mehr als 10 Prozent des Asko-Kapitals hält, zusammen mit den jeweils 10prozentigen Beteiligungen der Hausbank Westdeutsche Landesbank und der Berliner Bank sowie des Schweizer Investors Klaus Jacobs, die alle der Metro nahestehen, die Saarbrücker zu 80 Prozent beherrschen . . .

Während Metro einen starken Cash-and-carry-Großhandel aufzubieten hat, dazu Warenhäuser (mit einer Mehrheit an Kaufhof und einer indirekten Beteiligung an Horten) sowie Versandhandel (Wenz), ist Asko stark im Lebensmittelbereich, insbesondere seit der Übernahme von co op. Im übrigen betreibt die Metro bereits gemeinsam mit Asko Lebensmittel-, Verbraucher-, Möbel- und Baumärkte sowie Autohandel und Tankstellen. Durch den Verbund werden die Verbraucher künftig beim Einkauf somit kaum an den beiden Handelsriesen vorbeikommen.

Kartellamtspräsident Wolf tröstet sich damit, daß die Handelsspannen im Lebensmittelhandel in Deutschland erheblich geringer seien als in den Nachbarländern. Dies sei ein Indiz dafür, daß in Deutschland der Wettbewerb noch relativ stark sei. Doch auch Wolf will eine Tendenz zu höheren Handelsspannen inzwischen ausgemacht haben, allerdings fehlen ihm die neuesten Daten. An sie kommt man auch schwer heran, denn sie werden top-secret gehütet.

* * *

Wenn auch die Handelsriesen den Verbraucher ihre Marktmacht noch nicht spüren lassen, so tun sie das an anderer Stelle schon längst: bei den Lieferanten, meist Mittelständler, in jedem Fall aber kleiner als sie selbst. Sogar Multis wie die Unilever und Nestlé setzen in Deutschland weniger als 10 Milliarden DM um. So wie die Automobilindustrie inzwischen mit ihren Zulieferern umspringt, machen das auch die Handelskonzerne mit den Konsumgüterherstellern. Sie müssen nur damit drohen, die Produkte aus dem Regal zu nehmen, und der Lieferant räumt Zugeständnisse bei den Konditionen ein.

aus: Hannoversche Allgemeine vom 26. 9. 1992

Welche Vorteile hat die Metro durch den Aufkauf von anderen Unternehmen?

Information

Der Zusammenschluß von Unternehmen zu großen Wirtschaftseinheiten wird als **Konzentration** bezeichnet. Sie kann durch vertragliche oder kapitalmäßige Bindungen erfolgen. Die wirtschaftliche Selbständigkeit der einzelnen Unternehmen wird dadurch eingeschränkt oder völlig aufgegeben.

Ziele der Konzentration

Zweck der Konzentration ist häufig die Erhöhung des Marktanteils mit dem Ziel, die Stellung gegenüber Lieferern und Mitwettbewerbern zu stärken.

Diese Entwicklung ist besonders im Einzelhandel weit fortgeschritten. Die zehn Größten des deutschen Handels hatten 1993 bereits einen Anteil von fast einem Drittel am gesamten Einzelhandelsumsatz von 760 Milliarden DM. In einzelnen Branchen des Einzelhandels ist die Machtzusammenballung sogar noch weit größer. Im Lebensmitteleinzelhandel beispielsweise vereinten 1996 Rewe, Edeka/AVA, Aldi, Metro und Tengelmann gut 60 % des Umsatzes von 234 Milliarden DM auf sich.

Weitere Ziele, die Unternehmen durch Konzentration anstreben, sind:

– die Vergrößerung der Kapitalbasis und Vorteile bei der Kapitalbeschaffung, z. B. günstigere Kreditzinssätze,
– Beschränkung des Wettbewerbs, z. B. durch Vereinbarung einheitlicher allgemeiner Geschäftsbedingungen für alle Unternehmen einer Branche,
– Einkaufsvorteile, z. B. Mengenrabatte und günstigere Konditionen durch Einkauf in großen Mengen,
– Umsatzsteigerung durch den Einsatz überregionaler Werbung und Erweiterung des Verkaufsstellennetzes,
– Risikoverteilung durch Angliederung branchenfremder Unternehmen (= Diversifikation),
– Sortimentsbereinigung durch Handelsmarken (= Markenartikel, die von Handelsunternehmen gestaltet werden).

Kartelle

Kartelle sind Zusammenschlüsse zwischen Unternehmen der gleichen Produktions- oder Handelsstufe (= horizontale Zusammenschlüsse), bei denen nur vertragliche Absprachen erfolgen. Die beteiligten Unternehmen bleiben rechtlich und wirtschaftlich selbständig. Die wirtschaftliche Entscheidungsfreiheit der dem Kartell angehörenden Unternehmen ist jedoch je nach Art des Kartells mehr oder weniger stark eingeschränkt.

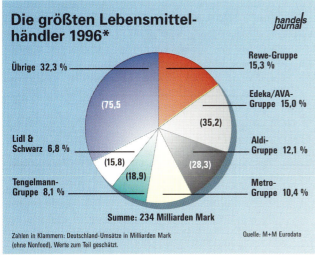

Die größten Lebensmittelhändler 1996*
Übrige 32,3 % (75,5)
Rewe-Gruppe 15,3 % (35,2)
Edeka/AVA-Gruppe 15,0 %
Aldi-Gruppe 12,1 % (28,3)
Metro-Gruppe 10,4 %
Tengelmann-Gruppe 8,1 % (18,9)
Lidl & Schwarz 6,8 % (15,8)
Summe: 234 Milliarden Mark
Zahlen in Klammern: Deutschland-Umsätze in Milliarden Mark (ohne Nonfood), Werte zum Teil geschätzt.
Quelle: M+M Eurodata

aus: handelsjournal, Nr. 3 / März 1997

Ziel von Kartellen ist häufig die Marktbeherrschung durch Ausschaltung oder zumindest Beschränkung des Wettbewerbs.

Wegen ihrer wettbewerbsbeschränkenden Wirkungen sind Kartelle in der Bundesrepublik Deutschland grundsätzlich verboten. Das Gesetz gegen Wettbewerbsbeschränkung (Kartellgesetz) läßt allerdings folgende Ausnahmen zu:

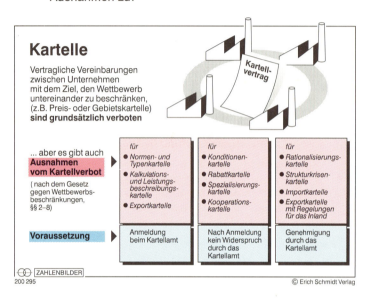

- **Konditionenkartelle** = Verabredungen über gleichartige Lieferungs- und Zahlungsbedingungen.
- **Rabattkartelle** = Absprachen über die Gewährung von Rabatten.
- **Normungs- und Typisierungskartelle** = Vereinbarungen über die einheitliche Anwendung von Normen und Typen. Unter Normung wird die einheitliche Festlegung von Formen, Arten und Größen verstanden. Bei einer Beschränkung der Gestaltung hinsichtlich Größe, Art und Form der Ausführung spricht man von Typen.
- **Exportkartelle** = Vereinbarungen über die Begrenzung des Wettbewerbs auf Auslandmärkten.
- **Rationalisierungskartelle** = vertragliche Absprachen und gegenseitige Hilfen mit dem Ziel, Maßnahmen zur Steigerung des wirtschaftlichen Erfolges durchzuführen, z. B. die Aufteilung bestimmter Produkte auf die einzelnen Betriebe.

- **Strukturkrisenkartelle** = Absprachen zwischen Unternehmen, die von einer Strukturkrise betroffen sind (z. B. Stahlindustrie, Werften). Sie bezwecken eine gleichmäßige Einschränkung der Produktion bzw. eine Anpassung der Größe der einzelnen Betriebe an die veränderte Marktlage.
- **Importkartelle** = Absprachen, die der Sicherung und Förderung der Einfuhr dienen.
- **Verkaufssyndikate** = gemeinsame Verkaufsstellen, der die Vertragspartner den gesamten Absatz ihrer Waren übertragen haben.

Verboten sind
- **Preiskartelle** = Vereinbarungen über eine einheitliche Preisstellung.
- **Kalkulationskartelle** = Vereinbarungen einer gleichartigen Preisermittlung.
- **Produktionskartelle (Quotenkartelle)** = Festlegung einer bestimmten Produktionsmenge für jedes Mitglied.
- **Gebietskartelle** = vertragliche Vereinbarungen, die eine räumliche Aufteilung des Marktes zwischen den Vertragspartnern vorsehen.

Konzern

Ein Konzern ist ein Zusammenschluß von rechtlich selbständigen Unternehmen, die ihre wirtschaftliche Selbständigkeit unter einer einheitlichen wirtschaftlichen Leitung aufgeben.

Beispiel:

Durch die Übernahme der ASKO Deutsche Kaufhaus AG durch die Metro verliert die ASKO Deutsche Kaufhaus AG die wirtschaftliche Unabhängigkeit an die Metro. Die rechtliche Selbständigkeit bleibt jedoch erhalten, da die ASKO Deutsche Kaufhaus AG unter der bisherigen Firma weitergeführt wird.

Die **Holding-Gesellschaft** stellt eine besondere Form der Konzernbildung dar. Eine Dachgesellschaft (die Holding) erwirbt Kapitalanteile verschiedener Unternehmen, indem sie holdingeigene Aktien gegen Aktien der angeschlossenen Unternehmen tauscht, jedoch nie soviel, daß eine Beherrschung seitens der untergeordneten Unternehmen möglich wäre. Die Holding-Gesellschaft ist eine Finanzierungs- und Verwaltungsgesellschaft. Sie verwaltet lediglich die angeschlossenen Unternehmen, ohne selbst Produktions- oder Handelsaufgaben zu übernehmen.

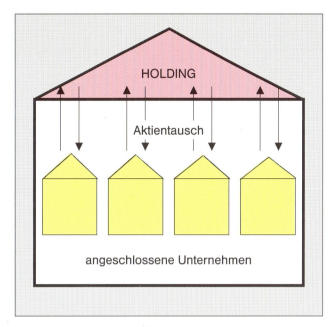

Nach der Richtung des Zusammenschlusses unterscheidet man horizontale, vertikale und Mischkonzerne.

Ein **horizontaler Konzern** ist ein Zusammenschluß von Unternehmen derselben Produktions- oder Handelsstufe, z. B. der Zusammenschluß mehrerer Verbrauchermärkte.

Ein **vertikaler Konzern** ist ein Zusammenschluß von Unternehmen aufeinanderfolgender Produktions- oder Handelsstufen. Rohstoffe werden z. B. in konzerneigenen Betrieben be- und verarbeitet und die fertigen Konsumgüter über eigene Handelsunternehmen an die Verbraucher verkauft.

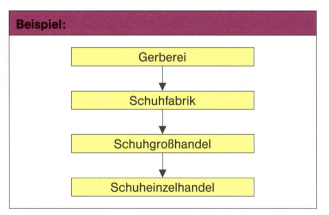

In einem **Mischkonzern** (anorganischer Konzern) sind Unternehmen der verschiedensten Wirtschaftsstufen und Branchen zusammengeschlossen. Diese Zusammenschlüsse werden häufig aus Gründen der Risikostreuung gebildet. Verluste in einer Branche können durch Gewinne in einer anderen Branche aufgefangen werden. (Siehe Schaubild auf Seite 420.)

Trust

Ein Trust ist eine Verschmelzung (= Fusion) von Unternehmen, die ihre rechtliche und wirtschaftliche Selbständigkeit aufgeben. Es besteht nur noch ein rechtlich und wirtschaftlich selbständiges Unternehmen.

Beispiel:

Die Werkzeugmaschinenfabrik Pollmann GmbH wird von dem Inhaber der Werkzeugmaschinenfabrik Busse GmbH gekauft. Beide Fabriken werden in Zukunft unter dem gemeinsamen Namen Busse GmbH betrieben.

Fusionskontrolle

Der Zusammenschluß von Unternehmen muß dem Bundeskartellamt unverzüglich gemeldet werden, wenn

– durch den Zusammenschluß ein Marktanteil von mindestens 20 % oder mehr entsteht oder

– die beteiligten Unternehmen zusammen mehr als 10 000 Beschäftigte oder

– die beteiligten Unternehmen zusammen mindestens 500 Millionen DM Umsatzerlöse hatten.

Das Kartellamt kann einen Zusammenschluß untersagen, wenn zu erwarten ist, daß durch den Unternehmenszusammenschluß eine marktbeherrschende Position entsteht.

Durch diese vorbeugende Zusammenschlußkontrolle (= Fusionskontrolle) soll der Wettbewerb in der Bundesrepublik Deutschland durch Verhinderung einer marktbeherrschenden Stellung einzelner Unternehmen erhalten bleiben.

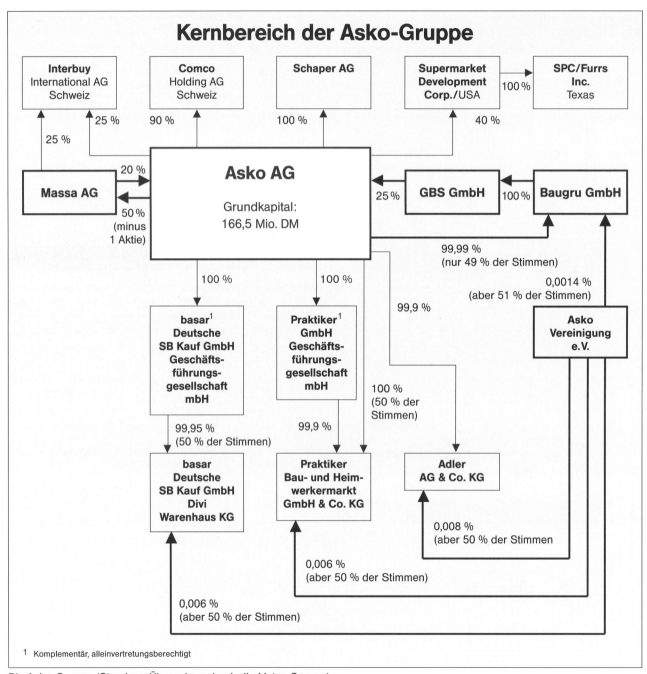

Die Asko-Gruppe (Stand vor Übernahme durch die Metro-Gruppe)

Quelle: Lerchenmüller, M., Handelsbetriebslehre, 2., überarbeitete Auflage, Friedrich Kiehl Verlag GmbH, Ludwigshafen 1995

Mißbrauchsaufsicht

Wenn marktbeherrschende Unternehmen ihre Marktmacht mißbrauchen, kann die Kartellbehörde das mißbräuchliche Verhalten untersagen und Verträge für unwirksam erklären.

Marktbeherrschende Unternehmen mißbrauchen ihre Marktmacht bei

– überhöhten Preisforderungen,
– Kampfpreisunterbietungen zum Zweck der Kundenabwerbung (ruinöser Verdrängungswettbewerb),
– Liefer- und Bezugssperren.

Aufgaben

1. Welche Unternehmenszusammenschlüsse werden im folgenden beschrieben?
   a) Die beteiligten Unternehmen verlieren ihre wirtschaftliche und rechtliche Selbständigkeit.
   b) Unternehmen übertragen Kapitalanteile an eine Dachgesellschaft.
   c) Die beteiligten Unternehmen behalten ihre rechtliche und wirtschaftliche Selbständigkeit.
   d) Die beteiligten Unternehmen behalten ihre rechtliche Selbständigkeit, verlieren aber ihre wirtschaftliche Selbständigkeit.

2. Welche Richtungen des Zusammenschlusses liegen in folgenden Fällen vor?
   a) Ein Textilkaufhaus in Bielefeld erwirbt Anteile an einem Textilkaufhaus in Münster.
   b) Ein Lebensmittelfilialist beteiligt sich an einer Wurstfabrik.
   c) Ein Großversandhaus beteiligt sich an einer Arzneimittelgroßhandlung.
   d) Eine Mäntelfabrik beteiligt sich an mehreren Textilfachgeschäften.

3. Welche Kartellarten sind in folgenden Beispielen beschrieben?
   a) Unternehmen einer Branche vereinbaren die Anwendung gemeinsamer allgemeiner Geschäftsbedingungen.
   b) Die Rundfunk- und Fernsehfachgeschäfte in einer Stadt vereinbaren, einen neu auf den Markt gekommenen Bildplattenspieler zum einheitlichen Preis von 2 998,00 DM anzubieten.
   c) Die Hersteller von Video-Kassetten einigen sich auf ein einheitliches Kassettenformat.
   d) Rechtlich und wirtschaftlich selbständige Unternehmen verkaufen ihre Erzeugnisse über eine gemeinsame Verkaufsorganisation.
   e) Zwei Textilgroßhandlungen teilen ihr Absatzgebiet auf. Eine Großhandlung beliefert nur noch Textilgeschäfte in der Innenstadt. Die andere Großhandlung beliefert nur noch Textilgeschäfte in den Vororten und im Landkreis.

4. Welche Aufgaben hat eine Holdinggesellschaft?

5. Unter welcher Voraussetzung muß ein Unternehmenszusammenschluß beim Bundeskartellamt angemeldet werden?

Unternehmens-zusammen-schlüsse	Selbständigkeit der beteiligten Unternehmen		Richtung des Zusammenschlusses
	wirtschaftlich	rechtlich	
Kartell	bleibt weitgehend erhalten	bleibt erhalten	horizontal
Konzern	wird stark eingeschränkt	bleibt erhalten	horizontal und vertikal
Trust	wird aufgegeben (von mindestens einem Unternehmen)	wird aufgegeben (von mindestens einem Unternehmen)	horizontal und vertikal

4035421 B

11.9 Die Krise der Unternehmung

Amtliche Bekanntmachungen
Konkurse

Amtsgericht Duisburg
Konkursverfahren:
43 N 96/94: Über das Vermögen der SHG Straßenbaustoffhandelsgesellschaft mbH, Max-Eyth-Straße 1, 46149 Oberhausen, vertreten durch die Geschäftsführerin Ursula Dürhagen, Hembecker Talstr. 37, 58256 Ennepetal, ist am 27. Oktober 1994, 14.00 Uhr, das Konkursverfahren eröffnet worden. Konkursverwalter: Rechtsanwalt Friedrich H. Ecke, Gerichtstr. 18, 46045 Oberhausen. Anmeldefrist bis: 6. Dezember 1994. Die Forderungsanmeldungen sind in zweifacher Ausfertigung einzureichen. Erste Gläubigerversammlung am 8. Dezember 1994, 9.00 Uhr, und Prüfungstermin am 12. Januar 1995, 9.00 Uhr, vor dem Amtsgericht Duisburg, Dienststelle Kardinal-Galen-Str. 124–130, 1. Stockwerk …

Herr Rechtsanwalt Stock, Wilhelmshofallee 79–81, 47800 Krefeld.
Krefeld, 27. Oktober 1994
43 N 189/94: In dem Konkursantragsverfahren der Fa. Novum Consulting Beteiligungsgesellschaft mbH, vertreten durch die Geschäftsführer Beate Mertens und Bernd Schiementz, Viersener Str. 21, 47877 Willich, wird heute, 26. Oktober 1994, 12.00 Uhr, auf zugelassenen Gläubigerantrag zur Sicherung der Masse gemäß § 106 KO angeordnet: das allgemeine Veräußerungsverbot, die Sequestration des Vermögens der Schuldnerin. Zum Sequester wird bestellt: Herr Rechtsanwalt Wilhelm Klaas, Uerdinger Str. 353, 47800 Krefeld.
Krefeld, 26. Oktober 1994

Amtsgericht Neustadt am Rübenberge
Konkursverfahren:
24 N 65/94: Der Antrag der AOK Neustadt a. Rbge, Goethestr. 15, 31535 Neustadt, auf Eröffnung des Konkursverfahrens über das Vermögen der Thomsen Industrieservice GmbH, vertreten durch den Geschäftsführer Klaus-Peter Thomsen, Bordenauer Str. …

Welche Gründe könnten zum Konkursverfahren geführt haben?

Information

Gründe für Unternehmenskrisen

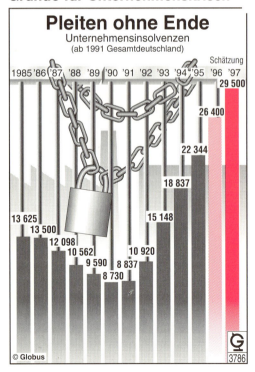

Anzeichen für Unternehmenskrisen sind
– Umsatzrückgang,
– immer geringer werdende Gewinne,
– Verluste und Schrumpfen des Eigenkapitals,
– eine zunehmende Verschuldung und als Folge
– Zahlungsschwierigkeiten und schließlich
– Zahlungsunfähigkeit.

Für eine solche Entwicklung können personelle, sachliche, organisatorische und finanzielle Gründe verantwortlich sein.

Personelle Gründe sind z. B.
– Entscheidungsfehler der Geschäftsleitung bei der Sortimentsgestaltung und Umsatzplanung,
– Verluste durch Fehlplanungen beim Einkauf,
– Streitigkeiten unter den Gesellschaftern eines Unternehmens,
– Ausscheiden eines Gesellschafters aus dem Unternehmen,
– Nachlässigkeit des Verkaufspersonals im Umgang mit den Kunden.

Sachliche Gründe sind z. B.
– Nachfragerückgang durch
  ● eine allgemeine Verschlechterung der Wirtschaftslage (Konjunktur),
  ● Rückgang der Kaufkraft infolge steigender Arbeitslosigkeit,
  ● Änderungen der Verbrauchergewohnheiten,
– Verschärfung des Wettbewerbs,
– Verschlechterung der Standortbedingungen, z. B. durch Straßenbauarbeiten vor dem Geschäftshaus oder Änderung der Verkehrsführung.

Organisatorische Gründe sind z. B.
– veraltete Betriebsorganisation,
– zu hohe Lagerbestände, hoher Schwund und Verderb infolge einer mangelhaften Organisation der Warenwirtschaft (Beschaffung, Lagerung und Verkauf),
– versäumte Rationalisierung,
– zuviel Personal durch mangelhafte Personaleinsatzplanung.

Finanzielle Gründe sind u. a.
- zu geringes Eigenkapital,
- falsche Kapitalverwendung, z. B. Verwendung kurzfristiger Kredite zur Beschaffung von Anlagevermögen (Geschäftsausstattung, Geschäftsfahrzeuge usw.),
- zu großzügige Kreditvergabe an Kunden,
- hohe Forderungsausfälle,
- zu hohe Privatentnahmen.

Maßnahmen zur Lösung der Unternehmenskrise

Eine Unternehmenskrise kann
- durch die freiwillige oder zwangsweise Auflösung des Unternehmens oder
- durch Maßnahmen zur Gesundung des Unternehmens

gelöst werden.

Die **freiwillige** Auflösung eines Unternehmens wird als **Liquidation** bezeichnet.

Die **zwangsweise** Auflösung eines Unternehmens durch ein gerichtliches Verfahren nennt man **Konkurs**.

Maßnahmen zur Gesundung des Unternehmens sind Sanierung und Vergleich (freiwilliger, gerichtlicher und Zwangsvergleich).

Unter **Sanierung** versteht man die Gesamtheit aller Maßnahmen, die der Wiederherstellung der Leistungsfähigkeit eines in Zahlungsschwierigkeiten geratenen Unternehmens dienen. Sie erfolgt ohne Hilfe der Gläubiger auf Kosten des Unternehmens.

Bei einem **Vergleich** verzichten die Gläubiger auf einen Teil ihrer Forderungen oder gewähren dem Schuldner einen Zahlungsaufschub, um das Fortbestehen eines in Zahlungsschwierigkeiten geratenen Unternehmens zu ermöglichen. Ein Vergleich kann mit oder ohne Mitwirkung des Gerichtes durchgeführt werden.

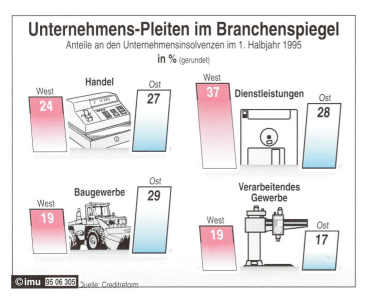

Unternehmens-Pleiten im Branchenspiegel
Anteile an den Unternehmensinsolvenzen im 1. Halbjahr 1995 in % (gerundet)
Handel: West 24, Ost 27
Dienstleistungen: West 37, Ost 28
Baugewerbe: West 19, Ost 29
Verarbeitendes Gewerbe: West 19, Ost 17
Quelle: Creditreform

Außergerichtliche Maßnahmen

	Liquidation	außergerichtlicher Vergleich	Sanierung
Zweck	Auflösung des Unternehmens	Erhalt des Unternehmens	Erhalt des Unternehmens
Veröffent-lichung	Eintragung von Beginn und Ende der Liquidation im Handelsregister	keine	keine
Durch-führung	Veräußerung aller Vermögensteile und Bezahlung aller Schulden durch Liquidator	Schuldner verhandelt mit Gläubigern über – Gewährung eines Zahlungsaufschubs = Stundungsvergleich, – Verzicht auf einen Teil der Forderungen = Erlaßvergleich.	Wiederherstellung der Leistungsfähigkeit des Unternehmens durch – finanzielle und – organisatorische Maßnahmen

Konkurs

Der Konkurs ist ein gerichtliches Verfahren, bei dem das gesamte pfändbare Vermögen eines Schuldners in flüssige Mittel (Geld) umgewandelt und nach den Vorschriften der Konkursordnung an die Gläubiger verteilt wird. Das Verfahren endet mit der Auflösung des Unternehmens.

Voraus-setzung	– Zahlungsunfähigkeit oder Überschuldung, – Verfahrenskosten müssen gedeckt sein.
Antrag	durch Gläubiger oder Schuldner
Durch-führung	– Eröffnung des Verfahrens durch das Amtsgericht (Eintragung ins Handelsregister und Veröffentlichung), – 1. Gläubigerversammlung, – Feststellung, Verwaltung, Verwertung und Verteilung der Konkursmasse durch den Konkursverwalter, – Schlußtermin, – Aufhebung des Konkursverfahrens durch das Amtsgericht: Eintragung ins Handelsregister und Veröffentlichung.

Feststellen der Konkursmasse

Die Konkursmasse ist das gesamte verteilungsfähige Vermögen des Gemeinschuldners zum Zeitpunkt der Konkurseröffnung.

Nicht zur Konkursmasse gehören

– unpfändbare Gegenstände, die dem persönlichen Gebrauch und der Berufsausübung dienen, z. B. notwendiger Hausrat, Bekleidungsstücke, Schreibmaschine;

– Gegenstände, die sich bei der Konkurseröffnung im Besitz des Gemeinschuldners befinden, ihm aber nicht gehören, z. B. unter Eigentumsvorbehalt gelieferte Waren, geliehene oder gemietete Gegenstände. Sie werden den Eigentümern zurückgegeben (= **Aussonderung**).

Verteilung der Konkursmasse

Die Konkursmasse muß nach einer gesetzlich genau vorgeschriebenen Reihenfolge verteilt werden:

I. Absonderung	Gläubigerforderungen, die durch ein Pfandrecht, eine Sicherungsübereignung oder eine Hypothek besonders gesichert sind, werden bevorzugt befriedigt.
II. Aufrechnung	Wenn ein Gläubiger nicht nur Forderungen, sondern auch Schulden gegenüber dem Gemeinschuldner hat, kann er sie gegeneinander aufrechnen.
III. Masse-schulden und Masse-kosten	**Masseschulden** sind – Schulden, die erst nach der Konkurseröffnung entstanden sind, z. B. Käufe, Miete, Löhne und Gehälter, – rückständige Löhne, Gehälter und Provisionsansprüche aus den letzten sechs Monaten vor der Eröffnung des Konkursverfahrens. **Massekosten** sind – die Gerichtskosten für das Konkursverfahren, – Ausgaben für die Verwaltung, Verwertung und Verteilung der Konkursmasse (z. B. Ausgaben für den Gläubigerausschuß, Vergütung des Konkursverwalters), – Unterstützungszahlungen an den Gemeinschuldner und dessen Familie.
IV. Bevorrechtigte Forderungen	1) Rückständige Löhne und Gehälter 2) Rückständige öffentliche Abgaben (z. B. Steuern) 3) Forderungen von Kirchen, Schulen, öffentlichen Verbänden 4) Forderungen von Ärzten, Apothekern u. ä. 5) Forderungen von Kindern, Mündeln, Pflegebefohlenen ⎫ für das letzte Jahr vor der Konkurseröffnung
V. Nicht bevorrechtigte Forderungen	alle übrigen Forderungen, z. B. Forderungen von Warenlieferern

Nachdem die bevorrechtigten Ansprüche (I bis IV) aus der Konkursmasse voll befriedigt worden sind, wird die Restmasse auf die nicht bevorrechtigten Gläubiger anteilmäßig verteilt. Der prozentuale Anteil, mit dem die Forderungen der nicht bevorrechtigten Gläubiger befriedigt werden, heißt **Konkursquote** oder **Konkursdividende.**

$$\text{Konkursquote} = \frac{\text{Restmasse} \cdot 100}{\text{Nicht bevorrechtigte Forderungen}}$$

Beispiel:

Ermittlung der Konkursquote

Nicht bevorrechtigte Forderungen	50 000,00 DM =	100 %
Restmasse	5 000,00 DM =	x %

$$\text{Konkursquote} = \frac{100 \cdot 5\,000}{50\,000} = \underline{\underline{10\,\%}}$$

Bankrott

Hat der Schuldner die Zahlungsunfähigkeit schuldhaft oder durch grobe Fahrlässigkeit herbeigeführt, wird er wegen Bankrotts bestraft.

Gerichtlicher Vergleich und Zwangsvergleich

	Gerichtlicher Vergleich	Zwangsvergleich
Zweck	Abwendung eines drohenden Konkursverfahrens	Abwendung eines bereits eröffneten Konkursverfahrens
Voraussetzung	– Zahlungsunfähigkeit oder Überschuldung, – Vergleichsquote mindestens 35 % der nicht bevorrechtigten Forderungen.	– Zahlungsunfähigkeit oder Überschuldung, – Vergleichsquote mindestens 20 % der nicht bevorrechtigten Forderungen.
Antrag	durch den Schuldner	durch den Schuldner
Durchführung	– Eröffnung des Verfahrens durch das Amtsgericht, – Ernennen eines Vergleichsverwalters, – Eintragung ins Handelsregister und Veröffentlichung, – Zustimmung zum Vergleichsvorschlag im Vergleichstermin: Die Mehrheit der Vergleichsgläubiger mit mindestens 75 % der Forderungen bei einer Vergleichsquote von mindestens 50 % bzw. 80 % der Forderungen bei einer Vergleichsquote unter 50 % muß zustimmen. – Bei Zustimmung: Bestätigung durch das Gericht, Eintragung ins Handelsregister und Veröffentlichung. – Bei Ablehnung: Anschlußkonkurs.	– Der Zwangsvergleich wird als gerichtlicher Vergleich durchgeführt. – Zustimmung zum Vergleichsvorschlag im Vergleichstermin: Die Mehrheit der Vergleichsgläubiger mit mindestens 75 % der Forderungen muß zustimmen. – Bei Zustimmung wird das Konkursverfahren aufgehoben, und das Unternehmen besteht weiter.

Aufgaben

1. Welche personellen, sachlichen, organisatorischen und finanziellen Gründe können zu einer Unternehmenskrise führen?
2. Wodurch unterscheiden sich Liquidation und Konkurs?
3. Wer kann einen Antrag auf Eröffnung eines Konkursverfahrens stellen?
4. Warum wird der Eröffnungsbeschluß über einen Konkurs veröffentlicht?
5. Welche Gegenstände gehören nicht zur Konkursmasse?
6. In welcher Reihenfolge müssen folgende Forderungen in einem Konkursverfahren befriedigt werden?
   a) Die Gerichtskosten für das Konkursverfahren,
   b) unter Eigentumsvorbehalt gelieferte Ware,
   c) ungesicherte Forderungen eines Lieferers,
   d) rückständige Gewerbesteuerzahlung,
   e) eine durch Sicherungsübereignung gesicherte Forderung,
   f) die Forderung eines Arztes gegenüber dem Schuldner.
7. Was ist ein Bankrott?
8. Welche Arten des Vergleichs werden im folgenden beschrieben?
   a) Das Verfahren dient der Aufhebung eines bereits eröffneten Konkurses.
   b) Der Schuldner versucht, ohne Einschaltung des Gerichts einen teilweisen Forderungserlaß zu erreichen.
9. Wer darf ein gerichtliches Vergleichsverfahren beantragen?
10. Wie wird ein gerichtliches Vergleichsverfahren durchgeführt?
11. Mit welcher Mehrheit müssen die Gläubiger einem Vergleichsvorschlag beim gerichtlichen Vergleich zustimmen?
12. Unter welcher Voraussetzung kann ein Zwangsvergleich durchgeführt werden.

12 Konjunkturen und Wirtschaftspolitik

12.1 Wirtschaftsschwankungen und Konjunkturzyklus

Schlagworte und Begriffe wie diese können wir täglich hören und lesen. Ihre weite Verbreitung verdeutlicht, daß die wirtschaftliche Entwicklung nicht gleichmäßig verläuft, sondern regelmäßig wiederkehrenden Schwankungen unterliegt.

Wodurch können derartige Schwankungen hervorgerufen werden?

Information

Konjunktur und Konjunkturschwankungen

Wie die Betrachtung des *Wirtschaftswachstums* gezeigt hat (vgl. Kap. 2.8), ist das reale Bruttoinlandsprodukt (BIP) jedes Jahr um einen bestimmten Prozentsatz gestiegen oder gefallen. In einer Volkswirtschaft sind demnach ständig Veränderungen bei den realen Wachstumsraten zu beobachten. So gibt es Zeiten, in denen die Wirtschaft gut läuft – folglich ist die Wachstumsrate hoch. Sämtliche Arbeitnehmer haben in dieser Phase Arbeit und beziehen hohe Löhne, die Unternehmer erzielen hohe Umsätze und erwirtschaften steigende Gewinne, der Staat erhält hohe Steuereinnahmen. Es gibt aber auch Phasen, in denen die Produktion, die Nachfrage und die Beschäftigung abnehmen.

(Vereinfachtes) Beispiel:

Die Produktion und damit das Angebot an Automobilen ist größer als die Nachfrage.

Folge: Die Autohersteller können viele ihrer Autos nicht mehr verkaufen, sie produzieren weniger Autos, es werden Arbeitnehmer entlassen. Aufgrund der angestiegenen Arbeitslosigkeit erhalten viele Haushalte weniger Einkommen, so daß auch die Nachfrage nach anderen Konsumgütern zurückgeht. Deshalb produzieren auch die Unternehmen der Konsumgüterindustrie weniger ... und der Staat erhält zudem weniger Steuern (sowohl von den Arbeitnehmern als auch von den Unternehmern, die in dieser Zeit geringere Gewinne erwirtschaften).

> Dieses Auf und Ab der wirtschaftlichen Aktivität bezeichnet man als **Konjunktur.**

Im Zeitablauf ist die Konjunktur ständigen Schwankungen unterworfen. Schon im Alten Testament sind mit dem Hinweis auf die sieben fetten und sieben mageren Jahre Schwankungen im Wirtschaftsleben erwähnt. Die Ursache war damals in Naturereignissen zu finden. Denn waren die Ernten schlecht, mußten die Menschen Not leiden, waren die Erträge gut, so ging es ihnen besser. Mit der Entwicklung von Handwerk, Industrie, Handel, Banken und Versicherungen waren wirtschaftliche Schwankungen weiterhin zu beobachten. Sie ließen sich jetzt jedoch weniger nur auf Naturereignisse zurückführen.

Es gibt verschiedene Gründe für Wirtschaftsschwankungen. Die Wirtschaftstheorie unterscheidet drei Arten:

● *Strukturelle Schwankungen (Lange Wellen)*

In den 20er Jahren stellte der russische Wirtschaftswissenschaftler Kondratieff fest, daß die Weltkonjunktur seit dem Beginn der Industrialisierung **langfristigen** Schwankungen (50 bis 70 Jahre) unterliegt. Ein Aufschwung fällt stets zusammen mit der Einführung neuer Techniken, wie etwa die Nutzung der Dampfkraft und der mechanische Webstuhl Anfang des 19. Jahrhunderts oder die Eisenbahn und die Telegrafie ein halbes Jahrhundert später. Es folgten die Chemie und das Auto zu Beginn des 20. Jahrhunderts und schließlich in den 50er Jahren Kunststoffe, Kernkraft, Elektronik und Raumfahrt. Ob die Mikroelektronik, die Gen-Technik oder die Laser-Technologie einen neuen langen Aufschwung erzeugen werden, wird man erst in einigen Jahren beantworten können.

● *Saisonale Schwankungen*

Sie treten **kurzfristig** auf, dauern daher meist nur wenige Wochen oder Monate, sind **jahreszeitlich bedingt** und **betreffen** lediglich **bestimmte Branchen.**

Beispiele:
– Hotel- und Gaststättengewerbe in Erholungsgebieten: Hauptbeschäftigungszeit liegt in den Ferienzeiten – Baugewerbe: Während der Frostperiode entsteht Winterarbeitslosigkeit.

Diese kurzfristige Arbeitslosigkeit ist wirtschaftlich aber wenig bedeutsam. Saisonale Schwankungen können auch von der Nachfrageseite aus entstehen.

Beispiele:
Einzelhandel: Umsatzzuwächse werden während der Schlußverkäufe und zu Weihnachten erzielt. Die Jahreszeiten beeinflussen die Heizungs- und Bekleidungsindustrie.

● *Konjunkturelle Schwankungen*

Will man die Konjunkturentwicklung (Konjunkturschwankungen) über Jahrzehnte darstellen, so müssen die jährlichen Wachstumsraten des Bruttoinlandsprodukts herangezogen werden. Untersuchungen haben ergeben, daß diese rhythmischen Veränderungen sich wellenförmig alle *vier bis fünf Jahre* ständig wiederholen (= **mittelfristige** Schwankungen). Eine solche wellenförmige Bewegung der Konjunktur, üblicherweise von einem Tiefpunkt zum nächsten gemessen, kann in vier Phasen eingeteilt werden:

– den Aufschwung (Erholung oder Expansion)

– die Hochkonjunktur (Boom)

– den Abschwung (Konjunkturabschwächung, Rezession)

– den Tiefstand (Krise oder Depression)

Die Zeitspanne zwischen zwei Wendepunkten, z. B. von einem Tiefpunkt bis zum nächsten, nennt man Zyklus. Durchläuft nun eine Wirtschaftsentwicklung diese vier Konjunkturphasen mit einer zyklischen Abfolge, so spricht man von **Konjunkturzyklus.** Die einzelnen Zyklen können sehr voneinander abweichen. Sie können sich in der Stärke des Ausschlags sowie in der Phasenlänge unterscheiden.

Als Maßstab der konjunkturellen Entwicklung, die im Gegensatz zu den saisonalen Schwankungen **Auswirkungen auf die Gesamtwirtschaft** hat, dient stets die Entwicklung des realen Bruttoinlandsprodukts (BIP).

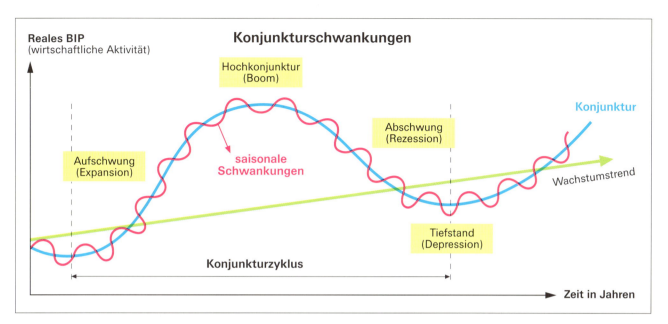

Die zeichnerische Darstellung zeigt u. a.:
- Der Wachstums**trend** gibt die Grundrichtung (Tendenz) der wirtschaftlichen Entwicklung an. Er ergibt sich aus der *langfristigen* Betrachtung der realen Wachstumsraten und ist unabhängig von wirtschaftlichen Schwankungen.
- Saisonale Schwankungen finden statt, gleichgültig, ob die Wirtschaft wächst, gleichbleibt oder zurückgeht.

Will man nun feststellen, auf welchem Stand und in welcher Entwicklungsphase sich die Konjunktur befindet, benötigt man aussagefähige Daten. Diese verschiedenen wirtschaftlichen Größen, die das wirtschaftliche Wachstum beeinflussen, nennt man **Konjunkturindikatoren**[1].

Frühindikatoren
dienen zur Vorhersage für die Konjunkturentwicklung der kommenden Monate

- die Auftragseingänge der Industrie (die Aufträge von heute bestimmen die Produktion von morgen)
- Baugenehmigungen im Hochbau
- Stimmung und Erwartungen der Wirtschaftssubjekte
- Aktienkurse

Gegenwartsindikatoren
lassen Beschreibungen der gegenwärtigen Konjunkturlage zu

- die gesamtwirtschaftliche Produktion (der Fachbegriff hierfür heißt Sozialprodukt)
- Auftragsbestand
- die Arbeitslosenziffer (Beschäftigungssituation)
- die Preise
- die Löhne und Gehälter
- die Konsumgüternachfrage
- die Investitionsneigung der Unternehmer
- die Zinssätze
- die Gewinne der Unternehmen

---
1 Indikator = Anzeiger; gesamtwirtschaftliche Entwicklungsgröße

Die Konjunkturindikatoren bilden die Grundlage der *Konjunkturforschung*, die u. a. von den Ministerien, der Deutschen Bundesbank und wissenschaftlichen Instituten betrieben wird. Die Daten werden vom statistischen Bundesamt und der Deutschen Bundesbank monatlich veröffentlicht. Sie geben wichtige Hinweise über die aktuelle Phase des Konjunkturverlaufs (Konjunkturdiagnose) und die wirtschaftliche Entwicklung (Konjunkturprognose). Die Ergebnisse der Konjunkturforschung dienen als Grundlage für die konjunkturpolitischen Maßnahmen der Regierung und der geldpolitischen Maßnahmen der Deutschen Bundesbank[1] (vgl. Kap. 12.3).

Beobachtet man die Größen über längere Zeit (fünf bis zehn Jahre), so kann insbesondere an der **Produktionstätigkeit** festgestellt werden, ob die Wirtschaft wächst.

Konjunkturzyklus (Konjunkturverlauf) und Konjunkturindikatoren

Die Idealvorstellung von einer wirtschaftlichen Entwicklung ist ein stetiger Wirtschaftsaufschwung. Obwohl dies bisher noch keinem Volk gelungen ist, bemüht sich der Staat und alle für die Wirtschaft Verantwortlichen, Wirtschaftskrisen möglichst zu vermeiden. Voraussetzung für ein erfolgreiches Krisenmanagement (für die Bestimmung der aktuellen konjunkturellen Situation) ist allerdings die Kenntnis der typischen Merkmale (Indikatoren) der einzelnen Konjunkturphasen (ein Arzt kann einem erkrankten Patienten ja auch nur dann wirksam helfen, wenn er dessen Krankheit und das gegenwärtige Krankheitsstadium richtig diagnostiziert).

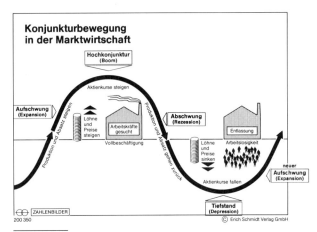

[1] Auf die Geldpolitik der Deutschen Bundesbank wird im Rahmen der Wirtschaftspolitik nicht eingegangen.

Merkmalsbeschreibungen:

Aufschwung (Expansion)

Der Aufschwung setzt ein nach der Überwindung des Tiefstandes – die Konjunktur beginnt sich zu erholen. Er wird ausgelöst durch Nachfragesteigerungen in einzelnen Wirtschaftsbereichen. Die Zunahme der Nachfrage kann ursächlich hervorgerufen worden sein durch staatliche Aufträge (Bau von Schulen, Krankenhäusern, Straßen), durch das Ausland und / oder durch die privaten Haushalte.

<u>Folge</u>: Die Unternehmen investieren mehr, die Lagervorräte werden abgebaut, die Produktion wird erhöht (insgesamt werden die Produktionskapazitäten besser ausgelastet) und es werden zusätzliche Arbeitskräfte eingestellt. Durch den höheren Bedarf an Arbeitskräften steigt das gesamtwirtschaftliche Einkommen, das zusammen mit der zunehmenden Produktion sowohl die private Nachfrage nach Konsumgütern (z. B. Autos, Fernseher, Mikrowelle u. v. m.) als auch die Nachfrage der Unternehmer nach Investitionsgütern (z. B. neue und / oder zusätzliche Maschinen) ansteigen läßt – der Aufschwung greift so nun auch auf andere Branchen über und führt dort ebenfalls zu weiteren Einstellungen und Investitionen.

Löhne und Preise bleiben in dieser Konjunkturphase noch relativ stabil, weil

– noch nicht alle Arbeitskräfte einen Arbeitsplatz gefunden haben,

– die Unternehmen bei zunehmender Ausnutzung ihrer Kapazitäten noch mit sinkenden Stückkosten produzieren.

Ähnlich wie mit den Preisen und Löhnen verhält es sich mit den Zinsen, obwohl jetzt Kredite verstärkt nachgefragt werden. Die Kreditwirtschaft kann z. Z. die erhöhte Kapitalnachfrage noch leicht befriedigen – der Geldmarkt ist noch flüssig. Insgesamt ist die allgemeine Stimmung sehr zuversichtlich.

Der Aufschwung endet meist in der

Hochkonjunktur (Boom)

In dieser Phase steigt die Nachfrage so stark, daß die Produktion nicht mehr mitkommt (die Nachfrage übersteigt das Angebot). Die Produktionskapazitäten sind voll ausgelastet, was zur Folge hat:

- Höchststände bei den Aktienkursen
- starke Lohnerhöhungen:
auf dem Arbeitsmarkt herrscht Vollbeschäftigung, so daß der Produktionsfaktor Arbeit knapp geworden ist (→ Arbeitskräftemangel)
- steigende Preise:
die Nachfrage der privaten Haushalte wächst schnell wegen der kräftig gestiegenen Einkommen
- steigende Zinsen:
die Kreditschöpfungsmöglichkeiten der Kreditinstitute ist ausgelastet; das Kreditangebot kann nicht weiter ausgedehnt werden
- steigendes Steueraufkommen
- nachlassende Investitionsbereitschaft der Unternehmen:
die Gewinne wachsen wegen der gestiegenen Rohstoff- und Materialpreise, der gestiegenen Löhne und Zinsen nicht mehr oder nur noch langsam
- das Wachstum verlangsamt sich, die wirtschaftliche Stimmung ist optimistisch

Abschwung (Rezession)

Der Boom wird vom Abschwung abgelöst – der obere Wendepunkt ist überschritten. Aufgrund der pessimistischen Gewinnerwartungen schwächt sich die Investitionstätigkeit weiter ab. Die Produktion von Investitionsgütern unterschreitet bald das Vorjahresniveau, so daß die *Produktionskapazitäten* stark unterausgelastet sind (die Nachfrage ist kleiner als das Angebot). Damit verändern sich auch die anderen Konjunkturindikatoren.

- Gewinne: sinken
- Arbeitslosigkeit: entsteht
Es kommt zu Entlassungen, zunächst in der Investitionsgüterindustrie. Die Einkommen und somit auch die Nachfrage der Beschäftigten in dieser Branche gehen zurück, so daß es als Folge zu Produktionseinschränkungen und Entlassungen in der Konsumgüterindustrie kommt mit all ihren *Folgewirkungen auf die Gesamtwirtschaft.*
- Löhne: sinkende Zuwachsraten
- Preise: abnehmende Steigerungen bis hin zu Preissenkungen
- Zinsen: sinkende Tendenz
Die Kreditvergabe der Kreditinstitute geht zurück, da weder im unternehmerischen noch im privaten Sektor sonderlich stark investiert wird.
- Die Aktienkurse sinken (Börsenflaute).

- Die Zukunft wird pessimistisch beurteilt;
die Wirtschaft rutscht in die nächste Phase, den

Tiefstand (Depression)

Die Depression kann als Tief der Produktion und des Absatzes bezeichnet werden. Die einzelnen Begleiterscheinungen sind:

- *unausgelastete Produktionskapazitäten*
- hohe Lagerbestände
- hohe Arbeitslosigkeit
- zurückgehende Löhne (Kürzungen bei den sogenannten betrieblichen Zusatzleistungen)
- geringe Konsumgüternachfrage
- niedrige Preise
- statt Gewinne werden häufig Verluste erwirtschaftet
- zahlreiche Unternehmenszusammenbrüche
- sinkende Aktienkurse
- niedrige Zinsen
Kredite werden aber wegen der schlechten Absatzsituation nicht in Anspruch genommen (Kreditinstitute haben hohe Liquiditätsreserven).
- geringe Steuereinnahmen
- niedergedrückte, depressive Grundstimmung

Kommt die wirtschaftliche Entwicklung zum *Stillstand*, so spricht man von **Stagnation**. Sie ist dadurch gekennzeichnet, daß die Wirtschaft nicht mehr wächst, aber auch noch nicht schrumpft. Trifft diese Wachstumsphase zeitlich mit anhaltenden Kaufkraftverlusten des Geldes (Inflation) zusammen, dann ist die Rede von einer **Stagflation** (die Bezeichnung ist gebildet worden aus den Begriffen *Stagn*ation und In*flation*). Die Wachstumsrate des realen Sozialproduktes ist Null, während andererseits aber die Preise steigen.

Bei der Betrachtung der einzelnen Konjunkturphasen ist offensichtlich geworden, daß das **zentrale Merkmal** zur Unterscheidung aller Phasen die jeweilige **Auslastung der Produktionskapazitäten** ist. Sie erfaßt die Entwicklung von Nachfrage und Produktion.

Trotz des konjunkturellen Auf und Ab sollte nicht übersehen werden, daß das reale BIP – bis auf wenige Ausnahmen – in Deutschland *stets wächst*. Genauer gesagt: Das Niveau des unteren Wendepunktes (Tiefstand) eines Zyklus wird vom unteren Wendepunkt des folgenden Zyklus *übertroffen*. Die Konjunkturschwankungen entwickeln sich somit um einen ansteigenden (langfristigen)

4035431 B

431

Wachstumstrend. Nur er sichert die Zielerreichung eines stetigen und angemessenen Wirtschaftswachstums. Ein weiteres Erfordernis dieses Zieles besteht darin, daß die zyklischen Abweichungen von dieser Idealentwicklung möglichst gering ausfallen (vgl. hierzu Kap. 12.3 „Staatliche Konjunkturpolitik").

Je nachdem wie stark die Aufschwungphase und die Hochkonjunktur ausgeprägt sind, spricht man auch von einem *wachstumsstarken* oder *wachstumsschwachen Konjunkturzyklus*. Wie sich die mittelfristigen Schwankungen (= Konjunkturzyklen) in Deutschland in der Vergangenheit dargestellt haben, ist der nachfolgenden Abbildung zu entnehmen.

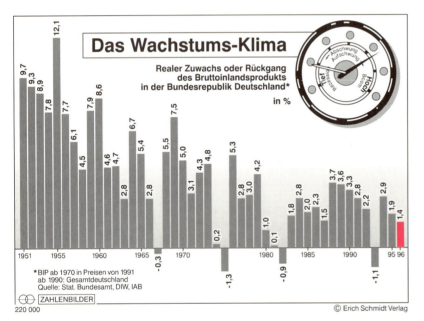

Die wirtschaftliche Entwicklung in der Bundesrepublik Deutschland ist durch zyklische Schwankungen gekennzeichnet, deren Abfolge und Stärke sich an der realen (d. h. von Preiseinflüssen bereinigten) Veränderung des Bruttoinlandsproduktes (BIP) ablesen läßt. Obwohl keiner dieser Zyklen dem anderen völlig gleicht, stimmen sie in ihrem M-förmigen Verlauf doch weitgehend überein: Jedesmal folgte auf die erste Wachstumswelle eine leichte Abschwächung, von der sich die Konjunktur noch einmal erholte, ehe dann ein deutlicher Abschwung einsetzte. Export, privater Verbrauch und Investitionstätigkeit in ihrer wechselseitigen Verschränkung waren die konjunkturbestimmenden Größen. Meist wurde ein Konjunkturaufschwung durch die steigende Nachfrage des Auslands nach deutschen Industriegütern eingeleitet. Zusammen mit der sich ebenfalls belebenden Inlandsnachfrage brachte sie die Industrieproduktion in Schwung, deren Impulse schließlich auf die gesamte Wirtschaft ausstrahlten. Eine Boom-Phase ging im allgemeinen zu Ende, wenn die Güternachfrage nicht mehr so stark zunahm, wie es zur Auslastung der erweiterten Produktionskapazitäten erforderlich gewesen wäre. Ließ dann auch die Investitionstätigkeit nach, kam der Abschwung voll in Gang. Der erste Abschwung (Rezession) liegt ein gutes Vierteljahrhundert zurück. 1967 schrumpfte die Wirtschaftsleistung in Westdeutschland um 0,3 Prozent; annähernd 900 000 Arbeitsplätze gingen damals verloren. Acht Jahre später führte die weltweite Ölkrise erneut zu einer konjunkturellen Talfahrt. Das Ergebnis: Ein Rückgang der Produktion um 1,4 Prozent und ein Abbau von fast 1,2 Millionen Arbeitsplätzen. Die nächste Ölkrise ließ nicht lange auf sich warten und „bescherte" den Bundesbürgern im Jahr 1982 die dritte Rezession. Der fünfte Konjunkturzyklus, der 1982 begann wies gegenüber den früheren Zyklen einige Besonderheiten auf. So war sein erster Abschnitt durch niedrige Wachstumsraten und ein schwaches Auf und Ab der Wirtschaftstätigkeit gekennzeichnet („Waschbrett-Konjunktur"). Und auch das Ende war ungewöhnlich, weil die durch die deutsche Einigung ausgelöste binnenwirtschaftliche Sonderkonjunktur der (west)deutschen Wirtschaft 1990/91 noch einmal hohe Zuwachsraten bescherte, ehe sie von der Rezession eingeholt wurde. In Ostdeutschland zog der Zusammenbruch der Planwirtschaft zunächst einen drastischen Produktionsrückgang nach sich, der aber bald in einen kraftvollen Aufholprozeß überging. 1994 befand sich die deutsche Volkswirtschaft insgesamt wieder deutlich im Aufwärtstrend. Diese Erholung war jedoch nur von kurzer Dauer und ging schon 1995 in eine Phase ausgeprägter Wachstumsschwäche über.

Langfristig folgte die Wirtschaftsentwicklung einem aufsteigenden Trend: Durch alle Zyklen hindurch setzte sich das *reale Wachstum des Sozialproduktes* fort. Gleichzeitig wurden aber die Wachstumswellen immer flacher, die wirtschaftliche Dynamik immer schwächer. Auch gab es von Mal zu Mal tiefere Konjunktureinbrüche. Anfangs verlangsamte sich nur das Wachstumstempo, später führten die krisenhaften Abschwünge aber jeweils zu einem Rückgang der wirtschaftlichen Gesamtleistung (1967, 1975, 1982, 1993).

Der Konjunkturzyklus, der 1983 begann, wies gegenüber dem bis dahin zu beobachtenden Verlaufsmuster einige Besonderheiten auf. So war sein erster, langgestreckter Abschnitt durch niedrige Wachstumsraten und ein schwach ausgeprägtes Auf und Ab der Wirtschaftstätigkeit gekennzeichnet ("Waschbrett-Konjunktur"). Und auch das Ende war ungewöhnlich, weil die durch den Einigungsprozeß ausgelöste Sonderkonjunktur im Inland der (west)deutschen Wirtschaft 1990/1991 noch einmal hohe Zuwachsraten bescherte. Erst 1992 schwächte sich die Entwicklung deutlich ab.

Ursachen von Konjunkturschwankungen

Die Ursachen der Schwankungen sind häufig nicht eindeutig zu bestimmen. Im wesentlichen sind vier Ursachen zu nennen:

1. Technische Erfindungen und Einführung neuer Produktionsverfahren.
2. Änderungen der Geldmenge, hervorgerufen durch die Deutsche Bundesbank. Ist die Geldmenge größer als die Gütermenge, so kommt es zu inflationären Prozessen.
3. Psychologische Größen, die zu einer pessimistischen oder optimistischen Einstellung der Unternehmer und privaten Haushalte führen und so deren Investitions- und Verbraucherverhalten verändern.
4. Fehlende Übereinstimmung zwischen Konsumverhalten der privaten Haushalte und den Investitionsentscheidungen der Unternehmer. Es kommt so zu Fehl- oder Überinvestitionen.

Aufgaben

1. a) In welchen vier Phasen läßt sich ein Konjunkturzyklus einteilen?
   b) Bringen Sie die Konjunkturphasen in die richtige Reihenfolge.
2. Worin unterscheiden sich konjunkturelle von saisonalen Schwankungen?
3. Wie könnte man den Begriff „Konjunktur" umschreiben?
4. Nennen Sie sechs Gegenwartsindikatoren (gesamtwirtschaftliche Größen, die die Konjunkturlage beschreiben).
5. Welcher Konjunkturindikator ist zur Früherkennung besonders gut geeignet?
6. Welche Wirtschaftszweige sind im Konjunkturverlauf saisonalen Schwankungen ausgesetzt?
7. Welche Konjunkturphase ist den folgenden typischen Merkmalen zuzuordnen?
   a) – steigende Zinsen
      – starke Lohnerhöhungen
      – steigendes Steueraufkommen
   b) – es entsteht Arbeitslosigkeit
      – die Aktienkurse sinken
      – es verbreitet sich Pessimismus
   c) – die Lagervorräte werden abgebaut
      – es werden zusätzliche Arbeitskräfte eingestellt
      – die Produktionskapazitäten werden besser ausgelastet
   d) – hohe Arbeitslosigkeit
      – unausgelastete Kapazitäten
      – niedrige Preise
8. Wie entwickelt sich das wirtschaftliche Wachstum in der Phase
   a) der Rezession?
   b) der Expansion?
9. Warum steigen in der Hochkonjunktur die Preise?
10. Welches sind die Ursachen für die Schwankungen der Konjunktur?

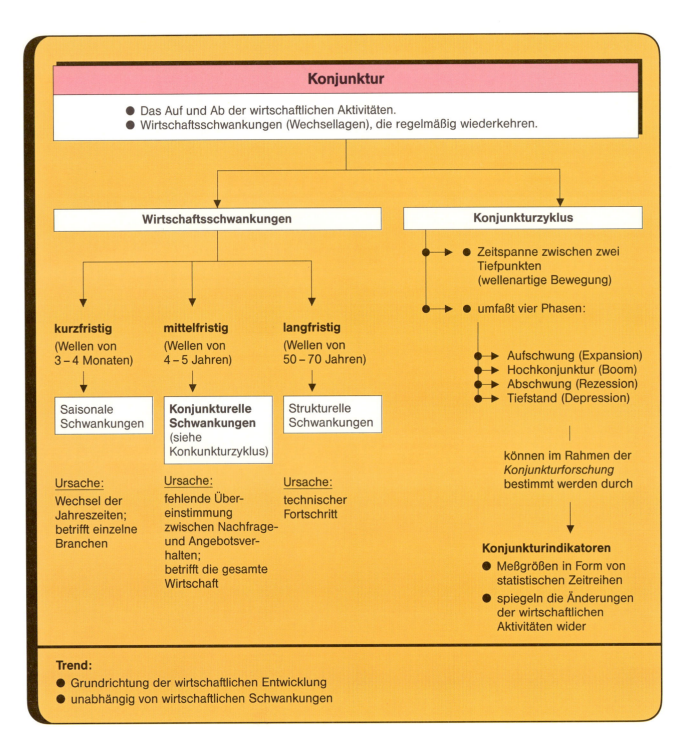

Hauptmerkmale der Konjunkturphasen

Konjunkturphase / Indikatoren		Aufschwung (Expansion)	Hochkonjunktur (Boom)	Abschwung (Rezession)	Tiefstand (Depression)
Frühindikatoren	Auftragseingänge/ Nachfrage	zunehmend	stark steigend (geräumte Lager, lange Lieferfristen)	schnell sinkend	gering
	Wirtschaftliche Stimmung	vorsichtig bis optimistisch	optimistisch	pessimistisch	niedergedrückt
	Aktienkurse	steigend	Höchststände	gehen zurück	brechen zusammen
Gegenwartsindikatoren	Produktion (Sozialprodukt)	langsam steigend	stark steigend (Vollauslastung der Kapazitäten)	fallend	gering (unausgelastete Kapazitäten)
	Beschäftigungssituation	zunehmende Beschäftigung	Voll- bis Überbeschäftigung (offene Stellen; Arbeitskräftemangel)	verschlechtert sich (Kurzarbeit; Entlassungen; weniger offene Stelle)	hohe Arbeitslosigkeit
	Preise	geringe Preissteigerungen	hoch und weiter steigend (Verkäufermarkt)	fallende Preissteigerungsraten; z.T. sinkende Preise (Käufermarkt)	niedrig; z.T. Preiseinbrüche
	Löhne u. Gehälter	mäßig steigend	hoch (starke Lohnsteigerungen)	mäßig steigend (Inflationsausgleich)	niedrig (geringe Lohnerhöhungen; z.T. Reallohnsenkungen)
	Investitionsneigung	beginnt zu steigen	hohe Steigerungsraten	fallen zunächst langsam, später schneller	sehr gering; z.T. Investitionsstopp
	Zinsen	noch niedrig, aber steigend	hoch (Geldnachfrage > Geldangebot)	fallend, aber noch hoch	sehr niedrig (Geldnachfrage < Geldangebot)
	Unternehmergewinne	schnell steigend	hoch	langsam sinkend	gering; z.T. Verluste (Konkurse)
	Steuereinnahmen	steigend	hoch	sinkend	niedrig

12.2 Wirtschaftspolitische Ziele und Zielkonflikte

Zwei Mitarbeiter eines Maschinenbauunternehmens unterhalten sich während der Frühstückspause in der Kaffeeküche ...

Welche Wunschvorstellungen von einer störungsfreien und zufriedenstellenden wirtschaftlichen Situation können aus dem Gespräch der beiden Arbeitskollegen herausgehört werden?

Information

Ziele des Stabilitätsgesetzes

In modernen Industriegesellschaften wird vom Staat erwartet, daß er u. a. auch weitreichende soziale und wirtschaftspolitische Aufgaben erfüllt. Die staatliche Wirtschaftspolitik hat hierfür die allgemeinen Rahmenbedingungen zu schaffen, um sicherzustellen, daß die Volkswirtschaft ihre Leistungsfähigkeit behält. Darüber hinaus soll sie krisenhaften Entwicklungen im Wirtschaftsprozeß durch geeignete Maßnahmen rechtzeitig entgegensteuern, damit sich die gesamte Volkswirtschaft möglichst störungsfrei entwickeln und gleichmäßig wachsen kann.

Dadurch soll sichergestellt werden

– die soziale Sicherheit,
– die persönliche Freiheit,
– die Mehrung des Wohlstandes,
– die gerechte Verteilung des wachsenden Wohlstandes.

Wirtschaftspolitik = Sämtliche staatliche Maßnahmen, durch die der Wirtschaftsprozeß mit geeigneten Mitteln beeinflußt werden soll.

Die Ziele, an denen sich die staatliche Wirtschaftspolitik dabei zu orientieren hat, sind im *„Gesetz zur Förderung der Stabilität und des Wachstums der Wirtschaft"* (Stabilitätsgesetz) vom 08. Juni 1967 formuliert:

§ 1 Bund und Länder haben bei ihren wirtschafts- und finanzpolitischen Maßnahmen die Erfordernisse des gesamtwirtschaftlichen Gleichgewichts zu beachten. Die Maßnahmen sind so zu treffen, daß sie im Rahmen der marktwirtschaftlichen Ordnung gleichzeitig zu Stabilität des Preisniveaus, zu einem hohen Beschäftigungsgrad und außenwirtschaftlichen Gleichgewicht bei stetigem und angemessenem Wirtschaftswachstum beitragen.

In diesem Paragraphen wird das gesamtwirtschaftliche Gleichgewicht als oberstes Ziel genannt. Dieses Ziel steht als Kurzform für die wirtschaftspolitischen Unterziele:

- Stabile Preise
- Hoher Beschäftigungsstand
- Angemessenes und stetiges Wirtschaftswachstum
- Außenwirtschaftliches Gleichgewicht

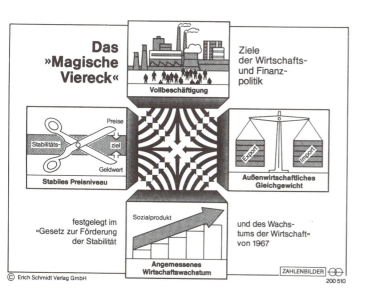

1. Stabilität des Preisniveaus (Geldwertstabilität)

Beispiel:

Frau Nagel hat wie jeden Mittwoch auf dem Wochenmarkt für die Familie eingekauft. Am Obststand stellt sie fest, daß die Preise für Bananen innerhalb kurzer Zeit erneut, jetzt mittlerweile zum vierten Mal, gestiegen sind. Als sie sich zu Hause die Zeit nimmt und diesen Preisanstieg nachrechnet, stellt sie einen Anstieg von insgesamt 133,3 % fest.

Will Frau Nagel nach wie vor mittwochs auf dem Markt Bananen für insgesamt 7,00 DM einkaufen, so wird sie in Zukunft für diesen Betrag weniger Bananen erhalten.

Der **Wert des Geldes** wird bestimmt durch die Kaufkraft.

Die **Kaufkraft** gibt an, welche Gütermenge für eine Geldeinheit gekauft werden kann.

- **Die Kaufkraft bleibt stabil,** wenn *der Wert des Geldes sich nicht verändert,* d. h., wenn die *Preise unverändert* bleiben; die Geldentwertungsrate beträgt dann 0 %.
- *Steigt der Preis für ein Gut,* z. B. für Bananen oder Benzin, dann *nimmt der Wert des Geldes ab,* dann **sinkt die Kaufkraft.**

Beispiel:

Die Preise für Heizöl und Bananen steigen. Wenn dafür andere Güterpreise fallen, so bleiben die Preise *im Durchschnitt „stabil".*

In einer Marktwirtschaft kann es aber absolut stabile Preise nicht geben.

Beispiele:

- Verbesserungen der Produktqualitäten rechtfertigen Preiserhöhungen.
- Obst ist im Winter teurer als im Sommer (= saisonale Preisbewegung).
- Bananen steigen im Preis aufgrund von EU-Richtlinien.

Somit wäre es sinnlos, unter dem Stabilitätsziel den Auftrag zu verstehen, eine Null-Prozent-Steigerung anzustreben.

Von Preisstabilität spricht man daher auch dann noch, wenn das Preisniveau um höchstens 1 % – 2 % ansteigt.[1] Insgesamt muß gemäß Stabilitätsauftrag der Preisanstieg so gering wie möglich gehalten werden.

Steigen die Preise stärker an, z. B. um mehr als 6 % wie zu Beginn der achtziger Jahre (vgl. Abbildung Seite 438), so bezeichnet man diesen Wertverlust des Geldes als **Inflation**.

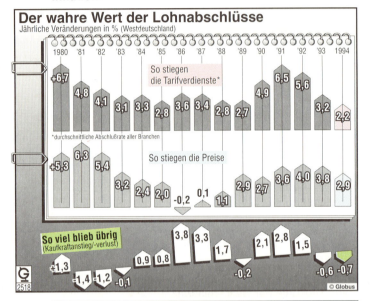

Inflation = Ein Prozeß, der dadurch gekennzeichnet ist, daß die Preise im Zeitablauf ständig steigen.

Die Arten der Inflation

Nach der Erkennbarkeit unterscheidet man offene und verdeckte Inflationen. *Offene Inflationen* sind die, die durch eine ständige Geldentwertung (Preisniveausteigerung) für jedermann erkennbar sind. *Verdeckte Inflationen* sind hingegen von Laien nicht ohne weiteres erkennbar. Bei ihnen bleiben die offiziellen Preise relativ stabil, beispielsweise durch staatlichen Preisstopp, Beschränkungen oder andere staatliche Maßnahmen (vgl. hierzu Kapitel 2.14).

Nach der Geschwindigkeit des Inflationsprozesses wird zwischen *schleichender* (Preissteigerungen sind niedrig – max. 5 % –, jedoch langanhaltend), *trabender* (Teuerungsraten liegen zwischen 5 % u. 50 %) und *galoppierender* Inflation (ab 50 % Geldentwertung pro Jahr) unterschieden, wobei letztere auch häufig als **Hyperinflation** bezeichnet wird. Die Grenzen zwischen diesen Inflationsarten sind fließend. Jedes Land nimmt unterschiedliche Abgrenzungen vor, je nachdem in welcher Weise dort über die Inflation gedacht wird (siehe Text „Buenos Aires").

Die **Ursachen der Inflation** können sowohl von der Geldmenge, der Nachfrage- als auch von der Angebotsseite ausgehen.

Von einer **geldmengeninduzierten Inflation** spricht man, wenn eine im Verhältnis zur Gütermenge übermäßige Geld- und Kreditschöpfung durch das Bankensystem zu einer Erhöhung des Preisniveaus führt (vgl. Abb. S. 439).

> **Ein Beispiel aus der Vergangenheit:**
> **Inflationsrate 940 Prozent**
> **Buenos Aires** (dpa). Etwa 200 000 Argentinier protestierten in Buenos Aires gegen das wirtschaftliche Sparprogramm der Regierung. Auf einem riesigen Spruchband stand: „Alfonsin: Kandidat für den Lügen-Nobelpreis". In Ansprachen verurteilten Gewerkschaftssprecher die Wirtschaftspolitik der demokratisch gewählten Regierung von Präsident Alfonsin, die hohe Arbeitslosigkeit und die inzwischen bei 940 Prozent angelangte Inflationsrate.

Von einer **Nachfrageinflation** wird dann gesprochen, wenn der erste Anstoß für die Geldentwertung von der Nachfrage ausgeht. Die Preise müssen steigen, wenn die gesamtwirtschaftliche Nachfrage größer ist als das gesamtwirtschaftliche Angebot. Die nachfrageinduzierte Inflation (Überschußnachfrageinflation) kann untergliedert werden in *konsum-, investitions-, staats- und auslandsnachfrageinduzierte Inflation*. Für die von der Auslandsnachfrage herbeigeführte Inflation ist der Begriff **importierte Inflation** geprägt worden.

Ist der Auslöser für die Inflation die Angebotsseite, wird von einer **Angebotsinflation** gesprochen. Die angebotsinduzierte Inflation kann in *gewinn- und kosteninduzierte Inflation* unterteilt werden. Bei der **kosteninduzierten Inflation** sind die Preissteigerungen auf die Verteuerung der Produktionsfaktoren zurückzuführen, wie z. B. der Löhne und Gehälter und der importierten Vorprodukte. Auch Zins- und Steuererhöhungen können zu Preissteigerungen führen.

Das Merkmal einer **gewinninduzierten Inflation** sind Preissteigerungen auch bei rückläufiger Nachfrage. Dies ist nur denkbar bei Marktmacht des Anbieters (Monopolstellung) bzw. der Anbieter (Preisabsprachen) und der Ausschaltung des Wettbewerbs.

---

[1] Das Statistische Bundesamt stellt anhand des Warenkorbes die Preise für die Lebenshaltungskosten fest und vergleicht diese mit denen des Vormonats oder Vorjahres (vgl. Ausführungen Seite 438 ff.).

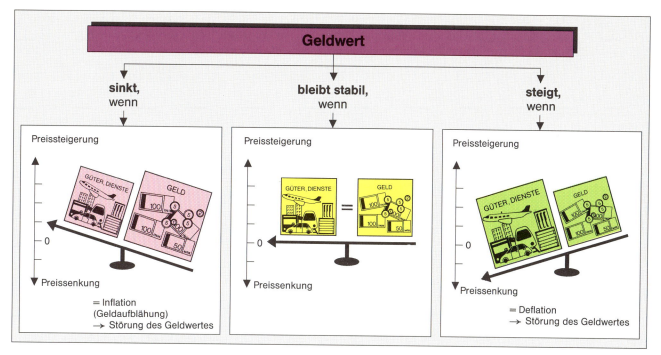

Messung von Geldwertschwankungen

Da es unmöglich wäre, die Veränderungen aller Preise zu messen, verwendet man zur Messung der Preisentwicklung (der Kaufkraft) einen *Preisindex für die Lebenshaltungskosten*. Diese statistische Größe wird vom Statistischen Bundesamt anhand der Preise für die Güter und Dienstleistungen eines „Warenkorbs" ermittelt, dessen Zusammensetzung sich nach den tatsächlichen Verbrauchsverhältnissen richtet. Standardgüter wie Nahrungs- und Genußmittel, Bekleidung, Möbel, Elektrogeräte, Strom, Gas und Wasser gehören ebenso dazu wie beispielsweise die Dienstleistungen im Gaststättengewerbe, Arzt- und Rechtsanwaltsleistungen oder Leistungen auf Urlaubsreisen.

Ausgangspunkt für den Wert des Warenkorbs ist ein bestimmtes Basisjahr (= 100 %). Sind die Preise gegenüber dem Vorjahr um 4,5 % gestiegen, ist der Index für die Lebenshaltungskosten auf 104,5 % gestiegen. Das **Preisniveau** (der Durchschnitt aller Güter in der Volkswirtschaft) ist angestiegen, die **Kaufkraft** ist gesunken.

Die Preise der Güter, die sich im Warenkorb befinden, werden in mehr als 25 000 Geschäften in unzähligen Groß- und Kleinstädten erfragt. Von Zeit zu Zeit wird der Warenkorb mit seinen über 750 Waren und Dienstleistungen vom Statistischen Bundesamt neu gepackt. Veränderte Verbrauchsgewohnheiten und das Vordringen neuer Produkte zwingen die Statistiker, den Preisindex für die private Lebenshaltung auf eine zeitgemäße Basis (1985 statt 1980) zu stellen.

Beispiele:

Der Boris-Becker-Effekt und die Öko-Welle haben im neuen Warenkorb ihre Spuren hinterlassen:

Neu aufgenommen wurden Tennisschläger, bleifreies Benzin, Diätmargarine und Karottensaft. „Out" sind hingegen Herrenschlafanzüge, Haarwasser sowie Schwarzweiß-Fernsehgeräte und Filmprojektoren. Neu sind – entsprechend den Verbrauchertrends – Fertigpudding, elektrische Orgeln sowie die Leihgebühr für Videofilme. Als Ersatz für den alten Kassettenrecorder wurde der Walkman aufgenommen, der Skateroller vom Expander abgelöst und die Kollegmappe vom Aktenkoffer.

Neuer Warenkorb für den Preisindex

Der Index der Lebenshaltungskosten ist ein vielbeachteter Maßstab für die Preisentwicklung in der Bundesrepublik Deutschland. Er wird vom Statistischen Bundesamt anhand der Einkaufspreise für die Güter eines **Warenkorbs** monatlich neu berechnet. Die Zusammensetzung des Warenkorbs richtet sich nach den tatsächlichen Verbrauchsverhältnissen der Haushalte in einem bestimmten Jahr und wird dann für mehrere Jahre unverändert beibehalten. Weil ein konstanter Warenkorb den Verbrauchsgewohnheiten der Haushalte mit zunehmender Entfernung vom Ausgangsjahr aber immer weniger entspricht, muß er von Zeit zu Zeit an die aktuelle Verbrauchsstruktur angepaßt werden. Andernfalls wäre die Aussagekraft des Preisindex in Frage gestellt. Denn es kommen immer wieder neuartige Güter auf den Markt, die einen erheblichen Teil der privaten Nachfrage binden können (z. B. Videorecorder); bestimmte Produkte werden in der Gunst der Verbraucher durch andere ersetzt (z. B. Blech- durch Kunststoffeimer); oder die Preise der einzelnen Waren klettern so stark, daß die Haushalte weniger davon kaufen als vorher und, wenn es geht, auf andere, preisgünstigere Produkte ausweichen.

Im *früheren Bundesgebiet* wurde der Preisindex für die Lebenshaltung aller privaten Haushalte bisher nach den Warenkörben der Jahre 1962, 1970, 1976, 1980 und 1985 berechnet. Im September 1995 erfolgte die Umstellung des Preisindex auf einen neuen Warenkorb mit dem Basisjahr 1991. Der **Warenkorb 1991** umfaßt etwa 750 Waren und Dienstleistungen, die den gesamten Verbrauch der bundesdeutschen Haushalte repräsentieren sollen. Im Vergleich zum Warenkorb 1985 wurden bei der Umstellung 32 Güter ausgesondert – vom Brechkoks über Spaghetti, Porzellantassen und Blitzlichtwürfel bis zum Unkrautvernichter; dafür kamen 25 Güter – darunter Kiwis, Mikrowellenherde, Fachschulgrundgebühren, alkoholfreies Flaschenbier und Disketten – neu auf die Liste der Preisbeobachter.

Für die *neuen Bundesländer* legt das Statistische Bundesamt einen methodisch gleichartigen Index vor. Wegen der unterschiedlichen Verbrauchs- und Preisverhältnisse in West- und Ostdeutschland werden die Güter des Warenkorbs bei der Ermittlung des Preisindex aber jeweils anders gewichtet. So schlagen sich Wohnungsmieten und Haushaltsenergie im westdeutschen Preisindex mit einem Gewichtanteil von 24,5 % nieder, im ostdeutschen dagegen mit einem Anteil von 10,8 %. Aus den beiden Indexreihen für West- und Ostdeutschland wird rückwirkend ab Januar 1991 auch erstmals ein **gesamtdeutscher Verbraucherpreisindex** für alle privaten Haushalte errechnet.

> Der allgemeine **Preisindex der Lebenshaltung** zeigt in einer Meßzahl die Preisänderungen von Gütern und Dienstleistungen – bezogen auf ein bestimmtes Basisjahr (= 100 %). Erfaßt werden alle privaten Haushalte.

Eine genauere Betrachtung ergibt folgendes Bild:

INDEXZAHLEN – neue Bundesländer	1994	1995	1996	Okt. 1996	Nov. 1996	Dez. 1996	Jan. 1997
1. **Gesamtlebenshaltung** (1991 = 100) (alle privaten Haushalte)	130,0	132,7	135,6	135,7	135,9	136,0	136,9
Nahrungs-/Genußmittel	106,0	107,0	107,6	106,8	107,2	107,2	107,9
Bekleidung	103,1	103,2	103,5	104,1	104,4	104,4	103,9
Wohnungsmieten, Energie	290,3	302,6	319,5	321,5	321,6	321,8	325,3
Möbel, Haushaltsgeräte	104,9	105,8	106,2	106,2	106,3	106,4	106,4
Gesundheits-/Körperpflege	132,3	136,6	138,9	139,5	139,7	139,6	139,7
Verkehr, Nachrichtenübermittlung	115,0	116,5	119,1	118,9	119,0	119,2	119,6
Bildung, Freizeit	112,8	115,8	118,2	118,8	119,2	119,8	122,4
Persönliche Ausstattung	127,6	131,6	133,7	134,0	131,4	133,0	132,4
2. **Gesamtlebenshaltung** 4-Personen-Arbeitnehmerhaushalte mit höherem Einkommen (1991 = 100)	127,4	129,7	132,4	132,5	132,5	132,7	133,4
3. **Gesamtlebenshaltung** 4-Personen-Arbeitnehmerhaushalte mit mittlerem Einkommen (1991 = 100)	127,0	129,4	132,1	132,2	132,3	132,5	133,3

Gründe für Preisstabilität

<u>Steigt das Preisniveau</u>, so muß für Waren insgesamt mehr Geld ausgegeben werden. Die Kaufkraft sinkt, und die Bezieher fester Einkommen verlieren einen Teil ihres Einkommens und Sparguthabens, z. B. Arbeitnehmer und Rentner. Es findet eine *Flucht in die Sachwerte* statt (z. B. Kauf von Edelmetallen, Grundstücken, Schmuck, Antiquitäten), die in ihrem Wert steigen. Der soziale Wohlstand wird gefährdet, die Realeinkommen werden unkontrolliert umverteilt. Das kann unter Umständen zu sozialen Ungerechtigkeiten bis hin zu Unruhen führen (siehe Globusbild rechts).

<u>Ein stabiles Preisniveau</u> verhindert die Geldentwertung und schützt damit insbesondere die kleinen Geldsparer. Es wird Vertrauen in den Wert und die Aufgaben des Geldes geschaffen.

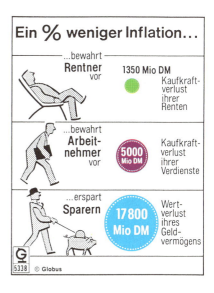

2. Hoher Beschäftigungsstand (Vollbeschäftigung)

Unter dem Ziel des hohen Beschäftigungsstandes versteht man im engeren Sinne, daß die Arbeitslosigkeit vermindert wird. Absolute Vollbeschäftigung liegt vor, wenn niemand arbeitslos ist. Diese Arbeitslosenzahl von Null ist in der Realität aber nicht zu erreichen. Nach Ansicht der Bundesregierung ist das Ziel des hohen Beschäftigungsstandes auch dann erreicht, wenn der Anteil der Arbeitslosen an der Gesamtzahl der unselbständig Erwerbstätigen zwischen 1 % und 2 % liegt.

$$\text{Arbeitslosenquote in \%} = \frac{\text{Anzahl der Arbeitslosen}}{\text{Anzahl der abhängigen Erwerbspersonen}} \cdot 100$$

Liegt die Arbeitslosenquote über 2 %, so liegt **Unterbeschäftigung** vor. Die **Überbeschäftigung** ist gekennzeichnet von einer Arbeitslosenquote von weniger als 1 %.

Ein anderer Maßstab für hohen Beschäftigungsstand ist die *Anzahl der offenen Stellen*. Entspricht die Anzahl der Arbeitslosen im wesentlichen der Anzahl der offenen Stellen, so spricht man ebenfalls von hohen Beschäftigungsstand. Ist die Anzahl der offenen Stellen geringer als die Anzahl der Arbeitslosen, so liegt Unterbeschäftigung vor. Bei Überbeschäftigung übersteigt die Anzahl der offenen Stellen die Arbeitslosenzahl (vgl. Abb. in Spalte 1).

Es sind verschiedene **Ursachen** dafür zu nennen, warum nicht alle Personen, die arbeitsfähig und arbeitswillig sind, auch Arbeit finden:

- konjunkturelle Gründe
- strukturelle Gründe
- saisonale Gründe
- friktionelle Gründe

Konjunkturelle Arbeitslosigkeit entsteht durch Konjunkturschwankungen (vgl. Kapitel 12.1), hervorgerufen durch einen allgemeinen Nachfragerückgang, insbesondere in der Phase des Abschwungs. Produktionseinschränkungen in allen Wirtschaftszweigen sind die Folge.

Strukturelle Arbeitslosigkeit ist gekennzeichnet durch das Schrumpfen einzelner Wirtschaftszweige. Sie entsteht u. a. durch veränderte Produktionsverfahren oder durch verändertes Nachfrageverhalten.

Beispiele:

- Die Entwicklung fortschrittlicher Produktionstechniken hat zur Folge, daß die bisherigen Gütermengen *mit weniger Arbeitskräften* produziert werden.

- Die Nachfrage nach Kohle geht stark zurück. Die entlassenen Arbeitnehmer finden so schnell keinen neuen Arbeitsplatz (→ Kohlekrise in den 60er Jahren im Ruhrgebiet).

- Unternehmen der Textilbranche lassen ihre Artikel in Fernost fertigen wegen der dort niedrigeren Löhne.

Die Arbeitswelt nach der Jahrtausendwende wird sich deutlich von der Arbeitswelt zu Beginn der 90er Jahre unterscheiden. Weg von der Industrie- und hin zur Dienstleistungsgesellschaft – das ist kurzgefaßt die Zukunft der Arbeit. In der Landwirtschaft und im Bergbau, die schon in den vergangenen Jahren stark geschrumpft sind, werden noch einmal 45 bis 62 Prozent der Beschäftigten ihre Arbeitsplätze verlieren; von den fast elf Millionen Arbeitsplätzen im industriellen Kernbereich werden noch 9,2 Millionen übrigbleiben, also 17 Prozent weniger. Gewinner

Düsterer Arbeitsmarkt
Arbeitslose in Millionen

(bis 1989 nur Westdeutschland)

0,89 Mio. · 1,27 · 1,83 · 2,26 · 2,23 · 2,04 · 2,60 · 2,98 · 3,70 · 3,96 · 4,07 Mio.

davon West 2,87 Ost 1,20

Schätzung

1980 '81 '82 '83 '84 '85 '86 '87 '88 '89 '90 '91 '92 '93 '94 '95 '96 1997 © Globus 3833

sind die Dienstleister. In diesen zukunftsträchtigen Bereichen werden schätzungsweise im Jahr 2010 ca. 8,7 Millionen Menschen Arbeit finden. Das sind 38 Prozent mehr als im Jahr 1991.

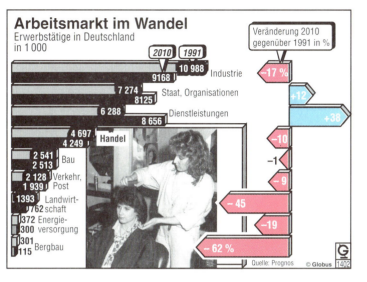

Saisonale Arbeitslosigkeit ist auf jahreszeitlich bedingte Rückgänge der Beschäftigtenzahlen zurückzuführen. Sie ist kurzfristig und kehrt regelmäßig wieder, wie z. B. im Baugewerbe, in der Touristikbranche und in der Landwirtschaft.

Friktionelle Arbeitslosigkeit (Fluktuationsarbeitslosigkeit) ist eine *vorübergehende Arbeitslosigkeit*. Sie entsteht dadurch, daß Arbeitnehmer ihren bisherigen Arbeitsplatz aufgeben, um umgeschult zu werden oder um einen neuen Arbeitsplatz zu suchen oder anzunehmen, so daß sie zwischenzeitlich mehr oder minder „freiwillig" arbeitslos sind.

Gründe für einen hohen Beschäftigungsstand

Arbeitslosigkeit führt zu gesamtwirtschaftlichen Nachteilen wie

- Kaufkraftschwund,
- Wachstumsverlust,
- Ausfällen bei
  - den Steuereinnahmen, z. B. bei der Lohn- und Einkommensteuer und der Umsatzsteuer,
  - den Sozialversicherungsbeiträgen,
- steigenden Ausgaben, z. B. beim Arbeitslosengeld, der Arbeitslosen- und Sozialhilfe und dem Wohngeld.

Nicht vergessen werden darf bei der Betrachtung der wirtschaftlichen Auswirkungen die seelische Belastung eines jeden einzelnen Arbeitslosen. Vor allem bei den Langzeitarbeitslosen breitet sich häufig das Gefühl aus, nichts mehr wert und überflüssig zu sein. Vollbeschäftigung ist daher eines der wichtigsten wirtschaftspolitischen Ziele zur Sicherung des sozialen Friedens.

3. Außenwirtschaftliches Gleichgewicht

Der Wirtschaftsverkehr zwischen Inland und Ausland wird statistisch in der *Zahlungsbilanz* erfaßt. Vereinfacht kann man sich eine Bilanz wie ein Konto vorstellen, auf dem Zu- und Abgänge verzeichnet werden. Aus diesen wertmäßigen Gegenüberstellungen ergibt sich entweder ein Überschuß oder ein Defizit. Dieser positive oder negative Restbetrag heißt Saldo. Das Ziel eines außenwirtschaftlichen Gleichgewichts ist erreicht, wenn der Saldo gleich Null ist, d. h., wenn sich die Zahlungseingänge vom Ausland mit den Zahlungsausgängen an das Ausland die Waage halten (= Zahlungsbilanzausgleich).

Eine der Hauptursachen, die immer wieder zu einem Ungleichgewicht zwischen Zahlungseingängen und -ausgängen führt, ist **das Mißverhältnis in der Handelsbilanz**. In dieser Bilanz werden die an das Ausland verkauften und die vom Ausland gekauften Güter festgehalten. *Kurzfristig* ist der Idealzustand eines außenwirtschaftlichen Gleichgewichts erreicht, wenn sich die Einfuhren (Importe) und Ausfuhren (Exporte) von Gütern ausgleichen; der sogenannte **Außenbeitrag** ist dann +/− Null.

Das Ziel eines außenwirtschaftlichen Gleichgewichts gilt auch noch bei einem *positiven Außenbeitrag* als erreicht. Dabei darf aber der Überschuß höchstens zwischen 1,5 % und 2 % des nominalen Bruttoinlandsprodukts ausmachen.

Wird nicht nur der Austausch von Gütern in die Betrachtung des außenwirtschaftlichen Gleichgewichts einbezogen, sondern auch die beiden Bilanzen:

– *Dienstleistungsbilanz*
  Sie beinhaltet die Einnahmen und Ausgaben, die sich aus dem Leistungsaustausch ergeben, z. B. im Reiseverkehr, Transportleistungen und Kapitalerträge.

– *Übertragungsbilanz*
  Zu den hier verbuchten Posten gehören z. B. Erbschaften, Geldüberweisungen ausländischer Arbeiter in ihre Heimatländer und Spenden,

dann spricht man bei der Differenz von Zahlungseingängen und Zahlungsausgängen von einem *Leistungsbilanzsaldo* (Leistungsbilanz = Handelsbilanz + Dienstleistungsbilanz + Übertragungsbilanz). Die Leistungsbilanz ist eine Unterabteilung der Zahlungsbilanz.[1]

Gründe für ein außenwirtschaftliches Gleichgewicht

Für die deutsche Konjunkturentwicklung sind die Wirtschaftsbeziehungen zum Ausland äußerst wichtig, denn einerseits sind wir auf die Einfuhr bei uns nicht vorhandener Rohstoffe angewiesen. Andererseits bietet uns das Ausland seine Märkte für den Absatz unserer Waren und Dienstleistungen. Werden durch das Inland preisgünstigere und qualitativ hochwertigere Güter angeboten (Waren „Made in Germany") als durch die ausländische Konkurrenz, dann werden vermehrt inländische Güter vom Ausland nachgefragt. Dadurch können mehr Güter exportiert als importiert (= Exportüberschüsse) und schließlich Arbeitsplätze gesichert werden.

Bezahlen nun im Gegenzug die Auslandskunden ihre in Deutschland gekauften Waren, so fließt Geld ins Inland, das für den Kauf von z. B. Rohstoffen im Ausland wieder ausgegeben wird. Die Geldmenge im Inland bleibt unverändert, wenn der gesamte Geldzufluß aus den Exporten für Importe wieder ins Ausland fließt.

Bei Exportüberschüssen ist allerdings ein Teil der Einnahmen aus dem Export nicht wieder für Einfuhren ausgegeben worden, sondern ist im Inland verblieben und hat dort die Geldmenge erhöht. Da in dieser Situation das Gut *Geld* nicht mehr knapp ist, sinkt sein Preis, also der Zins. Die Folge ist die vermehrte Nachfrage nach zinsgünstigen Krediten, die für den Kauf von Investitions- und Konsumgütern verwendet werden. Dies führt zu Preissteigerungen und zur Inflation; man spricht in diesem Fall von **importierter Inflation.**

Kaufen inländische Unternehmen vorwiegend im Ausland, weil dort die Waren preisgünstiger angeboten werden – die Importe können nun größer werden als die Exporte –, so geht der Absatz der inländischen Produzenten und Händler zurück. Es folgen Betriebsstillegungen und Arbeitslosigkeit.

Import und Export von Waren und Dienstleistungen sollten deshalb ausgeglichen sein.

---

1 Aus Gründen der Eindeutigkeit wird auf den Indikator „Zahlungsbilanzgleichgewicht" in diesem Rahmen nicht näher eingegangen.

4. Stetiges und angemessenes Wirtschaftswachstum

Dieses wirtschaftspolitische Ziel wird gemessen an der jährlichen Zunahme des realen (um Preissteigerungen bereinigten) Bruttoinlandsprodukts (BIP). Das Wachstumsziel gilt heute als erreicht, wenn Wachstumsraten von 2 % – 3 % erzielt werden.

Gründe für ein stetiges Wirtschaftswachstum

Der materielle Lebensstandard und die Bedürfnisse einer modernen Volkswirtschaft können nur durch eine steigende Güterproduktion erhöht bzw. befriedigt werden.

Quantitatives (mengenmäßiges) Wirtschaftswachstum ist die Grundlage, um Vollbeschäftigung zu erhalten und soziale Spannungen abzubauen, da die Verteilungskämpfe weniger hart ausgetragen werden. Es können mehr und bessere Leistungen durch den Staat erbracht und die unterstützenden Maßnahmen für die Entwicklungsländer gesteigert werden.

Nur wenn die volkswirtschaftliche Gesamtleistung steigt, lassen sich neue Verfahren zur Energiegewinnung, zur Wiederverwendung von Abfällen (Recycling) und zur umweltschonenden Abfallbeseitigung finanzieren. Wachstum bedeutet Wohlstand: Die Arbeitnehmer beziehen höhere Einkommen, können mehr Güter kaufen und haben dabei auch noch mehr Freizeit. Für die Unternehmer bedeutet Wirtschaftswachstum erhöhten Absatz und steigende Gewinne.

Stetiges Wachstum bedeutet, daß starke Wachstumsschwankungen, wie sie durch die Konjunkturphasen „Hochkonjunktur" und „Tiefstand" verkörpert werden, möglichst zu vermeiden sind. Das reale BIP soll ohne große Ausschläge von Jahr zu Jahr gleichmäßig steigen (idealtypisch steht hierfür der „Wachstumstrend").

Angemessen ist das Wachstum, wenn die Zuwachsraten des BIP die übrigen Ziele des Stabilitätsgesetzes unterstützt. Das heißt, daß es so stark sein sollte, damit die Arbeitslosigkeit beseitigt wird, ohne das Ziel der Geldwertstabilität zu gefährden.

Inwieweit andere wirtschaftliche und soziale Ziele wie Umweltschutz, Lebensqualität, Humanisierung der Arbeitswelt und gerechte Einkommens- und Vermögensverteilung in der Forderung „angemessenes Wachstum" berücksichtigt werden müssen, läßt das Stabilitätsgesetz offen. Vor allen Dingen wegen dieser Problematik ist das *Wachstumsziel* von allen vier Zielen heute das umstrittenste (vgl. hierzu „Qualitatives Wachstum" in Kapitel 2.8).

Weitere wirtschaftspolitische Ziele

Neben den im Stabilitätsgesetz erwähnten Zielen sind im Laufe der letzten Jahre zwei weitere Ziele hinzugetreten, und zwar

- die Erhaltung der *lebenswerten Umwelt,*
- der Wunsch nach einer *gerechten Einkommens- und Vermögensverteilung.*

1. Lebenswerte Umwelt

Immer mehr Menschen brauchen immer mehr Energie – zum Heizen, Kochen, Produzieren und Transportieren. Und sie brauchen noch mehr Energie, wenn sie zugleich ihren *Lebensstandard erhöhen* wollen. Diese Gründe – die Bevölkerungsvermehrung und die noch vorherrschenden staatlichen Wachstumsziele – sind es, die den Welt-Energieverbrauch schnell in die Höhe treiben.

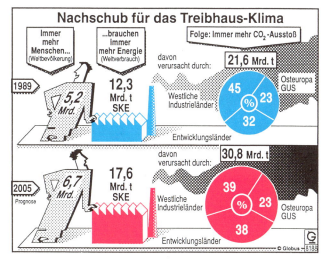

Nach Prognosen der Internationalen Energie-Agentur wird der Energieverbrauch im Jahre 2005 bei 17,6 Milliarden Tonnen Steinkohleeinheiten (SKE) liegen, gegenüber 12,3 Milliarden Tonnen im Jahre 1989. Entsprechend wird sich der Ausstoß des Verbrennungsprodukts Kohlendioxid (CO_2) steigern, nämlich von 21,6 auf 30,8 Milliarden Tonnen. Kohlendioxid wird an die Atmosphäre abgegeben. Diese Zunahme der CO_2-Konzentration in der Luft verstärkt den Treibhauseffekt und führt zur Erhöhung der Temperatur an der Erdoberfläche. Wenn es nicht gelingt, die vom Menschen verursachte Emission[1] von Kohlendioxid zu vermindern, könnte es nach Meinung von Klimaforschern zu einer Klimakatastrophe kommen.

Neben dieser Umweltbelastung durch Schadstoffe gibt es weitere Argumente, die gegen ein quantitatives (mengenmäßiges) Wachstum und *für die Verbesserung der Lebensqualität* sprechen:

- Wachstumsstreben führt zur Zersiedelung und Zubetonierung der Landschaft und zum Waldsterben. Wachstumsdenken führt ganz allgemein zu einer Zerstörung der natürlichen Umwelt.
- Nicht wieder herstellbare (regenerierbare) Rohstoff- und Energiequellen werden rücksichtslos ausgebeutet, so z. B. die Öl- und Kohlevorräte.
- Durch steigendes Wirtschaftswachstum wird der bestehende Luxus noch weiter gesteigert. Die Menschen werden aber trotz steigendem materiellem Wohlstand nicht unbedingt glücklicher.
- Für Haushalte und Unternehmen entstehen in zunehmendem Maße Entsorgungsprobleme: Müllbeseitigung, Abwasserreinigung, Luftreinhaltung, Lagerung von chemischen und radioaktiven Abfällen.
- Das Wachstumsstreben führt zu Klimaveränderungen, wie die rücksichtslose Abholzung der Urwälder im Amazonasgebiet zeigt.

Der Ruf nach einem qualitativen Wachstum unter besonderer Berücksichtigung des Umweltgedankens ist deshalb in den letzten Jahren immer lauter geworden.

2. Gerechte Einkommens- und Vermögensverteilung

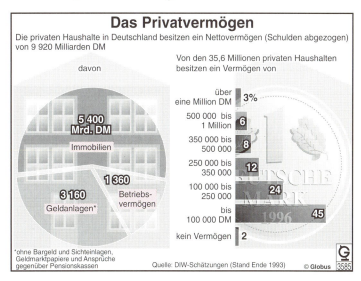

[1] Emission = Ausströmen luftverunreinigender Stoffe in die Außenluft

Die Forderung nach einer gerechten Einkommens- und Vermögensverteilung umfaßt sämtliche Maßnahmen des Staates und der Tarifvertragsparteien (Arbeitgeberverbände und Gewerkschaften). Sie soll die Vermögensbildung der Arbeitnehmer fördern und so zu einer *gleichmäßigen Verteilung des gesellschaftlichen Vermögens* führen. Die Reichen sollen nicht ständig reicher werden, während die Armen gleichzeitig immer ärmer werden. Der Lebensstandard der Menschen soll nicht allein von ihren am Markt erzielten Einkommen abhängen.

Neben diesem Verteilungsziel stehen zwei weitere:

- Die Einkommens- und Vermögensverteilung soll sich an den sozialen Bedürfnissen ausrichten;
- die Einkommens- und Vermögenshöhe soll sich an den erbrachten Leistungen orientieren, wie es z. B. bei den tariflich ausgehandelten Löhnen und Gehältern bereits der Fall ist.

Das wichtigste Umverteilungsinstrument des Staates ist die progressive Einkommensteuer. Dabei werden die Einkommen von Besserverdienenden stärker besteuert als diejenigen von Beziehern niedriger Einkommen.

Die Folge: 70 Prozent der Einkommensteuerzahlungen werden von 30 Prozent der Einkommensteuerzahler aufgebracht.

Ein weiteres Instrument der Umverteilung sind Geldübertragungen. Zu unterscheiden sind dabei ungebundene und zweckgebundene Leistungen.

Ungebundene Geldübertragungen werden vom Staat an Bedürftige gezahlt, ohne das eine besondere Auflage für die Verwendung dieser Gelder gemacht wird.

Beispiele:

- Sozialhilfe: Sie soll das Existenzminimum sichern. Gezahlt wird sie jedem Bürger ohne Einkommen, ganz gleich, ob er für seine Notlage selbst verantwortlich ist oder nicht.
- Arbeitslosenhilfe: Sie wird Arbeitslosen gewährt, die bereits längere Zeit arbeitslos sind und keinen Anspruch mehr auf Arbeitslosengeld haben.

Zweckgebundene Geldübertragungen werden gezahlt für sozial besonders wichtige Güter.

Beispiele:

Kindergeld für Geringverdiener, Wohngeld, Förderung der vermögenswirksamen Leistungen, steuer- und prämienbegünstigtes Sparen für Bezieher niedriger Einkommen, Ausbildungsförderung.

Konflikte zwischen den wirtschaftspolitischen Zielen

Betrachtet man zunächst die vier Ziele, die im Stabilitätsgesetz festgeschrieben sind, so kann man feststellen, daß diese sich gegenseitig zwar nicht ausschließen, aber häufig in Konkurrenz zueinander stehen. Das bedeutet, daß sie sich in der wirtschaftlichen Praxis oftmals nicht zum gleichen Zeitpunkt und in gleichem Ausmaß verwirklichen lassen. Häufig behindern staatliche Maßnahmen, die der Erfüllung des einen Zieles dienen sollen, das Erreichen eines anderen Zieles. Weil für das *gleichzeitige* Erreichen aller Ziele geradezu magische Kräfte erforderlich wären, wird diese Zielkombination auch als **„Magisches Viereck"** bezeichnet (vgl. Abb. S. 447).

Zwischen den wirtschaftspolitischen Zielen bestehen unterschiedliche Beziehungen.

Beispiele für **Zielharmonien** (vgl. grüne Pfeile in der Abbildung):

Gesamtwirtschaftliches Gleichgewicht („Magisches Viereck")

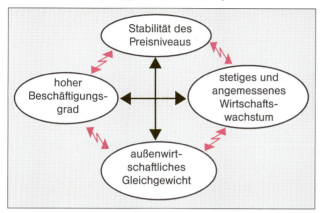

- *Wirtschaftswachstum und hoher Beschäftigungsstand*

  Staatliche Maßnahmen zur Förderung des Wirtschaftswachstums haben positive Auswirkungen auf die Vollbeschäftigung, denn um die Güterproduktion zu steigern, benötigt man Arbeitskräfte.

- *Geldwertstabilität und außenwirtschaftliches Gleichgewicht*

  Um den weiteren Preisniveauanstieg zu verhindern, werden Maßnahmen ergriffen, die den Export deutscher Güter ins Ausland erschweren. Dadurch wird der bestehende Exportüberschuß der deutschen Wirtschaft reduziert und das Ziel eines außenwirtschaftlichen Gleichgewichts erreicht.

Beispiele für **Zielkonflikte** (vgl. rote Pfeile in der Abbildung):

- *Hoher Beschäftigungsstand contra Stabilität des Geldwertes*

  Die Bundesregierung ergreift bestimmte Maßnahmen zur Ankurbelung der Nachfrage. Die Wirtschaft kommt in Schwung und erreicht schließlich den Zustand der Vollbeschäftigung.

  Mögliche Folgen:
  Auf dem Arbeitsmarkt gibt es keine Arbeitslosen mehr. Der Produktionsfaktor Arbeit ist also knapp geworden, so daß die Löhne und Gehälter stärker ansteigen. Lohnsteigerungen führen bei den Unternehmen zu erhöhten Kosten, wirken aber gleichzeitig auf der Seite z. B. der privaten Haushalte nachfragesteigernd. Steigende Nachfrage und der Kostendruck führen zu steigenden Preisen, die ihrerseits die Exportchancen der deutschen Wirtschaft verringern.

Verfolgungsjagd

Chicago Daily News

- *Preisstabilität contra Wirtschaftswachstum*

  Um den Preisanstieg zu dämpfen, versucht der Staat, die gesamtwirtschaftliche Nachfrage zu drosseln.

  Mögliche Folgen:
  Nachlassende Nachfrage führt zu Produktionseinschränkungen – das Wirtschaftswachstum fällt geringer aus (Rückgang des Bruttoinlandsprodukts), so daß auch die Beschäftigung zurückgeht.

  Stabile Preise haben auch Auswirkungen auf das außenwirtschaftliche Gleichgewicht: Die Wettbewerbssituation der deutschen Wirtschaft verbessert sich auf den Weltmärkten – die Exportchancen steigen. Exportüberschüsse führen aber zu Preissteigerungen im Inland (→ importierte Inflation).

Die bestehenden Zielkonflikte werden in der praktischen Wirtschaftspolitik dadurch gelöst, daß stets das Ziel vorrangig verfolgt wird, das in einer bestimmten wirtschaftlichen Situation am gefährdetsten erscheint.

Damit die beiden nicht im Stabilitätsgesetz stehenden Ziele „Umweltschutz" und „Gerechte Einkommens- und Vermögensverteilung" entsprechend berücksichtigt werden, ist das magische Viereck zum **magischen Sechseck** erweitert worden.

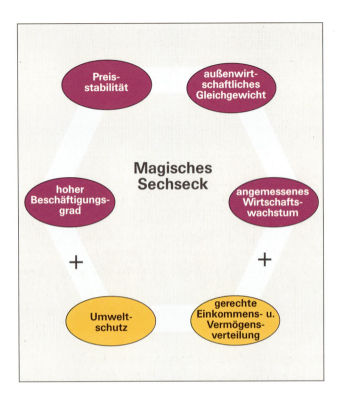

Beispiel:

Sämtliche Pkw-Hersteller müssen funktionsunfähig gewordene Autos zurücknehmen.

Mögliche Folgen:
- Investitionen: steigen (Kauf von Recyclinganlagen)
- der Beschäftigungsstand: steigt
- der Konsum: steigt
- der Export: steigt (z. B. Technologievorsprung beim Bau von Recyclinganlagen)

Voraussetzung zur Verwirklichung eines qualitativen Wachstums bzw. zur Erhaltung einer lebenswerten Umwelt ist das gemeinsame Handeln der internationalen Staatengemeinschaft (z. B. internationale Umweltschutzabkommen) und der Verabschiedung nationaler Gesetze (z. B. Verpackungsverordnung).

Aufgaben

1. Welche wirtschaftspolitischen Zielsetzungen
   a) zählen,
   b) gehören nicht
   zum „Magischen Viereck"?
2. Warum werden die vier wirtschaftspolitischen Ziele des Stabilitätsgesetzes als „Magisches Viereck" bezeichnet?
3. Wann spricht man von „Inflation"?
4. Unterscheiden Sie schleichende, trabende und galoppierende Inflation.
5. Nennen und beschreiben Sie die Ursachen der Inflation.
6. Nennen Sie drei Gründe, die für eine Nachfrageinflation verantwortlich sein können.
7. Was versteht man unter „Kaufkraft des Geldes"?
8. Der Preisindex für die Lebenshaltungskosten ist von 117,5 auf 122,8 gestiegen. Ist die Kaufkraft des Geldes gestiegen oder gesunken?
9. Welche Auswirkung hat ein sinkendes Preisniveau auf die Kaufkraft? Begründen Sie Ihre Antwort.
10. Wodurch wird eine importierte Inflation ausgelöst?
11. Was bezeichnet man gewöhnlich als hohen Beschäftigungsgrad?

Aufgrund des magischen Sechsecks ergibt sich eine Vielzahl von Zielkonflikten. Betrachtet werden soll beispielsweise das Verhältnis zwischen den Zielen

- *Lebenswerte Umwelt und Wirtschaftswachstum*

  Wie zuvor beschrieben, verschlechtert das mengenmäßige Wachstum die Umweltbedingungen der Menschheit. Der Staat beschließt deshalb bestimmte Maßnahmen, um die Umwelt lebenswerter zu gestalten, so daß als Folge

  - die natürlichen Rohstoffquellen nicht weiter so hemmungslos ausgebeutet werden,
  - die Umwelt in Zukunft nicht weiter durch Industrieabfall und -abgase sowie durch die privaten Haushalte belastet wird.

  Aus dem ursprünglichen *Zielkonflikt* (bei Verfolgung eines quantitativen Wachstums) kann durchaus *Zielharmonie* entstehen (bei Verfolgung eines qualitativen Wachstums).

12. Was besagt die Arbeitslosenquote?

13. Wann herrscht Gleichgewicht auf dem Arbeitsmarkt?

14. Wann spricht man von
    – Unterbeschäftigung,
    – Überbeschäftigung?

15. Welche Aussage trifft zu auf
    a) konjunkturelle Arbeitslosigkeit,
    b) saisonale Arbeitslosigkeit,
    c) friktionelle Arbeitslosigkeit,
    d) strukturelle Arbeitslosigkeit?

    Aussagen

    1. Durch einen Arbeitsplatzwechsel wird ein Angestellter vorübergehend arbeitslos.
    2. In der Phase des Abschwungs steigt die Zahl der Arbeitslosen an.
    3. Ein Kellner im Wintersportort Garmisch-Partenkirchen wird zum Sommerbeginn arbeitslos.
    4. Weil sich in den letzten Jahren die Nachfrage nach Autos zu Lasten von Fahrrädern verschoben hat, werden in der Automobilindustrie Arbeitskräfte entlassen.

16. Was sind die Ursachen der Arbeitslosigkeit in einer Volkswirtschaft?

17. Wann kann man von einem positiven Außenbeitrag sprechen?

18. Welche Ziele konkurrieren miteinander, wenn die Erhaltung bzw. Erreichung der Vollbeschäftigung durch Exportförderung erreicht werden soll?

19. Warum wird die Forderung nach einem „Außenwirtschaftlichen Gleichgewicht" erhoben?

20. Warum fordert das Stabilitätsgesetz ein „stetiges und angemessenes" Wirtschaftswachstum und nicht ein „maximales"?

21. Was ist unter Stagflation zu verstehen?

22. Warum wurde die Forderung nach einer lebenswerten Umwelt in den Zielkatalog aufgenommen?

23. Erklären Sie den Zielkonflikt zwischen
    a) Preisstabilität und Wirtschaftswachstum,
    b) Wachstum und Umweltschutz,
    c) außenwirtschaftlichem Gleichgewicht und Preisstabilität.

24. Nennen Sie ein Beispiel für Zielharmonien, und beschreiben Sie es.

25. Indikatoren (Maßgrößen) geben Auskunft darüber, ob die Ziele des Stabilitätsgesetzes erreicht wurden oder nicht.
    Nennen Sie den/die Indikatoren für das Ziel
    a) außenwirtschaftliches Gleichgewicht,
    b) hoher Beschäftigungsgrad,
    c) Preisniveaustabilität,
    d) angemessenes, stetiges Wirtschaftswachstum.

26. Wegen der Weihnachtszeit steigt das Bruttoinlandsprodukt um 2,5 % gegenüber dem gleichen Zeitraum des Vorjahres. Warum kann man daraus nicht auf einen verbesserten Konjunkturverlauf schließen?

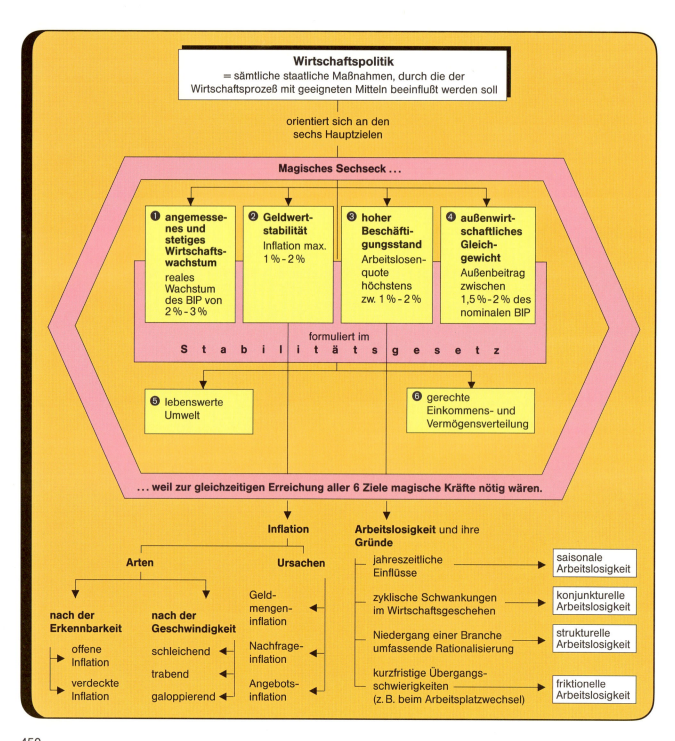

12.3 Staatliche Konjunkturpolitik

1. Welche wirtschaftlichen Auswirkungen kann das Bauvorhaben des Staates auf die Gesamtwirtschaft haben?
2. Nennen Sie weitere staatliche Maßnahmen zur Ankurbelung der Wirtschaft.

Information

Wie die Betrachtung des wirtschaftlichen Geschehens gezeigt hat, befindet sich die Volkswirtschaft entweder in einer Abschwungsphase mit Arbeitslosigkeit und geringen Wachstumsraten oder in einer Aufschwungsphase mit steigenden Preisen. Diese Schwankungen sind wegen ihrer negativen Begleiterscheinungen unerwünscht. Um den Wirtschaftsablauf so zu beeinflussen, daß für die Wirtschaft die größten Vorteile entstehen bzw. Nachteile und Belastungen vermieden werden können, muß der Staat in den wirtschaftlichen Ablauf eingreifen.

Dabei besteht das Ziel der **Wirtschaftspolitik** darin, die konjunkturellen Schwankungen (Boom; Depression) durch rechtzeitiges *Gegensteuern* zu glätten bzw. auszuschalten. Die Hochkonjunktur soll gedämpft, die Konjunkturflaute gebremst und überwunden werden, so daß ein gleichmäßiges und stetiges Wachstum erreicht werden kann. Der konjunkturelle Idealverlauf wäre der Wachstumstrend (siehe Abb. S. 452).

Staatliche Einzelmaßnahmen reichen hierzu nicht aus. Vielmehr müssen *gesamtwirtschaftliche (=globale) Größen* beeinflußt werden, wie z. B. die gesamtwirtschaftliche Nachfrage nach Gütern (Konsum- oder Investitionsgüter), das Volkseinkommen oder die Geldmenge **(= Globalsteuerung),** um den gesamtwirtschaftlichen Fehlentwicklungen wirksam entgegenwirken zu können. Dabei sollen die gesamtwirtschaftliche Nachfrage und das gesamtwirtschaftliche Angebot gemäß Stabilitätsgesetz (→ Sicherung des gesamtwirtschaftlichen Gleichgewichts) harmonisch wachsen, ohne daß es zu Arbeitslosigkeit oder inflationären Preissteigerungen kommt.

Die Träger der Wirtschaftspolitik sind Bund, Länder und die Deutsche Bundesbank (DBB). Sie versuchen gemeinsam bei Störungen des Wirtschaftsablaufs mit

– strukturpolitischen und

– **konjunkturpolitischen**

Gegenmaßnahmen die Ursachen zu beseitigen, damit die Wirtschaft möglichst schwankungslos abläuft.

Im Rahmen der **Konjunkturpolitik** (man könnte sie als *kurzfristige Wirtschaftspolitik* bezeichnen), unterscheidet man

- Konjunkturpolitik der DBB[1].
  Die DBB soll den Staat mit ihren geldpolitischen Instrumenten unterstützen = *Geldpolitik* (monetäre Konjunkturpolitik).

- Konjunkturpolitik des Staates
  Eine wichtige Rolle spielt dabei die **Fiskalpolitik** (= finanzwirtschaftliche Maßnahmen).

> **Konjunkturpolitik** = Staatliche Eingriffe in das Wirtschaftsgeschehen, um Konjunkturschwankungen so gering wie möglich zu halten.

Fiskalpolitik

Wichtigstes staatliches Steuerungsmittel zur Konjunkturbeeinflussung ist die Fiskalpolitik. Die staatliche Konjunktursteuerung mit Hilfe der Fiskalpolitik bedeutet, daß der Staat die Konjunktur *über den Staatshaushalt* (mit öffentlichen Finanzmitteln) beeinflußt (daher auch der Name „Haushalts- oder Finanzpolitik").

---

[1] Auf die konjunkturpolitischen Instrumente der DBB wird im Rahmen dieses Buches nicht eingegangen.

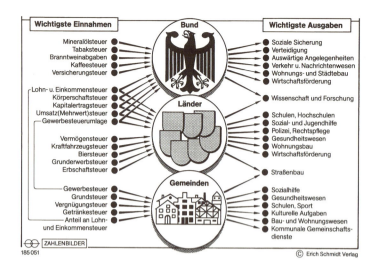

Bei seiner Haushaltspolitik nimmt er **mit Veränderungen seiner Ausgaben und Einnahmen** Einfluß, insbesondere auf die gesamtwirtschaftliche Nachfrage, und versucht dadurch, den gesamtwirtschaftlichen Verlauf in die wirtschaftspolitisch gewünschte Richtung zu lenken. Die Ausgaben und Einnahmen werden so ausgerichtet, daß die Konjunkturzyklen **nicht** verstärkt werden. Es wird im Gegenteil eine Haushaltspolitik betrieben, die den Ausschlägen der Konjunkturwellen *entgegengerichtet (= antizyklisch)* ist. Werden fiskalpolitische Maßnahmen entgegen dem Konjunkturzyklus eingesetzt, so spricht man von **antizyklischer Fiskalpolitik**.

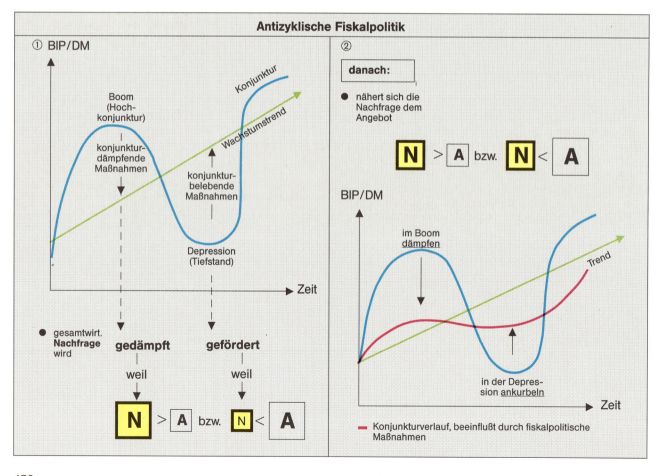

| **Fiskalpolitik** = | Staatliche Konjunktursteuerung mit den Mitteln der Ausgaben- und Einnahmenpolitik. (= Konjunktursteuerung über den Staatshaushalt) |

Wie im Kapitel 12.1 beschrieben wurde, sind Konjunkturschwankungen das Ergebnis der *Entwicklung der Gesamtnachfrage* nach Gütern und Dienstleistungen. Störungen des gesamtwirtschaftlichen Gleichgewichts treten ein, wenn *die Nachfrage* das vorhandene Angebot übersteigt (Boom mit Inflationsgefahren) oder dahinter zurückbleibt (Depression mit Massenarbeitslosigkeit).

Als *Nachfragebereiche* können unterschieden werden:

– Nachfrage der privaten Haushalte nach Konsumgütern
– Nachfrage der Unternehmen nach Investitionsgütern
– Nachfrage des Staates
– Nachfrage des Auslandes (Export)

Auf diese einzelnen Nachfragebereiche soll von der Fiskalpolitik eingewirkt werden, und zwar so, daß

– eine inflationäre Überhitzung der **Nachfrage gedämpft** oder

– eine mangelnde bzw. rückläufige **Nachfrage**entwicklung **aufgefangen, angeregt** und wieder **verstärkt** wird (vgl. Kurvenverlauf in der Abbildung Seite 452).

Nach dem Stabilitätsgesetz sind hierzu folgende zwei Möglichkeiten mit Hilfe fiskalpolitischer Maßnahmen denkbar:

● Die *Steuerung der staatlichen Nachfrage* durch eine konjunkturgerechte Haushaltspolitik **(= Ausgabenpolitik).**

● Die *Steuerung der privatwirtschaftlichen Nachfrage* der privaten Haushalte (Konsum) und Unternehmen (Investitionen) vorwiegend durch das Mittel der Steuerpolitik **(= Einnahmenpolitik).**

Mit Gesetzen und Finanzhilfen will Bonn Aufschwung Ost starten

In seinem Schreiben an die Ministerpräsidenten betonte der Bundeskanzler, daß es jetzt „einer gemeinsamen Anstrengung von Bund, Ländern, Gemeinden, Tarifparteien, Verbänden und aller gesellschaftlichen Gruppen" bedürfe, um die schwierige Situation in Ostdeutschland zu überwinden.

Zur Finanzierung des Gemeinschaftswerks beschloß das Bundeskabinett gestern auch die angekündigten Steuererhöhungen und eine Reihe begleitender Gesetze, die bereits in der kommenden Woche im Bundestag beraten werden sollen.

– In einem „Solidaritätsgesetz" soll die genannte Ergänzungsabgabe von 7,5 Prozent auf die Lohn-, Einkommen- und Körperschaftsteuerschuld vom 1. Juli 1991 bis zum 30. Juni 1992 enthalten sein. Dazu gehört auch die Erhöhung der Mineralölsteuer auf Benzin, Diesel, leichtes Heizöl und Erdgas, die Anhebung der Versicherungssteuer und der Tabaksteuer ab 1992. Dieses Gesetz bedarf nicht der Zustimmung des Bundesrates.

– Mit dem zustimmungsbedürftigen „Steueränderungsgesetz 1991" ist die Anhebung der Kilometergeldpauschale von 50 auf 65 Pfennig und eine Erhöhung der Kraftfahrzeugsteuer für Diesel-Pkw um 8 DM je 100 Kubikzentimeter Hubraum verbunden. Enthalten ist die befristete Sonderabschreibung bis zu 50 Prozent für Betriebsgebäude und Ausrüstungsinvestitionen in den neuen Ländern. Wer in den neuen Ländern wohnt oder arbeitet, erhält einen zusätzlichen Tariffreibetrag in der Lohn- und Einkommensteuer von 600/1 200 DM pro Jahr (Ledige/Verheiratete). Das Steueränderungsgesetz sieht weiter den Verzicht auf die Erhebung der Vermögen- und Gewerbekapitalsteuer in den neuen Ländern und den Abbau der Berlin- und Zonenrandförderung vor.

Mit dem „Gemeinschaftswerk" über 24 Milliarden DM soll die Zahl der Arbeitsbeschaffungsmaßnahmen drastisch ausgeweitet werden. Dafür sind in diesem Jahr 2,5 Milliarden DM (1992: drei Milliarden) vorgesehen. Die ostdeutschen Gemeinden erhalten fünf Milliarden DM als Investitionspauschale zur Erneuerung von Schulen, Krankenhäusern oder Altenheimen. Zur beschleunigten Verbesserung der Verkehrswege werden in diesem Jahr 1,4 Milliarden und 1992 weitere 4,2 Milliarden DM eingesetzt. Für die Modernisierung des Wohnungsbestandes stehen in beiden Jahren jeweils 1,1 Milliarden DM bereit.

Die stärkere Förderung privater Investitionen führt zu Steuermindereinnahmen von jeweils 600 Millionen DM. Dieselben Beträge stehen zusätzlich für die regionale Wirtschaftsförderung bereit. Die Werfthilfen schlagen mit 130 bzw. 140 Millionen DM zu Buche. Dazu kommen dreistellige Millionenbeträge für den Umweltschutz, den Hochschulbau im Osten und Hilfen für die Landwirtschaft.

aus: HAZ vom 09./10. 03. 91

Ausgabenpolitik (§§ 5, 6, 8 – 12 StabG)

Ausgabenpolitik bedeutet, daß **der Staat seine öffentlichen Ausgaben erhöht oder senkt, um die Nachfrage zu beeinflussen** und damit der Konjunktur entgegenzuwirken.

– Werden Ausgaben gekürzt, wird über die verringerte Nachfrage die Konjunktur gedämpft.

– Werden umgekehrt die Ausgaben erhöht, wird Nachfrage erzeugt bzw. verstärkt und damit die Konjunktur angekurbelt.

Solange es in der Wirtschaft Arbeitslose und freie Kapazitäten in den Unternehmen gibt, *wirkt* diese Nachfragebelebung *nicht inflatorisch*.

Um die **staatliche Nachfrage** steuern zu können, wird gefordert, daß die öffentlichen Haushalte[1], die der jeweiligen Konjunkturlage anzupassen sind, einen wachsenden Anteil am Sozialprodukt haben sollen.

Langfristige Entwicklung der öffentlichen Verschuldung

Zeitraum/Jahr	Stand am Ende des Zeitraums bzw. Jahres		Zunahme im Jahresdurchschnitt bzw. gegen Vorjahr
	Mrd DM	% des BIP	%
1955 bis 1959	50	18,4	5,1
1960 bis 1964	74	17,6	8,3
1965 bis 1969	118	19,8	9,8
1970 bis 1974	192	19,6	10,3
1975 bis 1979	414	29,8	16,6
1980 bis 1984	718	41,0	11,6
1985 bis 1989	929	41,8	5,3
1990 bis 1994	1 662	50,1	12,3
1991[1]	1 174	41,1	11,4
1992	1 345	43,7	14,6
1993	1 509	47,8	12,2
1994	1 662	50,1	10,1
1995	1 996	57,7	20,1
1996	2 135	60,3	7,0

[1] Ab 1991 Gesamtdeutschland   Deutsche Bundesbank

Seit Bestehen der Bundesrepublik haben sich die Staatsschulden nahezu verhundertfacht: Aus den 22 Milliarden Mark des Jahres 1951 sind inzwischen über zwei Billionen Mark geworden. Zwar ist im gleichen Zeitraum auch die deutsche Wirtschaftsleistung gestiegen, jedoch bei weitem nicht so schnell wie die Schuldenlast. Während die Staatsschulden im Jahr 1951 erst 23 % des Bruttoinlandsprodukts ausmachten, entsprachen sie 1981 bereits 35,5 % der gesamtwirtschaftlichen Leistung. 1991 brachte dann die deutsche Vereinigung einen großen Schuldenschub: Die Last hat sich seitdem von 1 174 Milliarden Mark auf 2 154 Milliarden Mark (1996) fast verdoppelt und beträgt heute nach Angaben der Deutschen Bundesbank 60 % des Sozialprodukts.

Ein beschleunigtes oder vermindertes Wachstum der öffentlichen Ausgaben, speziell sind dabei die Investitionen gemeint, die für den Konjunkturverlauf von zentraler Bedeutung sind, hat daher einigen Einfluß auf die Entwicklung der Gesamtwirtschaft.

Die fiskalpolitischen Maßnahmen im Rahmen der Ausgabenpolitik sind im einzelnen:

● Bildung bzw. Auflösung von **Konjunkturausgleichsrücklagen**

Die Konjunkturausgleichsrücklage ist ein zinsloses Sperrkonto der öffentlichen Hand bei der DBB. Entstandene Haushaltsüberschüsse können, wenn konjunkturpolitisch wünschenswert, der Konjunkturausgleichsrücklage zugeführt oder zur Schuldentilgung verwendet werden. In beiden Fällen werden dadurch Gelder, die sonst der Nachfrageerhöhung dienen würden, dem Wirtschaftskreislauf entzogen.

Die stillgelegten Mittel können wieder aufgelöst werden, wenn der Staat seine und damit die gesamtwirtschaftliche Nachfrage ausdehnen möchte.

● Aufschieben bzw. Beschleunigung **von ausgabewirksamen Maßnahmen**

Zum Beispiel für Investitionen im Wohnungs- und Straßenbau oder für Schulen.

Die staatlichen Mehr- oder Minderausgaben können bewirken, daß die gesamtwirtschaftliche Nachfrage den Umfang der ursprünglich verausgabten bzw. stillgelegten Gelder erheblich übersteigt.

---

[1] öffentliche Haushalte = Einnahmen und Ausgaben des Staates

Beispiel

Der Staat vergibt Aufträge für den Straßenbau. Gesamtwirtschaftliche Wirkung:

Die Größe, die angibt, um das Wievielfache einer Investition das Volkseinkommen wächst, nennt man *Multiplikator*; man spricht in dem im Schaubild gezeigten Zusammenhang vom **Multiplikatoreffekt.** Die Größe, die angibt, wie sich die Nachfrage nach Investitionsgütern verändert, wenn die Konsumgüternachfrage steigt oder fällt, wird *Akzelerator* genannt.

Beispiel für den Akzeleratoreffekt:

Durch die Zunahme der Beschäftigung (Phase 4) steigt das Einkommen der privaten Haushalte (Phase 5) und bewirkt, daß die Konsumgüternachfrage steigt (Phase 6). Die wachsende Nachfrage nach Konsumgütern verbessert das Konjunkturklima, erhöht wiederum die Produktion und die Beschäftigung in den Unternehmen und führt letztlich zu weiteren zusätzlichen Investitionen (Phase 8).

Multiplikator- und Akzeleratoreffekt bewirken demnach, daß die gesamtwirtschaftliche Nachfrage wächst, und zwar nicht nur in Höhe der zusätzlichen Staatsaufträge (Phase 1). Die Nachfrage weitet sich weiter aus, vergleichbar mit einem rollenden Schneeball, der mit jeder Umdrehung größer wird.

In der Hochkonjunktur sind ausgabewirksame Maßnahmen möglichst zu vermeiden. So können z. B. geplante Ausgaben zeitlich verschoben, vorläufig gesperrt oder endgültig gestrichen werden. Auch in diesem Fall kann der ursprüngliche Nachfragerückgang sich um ein Vielfaches verstärken. Er verringert sich dann nicht nur in Höhe der geplanten Ausgabenkürzungen, sondern er weitet sich weiter aus.

Staatliche Gelder sollten stets beschleunigt ausgegeben werden *in Zeiten wirtschaftlicher Abschwächung.* In dieser Phase der konjunkturellen Krise, die geprägt ist von sinkenden Preisen, Arbeitslosigkeit und *mangelnder Nachfrage*, muß der Staat Nachfrage schaffen durch vermehrte Staatsaufträge, wie beispielsweise durch die Erweiterung des Fuhrparks bei Post und Bahn, die nun früher als geplant stattfindet.

Die zusätzlichen Ausgaben werden finanziert entweder durch die Auflösung einer vorher gebildeten Konjunkturausgleichsrücklage oder durch Kredite der Deutschen Bundesbank. Damit wird eine dritte fiskalpolitische Maßnahme angesprochen.

● Beschränkung bzw. Ausweitung der **Kreditfinanzierung**

Verschuldet sich der Staat, um zusätzliche Ausgaben zu finanzieren, so spricht man von **deficit spending.** Der Staat gibt mehr aus als er einnimmt (Haushaltsdefizit) und versucht so die Konjunktur anzuregen.

Bei anhaltender Kreditaufnahme besteht allerdings die Gefahr, daß sich der Staat hoch verschuldet. Die Zahlungen für die Tilgung und die Zinsen der Kredite können dann so hoch sein, daß zur Finanzierung anderer wichtiger Staatsaufgaben kein Geld mehr vorhanden ist.

Wird die öffentliche Kreditaufnahme beschränkt, so ist das gleichzusetzen mit einer Verminderung der Staatsausgaben und einer Dämpfung der Nachfrage und Konjunktur.

Das **Volumen des Etats** sinkt erstmalig im Vergleich zu früheren Jahren. 1996 war der Etatansatz 451,3 Mrd. DM. 1997 soll er nur noch 440,2 Mrd. DM betragen

Damit bewegt sich der Bundesetat im Gleichschritt mit anderen europäischen Ländern, die die staatliche Aktivität zurückführen möchten.

Die **Nettokreditaufnahme** liegt 1997 nur noch bei 56,5 Mrd. DM.

Damit will die Bundesregierung die Maastricht-Kriterien einhalten, die die Staatsverschuldung beschränken. 1996

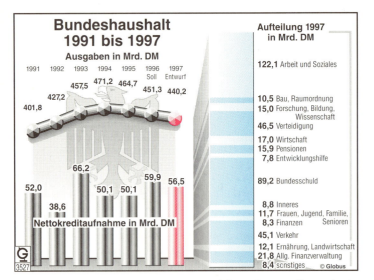

wird es der Bundesregierung nicht gelingen, die geplante Nettokreditaufnahme bei den geplanten 59,9 Mrd. DM zu belassen. Die Opposition im Bundestag hat vorgerechnet, daß sie in diesem Jahr auf ca. 70 Mrd. explodieren wird.

Eine Reihe von Ressorts mußte erheblich bluten. So erhielt der Verteidigungsetat nur 46,5 Mrd. DM gegenüber ca. 50 Mrd. in der Vergangenheit. Das Verteidigungsministerium kann mit dem geringeren Etatansatz wichtige Rüstungsvorhaben nur noch bedingt durchführen. Weiterhin birgt der Etat des Verteidigungsministeriums das Risiko, daß weitere Sparmaßnahmen zu erneuten Kürzungen führen.

Im **Sozialhaushalt** hat die Bundesregierung rigoros gespart, damit die Sozialasten gegenüber der Vergangenheit zurückgeführt werden können. Damit will die Bundesregierung den Standort Deutschland stärken, die Eigenverantwortlichkeit der Betroffenen ausbauen und die Lohnnebenkosten erheblich reduzieren. So wird die Bundesanstalt für Arbeit keine Bundeszuschüsse mehr erhalten, obwohl die Zahl der Arbeitslosen sich weiterhin auf einem sehr hohen Niveau bewegen wird. Bei den derzeitigen Zahlungen zur Arbeitslosenversicherung der aktiv Beschäftigten ist aber schon jetzt klar, daß ohne weitere Leistungskürzungen der Haushalt der Bundesanstalt für Arbeit nicht ausgeglichen werden kann.

Einnahmenpolitik (§§ 26 – 28 StabG)

Die Politik über den Staatshaushalt soll durch Maßnahmen **zur Steuerung der privatwirtschaftlichen Nachfrage** ergänzt werden.

Durch Heraufsetzen oder Herabsetzen der Steuersätze soll die gesamtwirtschaftliche Nachfrage beeinflußt und damit dem Konjunkturverlauf entgegengewirkt werden.

Fiskalpolitische Maßnahmen im Rahmen der Einnahmenpolitik können sein:

● Erhöhung bzw. Senkung der **Einkommen- und Körperschaftsteuer**

Wird beispielsweise die Steuerbelastung erhöht, so werden

– die privaten Haushalte weniger Einkommen zur Verfügung haben und die Nachfrage nach Konsumgütern zurückgehen,
– die Unternehmen weniger investieren und produzieren,
– die Nachfrage nach Investitionsgütern nachlassen.

Wird allerdings die Steuerbelastung von privaten Haushalten und Unternehmern in der bestehenden Hochkonjunktur schon als zu hoch eingestuft, so ist die fiskalpolitische Maßnahme der Steuererhöhung zur Nachfragedrosselung und Konjunkturdämpfung wirkungslos. Des weiteren besteht die große Gefahr, daß bei solchen Maßnahmen die Konjunktur*bremse* von der Bundesregierung zu stark „angezogen" wird.

Steuersenkungen vergrößern das verfügbare Einkommen. Dadurch sollen die Unternehmen zum Investieren veranlaßt werden und die privaten Haushalte Anreize zu mehr Konsum erhalten.

Die Einkommen- und Körperschaftsteuer kann längstens für ein Kalenderjahr bis zu 10 % gesenkt bzw. erhöht werden (Zustimmung von Bundestag und Bundesrat erforderlich).

Investitionsprämien hingegen sollen die Nachfrage anregen. Sie werden gewährt in Form eines steuerlichen Abzugs: 7,5 % des Investitionsaufwands können von der Einkommen- und Körperschaftsteuer abgezogen werden. Investitionsprämien sollen die Unternehmen zu erhöhten Investitionen veranlassen.

Beispiel:

In dem Unternehmen Flüchter OHG beträgt die Steuerschuld 100 000 DM. In diesem Jahr wurden Investitionen in Höhe von 400 000 DM durchgeführt. Das Unternehmen kann bei Gewährung einer Investitionsprämie von 7,5 % 30 000,00 DM von der Steuerschuld abziehen.

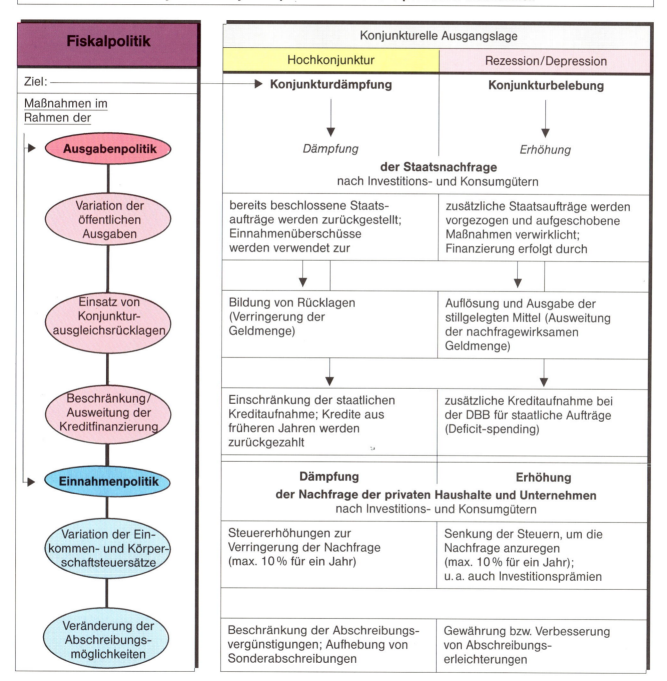

- Gewährung bzw. Aussetzung von **Abschreibungsvergünstigungen**

  Abschreibungsmöglichkeiten werden beschränkt, z. B. durch die Aufhebung von Sonderabschreibungen. Dadurch steigt der zu versteuernde Gewinn, so daß höhere Steuern an das Finanzamt zu zahlen sind. Diese Maßnahme hat zum Ziel, die gesamtwirtschaftliche Nachfrage zu verringern und so die Konjunktur zu dämpfen.

  Die Verbesserung von Abschreibungsmöglichkeiten, z. B. durch die Erhöhung von Abschreibungssätzen oder die Einführung von Sonderabschreibungen (z. B. Sonderabschreibung „Ost"), soll durch die Steuerersparnis zu zusätzlichen Investitionen führen und die Konjunktur beleben.

  Die Variation der Abschreibungsmöglichkeiten ist gesetzlich auf ein Jahr beschränkt und muß von Bundesrat und Bundestag gebilligt werden.

Insgesamt verhält sich der Staat mit seiner antizyklischen Fiskalpolitik wie vorsichtige Eltern, die in Zeiten, wo es der Familie gut geht, Rücklagen bilden, die sie in schlechten Jahren verwenden, um dann der Familie den gewohnten Lebensstandard zu sichern.

Die antizyklische Fiskalpolitik muß mit den Ländern und Gemeinden abgestimmt werden. Dafür gibt es den Konjunkturrat, dem der Bundesfinanzminister, je ein Vertreter eines jeden Bundeslandes und vier Vertreter der Gemeinden und der Gemeindeverbände angehören.

Welche fiskalpolitischen Maßnahmen in welcher Konjunkturphase eingesetzt werden können, um **dem Konjunkturverlauf antizyklisch entgegensteuern** zu können, zeigt die Übersicht auf der folgenden Seite.

Probleme der antizyklischen Fiskalpolitik

Häufig zeigt die antizyklische Fiskalpolitik nicht die beabsichtigte Wirkung. Mitunter wirkt sie sogar prozyklisch, d. h., anstatt der konjunkturellen Entwicklung entgegenzuwirken, verstärkt sie die Konjunkturausschläge.

Die **Grenzen der Fiskalpolitik** sind folgende:

- Die künftige konjunkturelle Entwicklung kann nur ungenau eingeschätzt werden, so daß die Wahl des richtigen Zeitpunkts zum Gegensteuern verfehlt werden kann. Ein zu früher Einsatz kann beispielsweise die Volkswirtschaft schnell wieder in die Hochkonjunktur mit den dargestellten negativen Folgewirkungen führen.

- Die eingeleiteten staatlichen Maßnahmen zeigen keine oder nur geringe Wirkung.
- Die Mittel der Fiskalpolitik werden entweder nicht nachhaltig genug oder zu stark eingesetzt. So kann es beispielsweise bei übertrieben hohen Staatsaufträgen an die Wirtschaft leicht zu unerwünschten Preissteigerungen kommen.
- Der *Staat beeinflußt* mit dem Mittel der Einnahmenpolitik *die gesamtwirtschaftliche Nachfrage nur indirekt.*
  - Er kann zwar günstige wirtschaftliche Voraussetzungen schaffen, er kann aber z. B. keine Investitionsentscheidungen erzwingen. Oder umgekehrt: Schätzen die Unternehmer ihre zukünftigen Gewinnaussichten optimistisch ein, dann werden sie auch dann investieren, wenn die Steuersätze angehoben werden.

- Auf Steuererhöhungen können die Konsumenten durch verringertes Sparen reagieren, so daß die beabsichtigte Nachfragedrosselung nicht eintritt.

  Die tatsächliche Veränderung der gesamtwirtschaftlichen Nachfrage ist daher ganz entscheidend von den Reaktionen der privaten Haushalte und Unternehmen abhängig. Lassen sie sich nicht zu einer entsprechenden Reaktion veranlassen, so wirken die fiskalpolitischen Mittel nur eingeschränkt.

- Fiskalpolitische Maßnahmen sind politisch oftmals nicht durchsetzbar, wie Proteste gegen bestimmte Bauvorhaben oder gegen Steuererhöhungen zeigen.

- Staatliche Ausgabenkürzungen in der Phase des Abschwungs sind nur bedingt möglich. Ein erheblicher Teil der Staatsausgaben besteht nämlich aus Personalkosten; Löhne und Gehälter können aber nicht gekürzt werden.
- Fiskalpolitik findet getrennt von der Geldpolitik der Deutschen Bundesbank (DBB) statt. So kann die DBB z. B., weil sie Gefahren für den Geldwert sieht, eine Politik des „knappen Geldes" mit hohen Zinsen verfolgen, während der Staat mit fiskalpolitischen Maßnahmen versucht, die Wirtschaft anzukurbeln.
- Zunehmende staatliche Verschuldung schränkt durch steigende Tilgungs- und Zinszahlungen die fiskalpolitischen Möglichkeiten ein.
- Die Koordinierung der Fiskalpolitik zwischen Bund, Ländern und Gemeinden ist häufig sehr schwierig.

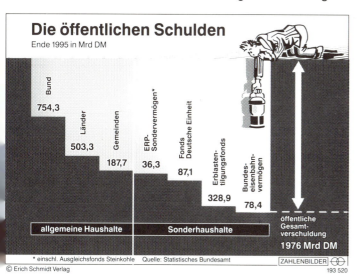

Aufgaben

1. Was verstehen Sie unter Fiskalpolitik?
2. Warum sollen fiskalpolitische Maßnahmen antizyklisch eingesetzt werden?
3. Nennen Sie je zwei Maßnahmen, mit denen der Staat
   a) in der Hochkonjunktur,
   b) in der Rezession/Depression
   die Nachfrage bzw. die Konjunktur beeinflussen kann.
4. Was ist der Zweck der Maßnahmen, die Sie als Antwort zu der Aufgabe 3 a und 3 b gegeben haben?
5. Welche zwei Möglichkeiten sind nach dem Stabilitätsgesetz denkbar, um die gesamtwirtschaftliche Nachfrage mit Hilfe der Haushaltspolitik zu beeinflussen?
6. Nennen Sie die fiskalpolitischen Maßnahmen, die möglich sind im Rahmen der
   a) Ausgabenpolitik,
   b) Einnahmenpolitik.
7. a) Welche wirtschaftliche Wirkung erzeugt die Senkung der Abschreibungssätze?
   b) In welcher Konjunkturphase sollte diese fiskalpolitische Maßnahme eingesetzt werden?
8. Was verstehen Sie unter Deficit-spending?
9. In welcher konjunkturellen Phase ist die Verschuldung des Staates konjunkturpolitisch sinnvoll?
10. Welche Wirkung auf die Volkswirtschaft hätte
    a) die Erhöhung der Staatsausgaben in der Phase der Hochkonjunktur?
    b) die Einkommensteuersenkung in der Phase der Depression?
11. Wie müßten Bund, Länder und Gemeinden ihre fiskalpolitischen Instrumente nach dem Stabilitätsgesetz einsetzen, um einer Konjunkturüberhitzung gegenzusteuern?
    a) Bei den Steuersätzen?
    b) Bei den staatlichen Aufträgen?
    c) Bei den Abschreibungssätzen?
12. Was will der Staat bezwecken, wenn in der Phase des Boom die Staatsausgaben kleiner sind als die Staatseinnahmen?
13. Welche der folgenden staatlichen Maßnahmen können als *antizyklisch* bezeichnet werden?
    Begründen Sie Ihre Antworten.
    <u>Staatliche Maßnahmen:</u>
    a) In der Depression senkt die Bundesregierung ihre Staatsausgaben, um so die Staatsverschuldung zu verringern.
    b) Die degressive Abschreibung wird in der Phase des Abschwungs von 20 % auf 25 % erhöht.
    c) In der Hochkonjunktur wird die Erhebung einer Investitionssteuer von 10 % beschlossen.
    d) Die Bundesregierung löst in der Phase der Depression die Konjunkturausgleichsrücklage auf.
    e) In der Boomphase wird die Senkung der Einkommensteuer beschlossen.
14. Warum ist die Gewährung von Sonderabschreibungen geeignet, die Konjunktur zu beleben?
15. Welche Probleme der antizyklischen Fiskalpolitik werden in der Karikatur auf Seite 458 angesprochen?

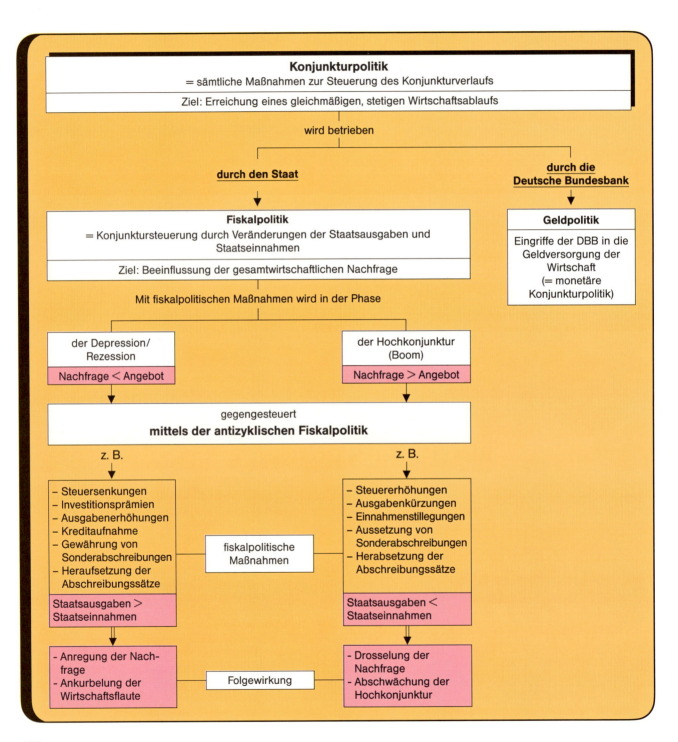

13 Die Berufstätigkeit

13.1 Grundlagen für die Einstellung von Mitarbeitern

Wir sind ein junges Team in einem dynamischen Unternehmen der Depotkosmetik.

Wir haben ehrgeizige Ziele und sind an aktiven Mitarbeitern interessiert.

Wir suchen heute

eine Kosmetik-Verkäuferin
einen Kosmetik-Verkäufer

für ein Warenhaus in

Bielefeld

Wir erwarten von unseren neuen Mitarbeitern

- überdurchschnittliche Einsatzbereitschaft
- die Fähigkeit, vorhandene Fachkenntnisse in verkäuferische Argumente umzusetzen
- weitgehend selbständiges, kreatives Arbeiten
- sicheres Auftreten, Durchsetzungsvermögen

Wir bieten Ihnen teamorientiertes Arbeiten, leistungsgerechte Bezahlung und interessante Sozialleistungen.

Ihre Bewerbung sollte uns bereits von der Notwendigkeit eines Vorstellungsgespräches überzeugen. Bei evtl. Fragen wenden Sie sich bitte an unsere Gebietsverkaufsleitung

Herrn Klepzig, Telefon (05 11) 63 62 61

zu erreichen montags in der Zeit zwischen 9.00 und 13.00 Uhr.

Oder schriftlich an: Herrn Manfred Klepzig Vahrenheider Markt 8, 30179 Hannover

---

Wir suchen für unsere Boutique in Hannover

1. Verkäuferin
1. Verkäufer

Gute Fachkenntnisse, modisches Feeling und Selbständigkeit sind Voraussetzung.

Bewerbung mit Lebenslauf, Zeugnissen und Lichtbild richten Sie bitte an:

Textilhandels GmbH
38103 Braunschweig
Heinrich-Büssing-Ring 14

Substitutin/Substituten
Abt.-Leiterin/Abt.-Leiter

für die Abteilungen
Geschenkartikel/Glas/Porzellan, Haushaltswaren, Möbel, Rundfunk/Fernsehen, Computer/Bürotechnik, Teppiche/Gardinen, Süßwaren, Lebensmittel.

Wir erwarten

- eine abgeschlossene Ausbildung als Einzelhandelskauffrau/Einzelhandelskaufmann
- Berufserfahrung als Verkäufer/in, 1. Kraft oder Substitut/in
- gute Fachkenntnisse, Einsatzbereitschaft und Engagement für Ihre berufliche Weiterbildung

Wir bieten

- eine anspruchsvolle systematische Einarbeitszeit durch erfahrene Führungskräfte in unseren Filialen
- eine Vertiefung der Kenntnisse durch fachbezogene und fachübergreifende Seminare
- den Einsatz als Substitut/in oder Abteilungsleiter/in nach erfolgreichem Abschluß der Einarbeitung

---

Stellen Sie die Unterlagen zusammen, die Sie benötigen, wenn Sie sich für eine der angebotenen Stellen bewerben wollen.

Information

Bewerbungsunterlagen

Bei den meisten Bewerbungen ist eine schriftliche Bewerbung üblich. Die Bewerbung soll Informationen enthalten, die dem Arbeitgeber bzw. dessen Personalbeauftragten eine Vorauswahl unter den Bewerbern erleichtert.

Zu den schriftlichen Bewerbungsunterlagen gehören:

- das Bewerbungsschreiben,
- ein Lichtbild (mit Namen und Anschrift auf der Rückseite),
- Lebenslauf,
- beglaubigte Zeugnisabschriften oder -kopien (schulische Zeugnisse, Zeugnis der Abschlußprüfung, Zeugnisse der bisherigen Arbeitgeber, Zeugnisse über zusätzlich erworbene Qualifikationen, z. B. Schreibmaschinen- oder Stenokurs).

Das Bewerbungsschreiben

In seinem Bewerbungsschreiben sollte der Bewerber

- den Anlaß der Bewerbung (z. B. Bezug auf Zeitungsanzeige) nennen,
- auf die besonderen Fähigkeiten, Erfahrungen, Kenntnisse und Qualifikationen, die für die neue Stelle gefordert werden, möglichst genau eingehen,
- seine bisherige Arbeitsstelle,
- den Grund der Bewerbung und
- den möglichen Arbeitsbeginn nennen,
- um Berücksichtigung der Bewerbung und persönliche Vorstellung bitten.

Gehaltsforderungen sollte er in seinem Bewerbungsschreiben nur stellen, wenn es in der Stellenanzeige ausdrücklich gewünscht wurde. Angaben zur Person sind nur dann zu machen, wenn sie im Lebenslauf nicht oder nicht ausführlich genug enthalten sind. Die dem Bewerbungsschreiben beigefügten Unterlagen werden unter „Anlagen" aufgeführt.

Das Bewerbungsschreiben kann mit der Maschine oder mit der Hand geschrieben werden. Es sollte

- auf weißem, unliniertem A4-Papier,
- mit einem breiten Rand links und Rändern am rechten Rand, Blattanfang und Blattende,
- äußerlich klar gegliedert,
- in sauberer äußerer Form ohne zu radieren geschrieben sein.

Da das Bewerbungsschreiben ein erstes positives Bild von dem Bewerber zeichnen soll, ist besonders auf fehlerfreie Rechtschreibung und Zeichensetzung zu achten.

Renate Langer   Bielefeld, 20.06.19..
Düsseldorfer Straße 8
33647 Bielefeld

Modemarkt
Jürgen Flessner
Arndtstraße 4

33602 Bielefeld

Bewerbung

Sehr geehrter Herr Flessner,

aufgrund Ihrer Anzeige in der "Neuen Westfälischen" vom 18./19.06.19.. bewerbe ich mich um die Stelle als 1. Verkäuferin in Ihrer DOB-Abteilung.

Zur Zeit bin ich noch bei der Firma "Modecenter" in Bielefeld, Obernstraße 18, als Verkäuferin in der Damenoberbekleidungsabteilung tätig. Hier konnte ich mir die Warenkenntnisse und Verkaufserfahrungen aneignen, die für die von Ihnen ausgeschriebene Stelle erforderlich sind.

Nähere Einzelheiten über meine Person und meinen beruflichen Werdegang können Sie meinem Lebenslauf und den beigefügten Zeugnissen entnehmen.

Meine jetzige Stelle möchte ich aufgeben, um einen Tätigkeitsbereich mit größerer Verantwortung zu übernehmen.

Ich könnte die Stelle in Ihrem Geschäft frühestens am 01.10... antreten.

Ich wäre Ihnen dankbar, wenn Sie meine Bewerbung berücksichtigen würden. Zu einer persönlichen Vorstellung bin ich jederzeit bereit.

Mit freundlichem Gruß

Renate Langer
Renate Langer

Anlagen
1 Lebenslauf
1 Lichtbild
2 Zeugnisse (Kopien)

Der Lebenslauf

Ein Lebenslauf wird normalerweise auf einem weißen, unlinierten A4-Blatt handschriftlich geschrieben. Er kann in Tabellenform oder in Aufsatzform verfaßt werden, wobei sich der tabellarische Lebenslauf gegenüber dem Lebenslauf in Aufsatzform immer stärker durchsetzt. Die Abfassung in Maschinenschrift ist auch möglich.

Der Lebenslauf soll zeitlich lückenlos sein und solche Dinge hervorheben, die für die angestrebte Stelle wichtig sind.

Er sollte nach folgenden Gesichtspunkten gegliedert sein:
- Name und Vorname,
- Tag und Jahr der Geburt,
- Geburtsort,
- Familienstand,
- Name und Beruf der Eltern,
- Schulbildung,
- Berufsausbildung,
- Beruftätigkeit,
- Besonderes (Fortbildung, besondere Fähigkeiten und Interessen),
- Ort und Datum,
- eigenhändige Unterschrift (Vor- und Zuname).

Renate Langer
Düsseldorfer Straße 8
33647 Bielefeld

Lebenslauf

Name:	Renate Langer
Geburtsdatum:	18.07.1966
Geburtsort:	Bielefeld
Familienstand:	ledig
Eltern:	Jürgen Langer, Maschinenschlosser Jutta Langer geb. Fricke, Verkäuferin
Schulbildung:	vom 01.08.1972 bis 31.07.1976 Grundschule Brackwede, vom 01.08.1976 bis 31.07.1982 Realschule Brackwede
Berufsausbildung:	vom 01.08.1982 bis 31.01.1985 Ausbildung zum Einzelhandelskaufmann bei der Firma "Modecenter", Obernstraße 18, 33602 Bielefeld
Berufstätigkeit:	seit dem 01.02.1985 bei der Firma "Modecenter" als Verkäuferin in ungekündigter Stellung beschäftigt
Besonderes:	Schreibmaschinenkurs an der Volkshochschule Bielefeld

Bielefeld, 20.06.19..

Renate Langer

Renate Langer   Bielefeld, 20.06.19..
Düsseldorfer Straße 8
33647 Bielefeld

Lebenslauf

Am 18. Juli 1966 wurde ich als Tochter des Maschinenschlossers Jürgen Langer und seiner Ehefrau Jutta Langer geb. Fricke, in Bielefeld geboren.

Vom August 1972 bis Juli 1976 besuchte ich die Grundschule in Brackwede. Vom August 1976 bis Juli 1982 war ich Schülerin der Realschule Brackwede.

Am 1. August 1982 begann ich eine Ausbildung als Verkäuferin bei der Firma "Modecenter" in Bielefeld. Nach eineinhalbjähriger Ausbildung legte ich die Verkäuferprüfung ab. Nach einem weiteren Jahr bestand ich die Prüfung als Einzelhandelskaufmann.

Seit dem 1. Februar 1985 bin ich in meinem Ausbildungsbetrieb in ungekündigter Stellung als Verkäuferin in der Damenoberbekleidungsabteilung beschäftigt.

Im letzten Jahr nahm ich an einem Schreibmaschinenkurs der Volkshochschule Bielefeld mit Erfolg teil.

Renate Langer
Renate Langer

Das Einstellungsgespräch

Nach einer Vorauswahl werden die Bewerber von dem einstellenden Betrieb zu einem Einstellungsgespräch eingeladen. In diesem Gespräch will der zukünftige Arbeitgeber einen persönlichen Eindruck von dem Bewerber gewinnen. Er will sich davon überzeugen, inwieweit die Kenntnisse und Fähigkeiten des Bewerbers den Anforderungen der ausgeschriebenen Stelle entsprechen.

Fragebogen

In vielen Betrieben ist es üblich, daß Arbeitnehmern vor ihrer Einstellung ein Fragebogen vorgelegt wird. Das Fragerecht des Arbeitgebers ist jedoch beschränkt.

Grundsätzlich darf er nur nach solchen Tatsachen fragen, die mit dem angebotenen Arbeitsplatz zusammenhängen.

Erlaubt sind Fragen nach

– beruflichem Werdegang,
– vorheriger Gehaltshöhe,
– chronischen Krankheiten oder Berufskrankheiten.

Verboten sind Fragen nach

– Gewerkschaftszugehörigkeit,
– bevorstehender Heirat,
– Krankheiten allgemeiner Art,
– Religions- und Parteizugehörigkeit,
– Schwangerschaft.

Erlaubte Fragen muß der Arbeitnehmer wahrheitsgemäß beantworten.

Aufgaben

1. Welche Unterlagen müssen einem Bewerbungsschreiben beigefügt werden?

2. Verfassen Sie ein Bewerbungsschreiben auf eine der Stellenanzeigen (S. 461).

3. Schreiben Sie Ihren Lebenslauf in tabellarischer und in Aufsatzform.

4. Welche der folgenden Fragen muß ein Bewerber in einem Fragebogen oder Einstellungsgespräch wahrheitsgemäß beantworten?

   a) Was haben Sie bisher verdient?

   b) Wo arbeitet Ihr Ehepartner?

   c) Sind Sie Gewerkschaftsmitglied?

   d) Sind Sie schwanger?

   e) Welche Kinderkrankheiten haben Sie gehabt?

   f) In welchem Betrieb haben Sie gelernt?

Die Einstellung von Mitarbeitern

● **Schriftliche Bewerbungen** enthalten

   – Bewerbungsschreiben,

   – Lebenslauf,

   – Zeugniskopien,

   – Lichtbild des Bewerbers.

● Im **Einstellungsgespräch** versucht der Einstellende festzustellen, ob die Qualifikation des Bewerbers den Anforderungen der angebotenen Stelle genügt.

● **Fragen** nach Tatsachen, die mit der angebotenen Stelle zusammenhängen, muß der Bewerber wahrheitsgemäß beantworten.

13.2 Der Individualarbeitsvertrag (Einzelarbeitsvertrag)

Petra Rötger hat sich bei Schreiber & Co. als Buchhalterin beworben. Während des Vorstellungsgesprächs vereinbart die Personalleiterin von Schreiber & Co. lediglich, daß Petra ab dem 01.10.19.. als Buchhalterin beschäftigt werden soll.

Welche weiteren Punkte hätten Petra und die Personalleiterin während des Vorstellungsgespräches unbedingt klären sollen?

Information

Abschluß des Arbeitsvertrages

Der Arbeitsvertrag wird zwischen einem Arbeitgeber und einem Arbeitnehmer abgeschlossen.

Minderjährige benötigen für den Abschluß eines Arbeitsvertrages grundsätzlich die Zustimmung ihres gesetzlichen Vertreters.

Der Arbeitsvertrag wird in der Regel schriftlich abgeschlossen. Gesetzlich ist der Abschluß des Arbeitsvertrages jedoch an keine Form gebunden. Für den Abschluß eines Arbeitsvertrages genügt auch eine mündliche Einigung zwischen Arbeitnehmer und Arbeitgeber über die wichtigsten Arbeitsbedingungen (Eintrittstermin, Art der Arbeitsleistung und Höhe der Vergütung). In vielen Bereichen ist die Schriftform von Arbeitsverträgen jedoch durch Tarifverträge vorgeschrieben.

In Betrieben mit mehr als zwanzig Arbeitnehmern muß der Arbeitgeber beim Abschluß des Arbeitsvertrages die Zustimmung des Betriebsrats einholen (siehe Kapitel 13.8).

Vertragsfreiheit

Grundsätzlich besteht beim Abschluß eines Arbeitsvertrages Abschlußfreiheit; d. h., die Beteiligten können frei darüber entscheiden, ob sie einen Arbeitsvertrag abschließen wollen. Die inhaltliche Gestaltungsfreiheit eines Arbeitsvertrages ist jedoch stark eingeschränkt durch

- gesetzliche Vorschriften (Gesetze und Rechtsverordnungen),
- Tarifverträge,
- Betriebsvereinbarungen.

Gesetze werden von den Parlamenten beschlossen: Bundesgesetze also vom Bundestag unter Mitwirkung des Bundesrates, Landesgesetze der einzelnen Bundesländer von deren Landtagen.

Rechtsverordnungen können von der Bundesregierung, einem Bundesminister oder einer Landesregierung erlassen werden, wenn diese durch ein Gesetz dazu ermächtigt sind.

Tarifverträge sind Vereinbarungen, die zwischen Gewerkschaften und Arbeitgeberverbänden oder einzelnen Arbeitgebern abgeschlossen werden.

Betriebsvereinbarungen sind Vereinbarungen zwischen dem Arbeitgeber und dem Betriebsrat über die Ordnung und die Arbeitsverhältnisse des einzelnen Betriebes.

Die gesetzlichen Bestimmungen, Tarifverträge und Betriebsvereinbarungen sollen den einzelnen Arbeitnehmer vor Benachteiligungen schützen. Ihre Inhalte stellen Mindestbedingungen dar, die durch den Arbeitsvertrag nicht unterschritten werden dürfen. Vertragsinhalte, die den Arbeitnehmer schlechter stellen, sind nichtig. Günstigere Vereinbarungen dürfen im individuellen Arbeitsvertrag jederzeit getroffen werden.

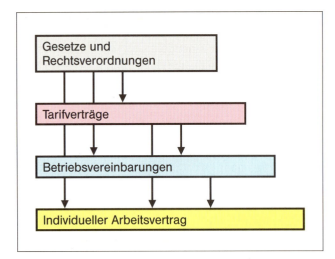

Beispiel:

Einem Arbeitnehmer stehen laut § 3 Entgeltfortzahlungsgesetz im Krankheitsfall sechs Wochen Gehaltsfortzahlung zu. Eine Vereinbarung im Arbeitsvertrag über acht Wochen Gehaltsfortzahlung ist gültig, weil sie den Arbeitnehmer besser stellt als die gesetzliche Regelung. Eine vertragliche Vereinbarung von vier Wochen Gehaltsfortzahlung wäre nichtig, weil sie den Arbeitnehmer schlechter stellt als das Gesetz.

Pflichten von Arbeitgeber und Arbeitnehmer

Mit dem Abschluß des Arbeitsvertrages übernehmen der Arbeitgeber und der Arbeitnehmer eine Reihe von Pflichten.

Die **Pflichten des Arbeitgebers** sind:

– **Vergütungspflicht:** Der Arbeitgeber muß für die erbrachte Arbeitsleistung des Arbeitnehmers eine Vergütung bezahlen. Der Arbeitgeber muß das Gehalt an seine kaufmännischen Angestellten spätestens am letzten Werktag des Monats bezahlen. Das Gehalt muß auch bei Arbeitsunfähigkeit wegen Krankheit bis zu sechs Wochen weiterbezahlt werden.

– **Beschäftigungspflicht:** Der Arbeitgeber ist verpflichtet, dem Arbeitnehmer nicht nur Gehalt zu zahlen, sondern ihn auch tatsächlich zu beschäftigen.

– **Urlaubsgewährungspflicht:** Der Arbeitgeber muß dem Arbeitnehmer in jedem Kalenderjahr bezahlten Erholungsurlaub gewähren. Laut Bundesurlaubsgesetz hat jeder Arbeitnehmer einen Urlaubsanspruch von mindestens 24 Werktagen. Die überwiegende Mehrzahl der Arbeitnehmer hat allerdings aufgrund tariflicher Regelungen einen Anspruch auf mehr Urlaubstage. Den Urlaub regelmäßig durch Geldzahlungen abzugelten ist unzulässig.

– **Fürsorgepflicht:** Der Arbeitgeber muß alle Arbeitsbedingungen so gestalten, daß der Arbeitnehmer gegen Gefahren für Leben und Gesundheit soweit wie möglich geschützt ist.

– **Zeugnispflicht:** Der Arbeitnehmer kann von seinem Arbeitgeber bei Beendigung des Arbeitsverhältnisses ein schriftliches Zeugnis verlangen (siehe Kapitel 13.7).

Die **Pflichten eines kaufmännischen Angestellten (= Handlungsgehilfen)** sind:

– **Arbeitspflicht:** Der Arbeitnehmer muß die im Arbeitsvertrag vereinbarte Arbeitsleistung erbringen.

– **Verschwiegenheitspflicht:** Der Arbeitnehmer darf Geschäfts- und Betriebsgeheimnisse nicht an Dritte mitteilen.

– **Verbot der Annahme von „Schmiergeldern":** Der Arbeitnehmer darf keine „Schmiergelder" annehmen.

Beispiel:

Ein Bürobedarfsgroßhändler verspricht einem Einkäufer eines Einzelhandelsbetriebes eine größere Geldsumme, wenn der Einkäufer den Bürobedarf des Einzelhandelsbetriebes nur noch bei ihm einkauft.

– **Gesetzliches Wettbewerbsverbot:** Solange das Arbeitsverhältnis besteht, darf ein kaufmännischer Angestellter ohne Einwilligung des Arbeitgebers

– nicht selbständig ein Handelsgewerbe betreiben,

– in dem Handelszweig des Arbeitgebers keine Geschäfte für eigene oder fremde Rechnung betreiben.

– **Nachvertragliches Wettbewerbsverbot:** Nach Beendigung des Arbeitsverhältnisses darf ein kaufmännischer Angestellter seinem bisherigen Arbeitgeber grundsätzlich Konkurrenz machen. Soll ein Wettbewerbsverbot auch nach Beendigung des Arbeitsverhältnisses bestehen, muß dieses ausdrücklich vertraglich geregelt werden. Dieses Wettbewerbsverbot darf nicht länger als zwei Jahre nach Beendigung des Arbeitsverhältnisses bestehen.

Aufgaben

1. Zwischen welchen Personen wird ein Arbeitsvertrag abgeschlossen?
2. Durch welche Regelungen wird die Gestaltungsfreiheit der Arbeitsvertragsinhalte eingeschränkt?
3. Zwischen einem Arbeitnehmer und einem Arbeitgeber wird ein vertraglicher Jahresurlaub von 30 Werktagen vereinbart. In einer Betriebsvereinbarung zwischen Betriebsrat und Arbeitgeber wurde für alle Betriebsangehörigen ein Jahresurlaub von 28 Werktagen vereinbart. Wieviel Tage Urlaub stehen dem Arbeitnehmer zu?
4. Welche Pflichten aus dem Arbeitsvertrag werden in folgenden Fällen verletzt?
   a) Eine Verkäuferin weigert sich, einen Kunden zu bedienen, mit dem sie schon einmal Schwierigkeiten gehabt hat.
   b) Die Kantine einer Lebensmittelgroßhandlung wird im Winter nicht geheizt.
   c) Der Arbeitgeber zahlt das März-Gehalt erst am 15. April.
   d) Ein Angestellter teilt dem Einkäufer eines Konkurrenzbetriebes die Einkaufspreise des eigenen Betriebes mit.
   e) Ein Arbeitgeber weigert sich, einer Angestellten für zwei Wochen, in denen sie arbeitsunfähig erkrankt war, Gehalt zu zahlen.
   f) Ein Verkäufer, der in der Lebensmittelabteilung eines Warenhauses beschäftigt ist, arbeitet an seinem freien Tag in einem Lebensmittelsupermarkt.
   g) Ein Arbeitgeber weigert sich, einem Angestellten, der gekündigt hat, ein schriftliches Zeugnis auszustellen.
5. Unter welchen Voraussetzungen darf ein Angestellter auch nach Beendigung eines Arbeitsverhältnisses seinem bisherigen Arbeitgeber keine Konkurrenz machen?

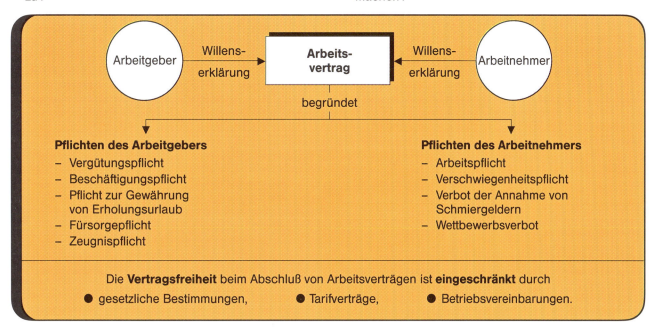

13.3 Der Tarifvertrag

Welche Gründe gibt es für Streitigkeiten zwischen Gewerkschaften und Arbeitgebern?

Information

Die Tarifparteien

Zwischen Gewerkschaften und Arbeitgeberverbänden – den sogenannten Tarifparteien – werden die Höhe von Löhnen und Gehältern, Arbeitszeit, Urlaub, Arbeitsbedingungen und anderes mehr ausgehandelt. Die Ergebnisse dieser Verhandlungen werden in Tarifverträgen festgehalten. Die Gewerkschaften und die Arbeitgeberverbände haben das Recht, diese Tarifverträge ohne Einmischung des Staates auszuhandeln. Dieses Recht wird als **Tarifautonomie** bezeichnet.

In der Bundesrepublik Deutschland haben sich etwa 10 Millionen Arbeitnehmer in Gewerkschaften zusammengeschlossen. Gewerkschaften sind Selbsthilfeorganisationen der Arbeitnehmer, die sich für die Verbesserung der Situation der arbeitenden Menschen einsetzen. Die Mitgliedschaft in einer Gewerkschaft ist freiwillig. Der größte Gewerkschaftsdachverband ist der Deutsche Gewerkschaftsbund (DGB).

Arbeitnehmer können sich aber auch in der Deutschen Angestellten-Gewerkschaft (DAG), im Deutschen Beamtenbund (DBB) oder im Christlichen Gewerkschaftsbund (CGB) organisieren.

Die Arbeitgeber haben sich in Arbeitgeberverbänden zusammengeschlossen. Der Bundesvereinigung der Deutschen Arbeitgeberverbände gehören direkt oder indirekt über 800 Einzelverbände an. Auch die Mitgliedschaft in Arbeitgeberverbänden ist freiwillig.

Der Ablauf von Tarifverhandlungen

Zu Beginn der Tarifverhandlungen zwischen Gewerkschaften und Arbeitgeberverbänden stellen die Gewerkschaften ihre Forderungen auf. Die Arbeitgeber machen ein Angebot, das niedriger ist als die Gewerkschaftsforderungen. Im Laufe der Verhandlungen versucht man einen Kompromiß zu erreichen, dem beide Tarifparteien zustimmen können. Kommt es zu keiner Einigung, können die Tarifparteien das Scheitern der Tarifverhandlungen erklären. Läßt eine der Tarifparteien die Verhandlungen scheitern, so schließt sich ein Schlichtungsverfahren nur dann an, wenn dieses zwischen den Tarifparteien zuvor in einem Abkommen vereinbart worden ist. An dem Schlichtungsverfahren nehmen die gleiche Anzahl Gewerkschafts- und Arbeitgebervertreter teil. Die Schlichtung wird von einem unparteiischen Vorsitzenden geleitet. Am Ende der Schlichtung steht ein mehrheitlich gefaßter Einigungsvorschlag. Stimmen beide Tarifparteien dem Einigungsvorschlag zu, wird dieser als neuer Tarifvertrag abgeschlossen. Wird der Einigungsvorschlag von einer der beiden Tarifparteien abgelehnt, beginnt entweder eine neue Schlichtungsrunde, oder es kommt zum Arbeitskampf.

Die Arbeitskampfmaßnahme der Gewerkschaften ist der **Streik.** Bei einem Streik legen die gewerkschaftlich organisierten Arbeitnehmer für einen vorübergehenden Zeitraum die Arbeit nieder. Bevor die Gewerkschaft einen Streik erklärt, stellt sie die Streikbereitschaft durch eine Abstimmung unter ihren Mitgliedern fest. Diese Abstimmung wird als **Urabstimmung** bezeichnet. Die Gewerkschaft ruft offiziell zum Streik auf, wenn bei der Urabstimmung mindestens 75 % der Gewerkschaftsmitglieder für einen Streik gestimmt haben. Ein Streik kann auf einzelne Betriebe beschränkt sein, aber auch ganze Wirtschaftszweige, z. B. alle Einzelhandelsbetriebe, umfassen. Ziel des Streiks ist es, durch Produktionsausfall oder Umsatzeinbußen die Arbeitgeber zu zwingen, auf die Forderungen der Gewerkschaften einzugehen.

Die Arbeitskampfmaßnahme der Arbeitgeber ist die **Aussperrung**. Als Reaktion auf einen Streik verweigern die Arbeitgeber gewerkschaftlich organisierten und nicht organisierten Arbeitnehmern die Möglichkeit zu arbeiten.

Während des Arbeitskampfes erhalten die Arbeitnehmer weder Gehalt, Urlaub noch Gehaltsfortzahlung im Krankheitsfall. Die gewerkschaftlich organisierten Arbeitnehmer erhalten jedoch Streikgeld von ihrer Gewerkschaft. Die Höhe des Streikgeldes richtet sich nach dem monatlichen Gewerkschaftsbeitrag des einzelnen. Arbeitnehmer, die nicht in einer Gewerkschaft organisiert sind, bekommen kein Streikgeld. Die bestreikten Arbeitgeber werden aus dem Arbeitskampffonds ihres Arbeitgeberverbandes unterstützt.

Der Arbeitskampf wird beendet, wenn sich die beiden Tarifparteien in neuen Verhandlungen oder im Rahmen eines besonderen Schlichtungsverfahrens einigen. Es kommt zu einem neuen Tarifvertrag, wenn beide Seiten der in der Verhandlung oder dem Schlichtungsverfahren erzielten Einigung zustimmen.

Die Gewerkschaften müssen dazu ihre Mitglieder in einer erneuten Urabstimmung befragen. Die Satzungen der meisten Gewerkschaften (z. B. IG Metall, Gewerkschaft Handel, Banken und Versicherungen [HBV]) schreiben für die Annahme des Tarifvertrages eine Zustimmung von mindestens 25 % der Gewerkschaftsmitglieder vor. Solange der neue Tarifvertrag gültig ist, besteht für die beiden Tarifparteien **Friedenspflicht**, d. h., daß während der Gültigkeitsdauer des Tarifvertrages von den vertragschließenden Gewerkschaften und Arbeitgeberverbänden keine Arbeitskampfmaßnahmen (Streik und Aussperrung) durchgeführt werden dürfen.

Die Bindung des Tarifvertrages

Tarifverträge gelten nur für die Mitglieder der Tarifparteien (Gewerkschaften und Arbeitgeberverbände). Für die nicht organisierten Arbeitnehmer gilt der Tarifvertrag nur dann, wenn er für allgemeinverbindlich erklärt wurde. Der Bun-

desminister für Arbeit und Soziales kann einen Tarifvertrag auf Antrag einer Tarifpartei für allgemeinverbindlich erklären. Damit ist der Tarifvertrag auch für nicht organisierte Arbeitgeber und Arbeitnehmer gültig.

Inhalt der Tarifverträge

Nach dem Inhalt werden Mantel- oder Rahmentarifverträge und Lohn- und Gehaltstarifverträge unterschieden.

Manteltarifverträge regeln allgemeine Arbeitsbedingungen, wie z. B. Kündigungsfristen, Urlaubsregelungen, Dauer der täglichen und wöchentlichen Arbeitszeit, Nachtarbeit, Mehrarbeit, Sonn- und Feiertagszulagen, Vorschriften über Schlichtungsverfahren.

In **Lohn- und Gehaltstarifverträgen** sind die getroffenen Vereinbarungen über Lohn- bzw. Gehaltshöhen enthalten. In diesen Verträgen werden sehr häufig Tätigkeitsmerkmale für verschiedene Lohn- und Gehaltsgruppen beschrieben, nach denen die Arbeitnehmer eingruppiert werden.

Beispiel:

Gehalts- und Lohntarifvertrag
Groß- und Außenhandel Niedersachsen (Auszug)
§ 3 – **Gehaltsgruppen – Gruppe 3**
Oberbegriffe
Ausführen von Tätigkeiten nach Anweisungen, die eine abgeschlossene Ausbildung als Kaufmann/-frau im Groß- und Außenhandel, als Bürokaufmann/-frau oder eine gleichwertige Berufsausbildung voraussetzen. Diese Kenntnisse und Fertigkeiten können auch durch entsprechende praktische Tätigkeit von mindestens vier Jahren erworben worden sein; der Besuch einer Handelsfachschule mit erfolgreich abgelegter Abschlußprüfung wird auf diese Frist bis zu einem Jahr angerechnet. Ihr ist gleichgestellt:
a) Anlernberuf mit bestandener Abschlußprüfung und einjähriger kaufmännischer Tätigkeit,
b) bei Stenotypisten und Stenotypistinnen genügt eine der nachgenannten Voraussetzungen:
   1) Stenotypisten/innenprüfung vor der Industrie- und Handelskammer in Kurzschrift und Maschinenschreiben (150 Silben Kurzschrift und 210 Schreibmaschinenanschläge);
   2) Vorbildung auf einer Vollhandelsschule von mindestens zwei Jahren;
   3) mittlere Reife und Vorbildung auf einer Vollhandelsschule von einem Jahr.
c) bei technischen Angestellten die dem Berufsbild entsprechende Ausbildung mit bestandener Abschlußprüfung.

Beispiel (Fortsetzung):

Tätigkeitsbeispiele:

Bearbeiten von Aufträgen. Erstellen von regelmäßig wiederkehrenden Angeboten und Bestellungen,

Anbieten und Verkaufen von Waren und/oder Dienstleistungen im Innendienst sowie im Außendienst mit Ordersatz, Tätigkeit als Fahrverkäufer/in,

Telefonische Auftragsannahme mit Beratung,

Reisendentätigkeit ohne Abschlußvollmacht,

Prüfen von ein- und ausgehender Ware nach fachlichen Merkmalen,

Bedienen einer Fernsprechanlage mit Empfangstätigkeit und Kenntnis des Geschäftsbetriebes,

Anfertigen von Schriftstücken nach genauen Angaben,

Aufnehmen sowie form- und stilgerechtes Wiedergeben von Diktaten mittels Stenogramm oder von Tonträgern,

Kontieren von Belegen nach Kontenrahmen

Prüfen von Eingangs- oder Ausgangsrechnungen auf sachliche Richtigkeit,

Buchungsarbeiten maschinell oder von Hand,

Kassieren,

Bearbeiten und Überprüfen von Sach- und Kontokorrentkonten,

Verwalten einer Registratur,

Ausführen von Arbeiten nach Vorlagen an Datenverarbeitungsanlagen bei Routine-Programmen

---

Die Bestimmungen der Tarifverträge sind Mindestbedingungen. Abmachungen in Einzelarbeitsverträgen zwischen Arbeitgeber und Arbeitnehmer dürfen die Normen des Tarifvertrages nicht unterschreiten. Die Vereinbarungen im Einzelarbeitsvertrag dürfen den Arbeitnehmer jedoch besser stellen als es die Bestimmungen des Tarifvertrages regeln.

Aufgaben

1. Wer sind die beiden Tarifparteien?
2. Für wen gelten die Bestimmungen eines Tarifvertrages, wenn er nicht für allgemeinverbindlich erklärt wurde?
3. Wer darf Tarifverträge für allgemeinverbindlich erklären?
4. Beschreiben Sie den möglichen Ablauf von Tarifverhandlungen.
5. Welche Voraussetzung muß erfüllt sein, damit eine Gewerkschaft den Streik erklären kann?
6. Welche Regelungen enthält
    a) ein Manteltarifvertrag?
    b) ein Lohn- und Gehaltstarifvertrag?
7. Welche Auswirkungen haben Arbeitskampfmaßnahmen auf Arbeitgeber, gewerkschaftlich organisierte und nicht organisierte Arbeitnehmer?

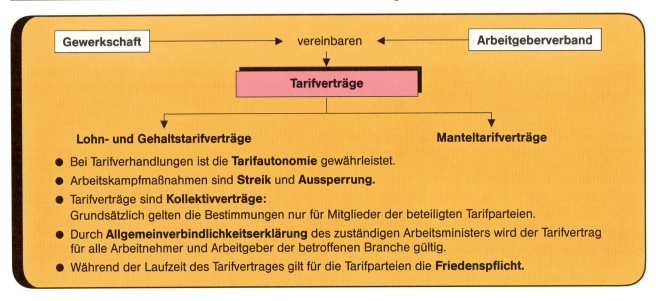

- Bei Tarifverhandlungen ist die **Tarifautonomie** gewährleistet.
- Arbeitskampfmaßnahmen sind **Streik** und **Aussperrung.**
- Tarifverträge sind **Kollektivverträge:** Grundsätzlich gelten die Bestimmungen nur für Mitglieder der beteiligten Tarifparteien.
- Durch **Allgemeinverbindlichkeitserklärung** des zuständigen Arbeitsministers wird der Tarifvertrag für alle Arbeitnehmer und Arbeitgeber der betroffenen Branche gültig.
- Während der Laufzeit des Tarifvertrages gilt für die Tarifparteien die **Friedenspflicht.**

13.4   Vollmachten

Herr Schweizer ist Einkäufer der Haushaltswäsche-abteilung der Großhandlung Berger. Als ihm der Vertreter der Wäschefabrik Lücke einen größeren Sonderposten Geschirrtücher zu einem besonders günstigen Preis anbietet, bestellt er, ohne die Inhaberin der Großhandlung zu fragen.

Ist der Kaufvertrag über den Sonderposten Geschirrtücher gültig?

Information

Die Führung eines größeren Unternehmens macht es erforderlich, daß der Geschäftsinhaber einen Teil seiner Aufgaben und Vollmachten an qualifizierte Mitarbeiter abgibt.

Prokura

Die weitestgehende Vollmacht ist die Prokura. Sie kann nur von einem Vollkaufmann oder seinem gesetzlichen Vertreter erteilt werden.

Der Prokurist darf alle gerichtlichen und außergerichtlichen Geschäfte und Rechtshandlungen vornehmen, die in irgend einem Handelsgewerbe vorkommen können. Er kann z. B.

– Ware einkaufen und verkaufen,
– Mitarbeiter einstellen und entlassen,
– Rechnungen bezahlen,
– Wechsel unterschreiben,
– Darlehen aufnehmen,
– Bürgschaften eingehen,
– Prozesse für das Unternehmen führen,
– Grundstücke kaufen.

Für den Verkauf oder die Belastung von Grundstücken benötigt er jedoch eine besondere Vollmacht.

Der Prokurist darf nicht

– Bilanzen unterschreiben,
– Steuererklärungen unterschreiben,
– Eintragungen im Handelsregister vornehmen lassen,
– Konkurs anmelden,

– Prokura erteilen,
– einen Eid für den Unternehmer leisten,
– Gesellschafter aufnehmen,
– das Geschäft auflösen oder verkaufen.

Der Prokurist unterschreibt, indem er der Firma seinen Namen mit einem Zusatz, der die Prokura andeutet (z. B. ppa.), hinzufügt.

Die Prokura muß ausdrücklich (schriftlich oder mündlich) erteilt und in das Handelsregister eingetragen werden.

Sie kann zwischen dem Geschäftsinhaber und dem Prokuristen eingeschränkt werden. Diese Einschränkungen im Innenverhältnis gelten jedoch nicht nach außen.

Beispiel:

Der Geschäftsinhaber verbietet seinem Prokuristen, Wechsel zu unterschreiben. Der Prokurist hält sich nicht an die Anweisung und akzeptiert einen auf das Geschäft gezogenen Wechsel. Das Akzept ist voll wirksam.

Die **Prokura erlischt,**

– wenn sie der Vollkaufmann oder sein gesetzlicher Vertreter widerruft,

– wenn der Prokurist aus dem Unternehmen ausscheidet,

– wenn das Geschäft aufgelöst oder verkauft wird.

Sie erlischt nicht beim Tod des Firmeninhabers.

Die Aufhebung der Prokura muß in das Handelsregister eingetragen und bekanntgemacht werden (z. B. durch die öffentliche Bekanntmachung der Handelsregistereintragung in der Zeitung). Erst dadurch ist die Prokura auch im Außenverhältnis gegenüber Dritten gelöscht.

Arten der Prokura sind

– Einzelprokura,

– Gesamtprokura,

– Filialprokura.

Bei der **Einzelprokura** darf der Prokurist Rechtsgeschäfte allein abschließen.

Bei der **Gesamtprokura** dürfen nur zwei oder mehrere Prokuristen die Vollmacht gemeinsam ausüben.

Bei der **Filialprokura** beschränkt sich die Vollmacht nur auf einen Filialbetrieb eines Unternehmens.

Handlungsvollmacht

Die Handlungsvollmacht erstreckt sich nur auf Rechtsgeschäfte, die in dem jeweiligen Handelsgewerbe **gewöhnlich** vorkommen. Im Gegensatz zur Prokura kann ihr Umfang beliebig eingegrenzt werden.

Arten der Handlungsvollmacht sind die

– allgemeine Handlungsvollmacht,

– Artvollmacht und

– Einzelvollmacht.

Die **allgemeine Handlungsvollmacht** berechtigt zur Ausübung aller gewöhnlichen Rechtsgeschäfte, die in dem Betrieb vorkommen, z. B.

– übliche Zahlungsgeschäfte erledigen,

– Ware verkaufen,

– einkaufen,

– Mitarbeiter einstellen und entlassen.

Filialleiter und Abteilungsleiter haben meist eine allgemeine Handlungsvollmacht.

Die **Artvollmacht** berechtigt Angestellte, bestimmte Rechtsgeschäfte dauernd zu erledigen. Eine Artvollmacht besitzen z. B. Verkäufer, Einkäufer, Kassierer.

Wer eine **Einzelvollmacht** erhält, darf den erhaltenen Auftrag nur einmal ausführen.

Beispiel:
Ein Angestellter wird beauftragt, als Bote eine Ware in die Wohnung eines Kunden zu bringen und dort den Rechnungsbetrag zu kassieren.

Eine Handlungsvollmacht kann formlos (schriftlich, mündlich oder stillschweigend) von Vollkaufleuten, Minderkaufleuten und Prokuristen erteilt werden. Jeder Bevoll-

mächtigte kann innerhalb seiner Vollmacht Untervollmachten erteilen, d. h.,

– ein Angestellter mit allgemeiner Handlungsvollmacht darf innerhalb seiner Vollmacht Artvollmacht,

– ein Artbevollmächtigter innerhalb seiner Artvollmacht Einzelvollmachten erteilen.

Handlungsvollmachten werden nicht in das Handelsregister eingetragen.

Handlungsbevollmächtigte versehen ihre Unterschrift mit dem Zusatz „i. V." (in Vollmacht) oder „i. A." (im Auftrag).

Aufgaben

1. Wer darf Prokura erteilen?

2. Welche der folgenden Tätigkeiten darf der Prokurist ausführen?
   a) Wechsel unterschreiben,
   b) Konkurs anmelden,
   c) Mitarbeiter entlassen,
   d) Grundstücke kaufen,
   e) Grundstücke verkaufen,
   f) Bilanzen unterschreiben,
   g) Eintragungen zum Handelsregister anmelden,
   h) Bürgschaften eingehen,
   i) Handlungsvollmacht erteilen.

3. In welcher Form muß die Prokura erteilt werden?

4. Wann erlischt die Prokura?

5. Wodurch unterscheiden sich
   a) Einzelprokura,
   b) Gesamtprokura und
   c) Filialprokura?

6. Welche Vollmacht ist für folgende Tätigkeiten mindestens erforderlich?
   a) Ware verkaufen,
   b) Einlösen eines Schecks bei einer Bank,
   c) Angestellte einstellen und entlassen,
   d) Tätigkeit als Kassiererin,
   e) Wechsel unterschreiben.

	Vollmachten	
	Prokura	**Handlungsvollmacht**
Arten	– **Einzelprokura:** Ein Prokurist kann entscheiden, ohne eine andere Person einzuschalten. – **Gesamtprokura:** Zwei oder mehrere Prokuristen können nur zusammen entscheiden. – **Filialprokura:** Sie bezieht sich nur auf eine Zweigstelle.	– **Allgemeine Handlungsvollmacht:** Sie berechtigt zur Ausübung aller üblichen Rechtsgeschäfte, die der Betrieb mit sich bringt. – **Artvollmacht:** Sie berechtigt zu einer bestimmten Art von Rechtsgeschäften (z. B. Verkaufen). – **Einzelvollmacht:** Sie berechtigt zur einmaligen Ausübung eines einzelnen Rechtsgeschäfts.
Erteilung	– nur durch Vollkaufleute – ausdrückliche Erteilung – Eintragung in das Handelsregister	– durch Voll- und Minderkaufleute und Personen mit einer höheren Vollmacht – formlose Erteilung – keine Eintragung in das Handelsregister

13.5 Formen der Entlohnung

Arbeitnehmer am Fließband

Arbeitnehmer bei der Präzisionsarbeit

Warum werden beide Arbeitnehmer nach einem unterschiedlichen Entlohnungssystem bezahlt?

Information

Unter Lohn versteht man den Preis für geleistete unselbständige Arbeit. Den Arbeitnehmern wird für die Überlassung ihrer Arbeitskraft an den Betrieb Arbeitsentgelt gezahlt. Der Lohn ist für sie Einkommen, für den Betrieb dagegen bedeutet er Kosten. Wegen dieser gegensätzlichen Bedeutung werden von den Unternehmen möglichst niedrige, von den Arbeitnehmern möglichst hohe Löhne erstrebt.

Die Schwierigkeit der Ermittlung eines „richtigen Maßstabes" für den Lohn hat zu zahlreichen Entlohnungsverfahren geführt, die sich meist unmittelbar aus der Praxis heraus entwickelt haben.

Grundformen der Entlohnungsverfahren sind:
● Zeitlohn
● Akkordlohn
● Prämienlohn

Zeitlohn

Beim Zeitlohn wird die Anwesenheit des Mitarbeiters im Betrieb bezahlt. Es besteht keine direkte Beziehung zur Arbeitsleistung. Beispiele für den Zeitlohn sind das Monatsgehalt von Angestellten und der Stundenlohn von Arbeitern. Bei beiden Arbeitnehmergruppen erfolgt die Entlohnung durch Zahlung eines je nach Zeiteinheit gleich hohen Geldbetrages, ohne Rücksicht auf die während dieser Zeit erbrachte Leistung.

Beispiel:

Zwei Angestellte mit gleichem Aufgabenbereich bekommen trotz unterschiedlicher Leistungen das gleiche Monatsgehalt.

Maßgebend für die Gehaltszahlung ist also die im Betrieb aufgewandte Arbeitszeit und nicht die geleistete Arbeitsmenge.

Der Zeitlohn wird dort angewandt, wo:
– die Qualität eine Rolle spielt:
  Dies ist z. B. bei komplizierten Arbeiten der Fall, bei denen es mehr auf Sorgfalt und Gewissenhaftigkeit als auf Schnelligkeit und Leistungsmenge ankommt.
– gefährliche Tätigkeiten vorliegen:
  Leistungsanreize könnten auf Kosten der Sicherheit erfolgen.

– eine Bemessung des Lohns wegen der Kompliziertheit der Arbeitsleistung nicht möglich ist.

Beispiel:

Bei Bürotätigkeiten oder Beratungsberufen ist das Arbeitsergebnis nur schwer zu messen.

Zeitlohn	
Vorteile	Nachteile
– geringer Berechnungsaufwand, – einfache Kontrolle des Stundennachweises, – Vermeidung eines Leistungsdrucks, der einerseits Qualitätsminderungen der Erzeugnisse, andererseits höhere Unfallgefahren bewirken könnte.	– Leistungsanreize fehlen: Der Zeitlohn widerspricht dem Prinzip leistungsgerechter Entlohnung, weil er unabhängig von der erbrachten Leistung bezahlt wird. Der einzelne Arbeitnehmer kann durch Erhöhung seiner Leistung die Höhe seines Lohnes nicht beeinflussen. – Kontrollen sind erforderlich. – Der Betrieb trägt das volle Risiko einer Minderleistung.

Betrachtet man den Lohn als betrieblichen Kostenfaktor, so führt der Zeitlohn dazu, daß die pro hergestelltem Produkt anfallenden Lohnkosten um so höher sind, je höher der Zeitverbrauch des Arbeitnehmers ist.

Beispiel:

Der Stundenlohn eines Arbeiters beträgt 12,00 DM. Mißt man seine Leistung an der je Stunde gefertigten Stückzahl, so ergibt sich:

Stück/Stunde	Lohnkosten in DM je Stück
0,5	24,00
1	12,00
2	6,00
3	4,00
4	3,00
5	2,40
6	2,00

Akkordlohn

Beim Akkordlohn wird eine Übereinstimmung zwischen der Entlohnung des einzelnen Arbeitnehmers und seiner Leistung angestrebt. Bei der Berechnung der Akkordlöhne orientiert man sich an den tariflichen Mindestlöhnen, die auch bei einer geringeren Leistung des Arbeitnehmers gezahlt werden müssen. Zu diesem kommt ein häufig auch in Tarifverträgen geregelter Akkordzuschlag hinzu, womit die höhere Arbeitsintensität der Akkordarbeit im Vergleich zur Zeitarbeit abgegolten wird.

Mindestlohn und Akkordzuschlag ergeben zusammen den Stundenverdienst des Akkordarbeiters bei Normalleistung. Dieser wird auch **Akkordrichtsatz** genannt.

Beispiel:	
Mindestlohn:	15,00 DM je Stunde
+ 20 % Akkordzuschlag	3,00 DM
Akkordrichtsatz	18,00 DM

Beim **Stück-Geld-Akkord** wird der Arbeitnehmer nach der von ihm je Zeiteinheit abgelieferten Stückzahl fertiger Produkte entlohnt. Der Akkordrichtsatz als Grundlohn wird in einen Akkordsatz je Stück umgerechnet.

Der Stück-Geld-Akkord wird sehr häufig im Baugewerbe angewandt.

Beispiel:

Neun Stück beträgt die Normalleistung eines Arbeitnehmers pro Stunde. Er arbeitet 38 Stunden in der Woche. Der Akkordrichtsatz beträgt 18,00 DM.

$$\text{Stückakkordsatz} = \frac{\text{Akkordrichtsatz}}{\text{Normalleistung je Stunde}} = \frac{18}{9} = 2,00 \text{ DM}$$

Als Wochenlohn ergibt sich z. B.

	Stück-akkord-satz	· Stückzahl pro Stunde	· Wochen-arbeits-zeit	= Wochen-lohn
Unter Normal-leistung	2	7	38	570,00
Normalleistung	2	9	38	684,00
Über Normal-leistung	2	11	38	836,00

Unterhalb der Normalleistung wird nur der tariflich garantierte Mindestlohn (38 · 15,00) von 570,00 DM gezahlt.

Beim **Stück-Zeit-Akkord** wird unter Berücksichtigung eines normalen Leistungsgrades eine feste Vorgabezeit je Produktionseinheit vorgegeben, die sich aus der Normalleistung ableitet.

Der Stück-Zeit-Akkord wird häufig in der Industrie angewandt.

Beispiel:

$$\text{Zeitakkordsatz} = \frac{60 \text{ Minuten}}{\text{Normalleistung je Stunde}} = \frac{60}{9} = 6,67 \text{ Min./Stück}$$

$$\text{Minutenfaktor} = \frac{\text{Akkordrichtsatz}}{60} = \frac{18}{60} = 0,30 \text{ DM}$$

Als Wochenlohn ergibt sich z. B.

	Stück-zahl je Stunde	· Wochen-arbeits-zeit	· Zeit-akkord-satz	· Minuten-faktor	= Wochen-lohn
Unter Normal-leistung	7	38	6,67	0,30	570,00
Normal-leistung	9	38	6,67	0,30	684,00
Über Normal-leistung	11	38	6,67	0,30	836,00

Beim **Einzelakkord** wird die Einzelleistung bezahlt. Beim **Gruppenakkord** dagegen erfolgt die Vorgabezeitermittlung und die Lohnberechnung nicht für einen einzelnen Arbeiter, sondern für eine Arbeitergruppe insgesamt. Geeignet ist diese Art der Entlohnung in Fällen, in denen eine bestimmte betriebliche Leistung nur von einer Gemeinschaft erstellt werden kann. Es läßt sich zwar die Leistung der Gruppe ermitteln, nicht aber die Leistung des einzelnen.

Vorteile des Akkordlohns sind:

– Leistungsanreiz:
  Lohn und Leistung sind eng verknüpft.

– eine hohe Ausnutzung der Betriebsmittel.

Nachteile des Akkordlohns sind:

– Die Kräfte des Mitarbeiters können stark überanstrengt werden.

- Akkordlohn kann durch einseitige Mengenleistung zu Verschleiß der Betriebsmittel und zu Ausschußproduktion führen.

- Durch Vorgabezeiten und Gruppendruck können soziale Spannungen erhöht werden.

  Beispielsweise können Probleme bei Leistungsunterschieden zwischen den einzelnen Arbeitern einer Gruppe, die nach dem Gruppenakkordsystem entlohnt werden, auftreten. Der von der Gruppe erzielte Gesamtlohn wird gleichmäßig auf die einzelnen Arbeiter verteilt.

Prämienlohn

Eine Prämie ist eine zusätzliche zum Zeitlohn gezahlte Belohnung als Anerkennung besonderer betrieblicher Leistungen des Arbeitnehmers. Eine Prämie kann bei diesem Verfahren gezahlt werden, wenn

- die pro Zeiteinheit erreichte Leistung über eine festgelegte Norm hinausgeht,

- eine veranschlagte Zeit unterschritten wird.

Weitere Gründe für eine Entlohnung durch Prämien können qualitativer Art sein:

- Verbesserungsvorschläge,

- Umsatzprämien für verkaufte Ladenhüter,

- Unterschreiten zulässiger Abfallquoten,

- Ersparnisse an Energie.

Prämienlöhne unterscheiden sich von den Akkordlöhnen dadurch, daß dem Arbeitnehmer nicht der volle Ertrag seiner Mehrleistung zugute kommt. Der Lohn setzt sich aus einem Grundlohn, der in der Regel ein Zeitlohn ist, und einer Prämie als Sondervergütung zusammen. Der Mehrertrag der Leistung wird nach einem bestimmten Schlüssel zwischen Arbeitnehmer und Betrieb aufgeteilt. Daraus ergibt sich, daß bei Mehrleistung der Arbeitslohn des Arbeitnehmers in geringerem Maß ansteigt als bei Akkordlohn.

Für den Arbeitnehmer ist der Leistungsanreiz bei diesem System geringer als beim Akkordlohn. Das Prämienlohnsystem kann jedoch vielseitiger angewandt werden. Dies ist beispielsweise bei Arbeiten der Fall, die nicht akkordfähig sind.

Beispiel:

Ein Industrieunternehmen verwendet ein Prämienlohnsystem. Bei Unterschreiten der Vorgabezeit für die Erstellung eines Produkts wird der Zeitlohn um eine Prämie erhöht. Sie beträgt ein Drittel der ersparten Zeit. Die Vorgabezeit wurde mit 10 Stunden angesetzt, als Zeitlohn werden 15,00 DM pro Stunde gezahlt.

Benötigte Zeit in Stunden	Zeitlohn · Stunden	Prämie	Lohn je Stunde	Lohn je Stück
10	150,00	–	15,00	150,00
9	135,00	5,00	15,56	140,00
8	120,00	10,00	16,25	130,00
7	105,00	15,00	17,14	120,00
6	90,00	20,00	18,33	110,00

Werden für die Herstellung eines Produkts 10 Stunden benötigt, betragen die gesamten Lohnkosten für das Stück 150,00 DM. Erfolgt die Produktion in nur 6 Stunden, sinken die Lohnkosten pro Stück auf 110,00 DM für den Betrieb. Die Ersparnisse von 60,00 DM wird zu einem Drittel (20,00 DM) als Prämie für den Arbeitnehmer ausgezahlt. Dadurch steigt dessen Stundenlohn von 15,00 DM auf 18,33 DM (110,00 : 6 Stunden).

Erfolgsbeteiligung

Das Streben nach gerechter Entlohnung und nach Erhöhung des Interesses der Arbeitnehmer am Betrieb hat zur Entwicklung des sogenannten Beteiligungslohn – also zur Erfolgsbeteiligung – geführt. Darunter versteht man alle auf freiwilliger Basis getroffenen Betriebsvereinbarungen, wonach die Arbeitnehmer über das garantierte Arbeitsentgelt hinaus Anteile an dem vom Betrieb erzielten Gewinn erhalten.

Die Gewinnbeteiligung ist in drei Formen möglich:

- Die Barausschüttung:
  Die Arbeitnehmer bekommen den Gewinn ausbezahlt. Dadurch gehen dem Betrieb jedoch liquide Mittel verloren.

- Die Umwandlung in Eigenkapital:
  Die Arbeitnehmer erhalten Eigenkapitalanteile in Höhe ihrer Gewinnanteile. Durch Ausgabe von Aktien werden sie beispielsweise somit zu echten Miteigentümern.

– Die Umwandlung in Fremdkapital:
Die Gewinnanteile werden dem Betrieb als verzinsliche Darlehen zur Verfügung gestellt.

Ziele der Gewinnbeteiligung sind:

– Angebot eines Leistungsanreizes,
– Entwicklung eines partnerschaftlichen Verhältnisses zwischen Unternehmensführung und Arbeitnehmer,
– Einschränkung der Fluktuation der Arbeitskräfte:
Dies kann insbesondere dann erreicht werden, wenn die Höhe der Gewinnbeteiligung von der Dauer der Betriebszugehörigkeit abhängig gemacht wird.

Aufgaben

1. Warum hat die Entlohnung für die Arbeitnehmer einerseits und den Betrieb andererseits unterschiedliche Bedeutung?

2. In welchen Situationen sollte
   a) Zeitlohn,
   b) Akkordlohn
   gezahlt werden?

3. Welche Lohnform liegt jeweils vor?
   a) Der Arbeitnehmer kann seinen Verdienst selbst beeinflussen.
   b) Zwei Mitarbeiter erhalten den gleichen Lohn, obwohl der eine nur die halbe Leistung erbringt.
   c) Ein Mitarbeiter erhält neben seinem Grundlohn für eine besondere Leistung einen extra Geldbetrag.
   d) Ein Mitarbeiter der Produktkontrolle soll die gefertigten Teile auf Mängel und Fehler prüfen. Im Durchschnitt kontrolliert er 80 Teile pro Tag.
   e) Die technisch meßbare Gesamtleistung aller Mitglieder einer Arbeitsgruppe wird bezahlt.
   f) 20 % der Gewinnsteigerung werden in Form von Aktien an die Mitarbeiter verteilt.

4. Der Techniker Gerald Staudtmeister, der in der Versuchswerkstatt eines Industrieunternehmens arbeitet, erfährt, daß seine Kollegen in der Produktion durch das Akkordlohnsystem erheblich mehr verdienen als er. Staudtmeister verlangt von seinem Vorgesetzten ebenfalls eine Akkordentlohnung.
   a) Wodurch unterscheidet sich die Tätigkeit Staudtmeisters von der eines Kollegen in der Produktion?
   b) Ist für Staudtmeister eine Akkordentlohnung möglich?
   c) Wie könnte Staudtmeister mehr verdienen?

5. Der Autoverkäufer Norbert Kunze bekommt einen garantierten Mindestlohn von 2 500,00 DM. Es wird erwartet, daß er 3 PKW im Monat verkauft. Um sein Einkommen zu erhöhen, verkauft er mehr Autos.
   a) Nach welchem Lohnsystem wird er entlohnt?
   b) Welche Vorteile bietet dieses Lohnsystem einerseits dem Betrieb, andererseits Kunze?

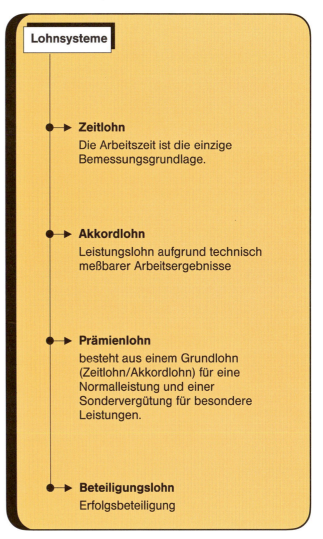

Lohnsysteme

→ **Zeitlohn**
Die Arbeitszeit ist die einzige Bemessungsgrundlage.

→ **Akkordlohn**
Leistungslohn aufgrund technisch meßbarer Arbeitsergebnisse

→ **Prämienlohn**
besteht aus einem Grundlohn (Zeitlohn/Akkordlohn) für eine Normalleistung und einer Sondervergütung für besondere Leistungen.

→ **Beteiligungslohn**
Erfolgsbeteiligung

13.6   Gesetzlicher Arbeitszeitschutz

Frau Gebhard und Herr Fritsch arbeiten als Angestellte in einer Buchhandlung. Von dienstags bis freitags arbeiten sie jeweils von 7.00 bis 16.00 Uhr (einschließlich Pausen von 10.30 bis 11.00 Uhr und 13.00 bis 13.30 Uhr). An den Sonnabenden sind sie von 7.00 bis 13.30 Uhr (einschließlich einer Pause von 10.30 bis 11.00 Uhr) beschäftigt. Der Montag ist ihr freier Tag.

Eine Kollegin von Frau Gebhard und Herrn Fritsch meldet sich am Wochenanfang wegen Krankheit für mindestens 14 Tage arbeitsunfähig. Der Inhaber der Buchhandlung bittet Frau Gebhard, solange die Kollegin arbeitsunfähig ist, zusätzlich auch am Montag von 7.00 bis 16.00 zu arbeiten. Herr Fritsch wird gebeten, in dieser Zeit vom Dienstag bis Donnerstag jeweils zwei Stunden länger bis zu Geschäftsschluß um 18.00 Uhr zu arbeiten.

Dürfen Frau Gebhard und Herr Fritsch diese Mehrarbeit leisten?

Information

Die Bedeutung des gesetzlichen Arbeitszeitschutzes

Bei der Festlegung der Arbeitszeit müssen Arbeitgeber und Arbeitnehmer zahlreiche gesetzliche Schutzvorschriften beachten. Gesetzliche Arbeitszeitregelungen für Arbeitnehmer enthalten vor allem

- das Arbeitszeitgesetz [ArbZG],
- das Mutterschutzgesetz [MuSchG],
- das Jugendarbeitsschutzgesetz [JArbSchG] (siehe Kapitel 1.4),
- das Ladenschlußgesetz [LSchlG].

Gültigkeitsbereich des Arbeitszeitgesetzes

Die Bestimmungen des Arbeitszeitgesetzes gelten in der Industrie, im Handwerk (außer in Bäckereien und Konditoreien), im Handel und in sonstigen Dienstleistungsbetrieben für alle Arbeiter, Angestellten und Auszubildenden über 18 Jahre.

Sie gelten nicht für
- leitende Angestellte,
- Chefärzte,
- Leiter öffentlicher Dienststellen und deren Vertreter,

- Arbeitnehmer im öffentlichen Dienst, die selbständig in Personalangelegenheiten entscheiden dürfen.

Für Beschäftigte unter 18 Jahren gelten die Bestimmungen des Jugendarbeitsschutzgesetzes (siehe Kapitel 1.4).

Höchstarbeitszeit

Das Arbeitszeitgesetz bestimmt, daß die regelmäßige Arbeitszeit an Werktagen die Dauer von acht Stunden nicht überschreiten darf. Dabei sind die Ruhepausen nicht Bestandteil der täglichen Arbeitszeit.

Das Arbeitszeitgesetz erlaubt eine Verlängerung der täglichen Höchstarbeitszeit auf bis zu zehn Stunden nur, wenn dadurch die durchschnittliche werktägliche Arbeitszeit innerhalb von sechs Monaten oder vierundzwanzig Wochen nicht überschritten wird.

Beispiel:

Herr Fritsch arbeitet zwölf Wochen hintereinander täglich zehn Stunden. In den folgenden zwölf Wochen arbeitet er nur sechs Stunden täglich. Damit hat er innerhalb dieser vierundzwanzig Wochen durchschnittlich acht Stunden täglich gearbeitet. Dies ist laut ArbZG zulässig.

Ohne Ausgleich kann der 8-Stunden-Tag durch Tarifvertrag an höchstens 60 Werktagen auf bis zu zehn Stunden verlängert werden.

Ruhezeiten und Ruhepausen

Die Beschäftigten haben bei einer täglichen Arbeitszeit von mehr als sechs Stunden Anspruch auf mindestens eine halbstündige oder zwei viertelstündige Ruhepausen.

Bei einer täglichen Arbeitszeit von mehr als neun Stunden müssen die Ruhepausen mindestens 45 Minuten betragen.

Die einzelnen Ruhepausen müssen mindestens fünfzehn Minuten lang sein.

Zwischen zwei Arbeitstagen muß die ununterbrochene Ruhezeit für die Beschäftigten mindestens elf Stunden betragen. Im Hotel- und Gaststättengewerbe, im Verkehrsgewerbe, in Krankenhäusern und anderen Behandlungs-, Pflege- und Betreuungseinrichtungen, beim Rundfunk, in der Landwirtschaft und in der Tierhaltung darf die ununterbrochene Ruhezeit auf zehn Stunden verkürzt werden.

Diese Ruhezeitverkürzung muß allerdings innerhalb eines Monats oder innerhalb von vier Wochen durch eine Verlängerung einer anderen Ruhezeit auf mindestens zwölf Stunden ausgeglichen werden.

Sonn- und Feiertagsruhe

An Sonn- und Feiertagen dürfen Arbeiter, Angestellte und Auszubildende grundsätzlich nicht beschäftigt werden. Ausnahmen läßt das Arbeitszeitgesetz jedoch u. a. für das Verkehrsgewerbe, das Gast- und Schankgewerbe, Krankenhäuser und die Landwirtschaft zu.

Bestimmungen des Mutterschutzgesetzes

Schwangere Frauen dürfen nicht mit

- schweren körperlichen Arbeiten,
- Arbeiten, bei denen sie schädlichen Einwirkungen (z. B. Staub, Gasen, Hitze) oder der Gefahr einer Berufskrankheit ausgesetzt sind,
- Akkord- oder Fließbandarbeit

beschäftigt werden.

Werdende und stillende Mütter dürfen nicht mit Mehrarbeit beschäftigt werden. Ihre tägliche Arbeitszeit darf,

- wenn sie unter 18 Jahre alt sind, 8 Stunden,
- wenn sie über 18 Jahre alt sind, 8,5 Stunden

nicht überschreiten.

Außerdem dürfen werdende und stillende Mütter nicht

- in der Nacht zwischen 20.00 und 6.00 Uhr und
- an Sonn- und Feiertagen

beschäftigt werden.

Werdende Mütter dürfen in den letzten sechs Wochen vor der voraussichtlichen Niederkunft nicht beschäftigt werden, es sei denn, daß sie ausdrücklich arbeiten wollen.

Bis zum Ablauf von acht Wochen nach der Entbindung dürfen Frauen nicht beschäftigt werden. Bei Früh- oder Mehrlingsgeburten verlängert sich diese Frist auf zwölf Wochen.

Die Bestimmungen des Ladenschlußgesetzes

Das Ladenschlußgesetz regelt die Öffnungszeiten von Verkaufsstellen (Ladengeschäfte, Apotheken, Tankstellen usw.).

Verkaufsstellen dürfen geöffnet sein:

- montags, dienstags, mittwochs und freitags von 7.00 bis 18.30 Uhr,
- donnerstags von 7.00 bis 20.30 Uhr,
- am ersten Sonnabend in den Monaten Oktober bis März oder, wenn dieser auf einen Feiertag fällt, am zweiten Sonnabend in diesen Monaten sowie an den vier Sonnabenden vor dem 24. Dezember von 7.00 bis 18.00 Uhr,
- am ersten Sonnabend in den Monaten April bis September, oder wenn dieser auf einen Feiertag fällt, am zweiten Sonnabend in diesen Monaten von 7.00 bis 16.00 Uhr,
- am 24. Dezember, wenn dieser auf einen Werktag fällt, von 7.00 bis 14.00 Uhr.

An Sonn- und Feiertagen müssen Verkaufsstellen geschlossen sein. Ausnahmeregelungen gelten für Apotheken, Tankstellen, Verkaufsstellen auf Personenbahnhöfen, Flughäfen und Fährhäfen, Verkaufsstellen für frische Milch, Konditorwaren, Blumen und Zeitungen, Kur- und Erholungsorte, Märkte und Messen.

Aufgaben

1. Wie viele Stunden pro Tag darf ein Arbeitnehmer normalerweise höchstens arbeiten?

2. Susanne Müller, 20 Jahre alt, arbeitet von Montag bis Donnerstag 8 Stunden täglich und am Freitag 6 Stunden. Darf sie ihre tägliche Arbeitszeit von Montag bis Donnerstag auf 9,5 Stunden erhöhen, um am Freitag frei zu haben?

3. Jürgen Berger arbeitet am Donnerstag 9 Stunden. Wie viele Minuten Ruhepausen stehen ihm lt. Arbeitszeitgesetz mindestens zu?

4. Wie viele Wochen nach der Niederkunft darf Frau Seiler nicht arbeiten?

5. Frau Grabert möchte auch fünf Wochen vor dem voraussichtlichen Termin ihrer Niederkunft weiter in ihrem Betrieb arbeiten. Darf ihr Arbeitgeber das gestatten?

6. Welche Öffnungszeiten gelten nach dem Ladenschlußgesetz für Verkaufsstellen?

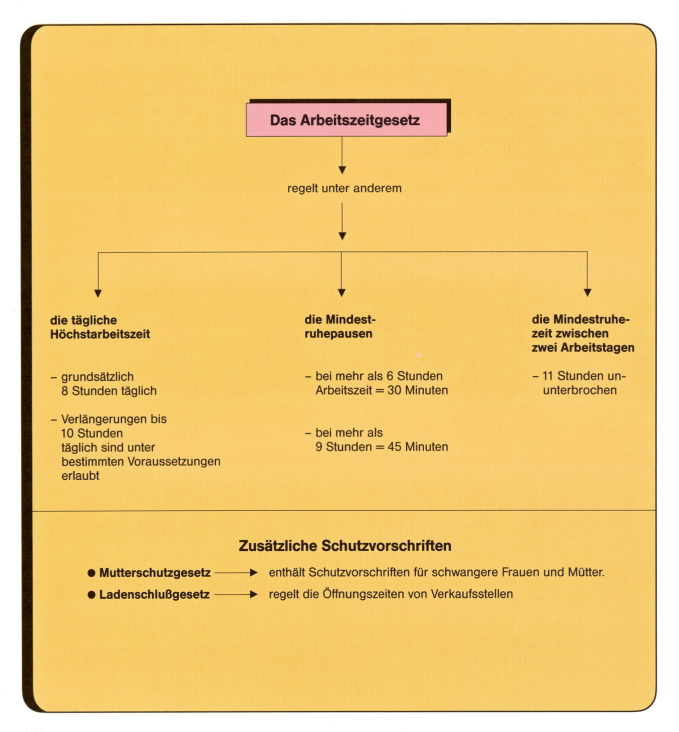

13.7 Die Beendigung des Arbeitsverhältnisses

Frau Claudia Rösner, 30 Jahre alt, ist seit zehn Jahren bei der Moritz KG als Sachbearbeiterin beschäftigt. Eines Tages erhält sie von der Personalabteilung des Unternehmens folgendes Schreiben:

Paul Moritz KG
Kantplatz 12 · 30625 Hannover

Paul Moritz KG · Kantplatz 12 · 30625 Hannover

Frau
Claudia Rösner
Am Bache 2

30559 Hannover

Ihr Zeichen, Ihre Nachricht vom	Unser Zeichen, unsere Nachricht vom	☎ Durchwahl-Nr. (05 11) 33 21-	Datum
	bo/ju	2 Herr Bornemann	01.05...

Kündigung

Sehr geehrte Frau Rösner,

wie Sie sicher wissen, ist die Umsatzentwicklung unseres Hauses im letzten Jahr weit hinter unseren Erwartungen zurückgeblieben. Dies zwingt uns auch im Personalbereich zu Kosteneinsparungen.

Wir sind deshalb gezwungen, Ihnen fristgerecht zum nächsten Monatsende zu kündigen.

Ihre Arbeitspapiere liegen in der Personalabteilung für Sie zur Abholung bereit.

Mit freundlichem Gruß

Moritz KG

Bornemann

Bornemann

Prüfen Sie, ob das Arbeitsverhältnis von Frau Rösner mit diesem Schreiben tatsächlich beendet ist.

Information

Arten der Beendigung des Arbeitsverhältnisses

Ein Arbeitsverhältnis kann durch Kündigung, Auflösungsvertrag oder Vertragsablauf beendet werden.

Die **Kündigung** ist eine einseitige, empfangsbedürftige Willenserklärung, durch die das Arbeitsverhältnis beendet wird. Ein auf unbestimmte Zeit eingegangenes Arbeitsverhältnis kann vom Arbeitgeber, aber auch vom Arbeitnehmer gekündigt werden. Wenn durch Tarifvertrag, Betriebsvereinbarung oder Einzelarbeitsvertrag für die Kündigung keine besondere Form vorgeschrieben worden ist, kann eine Kündigung formlos, also auch mündlich ausgesprochen werden.

In der betrieblichen Praxis wird die Kündigung in vielen Fällen durch eine Beendigung des Arbeitsverhältnisses im gegenseitigen Einvernehmen ersetzt. Diese Einigung zwischen Arbeitgeber und Arbeitnehmer wird als **Auflösungsvertrag** bezeichnet. In diesem Fall endet das Arbeitsverhältnis zu dem von Arbeitgeber und Arbeitnehmer vereinbarten Zeitpunkt.

Wenn ein Arbeitsvertrag nur befristet abgeschlossen wurde (max. Laufzeit 2 Jahre), endet das Arbeitsverhältnis nach **Vertragsablauf,** ohne daß eine Kündigung ausgesprochen wurde.

Die ordentliche Kündigung

Bei einer ordentlichen Kündigung müssen bestimmte Kündigungsfristen eingehalten werden, die sich aus dem Gesetz und aus den Tarif- bzw. Einzelarbeitsverträgen ergeben.

Die **gesetzlichen Kündigungsfristen** gelten, wenn zwischen Arbeitgeber und Arbeitnehmer keine Kündigungsfristen vereinbart wurden und auch keine tarifvertraglichen Vereinbarungen gelten.

Für **Arbeiter und Angestellte** beträgt die gesetzliche Kündigungsfrist vier Wochen zum 15. eines Monats oder vier Wochen zum Monatsende. Diese Frist muß bei Kündigungen durch den Arbeitgeber und auch bei Kündigungen durch den Arbeitnehmer eingehalten werden. Wird die Frist nicht eingehalten, ist die Kündigung unwirksam.

Für langjährig beschäftigte Arbeiter und Angestellte gelten bei der Kündigung durch den Arbeitgeber längere Kündigungsfristen:

Betriebszugehörigkeit	Kündigungsfrist
● 2 Jahre	1 Monat zum Monatsende
● 5 Jahre	2 Monate zum Monatsende
● 8 Jahre	3 Monate zum Monatsende
●10 Jahre	4 Monate zum Monatsende
●12 Jahre	5 Monate zum Monatsende
●15 Jahre	6 Monate zum Monatsende
●20 Jahre	7 Monate zum Monatsende

Bei der Berechnung der Beschäftigungsdauer werden allerdings nur die Jahre berücksichtigt, die der Arbeitnehmer nach Vollendung des 25. Lebensjahres im Betrieb verbracht hat.

Tabelle der neuen gesetzlichen Kündigungsfristen

Betriebszugehörigkeit[1]	unter 2 Jahren	2 Jahre	5 Jahre	8 Jahre	10 Jahre	12 Jahre	15 Jahre	20 Jahre
Kündigungsfrist	4 Woch. zum 15. oder ME	1 Mon./ ME	2 Mon./ ME	3. Mon./ ME	4 Mon./ ME	5 Mon./ ME	6 Mon./ ME	7 Mon./ ME
Spalte 1	Letzter Tag, an dem die Kündigung zugehen muß, um zu dem Termin in Spalte 1 wirksam zu werden[2]							
zum	am	am	am	am	am	am	am	am
15. 01.	18. 12.	—[3]	—	—	—	—	—	—
31. 01.	03. 01.	31. 12.[4]	30. 11.	31. 10.	30. 09.	31. 08.	31. 07.	30. 06.
15. 02.	18. 01.	—	—	—	—	—	—	—
28. 02.[5]	31. 01.[6]	31. 01.	31. 12.	30. 11.	31. 10.	30. 09.	31. 08.	31. 07.
15. 03.	15. 02.	—	—	—	—	—	—	—
31. 03.	03. 03.	28. 02.[7]	31. 01.	30. 12.	30. 11.	31. 10.	30. 09.	31. 08.
15. 04.	18. 03.	—	—	—	—	—	—	—
30. 04.	02. 04.	31. 03.	28. 02.[7]	31. 01.	30. 12.	30. 11.	31. 10.	30. 09.
15. 05.	17. 04.	—	—	—	—	—	—	—
31. 05.	03. 05.	30. 04.	31. 03.	28. 02.[7]	31. 01.	31. 12.	30. 11.	31. 10.
15. 06.	18. 05.	—	—	—	—	—	—	—
30. 06.	02. 06.	31. 05.	30. 04.	31. 03.	28. 02.[7]	31. 01.	31. 12.	30. 11.
15. 07.	17. 06.	—	—	—	—	—	—	—
31. 07.	03. 07.	30. 06.	31. 05.	30. 04.	31. 03.	28. 02.[7]	31. 01.	31. 12.
15. 08.	18. 07.	—	—	—	—	—	—	—
31. 08.	03. 08.	31. 07.	30. 06.	31. 05.	30. 04.	31. 03.	28. 02.[7]	31. 01.
15. 09.	18. 08.	—	—	—	—	—	—	—
30. 09.	02. 09.	31. 08.	31. 07.	30. 06.	31. 05.	30. 04.	31. 03.	28. 02.[7]
15. 10.	17. 09.	—	—	—	—	—	—	—
31. 10.	03. 10.	30. 09.	31. 08.	31. 07.	30. 06.	31. 05.	30. 04.	31. 03.
15. 11.	18. 10.	—	—	—	—	—	—	—
30. 11.	02. 11.	31. 10.	30. 09.	31. 08.	31. 07.	30. 06.	31. 05.	30. 04.
15. 12.	17. 11.	—	—	—	—	—	—	—
31. 12.	03. 12.	30. 11.	31. 10.	30. 09.	31. 08.	31. 07.	30. 06.	31. 05.

[1] Die Kündigungsfristen werden auch verlängert, wenn der Arbeitnehmer nicht im selben Betrieb lang genug beschäftigt war, sondern in einem anderen Betrieb des **Unternehmens.**

[2] Fällt der letzte Tag, **an** dem die Kündigung **zugeht,** auf einen **Samstag, Sonntag oder gesetzlichen Feiertag,** so führt das nicht etwa dazu, daß die Kündigung auch noch am folgenden Werktag erklärt werden kann. Die Kündigungsfrist muß vielmehr dem Gekündigten in jedem Fall voll erhalten bleiben (BAG, Urteil vom 5. 3. 1970, DB 1970 S. 1134). Der Kündigende muß also entweder den Zugang bereits am vorhergehenden Werktag bewirken oder die Kündigung am Samstag, Sonntag oder Feiertag zugehen lassen. Zwar kann eine zur **Unzeit** erklärte Kündigung unwirksam sein. Aber eine am Sonn- oder Feiertag zugestellte Kündigung ist grundsätzlich nicht allein deswegen als Kündigung zur Unzeit unwirksam. Es müßten dann noch weitere Umstände hinzukommen. Selbst eine Kündigung am Heiligen Abend erfolgt nicht allein deshalb zur Unzeit; dies wäre aber etwa dann der Fall, wenn der Erklärende absichtlich oder aufgrund einer auf Mißachtung der persönlichen Belange des Empfängers beruhenden Gedankenlosigkeit einen Zugangspunkt wählt, der den Empfänger besonders beeinträchtigt (BAG, Urteil vom 14. 8. 1984, DB 1985 S. 2003)
Auch wenn der Tag, an dem die **Kündigungsfrist endet,** auf einen **Samstag, Sonntag oder Feiertag** fällt, verhindert dies nicht die Beendigung des Arbeitsverhältnisses an diesem Tag. § 193 BGB bezieht sich nicht auf das Ende der Kündigungsfrist.

[3] Da ab zweijähriger Betriebszugehörigkeit eine Kündigung nur zum Monatsende zulässig ist, kommt in diesen Fällen der **15. eines Monats** als Kündigungstermin nicht mehr in Betracht.

[4] Eine **zum Monatsende mit Monatsfrist** ausgesprochene Kündigung muß spätestens bis zum Ablauf des letzten Tages des vorangehenden Monats (24 Uhr) zugegangen sein. Eine wenn auch nur kurz nach Mitternacht, d. h. im neuen Monat, zugegangene Kündigung wirkt erst am Schluß des folgenden Monats. Dies gilt auch, wenn ein Arbeitnehmer in Spätschicht arbeitet, die erst nach Mitternacht endet (BAG, Urteil vom 15. 7. 1969, DB 1969 S. 1851).

[5] Im Schaltjahr zum 29. 2.

[6] Im Schaltjahr am 1. 2.

[7] Im Schaltjahr am 29. 2.

Die Tarifparteien können Kündigungsfristen vereinbaren, die von den gesetzlichen Kündigungsfristen abweichen.

Zwischen dem einzelnen Arbeitgeber und dem einzelnen Arbeitnehmer können im Einzelarbeitsvertrag die gesetzlichen Kündigungsfristen verlängert, aber nicht verkürzt werden (Ausnahme: Bei Aushilfstätigkeiten bis zu drei Monaten Dauer darf die Grundkündigungsfrist vertraglich verkürzt werden).

Allgemeiner Kündigungsschutz

In Betrieben, die mehr als zehn Arbeitnehmer beschäftigen (die Auszubildenden nicht mitgerechnet), genießen die Arbeitnehmer den Kündigungsschutz nach den Vorschriften des Kündigungsschutzgesetzes, sofern

– sie das 18. Lebensjahr vollendet haben und

– länger als sechs Monate ohne Unterbrechung in demselben Betrieb oder Unternehmen beschäftigt sind.

Sie dürfen nicht entlassen werden, wenn die Kündigung sozial ungerechtfertigt ist. Eine Kündigung gilt als sozial ungerechtfertigt,

– wenn sie nicht in der Person oder dem Verhalten des Arbeitnehmers begründet ist oder
– wenn es für die Kündigung keine dringenden betrieblichen Erfordernisse gibt.

Gründe in der Person des Arbeitnehmers, die eine Kündigung rechtfertigen können, sind z. B. mangelnde Eignung und mangelnde Ausbildung. Eine langandauernde oder häufig auftretende Krankheit ist dann ein Kündigungsgrund, wenn die krankheitsbedingten Fehlzeiten zu einer unzumutbaren Beeinträchtigung der betrieblichen Interessen führen.

Gründe im Verhalten des Arbeitnehmers sind z. B. wiederholte Unpünktlichkeit, mehrfaches Fehlen ohne ausreichenden Grund, Beleidigungen, Verstöße gegen die Gehorsams- und Verschwiegenheitspflicht. Eine Kündigung aus Gründen im Verhalten des Arbeitnehmers ist im allgemeinen nur gerechtfertigt, wenn der Arbeitnehmer wiederholt seine Pflichten verletzt hat und deshalb schon verwarnt worden ist (sog. **Abmahnung**).

Dringende betriebliche Erfordernisse, die eine Kündigung rechtfertigen können, sind z. B. Absatzschwierigkeiten, Einsparen von Arbeitsplätzen durch Rationalisierungsmaßnahmen, Stillegung des Betriebes oder einer Abteilung.

Das Vorliegen eines Kündigungsgrundes muß vom Arbeitgeber nachgewiesen werden.

Mitwirkung des Betriebsrates bei der Kündigung

Gibt es in einem Betrieb einen Betriebsrat, so muß der Arbeitgeber den Betriebsrat vor jeder beabsichtigten Kündigung anhören (siehe Kapitel 13.8). Zur Anhörung gehört, daß der Arbeitgeber dem Betriebsrat auch die Kündigungsgründe mitteilt. Eine Kündigung ohne vorherige Anhörung des Betriebsrats ist unwirksam. Der Betriebsrat kann einer ordentlichen Kündigung innerhalb einer Woche, nachdem ihn der Arbeitgeber unterrichtet hat, widersprechen. Der Widerspruch verhindert die Kündigung jedoch nicht. Sie bleibt trotzdem wirksam.

Das Kündigungsschutzverfahren

Hält ein Arbeitnehmer die Kündigung seines Arbeitsverhältnisses für sozial ungerechtfertigt, kann er das Arbeitsgericht anrufen. Er kann innerhalb von drei Wochen nach Zustellung der Kündigung Klage beim Arbeitsgericht erheben (= Kündigungsschutzklage). Läßt der Arbeitnehmer die Klagefrist verstreichen, ist die Kündigung wirksam.

Stellt das Arbeitsgericht im Klagefall fest, daß die Kündigung sozial ungerechtfertigt war, muß der Arbeitnehmer weiterbeschäftigt werden. Häufig haben sich Arbeitnehmer und Arbeitgeber durch die Führung des Arbeitsgerichtsprozesses jedoch so zerstritten, daß die Fortsetzung des Arbeitsverhältnisses für die Beteiligten nicht zumutbar ist. In solchen Fällen kommt es meistens zu einem Vergleich:

– Der Arbeitnehmer verzichtet auf die Weiterbeschäftigung.
– Der Arbeitgeber zahlt an den Arbeitnehmer eine gerichtlich festgesetzte Abfindung.

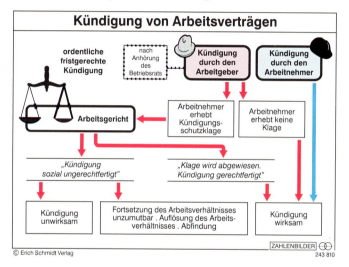

Außerordentliche Kündigung

Bei einer außerordentlichen Kündigung wird das Arbeitsverhältnis ohne Einhaltung einer Kündigungsfrist (= fristlos) gekündigt. Eine fristlose Kündigung darf nur aus wichtigem Grund erfolgen. Ein wichtiger Grund liegt vor, wenn dem Arbeitgeber oder dem Arbeitnehmer die Fortsetzung des Arbeitsverhältnisses bis zum Ablauf der ordentlichen Kündigungsfrist nicht mehr zugemutet werden kann. Der wichtige Grund muß auf Tatsachen beruhen, die der Kündigende nachweisen muß. Vermutungen oder Verdächtigungen reichen nicht aus.

Anlässe für eine außerordentliche Kündigung durch den Arbeitgeber sind z. B. beharrliche Arbeitsverweigerung, dauernde Verspätungen, Diebstahl, Unterschlagungen, Beleidigungen, Tätlichkeiten, Verrat von Geschäftsgeheimnissen, Gefährdung des Betriebsfriedens durch Streitigkeiten mit Arbeitskollegen.

Anlässe für eine außerordentliche Kündigung durch den Arbeitnehmer sind z. B. die Weigerung des Arbeitgebers, das vereinbarte Gehalt zu zahlen.

Eine außerordentliche Kündigung ist nur wirksam, wenn sie innerhalb von vierzehn Tagen nach Bekanntwerden des wichtigen Grundes erfolgt ist.

Auch vor einer außerordentlichen Kündigung muß der Betriebsrat gehört werden.

Kündigungsschutz für besonders geschützte Arbeitnehmer

Besondere Kündigungsschutzbestimmungen gelten für Betriebsratsmitglieder, Jugend- und Auszubildendenvertretungsmitglieder, Schwerbehinderte, werdende Mütter und Wehrpflichtige.

Gegenüber **Betriebsrats- und Jugend- und Auszubildendenvertretungsmitgliedern** ist eine ordentliche Kündigung nicht zulässig. Ihnen darf nur außerordentlich gekündigt werden, sofern ein wichtiger Grund vorliegt. Der Kündigungsschutz beginnt für Mitglieder von Betriebsräten und Jugend- und Auszubildendenvertretungen mit dem Beginn ihrer Amtszeit und endet ein Jahr nach Beendigung der Amtszeit.

Schwerbehinderten, deren Arbeitsverhältnis seit mindestens sechs Monaten besteht, darf grundsätzlich nur nach vorheriger Zustimmung der Hauptfürsorgestelle gekündigt werden.

Frauen darf während einer Schwangerschaft und bis zu vier Monaten nach der Entbindung nicht gekündigt werden. Der Kündigungsschutz für werdende Mütter gilt auch dann, wenn dem Arbeitgeber zum Zeitpunkt der Kündigung die Schwangerschaft der Arbeitnehmerin nicht bekannt war. Wenn die Arbeitnehmerin dem Arbeitgeber bis spätestens zwei Wochen nach Zugang der Kündigung über die Schwangerschaft informiert, muß sie weiterbeschäftigt werden.

Schwangeren und jungen Müttern darf während der Kündigungsschutzfrist ausnahmsweise gekündigt werden, wenn die für den Arbeitsschutz zuständige oberste Landesbehörde (z.B. in Niedersachsen das Sozialministerium) oder die von ihr beauftragte Stelle die Kündigung für zulässig erklärt.

Arbeitnehmern, die Erziehungsurlaub in Anspruch nehmen, darf der Arbeitgeber während des Erziehungsurlaubs nicht kündigen.

Einem wehrpflichtigen Arbeitnehmer darf in der Zeit von der Zustellung des Einberufungsbescheides bis zur Beendigung des Grundwehrdienstes und während einer Wehrübung nicht ordentlich gekündigt werden.

Die Erteilung eines Zeugnisses

Jeder Arbeitnehmer kann bei Beendigung des Arbeitsverhältnisses von seinem Arbeitgeber ein schriftliches Zeugnis verlangen. Das Zeugnis muß genaue und zutreffende Angaben über die Art der Beschäftigung des Arbeitnehmers und über die Dauer des Arbeitsverhältnisses enthalten (= „einfaches Zeugnis"). Nur wenn es der Arbeitnehmer ausdrücklich verlangt, darf das Zeugnis auch

---

Beispiele für Zeugniscodes:

Beurteilungsmaßstäbe des RKW (Rationalisierungskuratorium der Deutschen Wirtschaft)

→ stets zu unserer vollsten Zufriedenheit erledigt = sehr gut
→ stets zu unserer vollen Zufriedenheit erledigt = gut
→ zu unserer vollen Zufriedenheit erledigt = befriedigend
→ zu unserer Zufriedenheit erledigt = ausreichend
→ im großen und ganzen zur Zufriedenheit erledigt = mangelhaft
→ hat sich bemüht, die ihm übertragenen Arbeiten zur Zufriedenheit zu erledigen = ungenügend

---

Angaben über die Leistungen und die Führung des Arbeitnehmers enthalten (= „qualifiziertes Zeugnis").

Die Herausgabe der Arbeitspapiere

Bei der Beendigung des Arbeitsverhältnisses muß der Arbeitgeber alle Arbeitspapiere (Lohnsteuerkarte, Rentenversicherungsnachweisheft usw.) an den Arbeitnehmer herausgeben.

Aufgaben

1. Ein Arbeitgeber will einem Angestellten, der zwei Jahre bei ihm beschäftigt war, zum 31.03. kündigen. Mit dem Angestellten wurde keine vertragliche Kündigungsfrist vereinbart. Wann muß er dem Angestellten die Kündigung spätestens mitteilen?

2. Eine Angestellte will am 01.10. die Stelle wechseln. Wann muß sie spätestens kündigen, wenn in ihrem

Arbeitsvertrag über die Kündigung keine besondere Vereinbarung getroffen wurde?
3. Ein Angestellter arbeitet seit zehn Jahren in einem Textilfachgeschäft. Er ist 32 Jahre alt. Der Geschäftsinhaber will ihm zum 30.09. kündigen. Wann muß er dem Angestellten die Kündigung spätestens mitteilen?
4. Welche Mindestfrist darf bei einzelvertraglich vereinbarten Kündigungsfristen nicht unterschritten werden?
5. Nennen Sie Gründe für eine außerordentliche Kündigung.
6. Eine Angestellte, der fristgerecht zum 31.03. gekündigt wurde, ist mit der Kündigung nicht einverstanden. Was kann sie tun?
7. In welchem Zeitraum darf Mitgliedern von Betriebsräten und Jugend- und Auszubildendenvertretungen nicht ordentlich gekündigt werden?
8. Welchen besonderen Kündigungsschutz genießen Schwerbehinderte?
9. In welchem Zeitraum darf weiblichen Angestellten nicht gekündigt werden?
10. Welche Unterschiede bestehen zwischen einem einfachen und einem qualifizierten Zeugnis?
11. Welche Arbeitspapiere muß der Arbeitgeber bei Beendigung eines Arbeitsverhältnisses an den Angestellten herausgeben?

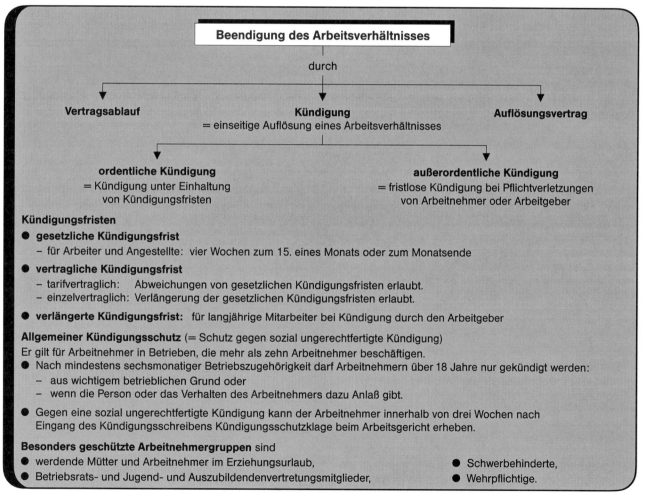

13.8 Bestimmungen des Betriebsverfassungsgesetzes

Warum läuft der Arbeitnehmer zum Betriebsrat?

Information

Im **Betriebsverfassungsgesetz** von 1972 sind die Mitwirkungs- und Mitbestimmungsrechte der einzelnen Arbeitnehmer, des Betriebsrats und der Jugend- und Auszubildendenvertretung in Betrieben der Privatwirtschaft geregelt.

Die Mitwirkungs- und Mitbestimmungsrechte der Arbeitnehmer im öffentlichen Dienst sind im **Bundespersonalvertretungsgesetz** und in den **Personalvertretungsgesetzen der Länder** festgelegt.

Die Wahl des Betriebsrats

Der Betriebsrat ist die wichtigste Interessenvertretung der Arbeitnehmer in einem Betrieb.

Er wird von allen Arbeitnehmern eines Betriebes, die mindestens 18 Jahre alt sind, gewählt. In den Betriebsrat können alle Arbeitnehmer eines Betriebes über 18 Jahre gewählt werden, wenn sie seit mindestens sechs Monaten in diesem Betrieb beschäftigt sind. Die Amtsdauer des Betriebsrates beträgt vier Jahre. Betriebsräte dürfen in allen Betrieben gewählt werden, die mindestens fünf Arbeitnehmer über 18 Jahre beschäftigen. Die Mitgliederzahl des Betriebsrates ist abhängig von der Anzahl der wahlberechtigten Arbeitnehmer eines Betriebes.

Bei fünf bis zwanzig wahlberechtigten Arbeitnehmern wird nur ein einzelner Betriebsobmann gewählt.

Der Betriebsrat besteht in Betrieben mit

21 bis 50 wahlberechtigten Arbeitnehmern aus	3 Mitgliedern,
51 wahlberechtigten Arbeitnehmern bis 150 Arbeitnehmern aus	5 Mitgliedern,
151 bis 300 Arbeitnehmern aus	7 Mitgliedern,
301 bis 600 Arbeitnehmern aus	9 Mitgliedern,
601 bis 1 000 Arbeitnehmern aus	11 Mitgliedern,
1 001 bis 2 000 Arbeitnehmern aus	15 Mitgliedern,
2 001 bis 3 000 Arbeitnehmern aus	19 Mitgliedern,
3 001 bis 4 000 Arbeitnehmern aus	23 Mitgliedern,
4 001 bis 5 000 Arbeitnehmern aus	27 Mitgliedern,
5 001 bis 7 000 Arbeitnehmern aus	29 Mitgliedern,
7 001 bis 9 000 Arbeitnehmern aus	31 Mitgliedern.

In Betrieben mit mehr als 9 000 Arbeitnehmern erhöht sich die Zahl der Betriebsratsmitglieder um 2 Mitglieder je weitere angefangene 3 000 Arbeitnehmer.

Die Mitglieder des Betriebsrates wählen aus ihrer Mitte den Betriebsratsvorsitzenden und seinen Stellvertreter. Für ihre Tätigkeit müssen die Betriebsratsmitglieder soviele Stunden von ihrer beruflichen Arbeit befreit werden, wie zur Erfüllung ihrer Betriebsratsaufgaben notwendig sind. Sind in einem Betrieb mindestens dreihundert Arbeitnehmer beschäftigt, muß mindestens ein Betriebsratsmitglied ganz von der Arbeit freigestellt werden.

Allgemeine Aufgaben des Betriebsrats

Zu den Aufgaben des Betriebsrates gehört es, darüber zu wachen, daß im Betrieb alle zum Schutz der Arbeitnehmer erlassenen Gesetze, Verordnungen, Unfallverhütungsvorschriften und Tarifverträge eingehalten werden. Darüber hinaus hat der Betriebsrat eine Reihe von Mitwirkungs- und Mitbestimmungsrechten.

Mitbestimmung des Betriebsrats bedeutet: Die betriebliche Maßnahme wird erst mit Zustimmung des Betriebsrates wirksam.

Mitwirkung des Betriebsrats bedeutet: Der Betriebsrat hat ein Informations-, Beratungs- oder Anhörungsrecht. Durch seinen Widerspruch wird die vom Arbeitgeber angeordnete Maßnahme jedoch nicht unwirksam.

Mitbestimmung in sozialen Angelegenheiten

Ein volles Mitbestimmungsrecht hat der Betriebsrat in sozialen Angelegenheiten. Dazu gehören

- Kurzarbeit und Überstunden,
- Beginn und Ende der täglichen Arbeitszeit,
- Errichtung betrieblicher Sozialeinrichtungen (z. B. Kantinen und Aufenthaltsräume),
- Entscheidung über Arbeitsplätze mit leistungsbezogenem Entgelt (Akkordlöhne oder Prämien),
- Einführung von Arbeitskontrollen.

Verweigert der Betriebsrat in diesen Angelegenheiten seine Zustimmung, so entscheidet eine Einigungsstelle. Sie setzt sich aus der gleichen Anzahl von Vertretern des Arbeitgebers und des Betriebsrates und einem unparteiischen Vorsitzenden zusammen.

Mitwirkung und Mitbestimmung in personellen Angelegenheiten

Ein Zustimmungsverweigerungs- oder Widerspruchsrecht hat der Betriebsrat bei folgenden personellen Angelegenheiten: Arbeitsplatzgestaltung, Beurteilungsfragen, Berufung und Abberufung von Ausbildern, Versetzungen, Umgruppierungen und Einstellungen.

In einem Betrieb mit mehr als zwanzig wahlberechtigten Arbeitnehmern dürfen Einstellungen und Versetzungen grundsätzlich nur durchgeführt werden, wenn der Betriebsrat vorher zugestimmt hat (= **volles Mitbestimmungsrecht**). Verweigert der Betriebsrat die Zustimmung, kann der Arbeitgeber das Arbeitsgericht anrufen. Das Arbeitsgericht ersetzt die Zustimmung des Betriebsrates, wenn die Verweigerung der Zustimmung unbegründet war.

Bei Kündigungen von Arbeitnehmern hat der Betriebsrat nur ein **Anhörungsrecht.** Wird der Betriebsrat vor einer Kündigung nicht gehört, ist die Kündigung unwirksam. Ein Widerspruch des Betriebsrates kann eine Kündigung jedoch nicht verhindern; der Arbeitgeber kann den Arbeitnehmer trotzdem entlassen. Hat der Betriebsrat einer ordentlichen Kündigung binnen einer Woche widersprochen, und hat der Arbeitnehmer Kündigungsschutzklage erhoben, so muß der Arbeitnehmer auf sein Verlangen jedoch bis zum rechtskräftigen Abschluß des Rechtsstreits weiterbeschäftigt werden.

Mitwirkung in wirtschaftlichen Angelegenheiten

In wirtschaftlichen Angelegenheiten hat der Betriebsrat nur ein Informations-, Unterrichtungs- und Beratungsrecht.

In Betrieben mit mehr als einhundert Arbeitnehmern wird ein Wirtschaftsausschuß eingerichtet. Die Mitglieder dieses Ausschusses werden vom Betriebsrat bestimmt. Die Unternehmensleitung ist verpflichtet, den Wirtschaftsausschuß umfassend über die wirtschaftliche und finanzielle Lage des Unternehmens zu unterrichten.

Ein Widerspruch des Betriebsrates in wirtschaftlichen Angelegenheiten bleibt ohne Folgen. Letztlich kann hier der Arbeitgeber allein entscheiden.

Betriebsvereinbarungen

Zwischen dem Betriebsrat und dem Arbeitgeber können Vereinbarungen geschlossen werden, die für die Arbeitnehmer eines Betriebes unmittelbar gelten. Diese Betriebsvereinbarungen müssen in schriftlicher Form getroffen und von Arbeitgeber und Betriebsrat unterzeichnet werden. Der Arbeitgeber ist verpflichtet, Betriebsvereinbarungen durch Auslegen oder Aushang an einer geeigneten Stelle im Betrieb bekanntzumachen.

Eine Sonderform der Betriebsvereinbarung ist der **Sozialplan.** Er soll die wirtschaftlichen Nachteile, die dem Arbeitnehmer infolge einer geplanten Betriebsänderung (z. B. Stillegung oder Verlegung des Betriebes) entstehen, ausgleichen oder mildern.

Betriebsversammlungen

Der Betriebsrat muß einmal in jedem Kalendervierteljahr auf einer Betriebsversammlung alle Arbeitnehmer (einschließlich der Auszubildenden) über seine Tätigkeit informieren und sich zur Diskussion stellen. Der Arbeitgeber, der ebenfalls eingeladen werden muß, hat das Recht, auf den Betriebsversammlungen zu sprechen. Mindestens einmal im Jahr muß der Arbeitgeber oder sein Vertreter in einer Betriebsversammlung über das Personal- und Sozialwesen, die wirtschaftliche Lage und Entwicklung des Betriebes berichten.

An den Betriebsversammlungen können Beauftragte der im Betrieb vertretenen Gewerkschaften beratend teilnehmen. Der Arbeitgeber kann Vertreter seines Arbeitgeberverbandes hinzuziehen, wenn er an einer Betriebsversammlung teilnimmt.

Die Jugend- und Auszubildendenvertretung

Die besonderen Belange der jugendlichen Arbeitnehmer unter 18 Jahre und Auszubildenden unter 25 Jahre werden durch die Jugend- und Auszubildendenvertretung wahrgenommen.

Eine Jugend- und Auszubildendenvertretung kann in Betrieben gewählt werden, in denen mindestens fünf Arbeitnehmer bis 18 Jahre oder Auszubildende bis 25 Jahre beschäftigt sind.

Sie wird von allen Arbeitnehmern unter 18 Jahren und allen Auszubildenden unter 25 Jahre gewählt. In die Jugend- und Auszubildendenvertretung können alle Arbeitnehmer des Betriebes gewählt werden, die noch nicht 25 Jahre alt sind. Die Amtsdauer der Jugend- und Auszubildendenvertretung beträgt zwei Jahre.

Die Zahl der Vertreter in der Jugend- und Auszubildendenvertretung richtet sich nach der Zahl der in dem Betrieb beschäftigten Jugendlichen bis 18 und Auszubildenden bis 25 Jahre.

Vertreter in der JAV

Jugendliche bis 18 Jahre bzw. Azubis bis 25 Jahre im Betrieb:	Zahl der Vertreter in der neuen JAV:
5 bis 20	1
21 bis 50	3
51 bis 200	5
201 bis 300	7
301 bis 600	9
601 bis 1000	11
über 1000	13

Ansprechpartner für die Jugend- und Auszubildendenvertretung ist der Betriebsrat. An allen Sitzungen des Betriebsrates kann ein Vertreter der Jugend- und Auszubildendenvertretung teilnehmen. Stehen besondere Probleme der Jugendlichen und Auszubildenden im Betrieb zur Debatte, kann die gesamte Jugend- und Auszubildendenvertretung an der Betriebsratssitzung teilnehmen.

Die Jugend- und Auszubildendenvertreter haben im Betriebsrat dann Stimmrecht, wenn die Beschlüsse des Betriebsrates überwiegend jugendliche Arbeitnehmer oder Auszubildende betreffen.

Mitwirkungs- und Beschwerderechte des einzelnen Arbeitnehmers

Bei den im Betriebsverfassungsgesetz aufgeführten Rechten des einzelnen Arbeitnehmers handelt es sich in erster Linie um Informations- und Anhörungsrechte in Angelegenheiten, die die Person des Arbeitnehmers und seinen Arbeitsplatz betreffen.

Der Arbeitnehmer kann verlangen, daß ihm die Berechnung und die Zusammensetzung seines Gehaltes erläutert wird. Seine Leistungsbeurteilung und seine beruflichen Entwicklungsmöglichkeiten im Betrieb müssen mit ihm erörtert werden, wenn er es wünscht. Dazu kann er ein Mitglied des Betriebsrats hinzuziehen.

Der Arbeitnehmer hat das Recht, sich über den Inhalt der vom Arbeitgeber über ihn geführten Personalakte zu informieren. Auch dazu kann er ein Betriebsratsmitglied hinzuziehen. Er hat die Möglichkeit, zum Inhalt der Personalakte Erklärungen abzugeben. Er kann verlangen, daß diese Erklärungen der Personalakte beigefügt werden.

Der Arbeitnehmer darf sich bei der zuständigen Stelle des Betriebes (z. B. Geschäftsinhaber, Geschäftsführer) beschweren, wenn er sich benachteiligt oder ungerecht behandelt fühlt. Dabei kann er ein Betriebsratsmitglied zu seiner Unterstützung hinzuziehen.

Aufgaben

1. Wie viele wahlberechtigte Arbeitnehmer müssen in einem Betrieb beschäftigt sein, damit ein Betriebsrat gewählt werden darf?

2. In welchen Fällen ist eine Entscheidung des Arbeitgebers ohne Zustimmung des Betriebsrats ungültig?

3. In welchen Angelegenheiten hat der Betriebsrat nur ein Informationsrecht?

4. Welche Folgen hat es, wenn einem Angestellten ohne Einschaltung des Betriebsrats gekündigt wurde?

5. Ein Großhändler will einen zusätzlichen Angestellten einstellen. Der Betriebsrat stimmt der Einstellung nicht zu. Kann der Angestellte trotzdem eingestellt werden? Begründen Sie Ihre Antwort.

6. Welche Personen dürfen zu Jugend- und Auszubildendenvertretern gewählt werden?

7. An wen muß sich die Jugend- und Auszubildendenvertretung in Streitfällen wenden?
8. Zwischen wem werden Betriebsvereinbarungen abgeschlossen?
9. Wie oft müssen Betriebsversammlungen in einem Jahr mindestens stattfinden?
10. Ein Angestellter liest in seiner Personalakte, daß er häufig zu spät gekommen sei. Tatsächlich ist er bisher nur zweimal verspätet zur Arbeit gekommen. Was kann er tun?
11. Was kann durch Betriebsvereinbarungen geregelt werden?

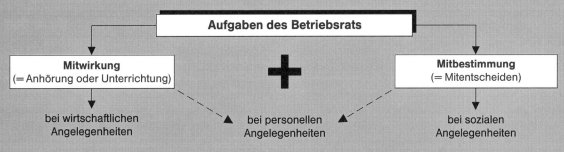

Wahl des Betriebsrates

- Er kann in Betrieben mit mindestens fünf wahlberechtigten Arbeitnehmern für vier Jahre gewählt werden.
- Wahlberechtigt sind alle Arbeitnehmer über 18 Jahre.
- Wählbar sind alle wahlberechtigten Arbeitnehmer, die seit mindestens sechs Monaten in dem Betrieb beschäftigt sind.

Aufgaben des Betriebsrats

Mitwirkung (= Anhörung oder Unterrichtung) + **Mitbestimmung** (= Mitentscheiden)

- bei wirtschaftlichen Angelegenheiten
- bei personellen Angelegenheiten
- bei sozialen Angelegenheiten

Der Betriebsrat
- achtet auf Gleichbehandlung aller Betriebsangehörigen,
- überwacht die Einhaltung von Arbeitsgesetzen, Verordnungen, Tarifverträgen und Betriebsvereinbarungen,
- schließt mit dem Arbeitgeber Betriebsvereinbarungen ab,
- führt regelmäßig Betriebsversammlungen durch.

Jugend- und Auszubildendenvertretung (JAV)

- Sie vertritt in Betrieben mit mindestens fünf Arbeitnehmern unter 18 Jahren oder Auszubildenden unter 25 Jahren die Interessen der Jugendlichen und Auszubildenden im Betrieb.
- Sie wird von allen Arbeitnehmern unter 18 Jahren und Auszubildenden unter 25 Jahren für zwei Jahre gewählt.
- Wählbar sind Arbeitnehmer und Auszubildende, die noch nicht 25 Jahre alt sind.

Rechte des einzelnen Arbeitnehmers

- Informations- und Anhörungsrechte in Angelegenheiten, die seine Person oder seinen Arbeitsplatz betreffen,
- Recht, seine Personalakte einzusehen,
- Beschwerderecht.

13.9 Überbetriebliche Mitbestimmung

Warum kann bei der Zusammensetzung dieses Aufsichtsrates nicht von gleichberechtigter (= paritätischer) Mitbestimmung gesprochen werden?

Information

Die Arbeitnehmer und ihre Gewerkschaften sehen in dem Recht auf Mitgestaltung der Arbeitswelt eines ihrer wichtigsten Anliegen. Mitgestaltungsmöglichkeiten ergeben sich durch die Möglichkeit der Mitbestimmung am Arbeitsplatz, im Betrieb (siehe Kapitel 13.8) und *auf Unternehmensebene.* Bei der Mitbestimmung auf Unternehmensebene geht es um Einflußnahme von Arbeitnehmern und Gewerkschaften auf Führungsentscheidungen der Unternehmensleitung.

Für die Mitbestimmung auf Unternehmensebene (**überbetriebliche Mitbestimmung**) gelten drei Regelungen: Die Mitbestimmung auf der Grundlage des

- Montanmitbestimmungsgesetzes von 1951,
- Betriebsverfassungsgesetzes von 1952 und
- Mitbestimmungsgesetzes von 1976.

Sie unterscheiden sich nach ihrem Geltungsbereich und nach dem Mitspracherecht der Arbeitnehmer.

Mitbestimmung auf der Grundlage des Montanmitbestimmungsgesetzes

Das Montanmitbestimmungsgesetz gilt für alle Aktiengesellschaften, Gesellschaften mit beschränkter Haftung und bergrechtlichen Gesellschaften des Bergbaus und der Eisen und Stahl erzeugenden Industrie (Montanindustrie), die mehr als 1000 Personen beschäftigen.

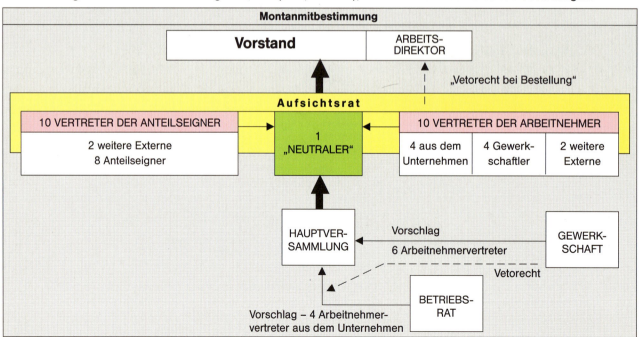

490

Der Aufsichtsrat dieser Unternehmen setzt sich in der Regel aus zehn Vertretern der Anteilseigner und zehn Arbeitnehmervertretern zusammen. Hinzu kommt eine neutrale Person, auf die sich die Anteilseigner- und Arbeitnehmerseite einigen müssen. Von den zehn Arbeitnehmervertretern müssen vier in dem Unternehmen beschäftigt sein. Vier Mitglieder der Arbeitnehmerseite sind Gewerkschaftsvertreter. Zwei weitere Arbeitnehmervertreter, die nicht im Unternehmen beschäftigt sind, werden von der Gewerkschaft vorgeschlagen.

Der Arbeitsdirektor, der im Vorstand des Unternehmens für das Personalwesen zuständig ist, kann nicht gegen die Mehrheit der Arbeitnehmervertreter im Aufsichtsrat bestellt werden.

Mitbestimmung auf der Grundlage des Betriebsverfassungsgesetzes

Das Betriebsverfassungsgesetz von 1952 gilt außerhalb des Montanbereichs für alle Kapitalgesellschaften und Genossenschaften mit 501 bis 2 000 Beschäftigten.

Im Vergleich zur Montanmitbestimmung besitzen die Arbeitnehmervertreter nach dem Betriebsverfassungsgesetz von 1952 eine wesentlich schwächere Stellung. Danach besteht der Aufsichtsrat nur zu einem Drittel aus Arbeitnehmervertretern. Zwei Drittel der Aufsichtsratsmitglieder werden von der Hauptversammlung als Vertreter der Anteilseigner gewählt.

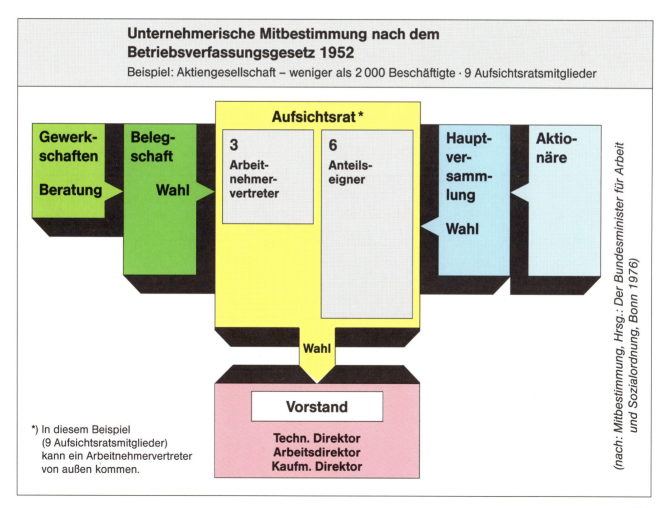

Mitbestimmung auf der Grundlage des Mitbestimmungsgesetzes

Das Mitbestimmungsgesetz von 1976 gilt für alle Kapitalgesellschaften und Genossenschaften außerhalb des Montanbereichs, die mehr als 2 000 Personen beschäftigen.

Die Aufsichtsräte dieser Unternehmen setzen sich je zur Hälfte aus Arbeitnehmervertretern und Vertretern der Anteilseigner zusammen. Mindestens ein Arbeitnehmervertreter muß ein leitender Angestellter sein.

Je nach Größe des Unternehmens besteht der Aufsichtsrat aus zwölf, sechzehn oder zwanzig Mitgliedern.

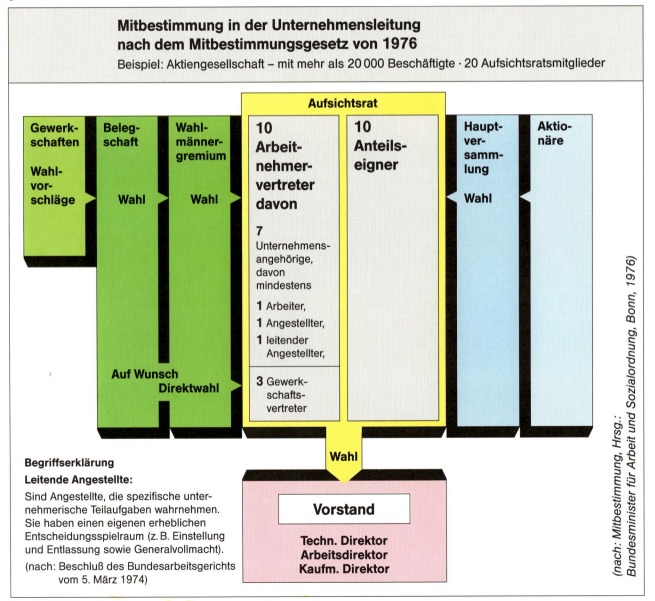

Der Aufsichtsratsvorsitzende wird mit einer Mehrheit von zwei Dritteln der Aufsichtsratsmitglieder gewählt. Können sich die Aufsichtsratsmitglieder nicht mehrheitlich auf einen Vorsitzenden einigen, wählen in einem zweiten Wahlgang die Vertreter der Anteilseigner aus ihrer Mitte den Aufsichtsratsvorsitzenden und die Arbeitnehmervertreter aus ihrer Mitte den stellvertretenden Vorsitzenden jeweils mit der Mehrheit der abgegebenen Stimmen. Ergibt sich bei einer Abstimmung im Aufsichtsrat Stimmengleichheit, so gibt die Stimme des Aufsichtsratsvorsitzenden den Ausschlag. Er hat bei Stimmengleichheit stets zwei Stimmen. Damit ist sichergestellt, daß Pattsituationen aufgelöst werden können.

Aufgaben

1. Welches der Mitbestimmungsmodelle verwirklicht das Prinzip der paritätischen (gleichgestellten) Mitbestimmung von Arbeitnehmern und Anteilseignern am ehesten?

2. Welche Vorteile hat die überbetriebliche Mitbestimmung für die Arbeitnehmer?

3. Warum kann man bei der Mitbestimmung nach dem Mitbestimmungsgesetz nicht von paritätischer Mitbestimmung sprechen?

4. Warum ist in Unternehmen, für die das Mitbestimmungsgesetz gilt, der Aufsichtsratsvorsitzende in der Regel ein Vertreter der Anteilseigner?

Überbetriebliche Mitbestimmung

	Montanmitbe-stimmungsgesetz	Betriebsver-fassungsgesetz von 1952	Mitbestimmungs-gesetz
Geltungsbereich	Unternehmen des Bergbaus und der Eisen und Stahl erzeugenden Industrie	Kapitalgesellschaften und Genossenschaften mit 501 bis 2 000 Beschäftigten	Kapitalgesellschaften und Genossenschaften mit mehr als 2 000 Beschäftigten
Zusammensetzung des Aufsichtsrats	meist – 10 Vertreter der Anteilseigner – 10 Arbeitnehmer-vertreter – ein neutraler Vertreter	– zwei Drittel Vertreter der Anteilseigner – ein Drittel Arbeitnehmer-vertreter	– 50 % Arbeit-nehmervertreter (darunter mindestens ein leitender Angestellter) – 50 % Vertreter der Anteilseigner – In Pattsituationen hat der Vorsitzende zwei Stimmen.

13.10 Die Sozialversicherung

Stellen-Nr.	Stamm-Nr.	Name, Vorname		Religion	St.-Kl.	Freibetrag	AOK-Nr. SVK	Monat/Jahr
005173	000 191L4	Mertens, Karl		00	IV/0,5		132-09	06/97

Gehaltsabrechnung	Lohnart		Tage/Std.	Lohnersatz	Sozial-Vers.-Pfl.	Steuerpfl.	Gesamt
	Gehalt Juni 1997				2 070,00	2 070,00	2 070,00

Gesetzl. Abzüge	Lohnst.	Solidari-tätszuschl.[1]	Kirchenst.	Krankenvers.	Pflegevers.	Rentenvers.	Arbeitsl.-Vers.	SV-Abzüge	Steuer-abzüge	Nettolohn
Lfd. Monat	129,50	0,00	0,00	139,73	17,60	210,11	67,28	434,72	129,50	1 505,78

	Sonstige Abzüge	Schl.-Betrag	Schl.-Betrag	Schl.-Betrag		Schl.-Betrag		Schl.-Betrag	Gesamt	
		041 78,00							78,00	
		Bankverbindung							Ausgez. Betrag	
		Sparkasse 0815							1 427,78	

Welche Sozialversicherungsbeiträge wurden vom Gehalt des Angestellten Mertens einbehalten?

Information

Die Sozialversicherung ist in der Bundesrepublik Deutschland der weitaus wichtigste Teil der sozialen Sicherung. Die fünf Zweige der Sozialversicherung sind

- die gesetzliche Rentenversicherung,
- die gesetzliche Krankenversicherung,
- die soziale Pflegeversicherung,
- die Arbeitslosenversicherung und
- die gesetzliche Unfallversicherung.

Die Sozialversicherung ist eine gesetzliche Pflichtversicherung, der die Mehrheit der Bevölkerung zwangsweise angehören muß. Sie wird durch Beiträge finanziert, die von den versicherten Arbeitnehmern und den Arbeitgebern aufgebracht werden müssen.

Die Arbeitgeber sind verpflichtet, Arbeitnehmer innerhalb von vierzehn Tagen, nachdem sie sie eingestellt haben, bei der gesetzlichen Krankenkasse zur Sozialversicherung anzumelden.

Die Beiträge zur Kranken-, Pflege-, Renten- und Arbeitslosenversicherung müssen von den Arbeitgebern an die gesetzliche Krankenkasse abgeführt werden. Die Krankenkasse leitet dann die Beiträge, die nicht für sie bestimmt sind, an die gesetzliche Rentenversicherung und die Arbeitslosenversicherung weiter.

---

[1] Ab dem 01.01.1995 zieht der Arbeitgeber von Lohn- und Gehaltszahlungen 7,5 % der monatlichen Lohnsteuer als Solidaritätszuschlag ab. Dieser Zuschlag wurde zur Finanzierung des wirtschaftlichen Aufbaus in den neuen Bundesländern eingeführt.

Die gesetzliche Rentenversicherung

In der gesetzlichen Rentenversicherung sind alle Arbeiter, Angestellten, kaufmännischen und gewerblichen Auszubildenden pflichtversichert.

Die wichtigsten Träger der gesetzlichen Rentenversicherung sind die Bundesversicherungsanstalt für Angestellte und die Landesversicherungsanstalten. In der Bundesversicherungsanstalt für Angestellte (BfA) sind bundesweit alle Angestellten versichert. Für die Arbeiter sind die Landesversicherungsanstalten (LVA) zuständig. Zur Zeit gibt es in der Bundesrepublik Deutschland dreiundzwanzig Landesversicherungsanstalten.

Der Beitrag des einzelnen Arbeitnehmers zur gesetzlichen Rentenversicherung ist abhängig von seinem Bruttogehalt oder Bruttolohn. 1997 waren 20,3 % des Bruttogehalts oder Bruttolohns als Rentenversicherungsbeitrag zu entrichten. Die Hälfte des Beitrages (10,15 %) wird dem Versicherten vom Lohn oder Gehalt abgezogen. Die andere Hälfte muß der Arbeitgeber bezahlen. Bei der Ermittlung des Rentenversicherungsbeitrages wird der Bruttoverdienst jedoch nur bis zu einer festgesetzten Höchstgrenze berücksichtigt. Diese Beitragsbemessungsgrenze steigt jährlich. Im Jahr 1997 lag diese Grenze in den alten Bundesländern bei 8 200,00 DM und in den neuen Bundesländern bei 7 100,00 DM monatlich.

Die gesetzliche Krankenversicherung

In der gesetzlichen Krankenversicherung sind Arbeiter, Angestellte, Auszubildende, Arbeitslose, Rentner und Studenten pflichtversichert. Angestellte und Arbeiter sind nur dann pflichtversichert, wenn ihr monatliches Gehalt eine bestimmte Grenze nicht übersteigt. Diese Versicherungspflichtgrenze (Stand 1997: in den alten Bundesländern 6 150,00 DM, in den neuen Bundesländern 5 325,00 DM monatlich) beträgt 75 % der Beitragsbemessungsgrenze der gesetzlichen Rentenversicherung. Sie steigt jährlich mit dieser Beitragsbemessungsgrenze an. Angestellte und Arbeiter, deren Gehalt die Versicherungspflichtgrenze überschreitet, können der gesetzlichen Krankenversicherung freiwillig beitreten oder sich freiwillig bei einer privaten Krankenversicherung versichern. Selbständige und Freiberufler, wie z. B. Architekten oder Rechtsanwälte, können der gesetzlichen Krankenversicherung freiwillig beitreten.

Träger der gesetzlichen Krankenversicherung sind die Allgemeinen Ortskrankenkassen (AOK), Ersatzkassen, Betriebskrankenkassen, Innungskrankenkassen, landwirtschaftliche Krankenkassen, Bundesknappschaft und die Seekasse.

Die Beiträge der einzelnen Arbeitnehmer richten sich nach ihren Einkommen. Die Beitragssätze sind bei den verschiedenen Krankenkassen unterschiedlich. Im Durchschnitt lagen sie 1997 bei 13,5 % vom monatlichen Bruttoverdienst. Die Beiträge zur gesetzlichen Krankenversicherung bezahlen Arbeitnehmer und Arbeitgeber je zur Hälfte. Die Beitragsbemessungsgrenze der gesetzlichen Krankenversicherung entspricht der Versicherungspflichtgrenze für Angestellte und Arbeiter (Stand 1997: 6 150,00 DM in den alten Bundesländern, 5 325,00 DM in den neuen Bundesländern monatlich).

Die soziale Pflegeversicherung

In der sozialen Pflegeversicherung sind ab dem 1. Januar 1995 alle Personen versichert, die in der gesetzlichen Krankenversicherung versichert sind (Arbeiter, Angestellte, Auszubildende, Arbeitslose, Rentner und Studenten).

Träger der sozialen Pflegeversicherung sind die bei den gesetzlichen Krankenversicherungen errichteten Pflegekassen.

Die soziale Pflegeversicherung gewährt den versicherten Pflegebedürftigen ab dem 1. April 1995 Leistungen zur Verbesserung der häuslichen Pflege (ambulanten Pflege). Ab dem 1. Juli 1996 werden von der sozialen Pflegeversicherung auch Leistungen bei stationärer Pflege von Pflegebedürftigen (z. B. in einem Pflegeheim) erbracht.

Die Beiträge zur sozialen Pflegeversicherung betragen 1,7 Prozent des monatlichen Einkommens. Arbeitnehmer und Arbeitgeber zahlen jeweils die Hälfte der genannten Beiträge.[1] Die Beitragsbemessungsgrenze der sozialen Pflegeversicherung entspricht der Beitragsbemessungsgrenze der gesetzlichen Krankenversicherung.

Die Arbeitslosenversicherung

Der gesetzlichen Arbeitslosenversicherung gehören alle Arbeiter, Angestellten und Auszubildenden an.

Der Träger der Arbeitslosenversicherung ist die Bundesanstalt für Arbeit mit Sitz in Nürnberg. Die örtlichen Arbeitsämter sind Zweigstellen der Bundesanstalt für Arbeit.

---

[1] Dies gilt nur in den Bundesländern, in denen zum Ausgleich ein Feiertag abgeschafft wurde.

Ebenso wie bei der gesetzlichen Krankenversicherung und Rentenversicherung werden die Beiträge zur Arbeitslosenversicherung je zur Hälfte von Arbeitnehmern und Arbeitgebern bezahlt. 1997 betrug der Beitrag zur Arbeitslosenversicherung 6,5 % des Bruttoverdienstes. Die Beitragsbemessungsgrenze der Arbeitslosenversicherung entspricht der Beitragsbemessungsgrenze der Rentenversicherung (Stand 1997: 8 200,00 DM in den alten und 7 100,00 DM in den neuen Bundesländern), d. h., der Verdienst eines Arbeitnehmers in den alten Bundesländern, der 8 200,00 DM monatlich übersteigt, wird bei der Berechnung des Beitrags zur Arbeitslosenversicherung nicht berücksichtigt.

Für Arbeitnehmer, deren monatlicher Verdienst in den alten Bundesländern weniger als 610,00 DM und in den neuen Bundesländern weniger als 520,00 DM beträgt (Stand 1997), muß der Arbeitgeber die Beiträge zur Renten-, Kranken-, Pflege- und Arbeitslosenversicherung allein bezahlen.

Die gesetzliche Unfallversicherung

In der gesetzlichen Unfallversicherung sind alle Arbeitnehmer und Auszubildenden gegen Arbeitsunfälle und Berufskrankheiten versichert.

Träger der gesetzlichen Unfallversicherung für Arbeitnehmer und Auszubildende sind die Berufsgenossenschaften für die einzelnen Berufszweige.

Die Beiträge zur gesetzlichen Unfallversicherung werden allein vom Arbeitgeber aufgebracht.

Aufgaben

1. Nennen Sie die Träger der einzelnen Versicherungszweige.
2. Wer zahlt die Beiträge zur Sozialversicherung?
3. Welche Angestellten sind in der gesetzlichen Krankenkasse pflichtversichert?
4. Wer ist in der Rentenversicherung pflichtversichert?
5. An welchen Versicherungsträger werden die einbehaltenen Sozialversicherungsbeiträge der Arbeitnehmer überwiesen?
6. Im Jahr 1997 wurde die Beitragsbemessungsgrenze für die Rentenversicherung von 8 000,00 DM auf 8 200,00 DM monatlich erhöht. Für welche Arbeitnehmer bedeutet diese Erhöhung eine Beitragserhöhung?

Die Sozialversicherungszweige			
	Versicherungsträger	Versicherungspflicht	Beiträge
Krankenversicherung	Allgemeine Ortskrankenkassen, Ersatzkassen, Betriebskrankenkassen usw.	für alle Auszubildenden, Rentner; für Angestellte und Arbeiter bis zur Versicherungspflichtgrenze.	ca. 13,5 % des Bruttoverdienstes*, Arbeitnehmer und Arbeitgeber zahlen je die Hälfte.
Pflegeversicherung	Pflegekassen	für alle in der gesetzlichen Krankenversicherung Versicherten	1,7 % des Bruttoverdienstes Arbeitnehmer und Arbeitgeber zahlen je die Hälfte
Rentenversicherung	Bundesversicherungsanstalt für Angestellte (BfA), Landesversicherungsanstalten (LVA)	für alle Arbeiter, Angestellten, Auszubildenden	20,3 % des Bruttoverdienstes* (Stand: 1997), Arbeitnehmer und Arbeitgeber zahlen je die Hälfte.
Arbeitslosenversicherung	Bundesanstalt für Arbeit	für alle Arbeiter, Angestellten, Auszubildenden	6,5 % des Bruttoverdienstes* (Stand: 1997), Arbeitnehmer und Arbeitgeber zahlen je die Hälfte.
Unfallversicherung	Berufsgenossenschaften	für alle Beschäftigten	Beitrag zahlt der Arbeitgeber.

* Die Beiträge werden vom Lohn und Gehalt bis zu einem monatlichen Höchstbetrag (Beitragsbemessungsgrenze) berechnet. Die Beitragsbemessungsgrenze wird jährlich angehoben.

13.11 Leistungen der gesetzlichen Krankenversicherung

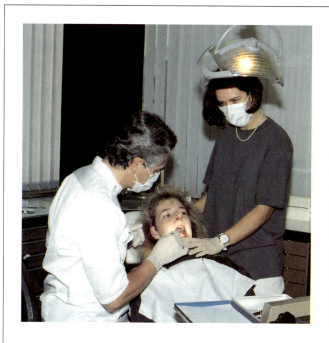 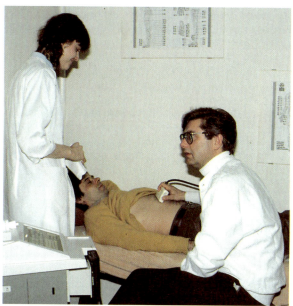

Welche Leistungen bezahlt die Krankenkasse für die erkrankten Arbeitnehmer?

Information

Die Träger der gesetzlichen Krankenversicherung (AOK, Ersatzkassen usw.) zahlen bei Erkrankung eines Arbeitnehmers Krankenpflege und Krankengeld.

Krankenpflege

Die Krankenpflege beinhaltet u. a.

- die kostenlose ärztliche und zahnärztliche Behandlung,
- die Versorgung mit Arznei-, Verbands-, Heilmitteln, Brillen, Körperersatzstücken (Prothesen), orthopädischen und anderen Hilfsmitteln,
- Zuschüsse zu den Kosten für Zahnersatz und Zahnkronen,
- Krankenhauspflege,
- häusliche Krankenpflege,
- das Stellen einer Haushaltshilfe.

Krankengeld

Ist ein Arbeitnehmer wegen Krankheit arbeitsunfähig, so zahlt die Krankenkasse Krankengeld ab der siebenten Woche. In den ersten sechs Wochen hat der Arbeitnehmer Anspruch auf Lohn- oder Gehaltsfortzahlung durch seinen Arbeitgeber. Das Krankengeld beträgt 70 % des durchschnittlichen Bruttoverdienstes. Es darf jedoch nicht höher sein als 90 % des letzten Nettoverdienstes. Krankengeld wird innerhalb eines Zeitraums von drei Jahren für höchstens 78 Wochen bezahlt.

Maßnahmen zur Früherkennung von Krankheiten

Die gesetzliche Krankenversicherung gewährt ihren Mitgliedern nicht nur Schutz bei Krankheiten, sondern auch Schutz vor Krankheiten durch kostenlose Maßnahmen zur Früherkennung von Krankheiten.

Frauen ab dem 20. und Männer ab dem 45. Lebensjahr können einmal im Jahr auf Kosten ihrer Krankenkasse zur Krebsvorsorge gehen.

Versicherte können ihre Kinder bis zum vierten Lebensjahr in regelmäßigen Abständen untersuchen lassen. Durch diese Früherkennungsuntersuchungen sollen angeborene Leiden oder Entwicklungsschäden schon in den ersten Lebensjahren festgestellt werden, weil sie dann meist besser geheilt werden können.

Mutterschaftshilfe

Die gesetzliche Krankenkasse gewährt Schwangeren Mutterschaftshilfe. Zur Mutterschaftshilfe gehören:

- Mutterschaftsvorsorgeuntersuchungen,
- Hilfe bei der Entbindung durch eine Hebamme und, falls erforderlich, durch einen Arzt,
- Pflege in einer Entbindungsklinik oder Hauspflege,
- die Zahlung eines einmaligen Betrages von 100,00 DM für Mehrkosten bei der Entbindung.

Außerdem erhalten Mütter, die Mitglieder in der gesetzlichen Krankenversicherung sind, Mutterschaftsgeld. Es wird innerhalb der Mutterschutzfrist von sechs Wochen vor und acht bzw. zwölf Wochen nach der Entbindung gezahlt.

Familienhilfe

Die Leistungen der gesetzlichen Krankenversicherung erhält nicht nur der Versicherte selbst, sondern auch seine Familienangehörigen. Ehegatten und unterhaltsberechtigte Kinder sind mitversichert, wenn sie kein eigenes Einkommen oberhalb bestimmter Grenzen beziehen (Stand 1996: 590,00 DM monatlich für die alten, 500,00 DM monatlich für die neuen Bundesländer). Für diese Familienangehörigen muß der Versicherte keine besonderen Beiträge bezahlen.

Die mitversicherten Familienangehörigen haben Anspruch auf Krankenpflege und Maßnahmen zur Früherkennung von Krankheiten in demselben Umfang wie Versicherte. Krankengeld bekommen sie nicht. Mitversicherte Familienangehörige erhalten auch Mutterschaftshilfe.

Sonstige Hilfen

Ebenfalls zu den Leistungen der gesetzlichen Krankenversicherung gehören ärztliche Beratungen über Empfängnisverhütung und Familienplanung und Leistungen bei Sterilisation und bei Schwangerschaftsabbruch.

Aufgaben

1. Welche Leistungen gewährt die gesetzliche Krankenversicherung im Rahmen der Krankenpflege?
2. Wie lange muß ein Arbeitgeber einem Angestellten im Krankheitsfall das Gehalt weiterbezahlen?
3. Welche Leistungen erhalten schwangere Frauen im Rahmen der Mutterschaftshilfe?
4. Für welche Personengruppen zahlt die gesetzliche Krankenkasse Früherkennungsuntersuchungen?
5. Wann hat ein Mitglied einer gesetzlichen Krankenversicherung Anspruch auf Krankengeld?
6. Welche Personen sind im Rahmen der Familienhilfe in der gesetzlichen Krankenversicherung mitversichert?

Versicherungsschutz der gesetzlichen Krankenversicherung

umfaßt

- Krankenpflege (ärztliche Versorgung, Krankenhauspflege, Versorgung mit Arzneimitteln usw.),
- Krankengeld bei Arbeitsunfähigkeit nach Ablauf der Lohn- und Gehaltsfortzahlung durch den Arbeitgeber,
- Maßnahmen zur Früherkennung von Krankheiten,
- Mutterschaftshilfe,
- Leistungen für mitversicherte Familienangehörige (Familienhilfe).

13.12 Leistungen der gesetzlichen Rentenversicherung

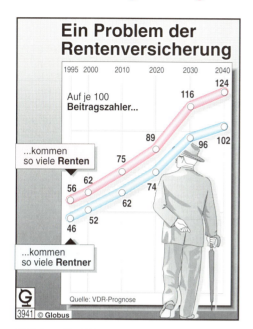

Welches Problem kommt in der Zukunft auf Rentner und Beitragszahler zu?

Information

Der Generationenvertrag

Die Leistungen der gesetzlichen Rentenversicherung werden aus den Beiträgen der Versicherten (Arbeitnehmer- und Arbeitgeberanteil) und einem Bundeszuschuß aus Steuermitteln bezahlt. Die Altersruhegelder, Hinterbliebenenrenten, Berufs- und Erwerbsunfähigkeitsrenten für die jetzigen Rentner werden also im wesentlichen aus den Beiträgen der heute Berufstätigen bezahlt. Die heutigen Beitragszahler verlassen sich darauf, daß ihre Rente später durch die Beiträge der nachfolgenden Generation bezahlt werden. Dieses Finanzierungsverfahren wird als Umlageverfahren oder Generationenvertrag bezeichnet.

Der Generationenvertrag ist durch die Bevölkerungsentwicklung in der Bundesrepublik Deutschland gefährdet. Durch den seit Mitte der 60er Jahre zu verzeichnenden Geburtenrückgang schrumpft die deutsche Bevölkerung und beginnt zu überaltern. In Zukunft werden deshalb weniger Erwerbstätige für mehr Rentner aufkommen

müssen. Im Jahr 2030 müssen drei Erwerbstätige voraussichtlich zwei Altersrenten finanzieren, während sie heute nur für eine Altersrente aufkommen müssen. Sollen die Altersrenten auch in Zukunft so gewährt werden wie bisher, müßten die Beiträge zur gesetzlichen Rentenversicherung fast verdoppelt werden. Sollen dagegen die Beitragssätze nicht verändert werden, müßten die Renten drastisch gekürzt werden. Durch eine Reform der gesetzlichen Rentenversicherung will der Gesetzgeber verhindern, daß die Beiträge in Zukunft unerträglich hoch oder die Renten unerträglich niedrig werden.

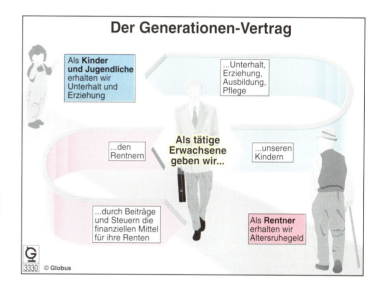

Das Altersruhegeld

Beim Altersruhegeld gibt es verschiedene Möglichkeiten.

- Das **normale Altersruhegeld:** Es wird ab Vollendung des 65. Lebensjahres bezahlt.

- Das **flexible Altersruhegeld:** Es wird ab Vollendung des 63. Lebensjahres, an Schwerbehinderte, Berufs- und Erwerbsunfähige ab Vollendung des 60. Lebensjahres gezahlt.

- Das **vorzeitige Altersruhegeld:** Ab Vollendung des 60. Lebensjahres können Frauen vorzeitiges Frauen-Altersruhegeld und Arbeitslose vorzeitiges Arbeitslosen-Altersruhegeld beziehen.

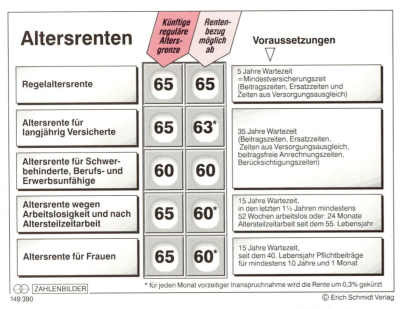

Renten bei Berufs- oder Erwerbsunfähigkeit

Erwerbsunfähige Versicherte erhalten von der gesetzlichen Rentenversicherung eine Erwerbsunfähigkeitsrente. Erwerbsunfähig sind Personen, die überhaupt keine Erwerbstätigkeit mehr ausüben können. Eine Berufsunfähigkeitsrente bekommt, wer nur noch weniger als die Hälfte eines gesunden Versicherten verdienen kann. Voraussetzung für Berufsunfähigkeits- oder Erwerbsunfähigkeitsrente ist eine Wartezeit von mindestens sechzig Monaten Beitrags- und Ersatzzeiten.

Hinterbliebenenrenten

Wenn ein Versicherter stirbt, zahlt die gesetzliche Rentenversicherung Hinterbliebenenrente. Sie zahlt auch, wenn der Versicherte gestorben ist, ohne vorher selbst Rentner gewesen zu sein. Er muß allerdings die Wartezeit für die Berufsunfähigkeitsrente erfüllt haben.

Frauen und Männer erhalten, wenn der Ehegatte stirbt, gleichermaßen eine Witwen- oder Witwerrente. Die Witwe oder der Witwer bekommt 60 % von der Rente des verstorbenen Ehegatten. Eigenes Einkommen des Hinterbliebenen wird jedoch zum Teil auf die Witwen- oder Witwerrente angerechnet.

Kinder des Verstorbenen erhalten Waisenrente bis zur Vollendung des 18. Lebensjahres. Bis zur Vollendung des 25. Lebensjahres können sie Waisenrente beziehen, wenn sie sich noch in einer Schul- oder Berufsausbildung befinden. Wenn die Schul- oder Berufsausbildung durch Wehr- oder Ersatzdienst unterbrochen wird, kann die Waisenrente noch über das 25. Lebensjahr hinaus gezahlt werden.

Sonstige Leistungen

Die Beiträge der Rentner zur gesetzlichen Krankenversicherung zahlen die Träger der gesetzlichen Rentenversicherung zur Hälfte. Die andere Hälfte wird den Rentenempfängern von ihrer Rente abgezogen.

Die Rentenversicherungsträger zahlen jedoch nicht nur Renten. Zu ihren Aufgaben gehört es auch, die Erwerbsfähigkeit der Versicherten zu erhalten, zu bessern und wiederherzustellen. In diesem Rahmen bieten die Rentenversicherungsträger Heilbehandlungen (besonders Kuren) und Berufsförderungsmaßnahmen an.

Die dynamische Rente

Die Renten werden den jährlichen Lohn- und Gehaltssteigerungen der rentenversicherungspflichtigen Arbeitnehmer angepaßt. Die Anhebung der Renten richtet sich dabei zur Zeit nach dem prozentualen Anstieg der durchschnittlichen *Nettoarbeitsverdienste* aller rentenversicherungspflichtigen Arbeitnehmer im Vorjahr. Stieg dieser Verdienst z. B. im Vorjahr um 2 %, so werden alle Renten um diesen Prozentsatz erhöht.

Aufgaben

1. Warum wird das System der gesetzlichen Rentenversicherung als Generationenvertrag bezeichnet?
2. Welche Formen des Altersruhegeldes gibt es?
3. Unterscheiden Sie Erwerbsunfähigkeit und Berufsunfähigkeit.
4. Welche Personen haben Anspruch auf eine Hinterbliebenenrente?
5. Welche Leistungen gewährt die gesetzliche Rentenversicherung einem Arbeitnehmer, der noch berufstätig ist?
6. Weshalb ist die Rente in der Bundesrepublik Deutschland eine dynamische Rente?

Die gesetzliche Rentenversicherung

zahlt

- **Altersruhegeld**
  - normales Altersruhegeld
  - flexibles Altersruhegeld
  - vorzeitiges Frauen-Altersruhegeld
  - vorzeitiges Arbeitslosen-Altersruhegeld

- Renten wegen Berufs- oder Erwerbsunfähigkeit

- Hinterbliebenenrente für Witwen, Witwer und Waisen

- Beiträge für die Krankenversicherung der Rente

- Heilbehandlungen (z. B. Kuren)

- Berufliche Förderung (z. B. Umschulung)

- Die Rente ist eine **dynamische Rente,**
  d. h., sie wird regelmäßig der Nettolohn- und Gehaltsentwicklung angepaßt.

- Das Finanzierungsverfahren der Rente wird als **Generationenvertrag** bezeichnet.

13.13 Leistungen der Arbeitslosenversicherung

> Der kaufmännische Angestellte Mertens wird im Alter von 39 Jahren nach fünfzehnjähriger ununterbrochener Berufstätigkeit arbeitslos. Er ist verheiratet und hat zwei schulpflichtige Kinder im Alter von zwölf und fünfzehn Jahren. Sein Nettogehalt betrug im letzten Jahr vor der Entlassung monatlich 2 330,00 DM

Welche Hilfen kann er von der Arbeitslosenversicherung beanspruchen?

Information

Arbeitslosengeld

Ein arbeitsloser Arbeitnehmer muß sich beim zuständigen Arbeitsamt arbeitslos melden. Dort kann er Arbeitslosengeld beantragen. Träger der gesetzlichen Arbeitslosenversicherung ist die Bundesanstalt für Arbeit; die Arbeitsämter sind lediglich Außenstellen.

Die Arbeitslosenversicherung zahlt an Arbeitnehmer, die unfreiwillig arbeitslos geworden sind, Arbeitslosengeld. Anspruch auf Arbeitslosengeld hat ein Arbeitsloser, der in den letzten drei Jahren vor Beginn der Arbeitslosigkeit mindestens 52 Wochen (360 Kalendertage) versicherungspflichtig beschäftigt war. Außerdem muß er arbeitsfähig und arbeitswillig sein. Er muß jede zumutbare Arbeit annehmen, die er ausüben kann.

Das Arbeitslosengeld beträgt für Arbeitslose, die mindestens ein Kind haben, für das sie noch unterhaltspflichtig sind, 67 % vom durchschnittlichen Nettoverdienst der letzten zwölf Monate. Für Arbeitslose ohne unterhaltspflichtige Kinder beträgt das Arbeitslosengeld 60 % vom durchschnittlichen Nettoverdienst.

Die Dauer der Arbeitslosengeldzahlung ist von 6 Monaten (= 156 Wochentage) bis 32 Monaten (= 832 Wochentage) gestaffelt. Sie ist abhängig von der Dauer der vorhergehenden versicherungspflichtigen Beschäftigungszeit und dem Lebensalter des Arbeitslosen. Wer mindestens 12 Monate beschäftigt war, erhält 6 Monate Arbeitslosengeld. Arbeitslosen, die jünger als 42 Jahre sind, wird höchstens 12 Monate Arbeitslosengeld gezahlt. Ältere Arbeitslose haben einen längeren Anspruch auf Arbeitslosengeld.

Die Höchstanspruchsdauer für den Bezug von Arbeitslosengeld beträgt:

ab dem vollendeten 42. Lebensjahr 18 Monate,

ab dem vollendeten 44. Lebensjahr 22 Monate,

ab dem vollendeten 49. Lebensjahr 26 Monate,

ab dem vollendeten 54. Lebensjahr 32 Monate.

Arbeitslosenhilfe

Wenn die Bezugsdauer für Arbeitslosengeld abgelaufen ist, wird vom Arbeitsamt nur noch Arbeitslosenhilfe gewährt. Sie wird nicht aus den Beiträgen zur Arbeitlosenversicherung, sondern aus Mitteln der Bundesregierung finanziert.

Arbeitslosenhilfe wird nur an bedürftige Arbeitslose bezahlt. Ein Arbeitsloser ist dann bedürftig, wenn das Vermögen und das Einkommen des Arbeitslosen und seiner Familienangehörigen für den Lebensunterhalt nicht ausreichen. Auch das Einkommen und Vermögen einer Person, mit der ein Arbeitsloser in eheähnlicher Gemeinschaft lebt, wird bei der Prüfung der Bedürftigkeit berücksichtigt.

Die Arbeitslosenhilfe beträgt für Arbeitslose mit mindestens einem unterhaltspflichtigen Kind 57 % vom Nettoverdienst. Für Arbeitslose ohne unterhaltspflichtige Kinder beträgt die Arbeitslosenhilfe 53 % vom Nettoverdienst.

Arbeitslosenhilfe wird nicht automatisch gezahlt. Sie muß beim Arbeitsamt beantragt werden. Ebenso wie beim Arbeitslosengeld wird die Arbeitslosenhilfe gesperrt, wenn der Arbeitslose eine zumutbare Arbeit, die ihm vom Arbeitsamt angeboten wird, nicht annimmt.

Sonstige Leistungen für Arbeitslose

Die Arbeitslosenversicherung bezahlt für die Bezieher von Arbeitslosengeld und -hilfe die Beiträge zur gesetzlichen Kranken- und Rentenversicherung.

Arbeitnehmer, die ihr Arbeitsentgelt nicht oder nicht rechtzeitig erhalten haben, weil ihr Arbeitgeber in Konkurs gegangen ist, erhalten vom Arbeitsamt **Konkursausfallgeld**.

Maßnahmen zur Arbeits- und Berufsförderung

Die Leistungen der Arbeitslosenversicherung beschränken sich nicht nur auf die Unterstützungszahlungen bei Arbeitslosigkeit. Damit es erst gar nicht zu lang andauernder Arbeitslosigkeit kommt, werden von der Bundesanstalt für Arbeit Maßnahmen zur Arbeits- und Berufsförderung angeboten. Dazu gehören

- die Arbeitsvermittlung,
- die Berufsberatung,
- die Gewährung von berufsfördernden Leistungen zur Rehabilitation (= Wiederherstellung) körperlich, geistig und seelisch Behinderter.

Die Bundesanstalt für Arbeit fördert die berufliche Ausbildung, Umschulung und Einarbeitung:

An Auszubildende zahlt sie unter bestimmten Voraussetzungen eine **Berufsausbildungsbeihilfe.**

In **beruflichen Umschulungen** werden Arbeitssuchenden Kenntnisse und Fähigkeiten vermittelt, die ihnen den Wechsel in einen anderen, aussichtsreicheren Beruf ermöglichen.

Leistungen zur Erhaltung und Schaffung von Arbeitsplätzen

Durch Zahlung von Kurzarbeitergeld und durch Maßnahmen zur Arbeitsbeschaffung versucht die Bundesanstalt für Arbeit, Arbeitsplätze zu erhalten und neue Arbeitsplätze zu schaffen.

Kurzarbeitergeld erhalten Arbeitnehmer als Ausgleich für den Verdienstausfall, der durch eine vorübergehende Verkürzung ihrer Arbeitszeit verursacht wird.

Aufgaben

1. Welche Voraussetzungen muß ein arbeitsloser Arbeitnehmer erfüllen, damit er von der Arbeitslosenversicherung Arbeitslosengeld erhält?

2. Die fünfundvierzigjährige Frau Rosemeier wird nach zwanzigjähriger Berufstätigkeit arbeitslos. Sie ist verheiratet und hat eine siebzehnjährige Tochter, die sich noch in der Ausbildung befindet. Ihr Nettogehalt betrug im letzten Jahr durchschnittlich 1 800,00 DM monatlich.
   a) Wieviel DM Arbeitslosengeld kann sie beanspruchen?
   b) Wie lange hat sie höchstens Anspruch auf Arbeitslosengeld?

3. Welche Personen haben Anspruch auf Arbeitslosenhilfe?

4. Welche Maßnahmen zur Arbeits- und Berufsförderung bietet die Bundesanstalt für Arbeit an?

5. Aus welchen Gründen verhängt das Arbeitsamt eine Sperrzeit?

Die Leistungen der Arbeitslosenversicherung umfassen:

Leistungen an Arbeitslose
- Arbeitslosengeld (aus Mitteln der Arbeitslosenversicherung)
- Arbeitslosenhilfe (aus Mitteln des Bundes)
- Konkursausfallgeld
- Beiträge zur Kranken- und Rentenversicherung

Arbeits- und Berufsförderung
- Arbeitsvermittlung
- Berufsberatung
- Berufsausbildungsbeihilfe
- Umschulung
- Einarbeitungszuschüsse
- Berufsfördernde Leistungen zur Rehabilitation

Maßnahmen zur Erhaltung und Schaffung von Arbeitsplätzen
- Kurzarbeitergeld
- Maßnahmen zur Arbeitsbeschaffung

13.14 Leistungen der gesetzlichen Unfallversicherung

Was kann die Unfallversicherung für den Verunglückten tun?

Information

Die Leistungen nach Eintritt eines Arbeitsunfalls

Die gesetzliche Unfallversicherung bietet Versicherungsschutz nach **Arbeitsunfällen.** Darunter sind Unfälle zu verstehen, die im Zusammenhang mit der Berufsausübung eintreten, wie Unfälle während der Arbeit, Wegeunfälle und Berufskrankheiten.

Wegeunfälle sind Unfälle, die sich auf dem Weg von und zur Arbeit ereignen.

Berufskrankheiten sind Krankheiten, die durch besonders schädigende Einflüsse am Arbeitsplatz (z. B. Schadstoffe, Lärm) verursacht wurden.

Die zuständige Berufsgenossenschaft leistet als Träger der gesetzlichen Unfallversicherung nach einem Arbeitsunfall

– Heilbehandlung des Unfallverletzten (ärztliche und zahnärztliche Behandlung, Arznei- und Verbandsmittel, Heilmittel, Ausstattung mit Prothesen und Gewährung von Pflege bei Hilflosigkeit),

– Berufshilfe für den Unfallverletzten (z. B. Umschulungen),

– finanzielle Entschädigung für Unfallfolgen. (Verletztenrente, Witwen- und Waisenrente, Verletztengeld, das dem Krankengeld entspricht).

Unfallverhütungsvorschriften

Zur Verhütung von Arbeitsunfällen erlassen die Berufsgenossenschaften Unfallverhütungsvorschriften. Sie sind für Arbeitgeber und Arbeitnehmer gleichermaßen verbindlich.

Die Durchführung der Unfallverhütung wird durch die zuständige Berufsgenossenschaft überwacht. Sie führt in regelmäßigen Zeitabständen Betriebsbesichtigungen durch. Festgestellte Mängel muß der Arbeitgeber in einer angemessenen Frist beseitigen. Bei schweren Verstößen gegen die Unfallverhütungsvorschriften kann die Berufsgenossenschaft gegen Arbeitgeber und versicherte Arbeitnehmer Geldbußen verhängen.

Erste Hilfe und Verhalten bei Unfällen

1. Beachten Sie die ausgehängte Anleitung zur Ersten Hilfe bei Unfällen mit den Angaben über Notrufeinrichtungen sowie Personal der Ersten Hilfe, Arzt und Krankenhaus.

2. Informieren Sie sich, wo Erste-Hilfe-Material bereitgehalten wird und wer Erste Hilfe leisten kann.

3. Denken Sie bei einem Unfall daran, nicht nur den Verletzten zu retten und Erste Hilfe zu leisten, sondern erforderlichenfalls auch die Unfallstelle abzusichern.

4. Lassen Sie auch Ihre kleineren Verletzungen sofort versorgen.

5. Suchen Sie einen Durchgangsarzt auf, wenn aufgrund der Verletzung mit Arbeitsunfähigkeit zu rechnen ist.
6. Melden Sie jeden Unfall unverzüglich Ihrem Vorgesetzten.
7. Achten Sie darauf, daß über jede Erste-Hilfe-Leistung Aufzeichnungen gemacht werden, z. B. in einem Verbandbuch.
8. Lassen Sie sich zum Ersthelfer ausbilden, damit Sie auch anderen helfen können.

aus: Berufsgenossenschaft für den Einzelhandel, Sicherheitsratschläge

Aufgaben

1. In welchen der folgenden Fälle ist die gesetzliche Unfallversicherung zuständig?
   a) Ein Angestellter verstaucht sich bei der Arbeit einen Knöchel.
   b) Eine Angestellte verletzt sich bei der Hausarbeit.
   c) Ein Arbeiter ist durch den Maschinenlärm an seinem Arbeitsplatz schwerhörig geworden.
   d) Ein Angestellter verunglückt auf der Fahrt von seiner Wohnung zu seiner Arbeitsstelle mit dem Auto.
   e) Nach Betriebsschluß besucht ein Angestellter mit Kollegen noch eine Gaststätte. Auf dem Heimweg von der Gaststätte hat er einen Unfall.
2. Ein Angestellter hat einen schweren Arbeitsunfall. Welche Leistungen erhält er von der gesetzlichen Unfallversicherung?
3. Welche Leistungen gewährt die gesetzliche Unfallversicherung bei einem tödlichen Arbeitsunfall?
4. Durch welche Maßnahmen versucht die Berufsgenossenschaft, Arbeitsunfälle zu verhüten?
5. Welche Maßnahmen müssen Sie ergreifen, wenn Sie sich während der Arbeit verletzen?

Die gesetzliche Unfallversicherung

hilft bei → **Arbeitsunfällen**
- Unfälle während der Arbeit
- Wegeunfälle
- Berufskrankheiten

ist zuständig für → **Unfallverhütung**
Erlaß und Überwachung von Unfallverhütungsvorschriften

bezahlt →
- Heilbehandlung
- Berufshilfe
- Verletztengeld
- Verletztenrente
- Witwen- und Waisenrente

Sachwortverzeichnis

A

AGB-Gesetz 161
AIDA-Formel 298
Abbuchungsverfahren 347
Absatz, direkter 88 f.
Absatz, indirekter 88 f.
Absatzmärkte 86
Abschlußfreiheit 157
Abschlußprüfung 11
Abschlußzwang 158
Abschreibungen 45
Absonderung 424
Abzahlungskauf 167 f.
Akkordlohn 475 f.
Aktien 411 f.
Aktiengesellschaft (AG) 411 ff.
Akzeleratoreffekt 455
Alleinwerbung 288
Allgemeine Geschäftsbedingungen
 (AGB) 160 ff.
Allgemeinwerbung 289
Altersruhegeld 499
Anfechtung 128 f.
Anfrage 133 f.
Angebot 62, 135 ff.
Angebote, Inhalt 138 ff.
Angebotsvergleich 141
Annahme 124 f.
Annahmeverzug 191 ff.
Annahmeverzug, Folgen 191
Annahmeverzug,
 Voraussetzungen 191
Anpreisungen 136
Antrag 124 f.
Arbeit, ausführende/dispositive 30
Arbeitgeber, Pflichten 466
Arbeitnehmer, Pflichten 466 f.
Arbeitsgruppen, teilautonom 40
Arbeitslosengeld 502
Arbeitslosenhilfe 502
Arbeitslosenversicherung 495 f., 502 f.
Arbeitslosigkeit, Ursachen 442 f.
Arbeitsmarkt 57
Arbeitsproduktivität 28
Arbeitsteilung 33 ff.
Arbeitsteilung, Auswirkungen 38 ff.
Arbeitsteilung, betriebliche 36
Arbeitsteilung,
 gesamtwirtschaftliche 34 ff.
Arbeitsteilung, horizontale 35

Arbeitsteilung, internationale 36
Arbeitsteilung, vertikale 35
Arbeitsteilung, überbetriebliche 34
Arbeitsvertrag, Abschluß 465
Arbeitszeitgesetz 478 f.
Arbeitszeitregelungen,
 Jugendarbeitsschutzgesetz 12
Artikel 253
Artvollmacht 472
Aufbewahrungspflicht 174
Auflassung 147
Auflösungsvertrag 481
Aufsichtsrat 410, 412, 415
Ausbildungsbetrieb 9
Ausbildungsordnung 10 f.
Ausgaben 236
Ausgabenpolitik 454 f.
Aussonderung 424
Aussperrung 469
Austauschpfändung 207
Automatische Fertigung 234
Außenfinanzierung 357 f.
Außenwirtschaftliches
 Gleichgewicht 443 f.

B

Banken 97 ff.
Bankrott 425
Banküberweisung 346 f.
Bargeldlose Zahlung 345 ff.
Bargeldzahlung 332 ff.
Barkauf 166
Barzahlung, Bedeutung 334
Bausparkassen 101
Bedarf 17
Bedarfsdeckungsprinzip 112 f.
Bedarfsermittlung 130
Bedürfnisarten 15 ff.
Bedürfnisse 15 ff.
Bedürfnisse, bewußte (offene) 17
Bedürfnisse, immaterielle 16
Bedürfnisse, materielle 16
Bedürfnisse, verdeckte (latente) 17
Beglaubigung, öffentliche 158
Berufsausbildungsbeihilfe 503
Berufsbildung 34
Berufsbildungsgesetz 5 ff.
Berufskrankheiten 504
Berufsschule 9

Berufsspaltung 34
Beschaffungskosten 130 f.
Beschaffungsmärkte 86
Beschaffungsplanung 130 ff.
Besitz 147
Bestandskontrolle 221 ff.
Bestellmenge, optimale 131
Bestellung 143
Bestellungsannahme 143
Bestellzeitpunkt 222 f.
Bestimmungskauf 166
Beteiligungsfinanzierung 357
Betrieb 41, 229 f.
Betriebsmittel 29
Betriebsrat 482 f., 486 ff.
Betriebsrat, Aufgaben 486 f.
Betriebsstoffe 30
Betriebsschließungsversicherung 104
Betriebsunterbrechungs-
 versicherung 104
Betriebsvereinbarungen 465, 487
Betriebsverfassungs-
 gesetz 486 ff., 491 f.
Betriebsversammlungen 487
Beurkundung, notarielle 158
Bewerbungsschreiben 462
Bewerbungsunterlagen 462
Bezogene fertige Einbauteile 30
Bezugsquellenermittlung 131 f.
Bindungsfristen 136
Blankokredite 375
Boden 26 f.
Bonität 374
Bonus 139
Bruttoinlandsprodukt 43 ff.
Bruttoinlandsprodukt, nominal 48 f.
Bruttoinlandsprodukt, real 48 f.
Bruttoinvestitionen 355
Bruttowertschöpfung 44
Buchgeld 328
Bundespersonalvertretungs-
 gesetz 486
Bundesschatzbrief 99
Bürgerlicher Kauf 168
Bürgschaft 375

D

Darlehensvertrag 126
Dauerauftrag 347

Deliktfähigkeit 121 f.
Depotgeschäft 99
Desk-Research 248
Dienstleistungsbereich 35
Dienstvertrag 126
Direktwerbung 289
Discount-Catalogue-Showroom 94
Distributionspolitik 245 f.
Diversifikation 256
Dividende 411
Draufgabe 139
Dreingabe 139
Duale Berufsausbildung 8 f.
Duales System 276

E

Eidesstattliche Versicherung 208
Eigenfinanzierung 357 f.
Eigenkapitalrentabilität 111
Eigentum 147
Eigentumsvorbehalt 155 f.
Eigentumsübertragung 147 f.
Einbruchdiebstahlversicherung 103
Einfache Personalkredite 375
Einkommens- und
   Vermögensverteilung 445 f.
Einlagenfinanzierung 357
Einnahmenpolitik 455 f.
Einstellungsgespräch 463
Einzelarbeitsvertrag 465
Einzelfertigung 232
Einzelhandel 88
Einzelhandel, Trends 94
Einzelunternehmung 405 f.
Einzelvollmacht 472
Einzelwerbung 289
Einzugsermächtigungsverfahren 347
Electronic cash 341 f.
Entlohnungssysteme 473 ff.
Erfolgsbeteiligung 476 f.
Erfüllungsgeschäft 145 f.
Erfüllungsort, Ware 150
Erfüllungsort, Zahlung 150
Erfüllungsort, gesetzlicher 150
Erfüllungsort, vertraglicher 152
Ersatzinvestitionen 355
Ersatzlieferung 175
Erste Hilfe 504 f.
Erweiterungsinvestitionen 355
Eurocheque 340 f.
Existenzbedürfnisse 15

F

Fabrikationsfehler 178
Fabrikladen 94
Fachmarkt 94
Factory-Outlet-Center 94
Faktormärkte 57
Familienhilfe 498
Faustpfandkredit 376
Fertigung 230
Fertigungsprogrammplanung 231
Fertigungsablauf, Planung 231
Fertigungsarten 232 f.
Fertigungsdurchführung 232 ff.
Fertigungskosten 236 ff.
Fertigungsplanung 230 ff.
Fertigungstypen 233 f.
Festpreise 83
Field-Research 248
Finanzierung, Begriff 354
Finanzierungsarten 357 ff.
Finanzierungsgrundsätze 356 f.
Finanzinvestitionen 355
Firma 389 ff.
Firmenarten 389 f.
Firmengrundsätze 390 f.
Fiskalpolitik 451 ff.
Fiskalpolitik, Begriff 453
Fiskalpolitik, antizyklische 452, 456 ff.
Fixe Kosten 236
Fixgeschäft 187
Fixkauf 166
Fließfertigung 233 f.
Formfreiheit 157
Formvorschriften 158
Formzwang 158
Fragebogen 463 f.
Freizeichnungsklauseln 136
Fremdfinanzierung 358 ff.
Friedenspflicht 469
Fusionskontrolle 419

G

Gattungskauf 165
Gebrauchsgüter 20
Gehaltstarifverträge 469 f.
Geld, Aufgaben 330 f.
Geld, Eigenschaften/Arten 326 ff.
Geldmarkt 57
Geldschulden 150
Gemeinschaftsbedürfnisse 16
Gemeinschaftswerbung 288
Generalversammlung 415

Generationenvertrag 499
Genossenschaft 414 f.
Genossenschaftsregister 396
Gerichtsstand 153
Gesamtkapitalrentabilität 111
Geschäftsfähigkeit 120 f.
Geschäftsunfähigkeit 120 f.
Gesellschaft mit beschränkter
   Haftung (GmbH) 410 f.
Gesellschafterversammlung 410
Gesetz gegen den unlauteren
   Wettbewerb (UWG) 306 ff.
Gesetz über den Widerruf von
   Haustürgeschäften (HWiG) 320 ff.
Gesetze 115, 465
Gewohnheitsrecht 116
Giralgeld 328
Girokonto 97 f.
Glasversicherung 103
Gleichgewichtsmenge 63
Gleichgewichtspreis 63
Gleichgewichtspreis, Aufgaben 65 f.
Gleichgewichtspreis, Bildung 62 ff.
GmbH & Co KG 411
Goldene Finanzierungsregel 356
Großhandel 88
Grundbuch 397 ff.
Grundkapital 411
Grundpfandrechte 376 ff.
Gruppenwerbung 289 f.
Güter, immaterielle 20
Güter, materielle 20
Güter, wirtschaftliche 19
Güterarten 20
Güterknappheit 19 f.
Gütermärkte 57

H

Haftpflichtversicherung 103 f.
Haftungsausschluß 180
Halbbare Zahlung 336 ff.
Handel, Aufgaben 88 ff.
Handel, Stellung/Aufgaben 88 ff.
Handel, Strukturwandel 92 ff.
Handelskauf, einseitiger 168
Handelskauf, zweiseitiger 168
Handelsmarken 261
Handelsregister 393 ff.
Handkauf (Ladenkauf) 146, 151
Handlungsvollmacht 472
Handwerk 85

507

Hauptversammlung 412
Haushalte 41
Hausratversicherung 103
Haustürgeschäft 320 f.
Hilfsstoffe 30
Hinterbliebenenrente 500
Holdinggesellschaft 418 f.
Holschulden 150
Homogenität, Güter 70
Human Relations 246
Humanisierung 40
Hypothek 376 f.
Höchstbestand 222
Höchstbestellmenge 139
Höchstpreise 81 f.

I

Immaterielle Investitionen 355
Immobilienmarkt 57
Individualarbeitsvertrag 465
Individualbedürfnisse 16
Individualversicherung 102
Individualwerbung 288
Indossamente 368 ff.
Industrie 85 ff.
Industriebetrieb 85 ff.
Inflation 437 ff.
Inflation, importierte 444
Inhaberaktien 412
Inhaberscheck 339 f.
Inhaltsfreiheit 157
Instruktionsfehler 178
Investition, Begriff 353
Investitionsarten 354 ff.
Investitionsgütermärkte 57
Investmentzertifikate 99

J

Jubiläumsverkauf 310 f.
Jugend- und Auszubildenden-
    vertretung 487 f.
Jugendarbeitszeitschutzgesetz 12 ff.
Juristische Personen 118

K

Kapital, Produktionsfaktor 27
Kapitalgesellschaften 410 ff.
Kapitalmarkt 57
Karenzzeit 310
Kartelle 417 f.
Kartellgesetz 418
Kauf auf Abruf 166

Kauf auf Probe 165
Kauf gegen Anzahlung 166
Kauf nach Probe 165
Kauf zur Probe 165
Kaufkraft 439
Kaufmannseigenschaften 387
Kaufvertrag 124 f.
Kaufvertrag, Abschluß 124 f.
Kaufvertrag, Arten 164 ff.
Kaufvertrag, Erfüllung 145 f.
Kaufvertrag, Rechte/Pflichten 145 f.
Kernsortiment 253 f.
Kollektivbedürfnisse 16
Kommanditgesellschaft 408
Kommanditisten 408
Kommissionskauf 166 f.
Kommunalobligationen 99
Kommunikations-Mix 251
Kommunikationspolitik 246
Kommunikaitonsziele 247
Komplementäre 408
Konditionengewährung 281
Konditionenpolitik 245
Konjunktur, Begriff 428
Konjunkturindikatoren 429 ff.
Konjunkturpolitik, Begriff 451
Konjunkturpolitik, staatliche 451 ff.
Konjunkturschwankungen,
    Ursachen 432 f.
Konjunkturverlauf 430 ff.
Konjunkturzyklus 427 ff.
Konkurrenzkampf 93
Konkurs 423 ff.
Konkursausfallsgeld 502
Konkursquote 425
Konstruktionsfehler 178
Konsumgüter 20
Konsumgütermärkte 57
Kontokorrentkredit 359 f.
Konzentration 416 ff.
Konzern 418 f.
Kosten 236 f.
Kostendeckungsprinzip 113
Kraftfahrzeugversicherungen 104
Krankengeld 497
Krankenpflege 497
Krankenversicherung 495, 497 f.
Krankenversicherung, private 105
Kreditarten 374 ff.
Kreditfähigkeit 374
Kreditgewährung 90
Kreditinstitute 97 ff.

Kreditkarten 349 ff.
Kreditprüfung 374
Kreditsicherungen 374 ff.
Kreditvertrag 374
Kreditwürdigkeit 374
Kulanz 176, 281
Kulturbedürfnisse 15
Kundenberatung 90
Kundendienst 90
Kundendienstleistungen 281
Kurantmünzen 328
Kurswert 411 f.
Kurzarbeitergeld 503
Kündigung 481 ff.
Kündigung, außerordentliche 483
Kündigung, ordentliche 481 f.
Kündigungsschutz, allgemeiner 482
Kündigungsschutz, besonderer 483 f.
Kündigungsschutzverfahren 483
Käufermarkt 63

L

Ladenschlußgesetz 479
Lager 215
Lager, Anforderungen 217 f.
Lagerarten 215 f.
Lagerbestand,
    durchschnittlicher 224 f.
Lagerbestand, optimaler 219 f.
Lagerdauer, durchschnittliche 226
Lagerhaltung 89
Lagerhaltung, Aufgaben 216
Lagerkennziffern 224 ff.
Lagerkosten 131, 219
Lagerzinssatz 226
Lastschriftverfahren 342, 347
Lean Production 40, 235
Leasing 381 ff.
Lebenslauf 462 f.
Lebensversicherung 104 f.
Leihvertrag 126
Leistungserstellung 229 f.
Leistungsverwertung 229 f.
Leitungswasserversicherung 103
Liefererkartei 132
Liefererkredit 358 f.
Lieferung, Fälligkeit 186 f.
Lieferungsverzug 186 ff.
Lieferungsverzug,
    Voraussetzungen 186
Lieferzeit 140
Liquidation 423

Lohnquote 50
Lohntarifverträge 469
Lombardkredit 376
Luxusbedürfnisse 15

M

Magisches Sechseck 447 f.
Magisches Viereck 446 f.
Mahnbescheid 198, 202 f.
Mahnung 197 f.
Mahnverfahren,
    außergerichtliches 197 ff.
Mahnverfahren, gerichtliches 202 ff.
Mangelhafte Lieferung 172 ff.
Manteltarifvertrag 469
Markenartikel 260 f.
Markenpolitik 258, 260 f.
Marketing 244 ff.
Marketing, absatzpolitische
    Instrumente 244 ff.
Marketing-Mix 248 f.
Marketingziele 247
Markt 57
Markt, unvollkommener 71 f.
Markt, vollkommener 70 f.
Marktanalyse 248
Marktarten 55 ff.
Marktbeobachtung 248
Markterschließung 90
Marktformen 58 ff.
Marktforschung 247 f.
Marktforschung, Methoden 247 f.
Marktprognose 248
Markttransparenz 70
Markttypen 70 ff.
Massekosten 424
Massenfertigung 233
Massenwerbung 289 f.
Masseschulden 424
Maximalprinzip 23
Mehrfachfertigung 232 f.
Mehrfachmarkt 94
Mietvertrag 125
Minderkaufmann 387
Minderung 174 f.
Mindestbestellmenge 139
Mindestpreise 80 f.
Minimalprinzip 23
Mischkalkulation 277 f.
Mischkonzern 419
Mitbestimmung,
    Betriebsverfassungsgesetz 491

Mitbestimmung,
    überbetriebliche 490 ff.
Mitbestimmungsgesetz 492 f.
Mißbrauchsaufsicht 421
Mogelpackungen 272
Monopol 59 f.
Monopol, unvollkommenes 75 f.
Montanmitbestimmung 490 f.
Multiplikatoreffekt 455
Mutterschaftshilfe 498
Mutterschutzgesetz 479
Mußkaufmann 387
Mängel, Arten 173 f.
Mängel, arglistig verschwiegene 174
Mängel, offene 173
Mängel, versteckte 173
Mängelrüge 171, 173
Märkte 56 f.

N

Nachfrage 62
Nachfragemacht 60
Nachfrist 187 f.
Namensaktien 412
Namensscheck 340
Naturalrabatt 139
Natürliche Personen 118
Nennwert 411
Net Economic Welfare 51
Nettoinlandsprodukt 45 f.
Nettoinvestitionen 355
Nettoproduktionswert 44
Neuinvestitionen 355
Nichtigkeit 128
Notleidender Wechsel 370 f.
Notverkauf 192

O

Off-Price-Geschäft 94
Offene Handelsgesellschaft (OHG) 407 f.
OHG 407 ff.
Oligopol 59 f.
Oligopol, unvollkommenes 77 f.

P

Pachtvertrag 126
Packung 262 ff.
Packung, Aufgaben 262 ff.
Packung, Gestaltungselemente 264 f.
Packung, Kosten 270 f.
Packungen, Gefahren 271 ff.
Packungspolitik 258

Papiergeld 328
Partiediscounter 94
Pausen, Jugendarbeitsschutzgesetz 12
Personalvertretungsgesetze 486
Personengesellschaften 407 ff.
Personenschaden 179
Personenversicherungen 104 f.
Pfandbriefe 99
Pfandsiegel 206
Pfändungsfreigrenzen 207
Pflegeversicherung, soziale 495
Pflegeversicherung, private 105
Platzkauf 151
Polypol 59 f.
Polypol, unvollkommenes 74 f.
Postanweisung 334
Postbank 101
Postbank-Scheck 344
Postnachnahme 198, 200
Preisabzüge 139
Preisangabenverordnung
    (PAngV) 316 ff.
Preisbildung, staatliche 80 ff.
Preisbindung 277
Preisdifferenzierung 278 f.
Preisempfehlungen 277
Preisfestsetzung, psychologische 279
Preisindex der Lebenshaltung 441
Preislenkung, marktkonforme 83
Preispolitik 245, 277 ff.
Primärforschung 247 f.
Privatrecht 114 f.
Probezeit 7
Produktbeobachtungspflicht 178
Produktgestaltung 258 f.
Produkthaftungsgesetz (ProdHG) 177
Produktion 85, 229 ff.
Produktionsablauf 231
Produktionsfaktoren, Kombination 27 f.
Produktionsfaktoren,
    betriebswirtschaftliche 28 ff.
Produktionsfaktoren,
    volkswirtschaftliche 26 ff.
Produktionsgüter 20
Produktivität 28
Produktlebenszyklus 258 f.
Produktpolitik 245, 258 ff.
Programmgestaltung 231
Prokura 471 f.
Präferenzen 70 f.
Prämienlohn 476
Public Relations 246, 283

509

Q

Qualitätsmängel 173
Quittung 333

R

Rabatt 139
Rabattgesetz 313
Rabattgewährung 279
Ramschkauf 166
Randsortiment 253 f.
Ratenkauf 167 f.
Rationalisierung 28
Rationalisierungsinvestitionen 355
Raumüberbrückung 88
Realkredite 376 ff.
Recht 114 ff.
Recht, objektives 114
Recht, subjektives 114
Recht, öffentliches 115
Rechte 119
Rechtsschutzversicherung 104
Rechtsfähigkeit 120
Rechtsgeschäfte 124 ff.
Rechtsgeschäfte, einseitige 124
Rechtsgeschäfte, mehrseitige 124 ff.
Rechtsobjekte 118 f.
Rechtsordnung 114 ff.
Rechtsquellen 115 f.
Rechtssubjekte 118
Recycling 24, 269
Reihenfertigung 233
Reinvestitionen 355
Reisevertrag 126
Reklamationsfristen 174
Reklamationspflicht 174
Reklame 285
Rentabilität 111 f.
Rente, dynamische 500
Rentenversicherung 495, 499 ff.
Richterrecht 116
Rohstoffe 29
Räumungsverkauf 311 f.

S

Sachen 119
Sachen, nicht vertretbare 165 f.
Sachen, vertretbare 165
Sachgüter 20
Sachinvestitionen 355
Sachmängel 173
Sachschaden 179
Sachversicherungen 103

Sale-lease-back-Verfahren 382
Sales Promotion 284 f.
Sammelwerbung 289
Sammelüberweisungsauftrag 347
Sanierung 423
Satzungen 116
Schadensersatz 175
Schadensberechnung, abstrakt 188
Schadensberechnung, konkret 188
Schaufenster 293 f.
Scheck, Begriff 339
Scheck, Bestandteile 339
Scheckeinlösung 341
Scheidemünzen 328
Scheingeschäft 128
Schenkung 125
Scherzgeschäft 128
Schickschulden 150
Schmerzensgeld 179
Schuldnerverzeichnis 396 f.
Sekundärforschung 248
Selbstfinanzierung 358
Selbsthilfeverkauf 192
Selbstinverzugsetzung 187
Serienfertigung 232
Sicherungsübereignungskredit 376
Silberne Finanzierungsregel 357
Skonto 139
Solidaritätszuschlag 494
Sommerschlußverkauf 310
Sonderangebote 278
Sondersparformen 98
Sorte 253
Sortenfertigung 233
Sortimentsbereinigung 255
Sortimentsbreite 253
Sortimentserweiterung 255
Sortimentsgestaltung 89
Sortimentsgliederung 253
Sortimentskontrolle 254 f.
Sortimentsplanung 130
Sortimentspolitik 244, 252 ff.
Sortimentstiefe 253
Sortimentsverbreiterung 255
Sozialprodukt 43 ff.
Sozialprodukt, Aussagekraft 51 f.
Sozialprodukt, Bedeutung 51 f.
Sozialprodukt, Entstehung 49 f.
Sozialprodukt, Verteilung 50
Sozialprodukt, Verwendung 50
Sozialversicherung 102, 494 ff.
Sparbrief 99

Spareinlage 98
Sparkassen 101
Spezialbanken 101
Spezifikationskauf 166
Stabilitätsgesetz, Ziele 436 ff.
Stammkapital 410
Standort des Unternehmens 386
Standort, betrieblicher 107 ff.
Standort, optimaler 110
Standortfaktoren 107 ff.
Standortplanung 109 f.
Steuern, indirekte 46
Stille Gesellschaft 408 f.
Streik 468 f.
Streugebiet 296
Streukreis 296
Streuweg 296
Streuzeit 296
Sturmversicherung 103
Stückkauf 165 f.
Stückkosten 238
Stücklisten 231
Substitution 27 f.
Subventionen 46 ff.

T

Tarifautonomie 468
Tarifverhandlungen 468 f.
Tarifvertrag, Bindung 469
Tarifverträge 465, 468 ff.
Tauschvertrag 125
Teamarbeit 40
Teilamortisationsvertrag 383
Teilkaskoversicherung 104
Termineinlagen 98
Termingeschäft 187
Terminkauf 166
Trading-up 256
Transportversicherung 103
Trust 419

U

Umsatzkonzentration 92 f.
Umsatzrentabilität 112
Umschlagshäufigkeit 225
Umwelt, Belastung 23
Umwelt, lebenswerte 445
Umweltzeichen 270
Unfallverhütungsvorschriften 504 f.
Unfallversicherung 496, 504 f.
Unfallversicherung, private 105
Universalbanken 99 f.

Unternehmen, private 111 f.
Unternehmen, öffentliche 112 f.
Unternehmenskrisen 422 ff.
Unternehmensziele 247
Unternehmung 41
Unterversicherung 103
Unvollkommene Märkte,
   Preisbildung 74 ff.
Urabstimmung 468 f.
Urproduktion 35

V

Variable Kosten 237
Verbraucherkreditgesetz 168, 323 f.
Verbrauchsgüter 20
Vereinsregister 396
Vergleich 423 ff.
Verjährung 210 ff.
Verjährung, Bedeutung 210
Verjährung, Hemmung 212 f.
Verjährung, Unterbrechung 211 f.
Verjährungsfristen 210 f.
Verkaufsförderung 246, 285
Verkäufermarkt 63
Vermögensversicherungen 103 f.
Verordnungen 115 f.
Verpackung 262 ff.
Verpackungsverordnung 266 f., 276
Verpflichtungsgeschäft 145 f.
Verrechnungsscheck 340
Versandkosten 139 f.
Versandverpackung, Kosten 140
Versendungskauf 151 f.
Versicherungen 102 ff.
Versicherungsvertrag 102 f.
Verstärkte Personalkredite 375
Vertragsarten 125 f.
Vertragsfreiheit 157 ff.
Vertragsgestaltungsfreiheit 157
Verträge 124 ff.
Volkseinkommen 51
Vollamortisationsvertrag 383
Vollkaskoversicherung 104
Vollkaufmann 387
Vollmachten 471 ff.

Vollstreckungsbescheid 203 f.
Vollstreckungsklausel 206
Vollstreckungstitel 206
Vorratsinvestitionen 355
Vorstand 412, 415

W

Wachstumstrend 432
Wandlung 174
Warenannahme 170 f.
Warengruppen 253
Warenkartei 132
Warenkorb 438 ff.
Warenkreditversicherung 104
Warenplazierung 304
Warenschulden 150
Warenverteilung 90
Wechsel, Aufgaben 368
Wechsel, Bestandteile 367 f.
Wechsel, Einlösung 370
Wechsel, Verwendungs-
   möglichkeiten 368
Wechsel, Weitergabe 368
Wechsel, Wesen 365 f.
Wechselklage 371
Wechselprotest 370 f.
Wechselstrenge 371
Wegeunfälle 504
Weiterverarbeitung 35
Werbearten 288 ff.
Werbebrief 292 f.
Werbedurchführung 297
Werbeerfolgskontrolle 297 f.
Werbeetat 296
Werbegrundsätze 297
Werbemittel 291 ff.
Werbemittelgestaltung 296
Werbeplan 295 f.
Werbeplanung 295 f.
Werbeträger 291
Werbeträger, Handzettel 292
Werbeziele 247, 296
Werbung 246, 284 f.
Werbung, Gefahren 302 ff.
Werbung, manipulative 303 f.
Werbung, suggestive 303

Werklieferungsvertrag 126
Werkstoffe 29
Werkstättenfertigung 233
Werkvertrag 126
Wertbrief 334
Wertschöpfung 43 ff.
Wettbewerbsverbot 466 f.
Wettbewerbsverstöße,
   Rechtsfolgen 313
Winterschlußverkauf 310
Wirtschaften 23, 25
Wirtschaftlichkeit 112
Wirtschaftskreislauf 86
Wirtschaftskreislauf, einfacher 41 f.
Wirtschaftspolitik 451
Wirtschaftspolitik, Begriff 437
Wirtschaftsschwankungen 427 ff.
Wirtschaftsstufen 35
Wucher 128

Z

Zahlschein 336
Zahlungsanweisung 336 f.
Zahlungsarten 332 ff.
Zahlungsbedingungen 140 f.
Zahlungsverkehr 97 f.
Zahlungsverzug 194 ff.
Zahlungsverzug, Eintritt 194
Zahlungsverzug,
   Voraussetzungen 194
Zeitlohn 474
Zeitplanung 131
Zeitungsanzeigen 292
Zession 375
Zeugnis 484
Zeugniscode 484
Zielgruppe 296
Zielkauf 167
Zielkonflikte 446 ff.
Zugaben 312 f.
Zwangsversteigerung 206 f., 208
Zwangsverwaltung 208
Zwangsvollstreckung 206 ff.
Zwangsvollstreckung,
   Voraussetzungen 206
Zwischenprüfung 11

Bildquellenverzeichnis

Benno 303

Deutscher Instituts-Verlag, Köln 40, 82, 235

Maryse Forget 285, 308, 332

Globus-Kartendienst, Hamburg 19, 23, 24, 28, 36, 45, 47, 50 (2), 52, 77, 92, 93 (2), 105, 109, 265, 267, 268 (2), 269 271, 273, 354, 355, 356, 422, 438, 441, 442, 443, 445 (2), 454, 455, 468, 499 (2)

Handelsblatt, Düsseldorf 381

Handelsjournal, Köln 417

Hartmann Verpackung GmbH, Eschborn 269

Hein 490

imu-bildinfo, Essen 423

Keystone Pressedienst, Hamburg 497 (2)

H. E. Köhler 468

Peter Leger © CCC, München 486, 505

Erik Liebermann 262, 283, 291

Erich Schmidt Verlag, Berlin 16, 20, 24, 28, 51, 86, 261, 265, 293, 325, 328, 356, 387, 393, 418, 430, 432, 437, 440, 446, 452, 483, 500

Karl-Heinz Schoenfeld 80

Schroedel-Verlag, Hannover 88

SOAK-Verlag, Wunstorf 302, 327

Sparkassenverlag, Stuttgart 341, 504

Der Spiegel, Hamburg 234

Fritz Wolf 5

Jupp Wolter 160, 458

© Winklers Verlag · Gebrüder Grimm · Darmstadt